국어의미론의 새로운 인식과 전개 1

국어의미론의 탐색

국어의미론의 새로운 인식과 전개 1

국어의미론의 탐색

윤평현 선생 정년퇴임 기념논총 간행위원회

역락

발간사

　윤평현 교수님께서 2016년 2월 정년을 맞아 40여 년을 몸담은 교단을 떠나십니다. 선생님의 영예로운 퇴임을 축하하고 그 간의 학덕을 오래오래 기리기 위하여 정년퇴임 기념 논총을 만들었습니다.

　선생님을 뵈면 누구나 그가 온화하고 부드러운 분이라는 것을 알 수 있습니다. 좀 더 가까이 지내다 보면 속이 올곧고 꿋꿋하다는 것도 곧 알게 됩니다. 선생님은 한 마디로 천성이 외유내강하신 분입니다. 외유내강은 교육과 연구를 업으로 삼는 대학 교수에게는 제일로 꼽는 덕목일 것입니다. 존경 받는 교육자로서, 학문의 경지가 높은 학자로서 선생님께서 후회 없는 교단생활을 할 수 있었던 것도 외유내강하신 성품 때문에 가능했을 것입니다.

　선생님의 연구 활동은 국어문법론 특히 통사론으로 시작하여 차츰 의미론으로 연구 영역을 확장하였는데 그 결과로 지금까지 10권의 저서와 70여 편의 논문을 발표하였습니다. 학문 활동의 초반부에는 국어 접속어미 연구에 진력하여 30여 편의 논문을 발표하고, 1989년에 국어학계 최초의 국어 접속어미 연구서인 「국어의 접속어미 연구」를 내놓으셨습니다. 이후 계속 정진하여 2005년에 「현대국어 접속어미 연구」를 출간하였는데, 이 저서는 대한민국 학술원의 기초학문 우수도서로 선정되었습니다. 중반부부터는 의미 연구에 집중하여 30여 편의 논문을 발표하였습니다. 2008년에 출간한 「국어의미론」은 국어의미론 연구서 가운데 손꼽히는 역저로 평가받고 있으며, 문화체육관광부의 우수 학술도서로 선정되기도 하였습니다. 2013년에는 「국어의미론 강의」를 출간하여 국어 의미 연구와 교육에 크게 기여하고 있습니다. 이러한 업적만으로도 선생님의 발자취는 국어학계에 오랫동안 남아 있을 것입니다.

선생님은 국어국문학 분야의 모 학회인 국어국문학회 대표이사를 지방대학 교수로서는 처음으로 맡는 영예를 얻기도 하고, 한국어의미학회 회장으로서 학회의 발전에 헌신하기도 하였습니다. 현재도 국어국문학회와 한국어의미학회는 물론 국어학회, 한글학회, 한국언어문학회, 한국어문학회의 평의원으로서 왕성하게 활동하고 있으십니다. 또한 전남대학교 인문대학장을 비롯하여 전국인문대학장 협의회 회장, 교육부 전국대학 학문분야 [국어국문학] 평가위원회 위원장, 국어정책심의위원회 위원장 등 여러 행정 업무를 맡아 탁월한 행정 수완을 보여주기도 하였습니다.

선생님은 교수로서의 직분에 최선을 다하시고 이제 정년을 맞아 그 짐을 내려놓으십니다. 이에 동료 후학들이 모여 선생님의 업적을 기리기 위한 기념논총 만들기로 하고, 선생님께서 특히 헌신하신 분야인 '국어의미론 연구'로 제한하여 원고를 받았습니다. 그런데 무려 57편에 달하는 옥고가 답지하여 새삼스럽게 선생님의 학덕과 인품을 우러러보게 되었습니다. 논총의 편집을 끝내고 보니 책의 규모가 1,700여 쪽을 넘어 부득이 세 권의 책으로 분권하여 만들었습니다.

이 논총에 실린 논문들은 2000년 이후 국어의미론 연구의 성과를 담고 있습니다. 지난 15년 동안 국어의미론은 의미 연구에 대한 새로운 인식과 함께 다양한 전개가 이루어졌습니다. 따라서 이 논총에 실린 논문들은 2000년 이후의 연구 업적의 축적이라고 말할 수 있습니다. 이 논총의 구성을 보면, 제1권 「국어의미론의 탐색」은 의미 연구의 기반이라고 할 수 있는 어휘 의미에 대한 연구 성과를 담았습니다. 여기에 실린 논문들을 통해서 어휘 의미 연구의 다양성은 물론 의미 연구의 출발점이 어디에 있는가를 생각해 볼 수 있습니다. 특히 전통의 계승 발전과 새로운 연구 방법의 접목은 우리가 사용하는 어휘의 심연을 들여다보게 할 것입니다. 제2권 「국어의미론의 심화」는 논리의미론과 화용론 분야에서 최근에 이루어진 연구 성과를 담았습니다. 여기에 게재된 논문들을 통해서 의미 연구의 대상이 어휘에서 문장으로, 문장에서 담화로 확장되는 모습을 볼 수 있습니다. 그리고 문장 또는 담화의 내적구조와 의미가 어떠한 상관관계를 가지고 있으며 그것들이 어떠한 방법으로 소통하는가에 대해서도 알 수 있을 것입니다. 제3 권 「국어의미론의 접목과 확장」은 인지의미론, 텍스트언어학, 의미 교육 등 의미론 연구의 외연을 넓혀주는 논문들을 실었습니다. 최근 언어학과 밀접한 관계를 맺고 있는 철학, 심리학, 사회학, 교육학, 통계학 등의 연구 방법이 의미론에 어떻게 접목되는가를 알 수 있으며, 이러한 방법론을 통해서 기존의 연구 방법에서 살피지 못했던 의미의 다른 모습들도 보게 될 것입니다.

　이제 윤평현 교수님께서 정년을 맞이하여 후학서고□□□ 째내을 떠나십니다. 그렇지만 학문에 대한 깊은 성찰과 끝없는 열정은 후학들에게 오랜 세월 귀감으로 남아 있을 것입니다. 앞으로의 연구 활동뿐만 아니라 일상생활에서도 더욱 강건하시기를 기원합니다. 그리고 선생님의 영예로운 정년퇴임을 송축하는 마음을 담아 이 논총을 올립니다.

　끝으로 출판에 물심양면으로 도와주신 역락의 이대현 사장님과 편집을 맡아 수고해주신 권분옥 편집장님께 심심한 사의를 올립니다.

2016년 2월 1일
윤평현 선생 정년퇴임 기념논총 간행위원회

차례

어휘의미의 홀론(holon)적 의미속성 연구

최 상 진

1. 序論

한 語彙는 자립성을 가진 單語로 쓰이기도 하고 文章을 만드는 構成要素[1]
로서 쓰이기도 한다. 동일한 어휘지만 單語와 文章構成素로의 의미는 서로 다
른 의미속성[2]을 지니게 된다. 이 논문은 이러한 어휘의미의 兩面的 意味屬性
을 홀론(holon)이라는 패러다임[3]을 도입하여 분석해 보고자 쓰인 것이다.

辭典에서 보는 바와 같이 한 語彙로서의 單語意味[4]는 단어 內部에 한 개
혹은 그 이상의 의미를 가지는 반면, 文章 속 단어인 文章構成素의 意味는
문장 속 다른 單語와의 相互關係에 의한 문맥상의 單一意味를 갖게 된다. 이
렇게 같은 어휘라 할지라도 單語意味로 쓰였을 때와 文脈意味로 쓰였을 때
의 意味的 質量[5]은 사뭇 다르다.

홀론이란 어떤 개체가 全體와 部分이라는 두 가지 屬性을 동시에 가진다
는 관점으로, 동일한 어휘가 서로 다른 單語意味와 文脈意味를 가지는 兩面

---

1) Sentence constituent. 문장구성요소. 이 논문에서는 '文章構成素'라 지칭하고자 한다.
2) Semantic property. 語彙意味가 지니고 있는 여러 語彙意味論的 性格을 포괄하는 용어로 여기
   서는 單語와 文章構成素의 語彙意味論的 特性으로 규정하고자 한다.
3) 일종의 假說的 理論을 도입한 것이므로 '패러다임'이라는 용어를 사용하였다.
4) 語彙意味는 Lexical meaning, 單語意味는 Word meaning, 文脈意味는 Context meaning.
5) 單語意味와 文脈意味의 語彙意味論的 差異를 지칭한 용어.

性을 분석하는 데 매우 적합한 방법론이다.

  기존의 어휘의미에 대한 연구는 주로 단어의 多義語, 類義語, 反意語, 上下位語 등 意味關係 연구와 辭典意味와 관련한 코퍼스 관련 연구, 意味成分 分析, 意味場 分析 등이 주류를 이루고 있다. 그런데 기존의 연구는 의미의 兩面的 屬性을 고려하지 않은 채 분석되고 있다. 한 어휘가 단어의미와 문맥의미를 지니고 있다는 것에 대해서는 익히 알려진 사실이지만 동일한 어휘를 單語意味와 文脈意味로 나누어 분석한 예는 없는 것 같다. 기존의 연구는 대개 단어의미 중심으로 연구되어 온 것이며, 문맥의미를 고려한 분석은 그 연구 성과가 미미해 보인다.

  單語와 文章構成素의 의미속성을 종합적으로 살피기 위해서는 각각 意味素의 屬性, 內包와 外延의 屬性, 意味成分의 屬性을 分析하는 것이 필수적이다. 이 논문에서는 첫째, 홀론의 이론적 배경과 성격을 알아보고, 이 홀론적 방법이 어휘의미의 意味屬性 分析에 어떻게 도입 적용되는가를 제시하고 둘째, 홀론적 관점에서 單語와 文章構成素의 意味素는 각각 어떤 차별성을 가지고 있는지를 분석하고 셋째, 홀론적 관점에서 單語와 文章構成素의 內包와 外延은 어떻게 다르게 분석되는지를 살피고 넷째, 單語와 文章構成素의 意味成分은 각각 어떻게 분석되는가를 고찰하고자 한다. 이 연구의 궁극적인 목적은 모든 語彙意味 分析[6]은 이 兩面的 意味屬性이 고려되어 분석되어야 올바른 의미 분석이 될 것이라는 것을 간접적으로 제시코자 함이다.

2. 語彙意味의 홀론(holon)的 性格

  홀론은 아서 케슬러(A. Koestler)가 만든 용어[7]로 그리스어인 홀로스(holos;

---

6) 유의어, 반의어, 다의어 등의 의미 분석도 單語意味的 次元이 아닌 文脈意味的 次元에서도 다뤄져야 한다고 본다.

全體)와 온(on; 部分, 粒子)의 합성어다. 즉, 홀론이란 部分이면서 동시에 全體라는 뜻이다.[8) 모든 有機體 또는 組織化된 시스템 내에서 한 個體는 部分과 全體라는 야누스적인 兩面性을 가지고 있으며 相互 有機的인 關係를 맺고 있다는 것이 홀론(holon)의 기본 개념이다.

예컨대 細胞는 생물을 이루는 기본 단위로 집의 벽돌과 같은 것이다. 그러나 세포는 단순히 고립된 부분이 아니다. 세포는 그 자신이 獨立된 하나의 個體이자 全體이다. 즉, 세포는 내부의 小機關에 대해서는 部分이다. 그러나 생물에서 떼어낸 세포를 배양액에 담가두면 혼자서도 살아간다. 생물체 안에 있을 때는 部分에 지나지 않지만 홀로 떨어져 나올 때는 全體로서 自立해 나간다. 이렇게 부분과 전체의 二重性을 갖고 있는 존재가 홀론이다.[9) 케슬러에 의하면 홀론에서의 部分[10)이 전달하는 의미는 그 자체로는 自律的인 存在라고 할 수 없는 斷片的이고 不完全한 것이라 하고, 全體란 더 이상 설명이 필요하지 않은 그 자체로서 完全한 것[11)으로 본다. 또한 홀론은 全體가 部分의 總和 以上이며 그 全體로서의 屬性은 그 部分들의 屬性보다 훨씬 복잡하다는 사실이다.[12) 이러한 위계구도의 각 구성 요소들은 各個의 차원에서 그 고유한 권리를 지닌 亞全體,[13) 즉 홀론이라는 것이다. 그것은 自己規制的인 裝置를 갖추고 상당한 정도의 自律性 혹은 自己 統制力을 누리고 있는 安定되고 統合的인 構造로 되어 있으며[14) 홀론은 全體로서의 獨立的인

---

7) Koestler, Arthur(1979), Janus, Vintage Books, A Division of Random House, New York, 최효선 역(1993), 『야누스』, 범양사, p.40 참조
8) 金容雲・金容國(2000), 『프랙탈과 카오스의 世界』, 우성, p.277.
9) 金容雲・金容國(2000), 앞의 책, p.277.
10) 부분은 part, 조각은 piece.
11) 최효선 역(1993), 앞의 책, p.40.
12) 최효선 역(1993), 앞의 책, p.39.
13) 살아있는 有機體나 社會組織을 구성하는 홀론은 우리가 경험해 온 바와 같이 야누스적 實在다. 야누스의 보다 높은 단계를 향하고 있는 얼굴은 더 큰 體系에 예속된 部分의 홀론이고, 보다 낮은 단계를 향하고 있는 얼굴은 고유의 권한을 가진 準自律的인 全體의 모습을 나타낸다. 케슬러는 모든 홀론은 두 가지 相反되는 傾向 혹은 可能態를 소유하고 있음을 의미한다고 하고, 보다 큰 全體와 部分으로서 기능하는 統合 傾向과 個體의 自律性을 보유하는 自己主張 傾向으로 살필 수 있다고 보고 있다.

性質과 部分으로서의 隷屬的인 性質을 동시에 가지고 있다.15)

이상에서 살펴본 바에 따라 홀론적 관점에서 部分과 全體의 성격을 종합하면, 부분은 전체 안에서 隷屬性, 依存性, 固定性을 가지며, 전체는 獨立性, 自律性, 流動性을 가진다.

이러한 홀론적 관점을 單語와 文章構成素의 의미론적 성격에 적용해 보자. 예컨대

> (1) 가. 단어로서의 '꽃'16)
> ① 꽃식물의 생식기관.
> ② 젊고 아름다운 여자의 비유.
> ③ 가장 중심이 되는 일을 일컫는 말.
> ④ 홍역, 마마 등에 의해 살갗에 붉게 돋아나는 것.
>
> 나. 문장구성소로서의 '꽃'
> ① 이 꽃은 진달래다.
> ② 저 사람은 늘 꽃 속에 파묻혀 산다.
> ③ 이 가수는 오늘 행사의 꽃이다.
> ④ 자고 난 아이의 볼에 하나둘 꽃이 번지기 시작했다.

(1가)는 單語로서의 '꽃'으로 사전에는 '꽃'의 낱말 뜻이 ①-④로 제시되어 있다. (1가)의 '꽃'은 다양한 의미를 단어의 내부 속에 가지고 있는 하나의 완결된 語彙意味體다. 홀론적 관점에서 볼 때 단어로서의 '꽃'은 그 자체가 全體다. 단어로서의 '꽃'은 스스로 獨立的이고 多義的인 전체의 의미속성을 지닌다. 그러나 단어 '꽃'은 필연적으로 문장 속에서 쓰이게 되므로 그 의미는 未分化的이며 流動的인 內部構造를 갖는다.

반면에, (1나)는 文章構成素로서의 '꽃'이다. (1나 ①)의 '꽃'은 '진달래'라

---

14) 최효선 역(1993), 앞의 책, p.41.
15) 최효선 역(1993), 앞의 책, p.48.
16) 한글학회(1991), 『우리말큰사전』, 어문각.

는 物理的 實體, (나, ②)의 '꽃'은 '여성'이라는 抽象的 比喩體, (1나 ③)의 '꽃'은 '핵심'이라는 觀念的 抽象體, (나 ④)는 '붉은 반점'을 나타내는 生理的 實體를 나타낸다. 즉, (나)의 '꽃'들은 같은 文章構成素지만 동일한 의미가 아니다. (1나)에 예시된 각각 '꽃'은 文脈[17] 속에서 다른 文章構成素와의 개념적 관계에 따라서 의미적 영향과 제약을 받아 고유한 單一意味를 갖는다. 文章構成素는 문맥에 필요한 한 가지 의미만을 취하게 되므로 單語와 달리 多義的이지 않고 單義的이다. 각각 문장 속의 (1나)의 '꽃'은 동일하나 개념은 다 다르므로 서로 置換될 수 없다. 홀론적 관점으로 볼 때, 각각의 文章은 의미적으로 하나의 완결된 意味體이며 문장 속의 '꽃'은 文章을 구성하는 部分의 意味屬性을 가진다. '꽃'은 전체에 의한 부분의 의미를 갖는다.

    (2) 가. 영수가 걸어서 학교에 간다.
        나. 영수가 차를 타고 학교에 간다.

    (2가)와 (2나)의 '영수'는 같은 行爲者이지만 관계하는 事件은 다르다. (2가)의 영수는 '걷는 행위'를 하는 사건을 지니며, (2나)는 '타는 행위'를 하는 사건을 지니고 있다. 文章構成素로서의 고유명사 '영수'는 다른 구성요소의 槪念的 相互關係에 의한 사건상의 제약을 받고 있다.

    (3) 가. 나는 슬픔의 눈물을 흘렸다.
        나. 나는 기쁨의 눈물을 흘렸다.

    (3가, 나)를 보면 행위 주체인 '나'가 눈물 흘리는 행위는 동일하지만, 그 感情 狀態는 정반대 개념이다. '슬픔'과 '기쁨'이라는 文章構成素가 '눈물'의 意味를 制約하고 있다. 문장 속의 의미관계는 한 낱말의 의미적 성질에만 의존하는 것이 아니고 文脈依存的[18]인 것이다. '저 사람은 말이 많다.'라고 하

---

17) 千時權·金宗澤(1981), 『國語意味論』, 螢雪出版社, pp.60-62.

18) M, Lynne Murphy(2003), Semantic Relation and the Lexicon, Cambridge University Press, 임

면 말(言)인지 말(馬)인지 그 뜻하는지 알 수 없으나 '목장의 여러 말 가운데
저 사람의 말이 많다'라는 文脈 속에서는 뜻이 분명해진다. 김봉주(1988)는
영어의 'go'의 의미는 '가다'인데 이것은 한 지점에서 다른 지점으로 옮겨
멀어지는 행위 일반을 추상한 개념이다. 그것은 애초 같은 언어사회에서 符
號로 정해진 후 오랜 전통을 가지고 전수된 온 社會的 所産으로, 모든 '가는'
행위의 種槪念들을 대표하는 類로서 標準的이고 多義性을 지니고 있어 여러
가지 文脈的 意味로 쓰이는 성질을 가진 상징기호이다. 그런데 이 단어가 일
단 어떤 文章에 쓰이면 그것은 抽象에서 具體로 특수한 현실적 의미를 띠고
나타난다[19]고 했다.

  부분의 의미속성을 가지는 文章構成素는 전체의 의미속성을 가진 문장이
라는 전체 속에서 다른 文章構成素의 개념을 동시에 공유하고 있는 것이다.
따라서 文章構成素는 문맥[20] 속에서 다른 구성소와의 개념상의 생산적 상호
관계가 이루어지면 새로운 의미로 전이되거나 확장되기도 한다.[21]

  홀론에 대하여 문장 분석을 예로 들어 설명한 물리학자 金容雲・金容國
(2000)의 견해를 들어보자. 언어의 자기조직에서도 에서도 단어를 홀론의
입장에서 보면 단어가 文章 내에 들어가 있지 않은 때는 여러 가지 의미를
가지고 있지만 어떤 문장 속에 들어가면 그 문장의 意味에 맞게 單語의 意味
로 규정되어 버린다. 즉, 單語도 홀론처럼 全體와 部分이라는 二重性을 갖고
있는 것이다.[22]

  하나의 단어는 여러 가지 의미를 가지고 있다. 즉, 流動性(自由)이 있는 것

    지룡, 윤희수 역(2008), 『의미관계와 어휘사전』, 박이정출판사, p.22.

19) 김봉주(1988), 『개념학』, 한신문화사, p.85.

20) D. A. Cruse(1986), Lexical Semantics, Cambridge Univ Press. 임지룡・윤희수 역(1989), 『어
    휘의미론』, 경북대출판부, p.21. '단어의 의미는 그것의 문맥적 관계에 의해 구성된다'고
    말할 수 있다. D. A. Cruse(1986), 앞의 책, p.103. "각각의 무한수의 문맥적 관계로 구성되
    어 있지만 동시에 통일된 전체를 구성한다."는 언급 및 p.124. "한 문장 내의 모든 단어는
    다른 모든 단어와 또한 인접한 문장들 내의 단어들과도 의미적으로 상호 작용한다."는 언
    급 참고.

21) 관용어, 융합합성어 등이 그 예다.

22) 金容雲・金容國(2000), 앞의 책, p.278.

이다. 하지만 문장의 경우, 각 단어는 전체 문장의 의미에 맞게 오직 하나의
의미만을 선택되고 나머지는 없어진다. 그 예를 다음 英文으로 번역해 보자.

    (4) Time flies like an arrow.

  이것은 '시간은 화살처럼 날아간다.'라고 번역한다. 그러나 번역을 할 때
각 단어를 사전에서 찾아보면 각 단어는 다음과 같이, 적어도 두 개 이상의
의미를 가지고 있다.

    (5) 'time' : 시간, 때, 시기
       'fly'   : 날다, 파리, 기민한
       'like'   : 좋아하다, ~와 같은
       'an'   : 하나의, 약간의
       'arrow' : 화살, 화살표

  (5)의 단어가 모여서 하나의 문장을 구성하면 오직 하나의 의미만이 선택
된다. 그 選擇의 기준은 全體 文章의 意味에 맞아야 한다는 것이다. 만일 이
문장을 다음과 같이 번역한다면 이상하다고 생각될 것이다. 즉 '시간 파리
들은 화살을 좋아한다.' 이 번역은 일반적으로 받아들여지지 않는다.23) 낱
낱의 단어는 일반적으로 한 가지 의미만이 아니라 두세 개의 의미를 가질
수 있는 자유가 허용되지만, 이들이 모여서 文章이라는 全體를 構成하면 全
體의 秩序, 즉 文章의 意味를 따르게 된다.이것이 文章 안에서 이루어지는 單
語들의 自己組織이다.24) 이러한 분석은 어휘의 홀론적 성격을 매우 的確하
게 보여준다.
  케슬러는 한 音素, 形態素, 單語, 句는 言語의 홀론이며25) 다양한 단계-음

---

23) 물론 이러한 번역이 불가능한 것은 아니다. 다만, 이렇게 번역한다면 앞의 '시간은 화살처
    럼 날아간다.'라는 번역은 배제된다는 점에서 하나의 해석만이 가능하다.
24) 金容雲・金容國(2000), 앞의 책, p.266.
25) 최효선 역(1993), 앞의 책, p.51.

소, 형태소, 단어, 문장-의 각각의 實在는 그 部分들과 聯關된 全體이고 한 단계 위의 보다 複雜한 實在에 隸屬된 部分이다. 예를 들면 /man/이라는 형태소는 menace, mental, mention, mentor 같은 여러 가지 단어에 쓰일 수 있는 언어 홀론인데, 그들이 나타내는 특유한 의미는 그 보다 높은 단계인 문맥에 따라 결정된다.[26] '음소는 아무런 의미도 가지고 있지 않으며 단지 형태소의 단계에서만 해석될 수 있고, 또 단어는 문맥에서, 문장은 보다 광범위한 준거틀에서 의미를 취하지 않으면 안 되기 때문이다.'[27]라 하여 言語單位도 홀론적으로 分析할 수 있는 가능성을 제시하였다.

김봉주(1988)는 言語的 意味는 文字의 意味와 文脈的 意味로 대별[28]된다고 하고 文字的 意味는 抽象的, 多數的, 符號的, 獨立的, 一般的, 代表的, 標準的, 一次的, 含意的이다. 文脈的 意味는 상황적 의미 같은 것으로 具體的, 單一的, 依存的, 特殊的, 心理的, 改新的, 明示的이다. 때문에 그를 문장적 의미, 이차적 의미, 사용적 의미 주변적 의미, 생성적 의미 등으로 불리운다[29]고 했다. 김봉주의 이 견해는 특성만 나열하고 구체적인 분석이 없어 아쉽지만, 單語意味의 홀론적 성격을 間接的으로나마 잘 규정하고 있다. 울맨[30]은 어휘의미를 규정하여 符號的, 潛在的, 社會的, 固定的이라고 했다. 固定的이라는 울맨의 견해는 아마도 通念的 意味를 염두에 두고 한 견해일 것이다. 그러나 한 단어의 語彙意味는 固定될 수 없다. 그 쓰임에 따라서 그 어휘의미는 얼마든지 添加되고 擴大 혹은 縮小될 수 있다.

그러므로 單語 혹은 文章은 의미적으로 완결된 의미체로서 全體의 意味屬性을 지니며, 文章構成素는 전체에 예속된 部分의 意味屬性을 지닌다. 單語는 의미적으로 自立性을 가진 의미범주를 가지고 내부 속에 여럿의 의미를 가지게 되므로 自律的이며 多義的이며 流動的이며 의미를 未分化的으로 가지

---

26) 최효선 역(1993), 앞의 책, p.49.
27) 최효선 역(1993), 앞의 책, p.249.
28) 김봉주(1988), 앞의 책, p.84.
29) 김봉주(1988), 앞의 책, p.85.
30) 김봉주(1988), 앞의 책, p.85.

고 있는 全體[31]다. 반면 文章構成素는 다른 文章構成素와 意味的 相互關係를 통해 문맥에 필요한 의미만을 취하게 되므로 依存的이며 單一하고 固定的이며 分化的이다.

單語와 文章構成素의 관계는 다음과 같이 나타낼 수 있다.

(6) WM = [s1, s2, s3... sn]
 wm = S[w1]
 SM = S[w1, w2, w3... wn]
 (WM = 단어의미 wm = 문장구성소의 의미
 SM = 문장의미 w = 문장구성소 s = 의미소[32])

이 홀론적 관점은 서구의 個體論的 分析 方法과 동양의 全體論的 分析 方法이 통합된 방법론적 틀로서 個體論와 全體論의 분석상 문제점을 보완할 수 있는 새로운 방법론으로서 개척되어야 할 것으로 보인다.

3. 單語와 文章構成素의 意味素

意味素란 '일정한 言語形式이 가지는 意味의 最小單位'[33]다. 한 어휘는 쓰임에 따라 하나 혹은 그 이상의 意味素를 가지게 되는데, 홀론적 관점에서 보면 單語와 文章構成素의 意味素의 分布[34] 상태에서도 큰 차이를 보인다. 명사 '길'을 예로 들면,

---

31) 千時權・金宗澤(1981), 앞의 책, pp.63-65.
32) 자세한 사항은 崔尙鎭(2010), 「普通名詞 外延의 意味成分 分析」, 『語文硏究』 148, p.10. 참고.
33) 千時權・金宗澤(1981), 앞의 책, p.115.
34) 千時權・金宗澤(1981), 앞의 책, p.117.에서는 '의소를 설정하려면 그 형태소가 여러 문맥 속에서 쓰인 경우의 단의의 분포상태부터 널리 조사하지 않으면 안 된다.'고 보았다.

(7) 가. 단어 : '길'의 의미소

　　　　　(공간, 거리, 과정, 방향, 도리, 방법, 처지, 등등)

　　나. 문장구성소 : '길'

　　　① 이 길은 매우 넓다.

　　　② 부산은 먼 길이다.

　　　③ 오는 길에 친구를 만났다.

　　　④ 우리 모두 승리의 길로 나가자.

　　　⑤ 너를 만나러 오는 길이다.

　　　⑥ 묵묵히 군인의 길을 간다.

　　　⑦ 그 길밖에는 도리가 없다.

　　　⑧ 나이가 들어도 배움의 길은 끝이 없다. 등등

　(7가)의 단어 '길'은 하나의 독립된 어휘체로서 전체의 의미속성을 지닌다. 단어 '길'은 (7가)에서 보는 바와 같이 여럿의 意味素를 가지고 있다. 단어 '길'의 내부에는 하나의 독립된 의미범주 속에 여러 意味素들이 未分化的으로 얽혀 의미뭉치를 이루고 있다. 사전은 단어의 意味와 用法 등을 풀이한 어휘목록집으로 한 단어가 가지는 意味素 分布狀態를 알 수 있는 정보를 제공한다. 사전에서 언급된 한 단어의 意味素들은 여러 용례를 통해 頻度가 잦은 使用意味35)로부터 분류 제시된 것이다. 사전적 의미는 고정된 것이 아니라 通念的 意味의 用例集으로 쓰임 따라서 얼마든지 意味素가 擴張될 수 있다.36) 단어 '길'은 그 쓰임에 따라 무한한 의미를 지니는 流動的 意味可能體인 것이다.

　반면, (7나)의 文章構成素 '길'은 文章에 隷屬된 어휘체로서 部分의 의미속성을 지닌다. (7나 ①-⑧)은 동일한 文章構成素이지만 각기 다른 개념을 지닌 意味素를 가지고 있다. 이 文章構成素들은 각각 다른 문장의 다른 구성소와의 의미적 관계를 맺고 일정한 文脈을 형성하여 문장의미에 필요한 單一意味素만을 취하게 된다. 千時權·金宗澤(1981 : 117)의 置換吟味法에 따르면,

---

35) 코퍼스적 방법으로 제작한 辭典.

36) 김봉주(1988), 앞의 책, p.85.

동일한 形態素 속에 이처럼 많은 單意들이 文脈에 따라 달리 분포되고 있는데 文章構成素 속의 意味素들은 서로 개념적으로 置換될 수 없다[37]고 보았다. 전체의 의미속성을 지닌 단어 '길'은 다의소적이나 부분의 의미속성을 지닌 文章構成素 '길'은 單意素的이다.

> (8) 가. 단어 : 영희, 행복, 불행
> 나. 문장구성소
> 영희는 행복하다.
> 영희는 불행하다.

(8가) 단어 '영희'는 固有名詞, '행복'과 '불행'은 抽象名詞다. 영희는 특정한 인물을 지칭하고, '행복'과 '불행'은 각각 고유한 意味素를 지닌 全體의 의미속성을 지닌 단어다. (8나)의 文章構成素 '영희', '행복' '불행'은 文章 속에서 部分의 의미속성을 지닌다. 동일한 인물이지만 前者의 영희는 행복이라는 意味素性과 관계하여 행복한 사람의 의미를 갖고, 後者의 영희는 불행이라는 意味素性과 관계하여 불행한 사람의 의미를 갖는다.

部分의 의미속성을 지닌 文章構成素의 意味素는 槪念素[38]상의 차이에서도 분명히 들어난다.

> (9) 문장구성소 : '가다'
> 가. 철수가 학교에 가다.
> 나. 영희가 학교에 가다.
> 다. 돌이가 하늘로 가다.

(9가) '가다'는 '철수'가 행동주로서 '학교에 가는 사람'은 '철수'이고, (9

---

37) 千時權・金宗澤(1981), 앞의 책, p.118. 김종택은 '길'이라는 語素 내부의 異意들을 '觀念群'으로 보고, 이 중에서 [道路]라는 意素를 '代表觀念'으로 보고 있다.

38) 김봉주(1988), 앞의 책, p.63에서는 念素(concepeme)라는 개념을 설정하고, '여러 대상에서 공통징표만을 추상하여 얻어진 일반상념(관념)의 최소단위'로 정의하였다. 여기서는 '槪念素'라는 용어를 사용하기로 한다.

나)는 '영희'가 행동주로서 '학교에 가는 사람'은 영희이다. (9다)는 '돌이'가
행동주로서의 '죽은 사람'은 '돌이'다. (9가, 나, 다)는 'GO'라는 같은 意味素
를 지녔지만 각각의 槪念素는 다르다.[39]

    (10) 가. 저 사람은 김철수다.
         나. 극장에 사람들이 많다.

    (10가)의 '사람'은 '김철수'라는 特定한 사람을 지칭하는 반면, (10나)는 不
特定 多數의 사람을 지칭한다. (10가, 나)의 '사람'의 量的 槪念素가 다르다.

    (11) 가. 저 사람은 천천히 걷는다.
         나. 저 사람은 빨리 걷는다.

    (11가)의 사람은 천천히 걷고 (11나)의 사람은 빨리 걷는다. 동사의 수식
정도에 따라서 각각의 행위적 개념소가 다르게 보인다.

    (12) 가. 이 책은 재미있다.
         나. 이 책은 두껍다.[40]

    (12가, 나)의 文章構成素 '책'은 일종의 多面語인데, (12가)는 '내용', (12나)
는 '형태'의 槪念素性을 지닌다. 多面語는 인지의미론적으로 특정 문맥에서
개념소상의 차이로 분석되는 것이 타당하다.
    접사나 어미 등 폐쇄부류도 文章構成素의 部分의 의미속성을 가지고 있다.
예를 들어 접미사 '-잡이'를 보자.

    (13) 가. 이 문은 손잡이가 뻑뻑하다.
         나. 이 책은 수험생의 길잡이가 된다.

---

39) (7가,나)와 (7다)는 동음이의어라는 견해가 있다.
40) 임지룡(1997), 『인지의미론』, 탑출판사, p.227 참조.

다. 이 사람은 서부의 총잡이다.

(13가)의 '-잡이'는 物理的 事物, (13나)는 抽象的 觀念, (13다)는 物理的 人物의 意味素性을 갖는다. 접사 '-잡이'도 각각 다른 構成素와의 概念的 相互 關係에 의한 제약을 받아 단일한 意味素를 가진다. 개방부류와 달리, 파생접사는 獨立된 全體인 單語가 갖는 의미속성은 없고 文章構成素로서 部分의 의미속성만을 지닌다 하겠다.

(14) 가. 그 여자는 얼굴이 예쁘다.
    나. 그 여자는 얼굴도 예쁘다.
    다. 그 여자는 얼굴만 예쁘다.

(14)의 조사 '-이, -도, -만'은 폐쇄부류의 文章構成素이지만 文章 全體의 意味를 制約하는 部分의 의미속성을 지니고 있다.

그러므로 全體的 意味屬性을 지닌 單語의 意味素는 단어의 내부 속에 여럿의 意味素를 지니고 있으나, 部分的 意味屬性을 지닌 文章構成素의 意味素는 單一하다. 단어의 意味素는 未分化 構造로 이루어져 있는 意味可能體인 반면, 文章構成素의 意味素는 文脈 속에서 다른 文章構成素와 마치 인디라(Indra)網[41]과 같은 관계를 가진 固定的이고 分化的인 單一 意味素性를 지닌다.

4. 單語와 文章構成素의 內包와 外延

일정한 指示物이 존재하는 名詞의 內包와 外延은 意味屬性을 分析하는 데

---

41) 佛敎의 華嚴經에 나오는 '多中一, 一中多'의 개념으로 한 구슬이 모든 森羅萬象을 품고 있다는 세계관이다. 文章構成素는 마치 인드라망의 구슬처럼 모든 全體의 意味를 품고 있다고 본다.

반드시 언급해야 할 연구 대상인데, 홀론적 관점에서 單語와 文章構成素의 의미속성은 內包와 外延에 있어서도 사뭇 다르게 분석된다. 예컨대

(15) 단어로서의 보통명사 내포와 외연
　　보통명사 '사람'
　　　　내포 : '사람의 모든 공통적 속성'
　　　　외연 : '모든 사람들의 총합 지시체'

　(15)의 보통명사 '사람'의 外延은 세상에 존재하는 모든 人類의 總合을 지칭한다. 성별, 연령에 관계없는 모든 사람, 현재 과거 미래 시공간 속의 모든 헤아릴 수 없이 사람을 지칭하고 있는 막연한 지시체다. 보통명사의 外延은 多數的이고 總合的인 個體 槪念이다. 한편 '사람'의 內包는 일반적인 모든 사람의 屬性 槪念을 나타낸다.

　그런데 지금까지 이루어진 보통명사 '사람'의 內包와 外延에 대한 분석은 單語와 文章構成素의 意味屬性을 고려하지 않은 채 분석한 것이다. 즉, 이러한 분석은 '사람'이 지니는 基本意味 혹은 核心意味를 대상으로 분석한 것이다. 다음 예를 보자.

(16) 문장구성소로서의 보통명사 '사람'
　　가. 사람은 사회적 동물이다.
　　나. 이 사람은 우리 어머니다.
　　다. 이 고장은 사람이 잘 되어 나온다.
　　라. 정약용은 역사적 사람이다.

　(16가)의 '사람'의 內包와 外延은 (15)에 대한 분석과 일치한다. 반면에, (16나)의 外延은 '나의 어머니'라는 單一體이며 內包는 '나의(우리) 어머니'가 갖는 特定한 한 인물(어머니)의 屬性을 나타낸다. 또 (16다)의 外延은 '출중한 인물'의 指示體, 內包는 '출중한 인물의 속성'을 나타내며, (16라)의 外延

은 '정약용'이라는 單一體, 內包는 '정약용이라는 인물의 역사적 속성'을
나타낸다. 각각의 文章構成素 '사람'은 다른 構成素와 槪念的으로 結合하여
보다 具體的이고 單一한 內包的 意味屬性과 外延的 意味屬性을 갖게 되는
것이다.

> (17) 가. 단어로서의 '어머니'
>   나. 문장구성소의 '어머니'
>   ① 우리 어머니가 집에 계시다.
>   ② 많은 어머니들이 강당에 있다.

(17가) 單語로서의 '어머니'의 外延은 '추상적 개념의 집합체'이나 (17나)
의 文章構成素로서의 '어머니'의 外延은 '내 어머니'로서 固有名詞 外延과 마
찬가지로 具體的 槪念의 單一 指示體이다. 單語에는 '내 어머니'라는 指示對
象 X가 없으나, 文章構成素에서는 指示對象 X가 존재한다. 이렇게 文章構成
素로서의 보통명사는 때로 固有名詞와 같은 外延을 가지게 된다. 單語 外延
指示體의 의미범주가 無限性을 지니고 있다고 가정한다면, 文章構成素로서의
單語의 外延 指示體의 의미범주는 有限性을 가진다. 이렇게 동일한 단어라
할지라도 全體로서의 單語意味과 文章構成素로서의 文脈意味는 그 意味的 質
量에서 本質的으로 다르다.[42] 김봉주(1988 : 103)에서도 "가령 <man>이 하
나의 고도로 추상된 개념이지만, 그것이 쓰일 때 또는 쓰인 곳에서는 그
<man>은 이미 추상적인 것이 아니고, 구체적인 것을 지시하게 된다. The
man is a fool이라고 하면 어떤 특정인, He is a man이라고 하면 특정인은 아
니지만, <man>보다는 구체적인 어떤 특정인(들)을, John is my man은 나에
게 소속된 사람 등, <man> 때보다는 그 外延이 축소된다. 그것은 <man>이
라는 개념에 <the>, <a>, <my> 등이 덧붙여져서 그렇기도 하거니와 기타
의 문장적 요소(상황)가 가세하여 <man>을 제한하기 때문이다."라고 했다.

---

42) 崔尙鎭(2011), 앞의 論文, 『語文硏究』 148, p.13.

(18) 가. 보통명사 단어 '산'
　　　나. 문장구성소 '산'
　　　　① 산은 산이요 물은 물이다.
　　　　② 저 산은 단풍으로 붉게 물들었다.
　　　　③ 저 산은 지리산이다.

(18가) 보통명사 단어 '산'의 內包는 '산이 가지는 일반적인 여러 속성들', 外延은 '세상의 모든 산들의 총합'이다. 반면 (18나)의 文章構成素 '산'은 文脈에 따라서 內包와 外延이 다르게 나타난다. (18나, ①)의 '산'은 (18가)의 內包와 外延과 같으나, (18나, ②)에서 內包는 '단풍의 속성을 지닌 산', 外延은 '모든 단풍든 산들의 총합'으로 內包와 外延의 의미속성이 달라진다. (18나, ③)에서 '산'의 內包는 '지리산이라는 특정한 속성', 外延은 '지리산'이라는 單一體다. 즉, 한 단어가 文章構成素로 사용되었을 때에는 그 外延的 性質이 다르게 나타난다.

(19) 가. 고유명사 단어 '이광수'
　　　나. 문장구성소 '이광수'
　　　　① 이광수는 최초의 현대소설을 쓴 작가다.
　　　　② 이광수가 마라톤을 하고 있다.
　　　　③ 이광수의 작은 액자가 걸려 있다.

(19가) 고유명사 單語로서 '이광수'의 內包는 '이광수라는 특정한 사람의 속성', 外延은 '이광수라는 인물 단일 지시체'이다. 그러나 단어 '이광수'는 '이광수'라는 이름을 가지는 여럿의 '이광수'가 존재하므로 內包가 '특정한 사람의 속성'이라도 볼 수 없는 '막연한 개념의 속성'을 가리킨다. 外延도 특정한 사람이 아닌 '이광수라는 이름을 가진 여러 사람의 집합'을 말하는 것이 타당하다. 고유명사이지만 보통명사와 다름이 없다. 반면 (19나) 文章構成素로서의 '이광수'는 具體的인 對象을 지시하고 있다. (19나, ①)에서 '이광

수'의 內包는 '역사적 사실로서의 속성', 外延은 '역사적 단일 인물인 이광
수'로 보다 具體的인 指示體로 나타나며, (19나, ②)의 內包는 '이광수라는
이름을 지닌 특정한 사람들의 속성', 外延은 '이광수라는 이름을 지닌 사람
들의 총합'이다. (19나, ③)의 內包는 '액자라는 사물의 속성', 外延②은 '이
광수라는 사람의 얼굴이 담긴 액자 그 자체'이다. 이 예는 文章構成素의 部
分的 意味屬性이 文脈 속에서 고유명사의 의미영역이 '人物'에서 '事物'로 바
뀌기도 한다는 것을 보여준다.

　　派生接辭 '-이'의 경우도 內包와 外延을 가진다고 볼 수 있는데[43] 형태소
로서의 '-이'는 內包와 外延을 가지지 않으나, 文章構成素로서의 '-이'는 가
능하다. 예컨대

　　　(20) 가. 형태소(접사) : '-이'
　　　　　① ((몇몇 형용사, 동사 어간 뒤에 붙어))명사를 만드는 접미사.
　　　　　② ((몇몇 명사와 동사 어간의 결합형 뒤에 붙어))'사람', '사물',
　　　　　　'일'의 뜻을 더하고 명사를 만드는 접미사.
　　　　　③ ((몇몇 명사, 어근, 의성・의태어 뒤에 붙어))'사람' 또는 '사물'
　　　　　　의 뜻을 더하고 명사를 만드는 접미사.
　　　　나. 문장구성소 : '-이'
　　　　　① 먹이들이 들판에 널려 있다.
　　　　　② 호랑이는 동물이다.
　　　　　③ 젊은이는 야망을 가져야 한다.

　　(20나 ①)에서 文章構成素의 內包는 '짐승들 먹이감의 속성', 外延은 '짐승
들 먹이의 총합'이다. (20나 ②)에서 內包는 '호랑이의 개체 속성', 外延은
'호랑이라는 지시체들의 총합'이다. (20나 ③)의 內包는 '청년의 속성', 外延
은 '청년들의 총합'이다. 이렇게 파생접사 '-이'의 內包와 外延은 다른 槪念
的 關係에 의해 派生語의 意味가 형성되면서 성립된다.

―――――――――――

43) 崔尙鎭(2011), 「派生接辭의 '-이'의 意味成分 分析」, 『語文研究』 152, p.47.

　(21) 가. 단어 '책'
　　　　나. 문장구성소 '책'
　　　　　　① 책이 있다.
　　　　　　② 책이 두 권이다.
　　　　　　③ 책이 여러 종류이다.
　　　　　　④ 책이 도서관에 많다.
　　　　　　⑤ 책은 마음이다.

　(21가)는 單語로서의 보통명사 '책'이다. '책'의 內包는 '책이 지니는 속성들', 外延은 '모든 책들의 총합'으로 막연하고 무한한 수량 개념이다. 반면에, (21나)에서 文章構成素의 外延은 '책'의 서로 다른 수량 개념을 알 수 있다. 즉, (21나 ①)은 (21가)와 마찬가지로 막연한 수량 개념이지만, (21나 ②)에 쓰인 文章構成素 '책'의 外延은 2개의 有限的 個體다. (21나 ③)의 外延은 의미범주가 정해지지 않지만 有限的 數이고, (21나 ④)는 도서관이라는 의미범주가 정해진 有限數이다. 한편 (21나 ⑤)는 비유적 표현으로 外延 自體를 알 수 없는 內包的 統合體이다. 이렇게 文章構成素는 다른 構成素와의 前後 文脈의 흐름에 따라 外延이 결정된다.44)

　요컨대, 單語로서의 內包와 外延은 全體의 意味屬性을 지닌 基本意味의 總合的인 個體屬性과 個體集合으로 나타나며, 文章構成素의 內包와 外延은 部分的 意味屬性을 지닌 각각 個別的이고 具體的인 個體屬性 혹은 일정한 의미범주 안에서의 個體集合을 나타낸다.

---

44) 崔尙鎭(2010), 앞의 論文, 『語文硏究』 148, p.27. 數量資質은 각각 [+Unit], [+Sum], [+Multi], [+Unity]로 분석할 수 있다.

5. 單語와 文章構成素의 意味成分

한 語彙意味의 內部는 意味成分을 통해 더 세밀하게 分解해 볼 수 있다. 의미성분 분석은 어휘의미의 內部構造를 살피는 방법론으로 單語와 文章構成素의 意味屬性을 분석하는 데 긴요한 접근방법이다. 한 어휘의미는 여러 개의 意味成分으로 이루어져 있는데, 홀론적 관점에서 본다면 單語와 文章構成素의 意味成分 分析도 각기 다르게 나타난다.

> (22) 단어 '어머니'의 성분분석
> 어머니 = [+KINSHIP], [+ADULT], [+FEMALE]

(22)는 단어 '어머니'의 일반석인 成分定義(componential definition)나. 그런데 이러한 성분정의는 '어머니'라는 全體意味의 成分定義가 아니다. 단어 '어머니'는 單語 內部에 여럿의 의미를 가진 全體的 意味屬性을 지닌 어휘체다. 單語는 의미속성상 意味 自體가 可變的이고 未分化되어 있으므로 사실상 意味成分 分析이 不可能하다. (22)와 같은 成分分析은 주로 單語의 普遍的이고 通念的인 意味45)을 지닌 基本意味46)를 바탕으로 한 성분분석으로서, 單語와 文章構成素로서 서로 다른 意味屬性을 갖는다는 점을 고려하지 않은 분석이다.

그렇다면 文章構成素로서의 의미성분을 살펴보자.

> (23) 문장구성소 : 어머니
> 가. 이 분은 우리 어머니다.
> 나. 이 분은 고아들의 어머니다.
> 다. 이 분은 발명의 어머니다.

---

45) Carroll, J. B.(1964), Language and Thought Englewood Cliffs, N. J. Prentice-hall. p.187. '단어의 의미는 사회적으로 표준화된 개념'이라고 했다.
46) 혹은 核心意味, 中心意味, 代表意味.

(24) 가. [+KINSHIP], [+ADULT], [+FEMALE]

나. [-KINSHIP], [+ADULT], [+FEMALE]

다. [+ROOT], [+START], [+ORIGIN], [+SOURCE]

(23 가-다)의 文章構成素 '어머니'의 성분정의는 각각 (24 가-다)로 분석할 수 있다. (23) 文章構成素 '어머니'는 각각 部分의 意味屬性을 가진 固定的이고 單一한 意味를 지니게 되므로 意味成分을 分析을 할 수 必要充分條件을 갖추고 있다. 즉, 의미속성상 單語의 의미성분 분석은 不可能하지만, 文章構成素의 의미성분 분석은 可能하다고 본다.

(25) 가. 어머니 = [+KINSHIP], [+ADULT], [+FEMALE]

나. 아버지 = [+KINSHIP], [+ADULT], [-FEMALE]

(25가, 나)에는 [+KINSHIP], [+ADULT]라는 공통적 성분이 있고, [±FEMALE]이라는 시차적 성분이 있다. 그러나 (24다)와 비교해 보면 이러한 공통적 성분과 시차적 성분이 성립되지 않는다는 것을 알 수 있다. 한 어휘가 文脈 內에서 文章構成素로서 具體的인 意味를 획득할 때라야 의미성분의 공유 정도를 판단할 수 있다. 기존의 성분분석은 通念에 따라 임의로 설정한 基本意味에 대한 특성 비교일 뿐이다. 사물 자체의 특성을 나타내는 分類的 成分과 사물 간의 관계를 나타내는 關係的 成分47)도 部分의 의미속성을 지닌 文章構成素로서의 쓰였을 때 가능한 분석방법이다.

의미성분에는 補助的 成分과 剩餘的 成分이 있는데,

(26) 가. 단어 '곰'

나. 문장구성소 '곰'

저 사람은 곰이다.

---

47) 임지룡(1992), 『국어의미론』, 탑출판사, p.61.

(26가) '곰'의 의미성분은 [+ANIMAL]이지만 (26나)의 '곰'은 [+HUMAN]
이다. 기존의 분석은 (26나)가 (26가)로 成分轉移가 된 剩餘的 成分(redundant
component)으로 분석하고 있다. 成分轉移 역시 文章構成素로서의 쓰였을 때
가능한 분석이다.

派生語의 의미성분 분석도 마찬가지다. 단어로서의 파생어 '하루살이'는
두 가지 다른 의미를 지니고 있어 의미성분이 무엇인지를 알 수 없다. 그러
나 文章構成素로서의 '하루살이'는 그 의미성분이 분명히 드러난다.

> (27) 가. 단어로서의 파생어 : 하루살이
>   나. 문장구성소로서의 파생어 : 하루살이
>   ① 저 사람은 하루살이 인생이다.
>   ② 저 곤충은 하루살이이다.

(27나 ①)의 '하루살이'의 성분정의는 [+ABSTRACT], [+LIVE], [+DAY],
[+ONE]로 나타나며 (27나 ②)의 '하루살이'의 성분정의는 [+ENTITY],
[+ANIMAL], [+INSECT]로 분석된다. 이처럼 파생어 역시 문장 속에서 쓰
였을 때 비로소 그 의미성분이 확인된다.

(27나 ①)의 [+ABSTRACT]와 (27나 ②)의 [+ENTITY]는 意味領域
(semantic domain)을 보여주는 성분정의[48]다. 이것은 동일한 어휘이지만 쓰
임에 따라서 의미영역이 다르게 나타난다는 것을 알 수 있다.

그러므로 全體의 意味屬性을 지닌 單語는 意味成分과 意味領域을 규정할
수 없으며, 部分의 意味屬性을 지닌 文章構成素로 쓰였을 때 비로소 고유한
意味成分과 意味領域을 갖는다고 하겠다.

---

48) Nida. E. A.(1975), Componential Analysis of Meaning, Cambridge University Press, 조항범 역
   (1991), 『의미분석론』, 탑출판사, p.183.

6. 結論

한 語彙의 意味屬性은 홀로 自立해 쓰였을 때의 單語와 文章 속의 文章構成素로 쓰였을 때로 나누어 살필 수 있다. 홀론적 관점에서 볼 때, 單語는 단어 內部에 여럿의 의미를 담은 完結된 語彙體로서 全體의 意味屬性을 지니는 반면, 文章構成素는 文章 속의 다른 構成素와의 相互關係에 의한 單一意味를 가지는 部分的 意味屬性을 지닌다고 본다.

單語는 의미적으로 自立性을 가진 意味範疇를 가지고 內部 속에 여럿의 의미를 가지므로 自律的이며 多義的이며 流動的이며 意味를 未分化的으로 가지고 있는 全體다. 반면 文章構成素는 다른 文章 構成素의 意味的 相互關係를 통해 文脈에 필요한 意味만을 취하게 되므로 依存的이며 單一하고 固定的이며 分化的이다.

全體的 意味屬性을 지닌 單語의 意味素는 단어의 內部에 여럿의 意味素를 지니고 있으나, 部分的 意味屬性을 지닌 文章構成素의 意味素는 單一하다. 단어의 意味素는 未分化 構造로 이루어져 있는 意味可能體인 반면, 文章構成素의 意味素는 文脈 속에서 다른 文章構成素와 마치 인디라網과 같은 관계를 가진 固定的이고 分化的인 單一 意味素性를 지닌다.

單語로서의 內包와 外延은 全體의 意味屬性을 지닌 基本意味의 總合的인 個體屬性과 個體集合으로 나타나며, 文章構成素의 內包와 外延은 部分的 意味屬性을 지닌 각각 個別的이고 具體的인 個體屬性 혹은 일정한 意味範疇 안에서의 個體集合을 나타내고 있다.

全體의 意味屬性을 지닌 單語는 意味成分과 意味領域을 규정지울 수 없으며, 部分의 意味屬性을 지닌 文章構成素로 쓰였을 때 비로소 固有한 意味成分과 意味領域을 갖는다.

참고문헌

김봉주. 1988. 「개념학」, 한신문화사.

김석득. 1992. 「우리말 형태론-말본론-」, 탑출판사.

김수중, 박동헌, 유원준 공역. 1994. 「중국문화의 시스템론적 해석」, 천지.

金容雲・金容國. 2000. 「프랙탈과 카오스의 世界」, 우성.

문장수. 2004. 「의미와 진리」, 경북대 출판부.

박창근. 1997. 「시스템학」, (주) 범양사 출판부.

염선모. 1984. "의미의 성분분석에 대하여", 「유창균박사 회갑기념논문집」, 경북대, pp.377-391.

신 B 국. 2003. 「인드라망이 세계・유기체 세계 인식자로서의 인간」, 하늘북.

신현정. 2000. 「개념과 범주화」, 민음사.

윤평현. 2008. 「국어의미론」, 역락.

이승명. 1981. "의미관계와 범주", 「한글」 173・174, 한글학회, pp.545-558.

임지룡. 1992. 「국어의미론」, 탑출판사.

임지룡. 1997. 「인지의미론」, 탑출판사.

차준경. 2004. "사건 명사의 의미 전이", 「한국어 의미학」 15, 한국어 의미학회, pp.249-272.

千時權・金宗澤. 1981. 「國語意味論」, 螢雪出版社.

최경봉. 1996. "명사의 의미 분류에 대하여", 「한국어학」 4, 한국어학회, pp.11-45.

崔尙鎭. 2010. "普通名詞 外延의 意味成分 硏究", 「語文硏究」 148, 韓國語文敎育硏究會, pp.7-34.

崔尙鎭. 2011. "派生接辭의 '-이'의 意味成分 分析", 「語文硏究」 152, 서울대학교 어학연구소, pp.31-56.

Aronoff, M. 1976. *Word-formation in generative grammar.* The MIT Press.

Bauer, L. 1983. *English Word-formation,* Cambridge University Press.

Chafe. 1970. *Meaning and the structure of language,* Chicago University Press.

Carroll, J. B. 1964. *Language and Thought Englewood Cliffs,* N. J. Prentice-hall.

Cruse, D. A. 1986. *Lexical Semantics.* Cambridge Univ. Press. 「어휘의미론」. 임지룡・윤희수 역(1989). 경북대출판부.

Foder, J & Lepore,E. 1992. *Holism,* Blackwell Inc.

Koestler, arthur. 1979. *Janus,* Vintage Books. A Division of Random House, New York. 「야누스」 최효선 역(1993). 범양사.

Leech, G. N. 1981. *Semantics.* Harmondworth : Penguin.

Lyons. J. 1977. *Semantics 1. 2.* Cambridge University Press.

Löbner, S. 2002. *Semantics.* Oxford University Press.

Murphy, M, Lynne. 2003. Semantic Relation and the Lexicon, Cambridge University Press, 「의미관계와 어휘사전」. 임지룡·윤희수 역(2008). 박이정출판사.

Matthews, P. H. 1974. *Morphology.* Cambridge University Press.

Margolis, E. & Laurence, S. 199. *Concepts core Reading,* The MIT Press.

Nida, E. A. 1949. *Morphology.* Michigan University Press.

Nida, E. A. 1975. *Componential Analysis of Meaning*, Cambridge University Press.(1991), 「의미분석론」. 조항범 역(1991). 탑출판사.

Talmy, L. 2000. *Toward a Cognitive Semantics vol. I.* The MIT Press.

Wierzbicka, A. 1996. *Semantics.* Oxford University Press.

Williams, E. 1981. On the notions lexically related and Head of a word. *Linguistic Inquiry* 12. MIT Press.

| 이 논문은 어문연구 41-4집(2013, 한국어문교육연구회)에 게재된 논문을 재수록한 것입니다.

의미 투명성과 관련한 국어의 제 현상에 대하여

김 정 남

1. 들머리

의미 투명성(Transparency)이란 일반적으로 "파생어나 합성어 등 복합어의 형성 과정에서 그 구성요소(components)의 본래적인 의미가 복합어 형성 후에도 유지되는 정도"를 의미한다. '꽃밭'처럼 의미가 그대로 유지되면 의미 투명성이 높은 것이고, '가시방석'이나 '소금구이'와 같은 경우라면 어느 정도의 투명성은 있으나 '꽃밭'에 비해서는 상대적으로 덜 투명한 경우라고 할 수 있다. 가시로 만든 방석이 아니라 "가시에 앉은 것처럼 편안하지 않은 자리"가 '가시방석'이며 그냥 소금을 구운 것이 아니라 "돼지고기의 특정 부위에 소금을 뿌려 구운 요리"가 '소금구이'이기 때문이다.[1] 이렇게 복합어를 대상으로 의미투명성을 논한다면 이는 어휘화(lexicalization)[2]의 문제와 함께 고려되어야 하며 상당히 분석적인 연구가 필요하다. 그러나 특정 어휘들 혹은 어휘 부류들에 대하여 객관적이고 절대적인 기준을 가지고 의미 투명성을 수치화하여 나타낸다거나 어떤 어휘나 어휘 부류가 어떤 어휘

---

1) '소금구이'에는 "바닷물을 달여서 소금을 만듦"이라는 의미도 있는데 이런 경우는 의미가 더 투명한 경우에 속한다고 하겠다.
2) 어휘는 정도의 차이는 있지만 기본적으로 구 구성에 비하여 의미가 특수화되는 면이 있기 때문에 어휘화의 정도와 의미투명성은 반비례하는 경향이 있다.

나 어휘 부류보다 의미 투명성이 높다, 낮다를 논의하기는 어렵다고 본다. 그리고 그런 논의의 효용 가치가 현재로서는 뚜렷하게 인식되지 않는다.

따라서 본고에서는 의미투명성의 본래적인 의미와 관련한 부분에 대해서도 논의를 하지만 이러한 측면보다는 오히려 실제 언어 사용의 측면에서 "어떤 형태가 복합어의 일부이든 단일어이든 막론하고 그 형태의 의미가 화자들에게 분명히 인지되는 정도"[3]를 일컫는 개념으로 '의미 투명성'이라는 용어를 확대하여 사용하면서 이와 관련한 국어의 제 현상을 다루어 보고자한다. 그러니까 의미 투명성이 높은 단어는 어떤 형태를 지닌 단어의 의미가 화자들에게 잘 알려져 있는 경우이고 반대로 의미 투명성이 낮은 단어는 형태를 보고 바로 의미를 알아내기 어렵거나 혹은 화자들의 머릿속에 그 의미가 충분히 저장되어 있지 않은 단어들을 일컫는 데에까지 의미 투명성의 의미를 확장해서 사용한다는 것이다.[4]

가령, 최근 많이 사용되는 '수월성'이라는 신조어의 의미를 'excellence'로 사용하는 사람들도 있고 'easiness'로 사용하는 사람들도 있어 그 의미가 다소 혼란스러운데, 이런 경우 '수월성'이라는 단어는 의미 투명성이 낮은 대표적인 단어라고 하겠다. 언어 기호라는 것이 본질적으로 형태와 의미의 결합을 바탕으로 하는 것임을 감안할 때 이러한 의미에서의 '의미 투명성'은 언어 사용에서 매우 중요한 요소이다. 우리가 어떤 언어 형태를 사용할 때 그 의미에 대한 명확한 개념적 이해 없이 막연하게 사용함으로써 의사소통에 혼란을 초래하는 일이 많은데 이러한 '의미 투명성'을 바탕으로 한 설명은 그러한 현상에 대한 원인적 설명을 가능하게 하고 나아가 처방적 기능을할 수도 있기 때문이다. 낮은 의미 투명성은 단어의 형태를 변화시키는 원인이 되기도 하고 단어의 의미를 잘못 고착시키거나 심지어 의미 변화, 나아가 언어 변화를 초래하는 원인이 되기도 한다. 그러나 그동안 국어 의미

---

3) 한편, 의미 불투명성(Opacity)이라는 용어는 '의미 투명성'과 대립되는 개념으로서, 같은 현상에 대한 양면적인 척도로 이용될 수 있다.
4) '의미 투명성'이라는 용어를 이렇게 확장된 의미로 사용한 예는 김광해(1995)에서도 볼 수 있다.

론 분야에서는 이러한 관점에서 의미 투명성에 대한 활발한 논의를 펼쳐 오지 않았던 것으로 생각된다. 따라서 본고에서는 국어 사용의 현실 속에서 의미 투명성이라는 용어를 가지고 설명할 수 있는 몇 가지 재미있는 현상들을 한자리에 모아 살펴보고자 한다.

2. 단어 형성에서의 의미 투명성

먼저 의미 투명성의 본래적 의미와 밀접히 관련된 단어 형성 부문에서의 의미 투명성에 대한 기존 논의를 살펴보기로 한다. 투명성이라는 용어는 주로 복합 명사에서 구성 요소의 의미 투명성을 논의하는 사리에서 많이 이야기되었다. 문미선 외(1999 : 278)에서는 독일어의 경우 Haustürschloβ(집문열쇠)와 같은 합성어는 개별 성분들의 의미들로부터 단어의 의미가 추출되므로 의미적으로 투명한 합성어이며 Scheinheiligkeit(위선) 같은 경우는 의미가 투명하지 않은 합성어라고 한다. 독일어는 일반적으로 합성어의 배의성이 강한 언어로 알려져 있으나 독일어 합성어가 모두 다 강한 배의성을 가지는 것은 아니어서 의미 투명성에 정도의 차이가 있음을 단적으로 보여주는 예라고 하겠다.

국어의 경우에도 합성어의 의미 해석에서 의미 투명성을 논하자면 일반적으로 융합 합성어의 경우에는 의미 투명성이 떨어지는 것으로 알려져 있다. '춘추(春秋)'가 나이의 의미가 되는 예 등이 그것이다. 이 밖에 '고무적(鼓舞的)'이라는 단어의 경우에도 '鼓'와 '舞' 같은 개별 성분들은 의미가 불투명하다고 할 수 없으나 이들 개별 성분들의 의미의 합으로부터 단어 전체의 의미가 추출되지 않는다는 점에서 의미가 불투명한 단어에 속한다. '큰집', '작은아버지' 같은 경우에도 이러한 의미적 융합이 일어나 개별 요소들의 의미의 총합만으로는 다의적인 의미를 다 추출하기 어렵다. 이런 융합 합성어의 경우 '의미의 추상화'라고 하는 설명들이 있어 왔으나 이를 '의미 투명성'과 관련하여 본격적으로 다룬 논의는 그동안 없었던 듯하다.

한편, '의미 투명성'을 '생산성(Productivity)'과 관련하여 논의한 Bauer (2001 : 51)에서는 Cutler(1980)에서 어기의 투명성만을 논의하였으나 접사의 경우에도 투명성을 논의할 수 있음을 시사하면서 Dressler(1985)의 투명성 단계를 제시하고 있다. 그 단계는 총 8단계로서 형태가 얼마나 유지되어 의미 해석에 도움을 주는지를 기준으로 한 것이다. 형태 변화가 적어 단지 이음의(allophonic) 관계일 뿐인 경우는 투명성이 가장 높은 제1단계이며 형태의 차이가 커서 일반적인 교체 규칙으로 설명될 수 없는 가장 불투명한 단계가 제8단계라고 한다. 그러나 국어의 융합 합성어의 경우에는 형태상의 변화가 전혀 없음에도 불구하고 의미는 가장 불투명한 단계로까지 나아가는 경우가 있으므로 Dressler(1985)의 단계설이 온전히 적용되는 것은 아니라고 하겠다.

Bauer(2001 : 52-53)는 다시 투명성을 음운론적인 투명성과 의미론적인 투명성으로 나누어 살펴보면서 단일 형태가 유지되느냐 아니냐와 단일 기능(의미)이 유지되느냐 아니냐를 가지고 투명성의 하위 유형을 나누고 있다. 전자가 음운·형태적인 투명성과 관련된 것이라면 후자는 의미론적인 투명성과 관련된 것이다.

국어의 경우에도 이 두 가지 측면에서 투명성과 관련한 현상들이 존재한다. 음운·형태적인 투명성은 '수탉'이나 '갈치'와 같은 형태들에서 음운·형태적으로 단일형을 취하지 않는 부분들이 논의 대상이 될 수 있을 것이다. '극쟁이'와 같은 예에서도 '극'의 어원을 '긁'에서 쉽게 찾을 수 없는 것은 형태적인 변화를 입었기 때문이다. 이러한 예는 얼마든지 있다. '몹쓸'의 경우도 그렇고 '우물'이나 '마길마', '싸전', '배오개', '애오개'의 경우에도 음운의 탈락 과정 및 형태의 변화를 추적하여야만 어원에 대한 인식에 이를 수 있다.

송철의(1985 : 205)에서는 "파생어 형성이란 어기에 파생접사가 결합하여 새로운 단어(파생어)가 만들어지는 과정인데 이때 새로이 만들어지는 파생

어는 가능한 한 그 의미가 쉽게 예측될 수 있는 것이어야 할 것이다."라고
하면서 "의미 예측"이라는 용어를 사용하였는데 이것이 바로 우리 논의에
서의 '의미 투명성'과 관련된다. 어기가 다의어인 경우 파생어의 의미는 어
기의 여러 가지 의미에 모두 대응되는 것이 아니라 몇몇 의미에만 대응되는
경우가 일반적이라고 한다. 기본 의미라고 생각되는 한두 의미에만 대응되
는 예들과, 또 이와 반대로 어기의 기본적이지 않은 의미에 파생어의 의미
가 대응되는 예들을 제시하였는데 전자보다 후자는 의미 예측이 쉽지 않은
것이고 그렇다면 그런 파생어들은 전자의 경우보다 의미 투명성이 적은 예
에 속한다고 할 것이다. 반대로 전자와 같은 예들은 의미 투명성이 큰 파생
어에 속한다.

또한 송철의(1992 : 31)에서 파생어 형성을 다루면서 다음과 같이 언급한
것이 주목된다.

> "일반적으로 생산성이 높은 파생어형성규칙으로부터 파생되어 나온 파생
> 어들은 생산성이 낮은 규칙으로부터 파생되어 나온 파생어들보다 의미가 더
> 투명하다. 바꾸어 말하자면 생산성이 높은 규칙으로부터 파생되어 나온 파생
> 어들은 그 의미를 그만큼 쉽게 예측할 수 있다는 것이다."

'애꾸눈이, 절름발이, 육손이, 곱사등이'의 의미는 쉽게 예측할 수 있고
'나무새, 푸새' 등에서는 파생어의 의미가 쉽게 예측되지 않는다고 하면서
'-새'는 비생산적인 파생접사라고 하였다. 그리고 생산성의 정도와 파생어
의 의미상의 투명성이 이와 같이 비례적인 이유는 화자들이 "어떤 단어가
무엇을 의미하게 될 것인가에 대해 확신이 생기면 생길수록 그 단어를 더욱
더 자주 사용하게 되기"(Aronoff 1976 : 39) 때문일 것이라고 하였다. 바로
이 대목은 언어 사용에서 의미 투명성의 중요성을 일깨우는 부분이다.

송철의(1992)에서는 어휘화의 유형을 음운론적인 어휘화, 형태론적인 어
휘화, 의미론적인 어휘화로 나누었는데 음운론적인 어휘화와 형태론적인 어

휘화는 Bauer의 음운론적인 투명성과 연관되는 개념이며 의미론적인 어휘화는 Bauer의 의미론적인 투명성과 연관되는 개념이라고 하겠다.

송철의(1992 : 52)에서는 한글맞춤법에서 '삐죽이'나 '살살이', '홀쭉이'의 예에서 원형을 밝혀 적는 것은 '-하다'나 '-거리다'와 같은 생산적인 접미사에 의해서 공시성이 인정되는 어근에 역시 '-이'와 같은 생산적인 접사가 결합하는 경우이기 때문이라고 설명하고 있는데, 우리는 여기서 한 가지 시사점을 얻을 수 있다. 즉, 생산적인 접사와 통합하는 어기의 경우 의미 투명성이 그만큼 높을 수 있다는 것이다. 한글맞춤법에서 일반적으로 원형을 밝혀 적는 경우란 어기 부분이 "어원적으로 분명하거나 본뜻에서 멀어지지 않은" 경우들이라고 규정하고 있으므로 '삐죽', '살살', '홀쭉' 같은 예들에 대하여 어원이 분명하거나 본뜻에서 멀어지지 않았다고 보는 것이라 이해할 수 있다. 이를 우리 논의의 용어를 빌려 표현하면 '의미 투명성'이 높은 예라고 할 수 있는 것이다. 개별 요소의 의미 투명성의 정도를 측정하는 객관적인 준거를 따로 마련하기는 어려우므로 우리는 여기서 "생산적인 접사가 결합하는 어기의 경우"라는 준거를 의미 투명성의 척도와 비슷한 것으로 이해하고자 한다.

단어 형성의 주요 기제 중 하나로 인정되는 '유추' 역시 접사의 생산성을 판가름하는 하나의 척도가 된다. 유추에 의해 비슷한 유형의 단어들을 생산해 내는 빈도가 높아지면 결과적으로 생산성이 높다고 판단되는 것이다. 여기서 우리는 다음과 같은 경우를 살펴보고자 한다.

(1) ㄱ. 이월 상품
　　ㄴ. 몇 월 상품

(2) ㄱ. 노랗다, 노랑
　　ㄴ. 주황다, 주황
　　ㄷ. 초롱다, 초록
　　ㄹ. 보랗다, 보라

(1ㄱ)에서 '이'를 '二'로 해석한 화자들은 (1ㄴ)과 같은 유추를 하게 되며 (2ㄱ)의 관계에서 (2ㄴ-ㄹ)의 관계를 유추해 내는 것 역시 의미적인 연관성에 대한 고려 때문이라고 생각된다. 특히 (2)의 예는 색채어 패러다임상의 공백을 메우고자 하는 의도까지 포함된 것이라고 할 수 있다. 여기서 한 가지 짚고 넘어가야 할 것은 이러한 유추가 일어났다고 하여 우리가 (1ㄱ)의 의미를 투명하다고 말하고자 하는 것은 아니라는 것이다. 오히려 (1ㄱ)은 의미가 불투명한데 화자들은 기본적으로 의미가 불투명한 요소를 어떻게든 투명하게 해석하고자 하기 때문에 '이'라는 형태에 [移]보다 상대적으로 쉬운 [二]의 의미를 연관 지은 것이고 (1ㄴ)과 같은 그릇된 유추는 화자들의 그러한 심리적 동인을 증명해 주는 근거가 되는 것이라는 말이다. '주황'에서도 [黃]의 의미가 불투명하기 때문에 화자들은 이를 'ㅇ' 받침이라는 공통성을 근거로 '노랑'과 연결 짓고 거기서 다시 '주황다'로의 유추에까지 이르게 된 것이며 이것이 '초롱다', '보랑다'에 이르는 유추로 확대된 것이라 하겠다.

본고에서는 이렇게 언어 사용상의 일탈적인 부분들에서 '의미 투명성'으로 귀결되는 원인을 찾아보고자 한다. 다음 (3)의 예도 마찬가지이다.

 (3) ㄱ. 가죽혁대
   ㄴ. 비닐혁대

혁대는 "가죽으로 만든 띠"라는 의미를 가지고 있다. 그런데 [革]의 의미가 불투명하게 인식됨으로써 동의 중복 표현인 (3ㄱ)의 '가죽혁대'라는 단어가 생겨나고 여기서 다시 '가죽'은 잉여적 요소가 아닌 변별적 요소로 인식되면서 이와 자매항으로 대립하는 '비닐'이라는 수식어가 사용된 (3ㄴ)의 '비닐혁대'라는 신조어가 합성되기에 이른 것이다. 말하자면 '혁대'는 '혁'의 의미 불투명성으로 인하여 더 이상 '가죽 띠'가 아닌 '띠', 혹은 '허리띠'의 의미로 변화한 것이라 하겠다.

의미 투명성의 저하로 잉여적 요소가 덧붙은 합성어 혹은 구 구성이 생겨나는 일은 다음 절에서 논의할 동의 중복 현상의 한 유형이다. 그런데 이들 예를 구분하여 다루는 것은 이 예들이 단순한 잉여 요소의 중복으로 생겨난 합성어라기보다는 그것을 한 단계 넘어서서 잉여적인 요소가 아닌 다른 새로운 의미를 지닌 요소의 수식을 받는 현상으로 나타나기 때문이다. 이와 유사한 예로 다음 (4), (5)와 같은 예를 더 들 수 있다.

(4) ㄱ. 무상 증정
　　 ㄴ. 유상 증정

(5) ㄱ. (이성) 연애
　　 ㄴ. 동성연애

본래 '증정'이란 무상으로 하는 것이지만 '증(贈)'과 '정(呈)'의 의미가 불투명해지자 '무상'이라는, 본래는 의미상 잉여적인 수식어가 변별적으로 덧붙게 되고 나아가 (4ㄴ)과 같은 형태로의 유추 합성이 이루어지게 된 것이다. (5)에서도 '연애'에는 '이성'의 의미가 함의되어 있으므로 (5ㄴ)과 같은 합성어가 출현할 수 있는 것이라고 하겠다. 이런 유추를 통한 합성의 예들은 매우 광범하게 나타난다. '쇠붙, 양말, 양동이, 디새' 등의 예들도 이와 같은 맥락에서 이해할 수 있다.

3. 의미 중복과 의미 투명성 확보

합성어 중에는 개별 요소들의 의미가 서로 맞물려 중복되는 예들이 많이 있다.

(6) ㄱ. 외갓집, 역전앞, 새신랑
　　ㄴ. 대책안, 국제간, 학제간, 강의교안
　　ㄷ. 믹서기, 카트기, 커터기, 헬리콥터기
　　ㄹ. 시니컬하다, 원더풀하다
　　ㅁ. 거름필터

　(6ㄱ)과 같이 흔히 거론되며 사전에도 등재된 많은 예들 외에 (6ㄴ-ㅁ)과 같이 새로운 합성어 중에도 의미가 중복되어 나타나는 예들이 많이 있다. 지금까지 의미 중복 합성어들은 대개 한자어와 고유어의 통합으로 되어 있었던 데 반해서 (6ㄴ-ㅁ)과 같은 신어들은 한자어와 고유어 외에 한자어와 한자어의 통합으로 된 경우도 있고 외래어와 한자어의 합성으로 이루어진 경우도 있다. 우리는 이를 의미 투명성과 관련하여 논의하고자 한다. (6ㄴ) 의 경우 '책(策)'과 '안(案)'이 의미가 중복되어 있는데 같은 한자여도 '안'이 훨씬 생산적이고 사용 빈도가 높기 때문에[5] 상대적으로 의미 투명성이 높아 '책'의 의미 불투명성을 보완하기 위해 '안'을 중복하여 쓴 것이라고 할 수 있다. '국제간', '학제간'에서도 '際'의 의미 불투명성으로 인하여 같은 의미인 '間'이 중복되어 굳어져 사용되고 있음을 볼 수 있다. '강의교안'에서도 유사한 의미인 '講義'와 '敎'가 중복되어 있음을 볼 수 있다. (6ㄷ)은 '기(機)'를 제외한 외래어 단어 성분들에 이미 '기(機)'의 의미까지 포함되어 있음에도 불구하고 그러한 의미에 대한 인식을 잘 하지 못한 일반 화자들이 의미를 중복하여 사용한 예이다. 외래 단어 요소들의 의미 투명성이 낮음에서 그 원인을 찾을 수 있는 예라고 하겠다. (6ㄹ)의 경우도 마찬가지이다. '시니컬', '원더풀' 자체에 이미 '하다'의 의미가 포함되어 있으나 '하다'를 다시 중복시키는 것이다.[6] 역시 낮은 의미 투명성을 보상하기 위함이라고 할 수 있다. 이는 역사적으로 대부분의 한자어 어기에 동사 및 형용사 파생

---

5) Bauer(2001 : 54)에서도 생산성과 투명성의 상관관계를 논하면서 둘이 동의어는 아니지만 매우 상관성이 높음을 다른 학자들의 의견을 원용하며 제시하고 있다.
6) 이와 달리 'total'의 경우에는 '-한' 등과 결합한 표현으로 나타나는 법이 없다.

접사 '하다'를 덧붙여 써 왔던 전통과 크게 다르지 않다. 더욱 흥미로운 예는 (6ㅁ)이다. 이는 '거름'이라는 순화어 뒤에 다시 '필터'라는 외래어가 통합된 것인데 고유어 '거름'이 새로운 순화어로 등장하여 오히려 사용 역사가 짧은 데다 동음어까지 있는 등 의미 투명성이 적으므로 이를 보충하기 위해 더 익숙한, 즉 의미 투명성이 상대적으로 높은 '필터'라는 외래어를 뒤에 부연하는 형식으로 이루어진 것이다. 그렇게 보면 이런 의미 중복으로 이루어진 합성어가 반드시 오류라고 할 수만은 없다는 결론에 이르게 된다.

조현용(1996 : 126)에서는 그동안 이음동의중첩어를 오류의 하나로 보고 어휘 형성의 원리로 인정하지 않은 점을 비판하면서 서정범(1989)를 원용하여 이를 하나의 어휘 형성의 원리로 다루어야 한다고 주장하였다. 이는 올바른 지적이며 동의 중복 현상에 대한 바람직한 접근이라고 생각한다. 비단 동의 중복만의 문제가 아니고 후술하게 될 동음 중의 표현에 대한 것도 단지 말장난이니 지양해야 할 일이라고 간주하기보다는 그러한 표현에 바탕이 되는 의미론적인 기제를 파악하려는 노력을 수반해야 하는 것이 아닐까 한다.

조현용(1996 : 128)에서는 또한 이러한 동의중첩어의 발생 원인에 대하여 천착하면서 Cooper & Ross(1975)의 '자기 중심의 원리'가 한국어의 동의중첩 현상의 원인을 설명하지 못하고 있음을 지적하고 동의중첩어에서 한자어나 외래어가 고유어에 선행하는 등 외래의 요소가 선행하고, 같은 고유어끼리는 신어가 선행하는 것은 "잘 알지 못하는 요소를 잘 아는 요소로 부연하여 설명하려는 경향을 갖는 것으로 설명하는 것이 옳을 것이"라고 하였다. 바로 이 점이 우리의 '의미 투명성'에 대한 논의와 직결될 수 있다.

장광군(1993 : 20)에서는 더욱 적극적으로 '투명도'라는 용어를 쓰고 있다. "고유어의 투명도는 아래의 실례에 의해서도 증명된다. 즉 일부 한자어와 외래어에 고유어 단어를 덧붙여서 합성적 단어를 만드는 것인데 이것은 투명도가 약한 단어의 의미를 더 뚜렷하게 더 알기 쉽게 나타내려는 지향에서 나온 것이다."라고 하면서 다음과 같은 예시를 하고 있다.

(7) ㄱ. 초가집 손수건 철교다리
　　ㄴ. 역전앞 생일날 속내의
　　ㄷ. 바레춤 뽀트배[7] 원피스치마

(7)의 예들은 의미가 불투명한 한자어나 외래어를 고유어로 부연하는[8] 구조로 되어 있어 결과적으로 의미 중복이 일어난 일종의 합성어의 예를 보여 준다. 그러나 '손수건' 같은 예는 과연 '손'과 '수'가 의미 중복이 된 것인지 의심스럽다. 이는 '수건'에서 이미 '수'의 투명성이 너무 약화되어 '손'과 중복된다는 의미 해석을 갖게 되지 않기 때문이다. 실제로 '초가집'과 '초가'는 같은 대상을 가리키지만 '손수건'과 '수건'은 같은 대상을 가리키지 않는다는 점도 이미 '손수건'이 동의 중복에 의한 합성어가 아니라는 증거이기도 하다. 이러한 문제점에도 불구하고 장광군(1993)의 논의는 의미 중복 표현을 '의미 투명성'과 연관 지었다는 점에서 의의가 있다고 생각한다. 이 밖에 노명희(2006)에서는 이와 같은 합성어들에 대한 논의 외에 구 구성에 대하여 광범하게 한자어와 고유어 간의 의미 중복을 다루고 있다. 여기서는 구 구성까지 확장하였다는 점과 광범한 예시가 돋보이지만 한자어 외에 다른 외래어 어기는 다루지 않은 점이 아쉽다.

합성어 외에 구 구성에서도 의미 중복 표현이 많이 나타나는데 지금까지 작문론에서는 이런 표현들을 지양할 것을 교육해 왔다. 그러나 본고에서는 이런 표현의 기저에 의미 투명성 확보의 의지가 있음을 인정해야 한다고 보는 것이다.

---

7) 이 예문의 출처인 장광군(1993)이 연변에서의 연구이므로 '바레', '뽀트' 등 우리의 외래어 표기법과는 다른 부분이 있다. 단어 자체도 달라서 '원피스치마' 등 한국에서는 쓰이지 않는 단어가 예로 제시되어 있기도 하다. 이렇게 보면 한국에서는 '원피스'에 이미 '치마'의 의미가 함의되어 있는 용법을 보이므로 '원피스' 자체가 연변에서보다는 한국에서 의미 투명성이 높다고 결론할 수 있겠다. '바레'나 '뽀트'도 마찬가지이다.

8) 부연이란 반드시 선행하는 요소에 대하여 후행하여 일어나는 일만은 아니다. 가령 속내의에서는 후행 형태 '내'를 선행 형태 '속'이 부연하는 구조인데 이는 '내의'의 단어 구성이 공고하므로 '내' 다음 자리에 부연 요소 '속'이 끼어들 경우 단어 내부를 파고들어야 하는 어려움 때문에 '내'의 앞자리에서 수식하여 부연하는 구조로 되어 있는 것이다.

(8) ㄱ. 매미 싹쓸이 소탕 작전, 가장 최초로

ㄴ. 약 30여 명 정도

ㄷ. 기술의 출발은 연구개발에서 시작한다.

(8)과 같은 구 구성에서 의미 중복 현상을 발견할 수 있다. 그런데 (8ㄱ)만 고유어와 한자어의 의미 중복이고 나머지는 한자어들 간의 의미 중복 표현이다. 이는 한자어와 고유어 어느 쪽이 반드시 의미 투명성이 높다고 단정적으로 말할 수 없음을 이야기해 주는 것이다. 사용 빈도와 관련지을 수도 있을 것이고 생산성과도 연관될 수 있겠지만 의미 투명성은 앞에서도 언급한 바와 같이 한자어, 고유어의 차이가 기준이 되어 나타나는 것이라고 할 수는 없다. 최근 은행 등에서 '손님'이라는 단어 대신 '고객님'을 선호하는 현상은 고유어 '손'이 오히려 한자어 '고객'에 비해 상대적으로 의미가 불투명함을 말해주는 것이 아닐까 한다. 사실 '고'의 원어는 [顧]이며 [高]가 아니어서 높임의 의미가 없지만 '顧客'이라는 원어에 대한 지식이 없는 화자들은 동음에 근거해 이 '顧'를 '高'로 잘못 인식하여 이를 근거로 '고객'이 '손'에 비해 더 높임의 의미를 지닌 말이라고 잘못 생각하고 그것을 선호하는 것이 아닌가 한다. 이렇게 오류에서 비롯되었지만 이것은 역으로 '高'가 '손'에 비하여 더 의미 투명성이 높다는 증거가 된다고 하겠다.9)

더구나 합성어의 경우 선행 요소가 대체로 의미가 불투명하고 후행 요소

9) 한자어와 고유어의 의미 투명성 정도를 논해 본다면 일반적으로 한자어는 고유어에 비하여 개별 성분들의 훈이 주어져 있으므로 의미 투명성이 있다고 판단하게 된다. 그러나 막상 한자들이 합하여 단어를 이룰 때는 반드시 그런 것은 아니다. 개별 성분의 의미가 유지되지 않는 단어들의 경우에 각각의 성분이 의미가 투명하다고 하여 단어 전체의 의미를 투명하다고 할 수는 없기 때문이다. 반대로 고유어의 경우에는 어원이 잘 알려지지 않아 개별 어근의 의미를 알기 어려운 경우가 많다. 예를 들면 '무지개'니 '숨바꼭질'이니 하는 단어들의 경우 이 단어들을 개별 구성 요소로 분석하는 것도 어려울 수 있고 구성 요소들의 의미 각각을 아는 것은 더욱 어렵다고 할 것이다. 이렇게 보면 고유어라고 하여 반드시 의미가 투명하다고 하기도 어렵다. 그러나 일반적으로 한자어의 경우에는 고유어보다 더 특별한 지식을 가져야만 그 의미를 알 수 있다는 견지에서 본다면 고유어가 한자어보다 의미 투명성이 높다고 할 수도 있다. 결국 의미 투명성 판단에 고유어인가 한자어인가는 절대적인 기준이 될 수 없다고 하겠고 오히려 사용 빈도나 단어 형성소로서의 생산성이 의미 투명성과 비례한다고 하겠다. 이에 대해서는 실증적 연구가 필요하다.

가 의미가 투명하여 부연 설명의 방식을 취하는 데 반해 구 구성의 경우 그 선후를 가리기도 어려운 점이 있다. (8ㄱ)에서 '싹쓸이'와 '소탕', '가장'과 '최' 중에 어느 쪽이 더 투명성이 높은지를 명시적인 근거를 제시하기는 어렵지만 전자가 더 투명하다고 직관적으로 인정할 때 덜 투명한 요소가 뒤에 나오는 구조를 보이는 것이다. 의미 투명성이 적은 요소를 선행 부연하느냐 후행 부연하느냐는 불투명한 요소들 사이의 문제라기보다는 그 불투명한 요소와 다른 단어 사이의 구조적인 관계와 관련된다고 할 수 있다. 가령 (8 ㄱ)에서는 '소탕 작전'이 구조적으로 긴밀성이 높기 때문에 '싹쓸이'가 그 내부를 뚫고 들어가지 못하는 것이고 '최초' 역시 단어 구성이므로 긴밀한 단어 구조 내부로 '가장'이 들어갈 수 없는 것이다. 결국 의미 투명성을 증가시키기 위한 부연 표현은 일반적으로는 불투명한 요소 바로 다음에 나타나지만 그 불투명한 요소가 긴밀한 단어 구조나 구 구성을 이루고 있을 때에는 그 요소에 선행 인접하여 나타나기도 하는 것이다. 그렇다면 이런 배열 순서에 대하여 '인접성의 원리' 같은 것을 부여할 수 있지 않을까 한다. Cooper & Ross(1975)의 '자기 중심의 원리'가 불투명한 요소들이 선행한다는 원리라면 우리의 '인접성의 원리'는 불투명한 요소들이 반드시 선행한다는 것이 아니라 일반적으로는 선행하되 구조적인 원인이 있을 때는 선행하는 것이 아니라 인접한 자리에 후행하기도 한다는 것을 말한다.

> (9) ㄱ. 체육관 용품을 사용하신 회원께서는 사용하신 용품을 제자리로 원위치해 주시기 바랍니다.
> ㄴ. 체육관의 모든 구역은 금연 구역으로 흡연을 할 수 없습니다.

(9)는 문장 속에서 중복 표현과 잉여적인 요소들이 나타나 일반적으로 좋지 못한 글의 사례라고 지적되는 예들이다. 그러나 우리는 이런 표현들에서도 의미 투명성 확보를 위한 노력을 볼 수 있다고 해석한다. 즉 (9ㄱ)에서는 '원위치'의 의미 투명성을 더 공고히 하기 위해 '제자리로'라는 부사어를 선

행시킨 것이며 (9ㄴ)에서는 '금연'의 의미를 더 강조하기 위해 다시 한 번 '흡연을 할 수 없다는' 내용을 부연한 것이라는 말이다. 본고에서는 결국 이러한 동의 중복 현상이 단어 합성 과정이나 구 구성, 문장 구성 과정에서 아무런 이유 없이 벌어지는 실수나 오류가 아니라 바로 이렇게 의미 투명성이 떨어지는 것을 보상하려는 기제에 의해 일어나는 일이라는 점을 강조하고자 한다.

4. 의미 재해석과 의미 투명성 확보

건강부회도 이렇게 의미 투명성을 확보하고자 하는 노력의 일환으로 나타나는 대표적인 사례라고 하겠다. 건강부회는 단어를 이루는 성분들의 동음이 갖는 여러 의미 중에 단어 전체의 의미에 가장 부합할 수 있는 개별의미를 찾아 조합하여 단어의 뜻을 해석할 수 있도록 만드는 일이다. 주로 본래 의미 투명성이 적은 고유어에 기반을 두어 이루어진 단어를 각 성분요소를 한자어로 대치함으로써 의미 투명성을 확보하는 방향으로 나아가는 방법인 것이다. 대표적인 예로 '사랑'을 '思郞'으로 해석한다든지 '수박'을 '水朴'으로 해석한다든지 하는 예가 그것인데 어원을 그럴 듯하게 제시하여 의미 투명성을 높이고자 하는 기제라고 할 수 있다. 근간에 '정년(停年)'이라는 한자어를 '정년(定年)' 식으로 바꾸어 쓰는 것도 일종의 건강부회식이라 할 수 있겠는데 의미 투명성을 더 확보하자고 하는 의도라고 할 수 있다.

최근에는 고유어를 한자어로 건강부회하는 것뿐 아니라 의미를 잘 알지 못하는 외래어를 의미가 그럴 듯한 한자어나 고유어로 건강부회하는 새롭고 흥미로운 현상도 발견된다. 다음이 그 예이다.

(10) ㄱ. 네고(nego) → 내고(內考)

　　 ㄴ. 코사지 → 꽃사지

(10ㄱ)의 '네고'는 본래 'negotiation'을 줄여 이른 말인데 이런 신어의 생성 과정을 모르는 화자들에게는 그 의미가 불투명하게 느껴져 어떻게든 의미를 복원하고자 하는 기제가 작동한 결과 한자어의 일반적인 음운 구조인 '내고'로 인식되고 그것이 '內考'라는 의미로 재해석되어 결국 견강부회가 이루어진 것이다. 여기에는 물론 '네고'와 '내고'의 동음성도 하나의 동인이 되었다.10) 그러나 이는 무엇보다 의미 투명성을 얻고자 하는 노력의 결과로 나타난 형태라는 것이 본고의 주장이다.

(10ㄴ)의 '코사지'는 어원을 잘 알 수 없는 외래어이다. ≪표준국어대사전≫에도 등재되어 있지 않고 외래어 표기 용례집에서도 찾아낼 수 없는 단어이다. 당연히 의미가 불투명하고 따라서 화자들은 이를 의미 투명성이 어느 정도 확보되는 '꽃사지'로 재구조화하여 재해석하는 것이다. 결과적으로 완전히 신어가 형성된 것이다. 이상의 예시는 일반적인 것은 아니다. 다시 말해 대부분의 화자들이 통용해서 쓰는 것은 아니고 일종의 임시어 단계로 나타나는 것일 수도 있다. 그러나 이러한 변화가 화자들의 심리 내면에서, 의미를 잘 모르는 단어를 그냥 쓰기 꺼리는 마음 때문에 의미 투명성을 확보하기 위한 노력의 일환으로 나타나는 것이라는 점을 지적하고자 한다.

이와 유사하게 한자어의 어원을 몰라 형태를 변화시켜 쓰는 사례들, 즉 오용이 아니라고 말하기 어려운 사례들도 물론 있다.

(11) ㄱ. 그동안 저를 <u>경려해</u> 주신 여러분

　　 ㄴ. <u>무자기로</u> 뽑아서 시험 본 결과

　　 ㄷ. <u>무리를</u> 일으켜 죄송합니다.

---

10) 이러한 음운의 합류나 음운 변화로 인하여 의미의 투명성이 낮아지고 그에 따라 다른 의미로 해석되는 일은 김정남(2006)에서도 다룬 바 있다. '셤개'를 '석개'로, 나아가 여기서의 '석'을 '石'으로 해석한 예 등을 지명의 변화에서 살펴본 것이다.

ㄹ. 입학 적격자라고 <u>사려됨</u>
ㅁ. 그 일을 항상 <u>염두해</u> 둔다.
ㅂ. 여기에 <u>부합하는</u> 일은 받아들일 수 없음.
ㅅ. 인턴십 제도를 <u>도용</u>하다.
ㅇ. <u>교사</u> 편찬 준비 위원회

(11ㄱ-ㄹ)은 한자어의 어원을 몰라 결국 단어 형태를 변화시켜 사용한 오류 예이다. 한자 원어를 모를 때 음운 형태만을 반영한 표기가 나타나는 것 역시 의미 투명성과 관련한 국어의 현상이다. 한자 교육을 제대로 받지 않은 세대가 언중들의 다수를 차지하게 됨으로써 이런 오표기 형태가 지식인들 사이에서도 많이 나타나고 있다. 이들은 어휘의 형태를 변화시켰다는 점에서 오류임을 부인할 수 없다. 그러나 이러한 오류를 범한 화자의 심리 속에는 의미 투명성의 저하를 꺼리는 마음이 있었을 것이라고 추측한다. 이러한 표기의 변형은 의미 투명성의 저하를 해소하기 위한 무의식의 발로가 아닐까 한다. (11ㅁ)은 한자 부분의 형태를 변화시킨 것은 아니지만 '염두에 두다'의 의미를 잘 몰랐기 때문에 나타난 형태인데 이는 '念'의 의미를 동사적으로 해석한 데 기인한 것이 아닐까 한다. 그리고 (11ㅂ)은 형태는 제대로 썼으나 의미 해석을 반대로 한 것이다. '附'를 '不'로 해석한 데 기인한다. (11ㅅ-ㅇ)도 마찬가지이다. 형태를 변화시킨 것은 아니지만 의미를 자의적으로 합성하여 신어를 생성한 예이다. 본래 '도용'에는 '盜用'의 의미만 있지 '導用'과 같은 의미는 없으며 '교사'의 경우에도 '校史'와 같은 의미의 단어는 기존 어휘의 목록에 없다. 그럼에도 불구하고 이러한 형태들이 나타나고 사용되는 것은 나름대로 한자어의 의미를 조합하여 의미 투명성을 확보하고자 하는 의지의 표출이라고 하겠다.

5. 고유명사와 의미 투명성 흐리기

물론 모든 언어 사용의 경우에 화자들이 항상 의미 투명성을 확보하기 위한 쪽으로만 방향을 잡는 것은 아니다. 일반적으로 고유명사는 일반명사에 비해 의미가 투명하지 않다. 이는 고유명사의 경우 다른 단어 부류와 달리 오히려 의미 투명성을 흐림으로써 더 매력적인 표현으로 만들고자 하는 표현 욕구에서 빚어진 것이라 하겠다. 이는 로만 야콥슨의 언어의 여섯 가지 기능 중 표현적 요구 및 시적 요구와 관련되는 부분이다.

고유명사가 왜 다른 어휘 부류와 달리 의미가 너무 투명한 표현을 오히려 꺼리고 자제하는 경향이 있는지에 대해서는 별도의 고찰을 요하겠지만 이는 고유명사의 경우 다른 어떤 어휘 부류보다 언어의 사회성이 가장 잘 반영될 수 있는 측면이 있기 때문이 아닐까 한다. 어휘는 문장과 달리 사용 시마다 창의적으로 새롭게 구성하는 것이 아니라 기존의 목록에서 뽑아서 사용해야 하는 것이 특징이다. 그러나 고유명사의 경우 일반 어휘와 달리 늘 새롭게 창조하여 쓸 수 있는, 열려 있는 부분이고 그러므로 자의적인 창조가 가능한 영역이다.

최근 만화나 영화 등에서 주인공들의 이름으로 사용되는 고유명사를 보면 '최강타', '허영만', '변태식' 등 해당 캐릭터의 특성을 그대로 반영하는 의미가 이름에 들어가 있어 의미 투명성이 큰 인명이 많이 나타나는 점은 고유명사의 일반적인 의미적 특징에 비추어 보면 예외적인 것이고 나름대로 작자의 의도가 충분히 표출된 것이라 하겠으나 다른 일반적인 경우의 고유명사는 대체로 실체보다 이름에서 더 좋은 이미지를 드러내려는 의도가 강해 고품격의 우아한 이미지를 담은 단어를 사용하되 그 의미가 너무 직접적으로 드러나는 것은 자제하는 경향이 있는 듯하다. 그래서 일반적으로 자주 사용하지 않는 고어나 외국어 등을 들여와 의미 투명성이 떨어지는 형태를 사용하는 경우가 많다.

따라서 국어 순화론자들이나 국어 및 한글 운동가들이 맹렬히 비난하는 외래어 선호, 언어 사대주의 운운하는 부분들이 사실은 의미 투명성과 관련된 것이라고 하는 것이 본고의 관점이다. '광장'이나 '시장'이라고 하면 시시해 보이고 '플라자'라고, 더 나아가 'Plaza'라고 해야 멋있어 보이며 '가게'나 '상점'보다 '마트'가 훨씬 규모가 크고 세련되어 보이고 '가든'이 '정원'보다 더 매력적인 무엇으로 인식되는 것은 언어 사대주의 때문이 아니라, 언뜻 보아서는 의미가 불투명하여 잘 알 수 없는 요소가 무언가 막연한 느낌을 주면서 "뭔가 있는 듯한" 인상을 주는 것에 기인한 것이라 하겠다. 이는 언어 사용에서만 그런 것이 아니라 낯선 것을 선호하고 더 매력적으로 느끼는 인간의 일반적인 심리에 바탕한 것이라고 할 수도 있다. 따라서 고유명사의 경우 그 내용을 멋지게 느끼도록 하기 위해 의도적으로 의미가 불투명한 이름을 많이 쓰게 된다.

(12) ㄱ. 시ᄂ브로, 흐ᄀ린, 스ᄅᆷ들, ᄀᆞᄉ라기
    ㄴ. 누네띠네, 뜨란채
    ㄷ. 미다모아, 꿈에그린

고유명사들에서 (12ㄱ)처럼 굳이 소실 문자인 'ㆍ'나 'ㅿ' 등을 많이 쓰는 것도 모두 의미 투명성을 흐리기 위한 의도라고 해석할 수 있으며 (12ㄴ-ㄷ)처럼 형태가 외래어와 유사한 느낌을 주도록 함으로써 의미 투명성을 흐리는 경우도 있다. (12ㄷ)의 경우에는 단순히 외래어와 같은 느낌만을 주는 것이 아니라 '모아'와 '그린'이 고유어 동사 '모으다' 및 '그리다'의 활용형이면서 동시에 각각 영어의 'more' 및 'green'과 동음성을 가짐으로써 영어 원어의 긍정적이고 선호적인 의미로의 연상까지 일으키는 효과를 가지게 된다. '아침햇살' 역시 '햇살'과 형태적으로 유사한 '햅쌀'을 연상시킴으로써 가공 재료에 대한 의미 투명성을 확보하기 위해 노력한 흔적이 보이는 상품명이다. 이 부분과 유사한 예들에 대해서는 다음 절에서 상세히 논의될

것이다.

그러나 고유명사의 작명에서는 지나치게 낯선 것은 또 선호하지 않는다. 'ㅎ, ㅸ' 등의 문자가 잘 사용되지 않는 것은 이 때문이다. 적당한 거리감을 줄 수 있는 정도의 의미투명성 흐리기, 그것이 고유명사의 작명에 많이 보이는 기법인 것이다.

(13) Le Petit Cuisinier Gourmand

티셔츠 등에 (13)과 같이 의미를 알기 어려운 불어 등의 단어를 무늬처럼 이용하는 것도 의미 투명성과 관련된 현상이다. 의미를 아는 내용을 적어 넣으면 그 의미가 전달되므로 무슨 현수막 같은 느낌을 주어 매우 이상할 것이며 디자인처으고 인식되기 어렵다. 사람들은 이러한 낯선 외래이니 간판의 어려운 한자를 발음조차 할 수 없는 것에 매력을 느끼기도 하며 그럴 때 문자는 의미가 없는 그림과 같은 단순한 시각 기호가 될 수도 있다. 아마 족자나 액자 등에 초서체를 선호하는 것도 이런 연유라고 할 수 있으며 동양화나 서예 작품에 읽기 어려운 낙인을 찍기도 하고 서양화에서도 무의미 철자로 이루어진 단어들을 그림 한 구석에 적어 놓는 것은 이와 유사한 장치가 아닐까 한다.

거리의 간판 등에서 유난히 많이 발견할 수 있는 이런 외래 요소들은 모두 의미 투명성 흐리기 전략의 일환으로 생각할 수 있다. 물론 고유명사의 작명에서는 동일 명칭의 사용 불허에 따른 부담감도 끊임없이 새로운 형태를 창안하며 이에 따라 불투명한 어형이 많이 나타나는 동인의 하나가 될 수 있다.

6. 동음 활용 의미 투명성 흐리기와 의미 재해석

최근 몇 년간 유행처럼 번지고 있는 동음성을 이용한 중의 표현의 언어 유희도 의미 투명성과 연관되는 현상의 하나로 이해할 수 있다. 동음성은 의미 투명성을 저해하는 요소이다. 의미 투명성 흐리기는 앞 절에서 고유명 사의 매력 얻기 전략의 일환으로 살펴보았었다. 이렇게 동음성을 활용한 의 미 투명성 흐리기 전략이 주로 나타나는 분야도 바로 고유명사 부분이다. 다음 (14)의 예들이 그것이다. 매우 재미있는 언어유희가 되어 시선을 사로 잡는 효과도 있다.

(14) ㄱ. e 편한 세상
     ㄴ. 그대 e 세상에서 가장 간편한 대출을 찾는가?
     ㄷ. 용beer천가
     ㄹ. I love 乳, 난(卵) 널 사랑해.
     ㅁ. 믿을 水 있는 정수기, 이렇게 깐깐할 수(水)가!
     ㅂ. 좋지 아니한 家, 거침없는 원목 좌탁 세일
     ㅅ. 참眞이슬露

(14)의 예들에서 밑줄 친 부분은 모두 동음성 때문에 일단 의미 투명성이 흐려진다. 국어 순화론자들에게는 국어를 국적 없는 말로 만들고 문란하게 하는 주범으로 지목될 만한 것이기도 하다. 그러나 이렇게 투명성이 흐려진 형태는 새로운 의미를 얻어 다시 태어나게 된다. (14ㄱ-ㄴ)은 지시사 '이'를 동음의 'e'로 표기하여 일단 의미 투명성을 버렸지만 다시 이렇게 'e'로 표 기함으로써 "인터넷이 연결된, 첨단 정보화가 이루어진"의 의미를 획득하게 된다. (14ㄷ)은 맥주집의 간판에 사용된 예이다. 용비어천가라는 시가의 명 칭 속에 들어 있는 '비어' 부분을 절묘하게 'beer'로 표기함으로써 자기 상 점의 콘텐츠를 강렬하게 보여주고 있다. (14ㄹ)의 '乳'도 'You'와의 동음성 을 이용하면서 자신의 상품을 직접적으로 표현하고 있으며 1인칭 대명사

'나'와 보조사의 결합형을 '난(卵)'으로 표현함으로써 계란 판매 회사의 광고에 효과를 얻고 있음을 볼 수 있다. (14ㅁ)의 '水' 역시 의존명사 '수'와의 동음성을 이용한 마찬가지의 예가 된다. (14ㅂ)도 의문형 어미 부분을 동음의 '家'로 표기하여 수사의문문으로서 "매우 좋다"라는 의미로도 해석될 수 있으면서 동시에 좋지 않은 "집"이라는 의미로도 해석되는 중의성을 낳고 있는 재미있는 영화 제목인데 이는 이 영화가 가족의 이야기를 담고 있음을 명시적으로 드러내는 부분이기도 하다. 또한 '거침없는'이 '원목'을 수식할 수도 있고 '세일'을 수식할 수도 있는 중의적 구성으로 되어 있어 이중의 표현 효과를 누리고 있는 예를 볼 수 있다. (14ㅅ)은 '진로'를 한글로만 표기하였을 때 오히려 그 의미를 충분히 드러내지 못하는 점을 고려하여 한자로 표기하고, 그에 대응하는 순우리말 단어를 병기함으로써 의미 불투명성을 해소하고 있는 예라고 하겠다.

이렇게 동음성을 이용한 언어유희 방식은 중의성을 표현하기 위한 기제로도 나타난다. 신문 기사 등에서 보이는 다음 예가 그것이다.

(15) ㄱ. 고기현 '銀메달' 김동성 '怒메달'(김동성 선수의 울분)
    ㄴ. 軍소리 마(이영표 군입대 미룸)
    ㄷ. "李를 어쩌나…" "앓던 李 빠지다"(이기준 부총리 임명 파문)

(15)는 김희진(2006)에서 가져온 예이다. 신문 기사의 제목에서 재미있고 잘 된 예를 가려 뽑은 것으로 소개한 것이다. 모두 고유명사는 아니지만 동음성을 가진 이표기를 활용하여 주요 내용을 잘 전달하고 있다. 이렇게 동음의 다른 글자를 활용하여 이표기를 한 예의 전통은 고대의 인명, 지명 표기 등에도 나오고 계림유사 등에도 고려어의 발음을 적을 때 의미까지 고려하여 한자를 선별한 예 등에서 볼 수 있다. 결국 모두가 의미를 중시하는, 의미 투명성과 관련한 언어 사용의 한 모습이라고 할 수 있을 것이다.

7. 마무리

이상에서 단어 형성 과정과 관련된 '의미 투명성'의 전통적 의미에 대하여 고찰하고 '의미 투명성'의 의미를 다소 확대 해석함으로써 이 용어를 원용하여 설명할 수 있는 국어 사용상의 제 현상에 대하여 살펴보았다. 그릇된 유추를 통한 단어 형성, 동의 중복 현상, 견강부회, 의미 불투명성을 선호하는 고유 명사의 한 측면, 그리고 동음성을 활용하여 의미 투명성을 확보하고자 하는 일종의 언어유희의 방식에 대하여 고찰해 보았다.

언어는 특정한 형태를 통하여 일정한 의미를 드러내도록 되어 있는 상징 체계이다. 따라서 화자들은 언어 형태를 사용함에 있어서 항상 의미적인 요소를 고려하며 스스로 의미를 잘 모른다고 생각되는 요소들의 사용을 꺼리고 의미 투명성이 떨어진다고 생각되는 요소들에 조금씩 변개를 가해 의미 투명성을 확보하려는 의지를 가지고 있음을 이상에서 살펴본 여러 현상들 속에서 확인할 수 있었다. 이러한 의미에서 보면 고유명사의 의미 투명성 흐리기는 다른 현상들과는 조금 상치되는 측면이 있는 부분이지만 '의미 투명성'이라는 커다란 범주 속에서 함께 다루는 것이 의의가 있다고 생각하여 한데 모아 보았다.

본고에서 제시하는 관점은 동의중복 표현이나 중의적 표현, 잘못 유추된 단어나 한자부회, 또는 문장에서의 중언부언 등 언어 사용의 오류로 간주되어 온 여러 현상에 대하여 단순히 오류로만 보지 않고 그러한 표현과 언어 사용의 기저에 의미 투명성 확보에 대한 의지가 놓여 있다는 설명을 제공함으로써 언어 현상을 바라보는 보다 폭넓은 시각을 제시하였다는 데에서도 하나의 의의를 찾을 수 있다.

참고문헌

김광해. 1982. "복합명사의 신생과 어휘화 과정에 대하여", 「국어국문학」 88, 국어국문학회, pp.5-29.

김광해. 1995. 「어휘 연구의 실제와 응용」, 집문당.

김정남. 2006. "지명 변화의 원인과 과정에 대한 일 고찰", 「이병근선생 정년퇴임기념논문집」, 태학사, pp.1065-1075.

김희진. 2006. "고뇌 끝에 피어난 제목(4)," 「쉼표 마침표」, 국립국어원.

노명희. 2006. "국어 한자어와 고유어의 동의중복 현상", 「국어학」 48, 국어학회, pp.259-288.

규□성. 1987. "동의 중첩어의 구성 사례", 「□님이문학」 13, pp.699-719.

문미선 외 역. 1999. 「새로운 의미론(Schwartz M. & Chur J, *Semantik : ein Arbeirsbuch*」 (1993). 한국문화사.

송철의. 1983. "파생어 형성과 통시성의 문제", 「국어학」 12, 국어학회, pp.47-72.

송철의. 1985. "파생어형성에 있어서 어기의 의미와 파생어의 의미", 「진단학보」 60, 진단학회, pp.193-211.

송철의. 1992. 「국어의 파생어형성 연구」, 태학사.

양정호. 2004. "형태소 개념과 국어사 기술", 「한국문화」 34, pp.1-17.

이기문. 1998. 「신정 국어사 개설」, 태학사.

이재인. 1999. "동의중복어의 구조", 「배달말」 25, 배달말학회, pp.27-37.

이태연. 2004. "복합명사의 어휘판단에 미치는 의미 투명도의 영향", 「한국심리학회지」 16-1, pp.45-60.

임지룡. 1983. "의미 중복에 대하여", 「배달말」 8, 배달말학회, pp.35-60.

임지룡. 1996. "다의어의 인지적 의미 특성", 「언어학」 18, pp.229-261.

장광군. 1993. "조선어단어의미의 투명도에 대한 고찰", 「중국조선어문」, pp.17-20.

조항범. 2006. "지명의 동의 중복 현상에 대하여", 「한국어 의미학」 21, 한국어의미학회, pp.221-252.

조항범 역. 1994. 「의미분석론 : 성분분석의 이론과 실제(Nida E.A., *Componential Analysis of Meaning : An Introduction to Semantic Structures. (1979)*. 탑출판사.

조현용. 1996. "동의중첩에 의한 단어형성 연구", 「어문연구」 92, pp.125-139.

최상진. 1996. "단어 의미 형성의 유기체적 구조론에 대하여," 「어문연구」 92, pp.73-
        91.

Aronoff, M. 1976. Word formation in Generative Grammar. *Linguistic Inquiry Monograph*
        1, Cambridge : The MIT Press.

Bauer, L. 2001. *Morphological Productivity*, Cambridge University Press.

Cutler, A. 1982. Productivity in word formation. *Chicago Linguistics Society* 16, pp.45-51.

Dressler, W. U. 1985. On the predictiveness of Natural Morphology. *Journal of Linguistics*
        21. pp.321-337.

Lyons, J(1977). *Semantics*, Cambridge University Press.

| 이 논문은 한국어의미학 22집(2007, 한국어의미학회)에 게재된 논문을 재수록한 것입니다.

한국어 문법의 의미론적 범주

채 옥 자

1. 問題의 제기

韓國語 文法 硏究의 논의를 살펴보면, 文法範疇를 논의함에 있어서 傳統的인 文法範疇 위에 넓은 의미의 文法範疇라는 상위 개념범주를 두고 廣義의 개념으로 논의를 펼치는 경우를 가끔 보게 된다[1]. 이런 경우에는 印歐語에 기반을 둔 文法範疇의 내용적 측면[2]이 한국어에서는 문법적 층위 즉 형태적 층위와 통사적 층위에서만 實現되는 것이 아니라 어휘적 층위나 음운적 층위를 포함한 언어의 여러 층위에서 다양한 형태로 實現되는 경우가 있다. 그리고 흔히 樣態범주, 指稱범주, 時間범주, 數量범주 등에 대해서는 의미적 범주 또는 개념적 범주라고 일컬어 논의하고 있음을 볼 수 있는데 이러한 범주의 實現 역시 동사의 굴절로만이 아니라 어휘, 통사론적 구성, 구 등과 같은 다양한 언어 형태로 實現된다.

그렇다면 韓國語 文法 체계에서 기존의 전통적인 文法範疇 보다 상위의

---

1) 예컨대, 권재일(1991 : 52)은 '문법범주'를 문법적 관념을 표현하는 모든 범주를 다 포함하는 포괄적인 의미로 받아들이고 굴곡범주로 실현되는 관념뿐 아니라 다른 층위에서 실현되더라도 그것이 문법적 관념의 표현이라면 문법 범주에 포함될 수 있음을 언급하였다.

2) 문법의 내용적 측면은 흔히 의미나 기능이라고 하는 것이 일반적이나 정확하게 말하면 의미나 관계라고 할 수 있다. 이에 대히여서는 3장에서 구체적으로 다루기로 한다.

하나의 범주를 세워야 하지 않을까 하는 문제를 생각하여 볼 수 있다. 이는 다시 말하면 문법의 形式과 內容의 관계를 연구함에 있어서 기존의 形式에서 內容으로 다가가는 접근법과 달리 內容에서 출발하여 形式을 연구하는 접근법이 가능하지 않을까 하는 문제와 관련된다. 실제로 지금까지 국어 문법 연구에서는 의미나 기능을 출발점으로 하는 접근법을 이용하여 傳統的 분석에서와는 다른 통찰력을 꾀하고자 한 연구도 있다. 특히 최근 形式文法 연구에 대조되는 언어 연구 방법론으로 부상하고 있는 機能 중심적 언어 연구 방법론은 언어의 형태(구조)와 의미(기능) 사이의 관계를 연구함에 있어서 언어의 의미(기능)에서 출발하여 형태(구조)를 연구하는 접근법을 택하고 있다.

이와 같은 問題意識을 가지고 본고에서는 韓國語 文法 연구에 있어서, 內容的 측면에서 形式에로 다가가는 의미론적 접근법 연구에 대하여 검토함으로써 이런 방법론적 연구의 當爲性과 그에 따른 의미문법의 의미론적 범주 設定의 必要性을 논의하고자 한다. 이런 목적으로 우선, 문법 연구의 目的, 문법의 형식적 측면과 내용적 측면의 關係, 문법 연구의 두 가지 접근법의 관계 등에 대한 논의를 통해 文法연구에 있어서 意味論的 접근법으로 다가가는 연구의 필요성을 강조하고 다음, 형식문법과 의미문법의 區分 및 兩者의 관계에 대한 논의를 통해 의미문법 범주는 형식문법 범주와 마찬가지로 독립적인 특성을 가짐을 논의함으로써 의미문법의 獨立性을 주장하고 마지막에 의미론적 범주의 體系를 세워보고자 한다.

2. 意味論的 접근법의 文法 研究

文法이란 넓은 의미로는 언어현상에 內在해 있는 일정한 規則의 體系를 가리키고 좁은 의미로는 형태론과 통사론이라는 문법론의 연구 分野를 가리킨다. 그러므로 文法範疇 역시 넓은 의미로는 형태적 층위, 통사적 층위뿐만 아니라 음운적 층위와 어휘적 층위 및 화용적 층위를 모두 포함한 언어 전반에서 실현되지만 좁은 의미로는 형태적 층위와 통사적 층위에서만 실현되는 범주이다. 하지만 넓은 의미든 좁은 의미든 문법연구의 대상은 문장을 형성하는 規則이 되며 결국 그 규칙의 형식적 측면과 내용적 측면이 될 것이다.

언어를 記號의 체계로 보는 경우, 언어의 規則이라고 하는 文法은 문법현상의 記表[3](signifiant)와 記意(signifié)의 상관관계로 양분된 것이라 할 수 있고, 문법현상의 形式(시니피앙)과 內容(시니피에)의 대응관계로도 볼 수가 있다. 따라서 문법연구는 이런 문법의 형식적 측면과 내용적 측면의 複雜한 對應關係를 밝히는 언어 연구의 한 분야라고 할 수 있다.

2.1. 文法 硏究의 目的

文法 硏究의 目的은 인간 언어의 문법의 형태(구조)와 의미(기능) 사이의 관계를 밝히어 내는 것이다. 최근 들어 언어학의 지평이 넓어지면서 문법 연구는 통사구조, 기능-의미, 의미-화용, 인지론적 해석 등과 같은 考慮가 중요한 要素로 자리하고 있다. 이러한 문법 연구도 그 목표는 어디까지나 언중의 理解와 表現을 중심으로 하는 언어 驅使를 위하여 즉 의사소통을 위해 언어현상에 내재해 있는 규칙·정보의 集合을 밝혀내는 것이라 할 수 있다.

이상과 같은 문법 연구의 窮極的인 목적에서 우리는 문법 연구에서 형식에서 출발하여 내용에 다가가는 접근법 및 내용에서 출발하여 형식에로 다

---

3) 시니피앙(signifiant)에 대하여 『표준국어대사전』에서는 '記標'라는 한자어로 대응시켰으나 이병근(2000 : 9)에서는 사전은 어휘항목의 '記表(signifiant)'와 '記意(signifié)'의 상관관계로 양분된 것이라 할 수 있음을 밝히면서 '記表'로 적고 있는데 본고에서는 이를 따르기로 한다.

가가는 접근법 두 가지 연구방법론이 모두 必須的임을 알 수 있다. 이는 문법서를 왜 써야 하고 어떤 사람의 立場에서 기술해야 하는가와 같은 문법서 편찬의 動機와 必要性 등과 같은 문법연구의 當爲性에서도 찾아볼 수 있다.

한국어 문법을 연구하여 현대적 의미의 국어학을 건설한 주시경(周時經)(1876-1914)은 「국문론」(1897)에서 이렇게 적고 있다.

> 엇던 사롬이던지 남이 지여노은 글을 보거나 내가 글을 지으랴 흐거나 그 사롬이 문법을 몰으면 남이 지여 노은 글을 볼지라도 그 말뜻에 올코 글은 것을 능히 판단치 못흐는 법이요 내가 글을 지을지라도 능히 문리와 경계를 올케 쓰지 못흐는 법이니 엇던 사롬이던지 몬져 말의 법식을 비화야 홀지라
> (국문론, 독립신문 제2권 제47호, 1897.4.22.)

문법 연구의 效用性을 논의한 주시경의 이 글에서 우리는 문법 연구는 '글을 보는 사람'과 '글을 짓는 사람'을 위하여 행해져야 함을 알 수 있다.

프랑스 언어학자 브뤼노(1922)는 '言語와 思考는 상호 보완적이며, 한 언어를 배움에 있어서 그 언어를 理解할 줄 알아야 할 뿐 아니라 그 언어로 表現할 줄도 알아야 할 것이다. 그런데 흔히 문법은 이해의 측면만 고려하고 표현의 측면을 소홀히 하는 경우가 많다. 따라서 한계가 있다'고 하였다[4].

중국의 呂叔湘(1942)는 이런 관점을 독창적으로 발전시켜 두 가지 접근법으로 중국어 문법을 기술하였는바, 상권의 '詞句論(단어와 구)' 부분은 형식에서 의미에로의 접근법으로 이루어졌고 하권 '表達論(표현론)'의 부분은 의미에서 형식에로의 접근법으로 이루어졌다.[5]

---

[4] 邵敬敏(2007 : 18) 참조(한국어로는 필자가 번역했음).
[5] 呂叔湘(1942)에서 상권 '詞句論(단어, 구)'은 주로 문법체계를 세워 字와 詞, 詞의 분류와 결합, 서사문, 양문, 판단문, 존재문, 문장과 단어결합의 전환, 복합문, 통사구조의 변화 등을 다루었고 하권 '表達論(표현론)'은 표현론 범주와 표현론 관계로 나누고 '범주' 부분에서는 수량, 지칭, 시간, 긍정/부정과 허실, 믿음과 의심, 행동과 감정 등을 다루었고 '관계' 부분에서는 離合과 向背, 異同과 高下, 同時와 先後, 원인(釋因)과 효과(紀效), 가설과 추론, 용서(擒縱)와 부각(襯托) 등 내용을 다루었다. 중국어학계에서는 이를 바탕으로 특히 語義語法 즉 기능—의미론적 문법 연구가 활발히 이루어졌다(陸儉明(2010), 邵敬敏(2007), 胡明(1992), 馬慶株(1998) 등이 있다).

여기에서 우리는 문법 연구는 두 가지 접근법 즉 이해하려는 사람(말을 들으려 하는 사람이나 글을 보려는 사람)을 위해서는 형식으로부터 내용(의미나 기능)에로의 접근법으로, 표현하려는 사람(말을 하려는 사람이나 글을 지으려는 사람)을 위해서는 내용으로부터 형식에로의 접근법으로 다가갈 수 있음을 알 수 있다.

지금까지 한국어 문법 연구 역시 이러한 두 가지 접근법으로 이루어져 왔다. 다만 전통문법의 影響을 다분히 받은 한국어 문법연구는 이 두 가지 접근법 중에서도 주로 형식으로부터 의미에로의 접근법으로 행해진 연구가 대부분이라고 할 수 있다.

한편, 국어 교육의 문법 교육에서 보면, 敎科 이름으로는 주로 '文法'이라는 명칭이 사용되었으나 領域 이름으로는 '언어지식', '국어지식' 등이 사용되었다. 즉 '문법교육'이라는 用語 대신 '國語 知識 敎育'이라는 용어를 사용하면서 종래 통사론 중심의 내용을 대폭 擴大하여 교육적인 가치가 좀 더 확보된 의미 있는 내용들을 도입하고 있다. 결국 국어 교육에서 '문법'이라는 용어는 현재 이 말이 원래 가리킬 수 있는 내용보다 한결 확대된 외연을 가지게 된 것이다(김광해, 2008 : 20-21 참고).

이로부터 알 수 있는바 한국어 문법 연구에 있어서 형식적 접근법과 내용적 접근법은 모두 필요하며 문법현상의 本質을 파악하기 위해서는 두 가지 접근법으로 연구해야 할 필요가 있다. 그것은 문법 연구의 이 두 가지 접근법은 서로 排他的인 관계가 아닌 相互補完的인 관계에 있기 때문이다.

2.2. 문법의 形式的 측면과 內容的 측면

言語 연구에서 무엇을 중요시하느냐 하는 기본적인 입각점에 따라 언어에 대한 접근을 '형식적 접근'과 '기능적 접근'으로 나누어 볼 수 있듯이 문법 연구에서 무엇을 중요시하느냐 하는 기본적인 態度에 따라 문법에 대한

접근 역시 '형식적 접근'과 '내용적 접근'으로 나누어 볼 수 있다.

전통적인 한국어 문법 연구에서와 같이 형식(형태나 구조)에서 출발하여 내용(의미나 기능)에로 다가가는 연구를 形式文法이라고 하고 그 접근법에 대하여 '형식적 접근법'이라고 한다면 내용(의미나 기능)에서 출발하여 형식(형태나 구조)에로 접근하는 방법론에 대해서는 '기능적 접근법' 또는 '표현론적 접근법6)'이라고 하는 경우가 있다. 그런데 문법 현상의 내용은 본질적으로 의미나 기능(관계)을 나타내므로 본고에서는 '의미론적 접근법'이라고 하고 의미론적 접근법으로 이루어지는 문법 연구는 '意味文法'이라 하며, 그 범주는 形式文法의 '文法範疇'와 구별하여 '意味論的 範疇'라고 규정하고 논의를 펼치고자 한다.

문법 현상의 內容에서 形式에로 다가가는 연구방법을 '의미론적 접근법'이라고 한다면 문법 내용의 範圍를 어떻게 잡을 것인가가 核心 문제가 될 것이다. 흔히 문법 현상에 있어서 형식은 형태나 구조가 되고 내용은 의미나 기능이 된다. 기능의 개념에 대하여, 임홍빈·장소원(1995 : 111)에서는 '기능'이란 주로 통사적인 성질이라고 바꾸어 말할 수 있는데 어떤 단어가 한 문장 안에서 다른 단어와 어떤 관계를 가지느냐가 그 단어의 통사적인 성질이자 기능이라고 하였고 구본관(2010 : 182)에서는 기능이란 어떤 단어가 주어, 서술어 등으로 쓰이는 양상과 체언을 수식하거나 용언을 수식하는 등의 수식 관계 내지 분포 관계를 포함하며 '기능'은 다시 문장에서의 역할을 지칭하는 좁은 의미에서의 '기능'과 문장에서의 위치를 지칭하는 '분포'로 나눌 수도 있다고 하였다. 한편 김의수(2004)에서는 문법기능은 통사기능과 의미기능을 아우르는 개념으로, 통사기능은 단어의 문장 내에서의 지위와 역할을 의미한다고 하였다. 본고에서는 '기능'의 의미를 기존의 개념보다 더 포괄적인 의미로 즉 조사나 어미와 같은 문법형태들이 단어와 단어

---

6) 박진호(2011)에서는 구조/형태로부터 의미/개념으로의 접근법을 해석론적 접근법(semasiological approach), 의미/개념으로부터 구조/형태로의 접근법을 표현론적 접근법(onomasiological approach)이라고 하였다.

의 관계나 구와 구의 관계를 나타낼 경우 그 관계적 의미로 보고자 한다. 이런 의미와 기능으로 이루어지는 문법 내용을 보면 기능은 통사적 기능만이 아니고 의미는 어휘적 의미나 화용론적 의미가 아닌 것으로 복잡하고 다양하여 규정하기가 어려운 부분이 있는 것만은 사실이다. 구체적으로 보면, 문법의 내용적 측면은 문법 현상의 형식이 나타내는 의미적 측면으로, 문법을 넓은 의미로 볼 경우 전통문법의 형태론과 통사론에서 문법 형태나 문법 구조에 의해 실현되는 문법의미와 문법기능을 포함할 뿐만 아니라 음운과 어휘의 층위에서 실현되는 문법의미도 포함된다. 그러므로 그동안 '문법 범주'를 논의하면서 포괄적으로 잡았던 문법 범주의 문법 내용도 포함된다.

기존연구에서 이와 비슷한 논의를 살펴보면, 허웅(1981 : 254-255)에서는 문법 형태인 어미의 의미를 '문법적 뜻'이라고 규정하고 '어휘적 뜻'(lexical meaning)에 비해서 '문법적 뜻'(grammatical meaning)은 '순수한 관계개념과 같은 매우 추상적인 사실을 나타내기도 하고, 때로는 낱말의 어휘적 뜻 이외의 상황을 나타내기도 하고, 경우에 따라서는 말할 이의 감정이나 의지를 나타내기도 하는 따위, 매우 복잡하고도 추상적인 뜻'을 말한다고 하였다.

한편 권재일(1991 : 52)은 '문법범주'를 문법적 관념을 표현하는 모든 범주를 다 포함하는 포괄적인 의미로 받아들이고 '문법적 관념'이란 '언어활동이 이루어지는 환경 사이의 관계' 즉 '화자가 청자에 대해서 가지는 관계, 화자가 언어내용에 대해서 가지는 관계, 언어내용 안에서의 여러 요소들의 관계' 등이라고 하였다.7) 한마디로, '문법적 뜻'과 '문법적 관념'이라는 개

---

7) 권재일(1991 : 52)에서는 '언어활동이 이루어지는 환경 사이의 관계'를 문법적 관념의 표현으로 보고자 한다고 하였다. '언어활동이 이루어지는 환경에 나타나는 요소들은 화자, 청자, 전달되는 언어내용, 그리고 시간과 공간이다. 전달되는 언어내용은 구체적으로 문장으로 실현된다. 따라서 언어활동이 이루어지는 환경 사이의 관계에는 화자가 청자에 대해서 가지는 관계, 화자가 언어내용에 대해서 가지는 관계, 언어내용 안에서의 여러 요소들의 관계 등이 있을 수 있다. 이러한 여러 관계들이 문법적 관념을 표현하는 것으로 보고자 한다.'고 하였다. 그리고 '화자가 청자에 대해서 가지는 관계'라는 것이 하나의 문법적 관념을 이룰 수 있는데 이것을 '의향법'이라는 문법범주로 설정할 수 있다고 한 것으로 보아 문법적 관념과 문법적 관념의 표현을 동일시하고 있다. 즉 '문법적 관념', '문법적 관념의 표현', '문법범주' 등 개념을 구분하지 않고 있다.

넘은 모두 굴곡 중심의 '문법범주'와 동일한 개념으로 논의하고 있음을 알
수 있다.

본 연구에서는 문법 내용을 기존 논의의 어미가 나타내는 문법적 의미를
포함하면서 보다 넓은 의미의 포괄적인 것으로 잡고자 하는 바, 문법적 형
태(조사와 어미), 문법적 성분, 형태구조, 통사구조, 문법적 억양 및 문법적
변화 등이 가져다주는 의미적인 개괄이라고 규정하고자 한다. 이러한 문법
내용은 언어의 음운적 층위, 어휘적 층위, 형태적 층위, 통사적 층위, 화용적
층위 등 다양한 층위에서 문법 형식으로 실현된다. 따라서 문법 내용은 기
존의 '문법적 의미(문법적 형태가 나타내는 의미)', '문장 의미', '문법적 뜻',
'문법적 기능(문장성분의 통사론적 기능)' 등을 모두 포괄하는 개념이 되며
어휘에 의해 실현되는 어휘적 의미와 달리 문법형식에 의해 실현되고 상호
大別되기도 하고 對立되기도 한다.

문법 내용은 작게는 문법형태소의 문법적 의미, 문장성분의 통사적 기능,
형태구조의 파생, 합성과 같은 규칙의 의미, 크게는 문장의 서법과 양태, 문
법적 형태로 나타내는 시간적 의미인 '시제', 어휘를 '지칭'이라는 의미기능
으로 연구할 경우의 '지칭' 등이 된다. 한편 '시간범주', '수량범주', '공간범
주' 등 범주의 '시간', '수량', '공간'과 같은 의미 역시 문법 내용이 될 수
있다.

또한 문법 내용은 어휘적 의미, 화용적 의미와 區別된다. 語彙的 의미는
단어의 槪念的 의미가 되지만 문법 내용의 의미는 단어의 의미소 중에서 어
느 한 意味資質로 명명될 수 있으며 槪括的이고 抽象的이다. 예컨대, '피동'
이라는 단어의 의미는 '남의 힘에 의하여 움직이는 일'이라는 사전적 의미
로 '마을 사람들도 나의 고통스러운 피동의 입장쯤은 바라보고들 있는 모양
이었다. ≪송영, 투계≫(표준국어대사전)'와 같이 쓰이지만 '피동'이라는 문
법 범주의 내용적 측면은 '주체가 다른 힘에 의하여 움직이는 성질'이라는
의미적 특성이다. 이런 피동 현상이 나타난 문장은 피동문이 되고 한편 피
동 현상이 문법 범주라는 점을 강조하면 피동법이라 할 수 있다.

 이러한 문법 내용은 문맥(화맥)과 관계되는 화용적 의미와도 다른 것으로, 문법 형식의 檢證을 받아야 하며 文法 形式과 文法 內容은 相互補完的 關係에 있으며 문법 형식은 문법 내용을 나타내고 문법 내용은 문법 형식을 뒷받침하게 된다. 다시 말하면 문법 내용은 형태구조나 통사구조에 영향을 주고 決定的 역할을 하는 동시에 그 표현에 있어서는 형태구조나 통사구조의 制約을 받게 된다.

 그런데 문법 형식과 문법 내용의 관계는 一對一 대응관계뿐 아니라 一對多, 多大一 관계도 있을 수 있기 때문에 언어 규칙인 문법의 내용은 형태적 층위와 통사적 층위에서뿐 아니라 음운과 어휘를 포함한 언어 전반에서 실현되는 경우가 있다. 이러한 경우를 형태론과 통사론에 한정시키면 문법 내용이 실현이 전반적인 패러다임을 볼 수 없게 되며 따라서 本質的인 속성을 把握하기 어렵게 된다. 그러므로 흔히 이런 경우는 문법 내용 즉 기능이나 의미를 출발점으로 하여 형식에로 접근하는 의미론적 접근법의 연구방법론을 택하게 되는 것이다.

 한국어 문법연구에서 被動 範疇를 예를 들면, 그동안 피동에 대한 연구는 다양한 접근법으로 이루어져 괄목할만한 성과를 이루었는데 이런 연구를 크게 형식적 접근법으로 이루어진 연구와 의미론적 접근법으로 이루어진 연구로 나누어 보면, 우선, 형식을 출발점과 중심으로 했을 경우 피동은 접사에 의한 것만으로 한정되고 다음, 의미론적으로 접근할 경우, 접사에 의한 것뿐 아니라 '-어지다', '-게 되다'에 의한 것과 '-되다, -받다, -당하다' 등에 의한 것 및 '맞다, 입다, 당하다' 등과 같은 어휘적 피동 등 피동 실현의 전부를 포함시킬 수 있다.

 이처럼 한국어에서 被動 範疇는 인구어에서 동사의 형태 변화와 관련되는, 즉 굴절을 전제로 하는 문법범주와 달리, 동사의 파생법과 관련되는 범주이며 피동의 실현 방식은 접사에 의한 피동사, '-어지다'와 같은 장형 피동, '-되다, -받다, -당하다'와 같은 어휘에 의한 피동 등으로 실현되므로 전통 문법범주의 형식적 접근으로는 피동 범주의 패러다임을 볼 수 없게 된다. 그리하여 의미론적으로 접근해야만 형식적 접근이 설명하지 못했던 피동의 다양한 실현 방식을 밝히고 피동 범주의 전반적인 체계를 파악할 수 있게 되며 한국어 피동 범주의 본질적인 특성을 밝힐 수 있는 것이다.

이상의 논의에서 보다시피 한국어 문법 연구는 지금까지 그렇게 이루어져 왔듯이 문법 형식에서 출발하여 형식을 중심으로 하는 접근법이 필요할 뿐만 아니라 문법의 내용적 측면에서 출발하여 형식에로 다가가는 접근법도 충분히 가능하고 필요한 것임을 알 수 있다. 단 두 가지 접근법으로 이루어진 문법범주는 형식의 실현 형태나 범위 및 내용적 측면에서 차이가 있게 된다.

3. 文法의 意味論的 範疇

지금까지 국어 문법 연구에서 형식적 접근법으로 이루어진 형식문법의 문법범주는 문법 형식에서 출발하여 문법의미를 밝히는 범주로, 형태범주와 통사범주가 포함된다. 형태범주는 형태변화로 일어나는 문법의미의 변화를 밝히는 범주이고 문법형태라는 형식을 중심으로 하여 형태 의미의 차이를 밝히고 통사범주는 통사구조 형식을 출발점으로 하여 그 구조의 의미를 밝히는 범주이다. 이런 연구는 傳統的으로 형태론과 통사론 분야로 수, 성, 격, 시제, 상, 양태, 인칭, 높임 등 범주가 있다. 본고에서는 특별히 문법의 내용적 측면에서 형식에로 다가가는 접근법 즉 의미론적 접근법으로 이루어진 연구, 즉 의미론적 범주의 연구를 살펴보도록 한다.

앞장에서 논의했듯이 문법 형식으로 나타나는 문법 내용은 문법적 형태, 문법적 성분, 형태구조, 통사구조, 문법적 억양 및 문법적 변화 등이 가져다 주는 의미적인 槪括로, 이런 문법 내용은 크게 의미적 特性이나 의미적 關係로 대별되고 있다. 그러므로 의미론적 범주는 크게 의미적 특성의 문법 범주와 의미적 관계의 문법 범주로 나누어 살펴볼 수 있다.

3.1. 意味的 特性의 범주

우선, 의미적 특성이 통사구조에 影響을 미치고 동시에 그러한 형식의 制約을 받는 경우를 보면, 단어와 구를 단위로, 즉 단어의 의미적 특성과 문장의 의미적 특성으로 나누어 고찰해볼 수 있다.

1) 단어의 의미적 특성 범주

단어의 의미적 특성 범주는 한 단어의 集合에서 抽出해낸 것으로 일정한 통사구조에 影響을 미치는 중요한 意味資質(의미특성)이다. 단어의 의미적 특성 범주는 대표적인 것이 품사의 의미론적 특성이라 할 수 있다. 傳統的으로 품사 분류는 형태론적 기준, 통사론적 기준, 의미론적 기준이 複合的으로 適用되고 있는데 그 중 의미론적 기준은 품사의 의미론적 특성으로, 그 단어가 나타내는 槪念範疇이다. 예컨대, 명사가 나타내는 '사람이나 사물의 이름', 대명사의 '사람이나 사물의 이름 대신 그 對象을 직접 가리켜 부르는' 특성, 수사가 나타내는 '양이나 순서', 동사가 나타내는 '사물의 움직임이나 作用', 형용사가 나타내는 '性質이나 狀態' 등과 같은 의미적 특성이다. 이와 같이 의미적 특성을 달리하는 단어는 형태론적 특성이나 통사론적 특성도 다르기에 문법의 통사 구조에 영향을 주게 되며 한편, 그러한 의미적 특성의 표현은 통사 구조의 제약을 받게 되는 것이다.

또한 명사는 사람이나 동물을 가리키는 유정명사(有情名詞)와 생명체가 아닌 것을 가리키는 무정명사(無情名詞)로 나누기도 한다. 그것은 '生命體'의 유무에 따라 형태적 특성을 달리하여 '나무에 물을 주다'는 가능하고 '나무에게 물을 주다'는 부적격문이 되며 '강아지에게 먹이를 주다'는 가능하고

'강아지에 물을 주다'는 부적격문이 된다. 즉 유정명사는 뒤에 조사 '-에게'
를 취할 수 있으나 무정명사는 뒤에 조사 '-에게'가 연결되지 못하는 제약
이 있다. 따라서 명사에서 '생명체 유무'라는 의미적 특성이 형태적 구조에
영향을 주고 결정적 역할을 하게 됨을 알 수 있다. 한편 형용사에서 '좋다,
싫다, 아프다, 고프다' 등과 같은 주관성 형용사는 주어의 의미역이 경험주
(experiencer)인 경우가 많고 '쓰다, 달다, 빨갛다, 예쁘다. 착하다, 같다' 등과
같은 객관성 형용사는 대상(theme)이거나 처소(location)인 경우가 많다. 이런
主觀性 형용사는 '고파하다, 아파하다, 싫어하다, 좋아하다' 등과 같이 '-어
하다'와의 결합이 가능하지만 客觀性 형용사는 결합하지 못하는 제약이 있
다. 이 경우 '주관성'이나 '객관성'은 그 형용사가 '-어하다'와 결합할 수 있
는지 與否를 결정하는 의미적 특성이 되는 것이다.

   그밖에 단어의 의미적 특성에는 지시어, 공간어, 시간어 등과 같이 개념
을 나타내는 범주에서 '時間, 指示, 空間' 등과 같은 의미적 특성도 있다.

   현재 학술계에서 의미론적으로 重要性을 認定받고 있는 단어의 의미적 특
성 범주는 주로, 동사의 자주(自主)범주, 체언의 어순 범주(국어 어순에서 의
무적 제약이 따르는 어순은 '관형어-체언', '체언-조사', '용언-조동사' 등
이 있다), 형용사의 성상 범주, 수량 범주, 시간 범주, 처소 범주, 긍정 범주,
부정 범주, 지칭 범주 등이 있다(邵敬敏, 2007 : 36 참고).

2) 문장의 의미적 특성 범주

   문장의 의미적 특성은 文體 類型으로부터 概括해낸 의미적 특성과 文章의
表現 기능으로부터 導出해낸 의미적 특성이 있다. 다시 말하면 서술문, 의문
문, 명령문, 요청문 등 문체(문장 유형)의 '서술, 의문, 명령, 요청' 등과 같은
의미적 특성이 있고 피동문, 능동문, 사동문, 긍정문, 부정문, 의향문, 추측
문, 판단문, 평가문, 존재문 등과 같은 문장 표현의 '피동, 능동, 사동, 긍정,
부정, 의향, 추측, 판단, 평가, 존재' 등과 같은 의미적 특성이 있다.

3.2. 의미적 관계의 범주

文法 現象을 살펴보면, 의미적 관계가 통사구조에 影響을 미치면서 또한 통사구조의 制約을 받는 경우를 볼 수 있다. 이러한 현상에 대하여 의미적 특성과 마찬가지로 단어와 구의 단위별로, 즉 단어와 단어의 의미적 관계와 구와 구의 의미적 관계를 통하여 살펴볼 수 있다.

1) 단어와 단어의 의미적 관계는 의미역 범주가 나타내는 관계를 통해 엿볼 수 있다.

전통문법이나 결합가, 격문법 등은 대부분 동사를 中心으로, 즉 동사를 비롯한 敍述語가 필요로 하는 논항구조에 대하여 논의하는 것을 볼 수 있다. 예컨대, 홍재성 밖에(1999 : 238-243)에서는 동사 중심의 의미역을 동작주역 (Agent), 경험주역(Experiencer), 동반주역(Companion), 대상역(Theme), 장소역 (Location), 도착점역(Goal), 결과상태역(Final State), 출발점역(Source), 도구역 (Instrument), 영향주역(Effector), 기준치역(Criterion), 내용역(Contents) 등 의미역으로 나누고 있는데 이런 의미역이 나타내는 내용이 바로 의미적 관계가 되는 것이다.

그밖에 명사와 명사, 형용사와 명사의 結合 構成이 나타내는 의미적 관계가 있으며 한국어에서는 주로 조사와 같은 문법 형태에 의해 나타나며 전체/부분, 선행/후속, 소유/소속, 자료/본체, 선행/후속, 동작/결과, 동작/정도 등을 나타내는 의미적 관계이다.

2) 구와 구의 의미적 관계는 구를 기본 단위로 하는 意味聯關 범주로서, 주로 어미에 의해 나타나는 사건과 사건의 의미적 聯關性을 반영한다. 이런 의미연관 범주의 특성은 상호 의존 관계에 있는 것으로, 비교, 병열, 점진, 동등, 반전, 인과, 목적, 조건 등 의미연관 범주가 있다. 이상의 논의에서 볼 수 있듯이 의미론적 범주는 문법의 내용적 측면의 시각에서 歸納해낸 문법

범주로, 문법의 내용에 대한 抽象化로 이루어진 범주를 말한다.

문법의 내용적 측면은 기존의 문법 범주의 '문법적 뜻'이나 '문법적 관념'이라고 하는 개념보다 더 넓은 범위로서, 문법 형식이 나타내는 내용적 측면이며 크게 의미적 특성 범주와 의미적 관계 범주로 나눌 수 있다. 그 중 의미적 특성 범주는 단어의 하위 범주에서 추출해낸 범주화된 槪念이며 의미적 관계 범주는 단어나 문장의 구조로부터 개괄해낸 범주화된 槪念이다.

따라서 어떠한 의미적 특성과 의미적 관계가 문법 형식(형태구조나 통사구조)에 영향을 미치고 결정적 역할을 하는 동시에 그것의 제약을 받는지에 대한 연구가 의미문법의 연구가 될 것이다.

의미문법의 의미론적 범주는 문법의 내용적 측면으로부터 출발하여 내용을 중심으로 하는 연구로, 형식에서 출발하여 형식을 중심으로 하는 형식문법 범주와 상호보완적인 관계에 있다. 이것이 또한 의미문법을 설정해야 하는 이유가 된다. 이런 의미문법은 형식문법과 마찬가지로 독립성을 가지는 범주로 한국어의 문법 현상을 보다 本質的으로 效果的으로 설명할 수 있는 부분이 존재하는 것으로 형식 문법과는 구별되는 範疇이다. 좀 더 살펴보면, 의미문법은 그 접근법을 형식문법과 달리함으로써 그 연구 범위가 형태론과 통사론 분야를 중심으로 하는 형식문법의 범위보다 더 넓고 연구 내용도 형태론과 통사론의 형태나 구조뿐만 아니라 음운이나 어휘도 포함하는 언어의 다양한 층위의 要素가 될 수 있다. 즉 전통적인 형식문법은 형태론과 통사론 분야에 局限되지만 의미문법은 統合的인 것으로 음운론, 형태론, 통사론, 의미론, 화용론 등 언어 층위의 내용이 다 포함될 수 있다.[8]

---

8) 그동안 국어 연구의 방법론을 모색하면서 고영근(1993 : 10)에서는 우리말의 구두 형태와 서사 형태를 한 그릇에 담아 공간적 변이와 시간적 변화의 정도를 한눈으로 굽어볼 수 있도록 하기 위한 방법으로 총체서술(총괄서술)을 제안하였으며 문법의 재조직을 통한 총체 서술을 위하여 통합이론의 방법론을 제시하였다. 한편 김광희(1994)에서는 전통적인 품사 대하여 언어 표현을 그 지시적 특성에 따라 변항과 정항으로 나눌 수 있다는 점에 근거하여 변항 범주를 세워 대명사, 의존명사, 수량사는 품사는 다르지만 지시적 선행사를 공유한다는 측면에서는 같은 부류로 묶일 수 있음을 기술하면서 문법 범주와 연구 방법상의 통합이라는 통합원리를 주장하였다.

예컨대, 전통 문법의 기술문법에서는 단어를 품사론으로 다루고 '지칭'과 같은 범주를 다루지 않는 것이 慣例이나 의미문법의 기술에서는 '지칭', '시간', '공간' 등과 같은 의미적 특성을 가지는 범주를 의미론적 범주로 다룰 수 있다.

한편, 의미문법은 접근법이 다르므로 보는 視覺이 달라져 같은 문법현상일지라도 형식문법과는 달리 언어의 다양한 층위에서 나타나는 樣相을 볼 수 있기에 그 문법현상의 패러다임을 볼 수 있는데 이는 마치 나무가 아닌 숲을 보는 것과 비슷하다고 하겠다.

이처럼 의미문법은 형식문법과 구별되는 獨立性에서 그 설정의 필요성을 찾아볼 수 있을 뿐 아니라 지금까지 국어연구에서 문법 범주의 설정 문제로 인차어 문법 기순이 범위, 문법 범주이 체계 그리고 문법 범주 교육이 범위 및 체계 등에서 혼선이 이루어졌던 문제를 해결할 수 있다는 데에서도 그 필요성이 부각된다고 하겠다. 예컨대, 피동 범주의 범위와 관련하여 학자들은 다양한 관점을 보여주고 있는데, 임홍빈(1983), 이홍식(1991) 등에서는 접사 피동만을 인정하고 있으며 성광수(1978), 홍종선(1990), 이주행(1992), 이익섭·채완(2000) 등에서는 접사 피동과 장형 피동을 인정하고 어휘적 피동은 피동으로 인정하지 않는다. 한편 김석득(1992), 박영순(1995) 등에서는 접사 피동, 장형 피동뿐 아니라 어휘적 피동도 인정하고 있다(김원경, 2007 : 221-223 참고). 이와 같은 피동범주는 본고에서 제기하는 의미문법의 범주로 규정한다면 그 실현 방법을, 접사에 의한 피동과 장형 피동 및 어휘적 피동 등 패러다임을 모두 다룰 수 있어 한국어의 피동 범주의 전반적인 모습을 볼 수 있으며 더욱 체계적이고 본질적인 기술을 꾀할 수 있다. 그러므로 더 이상 피동 범주를 굴절을 전제로 하는 문법범주의 개념으로 규정해놓고 분명 피동의 의미를 나타내는 문법 장치인 장형 피동을 '類似피동'이라고 한다든지, 혹은 접사에 의한 피동만 取扱하고 어휘적 피동은 아예 取扱하지 않는다든지 하는 것과 같이 혼선을 가져다주는 기술을 삼갈 수 있으며 한편 그것이 文法範疇인가 아닌가 하는 논의는 별 의미가 없게 되고 다만 피동범주의 여러 가지 실현 방법에 어떤 本質的인 차이가 있으며 통사구조에 어떤 영향을 주는지 등을 밝히는 것이 보다 중요한 과제가 될 수 있다.[9] 또 예컨대, 한국어에서 數量範疇는 意味論的 範疇이며 그 실현 방법은 형태, 통사, 의미, 화용 등 층위에 걸쳐, 형태소, 어휘, 구, 절 등 다양한 형식으로 나타나고 있음을 볼 수 있다. 그러나 형식문법의 형태와 통사가 연구의 출발점이 되다보니 수사 연구에서는 분류사나 수량사구를 제외시키고 양화사 연구에서는 수량명사나 서수사를 제외시켰으며 양화사의 개념을 넓게 잡아 접사까지 확대하면서도 분석은 통사론적 단위만 대상으로 하는 현상이 일반적이었다(김영희, 1983; 박금자, 2003; 박철우, 1990 등). 이에 반해 채옥자(2013)에서는 수량범주를 의미론적 범주로 규정하고 수량이라는 의미로부터 접근하여 그 실현 방법을 밝힘으로써 수량범주의 總體的인 모습을 파악하고자 하였다. 좀 더 구체적으로 보면, 數量은 인간이 客觀世界를 認知하는 중요한 手段이다. 사물은 이런 인지 세계의 實體이며 수량은 사물의 존재방식이므로 우선 사물의 수량, 즉 실체의 수량이다. 그러므로 언어에서 셈의 대상 즉 수량화의 대상은 事物이 된다. 이런 인지 세계 속 사물은 또한 고정불변이 아니라 시간과 공간 속에서 변화 발전하며 이런 사물은 운동, 변화 등 과정으로 사건을 형성하게 된다. 그리하여 인간은 이런 변화에 대해 시간으로 그 과정을 測定하게 되는데 그 하나는 지속되는 시간의 수량과 다른 하나는 사물 변화의 발생 횟수의 수량 두 가지 경우가 있다. 따라서 수량화의 대상 즉 셈의 대상은 사건이나 동작이 있게 되는 것이다. 사물의 수량은 시간과 공간을 존재방식으로 하는데 공간의 수량 및 시간의 수량은 연속량이며 그 중 공간의 수량은 사물이 공간에서 차지하는 수량이므로 사물의 수량으로 볼 수 있으나 시간 범주는 인간의 또 다른 인지 수단이므로 별개의 단

---

9) 김원경(2007)에서는 피동은 문법범주가 아니라 의미론적 범주로 논의되어야 함을 기술하였다. 본고의 입장에 따르면 피동은 형식문법의 문법 범주이기도 하고 의미문법의 문법 범주이기도 한 것으로, 형식문법 범주로는 피동 접사에 의한 피동법이 될 것이고 의미문법 범주로는 피동 접사에 의한 피동법, '-어지다'나 '-게 되다'에 의한 장형 피동법, '-되다, -받다, -당하다, -입다' 등에 의한 어휘적 피동 등이 그 실현 방법이 될 것이다.

위로 그 수량을 나타내게 되는 것이다. 요컨대, 수량범주는 그 셈의 대상이, 지시하는 수량의 대상인 사물, 지시하는 수량의 대상인 동작이나 사건, 지시하는 수량의 대상인 시간 등이 된다. 이로부터 수량범주의 체계는 우선 수량의 대상에 따라 事物의 수량(사람의 수량과 공간의 수량을 포함), 動作이나 行爲의 수량, 時間의 수량 등으로 나눌 수 있다. 다시 말하면 한국어에서 수량을 나타내는 말 뒤에 쓰여 셈의 단위로 쓰이는 단위(분류사, 의존명사, 일부 명사) 들이 헤아리는 대상이 무엇인지에 따라 나눌 수 있다는 것이다. 이러한 분류체계는 한국어의 분류사 체계의 설정에 根據를 제공해 줄 수 있어, 한국어 분류사를 기본적으로 사물 단위사, 동작 단위사(예 : 번, 차례, 회, 바퀴, 순배, 판 등), 시간 단위사(예 : 초, 분, 일, 주일, 달, 년, 세기 등)로 나누고 사물 단위사는 다시 개체 단위사(예 : 개, 명, 마리, 그루, 송이, 대, 장, 자루 등), 집합 단위사(예 : 켤레, 다스, 톳, 손 등), 도량형 단위사(예 : 미터, 킬로그램, 리터 등)로 나눌 수 있다고 하였다. 이로써 기존의 분류사의 체계에서 사물 단위사, 동작 단위사, 시간 단위사 등을 교집합으로 혹은 빈칸이 있는 체계로 기술하는 限界를 克服하고 사물이나 동작(사건) 및 시간에 대한 수량 표현을 본질적으로 체계적으로 把握할 수 있었다(채옥자, 2013 : 119-123).

문법범주의 기술에서 형태적인 것이나 통사적인 것이 아닌 음운이나 어휘로 실현되는 문법 현상을 문법 범주로 다룰 것인가와 같은 문법 범위의 설정 문제 및 그런 문법현상을 다루지 않았을 경우 체계의 빈칸이 생기는 문제 등은 한국어의 기술 문법 및 학교 문법 범주의 범위 설정에 있어서도 문제를 야기하게 되는데 의미문법 범주의 설정은 바로 이러한 문제를 해결하고 형식문법의 한계도 어느 정도 극복할 수 있을 것으로 본다.

이상의 논의에서 보다시피, 한국어 문법의 體系를 형식적 접근법의 형식문법 범주와 의미론적 접근법의 의미문법 범주로 나누는 二分法 체계는 한국어 문법 현상의 기술에 있어서 더욱 전면적이고 체계적이며 빈칸이 없는 必要 充分한 기술을 꾀할 수 있을 것으로 보인다.

지금까지 논의된 한국어 문법 범주의 체계를 表로 나타내면 다음과 같다.

4. 結論

지금까지 韓國語文法은 연구 方法論의 측면에서 주로 형식에서 출발하여 의미나 기능에 다가가는 접근법의 형식문법 연구가 위주였으나 의미나 기능에서 출발하여 그 형식을 연구하는 의미문법도 있었으며 그 성과도 刮目할 만하다. 그 중 본고에서 제기된 의미론적 범주의 내용은 구체적인 문법 현상의 연구에서 意味的 범주, 槪念的 범주, 語彙的 범주 등 개념으로 논의되기도 하였는데 본고에서는 이를 문법 범주의 차원으로 끌어올려 체계적인 기술을 시도하였다.

우선, 언어의 기본적인 기능인 意思疏通 즉 '理解'와 '表現'을 위해야 하는 문법 연구의 目的 및 文法 形式과 文法 內容의 관계로부터 문법 연구의 두 가지 접근법의 當爲性을 강조함으로써 한국어 문법연구가 志向하여야 할 연구방향을 잡는 데 도움을 주고자 하였다. 즉 문법 형식은 문법 내용의 檢證을 필요로 하며 문법 내용은 문법 형식이 뒷받침되어야 하는 것으로, 문법은 형식과 내용의 有機的인 結合體이다. 따라서 문법 연구에 있어서도 형식과 내용의 양 측면 모두 출발점 및 중심이 될 수 있으며 문법 연구의 두 가지 접근법은 상호보완적이고 協力的인 관계에 있으므로 문법 연구는 형식에서 내용에로 다가가는 형식적 접근법과 내용에서 형식에로 다가가는 의미론적 접근법이 모두 필요하다는 것이다.

다음, 한국어 문법 범주의 체계를 형식문법과 의미문법이라는 二分法체계로 세울 수 있음을 主張하였다. 의미문법의 의미론적 범주는 문법의 내용적 측면으로부터 출발하여 내용을 中心으로 하는 연구로, 형식에서 출발하여 형식을 중심으로 하는 형식문법 범주와 상호보완적인 관계에 있다는 것이 의미문법 범주를 설정해야 하는 理由이다. 또한 의미문법의 설정은 문법범주의 범위, 문법 범주의 체계 그리고 문법 범주 교육의 범위 및 체계 등 면에서 기술의 全面性과 體系性이 未洽했던 문제를 해결할 수 있기에 한국어 문법현상의 체계에 대하여 필요 충분한 기술을 꾀할 수 있으며 형식문법의 限界도 어느 정도 극복할 수 있다는 데서 그 필요성을 찾을 수 있었다.

물론 어떤 접근법을 選擇하는가 하는 것은 형식과 의미 중 어느 것을 중요시하느냐와 관계되며 나아가서 형식이 의미를 결정하느냐 아니면 의미가 형식을 결정하느냐 하는 문제와도 관계될 수 있다. 게다가 문법의 내용적 측면은 워낙 複雜하고 抽象的이어서 의미적인 것을 기준으로 한다는 것은 쉽지 않은 것이다. 하지만 分明한 것은 문법 현상에서 어떤 의미적 특성이나 의미적 관계가 문법구조(형태구조나 통사구조)에 영향을 주고 통사적 특성의 차이를 誘發한다는 것이며 따라서 그것의 존재를 밝히어 내는 것이 또한 문법연구의 課題로 대두된다는 것이다.

본고에서는 한국어 문법에서 형식문법의 문법 범주와 함께 의미문법의 의미론적 범주가 설정되어야 함을 제기하고 더 나아가서 의미문법 연구에 있어서 문법 내용의 內包의 抽象性, 외연의 槪括性, 형식의 證明性, 존재의 客觀性 등과 같은 중요한 屬性에 대해서는 向後 깊이 있는 探究가 필요하며 의미문법의 설정이 가능하다면 연구의 理論, 範疇, 方法 등 면에서 진일보의 논의와 연구가 後續되어야 함을 言及하는 것으로 만족하고자 한다.

참고문헌

고영근·구본관. 2009.「우리말 문법론」, 집문당.

구본관. 2010. "국어 품사 분류와 관련한 몇 가지 문제",「형태론」12-2, 형태론연구회, pp.179-199.

김광해. 2008.「문법현상과 교육」, 박이정.

김석득. 1992.「우리말 형태론」, 탑출판사.

김영희. 1984.「한국어 셈숱화 구문의 통사론」, 탑출판사.

김원경. 2007. "피동은 문법범주인가",「한국어학」35, 한국어학회, pp.219-241.

김의수. 2004.「한국어의 격과 의미역」, 태학사.

권재일. 1991. "한국어 문법 범주에 대한 언어유형론적인 연구",「언어학」13, 한국언어학회, pp.51-74.

권재일. 2000.「한국어 통사론」, 민음사.

박금자. 1985. "國語의 量化詞 研究-의미해석을 중심으로-", 서울대학교 석사학위논문.

박영순. 1985.「한국어 통사론」, 집문당.

박진호. 2011. "시제, 상, 양태",「국어학」60, 국어학회, pp.289-322.

박철우. 1990. "한국어 수량표현의 의미에 관한 연구", 서울대학교 석사학위논문.

박철우. 2012. "양화사와 의미",「한국어 의미학」39, 한국어의미학회, pp.1-23.

成光秀. 1976. "국어의 간접피동에 대하여",「문법연구」3, pp.159-182.

연재훈. 2011.「한국어 구문 유형론」, 태학사.

이병근. 2000.「한국어 사전의 역사와 방향」, 태학사.

이익섭·채완. 2000.「국어 문법론 강의」, 학연사.

이홍식. 1991. "피동과 피동구문",「주시경 학보」, 탑출판사, pp.113-118.

임홍빈. 1983.「국어의 통사·의미론」, 탑출판사.

임홍빈·장소원. 2000.「국어문법론」, 한국방송대학교출판부.

우인혜. 1997.「우리말 피동 연구」, 한국문화사.

우형식. 2001.「한국어 분류사의 범주화 기능 연구」, 도서출판 박이정.

윤평현. 2008.「국어의미론」, 역락.

채옥자. 2013. "한국어의 수량범주와 그 표현양상",「국어학」68, 국어학회, pp.325-351.

채 완. 2001. "수의 표현과 의미",「한국어 의미학」8, 한국어의미학회, pp.109-132.

홍종선. 1990. 「국어 체언화구문의 연구」, 고려대민족문화연구소.

呂叔湘. 1942. 「中國文法要略」, 商務印書館.

陸儉明. 2010. 「漢語語法語義研究新探索」, 商務印書館.

邵敬敏. 2007. 「漢語語義語法論集」, 上海教育出版社.

胡明揚. 1992. "再論語法形式和語法意義", 「中國語文」 第5期.

馬慶株. 1998. 「漢語語義語法范疇問題」, 北京語言文化大學出版社.

| 이 논문은 어문연구 42-3집(2014, 한국어문교육연구회)에 게재된 논문을 재수록한 것입니다.

어휘의미 관계와 어휘적 응집성

임 채 훈

1. 문제 제기

이 논문은 어휘 간 고유한 내적 체계로 알려진 어휘의미 관계가 단순히 어휘부 내의 지식이 아니라 문장이나 텍스트를 구성하는 데 활용되는 주요한 지식이라는 것을 보이고자 하는 것이다. 이를 위해 의미관계 어휘들이 문장과 텍스트 응집성(cohesion) 구성에 있어 중요한 역할을 하는 응결성(coherence) 장치로서의 의미 기능을 가지고 있다는 것을 밝히고자 한다. 실제로 다음 예문을 보면,

> (1) ㄱ. 돈은 화폐를 담당하고 있는 조폐공사에서 생산해 한국은행을 거쳐 발행, 유통, 환수 과정을 거쳐 폐기됩니다.
> ㄴ. 돈은 그것을 담당하고 있는 조폐공사에서 생산해 한국은행을 거쳐 발행, 유통, 환수 과정을 거쳐 폐기됩니다.

'돈'과 후행하는 '화폐'는 유의관계 어휘이다. 그런데 (1ㄱ)의 경우, 이들은 단순히 어휘 내적으로만 유의어휘 관계에 있는 것이 아니다. 후행하는 '화폐'는 앞서 실현된 '돈'을 가리키는 말로 사용된 것이다. 이와 같이 유의관계 어휘는 대명사와 같이 동일 지시를 위해 사용될 수 있다. 실제로 (1ㄴ)

에서와 같이, 유의관계 어휘 대신 일반적인 조응의 문법 요소인 대명사 '그 것'으로 대체하여도 자연스러운 문장이 된다.

그런데 의미관계 어휘들이 이와 같이 단순히 대명사를 대신하여 쓰이는 것만은 아니다.

> (2) ㄱ. 기술자에게 보고를 받은 지배인은 걱정이 또 하나 생겼습니다. 지
> 배인의 새 근심은 엄청난 예산이 든다는 것이었습니다.[1]
> ㄴ. 기술자에게 보고를 받은 지배인은 걱정이 또 하나 생겼습니다. 지
> 배인의 새 *그것은 엄청난 예산이 든다는 것이었습니다.

(2ㄱ)에서 '걱정'과 후행하는 문장의 '근심'은 유의관계 어휘이다. 그런데 이 역시 (1)과 같이 후행하는 '근심'은 앞서 실현된 '걱정'과 같은 것을 나타 내는 말로 사용된 것이다. 그런데 (2ㄴ)에서 보면 '근심' 대신에 대명사를 사용하는 것은 자연스럽지 않다. 이를 통해 의미관계 어휘들이 대명사와 같 이 동일 지시를 할 수는 있지만 그렇다고 하여 일반적으로 '조응'의 의미기 능을 한다고 알려진 대명사와 그 기능이 같은 것은 아니라는 것을 알 수 있 다. 의미관계 어휘들이 동일 지시를 통해 응집성을 높이는 데 사용된다는 점에서 대명사와 같은 것이 있지만 반대로 그것과는 구별되는 고유한 의미 기능이 무엇인지 살필 필요가 있다는 것을 보여준다.

반대로 의미관계 어휘들이 항상 대명사와 대체되어 사용될 수 있는 것은 아니라는 점에서도 주목할 필요가 있다.

> (3) ㄱ. 분당에 거주하는 박지애(23) 씨는 서울에 있는 대학으로 편입하게
> 되면서 걱정이 하나 생겼다. 그것은 통학거리가 멀어지면서 늘어
> 나게 된 등하교 시간이었다.[2]

---

1) 용례의 실제성을 위해 필자가 예문을 만드는 것을 되도록 지양하고 신문기사 용례를 주로 제시하고자 하였다. (2)의 용례 출처는 국민일보 2007. 11. 21. (http://missionlife.kukinews. com/article/view.asp?page=1&gCode=all&arcid=0920726703&cp=nv)

2) 한국경제 2011. 10. 20 (http://bntnews.hankyung.com/apps/news?popup=0&nid=05&c1=05&c2

ㄴ. 분당에 거주하는 박지애(23) 씨는 서울에 있는 대학으로 편입하게
되면서 걱정이 하나 생겼다. [?]근심은 통학거리가 멀어지면서 늘어
나게 된 등하교 시간이었다.

(3ㄴ)의 경우에도 (2ㄱ)의 경우와 같이 '걱정'과 '근심'은 유의관계 어휘이
므로 후행하는 문장에서 동일한 것을 나타내는 '근심'의 사용이 가능해야
하나 그렇지 않다. (3ㄱ)과 같이 대명사 '그것'으로만 사용이 가능하다. 이는
모든 의미관계 어휘들이 어떠한 환경이나 조건에 상관없이 대명사와 바꿔
쓸 수 있는 것이 아니라 제한된 조건과 환경에서 사용 가능하다는 것을 보
여주는 것이다.

우리는 이와 같은 예에서 보았던 것처럼 의미관계 어휘들이 텍스트 응집
성을 위한 장치로서 사용될 수 있다고 보고 이들이 하는 응집성 기능이 무
엇인지 구체적으로 살펴보고자 한다. 특히 일반적으로 '조응'의 의미기능을
한다고 알려진 '대명사'³⁾와는 어떻게 구별되는지, 의미관계 어휘들이 동일
지시로서 응집성의 의미기능으로 사용되기 위해서는 어떠한 조건이나 환경
이 필요한지에 대해서 살펴보도록 하겠다.

논문의 대략적인 구성은 다음과 같다. 먼저 2장에서는 의미관계 어휘가
응집성과 관련하여 어떠한 기능을 하는지를 밝힌 선행 연구로서 Halliday &
Hasan(1976)의 어휘적 응집성(lexical cohesion)에 대해 집중적으로 살피고자
한다. 3장에서는 상하관계 어휘들이 어떻게 동일 지시를 통한 응집성의 의
미기능을 하는지 살필 것이다. 4장은 유의관계 어휘를 중심으로 동일 지시
의 응집성 기능이 어떻게 이들 의미관계 어휘에서 사용될 수 있는지 살필
것이다.⁴⁾

=05&c3=00&nkey=201110201942413&mode=sub_view)
3) '조응'의 의미 기능은 '대명사'뿐만 아니라 대용언, 접속 부사 등에서도 나타날 수 있으나
논의의 편의를 위해 현재의 논의는 '대명사'와의 비교로 한정하기로 한다.
4) '조응'의 기능은 다양한 어휘의미 관계에서 찾을 수 있으나 현재의 논의는 어떤 어휘의미
관계에 '조응'의 의미기능이 있는지를 밝히는 데 목적이 있는 것이 아니라 의미관계 어휘
가 어떤 '조응'의 기능이 있는지를 밝히는 것이 목적이므로 편의상 두 가지 어휘의미 관계

2. 어휘적 응집성

Halliday & Hasan(1976)에서는 텍스트와 텍스트가 아닌 것을 구별하는 능력이 우리에게 있다고 보고 이를 구별하는 데 있어 가장 중요한 역할을 하는 것이 '응집성(cohesion)'이라고 보았다.

(4) Wash and core six cooking apples. Put them into a fireproof dish.

(4)의 두 번째 문장에서 'them'은 첫 번째 문장의 'six cooking apples'를 지시, 혹은 조응한다. 'them'의 이러한 조응적 기능은 두 문장에 응집성을 부여하게 된다. 그 결과 우리는 두 문장을 하나의 전체로서, 함께 하나의 텍스트를 구성하는 것으로 해석하게 된다.

Halliday & Hasan(1976)에서는 이러한 응집성을 가능하게 하는 것이 무엇인지를 살피면서 지시(reference), 대체(substitution), 생략(ellipsis), 접속(conjuction)의 네 가지 문법적 응집성 외에도 어휘적 응집성을 필수적으로 다뤄야 한다고 주장한다. 어휘적 응집성은 어휘 선택에 의해 얻게 되는 응집적 효과이다. 그리고 이러한 어휘적 응집성은 '반복(REITERATION)'이라는 형식으로 실현된다고 주장하였다. '반복'의 유형은 양 극단의 한쪽에 동일 어휘의 반복이, 반대쪽 끝에는 해당 어휘를 지시하는 '일반 어휘(general word)'가 있는 것이 특징이다. 그리고 그 사이에 유의어(synonym), 유사 유의어(near-synonym), 상위어(superordinate) 등이 존재한다고 하였다. 예를 들어,

(5) I turned to the ascent of the peak. [ㄱ. The ascent / ㄴ. The climb / ㄷ. The task / ㄹ. The thing / ㅁ. It] is perfectly easy.[5)]

(5)의 첫 문장에서 'ascent'는 두 번째 문장에서 각각 (5ㄱ)의 동일 어휘 반

만을 살핀다.

5) Halliday & Hasan(1976 : 279) [6 : 6]의 예 재인용.

복, (5ㄴ)의 유의어, (5ㄷ)의 상위어, (5ㄹ)의 일반 명사(general word), (5ㅁ)의 개별 지시 항목(personal reference item), 즉 대명사에 '조응'할 수 있다.

　Halliday & Hasan(1976)의 이와 같은 연구 내용은 그간 문법적인 측면에서만 다루었던 '조응'의 문제를 어휘적인 영역으로까지 확대했다는 점에서 의의를 갖는다. 이를 통해 향후 많은 연구에서 텍스트 응집성의 문제를 문법적인 측면이 아닌, 어휘적인 측면에서도 다루게 되었다(Ferstl and von Cramon, 2001; Hellman, 1995; Hoey, 1991; Sanders and Pander Maat, 2006).

　그러나 Halliday & Hasan(1976)을 비롯하여 많은 연구가 이러한 어휘적 응집성이 현상적으로 나타난다는 것, 더 세부적으로는 텍스트 장르에 따라 어휘적 응집성이 어떻게 달리 나타나게 되는지,6) 어휘적 응집성의 빈도가 읽기 이해 능력과 어떤 상관이 있는지7)에 대해서만 살펴보았을 뿐 정작 어휘적 응집성의 각 유형이 어떻게 다른지에 대해서는 깊이 있게 연구되지 못한 면이 있었다. 더불어 이러한 어휘적 응집성이 대명사로 대표되는 '조응'과는 어떻게 구별되는지, 구별이 된다면 이들 의미관계 어휘를 통한 어휘적 응집성 기제가 갖는 고유한 의미 기능이 무엇인지에 대해서는 천착하지 못한 면이 있었다.

　이 연구는 이렇게 선행 연구에서 다루지 못했던, 어휘의미 관계에 따른 응집성이 무엇인지, 이들 어휘의미 관계에 따른 응집성 효과가 대명사를 사용한 문법적인 '조응'과는 어떻게 구별되는지 우리말 텍스트를 중심으로 살펴보고자 한다.

---

6) 예를 들어 전문 과학 관련 글에서 어휘적 응집성이 어떻게 나타나는지에 대해서는 Jordan (1986), Myers(1991) 등의 연구가 있으며, 대화에 나타난 어휘적 응접성에 대해서는 McCarthy (1988)의 연구가 있다.
7) Beigman Klebanov & Shamir(2006)에서는 어휘적 응집성이 많이 존재하는 텍스트일수록 읽기 이해가 어려운 고급의 텍스트라고 주장하였다.

3. 상하 어휘관계와 응집성의 실현

단어의 정의가 일반적으로 변별적 특성인 '종차'와 '유개념'으로 이루어진다고 보았을 때 피정의항은 하위어, 유개념인 정의항은 상위어가 되는 것이 일반적이다. '피정의항 = 종차+정의항'과 같은 등식이 성립하기 때문에 '종차'를 지시관형사로 대체한다면 '지시관형사+상위어'는 하위어와 동일한 것을 지시할 수 있게 된다. 실제로 "그 꽃이 장미다."와 같이 '지시관형사+상위어'를 통해 지정 구문 구성이 가능하다.

> (6) 장미의 역사는 깊다. 심지어 2000년 전에도 존재했다. 장미/이 꽃/이것은 수많은 세대에 걸쳐 여러 문명에서 매력적인 존재였다. 그래서 장미/이 꽃/이것은 많은 이에게 특별한 상징이다. 전 세계인들이 장미/이 꽃/이것에 여전히 매료되는 것은 다 이유가 있는 것 아니겠나.[8]

(6)의 예는 '장미'라는 선행 요소가 '동일 어휘', '지시관형사+상위어', '대명사'를 통해 동일 지시 될 수 있다는 현상을 보여준다. 이처럼 상하 어휘관계는 동일 지시를 통한 응집성 유지의 의미기능으로 폭넓게 쓰이는 어휘의미 관계이다.[9]

상하관계 어휘를 동일 지시를 통한 응집성 기제로 사용할 때 고려해야 할 점 중의 하나는 두 어휘가 등치가 아니므로 '종차' 혹은 한정적인 대상의 지시를 위해 '지시관형사'를 반드시 써야 한다는 것이다.

---

8) 중앙일보 2012. 11. 16. (http://article.joinsmsn.com/news/article/article.asp?total_id=9904109&cloc=olink|article|default)

9) 그런데 상위어는 계층적 관계로서 그 관계가 이항적인 것이 아니라 상위어의 상위어가 더 존재할 수 있으므로 고려할 부분이 있다. (7)의 경우도 엄밀한 의미에서 '하늘다람쥐'의 바로 위, 즉 직접적 상위어는 '다람쥐'가 될 것이며 '동물' 외에도 그 사이에 생물학적으로 많은 간접적 상위어가 존재할 수 있다. Halliday & Hasan(1976)에서 어휘적인 조응과 문법적인 조응의 경계가 모호할 수밖에 없다고 말할 것도 이와 같은 현상 때문이다.

(7) ㄱ. 과거엔 마을에 하늘다람쥐가 너무 많아, *동물/그 동물이 천연기념
　　　물이라는 사실도 모르고 살았다.10)

　　ㄴ. 5월 꽃의 여왕은 단연 장미다. 너무도 화려한 *꽃/이 꽃은, 꽃과 식
　　　물에 대한 감각을 잃어버린 현대의 도시인들에게도 그 존재를 확
　　　실히 각인시키며, 모든 대중가요의 꽃들을 평정해 버렸다.11)

　(7)의 경우 지시관형사를 사용치 않고 상위어인 '동물', '꽃'만 쓰면 비문
이 된다. 후에 기술하겠지만 유의관계 어휘가 한정적인 관형절이나 해당 어
휘만을 가지고 동일 지시의 기능을 할 수 있는 반면, 상하관계 어휘의 경우
에는 상위어 단독으로나 개체 특정적이지 않은 관형절 수식만으로는 안 되
고 지시관형사가 결합해야 하는 특징이 있다.12) (7ㄴ)의 경우, '너무도 화려
한'이라는 관형절로 한정적인 지시가 가능할 수 있지만 이 관형절이 '장미'
라는 특정한 꽃으로 한정할 수 있는 의미를 가진 것이 아니므로 지시관형사
없이는 선행하는 '장미'와 동일 지시할 수 없다. 상하관계 어휘에는 의미적
인 상관성이 존재하기는 하지만 동일한 의의를 가진 것은 아니다. 따라서
해당 어휘만으로는 '지시'의 기능을 추론하기가 쉽지 않기 때문에 지시관형
사와의 결합이 필요하다고 할 수 있다.

　그렇다면 이와 같이 '지시관형사+상위어'를 통해 동일 지시의 의미기능
을 갖는 경우가 갖는 고유한 특징은 무엇인가. 첫째, 상위어는 하위어의 정
의항으로 사용되는 만큼 그 정의적 특성으로 인해 하위어가 지시하는 특정

---

10) 오마이뉴스 2012. 3. 25. (http://www.ohmynews.com/NWS_Web/view/at_pg.aspx?CNTN_CD
　　=A0001695327)

11) 중앙 Sunday 215호 (http://sunday.joins.com/article/view.asp?aid=21422)

12) 익명의 심사위원이 지적한 바와 같이 지시관형사 없이 한정적인 관형절과 상위어의 결합
　　으로도 동일 지시가 가능할 수 있다.

　　(1) 철이는 상암동에 의자를 두고 집을 나왔다. 10년이나 앉아서 정이 들 만큼 든 가구를
　　　두고 이사를 했던 것이다.

　　(1)에서 선행하는 '의자'와 '(철이에게) 정이 들 만큼 든 가구'가 지시하는 바는 동일하며
　　이를 통해 응집성이 생길 수 있다. 즉 한정적인 관형절이 위에서 '너무도 화려한'과 달리
　　단일 개체로 한정할 수 있는, 즉 해당 기술만으로도 특정한 개체를 지시할 수 있는 경우
　　에는 '한정적 관형질+상위어' 결합으로도 동일 지시의 기능을 가질 수 있다.

개체(token)를 나타내기보다는 종, 혹은 유형(type) 전체를 지시하는 데 적절하다고 할 수 있다. 앞서 (7)의 경우도 '하늘다람쥐', '장미'가 특정한 개체를 지시하기보다는 종 전체를 의미하고 있으며 후행하는 '그 동물', '이 꽃' 역시 종 전체를 의미한다고 할 수 있다. 즉 총칭(generic term)으로 사용되는 것이 더 일반적이라고 할 수 있다.

> (8) 다람쥐는 나무를 잘 타는 습성이 있는데, 그것은 그 동물/*그 다람쥐
>   의 먹이와 밀접한 관련이 있다.

(8)은 '지시관형사+상위어'와 '지시관형사+동일 어휘 반복'이 동일 지시를 위해 사용된 것을 비교한 것이다. (8)의 경우 '지시관형사+상위어'는 자연스러운 반면, '지시관형사+동일 어휘 반복'은 자연스럽지 않다. 이러한 현상적 차이가 발생한 이유는 무엇인가. 앞서 밝힌 바대로 상하어휘 관계에 의해 등치가 성립하는 것은 종 전체에 대한 것이므로 '지시관형사+상위어'를 통해 지시하는 바는 개체(token)보다는 유형(type)이 자연스럽다고 할 수 있다. (8)의 경우는 '다람쥐' 종 전체에 대한 총칭적 기술이므로 '그 동물'과 같이 상위어를 통해 동일 지시하는 것은 자연스러우나 '지시관형사+동일 어휘 반복'의 경우는 대상에 대한 한정적 기술, 즉 개체(token)를 서술하는 특성을 갖게 되므로 제약되는 것이다.

그런데 '지시관형사+상위어'가 항상 총칭적으로만 쓰이는 것은 아니다. 한정적인 개체를 지시하는 경우에도 자연스러운 경우가 있다. 이것이 '지시관형사+상위어'가 동일 지시의 의미 기능으로 쓰일 때 갖는 두 번째 고유한 특징이다. 상위어는 하위어가 가지지 않는, 그것 자체의 고유한 의의가 있으므로 단순한 동일 지시를 넘어 추가로 '함축' 의미를 가질 수 있다.

> (9) 가 : 어제 본 우리 고양이 어땠어?
>   나 : 그 고양이/그 동물 너 속 좀 썩일 것 같더라.

(10) 가 : 어제 본 우리 고양이 어땠어?

　　　나 : 그 고양이/ ?그 동물 정말 예쁘더라.

(9)의 경우 '나'의 발화는 자연스럽다고 할 수 있다. 그런데 '그 동물'로 동일 지시를 한 경우, '그 고양이'라고 한 경우와 달리 '그 고양이'에 대한 '부정적인 어감'이 실리는 것으로 보인다. 즉, '동물'이 갖는 '이성적이지 못하고 본능에 치우쳐 행동한다'는 함축이 추가로 생길 수 있다는 것이다. 이러한 견해가 타당한 것은 (9)와 달리 긍정적인 느낌을 나타내는 (10)의 '나' 발화에서 '그 동물'로 발화한 경우 자연스럽지 못하다는 점에서 확인할 수 있다. J. Sinclair는 미발표 논문에서 이전 화자의 어휘를 반복할 경우는 그의 관점에 동의하는 입장에서 이야기를 하고자 하는 것이라면, 반대로 유의어나 다른 완언직 표언 등을 통해 표현할 성우에는 '만내'의 입상을 쑈시한나고 주장하였다.[13] '지시관형사+상위어'가 언제나 부정적인 느낌을 나타내는 것은 아니라고 할 수 있으나 적어도 상위어가 갖는 고유한 의미가 하위어로 표현할 때와는 다르게 함축적으로 드러날 수 있다.

4. 유의 어휘관계와 응집성의 실현

유의관계[14] 어휘는 의미의 유사성으로 인해 상호 대체가 가능하다는 점에서 동일한 대상을 지시하는 데 사용될 수 있다. 그리고 이러한 동일 지시의 특성은 응집성을 발생하게 하는 의미적 토대가 된다는 것을 알 수 있다. 다음 예문을 보면,

---

13) Halliday & Hasan (1976 : 292)에서 재인용.

14) '유의관계'와 '동의관계'라는 용어가 혼용되어 사용되고 있다. 그러나 절대적으로 의미가 동일한 경우는 없고 상호 대체가 모든 경우에 가능한 경우가 거의 없으므로 '유의관계'라는 용어를 사용하도록 하겠다.

(11) 국가에서는 이렇게 좋은 인력을 저렴한 인건비로 활용하기 위해 직능 단체를 설립해 활용하고 있는 것이다. 나라에서는 저렴한 인건비로 고급 인력을 활용할 수 있어 좋고 퇴직한 시니어들은 일자리가 생겨 보람을 갖게 되는 것이니 좋은 것이다.[15]

(11)에서 '국가'는 '대한민국'을 지시하고 있는데 후행하는 '나라' 역시 '대한민국'을 동일 지시함으로써 응집성을 일으키고 있다. 그런데 여기서 주목할 것은 이 경우에 '지시 대명사'로의 대체가 가능하지 않다는 것이다. 한국어는 '지시 대명사'의 조응이 모든 경우에 허용되는 것이 아니라 그 쓰임이 한정되어 있다. '국가'와 같은 경우는 이를 대신할 적절한 지시 대명사가 존재하지 않는다. 한국어에서는 모든 명사가 '지시 대명사'로 대체되어 조응할 수 있는 것은 아니다. 지시 대명사인 '그것'은 사물, '그들'은 선행하는 사람을 지시하게 되는데 '나라'와 같이 '사물'이나 '사람'으로 범주화하기 어려운 명사가 있을 경우에는 이들 지시 대명사로 조응할 수 없기 때문이다. 따라서 대명사를 사용하기보다는 동일 어휘를 반복하여 동일 지시를 하는 경우가 많다. 그런데 이렇게 동일 어휘로 동일 지시를 하는 경우 외에도 대체하여 사용할 수 있는 요소가 바로 유의관계 어휘이다.

아래의 경우도 대명사로의 대체가 가능하지 않은, 유의관계 어휘로만 대체가 가능한 예이다.

(12) ㄱ. 집 값 안정을 위해 세금 감면이 필요하다는 의견이 많았다. 정부의 적극적인 정책이 필요하다는 견해가 많다는 이야기이다.
ㄴ. 집 값 안정을 위해 세금 감면이 필요하다는 의견이 많았다. 정부의 적극적인 정책이 필요하다는 *그것이 많다는 이야기이다.

이는 유의관계 어휘를 통해 동일 지시를 하는 경우와 대명사가 조응을 하는 경우가 서로 구별되는 부분이 있다는 것을 보여주는 것이다. 이는 조

---

15) 중도일보 [사회] 2013.02.13

응 간의 '거리'와 상관이 있는 것으로 보인다. 지시 대명사는 '지시'의 기능적 측면이 분명하게 부각되는 반면 고유한 의의를 가지지 않는다는 특성이 있다. 그러므로 조응할 수 있는 선행소의 후보가 많을수록, 조응하는 선행소와 거리가 길면 길수록 조응하는 선행소를 찾는 데 해석자의 부담이 생긴다. 반면 유의관계 어휘는 그것 자체가 '지시'의 기능을 갖지 않으므로 해당 어휘만으로는 '지시'의 의미기능을 인지하기 쉽지 않으나 고유의 의의를 가진다는 특성이 있다. 이 때문에 '지시'의 기능만 잘 파악된다면 그와 동일한 대상을 지시하는 선행소를 찾는 것은 상대적으로 훨씬 쉽다. 동일 지시하는 선행소가 그만큼 멀리 있으면 조응할 수 있는 후보가 많아지므로 조응하는 것을 찾기가 어렵게 된다. 따라서 이 경우는 동일 지시의 의미를 명확히 파악할 수 있는 동일 어휘나 유의관계 어휘를 사용하는 것이 유리하다. (12)의 경우가 바로 그렇다. (14)들 소응의 거리가 가깝도록 바꿀 경우 대명사로의 대체가 가능하다는 점에서 이러한 견해가 타당하다는 것을 알 수 있다.

> (12)' 집 값 안정을 위해 세금 감면이 필요하다는 의견이 많았다. 그 의견/그 견해/그것은 정부의 적극적인 정책이 그만큼 필요하다는 말한다.

앞서 '문제제기'에서 나온 (2)의 예도 대명사의 대체가 가능하지 않은, 유의어로서 동일 지시가 가능한 예이다.

> (2) ㄱ. 기술자에게 보고를 받은 지배인은 걱정이 또 하나 생겼습니다. 지배인의 새 근심은 엄청난 예산이 든다는 것이었습니다.
> ㄴ. 기술자에게 보고를 받은 지배인은 걱정이 또 하나 생겼습니다. 지배인의 새 *그것은 엄청난 예산이 든다는 것이었습니다.

위의 경우 유의관계 어휘로는 동일 지시가 가능하나 '지시 대명사'로는 대체가 가능하지 않다. 왜냐하면 지시 대명사는 관형사의 수식을 받을 수 없기 때문이다. 즉 관형사의 수식에 있어 유의관계 어휘는 지시 대명사와는

달리 제약을 갖고 있지 않으므로 (2)와 같은 경우에는 동일 어휘나 유의관
계 어휘를 사용하여 동일 지시를 하게 된다.

반대로 지시 대명사로 조응하는 것은 가능하나 유의관계 어휘로는 동일
지시를 할 수 없는 경우가 있다.

> (13) ㄱ. 친구에게 돈을 빌렸는데, 아직도 그것을 못 갚고 있다.
> ㄴ. 친구에게 돈을 빌렸는데, 아직도 *화폐/그 화폐를 못 갚고 있다.
> (※ 참고 (1) ㄱ. 돈은 화폐를 담당하고 있는 조폐공사에서 생산해 한
> 국은행을 거쳐 발행, 유통, 환수 과정을 거쳐 폐기됩니다.)

(13ㄱ)의 경우 선행하는 '돈'을 후행하는 '그것'이 조응할 수 있다. 그러나
유의어휘 관계가 있는 '화폐'의 경우 앞서 조응이 가능했던 (1ㄱ)과는 달리
(13ㄴ)에서는 불가능하다. 이것은 '돈'이 "상품 교환과 재산 축적을 위한 물
건"이라는 측면에서는 유의관계가 성립하나 '재산'이나 '비용' 등과 같은 의
미로는 유의관계가 성립하지 않으므로 대체하여 동일 지시의 기능을 가질
수 없는 것이다. 이와 같이 유의관계 어휘는 대당 어휘가 가지지 않는, 고유
한 의미와 결합관계를 가질 수 있으므로 이것이 상호 대체할 수 없게 하는
제약이 되면 동일 지시의 기능으로 사용할 수 없다.

그런데 앞서 상위어가 조응하여 사용될 때 하위어에는 없는, 상위어의 고
유한 의미가 함축으로 추가될 수 있다고 하였다. 유의관계 어휘에서도 그러
한 현상이 나타난다. 즉 유의관계 어휘가 가지고 있는 고유한 의미가 추가
로 함축될 수 있다는 것이다.

> (14) 가 : 아까 인사 온다고 했던 남자 왔었어요?
> 나 : 그 남자/그 녀석 방금 왔다 갔지.

'남자'와 '녀석'은 유의관계 어휘이다. 그런데 '녀석'은 보통 '남자'를 낮
추어 부르는 말인데, (14)에서 보는 것처럼 '남자'가 반복되어 쓰이는 경우

와 달리 '녀석'을 쓴 경우에는 화자의 부정적인 평가, 낮잡아 보는 어감이
추가로 함축될 수 있다. 즉 대명사를 통해서, 혹은 동일 어휘를 반복의 경우
와 달리, 유의관계 어휘가 고유하게 가지는 의의나 함축이 존재할 수 있는
데 이러한 함축을 가진 어휘가 조응하여 쓰일 경우 그런 고유의 함축이 추
가로 표현될 수 있는 것이다.

5. 결론

이 논문에서는 어휘 간 고유한 내적 체계로 알려진 어휘의미 관계가 단
순히 어휘무 내의 지식이 아니라 문장이나 텍스트를 구성하는 데 활용되는
주요한 지식이라는 것을 보이고자 했다. 이를 위해 의미관계 어휘들이 문장
과 텍스트 응집성(cohesion) 구성에 있어 중요한 역할을 하는 응결성
(coherence) 장치로서의 의미 기능을 가지고 있다는 것을 밝히고자 했다. 어
휘의미 관계 별로 동일 지시와 관련하여 어떠한 기능을 하는지 논의된 내용
을 표로 정리하면 다음과 같다.

[표] '조응'의 유형별 기능 차이

동일 지시의 유형 기능적 차이	상하관계 어휘	유의관계 어휘	참고	
			동일 어휘 반복	대명사
지시관형사 실현	필수적	선택적	선택적	–
추가 함축	있음	있음	없음	없음
동일 지시의 거리 제약	보통	적음	적음	많음

우선 '지시관형사' 실현에 있어 상하관계 어휘는 동일 지시의 기능을 위
해 반드시 지시관형사를 실현시켜야 한다는 특징이 있다. 대개 '지시관형사

+상위어'는 총칭적인 기술에서 사용되는 것이 일반적이었다. 반면 유의관계 어휘는 '지시관형사'의 실현이 선택적이다. 즉 총칭적 기술의 경우에는 유의관계 어휘 단독으로 조응이 가능했으나 한정적 기술의 경우에는 '동일 어휘 반복'의 경우와 마찬가지로 지시관형사의 실현이 필요하다.

대명사가 '지시'의 기능만 있고 그것 자체가 가지는 의의가 존재하지 않는 반면 상하관계 어휘와 유의관계 어휘의 경우에는 그것 자체가 고유한 의의를 가지므로 추가의 함축 의미를 나타낼 수 있다.

동일 지시의 거리 제약과 관련하여 가장 자유로운 것은 유의관계 어휘이다. 동일 어휘 반복이 동일 지시의 거리에 대해 자유로운 만큼 동일 지시의 측면이 있는 유의관계 어휘가 그만큼 조응의 거리에 있어 자유로울 수 있는 것이다. 상하관계 어휘는 비교적 자유로우나 조응의 대상으로 하위어가 복수로 상정 가능될 경우에는 제약되는 측면이 있다. 그러나 문법적인 조응으로서 지시 대명사가 갖는 제약에 비해서는 자유로운 편이라고 할 수 있다.

이 논의는 의미관계 어휘가 조응의 기능을 한다는 것을 일반적으로 밝히기 위한 것이었기 때문에 다른 의미관계 어휘, 예를 들어 반의관계 어휘가 가질 수 있는 동일 지시의 기능에 대해서는 살펴보지 못했다. 더불어 '명사'만을 살피고 다른 성분들에 대해서는 살펴보지 못했다. 향후 연구를 통해 보완되어야 할 점이다.

참고문헌

김진해. 2006. "코퍼스 언어학적 관점에서 본 의미의 본질", 「한국어 의미학」 21, 한국어의미학회, pp.75-104.

윤평현. 2008. 「국어의미론」, 역락.

임지룡. 1992. 「국어 의미론」, 탑출판사.

임채훈. 2009. "반의관계와 문장의미 형성-형용사, 동사 반의관계 어휘의 공기관계를 중심으로-", 「한국어 의미학」 30, 한국어의미학회, pp.231-256.

임채훈. 2011. "유의관계 어휘와 문장의미 구성", 「한국어 의미학」 34, 한국어의미학회, pp.349-373.

전영철. 2011. "총칭성과 양화", 「한국어 의미학」 39, 한국어의미학회, pp.51-76.

최성봉. 2010. "세럴석 의비관계의 능성과 연구 녹표-유의 및 반의관계를 중심으로-", 「한국어학」, 한국어학회, pp.65-90.

Beigman Klebanov, B. & E. Shamir. 2006. 'Reader-based exploration of lexical cohesion', Language Resources and Evaluation 40, pp.109-126.

Ferstl, E. C. & D.Y. von Cramon. 2001. 'The Role of Coherence and Cohesion in Text Comprehension : An Event-Related FMRI Study', Cognitive Brain Research 11, pp.325-40.

Hellman, C.. 1995. 'The Notion of Coherence in Discourse', in G. Rickheit and C. Habel (eds.), Focus in Coherence in Discourse Processing, Berlin : Gruyter, pp.190-202.

Hoey, M.. 1991. Patterns of Lexis in Text, Oxford : Oxford University Press.

Jordan, Michael P.. 1986. 'Co-Associative Lexical Cohesion in Promotional Literature', Journal of Technical Writing and Communication 16-1, pp.33-53.

Morris, J. & G. Hirst. 1991. 'Lexical cohesion computed by thesaural relations as an indicator of the structure of text', Computational Linguistics 17-1, pp.21-48.

Halliday, M. A. K. & R. Hasan. 1976. Cohesion In English. London : Pearson Education Limited.

Martin, J. R.. 1992. English Text : System and Structure, Amsterdam / Philadelphia, PA : John Benjamins.

McCarthy, M.. 1988. 'Some Vocabulary Patterns in Conversation', in R. Carter and M. McCarthy (eds.), Vocabulary and Language Teaching, London and New York : Routledge, pp.197-208.

Myers, Greg. 1991. 'Lexical Cohesion and Specialized Knowledge in Science and Popular Science Texts', Discourse Processes 14-1, pp.1-26.

Sanders, T. and Pander Maat, H.. 2006. Cohesion and Coherence : Linguistic Approaches. Encyclopedia of Language and Linguistics, London : Elsevier.

Stotsky, Sandra. 1983. 'Types of Lexical Cohesion in Expository Writing : Implications for Developing the Vocabulary of Academic Discourse', College Composition and Communication 34-4, pp.430-446.

Tanskanen, Sanna-Kaisa. 2006. Collaborating towards Coherence : Lexical Cohesion in English Discourse, Amsterdam : Benjamins.

| 이 논문은 한국어의미학 40집(2013, 한국어의미학회)에 게재된 논문을 재수록한 것입니다.

현대 한국어 단일어의 분포와 의미적 특성에 관한 연구

이찬규·유해준

1. 序論

1.1. 研究 目的과 必要性

이 연구에서는 現代 韓國語에 있는 固有語 어휘 중 單一語를 대상으로 形態의 特性과 意味類型上의 分布를 밝혀 보고자 한다. 어떤 언어이건 간에 단일어는 해당 언어에서 基本 語彙의 역할을 하는 것이 일반적이다. 어떤 언어든지 어휘를 확장해 나갈 때, 단일어의 수를 무작정 늘려가는 것이 아니라 단일어 형성의 시기가 지나면 配意的 방식으로 단어를 확장해 나가기 때문에 특정 언어에서 단일어의 전체 규모와 意味 類型上의 分布를 파악하는 것은 어휘 의미의 通時的 變化를 관찰하는데 있어서도 의미 있는 일이다. 또한 단일어는 한 언어에서 대부분 基礎語彙나 基本語彙를 형성하고 있기 때문에 현재 시점에서 단일어의 全貌를 분석해 보는 일은 韓國語教育의 측면에서도 가치가 있다. 또한 단일어의 특성을 파악해 보면 한국어의 單語 構造가 어떤 특성을 가지고 있는지를 파악하는 데도 도움이 될 것이다.[1]

---

[1] 한국어의 단어에 대한 규정은 여전히 영어의 단어 기준에 따르고 있다. 그러나 屈折語인 영어의 단어 기준에 따르다 보면 한국어 단어의 특성이 매몰되고 만다. 따라서 添加語 특성이 반영된 단어 규정이 정립되어야만 보다 정밀하게 한국어를 규정해 낼 수 있다.

1999년 국립국어원에서 표준국어대사전이 편찬되고 난 뒤, 수록 어휘에
대한 다양한 분석이 이루어졌지만 아직껏 국어에서 단일어의 규모와 단일
어의 의미적 유형 분포에 대한 연구는 시도되지 않고 있다. 그 이유는 純粹
固有語 單一語로 볼 수 있는 語源的 根據의 부족과 단일어라고 규정지을 수
있는 기점을 언제로 볼 것인지가 불분명하여 단일어를 규정하기가 쉽지 않
다는 것이 큰 원인이다. 따라서 본 연구에서는 국립국어원에서 발행한『표
준국어대사전』(1999) 중에서 현재 기준으로 單一 形態素로 된 단어만을 추
출하여 이에 대한 품사적 유형, 구조적(音節數) 특성에 대한 분석과 의미적
유형 분류를 共時的인 관점에서 다루어 보고자 한다.

이 연구는 한국어 語彙 體系의 근간을 형성하는 단일어의 규모를 측정한
다는 측면에서 한국어 어휘 특성을 파악하는데 기여할 수 있으며, 그 동안
한국어가 配意性이 강한 언어2)로 분류되어 온 평가에 대한 가부간의 검증
자료로 활용될 수 있고, 향후 한국어 中世國語 單一語에 대한 연구가 진행된
다면 이와 비교를 통해 韓國語 語彙 變化의 방향을 정리하고 豫測하는 데도
일조할 수 있다.

1.2. 硏究 方法과 對象

이 연구는 韓國語 單一語의 규모와 形態的, 意味的 特性을 밝히는 것이 主
目的이기 때문에 먼저 辭典에서 單一語를 抽出하였다. 단일어를 추출하는 방
법은 사전 검색 방법을 선택하였다. 국립국어원 발행 『표준국어대사전』
(1999) 전체 파일 중에서 먼저 漢字語를 모두 걸러 내고, 두 번째로 固有語
자료 중 複合語와 派生語로 구분되어 있는 것을 다시 제외한 다음 남은 것

---

2) 한국어는 단어를 새로 만들 때, '눈+물, 꽃+병'과 같이 기존의 어휘소를 配意하는 경향이
강한 반면, 영어는 'tear, vase'처럼 새로운 형태를 사용한다. 한국어와 독일어가 배의성이
강한 언어로 분류된다.

을 세 가지 기준3)에 따라 다시 확인하여 최종 단일어로 분류하였다. 단일어를 抽出한 다음에는 이를 品詞別 특성, 구조적 특성을 분석하였으며, 이를 다시 意味別로 類型化하여 단일어가 어떤 의미 분야에 주로 분포되어 있는지를 살펴보았다. 이 연구는 어휘를 計量的으로 분석하여 단일어의 규모를 파악해 보는 것이 첫 번째 목적이기 때문에 단일어 개별에 대한 語彙史的 硏究는 추후에 다루기로 하고, 다만 단일어에 대한 의미 특성을 고려하여 이것이 恣意的 單一語인지, 아니면 有緣的 單一語인지만 구별하였다.4) 또한 이들이 의미상 어떤 영역에 속하는지에 대해서는 기존의 의미 영역 구분 연구 결과를 참조하였다.5)

2. 韓國語 單語 構成의 特性

2.1. 韓國語 單語의 構造

표준국어대사전이 발행된 뒤로 이에 대한 語彙論的 分析이 여러 편 나왔지만 造語 방식에 따른 分布는 제시되지 않았다. 그 가장 큰 이유는 아마 한국어에서 單一語와 派生語, 複合語를 정확히 구분하기가 어렵기 때문일 것이다. 먼저 한국어에서 단어의 구조에 대한 분석과 용어의 문제가 있다. 단어의 구조를 보는 입장은 크게 둘로 구분된다. 한 가지는 語基 중심의 구분이

---

3) 세 가지 기준에 대해서는 뒤에 자세히 논의하겠지만 먼저 밝히자면 다음과 같다.
   ① 단일한 어기이어야 한다.
   ② 단일한 형태소이어야 한다.
   ③ 문장 안에서 다른 단어의 도움 없이 독립적으로 쓰일 수 있어야 한다.
4) 자의적 단일어와 유연적 단일어의 구분에 대해서는 3.2절에서 구체적으로 논의할 것임.
5) 의미 영역별 구분을 시도한 이유는 단일어가 복합어 형성시 語基로 작용하는 경우가 대부분이라 이들이 분포하는 의미상의 영역들은 固有語 전체의 意味 領域 分布를 가늠해 볼 수 있는 근거가 되기 때문이다.

고, 다른 한 가지는 形態素 중심의 구분이다. 즉, 單一語를 語基 중심으로 보느냐, 形態素 중심으로 보느냐에 따라 單語의 構造에 대한 分析이 달라진다.

(1)

단어 구조	단일어		물, 하늘, 읽다, 맑다
	복합어	합성어	보리-쌀, 오-가다
		파생어	엿-보다, 손-질, 남-기-다, 웃음, 햇-보리쌀, 헌-짚신, 논매기-꾼, 달맞-이

(고영근 · 남기심, 1991 : 185)

(2)

단어 구조	단일구조	단일어	물, 하늘, 맑다
		단일파생어	엿-보다, 손-질, 남-기-다, 웃음
	복합구조	복합어	보리-쌀, 새-마을, 오-가다
		복합파생어	햇-보리쌀, 헌-짚신, 논매기-꾼, 달맞-이

(유목상, 2007 : 64)

(1)의 경우는 단일어와 복합어의 구분 기준이 형태소인 반면, 합성어와 파생어의 구분 기준은 다시 어근의 數가 되는 이중적인 구조를 가지고 있다.[6] (2)의 경우는 단일 구조와 복합구조의 구분 기준이 어근의 數이며, 여기에 접사가 붙느냐에 따라 하위 구분을 하고 있다. 그러나 (1)처럼 하나의 형태소로 이루어진 단어를 단일어로 삼는다면 '椅子', '所謂'와 같은 2자 이상의 한자어는 모두 단일어로 처리될 수 없을 뿐만 아니라 '결코', '기둥[7]' 등 이미 분리하기 어려운 형태소들의 문제가 발생하게 된다.[8]

반면에 (2)의 분류 방식은 단어의 의미 확장이라는 측면에서 보면 적극 참고해 볼만 하다. 이러한 구분은 단어의 의미가 어떻게 확장되는지를 보다

---

6) 현재 이 분류가 학교 문법에서 그대로 사용되고 있다.
7) 일부에서는 '기둥'을 '긷+웅'으로 분리하고 있으나 '긷'이나 '웅'이 이미 비활성 형태소이기 때문에 분리하지 않는 것이 바람직하다. 만일 비활성 형태소들을 모두 분리해야 한다면 '하늘', '사람' 등도 분리할 가능성이 존재하며, 모든 단어를 어디까지 거슬러 올라가 그 흔적을 찾아야 하는지 모호해 진다.
8) 형태소 중심의 단어 구분은 '입다, 먹다, 길다, 크다' 등과 같은 용언류에서 '-다'의 처리도 문제가 된다.

명시적으로 보여준다는 점에서 훨씬 유용한 분석이라 할 수 있다. 단어의 의미 확장이 일어날 때, 하나의 어기로 이루어진 단일어가 어떻게 형태 확장이 일어나는지를 좀 더 구조적으로 설명해 주고 있다.9) 단어의 구성은 어기의 수에 따라서 1차 구분을 해야 하는 것이 우리말의 구성에 더 타당하다고 보기 때문에, 본고에서 단일어는 '단일 형태소, 단일 어기만을 가지고, 문장 내에서 독립할 수 있는 단어'로 정의하고자 한다.10)

2.2. 單一語의 範疇 設定

단일어를 '單一 語基만을 지닌 단어'로 한정한다고 해도 특정 단어를 놓고 단일어냐 아니냐를 구분하는 일은 쉽지 않다. 국어에서 단일어의 전체 범주를 살펴보는 차원에서는 각 단어가 단일어인지 아닌지, 方言과 같은 특정 單語群을 그 안에 포함시켜야 할지 등 여러 가지가 문제가 된다. 국어에서 단일어 규정 시 혼란을 일으키는 요소들을 유형별을 정리하면 다음과 같다.

2.2.1. 擬聲語, 擬態語

擬聲語·擬態語에서 단일어를 규정하기 어려운 점은 두 가지이다. 첫 번째는 '의성·의태어의 反復性'이다. '졸졸졸, 우당탕탕, 주물주물' 등에서 단일어를 어디까지 정해야 할 것인지가 문제가 된다. '졸졸졸'에서 '졸졸'이 最小 必要 形態이기 때문에 이것을 단일어로 처리한다면 나머지 '졸'은 무엇

---

9) 1차 복합이 이루어진 다음에 여기에 다시 합성이나 파생이 이루어지는 의미 확대를 명시적으로 드러내 주는데, 중세국어에서 나타나는 '녀름지슬아비'나 '오라비남진겨집'과 같은 어구성을 설명하는 데도 매우 유용하다. 더 자세한 설명은 유목상(2007 : 67)을 참조
10) 다만 혼동의 소지를 줄이기 위해 단일어, 복합어, 합성어, 파생어에 관한 용어는 고영근·남기심(1991)을 따르기로 한다.

으로 처리할 것인가가 문제가 된다. 동일한 形態와 意味를 지닌 것을 어떤 것은 語基로 처리하고 어떤 것은 接辭로 처리한다는 것은 부담이 아닐 수 없다. '주물주물'의 '주물'은 '주물거리다'에서는 '語根'으로 처리하는데, '주물'의 반복체인 '주물주물'은 단일어로 처리해야 하는 문제가 발생한다.11) 단일어를 語基가 하나인 단어로 규정한다면 '주물'을 단일어로 처리해야 하는지, '주물주물'을 단일어로 봐야 하는지 아니면 이 둘을 다 語基로 봐야 하는지가 문제가 될 수 있다. 이러한 문제점을 염두에 두고 본고에서는 해당 의성어나 의태어가 성립되기 위해 필요한 최소 구성 요소를 단일어로 처리하되, 의성·의태어의 범주는 오로지 사전에 등재되어 있는 것으로 한정한다.12)

2.2.2. 方言, 古語, 北韓語

方言의 경우는 그 자체를 분석의 대상으로 삼아야 하는지도 문제이지만 상당 부분이 非活性 形態素이기 때문에 단어의 내부를 분리해내기가 쉽지 않아 대상에서 제외하였다. 또한 한국어의 범주 안에 北韓語를 넣을 것인지도 단일어의 범주 설정과 관련된다. 이것은 결국 해외, 특히 海外 同胞 社會에서 사용되는 말도 단일어 설정에 포함시킬 것인지도 연결되는 문제이기 때문에 그 처리가 쉽지 않지만 이들도 본 연구에서는 제외하였다. 古語의 경우도 어느 시대까지의 언어를 단일어의 범주에 넣어야 할 것인가가 문제가 되며, 死語의 처리도 역시 마찬가지이다. 따라서 본고에서는 共時的으로 한국 내에서 사용되는 표준어만을 연구 대상으로 설정하였다.

---

11) 어근은 어기의 일종이기 때문에 어근이면서 어기가 아닐 수는 없다. 그러면 '주물주물'은 어기가 두 개인 단일어가 되는 문제점이 생기는 것이다.

12) 예를 들어 '졸졸졸'이 있다면 '졸졸'을 단일어로 보고 '졸졸졸'은 복합어로 보고자 한다. 하지만 본 연구가 단어구성에 관한 것이 아니기 때문에 이에 대한 구체적 언급은 차후로 미루기로 한다.

2.2.3. 과거 合成語나 派生語였으나 현재는 分離 不可能한 것

통사적인 구성을 이루고 있던 것들도 變遷해가면서 語彙化의 과정을 거치
는 경우가 많기 때문에 이전 시기에 合成語나 派生語, 또는 '名詞+助詞'의
형태였던 것들이 현대에 와서 어휘화된 예들이 많이 나타난다. '노름, 이따
가, 말괄량이, 솜씨, 가까이, 더위, 추위13)' 등은 化石처럼 굳어져 語彙化(김
상윤, 2003 : 27-39 참조)한 예들인데, 현대에서 이들을 '놀+음, 있+다가,
말+괄량이, 손+ㅂ씨, 가깝+이' 등으로 분리해 낼 수가 없다. 그렇다면 이
들을 하나의 語基를 가진 단일어로 처리해야 하는지가 문제가 된다. 이 경
우는 현재 이들을 語基와 接辭로 분리해낼 수가 없고, '노름쟁이, 말솜씨, 강
추위' 등과 같이 새로운 造語源으로 활동하고 있다는 점에서 단일어로 인정
헤야 한다고 본다.

이와는 다르지만 준말의 경우는 본말이 쓰이고 있는지와 語源을 推定할
수 있는지에 따라 단일어의 여부를 판단해야 한다. 예를 들어 '걔, 얘, 쟤,
나날, 만만찮다' 등은 본말이 쓰이고 있고, 본말을 추정할 수도 있어서 단일
어로 처리할 수 없는 반면, '점잖다, 두루마기, 이토록, 저토록' 등은 '점지
않다, 두루 막이, 이러하도록, 저러하도록'이 쓰이지 않으며, 어원과의 관련
성도 불투명해져 단일어로 처리하는 것이 바람직하다고 본다.

2.2.4. 外來語의 處理

外來語14)는 보통 국어의 범주에서 다루고 있기 때문에 이들을 조어론적
관점에서 어떻게 다루어야 하는지가 문제가 된다. '립스틱, 매니큐어, 매스
컴, 넥타이' 등은 原語의 기준으로는 당연히 복합어인데, 한국어에서는 복합
어 인식이 없고, '립+스틱, 매니+큐어, 매스+컴, 넥+타이'처럼 그것을 떼

---

13) '더위, 추위'는 '덥+이, 춥+이'의 음운 변이에 의한 것으로 보인다.
14) 여기에서 외래어는 한자어를 제외한 서구 외래어로 한정한다.

어 놓으면 각 구성 요소가 외국어가 되기 때문에 문제가 된다. 그런데 외래어(외국어 포함)는 우리나라에 유입될 때 특정한 의미로 한정되고, 원어에서 어떤 품사인지에 상관없이 명사로 전환되어 유입된다는 점을 감안하면 모두 개별 어기로 보고 단일어로 다루는 것이 타당하다. '그라스'와 '선그라스'를 모두 개별적인 단일어로 다루기는 부담스럽지만 '그라스(glass)'가 造語源으로 활성화되지 않는다는 점, '그라스'와 '선그라스'에서 '그라스'의 의미가 다른 점 등을 감안한다면 이 둘을 각각 단일어로 다루어도 된다고 본다. 그러나 본 연구의 대상이 고유어로 한정하였기 때문에 이도 역시 차후에 구체적으로 논의해 보고자 한다.

2.2.5. 語根性 單語

語根性 單語란 원래 단독으로는 쓰이지 못하는 語根이 단어로 쓰이는 경우를 말한다.[15] 이러한 경우 이것을 단일어로 보아야 할 것인지가 문제이다. '깨끗, 궁금, 아득' 등 원래는 어근으로만 쓰이던 것들이 독립적인 단어로 사용된 예들이다. 특히 최근에 통신 언어가 발달하면서 이러한 용례들이 많이 나타나는데, 이들이 단일어로 고착되었는지의 여부는 기준을 어떻게 정하느냐에 따라 달라진다. 이들이 단독으로 사용되기 위해서는 뒤에 格助詞가 붙을 수 있는가가 단일어 사용 기준이 될 것이다.[16] 그런데 대부분의 경우 特殊助詞가 붙는 경우는 문제가 없지만 '-이/-가, -을/-를' 등이 붙으면 어색해지는 것으로 보아 아직 독립성을 가지고 있다고는 보기 어렵다. 따라서 이러한 語根性 單語들은 단일어로 설정하기는 아직 이르다고 본다.

---

15) 김일환(2000 : 213-226)에서는 '조용, 깨끗, 따뜻' 등을 어근적 단어로 규정하였다. '어근적'보다는 어근 성향을 지녔다고 보는 것이 타당하여 명칭만 약간 바꾸었을 뿐, 기본적으로 '단어의 구성소로 기능하면서 보조사와 결합하여 문장에서 자립할 수 있는 요소'라고 한 '어근적 단어'의 개념에 동의한다.
16) 어근을 어기와 구별하여 사용하는 경우, 국어에서 격표지가 뒤에 직접 붙을 수 없는 것을 어근으로 보고 있다.

이와 관련하여 일시적으로 등장했다 사라지는 말에 대한 처리 문제이다. 流行語, 일부 卑語·俗語 등 이른바 '一時語[17]'라고 할 수 있는 것들은 언중들 사이에서 일시적으로 사용의 頻度가 높아지는 경향이 있기는 하지만, 한 언어의 語彙 目錄에 올리는 것은 보수적인 측면이 있기 때문에 지속적으로 사용되어 一般語로 고착되기 전까지는 단일어의 대상으로 삼지 않고자 한다.

3. 韓國語 單一語의 樣相

본 연구의 일차적인 목적이 韓國語 單一語의 規模와 樣相을 살펴보고자 하는 것이기 때문에 이를 品詞的 分布, 構造別 特性, 意味 領域別 分布 등으로 구별하여 검토해 보기로 한다. 먼저 본 연구에서 제시한 단일어의 기준을 적용하면 『표준국어대사전』(1999)에서 抽出한 전체 단일어의 數는 2419個[18] 이다.

3.1. 單一語의 品詞的 分布와 特性

본 연구에서 대상으로 삼은 품사는 '명사, 대명사, 수사, 동사, 형용사, 관형사, 부사'이다. 感歎詞는 그 특성상 전체 個數를 한정하기 어렵고, 助詞는 독립적으로 쓰이지 않기 때문에 단일어로 볼 수 없어 제외하였다.

---

17) 이 용어는 전문적 학술용어라기보다는 어떤 단어나 표현이 짧은 기간 동안 일시적으로 사용되다가 사라진다는 의미에서 사용한 것이다.

18) <제2차 한국어학회 국제학술대회(2008)>에서는 단일어를 2639개로 추출하여 발표했으나 이후 더 세심한 자료 검토를 통해 최종 2419개로 정하였다.

[표 1] 單一語의 品詞別 分類

품 사	단일어의 수	비율(%)
명 사	1,483	61.44
대 명 사	15	0.62
수 사	18	0.74
동 사	561	23.22
형 용 사	156	6.25
관 형 사	22	0.91
부 사	164	6.79
합 계	2,419	

다음은 표준국어대사전 전체 標題語를 品詞別로 구분해 놓은 것이다.

[표 2] 品詞에 따른 標題語 分類[19]

품 사	주표제어	부표제어	계	비율(%)
명 사	333,901	1,156	335,057	65.82
의존 명사	1,061	0	1,061	0.21
대 명 사	463	0	463	0.09
수 사	277	0	277	0.05
동 사	15,131	53,263	68,394	13.43
보조 동사	42	6	48	0.01
형 용 사	6,424	10,937	17,361	3.41
보조 형용사	22	7	29	0.06
부 사	14,093	3,802	17,895	3.52
관 형 사	529	1,156	1,685	0.33
조 사	357	0	357	0.07
감 탄 사	812	0	812	0.16
어 미	2,526	0	2,526	0.50
접 사	656	0	656	0.13
어 근	7,346	0	7,346	1.44
무 품 사	58,509	0	58,509	11.49
합 산	442,149	70,327	512,476	100.72
품사 통용	1,555	1,845	3,400	0.67
계	440,594	68,482	509,076	100.05

---

19) 이 자료는 이운영(2002)에서 참고.

이 둘의 비율을 비교해 보면 다음과 같다.

[표 3] 표준국어대사전의 전체 語彙와 單一語의 品詞 비율 비교

품　　사	표준국어대사전 전체 어휘 비율(%)	단일어 비율(%)
명　　사	66.03	61.64
대　명　사	0.09	0.62
수　　사	0.05	0.74
동　　사	13.44	23.22
형　용　사	3.47	6.25
관　형　사	0.33	0.91
부　　사	3.52	6.79
합　　계	86.93	100.17

비교 대상 품사만을 기준으로 하면 표준국어대사전의 전체 어휘(主표제어 기준)의 數는 440,594개이며, 단일어는 2,419개로 전체 어휘 대비 0.54%에 불과하다. 이 둘을 비교해 보면 표준국어대사전 전체 品詞別 單語 비율과 단일어만을 대상으로 한 品詞別 비율이 거의 일치하고 있음을 알 수 있다. 다만 예상과는 달리 단일어 자료에서 전체 어휘 자료보다 동사의 비율이 표준국어대사전의 경우보다 상당히 높게 나타나는 것은 동사 중에서 有緣性 單一語가 많기 때문이다. 동사는 그 의미적 특성상 유사한 움직임이나 변화가 많아, 이들이 상호 영향을 주면서 단어가 생성되었을 가능성이 높지만, 오늘날에 와서 그 유연성이 상실되어 단일어로 분류할 수밖에 없는 경우가 대부분이다. 표준국어대사전의 어휘에는 한자어나 외래어 등이 모두 포함되어 있기는 하지만, 위의 조사 결과만 놓고 본다면, 한국어 전체 어휘의 품사별 분포와 단일어의 품사별 분포 사이에는 일정한 관련성이 있다. 언어가 실생활을 반영한다고 볼 때, 실생활에서 사용되는 단어의 품사별 분포도 일정 비율을 유지하고 있을 것이다.[20] 단일어가 특정 언어의 어휘 체계에서

---

20) 여기에도 지프(Zipf)의 법칙을 적용해 볼 수 있다. 언어학자인 지프는 말뭉치에 나타난 단어들을 모두 세어 그 빈도수를 조사했다. 그 결과, 가장 많이 나타나는 단어는 'the'였으며, 'of', 'and', 'to'가 그 뒤를 이었다. 이 자료를 바탕으로 빈도 순위가 내려갈수록 사용

좀 더 기본적이고 기초적인 특성을 가지고 있다면, 언어 발생 초기에 형성
되었을 것이고, 이 역시 실생활에서 활발하게 사용될 가능성이 높아 전체
어휘의 품사별 분포와 비례할 것이라는 추론이 가능하다.

3.2. 單一語의 語源別 特性

單一語의 語源別 特性으로는 크게 두 유형을 상정해 볼 수 있다. 恣意性
단일어와 有緣性 단일어가 그것이다.[21] 단어의 발생면에서 볼 때 자의성
단일어는 그 기원이 불분명한 것이고 유연성 단일어는 그 이전에 존재하고
있던 일정한 언어적 형태에 기인하여 단일어가 된 것을 의미한다. 유연적
단일어는 다시 두 가지로 구분된다. 한 가지는 현재 공존하는 단어들 사이
에서 관련이 있다고 보이지만 合成性이나 派生性 등을 확인하기가 어려워
유연성을 찾기가 어려운 것이고, 다른 하나는 단일어의 구성소가 이미 소멸
되어 복합성을 재현해 내기가 어려운 경우이다. '살(歲)-설[22], 빛-비추다-비
치다, 건너다-건네다, 차다-춥다, 처음-첫[23]'와 같은 것이 전자의 예이고,
'괴양이>고양이,[24] 石硫黃>성냥, no touch(?)>노다지, 갇다(?)-갇히다, 질다
(?)-질리다' 등이 후자의 예이다.

빈도수가 반으로 떨어진다는 사실을 알아냈다. 즉, 단어의 빈도 f와 그 순위 r의 곱은 거
의 일정 常數(常數)로 나타나는데, 단일어는 상수를 형성하는 기준이 될 가능성이 높다.
박상규 외(2007) 참조.

21) 이 논문의 심사 과정에서 자의성 단일어와 유연성 단일어를 '1차 단일어'와 '2차 단일어',
또 '비파생 단일어', '파생 단일어'로 구분하는 것이 어떤가 하는 의견이 있었다. 그러나
단일어의 어원을 분명히 확인할 수 없는 것들이 많고, '2차 단일어'나 '파생 단일어'가 의
미상 혼란을 초래할 가능성이 있어 반영하지 못했다.

22) '살(歲)-설'은 상호 유연성을 가지고 있다. 다만 언어는 자연적인 것으로부터 문화적인 것
으로 변화한다는 것에 기초하여 '살'로부터 '설'이 나온 것으로 보고, '살'을 자의성 단일
어, '설'을 유연성 단일어로 처리하였다.

23) 중세국어 시기에 '처섬, 처엄'과 '첫'이 함께 쓰이고 있어 어근 '처-'를 상정할 수 있다.

24) '개'를 '멍멍이'로 부르는 것처럼 고양이도 '고양+이'로 구성되었을 가능성이 있으나 현
재로서는 의성어 '고양'의 흔적이 남아 있지 않다.

이를 도표로 구분해 보면 다음과 같다.

[표 4] 單一語의 語源別 特性

단어 유형	단일어 유형	하위 구분	語例
단일어	恣意性 단일어		꽃, 물, 돌, 바람 등
	有緣性 단일어	상호 공존 유연성 단어	(살)-설, (빛)-비추다-비치다
		형태소 소멸 유연성 단어	고양이, 성냥 등

위의 예를 보면 '자의성 단일어'는 대부분 기초어휘에 해당하는 것들이고, 유연성 단일어들은 접사와 같은 형태소의 소실, 음운적 변화 등으로 인하여 형태소 분리가 어렵게 된 예들이다. 특히 이 중 상호 공존 유연성 단인어는 현재 존재하는 자의성 단익어와 유연관계를 추정할 수 있는 것들이다. 이들을 도표로 정리하면 다음과 같다.

[표 5] 자의성·유연성 단일어 분류

품사	단일어의 수	단어 발생적 분류	
명사	61483 (61.3%)	자의성 단일어	1,125개(75.72%)
		유연성 단일어	291개 (+의존명사 67개)
대명사	15 (0.6%)	자의성 단일어	10개(66.66%)
		유연성 단일어	5개
수사	18 (0.7%)	자의성 단일어	11개(61.11%)
		유연성 단일어	7개
동사	561 (23.1%)	자의성 단일어	436개(77.71%)
		유연성 단일어	
형용사	156 (6.4%)	자의성 단일어	130개(83.3%)
		유연성 단일어	
관형사	22 (0.9%)	자의성 단일어	14개(63.63%)
		유연성 단일어	
부사	164 (6.7%)	자의성 단일어	138개(84.14%)
		유연성 단일어	
합계	2,419(100%) (%는 전체 단일어에 대한 비율)		(%는 해당 품사 전체 어휘수에 대한 비율)

가장 빈도가 높은 명사와 동사에서 恣意性 單一語가 75%정도를 나타내고 있고, 형용사와 부사가 82-84%, 관형사, 대명사, 수사는 60% 정도이다. 예상과 달리 형용사와 부사에서 자의성 단일어가 높게 나타난 것은 이 품사들의 단어는 비교적 파생을 많이 하고, 또 역사적으로 派生의 근거인 接辭의 형태도 비교적 분명해서 유연성 단일어의 빈도가 상대적으로 적기 때문으로 보인다. 또한 위의 표를 통해 보면 국어에서 관형사나 대명사, 수사 등은 자의성 단일어보다는 유연성 단일어, 즉 다른 단어에서 그 뿌리를 찾을 수 있는 단어들이 많다는 것이 조사 결과 확인되었다. 가장 頻度가 높은 명사와 동사에서 모두 75% 정도의 恣意性 단일어가 나타났다는 것은 국어의 특질을 설명하는 데도 유용하게 사용될 수 있을 것으로 보인다. 섣불리 단정할 수는 없지만 자의적으로 형성되었다고 볼 수 있는 단어가 75% 정도이고, 나머지가 자의성을 바탕으로 有緣하게 형성된 것이라고 볼 수 있는 것이다. 이러한 자료는 타 언어와의 비교를 통해서 단어의 형성 과정을 설명할 수 있는 근거 자료로도 활용될 수도 있을 것이다.

3.3. 單一語의 意味 領域別 分布

品詞別로 單一語의 意味 領域 分布를 살펴보는 것은 單語의 發生과 단어의 사용 영역 등을 살펴볼 수 있다는 점에서 의미가 있을 것으로 본다. 이를 기초로 전체 한국어 어휘와의 관련성을 검증해 보면 한국어 어휘가 주로 어떤 意味 分野에서 시작되어 어떤 분야로 擴張되어 가는지를 가늠해 볼 수 있기 때문이다. 전체 단일어를 의미 영역별로 구분하고, 이를 다시 자의성과 유연성에 따라 구분하였다. 이것을 도표로 정리하면 아래와 같다.[25]

---

[25] 본 연구의 목적이 품사별 의미 유형 분류가 아니기 때문에 여기에서의 각 품사별 의미 유형 분류는 주로 이석주 · 이주행(2007)을 참고로 하였고, 형용사의 의미 분류는 이견이 많아 필자가 임의적으로 분류한 것이다.

[표 5] 單一語의 意味 類型 分布

품사	의미	자의성 단일어	유연성 단일어
명사(1483)	具象	848(57%)	203(13.7%)
	抽象	28(1.8%)	11(0.7%)
	現象	249(16.7%)	77(5.1%)
	의존 명사		67(4.5%)
대명사(15)	인칭	5(33.3%)	3(0.2%)
	비인칭	5(33.3%)	2(13.3%)
수사(18)	量數詞	11(61.1%)	7(38.8%)
동사(661)	동작	32(5.7%)	15(2.6%)
	행위·활동	282(50.2%)	49(8.7%)
	이동	10(1.7%)	1(0.1%)
	정신 작용	15(2.6%)	8(1.4%)
	비언표적 행위, 경험	33(5.0%)	24(1.2%)
	자연 변화	9(1.4%)	5(0.8%)
	상태 변화, 상황 변화	52(9.4%)	20(3.5%)
	관계 변화	3(0.5%)	3(0.5%)
형용사(156)	성상	71(46.7%)	3(1.9%)
	감각·심리	43(27.5%)	21(13.4%)
	비교	5(3.2%)	
	평가	2(1.3%)	1(0.6%)
	존재	7(4.5%)	1(0.6%)
	지시	2(1.3%)	1(0.6%)
부사(164)	정도	38(23.1%)	4(2.4%)
	양태	56(34.1%)	10(0.6%)
	시간	22(13.4%)	4(2.4%)
	서법	19(11.5%)	7(4.2%)
	접속(연결)	3(1.8%)	
관형사(22)	指示	5(22.7%)	4(18.1%)
	性狀	9(40.9%)	4(18.1%)
	합계(2419)	1864(77%)	555(23%)

(%는 해당 품사 전체 어휘수에 대한 비율)

먼저 명사의 의미 영역을 살펴보면 역시 具象 名詞가 단일어 명사 중
70%가 넘어 가장 높은 비율을 보였으며, 다음으로는 '바람, 무지개, 비'와
같은 현상명사가 21.8%, 추상명사가 2.5%로 나타났다. 구상 명사의 비율이
높은 것은 한국어 전체 어휘의 빈도를 그대로 반영하는 것이지만 단일어에
서 주로 자연 현상을 보여주는 현상 명사가 21% 이상 나타난 것은 단일어
중 상당수가 언어 형성의 이른 시기부터 등장하였다는 것을 보여주는 증거
이기도 하다. 언어 발생 초기는 자연 현상이 인간의 삶에 절대적인 영향을
미치는 시기였으므로 단일어는 언어가 형성될 초기에 등장했을 것이란 추
정이 가능하다. 반면에 추상명사의 비율은 상대적으로 매우 낮은 것으로 보
아 한국어에서 대부분의 抽象名詞는 문화의 발전과 함께 복합어 형태로 나
타났을 것이라는 추정이 가능하다. 다만 단일어가 모두 언어 발생 초기에
형성되었다고 볼 수 있는 명확한 증거는 없는데, 추상명사의 경우만을 보면
다른 명사 의미 영역에 비해 유연성 추상명사의 비율이 높은 것으로 보아
확실히 추상적인 개념들이 구상이나 현상 의미보다는 뒤늦게 형성된다는
것을 보여 주고 있다. 추상명사는 '날, 때, 나중' 등 시간과 관련된 단어들이
많다.

수사의 경우는 단일어가 모두 量數詞로만 되어 있어서 우리말에서 序數詞
는 모두 配意的인 방식으로 이루어져 있음을 알 수 있다. 수사에서 특이한
것은 단어 '첫'이 수사로 쓰이지 않고 관형사로만 쓰인다는 것이다. 숫자
'1'에 해당하는 기수사는 '하나'이고, 서수사는 '첫째'로 쓰이고 있어서[26]
서수사는 양수사가 정립된 뒤에 등장했음을 알 수 있다.

동사의 경우는 '고치다, 다듬다' 등과 같이 단순한 動作이 아닌 '屬性나 活
動'의 범주에 속하는 단어들이 가장 많이 나타났다. '自然 變化'에 해당하는
것들은 '저물다, 얼다, 죽다'처럼 직접적으로 자연의 변화만을 나타낸 것으

---

26) '둘째'부터는 모두 기수사에 '-째'를 붙이는 방식으로 서수사를 만든다. 다만 '제일'에 해
    당하는 단어로 '처엄(처음)'이 있는 것으로 보아 '처-'형의 수사가 있었을 것으로 추정해
    볼 수 있다.

로 제한하였기 때문에 단어의 수가 많지 않았다. '狀態 變化, 狀況 變化'에 해당하는 동사들은 '기울다, 부풀다, 줄다'처럼 상태나 상황의 변화가 특정 범주에 한정되지 않고, 광범위하게 적용될 수 있는 것들이다. 이들이 '행위나 활동' 의미 영역 다음으로 많이 나타난 것은 동사 자체가 가지는 특성인 [+상태 변화]를 반영하고 있는 것으로 보인다. 물론 광범위하게 보면 모든 동사가 [+상태 변화]라는 속성을 가지고 있지만, 이 영역으로 분류한 단어들은 의미 범주가 넓어 특정 영역에 넣기가 어렵기 때문에 단어의 수가 많아졌다. 형용사의 경우도 '감각·심리, 비교, 평가, 존재, 지시'로 명확하게 구분할 수 있는 것 이외에는 모두 형용사의 기본 속성이라고 할 수 있는 '性狀形容詞'로 분류하였다. 특히 전체 한국어 어휘 분포 중 형용사 비율이 3.41%로 나타나는 것에 비해 단일어 중에서는 6.25%의 비중을 차지하고 있고, 부사와 함께 자의성 단어의 비율이 83.3%로 높게 나타나 우리말이 언어 형성 초기부터 형용사가 발달한 언어라는 것을 입증해주는 결과라고 할 수 있다. 부사의 경우도 程度性 副詞보다는 '마냥, 차마, 오직'과 같이 樣態性 副詞의 비율이 더 높게 나타나는데, 이는 인간의 심리나 활동과 관련된 부사들이 '정도'를 나타내는 것보다는 더 일찍 등장했을 가능성을 보여주는 것이다. 즉, 부사의 원형적 의미 속성이 [+정도성]보다는 '心理的 樣態性'에 있는 것이 아닐까 하는 추정을 가능케 한다. '가장, 꽤, 아주' 등과 같은 정도 부사보다는 '대뜸, 덥석, 잘, 마냥' 등과 같은 양태성 부사가 단일어에서 더 많이 나타났다. 관형사에서도 지시 관형사보다는 성상 관형사가 더 많이 나타난 것은 '지시 관형사'가 지니는 語彙 數의 한계성 때문일 것이다. 형용사, 부사, 관형사에서 사람의 심리적 작용과 관련된 단일어가 더 많이 나타나는 것은 언어의 형성 과정이 인간의 정신 작용과 밀접한 관련이 있다는 것을 나타내 주는 증거이기도 하다.

참고로 이 연구에서 논의된 단일어가 국어 基礎語彙와 어느 정도 상관성을 갖고 있는지를 검토해 보고자 한다. 언어의 변화가 單一語에서 複合語로 확장되어 가는 것이 그 반대보다는 더 자연적이라면, 단일어의 생성은 확실히 한 언어의 형성 시기와도 관련이 있을 것으로 보기 때문이다.

먼저 김종학(2001, 61-80)에 근거하여 單一語 基礎語彙를 정리하면 다음과 같다.

[표 6] 單一語 중 基礎語彙 分布

품 사	의미 범주	단어 개수
명 사(117)	신체	32
	친족	10
	천문	10
	지리	20
	의식주	12
	공간	13
	시간	8
	동식물	12
	기타	10
대 명 사		8
수 사		10
동 사		151
형 용 사		53
합 계		349

김종학(2001)에서 基礎語彙로 분류한 것 중 명사가 차지하는 비중이 33.5%에 불과한 반면, 동사는 43.2%, 형용사가 15.1%에 이르고 있어 한국어 전체 어휘 체계에서 동사와 형용사가 차지하는 비율보다 너무 높게 나타나고 있다. 동사나 형용사에 비해 명사의 비중이 낮은 이유는 언어 형성 시기부터 현대에 이르기까지 명사의 수는 문명의 발달과 함께 급격히 늘어난 반면, 동사, 형용사는 거의 변화가 없었기 때문이 아닌가 한다. 김종학(2001)에서 제시한 기초어휘 중, 단일어에 포함이 되지 않은 것은 명사에서는 '누리, 뫼, 벌(原), 가(邊), 내(煙), 맏(伯), 아비, 어미, 암(雌), 수(雄)'들로 死語化된 것, 방언의 형태로 잔존하고 있거나 接辭化된 열 개의 단어이다. 김종학(2001)에서 제시한 명사 117 단어 중 107개가 단일어에 포함되어 있어 본고

에서 자의성 단일어로 찾은 1864개 단어의 5.7%에 불과했다. 이것은 단일어 명사가 기초 어휘 형성 이후에도 계속 등장했음을 보여 주는 것이다. 반면에 대명사, 수사의 경우는 '恣意性 單一語 : 基礎語彙'의 비율이 '10 : 8, 11 : 10'으로 거의 일치하는 것으로 보아 대명사나 수사는 언어 형성의 이른 시기에 나타나 이후에도 큰 변화가 없었음을 알 수 있다. 기초 어휘로 선정된 것들이 현재도 동일한 품사, 단일어로 계속 사용되고 있어, 수사, 대명사가 상당 부분 原型性을 잘 보존하고 있는 것으로 확인되었다. 기초 어휘로 선정된 동사 151語 중에서는 '옥다(凹)'만이 현대어에 나타나지 않으며, 형용사 기초어휘 53語는 모두 현대국어 단일어에 포함되었다. 또한 동사, 형용사 기초어휘는 자의성 단일어의 43.2%(자의성 단일어 동사 436개), 40.7%(자의성 단일어 형용사 130개)나 차지하고 있어, 動詞, 形容詞 單一語도 언어형성의 이른 시기에 상당 부분이 등장하였고, 그 원형의 유지 비율도 매우 높음을 알 수 있다. 동사, 형용사가 기초어휘로 많이 나타난 것은 인간의 행동이나 감각 등에 관련된 단어들이 일찍 등장하였고, 이것이 큰 변화 없이 지금까지 이어지고 있는 것으로 해석할 수 있다.

4. 結論

본 연구는 韓國語 語彙 중 單一語에 대한 範疇를 設定하고, 그 범주에 따라 單一語 全體數를 抽出하고 그 品詞的 意味的 特性을 살펴보았다. 한 언어에서 단일어의 수가 어느 정도인지를 파악하는 일은 어휘 연구에서 매우 기초적인 연구임에도 國語學 분야 연구에서는 본고 이전에 이러한 작업이 이루어지지 않았다. 본 연구는 이러한 취지에서 출발하였으며, 이번 조사 연구를 통해 밝혀진 것은 다음과 같다.

가) 한국어의 單一語 數는 2419단어 정도이다.

나) 단일어 중 명사는 1483단어(61.44%), 대명사는 15단어(0.62%), 수사는 18단
어(0.74%), 동사는 561단어(23.22%), 형용사는 156단어(6.52%), 관형사는 22
단어(0.91%), 부사는 164단어(6.79%)로 조사되었다.

다) 단일어의 품사 분포는 표준국어대사전 품사 분포와 비율 면에서 거의 동
일하게 나타나 어휘가 일정한 균형을 유지하며 확대되어 나간다는 기존
의 연구 결과를 확인해 주고 있다.

라) 단일어도 恣意的으로 형성된 恣意性 單一語와 다른 단어로부터 기인하였
으나 그 有緣性이 모호하거나 유연성의 근거를 상실한 유연성 단일어로
구분할 수 있음을 확인하였다.

마) 단일어의 품사별 의미 분포에서는 명사의 경우 '구상성'을 지닌 명사가
70%에 이르렀으며, 현상 명사도 21%나 되어 자연 현상 등과 관련된 단
어들이 일찍부터 등장했음을 할 수 있다. 동사에서는 단순한 동작(8.3%)
보다는 인간의 포괄적인 행위·행동에 관련된 것들이 58.9%나 되어 이러
한 단어들의 의미 범주가 계속 확대되어 왔음을 알 수 있다. 특히 형용사,
부사, 관형사 등에서 양태성을 반영한 단어들이 많아 어휘 형성의 시기
부터 인간의 정신적·심리적 작용이 어휘 형성에 적지 않게 작용한 것으
로 파악되었다.

바) 단일어는 기초어휘와 상관성을 가지고 있다. 기초어휘는 성격상 단일어
가 될 수밖에 없기 때문이다. 김종학(2001)에서 제시한 명사 117 단어 중
107개가 본고에서 찾은 단일어에 포함되어 있다.

조어론의 관점에서 단어는 單一語와 複合語(合成語, 派生語)로 구성되어 있
다. 어휘의 확장은 단일어로부터 복합어로 이루어지기 때문에 단일어의 규
모를 밝히는 것은 어휘 체계를 설명하는 데나 어휘 체계의 변화 등을 설명
하는데 중요한 요소 중 하나이다. 본 연구는 현대어를 대상으로 단일어를
추출해 보았는데, 추후에 이것을 시대별로 파악한다면 우리말의 어휘 체계
변화를 살펴보는 데 중요한 단서가 될 수 있다. 또한 개별 언어마다 단일어
의 규모가 밝혀진다면 언어 간의 어휘 체계 비교도 가능해 질 것이다. 본
연구를 토대로 韓國語 語彙 體系가 좀 더 면밀하게 분석되기를 기대해 본다.

참고문헌

고영근·남기심. 1991. 「표준국어문법론」, 탑출판사.

국립국어연구원. 1999. 「표준국어대사전」, 두산동아.

김상윤. 2003. "국어어휘화 현상 연구", 중앙대학교 박사학위논문, pp.27-39.

김일환. 2000. "어근적 단어의 형태통사론", 「한국어학」 11, 한국어학회, pp.213-226.

김정은. 1995. 「국어 단어 형성법 연구」, 박이정.

김종학. 2001. 「국어 기초어휘론」, 박이정.

김종학. 1995. "한국어의 기초 어휘 연구", 중앙대학교 박사학위논문.

박상규, 이찬규 외. 2007. "검색엔진에서 일간 질의어 분포의 정상성에 관한 연구", 「정보 관리학회지」 24-4, 정보관리학회, pp.258-259.

손남익. 1995. 「국어 부사 연구」, 박이정.

유목상. 2007. 「한국어의 문법구조」, 한국문화사, pp.64-67.

이석주·이주행. 2007. 「한국어학개론」, 보고사.

이운영. 2002. "「표준국어대사전」 연구 분석", 국립국어원보고서 국립국어원.

이찬규. 2008. "의미형성의 기반이 되는 유연성 원리로서의 배의성", 「한국어학」 38, 한국어학회, pp.302-303.

최경봉. 1999. "단어 의미의 구성과 의미 확장의 원리" 「한국어학」 9, 한국어학회, pp.307-331.

최규일. 1989. "국어의 어휘 형성에 관한 연구", 성균관대학교 박사학위논문.

최형용. 2009. "국어의 비접사 부사 형성에 대하여", 「정신문화연구」 32-1-114, 한국학중앙연구원, pp.3-26.

| 이 논문은 어문연구 41-4집(2013, 한국어문교육연구회)에 게재된 논문을 재수록한 것입니다.

국어의 모순어에 대하여

이 선 영

1. 서론

어휘는 서로 다양한 관계를 형성하는바, 둘 이상의 어휘가 동일한 의미를 가질 때 동의관계가 되고, 서로 반대되거나 대립되는 의미를 가질 때 반의관계가 된다. 또한 한 단어의 의미가 다른 단어의 의미를 포함할 때 상하관계라 한다. 이러한 관계는 서로 다른 두 개 이상의 어휘 간에 생기는 관계를 가리키는데, 이와 달리 한 단어의 의미가 하나에서 여러 개로 분화될 때 처음의 의미와 거기에서 분화된 파생의미와의 관계를 다의관계라 한다. 예를 들어 "사람이나 동물의 목 위 부분"을 말하는 '머리'가 "단체의 우두머리"란 뜻을 나타내게 되는 경우 첫 번째 중심의미와 두 번째 파생의미는 다의관계가 된다. 다의어는 이처럼 하나의 중심의미에서 나온, 서로 어느 정도 의미의 연관성이 있는 파생의미가 여럿인 경우가 대부분이다.

그런데 어떤 단어는 다의관계의 의미 가운데 일부가 서로 정반대의 의미를 나타내기도 한다. 이것이 동의관계나 반의관계처럼 어휘의미관계의 하나로 설정될 수 있을 만큼 큰 부류라고 할 수는 없으나 한 어휘가 정반대의 의미로 해석가능하다는 것은 특별한 현상이다. 한 단어가 반의관계의 의미를 동시에 나타내는 경우 이것을 무슨 관계로 보아야 하며 어떻게 해석해야 할까? 하나의 언어 기호가 서로 반대되는 의미들을 동시에 나타낼 수 있다는 것이 자연 언어에서 거의 불가능한 현상이라고 보았기 때문에 이러한 분야에 대한 연구는 극히 최근에서야 이루어졌는데, 영어를 대상으로 한 연구로 Burcu I. Karaman(2008)을 들 수 있다. 여기에서는 이러한 의미관계의 단어를 'Contronymy'라 명명하고,[1] "미시적 차원에서의 의미 대립으로 정의될 수 있는 다의어의 한 형태"(a form of polysemy that can be defined as sense opposition at the micro-level)라 정의하였다. 그 예로는 "털어내다"(to dust the books)의 뜻과 "뿌리다"(to dust the cake with icing sugar)의 뜻을 동시에 가지고 있는 'dust'를 들고 있다. 또한 Keith Allan(2009 : 634)에 따르면, Australasia에서는 '빨강'을 반대로 '파랑'으로 부르는 전통이 있어 'red-haired person'을 'Blue'라 부르기도 하는데, 이것이 속어에서 'bad'나 'wicked'가 종종 "good"의 의미로 사용되는 경우와 같은 예라고 하였다. 이처럼 두 개의 상반된 의미를 동시에 지닌 단어는 국어에서도 확인된다. 상반된 의미는 서로 반의관계라고 할 수 있는데, 반의어는 일반적으로 전혀 다른 기표를 가진 두 개 단어 사이의 관계를 의미하기 때문에 이러한 부류를 반의어라 부를 수는 없다. 또한 이러한 단어의 의미가 한 단어 내부의 파생된 의미관계라 하여 다의어라고 처리하고 말 수도 없다. 기존에 논의되지 않았던 새로운 부류임을 말하기 위하여 새 용어가 필요한데, '모순어', '양극어', '상반어' 등이 가능할 듯하다. 이 가운데 한 기표에 서로 모순되는 기의가 공존함을 명시하기 위해 '모순어'라 지칭하기로 하겠다. '모순어'는 서로 양립할 수 없는, 모순된 의미를 동시에 나타내는 단어를 말한다.[2] 필자가 확인한

---

1) 'contronymy'는 'contranym', 'antagonym', 'antilogy', 'auto-antonym', 'amphibolous word', 'enantiodromic word', 'enantiodrome', 'enantiodronymy', 'fence-sitter', 'Janus word', 'opposonym', 'pseudo-opposite', 'self-antonym', 'self-contradicting word' 등으로도 불린다고 하는데(Burcu I. Karaman 2008 : 174), 이것은 '모순어'에 대한 용어가 영어에서 아직 확정되지 않았음을 보여 준다.

2) 한 심사자께서는 일반적으로 '모순성'(contradiction)은 언어표현의 내용이 항상 사실이 될 수 없는 것을 가리키는 말이므로, 본고에서 다루는 부류의 단어를 '모순어'라고 지칭하는 것은 무리가 있음을 지적하였다. 필자도 이에 동감하는 바이나 현재로서는 '모순어'를 대체할 수 있는 더 적절한 용어를 찾기 어려워 '모순어'로 지칭하고자 한다.

바로는 국어를 대상으로 한 모순어 연구는 아직까지 없는 듯하다.[3] 본고에
서는 먼저 모순어가 무엇인지 개념을 정의하고, 국어의 모순어에 어떤 것이
있는지 그 예를 찾아보고 이러한 모순어가 생기는 원인은 무엇인지 살펴보
기로 하겠다.

2. 모순어의 개념

모순어는 다의어 가운데 반의관계의 의미를 동시에 나타내는 어휘라고
하였다. 일반적으로 반의어는 서로 다른 기표를 가진 두 개의 단어가 서로
상반되는 의미를 나타낼 때 그 두 단어 사이의 관계를 나타내는 말이다. 예
를 들어 '굽다'와 '곧다'를 보면, 철사가 굽었으면 곧지 않고 곧으면 굽지
않다. 즉 굽으면서 동시에 곧을 수는 없는 것이다. 이러한 단어 사이의 관계
가 반의관계이다.[4] 그런데 모순어는 이처럼 반의관계를 동시에 나타내는 단
어이기는 하나 그 기표가 동일하다. 동사 '쫓다'가 우리가 논의할 모순어의
예인데, "철수는 노루를 쫓았다."라고 한다면 노루를 따라간 것일 수도 있
고, 반대로 어떤 자리에서 내몬 것일 수도 있어 서로 상반되는 두 가지 의
미로 해석이 가능하다. 굽으면서 동시에 곧은 철사가 있을 수 없는 것처럼
노루를 잡으려고 따라가면서 떠나가도록 내몰 수는 없는 것이다. 모순어는
두 가지 의미로 해석될 수 있으나 그 두 가지 의미를 동시에 나타낼 수는
없다. 상반되는 두 가지 의미 가운데 하나로 해석되는, 중의성을 가진다.
주의할 것은 모순어가 하나의 기표에서 나타나는 다의성과 관련이 있는

---

3) 임지룡(1992), 김광해(1993), 윤평현(2008) 등의 의미론과 어휘론 개론서에도 언급된 바 없
  고, 한국교육학술정보원(http://www.keris.or.kr)과 한국학술정보(http://kiss.kstudy.com), 누리
  미디어(http://www.dbpia.co.kr) 등의 논문 검색에서도 확인할 수 없었다.
4) 반의관계도 그 관계를 맺는 단어의 성격에 따라 상보 반의어, 등급 반의어, 관계 반의어 등
  으로 나눌 수 있으나 이에 대해서는 더 논하지 않겠다.

것이지 동음이의어와는 관련이 없다는 것이다. 예를 들어 '연패'를 보자. "그는 오늘 경기에서 연패를 했다."라고 하면, 이 문장은 그가 연달아 이겼다는 것과 연달아 졌다는 것의 두 가지 의미로 해석될 가능성이 있다. "싸움이나 경기에서 계속하여 짐"의 의미인 '연패(連敗)'와 "운동 경기 따위에서 연달아 우승함"의 의미인 '연패(連覇)'는 서로 어원이 다르다. 이것은 일견 모순어처럼 보이나 어원이 다르기 때문에 모순어로 보기 어렵다. '무색'도 그러한 예인데, '무색 옷'은 두 가지 상반된 의미, 즉 "색깔 있는 옷"과 "색깔 없는 옷"이라는 대조되는 두 가지 의미로 해석될 가능성이 있다. 전자는 '무색(-色)' 즉, "물감을 들인 빛깔"을 의미하고, 후자의 '무색(無色)'은 "아무 빛깔이 없음"을 의미한다. 이 예들은 어원이 다르므로 동음이의어가 되고 그래서 '무색'과 '연패'는 모순어가 아닌, 동음이의어가 반의관계인 특별한 예로 처리할 수 있다.5)

여기에서 우리는 모순어의 개념을 명확히 하기 위해 모순어의 조건을 두 가지로 정리하고자 한다. 첫째, 모순어가 되려면 어원이 동일해야 한다. 모순어는 서로 양립하기 어려운 반의관계의 의미를 동시에 나타내는 다의어이므로 '무색'이나 '연패'처럼 어원이 다른 동음이의어는 모순어라 할 수 없다. 모순어는 두 개 이상의 의미를 가진 다의어의 여러 뜻 가운데 두 개가 서로 상반되는 의미를 나타내는 것이다. 다의어의 의미는 보통 서로 의미적 연관성이 있는 경우가 많은데, 상반되는 의미가 다의로 존재한다는 것은 논리적으로 이해하기 어렵다. 그러나 이러한 다의도 역시 다의어의 의미 변화 과정으로 볼 수 있으며 이 문제에 대해서는 4장에서 논하기로 하겠다.

둘째, 모순어는 그 상반되는 두 의미가 공시적으로 둘 다 쓰여야 한다. '싸다'는 후기중세국어에서는 "비싸다" 즉 "물건 값이 보통보다 높다."의 뜻이 있었으나6) 현대국어에서 '싸다'는 "물건 값이 보통보다 낮다."라는 정반

---

5) Wikipedia 사전(www.wikipedia.org)의 'Auto-antonym'[모순어] 항에서는 Sohn, Ho-min(2006)을 근거로 국어의 'wonsu'(원수)가 "field marshal"[元帥]과 "enemy"[怨讎]의 의미가 공존하는 모순어라고 보았는데 이것 역시 다의어가 아닌 동음이의어이고 의미도 반의관계가 아니므로 모순어로 보기 어렵다.

대의 뜻을 나타낸다.7) 이처럼 통시적인 의미 변화의 결과로 반대의 뜻을 나타내게 된 단어는 모순어로 보지 않는다. 공시적으로 상반되는 의미가 둘 다 쓰여야만 모순어라고 할 수 있다.

3. 모순어의 유형

이제 국어의 모순어에 어떤 것이 있는지 살펴보기로 하겠다. 국어의 모순어는 크게 두 가지 유형으로 나눌 수 있다. 첫째는 단어가 상반되는 두 가지 의미로 해석되는 경우이다. 둘째는 단어의 의미가 상반된 두 가지 의미로 해석되지는 않으나 그 단어가 어떤 특정 성분과 공기하여 언어 관계가 될 때 상반되는 두 가지 의미로 해석이 가능한 경우이다.

3.1. 단어가 상반된 의미로 해석되는 경우

3.1.1. 쫓다

(1) 오늘 철수는 노루를 쫓았다.

(1)에서 '노루를 쫓다'는 "따라가다"란 의미와 "내몰다"란 의미로 둘 다 해석이 가능하다. 전자가 대상과 주체가 가까워지는 것을 나타낸다면, 후자는 대상과 주체가 멀어지는 것을 나타내기 때문에 두 개의 의미는 반의관계

---

6) 뵙갑슨 쌋던가 디던가 『번역노걸대 上 : 9ㄱ』
7) 이영경(2008 : 104-105)에 따르면, 중세국어에서 '쏘다'와 '빋쏘다'는 원래 가치가 높고 낮음을 모두 포괄하는 의미영역을 가졌는데, '빋'이 "價"에서 "債"로 의미가 변함으로써 의미적 관련성을 상실하여 '빋쏘다'가 "價高", 즉 가치가 높은 쪽의 의미로 쓰이게 되자 '싸다'가 나머지 영역, 즉 가치가 낮은 쪽의 의미영역을 유지하게 되었다고 한다.

에 있다고 할 수 있다.

> (2) 쫓다 图 ①어떤 대상을 잡거나 만나기 위하여 뒤를 따라서 급히 가다.
> ¶쫓고 쫓기는 숨 막히는 추격전을 벌이다/어머니는 아들을 쫓아 방에
> 들어갔다./사냥꾼과 몰이꾼들은 눈 위에 방울방울 번진 핏자국을 따라
> 노루를 쫓았다. 「이청준, 병신과 머저리」 ②어떤 자리에서 떠나도록
> 내몰다. ¶새를 쫓다/귀신을 쫓다/황소가 꼬리를 흔들어 등의 파리를
> 쫓았다./마른풀을 거둬다 크게 모깃불을 피워 밤늦게까지 모기를 쫓았
> 다. 「송기숙, 자랏골의 비가」 ③밀려드는 졸음이나 잡념 따위를 물리
> 치다. ¶머릿속에 드는 망령된 생각을 애써 쫓았다./혀를 깨물기도 하
> 고 팔뚝을 꼬집기도 하면서 잠을 쫓았다. 「한승원, 해일」

사전의 ①번 뜻과 ②번 뜻을 보면 전자는 대상과의 거리가 가까워지는
것이고, 후자는 대상과의 거리가 멀어지도록 하는 것이어서 그 의미가 반의
관계에 있음을 알 수 있다.[8] 다의어나 동음이의어는 두 가지 이상의 의미로
해석될 가능성이 있기 때문에 의미적으로 중의성이 발생한다. '쫓다'는 다
의어이기 때문에 중의성이 생기며 특히 상반된 두 가지 의미로 해석될 수
있다는 점에서 전혀 반대의 해석이 가능해진다.[9] 이 두 가지 모순되는 의미
를 동시에 나타낼 수는 없으며 두 가지 의미 가운데 하나로 해석된다.

이러한 중의성은 합성어에서는 해소되는데, '쫓아가다'와 '쫓아다니다',
'쫓아오다', '뒤쫓다' 등은 ①번 뜻으로 해석되며 '쫓다'의 피동사인 '쫓기
다'도 역시 ①번 뜻으로만 해석된다. 반면 '쫓아내다'와 '내쫓다'는 ②번 뜻
으로 해석된다.

---

8) 사전 뜻에 기대어 다의어인지, 동음이의어인지를 판단하는 것은 한계가 있을 수 있으나 가
능한 한 객관적인 기준에 근거하여 다의어 여부를 결정하기 위해 필요한 경우 사전을 이용
하였다. 사전은 「표준국어대사전」(국립국어원 편, 1999)을 참고하였으며 이하의 예도 마찬
가지이다.
9) '쫓다'의 ③번 뜻은 ②번 뜻에서 확장된 것으로 보이는데, ①과 ②처럼 크게 대립되는 두
개의 의미가 다의로 공존하면 모순어가 된다고 보기로 하겠다. 반의어를 따질 때 두 단어
의 사전 뜻 전체가 반의관계를 형성하지 않아도 기본 의미가 대립되면 반의어로 보는 것과
동일한 방식이다.

3.1.2. 칠칠맞다

    (3) 당신은 정말 일을 칠칠맞게 하시는군요.

  (3)의 말을 대화 상대방에게 듣고 바로 "감사합니다. 칭찬해 주셔서."라고
말할 수 있는 사람은 많지 않을 것이다. '칠칠맞다'는 실제 발화에서 정신이
없어서 물건을 잘 잃어버리는 사람이나 허점이 많은 사람의 행동을 표현할
때 잘 쓰인다.

    (4) ㄱ. 제가 칠칠맞게 카메라를 잃어버렸어요.
       ㄴ. 돈을 칠칠맞게 흘리고 다닌다.
       ㄷ. 바보같이 칠칠맞은 짓을 또 했다.

  (4)는 검색엔진 「네이버」(www.naver.com)로 검색하였을 때 나오는 '칠칠맞
다'의 예인데, 주로 물건을 잃어버리거나 정신없는 행동을 했을 때 쓰인다.
"정신이 없고 허술한 점이 많다."가 그 의미이다. 그런데 사전을 보면 '칠칠
맞다'는 반대 의미로 기술되어 있다.

    (5) 칠칠맞다 [형] (('못하다', '않다'와 함께 쓰여)) ①'칠칠하다②'를 속되게
       이르는 말. ¶젊은 처녀가 하고 다니는 꼴이 도대체 그게 뭐니? 칠칠맞
       지 못하게. ②'칠칠하다③'를 속되게 이르는 말. ¶아이가 밖에서 제 물
       건을 잃어버리고 들어온 날이면 어머니는 애가 칠칠맞지 못하다고 타
       박을 주었다.

  '칠칠맞다'는 '칠칠하다②', '칠칠하다③'과 관련이 있는바, '칠칠하다②'
는 "((주로 '못하다', '않다'와 함께 쓰여)) 주접이 들지 아니하고 깨끗하고
단정하다."라고 뜻풀이되어 있고, '칠칠하다③'은 "((주로 '못하다', '않다'와
함께 쓰여))성질이나 일 처리가 반듯하고 야무지다."라고 되어 있다. 그렇다
면 이 단어는 긍정적인 의미로 쓰이고 있고, 이것을 속되게 이르는 말인 '칠

칠맞다'도 긍정적인 뜻을 가져야 한다. (4)의 예를 사전 뜻에 부합하는 형식
으로 고치면, '제가 칠칠맞지 못하게 카메라를 잃어버렸어요.', '돈을 칠칠맞
지 못하게 흘리고 다닌다.', '바보같이 칠칠맞지 못한 짓을 또 했다.'와 같이
된다.

'칠칠맞다'는 사전의 뜻풀이에 반대 개념이 공존하는 것은 아니나 실제
용례에서 상반되는 두 가지 의미로 쓰인다. '칠칠맞다'는 원래 "주접이 들지
아니하고 깨끗하고 단정하다."와 "성질이나 일 처리가 반듯하고 야무지다."
란 의미로 '못하다', '않다'와 주로 함께 쓰여 '칠칠맞지 못하게'나 '칠칠맞
지 않다' 등으로 쓰여야 부정적인 뜻이 된다. 그런데 늘 부정적 의미의 서술
어와 함께 쓰이다 보니 '칠칠맞다' 자체에 부정적 의미가 전염되어 '못하다'
나 '않다'가 제거된 상태에서도 부정적인 뜻으로 쓰이게 되었다고 할 수 있
다. 이 '칠칠맞다' 역시 화용적으로 상반되는 두 가지 의미를 동시에 지닌
모순어라 할 수 있다.

3.1.3. 쩔다

'쩔다'는 사전에 등재되지 않은 최근의 신어이다. 사실 '쩔다'는 일시적으
로 쓰이는 유행어일 가능성도 있기 때문에 굳이 여기에서 다루어야 하는지
의심스럽기도 하다. 그러나 앞의 예들처럼 두 가지 상반된 의미를 나타내고
있을 뿐만 아니라 아주 좋은 것과 아주 나쁜 것을 동시에 지칭하는 그 쓰임
이 주목할 만하여 다루기로 하겠다.

(6) 오늘 저 배우 쩐다.

(6)은 배우의 외모가 멋있을 때도 쓰고 아주 형편없을 때도 쓴다. 물론 멋
있으면서 동시에 형편없다는 말은 아니다. 두 가지 의미 가운데 하나로 해
석될 가능성이 있다는 것이다. '쩐다'의 의미는 오직 문맥이나 화맥을 통해

서만 파악할 수 있다.

'쩔다'는 뭔가 대단한 것을 말할 때 쓰는 표현인데, 주로 활용형 '쩐다'의 형태로 쓰인다.10) '쩔다'는 「스페셜포스」라는 인터넷 게임에서 처음 사용되었다고 하는데,11) 「스페셜포스」 사이트의 '자유게시판'을 보면, 2006년 2월부터 이 말의 용례가 확인된다. 이 단어가 지금까지 5년 동안 꾸준히 쓰였다는 것은 어느 정도 정착한 단어일 가능성이 있음을 보여 준다.

이 단어는 뭔가 특별한 것을 가리킬 때 쓰이는데 처음부터 상당히 좋은 경우와 상당히 좋지 않은 경우를 가리킬 때 둘 다 쓰였다. "쩐다~쩔어~우와"나 "그 여자 목소리 쩐다." 같은 예가 그것이다. 2006년 2월 1일 「스페셜포스」 자유게시판의 글을 보면, "쩐다가 뭐죠? 사람들이 쩌네 내지 쩐다 이런 맘음 하는데 무슨 뜻이가요? 좋은 뜻인지 아니면 나쁜 뜻인지? 가르쳐주세요."란 글이 있다. 이것은 '쩔다'가 처음부터 반대개념의 두 가지 의미로 쓰였고 이 당시 처음 사용되기 시작한 말임을 보여준다. 이 단어의 뜻은 신문기사에서도 확인된다.

(7) '쩐다'는 모 인터넷 게임 사이트에서 생겨난 신조어. '한가지 일에 능통하다'는 뜻이 파생돼 '대단하다, 잘한다'의 의미로 사용되고 있다. 하지만 나쁜 의미도 있다. 못생긴 친구를 보고 "걔 얼굴이 좀 쩔어." 라고 하던가, "지금 좀 쩔어."라고 하면 좋지 않은 상황임을 강조한 의미가 된다. 상황에 맞춰 적절하게 구사하는 센스가 필수다. 정 씨는 "아들의 설명을 들어도 이해가 안 됐다. 재미있는 말장난이라고 봐주고 싶지만 언어습관이 잘못될까봐 걱정이 앞선다."고 말했다.

(8) "텔레비전 광고에 서태지가 나오기에 아들 앞에서 왕년의 회오리춤 실력을 뽐냈다가 '아빠 뭐하는 거야, 쩔어!'라는 핀잔만 들었어요. 그런데 '쩐다'는 게 무슨 뜻이죠?(쩐다 : '기가 막히다, 심하다' 정도로

---

10) 사실 더 선행하는 형태가 '쩐다'이고 여기에서 유추하여 기본형 '쩔다'를 만든 것이다.

11) "「스페셜포스」라는 온라인게임에서 비롯된 '쩐다'라는 표현은 몹시 대단한 행위나 상태에 대한 반응으로 쓰인다. 예시) 보아 23인치 개미허리 쩐다 쩔어."(머니투데이 2008.5.13. 기사 참조. http://news.mt.co.kr/mtview.php?no=2008051217535264153&type=1)

해석되는 은어로 상대방이나 상황이 아주 좋을 때나, 반어법으로 아
주 나쁠 때도 쓰는 말)" 아직 아빠가 건재하다는 것을 보여주려다가
아들과의 세대 차이만 절감했다는 김모(36) 씨의 얘기다.

(7)은 「매일신문」 2008년 2월 2일자 1면의 "'므흣·안습' 대략 난감…엄
마·아빠는 갸우뚱?"이란 기사의 일부분으로 '쩔다'가 양면적 의미로 쓰이
고 있음을 보여준다. (8)은 2008년 7월 18일 「서울신문」 35면 "세대를 말하
다, 인터넷의 힘…연령 초월 'P세대' 등장"이라는 기사의 일부인데, 역시
'쩔다'의 용법이 양면적임을 보여주고 있다. '쩔다'는 반의관계의 의미를
동시에 가지고 있는 예로 현대의 국어 사용 양상을 보여주는 재미있는 예
이다.

3.1.4. 설사약

(9) 나 오늘 설사약 먹었어.

(9)의 예 역시 듣는 사람이 바로 의미를 한 가지로 해석하기는 쉽지 않다.

(10) A : 나 오늘 설사약 먹었어.
　　 B : 너 설사가 심하니?

(11) A : 나 오늘 설사약 먹었어.
　　 B : 너 변비가 심하니?

(10)의 '설사약'은 "설사를 낫게 하는 약"의 의미이고, (11)의 '설사약'은
"설사가 나게 하는 약" 즉 "변비를 낫게 하는 약"의 의미여서 두 가지 의미
가 서로 모순이다.

일반적으로 신체의 부분이나 병명이 선행성분으로 오고 후행성분으로

'약'이 오는 복합어의 경우는 그 선행성분의 문제를 해결하는 데 쓰는 약제를 말한다.

> (12) ㄱ. 간장약(肝臟藥) 몡 간장의 기능을 돕는 약제.
> ㄴ. 감기약(感氣藥) 몡 감기를 치료하는 데 쓰는 약.
> ㄷ. 기침약 몡 기침을 멎게 하는 데 쓰는 약.
> ㄹ. 멀미약 몡 멀미가 나지 않도록 먹는 약.

(12ㄱ)의 간장약은 간장의 문제를 해결하는 데 쓰는 약이고, (12ㄴ)-(12ㄹ)의 약은 각각 '감기, 기침, 멀미'를 낫게 하는 데 쓰는 약이다. 그렇다면 '설사약'은 "설사를 낫게 하는 약"의 의미로만 쓰여야 할 것이다. 그러나 '설사약'은 "설사를 낫게 하는 약"이란 의미의 '지사제(止瀉劑)'와 "설사가 나게 하는 약"이라는 의미의 '하제(下劑)'라는 반의관계의 두 가지 의미를 동시에 가지고 있다.

> (13) 설사약(泄瀉藥) 몡 ①=지사제. ②북 '하제'의 북한어.

사전에서는 '하제'의 의미가 북한어에서만 나타난다고 되어 있지만 남한어에서도 마찬가지 용법이 쓰인다. '하제'의 뜻으로는 '변비약'을, '지사제'의 뜻으로는 '설사약'을 쓰는 것이 맞겠으나 그렇게 구별하여 쓰지 않는 경우가 많다.

> (14) ㄱ. 몸무게를 줄이기 위해 설사약을 먹었다.
> ㄴ. 설사약을 먹고 다이어트를 하면 건강을 해친다.

(14)는 「네이버」(www.naver.com)에서 검색한 '설사약'의 예인데 이처럼 '하제'란 의미가 폭넓게 쓰이고 있다. '설사약' 역시 서로 반의관계에 있는 두 가지 의미를 동시에 나타낼 수 있는 모순어이다.

3.1.5. 주책

(15) 주책 명①일정하게 자리 잡힌 주장이나 판단력.¶나이가 들면서 주책
이 없어져 쉽게 다른 사람의 말에 귀를 기울이게 됐다./매리는 주책이
없는 여자처럼 자꾸 키들거리고 웃었다. 「이호철, 소시민」/생각할수록
운명의 장난이란 주책이 없는 것 같다. 「심훈, 영원의 미소」 ②일정한
줏대가 없이 되는 대로 하는 짓. ¶주책을 떨다/주책을 부리다/주책이
심하다/그 늙은이 주책이 이만저만이 아니야./그런 말을 서슴없이 하
다니 아주머니도 참 주책이 심해서.

'주책'의 ①번 뜻인 "일정하게 자리 잡힌 주장이나 판단력"과 ②번 뜻
"일정한 줏대가 없이 되는 대로 하는 짓"은 정반대의 의미이다. 이 두 가지
의미는 양립할 수 없는 것이나 사전에 엄연히 다의어로 기술되어 있다.

두 가지 의미의 사용 용법에는 차이가 있다. 전자는 '주책이 없다' 형태로
주로 쓰이고, 후자는 '주책을 부리다. 주책을 떨다' 등과 같은 형태로 쓰인
다. 전자의 경우 '주책이 있다'는 거의 쓰이지 않는다.12) '주책'은 앞의 예들
과는 달리 ①번 뜻으로는 '주책이 없다', ②번 뜻으로는 '주책을 부리다'나
'주책을 떨다' 등으로 쓰여 의미에 따라 연어 구성이 달라지는 특징이 있
다.13) '주책'이 들어간 복합어로는 '주책바가지, 주책머리, 주책망나니' 등이
있는데 여기에서 '주책'은 ②번 뜻으로만 해석된다.

---

12) 국어 표준어 규정에서는 '주책이다'를 비표준어로 처리하고 "일정한 줏대가 없이 이랬다
저랬다 하여 몹시 실없다."란 의미로 '주책없다'를 표준어로 인정하였다. '주책이다'는
"일정하게 자리 잡힌 주장이나 판단력이 있다." 정도의 의미로 쓰여야 하는데 실제 언어
생활에서 그 반대의 뜻, 즉 "일정한 줏대가 없이 되는대로 하다."로 쓰이기 때문에 비표준
어로 본 듯하다. '주책없다'의 '주책'은 ①번 뜻인 "일정하게 자리 잡힌 주장이나 판단력"
을 말한다.
13) 3.2에서 볼 '연어가 상반된 의미로 해석되는 경우'는 연어 하나가 두 가지 해석이 가능한
반면 '주책'은 의미에 따라 연어 구성이 달라지는 예라 여기에서 다루었다.

3.2. 연어가 상반된 의미로 해석되는 경우

다음으로 볼 것은 단어의 의미가 상반된 두 가지 의미로 해석되지는 않는데 그 단어가 어떤 특정 성분과 공기하여 연어 관계가 될 때 상반되는 두 가지 의미로 해석되는 예들이다.

3.2.1. 곡식을 팔다

　　(16) 오늘 쌀을 팔았다.

(16)에서 '쌀을 판다'는 두 가지 의미로 해석이 가능하다. '팔다'는 원래 "값을 받고 물건이나 권리 따위를 남에게 넘기거나 노력 따위를 제공하다." 가 기본의미이다. 그런데 '팔다'가 곡식과 같이 쓰일 때는 반대의 의미, 즉 "돈을 내고 곡식을 구입하다."의 뜻으로 쓰인다.

　　(17) 팔다 [동][1] ①값을 받고 물건이나 권리 따위를 남에게 넘기거나 노력
　　　　따위를 제공하다. ¶학생들에게 책을 팔다/정부에 땅을 팔다/그는 사
　　　　람들에게 재주를 팔아서 먹고 산다. (중략) [3] 돈을 주고 곡식을 사
　　　　다. ¶아버지는 늘 다니는 가게에서 쌀을 팔아 오셨다./친구에게서 싸
　　　　게 쌀을 팔아 오는 덕분에 근근이 생활을 꾸려 나가고 있다.

(17)은 사전에 나타난 '팔다'의 뜻 가운데 일부인데 [1]①의 뜻과 [3]의 뜻이 모순됨을 알 수 있다. 전자는 돈을 받고 물건을 남에게 주는 것이고, 후자는 돈을 주고 물건을 남에게 받는 것이다. 물론 모든 경우의 '팔다'가 두 가지 의미를 가지는 것은 아니고 유독 '곡식'의 경우에만 '팔다'가 "사다"의 의미로 쓰이고 있다. 이러한 용법이 점차 약해지기는 하나 두 가지 의미가 공존하고 있는 것이 사실이다. 복합어 '쌀사다'와 '쌀팔다'도 있는데, 전자가 "쌀을 팔아 돈으로 바꾸다."의 의미이고, 후자가 "쌀을 돈 주고 사다."의

의미이다.

3.2.2. 학원을 끊다

'끊다'는 「표준국어대사전」에 15개의 의미가 있는 다의어로 처리되어 있다. 이 가운데 일부를 보면 다음과 같다.

> (18) 끊다 [동] ①실, 줄, 끈 따위의 이어진 것을 잘라 따로 떨어지게 하다.¶
> 실을 끊다/테이프를 끊다/고무줄을 끊다. ②관계를 이어지지 않게 하
> 다.¶교제를 끊다/발길을 끊다/소식을 끊다 ③하던 일을 하지 않거나
> 멈추게 하다.¶흐름을 끊다/송금을 끊다. (중략) ⑩옷감이나 표 따위를
> 사다.¶한복감을 끊다/기차표를 끊다.

'끊다'는 '절단하다'라는 기본의미에서 ⑩번 뜻인 '표를 끊다'까지 적용의 전이가 생긴 경우라고 할 수 있다.[14] '끊다'의 ③번 뜻과 ⑩번 뜻은 이처럼 의미상 관련이 있는 경우이고 반의관계라고 볼 수는 없다. 그러나 '학원을 끊다'라는 연어가 되면 상반되는 두 가지 의미를 동시에 표현할 수 있게 된다.

> (19) 엄마, 저 학원 끊었어요. 이제 집에서 혼자 공부할래요.

> (20) 엄마, 저 학원 끊었어요. 학원비 주세요.

(19)에서 '학원 끊다'는 "학원을 그만두다."란 의미이고, (20)에서 '학원 끊다'는 "학원에 등록하다."란 뜻이다. '학원' 외에도 '헬스', '골프' 등 돈을 내고 등록하여 무엇을 배우러 다니는 곳과 관련하여 '끊다'가 쓰일 때는 이

---

14) 한 심사자께서는 '끊다'는 "절단하다" 의미가 기본의미이고 '학원 끊었다.'(등록하다)가 적용의 전이로 쓰인 예임('옷감, 표 따위를 끊는' 것도 "절단하다"의 뜻임)을 지적해 주셨다. 이 자리를 빌려 감사드린다.

렇게 상반된 두 가지 의미 해석이 가능하다.

    (21) 저 시간이 없어서 헬스를 끊었어요.

    (22) 저 운동하려고 헬스를 끊었어요.

'헬스를 끊다'도 두 가지 상반된 의미, 즉 (21)에서는 "그만두다"의 뜻으로, (22)에서는 "등록하여 시작하다"의 의미로 해석된다. 이 경우 '끊다' 자체의 의미가 모순성이 있다고 보기보다는 '헬스를 끊다'라는 연어가 두 가지 의미로 해석이 가능하다고 보아야 한다. 물론 이것은 구어적인 쓰임이나 이렇게 상반된 뜻이 동시에 쓰인다는 것은 흥미로운 사실이다. 이 경우 발생하는 중의성은 문맥이나 발화상황 속에서 해소가 가능하다.

3.2.3. 국물이 시원하다

'시원하다' 역시 두 가지 상반된 의미를 동시에 보인다. 차가운 음료수도 '시원하고' 뜨거운 해장국도 '시원하다'. 차가운 것을 나타내는 기본 의미에서 뜨거운 것을 나타내는 부차적 의미가 나왔다고 보기에는 그 의미 차이가 상당히 크다.

    (23) 시원하다 형 ①덥거나 춥지 아니하고 알맞게 서늘하다. ¶시원한 바람/
       밤공기가 시원하게 느껴졌다. ②음식이 차고 산뜻하거나, 뜨거우면서
       속을 후련하게 하는 점이 있다. ¶시원한 김칫국/아내는 술 먹은 다음
       날에는 시원한 북엇국을 끓여 준다./배화채는 만들기가 쉽고 맛이 시
       원하여 경단과 잘 어울리는 음료이다. (하략)

(23)은 사전의 '시원하다' 항 뜻풀이 일부인데, ②번 뜻이 사전에서 이미 상반되는 뜻을 동시에 가지고 있음을 알 수 있다. "음식이 차고 산뜻하면

서" 동시에 "뜨거우면서 속을 후련하게 하는 점이 있을" 수는 없기 때문
이다.

> (24) 이 국물 정말 시원하다.

(24)에서 '국물이 시원하다'는 모순어이기 때문에 "국물이 차갑다."로 해
석할 수도 있고, "국물이 뜨겁다."로 해석할 수도 있다.

> (25) ㄱ. 이 국물 정말 시원하네. 뱃속까지 차가워졌어.
> ㄴ. 이 국물 정말 시원하네. 뜨끈해서 속이 다 풀렸어.

(25ㄱ)이 "음식이 차고 산뜻하다." 즉 "차갑다"란 의미이고, (25ㄴ)이 "뜨
거우면서 속을 후련하게 하는 점이 있다." 즉 "뜨겁다"란 의미이다. (25ㄱ)
의 의미는 '아이스크림이 시원하다.'와 같이 액체 상태가 아닌 상태의 음식
에도 쓰인다. 반면 (25ㄴ)의 의미는 뜨거운 액체 형태의 음식에만 쓰인다.
이것은 두 가지 의미가 평행적이지는 않음을 보여주는데, 사실 전자의 의미
는 음식 자체의 온도를 가리키는 것이고, 후자의 의미는 뜨거운 음식을 먹
음으로써 결과적으로 속이 후련해지는 데 초점이 있다. 시원하다의 ②①번
뜻을 보면 "답답한 마음이 풀리어 흐뭇하고 가뿐하다."가 있는데, 이것이 의
미상 관련이 있다. 그래서 결과적으로 음식이 뜨거운 것도 '시원하고', 차가
운 것도 '시원한' 것이다. 이처럼 '시원하다'가 국물류와 관련하여 쓰일 때
에는 모순어가 된다.

3.2.4. 자리가 있다

'자리가 있다'는 문맥이나 화맥에서 두 가지 상반되는 의미로 해석될 수
있다.

(26) A : 여기 자리 있나요?

　　 B : 네, 자리 있어요. 곧 친구가 올 거예요.

(27) A : 여기 자리 있나요?

　　 B : 네, 자리 있어요. 앉으셔도 돼요.

'자리가 있다'는 "사람이 앉지 아니하여 비어 있는 자리가 있다."의 의미와 "자리를 맡아 놓은 사람이 있어 비어 있지 않다."의 의미를 동시에 나타낸다. (26)의 화자 B가 말한 '자리 있어요.'는 "맡아 둔 자리가 있어요."의 의미이고, (27)의 화자 B가 말한 '자리 있어요.'는 "비어있는 자리가 있어요."의 의미이다. 이 두 가지 의미는 서로 상반되어 모순성이 있는데, 그 중의성을 해소하는 것은 문맥이나 화맥이 있을 때만 가능하다. '자리가 있다'는 이처럼 상반되는 두 가지 의미로 해석될 수 있으나 '자리' 자체가 모순어라고 보기는 어렵다. '자리가 있다'에서는 이러한 상반된 의미의 중의성이 생길 수 있으나 '자리가 없다'에서는 중의성이 생기지 않는다.

4. 모순어의 생성 원인

그렇다면 이제 왜 이러한 모순어가 생기는지 그 원인을 보기로 하자. 우리는 앞에서 모순어가 다의어에서 일부 의미가 서로 반의관계일 때 생기는 것을 보았는데, 일반적으로 다의어가 발생하는 원인은 S. Ullmann(1962 : 159-167)에서 논한 바와 같이 '적용의 전이(Shifts of application), 사회 환경의 특수화(Specialization in a social milieu), 비유적 언어(Figurative language), 동음어의 재해석(Homonyms reinterpreted), 외국어의 영향(Foreign influence)' 등을 들 수 있다. 우리가 검토하는 모순어는 단순히 다의어가 아니라 그 의미가 서로 반의관계에 있는 예들이므로 다의어의 생성 원인으로는 설명할 수 없는 새로운 이유가 있을 수 있다. 앞에서 살펴본 모순어들을 분석함으로써 모순어의 생성 원인을 살펴보기로 하겠다.

4.1. 의미의 모호성

의미의 모호성은 의미를 확정하지 않고 의미 판단을 대화 상대방에게 맡겨 버리는 경우를 말한다. '쩔다'가 그 예인데, 우리는 앞에서 이 단어가 아주 좋고 대단한 것을 가리킬 때와 좋지 않고 형편없는 것을 가리킬 때 같이 쓰임을 보았다. "저 여자 쩐다."라고 했을 때 대화 상대방은 '그래, 정말 멋있어.'라고 반응할 수도 있고, '그래, 정말 형편없어.'라고 할 수도 있다. 이로써 화자는 자신의 견해를 확실히 밝힐 때 상대방이 동의하지 않음으로써 생기는 곤란함을 피할 수 있게 된다. 일반적으로 단어의 의미는 한 가지 의미에서 다른 의미로 파생되는 경우가 대부분인 데 반해 '의미의 모호성'은 처음부터 가치판단을 하지 않고 두 가지로 해석할 가능성을 남겨두는 것이라 특이하다. 신조어에서 이러한 모순성이 생기는 것은 현대국어 화자들의 언어생활을 반영하는 것으로 이것이 좋은지 나쁜지 직접 판단하는 것이 아니라 대단하다는 것만 확인하고 그 이후의 판단은 청자나 독자에게 미루는 소극적인 대화태도를 반영한다고 볼 수 있다.

'쩔다'가 가지는 의미의 모호성은 최근의 인터넷 문화와도 관련이 있다. 앞에서 보았듯이 '쩔다'가 처음 사용된 것도 인터넷 공간이고 그 용법의 확장도 인터넷에서 이루어졌다. 지금은 젊은이들을 중심으로 일상대화에서도 많이 쓰이고 있으나 우리는 그 시작점이 인터넷이었다는 데 주목하고자 한다. 인터넷 문화에서는 서로 얼굴을 맞대고 대화하는 것이 아니라 미지의 불특정 다수를 대상으로 자신의 의견을 피력해야 하는 경우가 대부분이다. 그 경우 확실한 의사표명은 공격의 대상이 되기 쉽다. 이에 자신이 관심을 가진 대상이 특별하다는 정도의 의미만 전달하고 그 이상의 가치판단은 누

리꾼에게 맡겨 혹시 발생할지 모르는 곤란함을 피하게 되는 것이다. 이처럼
'쩔다'는 대화의 위험 요인을 제거하는 수단으로 선택된 모호한 단어인 것
이다.

4.2. 의미의 전염

다음으로 모순어가 생기는 원인으로 들 수 있는 것은 의미의 전염이다.
의미의 전염은 일반적으로 하나의 의미를 가진 단어가 부정적 의미를 나타
내는 단어와 같이 쓰이다 보니 원래 단어도 부정적인 의미가 생긴 경우를
말한다. Ullmann, S.(1962 : 198)에서는 의미 변화의 원인 가운데 하나인 어
어적 원인으로 '전염'(contagion)을 들고 있는데, 이것은 어떤 단어의 의미가
문맥에서 공기하는 성분의 영향으로 변하는 경우를 말한다. 조항범(1993 :
142)에서는 전염에 해당하는 국어의 예로, '별로, 고작, 전혀, 채, 주책'을 들
고 있다.[15] '별로, 고작, 전혀, 채' 등은 현재 긍정적인 문맥에서 쓰이지 않
으므로 모순어라고 보기 어려우나 '주책'은 긍정과 부정의 의미가 다 쓰이
고 있어 모순어로 볼 수 있다. 주책의 어원은 '主着' 즉 "일정한 주견"이었
다. 그런데 이 말이 서술어 '없다'와 같이 쓰여 "일정한 자신의 줏대나 주관
이 없다."란 의미로 쓰이면서 '주책' 자체에도 '주책이 없다'의 부정적 의미
가 전염된 것으로 보인다. '칠칠맞다'는 원래 "주접이 들지 아니하고 깨끗하
고 단정하다."와 "성질이나 일 처리가 반듯하고 야무지다."란 의미로 '못하
다', '않다'와 주로 함께 쓰여 '칠칠맞지 못하게'나 '칠칠맞지 않다' 등으로

---

15) '별로'는 원래 '별로 아름답다'와 같이 긍정적 표현에도 쓰였으나 '않다'나 '못하다' 등과
    같은 부정어와 빈번하게 통합하면서 부정적 의미가치를 띠게 되었고, '고작'도 "한도에
    차서 꼭 맞음"이라는 긍정적 의미의 단어이나 '고작 그것뿐이냐' 등과 같이 "不足"을 나
    타내는 문장에 등장하여 "기껏"이라는 소극적이면서 부정적 의미로 변하였고, '전혀'나
    '채'도 "충분, 완전"의 의미에서 "不及"의 의미로 변하였다고 한다. 조항범(1993 : 142)
    참조.

쓰인다. 그런데 늘 부정적 의미의 서술어와 함께 쓰이다 보니 '칠칠맞다' 자체에 부정적 의미가 전염되어 '못하다'나 '않다'가 제거된 상태에서도 부정적인 뜻으로 쓰이게 되었다.

모순어와는 약간 거리가 있으나 '우연찮다'도 참고할 만하다. '우연찮다'는 '우연하지 아니하다'가 줄어서 된 말로, 우연하지 않은, 즉 어떤 일이 필연적으로 발생한 경우에 쓰여야 한다. 그러나 실제 쓰임은 그렇지 않아 '우연한' 경우에 주로 쓰인다.

(28) 오늘 길에서 우연찮게 친구를 만났다.

(28)의 '우연찮게'는 "우연하지 아니하게" 즉 필연적으로 만난 경우만을 표현해야 한다. 그러나 반대로 "우연히"의 의미로 쓰이고 있는 것이 현실이며 사전의 뜻풀이도 이러한 실태를 반영하고 있다.

(29) 우연찮다 [형] 꼭 우연한 것은 아니나 뜻하지도 아니하다. ¶그는 이번 사건에 우연찮게 연루되었다./그토록 찾던 그 친구를 오늘 우연찮게 길에서 만났다./탈출 사고는 실상 새 원장에 대한 우연찮은 부임 선물이었다. 「이청준, 당신들의 천국」

사전의 뜻풀이는 "꼭 우연한 것은 아니나" 즉 우연은 아니나 "뜻하지도 아니하다." 즉 우연이라는 모순된 의미를 동시에 보여주고 있다. '우연찮다'가 '우연하지 아니하다' 즉 '우연이 아닌' 것과 '우연하다' 즉 '우연인' 것이라는 두 가지 의미를 동시에 가지고 있다면 모순어이나, '우연하다'의 의미로만 쓰이기 때문에 모순어로는 보기 어렵다. 일반적으로 의미의 전염은 원래 긍정적 의미로 쓰이던 단어가 부정적 의미를 나타내는 단어와 같이 쓰이다 보니 부정적 의미의 단어 없이 홀로 쓰여도 부정적인 의미를 가지게 되는 경우인데, '우연찮다'는 부정어가 결합하여도 원래의 긍정적인 의미를 그대로 표현한다는 점에서 특이하다. 이것을 잘못된 쓰임으로 치부하고 '우

연히'로 고쳐야 한다고 보는 시각도 있으나 언어 현실을 인정한다면 '우연
찮다'란 구성 전체가 부정적인 의미에서 '우연하다'란 긍정적 의미로 의미
의 전염이 된 특이한 예라고 보아야 할 것이다.16)

4.3. 통시적 변화의 결과

통시적 변화는 원래 표기가 달랐던 두 개의 단어가 통시적으로 표기가
변하면서 동일한 기표가 된 경우를 말한다. '쫓다'가 그 예인데, 이 말이 모
순된 의미를 가지게 된 것에는 통시적인 데 원인이 있다. 다의어로 처리된
'쫓다' ①과 ②는 사실 중세국어에서 각각 '좇다'와 '쫓다'로 표기되던 다른
단어였다.

> (30) ㄱ. 兄이 디여 뵈니 衆賊이 좇거늘 「용비어천가 5 : 38ㄱ」
>   ㄴ. 太子 조쯧바 山 머리예 니거늘 「월인석보11 : 7ㄱ」

이 경우 '좇다'는 "어떤 대상을 잡거나 만나기 위하여 뒤를 따라서 급히
가다."란 의미이다.17)

> (31) ㄱ. 시혹 모딘 사르미 쪼초몰 니버 金剛山애 뻐러디여도 「법화경언해
>   7 : 88ㄱ」
>   ㄴ. 그 比丘ㅣ 怒ᄒ야 그 겨지블 쪼츠니 「남명집언해下 : 60ㄱ」

(31)에서 '쫓다'는 "축출하다" 즉 "쫓아내다"의 의미이다.18) 이처럼 서로

---

16) 형태소 '-잖-'도 원래는 '-지 않-'에서 온 부정의 의미였으나 특히 확인의 부정의문에
쓰이면서 '-잖-' 자체에 확인의 의미가 생긴 것으로 보인다(예. 우리가 있잖아요). '우연
찮다'와 형태소 '-잖-'은 부정의 의미에서 긍정의 의미로 의미 전염이 생긴 예이다.

17) 현대국어에도 '좇다'가 있는데, 이것은 "목표, 이상, 행복 따위를 추구하다."나 "남의 말이
나 뜻을 따르다." 등과 같이 추상적인 추종을 의미하여, 구체적 대상을 따라가는 경우를
말하는 '쫓다'와는 다르다.

다른 표기로 쓰였던 '좇다'와 '좃다'가 후대에 표기의 변화를 겪어 둘 다 '쫓다'로 표기되면서 의미의 모순성이 생겼다.[19]

4.4. 원인과 결과의 혼재

모순어 가운데는 원인과 결과를 한 가지 기표로 표현함으로써 반대개념을 동시에 나타낼 수 있게 된 경우가 있다. '설사약'이 그러한 예인데, '설사약'은 설사가 원인이 되어 먹는 약의 의미로 쓰여야 하나, 복용한 결과 설사를 하게 되는 약이라는 의미도 가지면서 모순이 생겼다. 지사제와 하제라는 두 가지 의미를, 약을 먹게 되는 원인과 약을 먹고 난 뒤 생기는 결과를 같이 표현함으로써 모순이 생기게 된 것이다.

'시원하다'도 그러한데, '음식이 시원하다'는 "음식의 온도가 낮다."란 뜻으로 단순히 음식의 차가운 상태를 말하는 것이다. 반면 '해장국이 시원하다'는 해장국을 먹은 결과 속이 시원해졌다는 의미로 일차적인 표면 온도의 문제가 아닌, 결과로서의 시원함을 말한다. 이 두 가지 경우를 한꺼번에 '시원하다'로 나타냄으로써 모순어가 되었다.

4.5. 생략된 성분의 영향

'곡식을 팔다, 학원을 끊다, 자리가 있다'는 의미상 생략된 성분이 있기

---

18) "따라가다"의 의미를 가진 '좇다'도 나타나기는 한다. "王이 親히 駟馬롤 타 둘여 뽀츠시고(내훈2 : 24ㄴ)" 이 예에 초점을 맞춘다면 중세국어의 '좇다'는 그 당시 이미 모순어이다.

19) 우리는 앞에서 어원이 동일하지 않으면 모순어가 될 수 없다고 하였는데, 이 경우는 동음이의어가 통시적으로 다의어가 된 예로 다른 모순어들의 다의성과는 생성 방식에 차이가 있다.

때문에 모순어가 된 경우이다. 먼저 '곡식을 팔다'는 "곡식을 (받고) (물건을) 팔다."에서 온 것으로 볼 수 있다. 단순히 '사다'를 '팔다'로 표현했다고 볼 수도 있으나, 그것보다는 우리의 문화와 관련하여 곡식을 가지고 장에 나가 물건과 바꾸는 상황을 상정해 본다면, '곡식을 팔다'는 "곡식을 받고 물건을 팔다."란 해석이 가능하다. 물론 곡식이 우리의 주식이기 때문에 곡식이 떨어져 산다고 표현하는 것이 금기시되어 완곡하게 거꾸로 표현했을 가능성도 없지는 않다. 이러한 표현은 현대에 와서 물물교환의 개념이 사라지고 돈으로 물건을 사고파는 게 일반화되면서 '곡식을 팔다'가 말 그대로 "곡식을 남에게 팔다."란 뜻으로 변하게 되었다. 물론 지금도 60대 이상의 화자들은 "쌀이 떨어져서 쌀을 팔아야 한다."와 같이 원래 용법대로 말하기두 한다

'학원을 끊다'는 '학원을 (다니려고) (수강권을) 끊다'와 '학원을 (그만두고) (관계를) 끊다'란 두 가지 의미가 가능한데, 이처럼 중간에 생략된 성분이 있어 모순어가 된다. 이렇게 본다면 두 가지 '끊다'는 완전히 동일한 의미라고는 보기 어렵고 전자는 '표를 끊다'의 '끊다'이고 후자는 '관계를 끊다'의 '끊다'이다. 이 두 가지 다른 의미의 '끊다'가 학원 등과 관련한 구에서만 상반되는 관계를 동시에 의미할 수 있게 된 것이다.

'자리가 있다'는 '(비어 있는) 자리가 있다'의 의미와 '(맡아 놓은) 자리가 있다'라는 모순된 의미를 동시에 나타낼 수 있는데, 이 경우 그 자리가 어떤 자리인지 생략된 성분이 있다고 볼 수 있다. 물론 이것을 화자와 청자의 관점 차이로 인한 담화상의 용법 때문에 생긴 현상으로 볼 가능성도 있다.

이상에서 우리는 모순어의 생성 원인으로 의미의 모호성, 의미의 전염, 통시적 변화의 결과, 원인과 결과의 혼재, 생략된 성분의 영향 등이 있음을 검토하였다. 동일한 기표가 정반대의 의미, 그것도 동음이의어가 아닌 다의어가 서로 상반되는 의미를 동시에 나타낼 수 있는 중의성을 띠고 있다는 것은 특별한 현상이며 이것은 어휘의 다양한 의미관계가 그만큼 복잡다단함을 보여준다.

5. 결론

지금까지 우리는 국어의 모순어를 검토하였다. 하나의 기표가 나타내는 기의가 여러 가지인 경우, 그 기의들이 서로 유연성이 있으면 다의어이고, 그 기의들이 서로 아무런 유연성이 없으면 동음이의어이다. 그런데 우리가 살펴본 모순어는 다의어이기는 하나, 그 기의들 사이에 유연성이 있어 하나의 의미에서 다른 의미가 파생된 것이 아니라, 오히려 두 개의 기의가 정반대의 의미를 내포하는 반의관계에 있다. 이처럼 반의관계의 두 의미를 동시에 가지는 다의어, 즉 모순어의 문제는 지금까지 논의된 바 없으나 앞에서 살펴본 바와 같이 그 수가 적지 않다. 단어가 상반된 의미로 해석되는 경우로 '쫓다, 칠칠맞다, 쩔다, 설사약, 주책' 등이 있고, 연어가 상반된 의미로 해석되는 경우로 '곡식을 팔다, 학원을 끊다, 국물이 시원하다, 자리가 있다' 등이 있다. 이러한 모순어가 생기는 원인은 의미의 모호성, 의미의 전염, 통시적 변화의 결과, 원인과 결과의 혼재, 생략된 성분의 영향 등으로 다양하다.

국어의 전체 어휘 수를 생각해 볼 때 우리가 본 모순어는 지극히 적은 일부에 불과하다. 그러나 상반된 의미를 동시에 나타낼 수 있는 모순어는 중의성을 유발하기 때문에 실제 언어생활에서 특별한 역할을 하며 그 수가 아무리 적다하더라도 연구할 가치가 있다. 사전 표제어 전체를 검토한다면 국어 모순어의 수는 더 늘어날 것이나 중요한 것은 어휘의 수가 아니라 이러한 모순어가 존재한다는 사실 자체이다. 앞으로 이 연구를 바탕으로 국어 어휘의 다양한 양상에 대한 연구가 이어지기를 바란다.

참고문헌

김광해. 1993. 「국어 어휘론 개설」, 집문당.

김동식. 1981, "부정 아닌 부정", 「언어」 6-2, 언어학회, pp.99-116.

심재기. 1982. 「국어어휘론」, 집문당.

심재기. 2000. 「국어 어휘론 신강」, 태학사.

심재기·이기용·이정민. 1984. 「의미론서설」, 집문당.

윤평현. 2008. 「국어의미론」, 역락.

이기문. 1991. 「국어 어휘사 연구」, 동아출판사.

이영경. 2008. "형용사 '싸다'의 통사·의미에 대한 사적 고찰", 「어문연구」 139, pp.07 106.

임지룡. 1992. 「국어의미론」, 탑출판사.

임지룡. 2009. "다의어의 판정과 의미 확장의 분류 기준", 「한국어 의미학」 28, 한국어 의미학회, pp.193-226.

조항범. 1993. 「국어의미론」, 와이제이학사고시방송교육본부.

조항범. 1999. "'전염'에 의한 의미 변화에 대하여", 「인문학지」 17, 충북대학교 인문학연구소, pp.1-42.

Allan, Keith. 2009. The connotations of English colour terms : Colour-based X- phemisms, Journal of Pragmatics 41-3, Elsevier Science B.V., pp.626-637.

Cruse, D.A.. 1986. Lexical Semantics, Cambridge University Press.

Karaman, Burcu I.. 2008. On Contronymy, International Journal of Lexicography 21-2, Oxford University Press, pp.173-192.

Leech, G.N.. 1974. Semantics, Penguin Books.

Sohn, Ho-min. 2006. Korean in Contact with Chinese, Korean language in culture and society, University of Hawaii Press, pp.44-56.

Ullmann, S.. 1962. Semantics, Basil Blackwell, Oxford.

| 이 논문은 국어학 61집(2011, 국어학회)에 게재된 논문을 재수록한 것입니다.

국어사전의 유의어에 대하여

양 명 희

1. 머리말

국어사전의 관련어휘는 표제어에 대한 여러 가지 정보 중 하나로 어휘론 연구의 결과물이 집적된 것이며 어휘 교육에 중요한 자산이다. 국어를 배우는 학생들은 유의어나 반의어를 통해 어휘를 확대해 나가며, 한국어를 배우는 외국인 학습자들의 경우 역시 유의어, 반의어 등 관련어휘를 통해 어휘를 확장해 나간다. 그렇기 때문에 국어사전에 관련어휘 정보가 충실히 실리면 내국인 학생들이나 외국인 학습자들이 자신의 어휘를 확장해 나가는 데 도움을 받을 수 있을 뿐 아니라 일반인들 역시 자신들이 미처 떠올리지 못하는 어휘를 국어사전의 관련어휘 정보를 통해 얻을 수 있다.

국어사전의 관련어휘 정보가 충실하게 실리기 위해서는 어휘 간의 여러 가지 의미 관계에 대한 연구가 충실하게 이루어져야만 가능하다. 또한 어휘 의미론의 연구 성과를 사전편찬자들이 열심히 참고하여 사전의 성격에 맞게 반영하는 것 역시 중요하다. 그런데 막상 어휘의미론의 연구 성과들을 검토해 보면 실용적인 국어사전 편찬에 딱 들어맞지 않는 경우가 많다. 왜냐하면 학자들은 실용성을 염두에 두지 않고 주로 서양의 언어 이론에 근거하여 어휘 간의 세밀한 의미 관계를 분류하고 설명하는 데 집중하여, 일반

인들이 필요로 하는 실제적인 관련어휘 정보에 대해서는 별로 언급하고 있
지 않기 때문이다.[1] 그렇다고 하여 어휘의미론의 연구 성과를 무시할 수는
없다. 어떤 한 어휘에 대한 의미나 사용법에 대한 직관이 사람마다 다를 수
있기 때문에 여러 학자들이 동의하는 연구 결과가 필요하기 때문이다.

필자는 현재 우리 국어사전의 관련어휘 정보가 어느 수준에 있으며 바람
직한 관련어휘 정보의 등재 양상은 어떠해야 하는지를 여러 측면에서 탐색
해 보는 것을 목적으로 본고에서는 국어사전의 유의어에 대해 집중적으로
논의해 보려 한다. 이를 위해 국가에서 만든 대사전 <표준국어대사전>
(1999)과 말뭉치를 자료로 한 표제어 오 만의 <연세한국어사전>(1998), 어
휘 학습의 기초를 닦는 단계인 초등학생을 위한 <푸르넷초등국어사전>
(2001)의 유의어를 검토해 볼 것이다.[2] 그리고 최근까지 이루어진 어휘의미
론 분야의 연구 성과가 국어사전에 어떻게 반영되어 있으며 어떻게 반영해
야 할지를 살펴봄으로써 사전편찬자들이 국어사전에 유의어 정보를 실을
때 그 기준과 범위를 어떻게 해야 할지 논의하도록 할 것이다.

2. 국어사전의 관련어휘와 유의어

해방 이후 처음 나온 국어대사전인 한글학회 <큰사전>(1947)은 관련어휘

---

1) 다음 장에서 논의하겠지만 김광해(1987)의 유의어 · 반의어 사전에 올라 있는 유의어나 반
   의어를 국어사전에 모두 반영하는 것은 현실적으로 어려울 뿐 아니라, 유의어나 반의어의
   범위가 넓기 때문에 사전의 규모, 성격에 따라 선택하여 실어야 할 필요가 있다.
2) 같은 규모의 사전을 비교 검토하지 않고 말뭉치 사전, 대사전, 초등용 사전을 대상으로 한
   것은 이들 사전이 각각 말뭉치 사전, 대사전, 초등용 사전을 대표하고 있다고 가정하였기
   때문이다. 달리 말하여 각각의 사전이 같은 규모의 다른 사전과 유의어 정보에 있어 크게
   차이가 없을 거라는 가정을 전제로 한 것이다. 그리고 대사전과 말뭉치 사전, 초등용 사전
   은 사전의 규모와 사전 이용자, 사전 편찬의 방식이 다르기 때문에 사전마다 유의어 정보
   를 싣는 데 차이가 있었으리라는 추측을 하였기 때문이다. 각 사전의 표제어 수는 <표준국
   어대사전>(1999) 약 50만 개, <연세한국어사전>(1998) 약 5만 개, <푸르넷초등국어사
   전>(2001) 약 32,000개 등이다.

라는 용어를 따로 사용하지 않았다. 사전의 편찬 방식을 설명한 범례에 '어떤 어휘가 다른 어휘와 관련이 있는 것은, 다음과 같은 방식으로 서로 소개하였음'이라고 하여, 표준말과 표준어 아닌 말, 원말과 변한말, 준말과 본말, 센말과 거센말, 큰말과 작은말, 상대되는 말, 옛말과 현대말, 참고할 필요 있는 말 등 8가지의 관련 정보를 뜻풀이[3] 뒤에 소괄호 안에 밝히고 있다. 요즘의 국어사전과 비교해 볼 때 비슷한말이 없는 것이 눈에 띄며, 옛말이 관련어에 포함되어 있는 것 또한 당시 사전의 특징이라 할 수 있다.

　<큰사전>은 범례에는 설명되어 있지 않지만 뜻풀이에 동의어를 뜻하는 부호 '='을 사용하고 있다. 부호 '='은 다음 예처럼 표준어 아닌 말의 풀이에도 사용되고, 실제 동의어에도 사용되어 약간의 혼란이 있다.

　　(1) 《가는-비【이】 =가랑비.
　　　　가도(街道)【이】 =가로(街路).

　물론 표준어 아닌 말 앞에는 손톱표(《)가 붙어 있어 구분이 되기는 하지만 범례를 충실히 읽지 않은 사용자들은 잘못된 정보를 얻을 가능성이 있다.

　<표준국어대사전>은 '관련어휘'라는 용어를 사용한다. <표준국어대사전>의 일러두기를 보면 관련어휘를 동의어, 본말·준말·비슷한말·반대말·높임말·낮춤말, 참고어휘 등 크게 셋으로 나누어 총 7가지를 관련어휘에 포함하고 있다. 다른 사전과 비교하여 눈에 띄는 특징은 참고어휘에 이전 사전에서 '작은말, 큰말, 여린말, 센말, 거센말'로 제시한 것들을 포함시켜 관련어휘의 종류가 대폭 줄어든 점과, 동의어를 관련어휘에 따로 설정한 것이다.

　<표준국어대사전>의 편찬지침(2000 : 428-430)에는 동의어와 비슷한말

---

3) 본문에서는 뜻풀이라는 용어 대신 '해석'이라는 용어를 사용하였다(한글학회 1947 : 범례 5쪽).

의 기준이 있는데 "동의어는 개념적 의미, 연상적 의미가 같고 모든 문맥에서 교체 가능한 말을 의미하며, 비슷한말은 개념적 의미는 동일하나 연상적 의미에서 차이를 보일 수 있고 모든 문맥이 아닌 일부 문맥에서 교체 가능한 말을 의미한다"고 하였다. 그러나 일반이 그 쓰임을 분명히 파악하기 힘든 전문어나, 일반어일지라도 사용 빈도가 낮은 말이나 한자어일 경우는 동의어로 처리하였다고 한다.4)

<연세한국어사전> 일러두기의 '약호 및 약어란'에는 관련어휘 대신 '관련된 말'5)이라는 용어를 사용하여, 유의어, 반의어, 준말, 참고 외에 큰말, 작은말, 센말, 여린말, 파생어, 연어, 관련어, 가 보라(☞) 등 12종류의 관련어휘가 제시되어 있다. 준말에 대응되는 본딧말이 없고 '여린말, 센말'만 있고 '거센말'은 따로 없다. 다른 사전들과 달리 '파생어, 연어, 가 보라(☞)' 등이 있는 것이 특징이며,6) '관련어'와 '참고'를 따로 설정한 것도 다른 사전과 다른 점이다. '참고'로 제시한 내용은 다른 사전의 참고어휘처럼 어휘만 제시되어 있지 않고 표제어에 대한 여러 가지 설명 형식이 많아 진정한 의미의 관련어휘라고 하기 어렵다.

<연세한국어사전>의 관련어에 대해 일러두기에는 아무런 설명이 없어 그 범위를 파악하기 어렵다. 한편 남기심·이희자(1998 : 59-60)는 관련어를 유의어, 반의어 이외의, 표제어와 의미적으로 관련이 있는 것을 말한다고 설명하고 있는데,7) 사전에 제시된 관련어를 보면 유의어로 의심되는 어휘들

---

4) 이운영(2002 : 91-93)에 따르면 참고어휘는 31,260개의 표제어에 제시되어 있고, 비슷한말은 18,646개, 반대말 5,834개, 준말 2,462개, 본말 1,011개, 높임말 68개, 낮춤말 29개에 등재되어 있다.
5) '관련된 말'이라는 용어는 관련된 말에 제시되는 정보가 어휘에 국한되지 않고 더 넓은 범위의 형식들이 사용되기 때문에 만들어진 말인 듯하다. 배주채(2001 : 64)는 외국인 대상의 학습자 사전을 논의하여 '관련어휘'라는 용어가 제시되는 관련어휘를 사전에 등재한 단어에 국한하여 활용형이나 구와 같이 필요한 관련어휘 정보를 등재하지 못하는 것을 비판하고 '관련 표현'이라는 용어를 사용할 것을 제안하였다.
6) 우재숙(2005 : 31)은 <연세>의 관련어휘가 '파생어, 연어'를 설정해 관련어휘의 범위를 계열적인 의미관계 중심에서 통합관계에까지 확장한 점이 가장 큰 특징이라고 지적하였다.
7) 우재숙(2005 : 71)을 재인용한 것이다. 우재숙(2005 : 75)은 "'관련어'란 사전의 관련 어휘 정보 중의 하나로서, 상하 또는 부분·전체와 같이 포함 관계에 있는 말이나 동등한 계층

이 많이 올라 있다.[8]

> (2) 곰국[곰 : 꾹] 囤 소의 뼈와 고기를 아주 오래 삶은 국. (예 생략) 쮄 곰탕.
> 급등(急騰) 囤 (물가가) 갑자기 오르는 것. (예 생략) 帛 급상승. 挺 급
> 락. 쮄 폭등.
> 끝내[끈내] 튀 (중략) ②끝에 가서. 드디어. (예 생략) 쮄 마침내 · 드디어

김홍범(2002 : 107)의 설명처럼 관련어에 넓은 의미의 유의어를 포함한다면 이때의 넓은 의미의 유의어는 무엇을 뜻하는지 유의어와는 어떻게 구분되는지 그 기준을 일러두기에 제시하지 않으면 사용자들은 혼동을 일으킬 수밖에 없다.[9]

<연세한국어사전>의 일러두기에는 동의어에 대한 설명이나 부호 '='의 사용이 보이지 않는다. 이를 보면 동의어를 인정하지 않은 듯한데, 아래 예에서 볼 수 있는 것처럼 일부 표제어의 뜻풀이를 단어로 대체한 예가 눈에 띈다.

> 색깔(色 –) 囤 ①빛깔.
> 가치1(價値) 囤 ①값.

<푸르넷초등국어사전>은 '관련어휘'나 '관련된 말'이라는 용어를 사용하지 않고 여러 가지 기호를 설명하는 난에 같은 말, 준말 · 본딧말, 비슷한 말 · 반대말, 높임말 · 낮춤말, 큰말 · 작은말, 센말 · 여린말 · 거센말, 원말 · 변한말, 참고어, 북한말 등 16가지를 제시하였다. 같은 말 즉 동의어를 뜻풀

에서 셋 이상의 유기적인 대립이 형성되는 등위관계에 있는 말을 의미한다."고 정의하고
관련어의 유형을 분석하였다.
8) 김홍범(2002 : 107–109)은 '한국어 학습 사전' 편찬과 관련하여 관련어를 '넓은 의미의 유
의어뿐만 아니라 해당되는 표제어의 학습에 도움이 되는 어휘'라고 하고 관련어에 표제어
와 관계가 넓은 의미의 유의어인 경우, 표제어와 관계가 상위어와 하위어인 경우, 표제어
와 관계가 등위어인 경우, 표제어와 낱말밭을 이루는 경우 등 네 범주를 포함하였다.
9) <표준국어대사전>에는 '곰국/곰탕'은 동의어로, '급등/폭등, 끝내/마침내'는 비슷한말로 올
라있다.

이에 사용하면서 비슷한말을 같이 사용한 점은 <표준국어대사전>과 같고, 원말과 변한말을 관련어휘로 제시한 점이 다른 사전과 다른 특징이다.

[표 1] 세 사전의 관련어휘와 유의어

국어사전	용어	종류(개수)	유의어 및 기타 관련어휘의 특징
표준국어 대사전 (1999)	관련어휘	동의어, 본말, 준말, 비슷한말, 반대말, 높임말, 낮춤말, 참고어휘(7)	① 동의어와 비슷한말을 다 인정함. ② 작은말, 큰말, 여린말, 센말, 거센말을 '참고어휘'에서 다룸.
연세 한국어사전 (1998)	관련된 말10)	유의어, 반의어, 준말, 큰말, 작은말, 센말, 여린말, 파생어, 연어, 가 보라, 관련어, 참고(12)	① 동의어를 따로 설정하지 않음. ② 넓은 의미의 유의어로 관련어를 설정함. ③ 파생어, 연어, 가 보라, 참고가 있음. ④ 높임말, 낮춤말을 '관련어'에서 다룸.
푸르넷 초등국어 사전 (2001)	특정한 용어 없음	같은 말, 준말·본딧말, 비슷한말·반대말, 높임말·낮춤말, 큰말·작은말, 센말·여린말·거센말, 원말·변한말, 참고어, 북한말(16)	① 같은말(동의어)와 비슷한말을 다 인정함. ② 원말, 변한말을 관련어휘에 포함함.

3. 국어사전의 동의어와 유의어 처리

2장에서 언급하였듯이 <표준국어대사전>은 동의어와 유의어를 별도로 구분하여 사전을 편찬하였다. <표준국어대사전>의 편찬지침에는 동의어를 '개념적 의미, 연상적 의미가 같고 모든 문맥에서 교체 가능한 말'11)이라고

---

10) <연세초등국어사전>은 일러두기에는 '관련된 말'이라는 용어를 사용하였으나 속표지의 '이 사전을 보는 법'의 설명에는 "올림말과 관련되는 낱말들을 보였다"고 하여 '관련어'라는 용어를 사용하고 있다.

11) 국립국어연구원(2000 : 428) 참고. 이러한 정의는 Leech(1974)의 의미 유형을 바탕으로 한 것이다.

정의하고, '개념적 의미, 연상적 의미, 문체적 의미, 문맥 치환 여부 등을 일일이 따져 보아 차이가 드러나면 동의어로 처리하지 않고 비슷한말로 처리하고 그 의미 차가 드러나게 각각 뜻풀이해야 한다.'고 하는 뜻풀이 원칙을 규정해 놓았다.[12]

원칙은 분명한 듯 하지만 이 원칙을 단어 하나하나에 적용하는 것은 사전집필자마다 언어직관과 판단이 다르기 때문에 실제 사전 편찬에서는 차이가 날 수 있다.

먼저 <표준국어대사전>에서 동의어로 처리한 표제어의 예들을 몇 개 제시해 보겠다.

> 색깔 (色-) 「명」「1」=빛깔.
> 세간-붙이 「명」=세간붙이.
> 고가05 (估價) 「명」=가격03(價格) [1].

다음은 동의어로 제시된 표제어들인데, 풀이와 함께 '≒' 뒤에 동의어가 붙어 있다.

> 빛-깔 [빋-] 「명」 물체가 빛을 받을 때 빛의 파장에 따라 그 거죽에 나타나는 특유한 빛. ≒색깔(色-)[1]·색채(色彩@)[1]. ¶바다의 푸른 빛깔/선명한 빛깔/화사한 빛깔/검고 칙칙한 빛깔/빛깔이 곱다/빛깔이 짙다/그녀는 울긋불긋 빛깔이 요란한 옷을 입었다./노을이 비친 호수는 온통 붉은 빛깔을 띠고 있다.§

---

12) 이 같은 원칙에 따라 동의어로 처리된 항목은 다음과 같다.
  ① 전문어와 전문어 (예) 교육 보험=학자 보험
  ② 사용 빈도가 낮은 일반어 중 한자어와 한자어, 한자어와 고유어, 한자어와 외래어, 외래어와 외래어 (예) 가법=가헌, 가을걷이=추수, 연맹전=리그전
  ③ 영어 등의 이니셜로 된 단어와 그 본말(또는 대응 번역어) (예) 케이케이케이=큐 클럭스 클랜 유엔=국제연합
  ④ 합성어의 일부 음절을 뽑아 만든 말 (예) 곡면판=곡판
  ⑤ 복수 표준어

세간01 「명」 집안 살림에 쓰는 온갖 물건. 늑세간붙이. ¶세간을 갖추다/세간
　　이 불어나다/많은 사람들이 집과 세간을 버리고 깊은 산중에 숨어 화
　　전을 일구고 살았다.≪한무숙, 만남≫ §「비」 가장집물. 「비」 가재도구.
　　[<세간<변소>]
가격03 (價格) 「명」 물건이 지니고 있는 가치를 돈으로 나타낸 것. 늑고가05
　　(估價). ¶가격 인상/가격 인하/부품 가격/가격이 내리다/가격이 오르다/
　　새 옷을 저렴한 가격으로 샀다.§「비」 가액03(價額). 「비」 값[1]. 「참」 물
　　가02(物價).

　편찬지침의 뜻풀이 원칙을 적용하여 용례(문맥)의 '빛깔' 대신 '색깔'을,
또 '세간' 대신 '세간붙이'를 넣어 의미 차이가 나는지 판단하는 일은 간단
하지 않다. '빛깔'과 '색깔'은 문맥 치환이 비교적 잘 되지만, '붙이'가 덧붙
여진 '세간붙이'는 '쇠붙이, 금붙이, 고기붙이' 등의 쓰임을 보면 연상적 의
미 차이가 난다. 사용 빈도가 낮아 동의어로 처리한 '고가'와 '가격'의 경우
개념적 의미는 같을지 모르지만 문체적 의미13) 차이가 분명하다.
　이들 단어를 <연세한국어사전>에서는 어떻게 처리하였는지 보자. 먼저
'색깔'의 예를 보자.

　색깔(色-) 「명」 ①빛깔. ¶ 성, 인종, 피부의 색깔, 언어 등에 의한 어떠한 차별도
　　있어서는 안 된다. (후략) 㕕 빛·색1
　빛깔 「명」 빛을 받아 물체가 나타내는 빛. 색. ¶ 저 멀리 들판을 노랗고 푸른
　　빛깔의 산뜻한 열차가 달리고 있었다. (후략) 㕕 색1·색깔·빛
　색1(色) 「명」 빛을 받아 물체가 나타내는 빛깔. (용례 생략) 㕕 빛·빛깔·색깔

　<연세한국어사전>은 동의어를 유의어에 포함시키기 때문에 모든 단어를
각각 풀이하여야 한다. 그러나 실제 '색깔'의 풀이를 보면 동의어 표시를 위

---

13) 문금현(1989 : 16-17)은 문체상의 차이로 고어-현대어, 구어-문어, 방언-표준어를 들었
　다. 조항범(1993 : 83)은 문체적 유의어 양상으로 표현의 격식성(격식어-비격식어), 표현
　의 의미 가치(중립적/긍정적-부정적), 표현의 언어적 성격(구어적-문어적)이 관련된다고
　하였다.

한 기호만 없을 뿐 '색깔'과 '빛깔'이 동의어로 풀이되어 있고, '빛깔'의 풀
이는 유의어 '색'의 풀이와 유사하다. 유의어를 서로 다르게 풀이하는 것은
<표준국어대사전>처럼 동의어를 유의어와 별개로 처리하든 <연세한국어
사전>처럼 동의어를 유의어에 포함하든 쉽지 않은 문제이다.[14]

<푸르넷초등국어사전>은 같은 말 즉, 동의어와 비슷한 말을 구분하여 사
용하는데, <표준국어대사전>과는 달리 '빛깔'과 '색깔'의 관계를 비슷한 말
로 처리하였다.

> 색깔(色-) 색의 성질이나 상태 🔢 빛깔·색채. 🔢 파란 색깔/색깔이 진한 옷.
>   🔢 색갈.
> 빛깔[빋깔] 물체가 빛을 받아 겉으로 나타내는 빛. 🔢 색깔·색채. 🔢 가을이
>   되어 나뭇잎이 삭기시 빛씨나 하느나.

세 사전을 비교해 보면 <표준국어대사전>은 '색깔, 빛깔, 색채'를 동의어
군으로 처리하였고, <연세한국어사전>은 '색깔, 빛깔, 색, 빛'을 유의어군으
로 처리하였다. 또 <푸르넷초등국어사전>은 같은 말 풀이가 있음에도 '색
깔, 빛깔, 색채'를 유의어군으로 처리하였다.[15]

이렇게 사전에 따라 같은 단어에 대한 동의어와 유의어가 차이가 나는
이유는 사전집필자가 문맥 치환 여부에 대한 판단이 달라서 그랬을 가능성
이 크다. 그러나 사전 이용자들은 사전마다 다른 관련어휘의 차이를 이해하
기 쉽지 않은 것이다. 게다가 <연세한국어사전>은 '색깔'의 뜻풀이를 '빛
깔'로 하고 유의어에 '빛깔'을 올리지 않아 유의어 등재의 체계성이 어그러
져 있다.[16]

---

14) <표준국어대사전>에 '분홍빛'과 '분홍색'은 비슷한말로 다음과 같이 풀이되어 있다.
  분홍-빛 (粉紅-)「명」진달래꽃의 빛깔과 같이 엷게 붉은 빛. 늑분홍01[2]·핑크[2]·홍채
  01(紅彩⑳).「비」분홍색.
  분홍-색 (粉紅色)「명」진달래꽃의 빛깔과 같이 엷게 붉은 색. 늑분홍01(粉紅)[1]·석죽
  색·핑크[1].¶분홍색 치마/빨간색에 흰색을 섞으면 분홍색이 된다.§「비」분홍빛.
15) 참고로 초등국어사전 중 가장 많이 이용되는 것으로 보이는 <연세초등국어사전>은 '색,
  빛깔, 색깔'이 비슷한 말로 처리되어 있다.

다른 예를 보자. <연세한국어사전>은 빈도를 기준으로 하였기 때문에 표제어 '고가'는 등재되어 있지 않고, '가격'은 등재되어 있다. 그런데 '가격'의 관련어로 '값'이 표시되어 있다. 그런데 <표준국어대사전>과 <푸르넷초등국어사전>에서 '가격'을 찾으면 비슷한말로 '값'이 올라 있다.[17] <연세한국어사전>의 관련어 정보가 정확하게 무엇을 뜻하는지 논의할 필요가 있다.

또 '세간붙이'는 <연세한국어사전>, <푸르넷초등국어사전> 모두 올라 있지 않고 '세간'만 올라 있는데, <표준국어대사전>에는 '세간'의 비슷한말로 '가장집물'과 '가재도구'가 올라 있고, <연세한국어사전>은 유의어로 '가구1'을, 관련어로 '살림살이, 세간살이'를 올렸으며, <푸르넷초등국어사전>은 '가재도구, 살림살이'를 비슷한 말로 올렸다. 만약 <연세한국어사전>의 관련어 정보가 맞다면 <푸르넷초등국어사전>의 '살림살이'라는 비슷한말은 잘못된 것이고, <연세한국어사전>의 유의어 정보가 맞다면 '가구'를 비슷한말로 올리지 않은 <표준>과 <푸르넷>은 유의어 정보를 빠뜨린 것이 된다. 사전의 통일성을 위해 국어사전의 유의어 정보에 대한 종합적인 검토가 필요하다.

---

16) 이러한 관련된 표제어간의 정보의 비체계성은 어느 한 사전의 문제점이 아니라 대부분의 국어사전이 가지고 있는 문제점이기 때문에 이 점에 대해서는 자세히 논의하지 않겠다. 사전 편찬에 기계적 접근이 가능해지면 이런 문제는 해결될 수 있으리라 본다.

17) 우재숙(2005 : 44)은 <연세한국어사전>이 상당수의 유의관계에 있는 어휘를 관련어로 처리한 오류를 범하였다고 지적하고 있다. <연세한국어사전>에서 관련어로 처리된, 음절 첨가나 누락, 음절 교체 등의 단어쌍들은 뜻이 거의 일치하므로 명백한 유의관계를 이룬다고 하였고 '값'과 '가격'은 부분유의어에 속한다고 하였다. <표준국어대사전>은 음절 누락의 단어쌍을 동의어로 처리하였다.

4. 동의어, 유의어의 기준과 범위

4.1. 문맥적 유의어와 어휘적 유의어

김광해(1995)는 Webster's New World Thesaurus(1971)의 다음 글을 인용하면서 동의어를 인정하기 어렵다는 소견을 밝히고 있다.

> "이 책이 단지 동의어의 사전에 불과하다면 진실로 이 책에 실을 만한 단어는 없을 것이며, 만약 문자 그대로 동의어사전을 만들고자 하는 사람이 있다면 그를 그저 얄팍한 책 한 권을 만들어 'SYNONYMS'라고 제목을 붙이고, 제1장에다 '동의어는 존재하지 않음'이라고 적은 뒤 '끝' 하고 쓰는 수밖에 없을 것이다."[18]

김광해(1995 : 249)는 결론적으로 동의어는 문장 차원에서, 유의어는 어휘 차원에서 적용되는 것으로 입장을 정리하고 있다. 그리고 두 개 이상의 단어들이 유의 관계가 성립되기 위해서는 "최소한 하나 이상의 문장에서 그 전체의 진리치에 변화를 일으키지 않은 상태로 교체될 수 있어야 한다. 감정적 의미, 환기적 의미는 문제 삼지 않는다"라고 하였다.[19]

어휘의미론 연구에서는 대체적으로 동의어보다는 유의어라는 용어를 사용하여 유의어 안에 동의어까지 포함하는 것이 일반적이다.[20] 사전편찬자의 입장에서는 유의어들의 미묘한 의미 차이를 언어로 표현하기 어렵기 때문에 완전동의어가 아닌 경우도 동의어로 처리하는 경우가 많다. 그렇다고 해서 사전편찬자가 어휘의미론적으로 완전동의어를 인정한 것으로 보기는 어

---

18) 김광해(1995 : 246) 재인용.

19) 김광해(1995 : 260) 참고. 감정적 의미는 화자의 개인적 감정이나 청자의 태도에 대한 화자의 감정이 반영된 의미를 말한다. 감정적 의미는 다른 의미에 의존해서 화자의 정서만을 표현해 주는 주변적 범주로 간주되는 것이 일반적이다.

20) 일반적으로 유의어를 완전유의어(절대동의어)와 부분유의어로 나누고 동의어는 완전유의어로 본다. 조항범(1993 : 79-81), 김광해(1995 : 246-247) 참고.

렵다.

김광해(1995 : 280-281)는 유의어군에 대한 검토가 사전 전체의 체계성, 각 단어의 뜻풀이의 정확성, 사전의 실용성을 제고시켜 준다는 점에서 중요하다고 지적하고 있다. 앞의 예에서 본 것처럼 유의어군으로 묶일 수 있는 단어들 중 어느 한 표제어에 유의어 정보가 빠져 있다면 사전 전체의 체계성이 어그러지며, 유의어는 엄격히 동의어가 아니기 때문에 가능하면 서로 다른 뜻풀이를 해야 그 풀이가 정확하다고 할 수 있다.

> 소나기 갑자기 세차게 쏟아지다가 곧 그치는 비. (후략)
> 급우(急雨) 급작스럽게 쏟아지는 비.
> 백우(白雨) 1. 소나기. 2. 누리, 우박.
> 취우(翠雨) 소나기.
> 쾌우(快雨) 소나기같이 시원스럽게 내리는 비. (이희승, 1982, 국어대사전)

위의 예는 이희승(1982)의 「국어대사전」의 예이다. 유의어군으로 묶이는 위의 다섯 단어는 뜻풀이만을 보면 '백우'와 '취우'는 동의어로, '급우, 쾌우'는 유의어로 보인다. 이에 대해 김광해(1995 : 292)는 다음과 같이 단어들 간의 관계를 지을 것을 제안하였다.

> 소나기 : 갑자기 세차게 쏟아지다가 곧 그치는 비. 여름에 특히 많은데, 흔히
>   번개, 천둥, 강풍 등이 따름. 급우(急雨), 백우(白雨), 취우(翠雨), 쾌우(快
>   雨).

위의 사전 풀이는 '급우, 백우, 취우, 쾌우'가 '소나기'의 유의어임을 밝히기 위한 것인데 이를 그대로 사전에 옮기면 사전 이용자들은 유의어가 아닌 동의어로 오해하기 쉽다. <표준국어대사전>은 '소나기'의 관련어휘 정보를 다음과 같이 보였다.

> 소나기01 「명」 「1」 갑자기 세차게 쏟아지다가 곧 그치는 비. 특히 여름에 많

으며 번개나 천둥, 강풍 따위를 동반한다. ⇉백우02(白雨)[2]´소낙비´취
우03(驟雨). (용례 생략) 「비」<1>급우01(急雨).

　이렇게 처리한 것은 거의 사용하지 않은 오래된 한자어의 경우 동의어로
처리하고 의미 차이가 조금이라도 있는 경우는 비슷한말로 처리한다는 <표
준국어대사전>의 편찬 지침을 따른 결과이다. 그러나 김광해(1995 : 299)의
제안과 달리 '백우, 취우'는 동의어로 처리하고 '급우'는 비슷한말로 처리한
반면, '쾌우'는 동의어로도 비슷한말로도 처리하지 않았다. 이는 사전집필자
가 기존의 풀이를 참고하여 의미 차이가 거의 없다고 판단되면 동의어로,
의미가 비슷하면 비슷한말로, 동의어로도 비슷한말로도 판단되지 않으면 그
관련성을 짓지 않는다는 원칙과 판단에 따라 처리했기 때문이다. 이처럼 국
어사전의 유의어 정보는 사전편찬가의 언어직관과 유의어 정서 등재 원지
에 따라 달라질 수 있는데, 국어사전의 동의어와 유의어는 어휘의미론의 어
휘적 유의어가 아니라 문장에서의 교체 가능성을 중시하는 문맥적 유의어
라고 할 수 있다.

　앞에서도 잠시 언급했듯이 자연 언어에는 동의어가 없다고 보는 것이 일
반적이다. 그럼에도 불구하고 여러 사전들이 동의어를 인정하는 것은 유의
어들의 뜻풀이를 차이 나게 하는 것이 어려운 점이 큰 이유이다. 또한 현재
거의 사용되지 않고 문헌에서 용례를 찾아보기 어려운 오래된 한자어들은
용례를 넣어주기 어렵기 때문에 해당되는 동의어로 돌리는 것이 따로 풀이
를 하는 것보다 수월하다.21)

　유의어 정보를 사전에 싣는 데 있어서 중요한 점은 <표준국어대사전>이
나 <푸르넷초등국어사전>처럼 동의어를 유의어와 별개로 하든지 아니면
<연세한국어사전>처럼 동의어를 유의어에 포함하든지 서로 관련되는 단어
쌍들의 관련성을 보여줘야 한다는 점이고, 또 사전 이용자들에게 혼란을 주

---

21) 이런 이유로 <표준국어대사전>의 편찬지침(2000 : 428)에는 "그 쓰임을 생각해 내기 힘
　　든 일반어(사용빈도가 낮은 일반어나 한자어)의 경우는 동의어로 처리해도 무방하다."라
　　고 하였다.

지 않기 위해서는 가능하면 동의어 또는 유의어 정보가 사전마다 차이가 크
게 나서는 안 된다.

그런데 3장에서 살펴본 것처럼 사전마다 동의어 내지는 유의어로 올라
있는 단어가 차이가 난다. 만약 유의어에 대한 연구가 집적된 참고할 수 있
는 유의어 사전이 있다면 이를 기준으로 사전편찬자들은 사전의 목적에 맞
는 유의어를 골라 사전에 실을 수 있을 것이다.

현재 국내에 출간된 유의어 사전은 김광해(1987)와 이를 개정한 김광해
(2000)가 있다. 김광해(1987 : viii)는 "유의어 사전의 편찬 작업이라는 현실적
문제를 감안할 경우, 그 언어학적인 정의에 연연하게 되면 결국 사전으로서
의 유용성이 손상을 입게 되는 것이다"라고 하여 유의어사전이 언어학적 기
준보다는 사용자들에게 실용적이어야 함을 강조하고 있다. 그리하여 하나의
지시 대상에 관한 다양한 표현들(예컨대 높임말, 낮춤말, 비유적 표현, 속어,
완곡어, 특수어, 유아어, 준말, 원말, 방언, 정감적 표현, 외래어 등)을 수용
하는 한편, 경우에 따라서는 하의어들까지도 수용해야 한다고 하였다. 유의
어 사전의 유의어 범위는 하의어까지 포함하여 아주 광범위하다. 3장에서
살펴본 단어의 유의어를 보자.

> 색깔(色-) 뗑 빛깔, 색(色), 색조(色調), 색채(色彩), 색태(色態), 깔, 깔색, 색상(色
> 相) ☞빛깔
> 빛깔 뗑 빛, 색깔, 색(色), 색채(色彩) ☞색
> 색(色) 뗑 ①빛, 빛깔, 색깔, 색상(色相) ②동류(同類) ③색사(色事), 색정(色情),
> 색욕(色慾) ④여색(女色), 비색(妃色) ⑤ 【불교】 물질 세계(物質世界), 현
> 상(現象) ☞①색깔
> 빛 뗑 ①빛살, 광선(光線), 광망(光芒), 광(光), 광채(光彩), 광요(光耀) ②빛깔, 색
> (色), 색깔, 광색(光色) (후략) ☞광선, 색, 희망

실용적인 목적의 유의어사전이라고는 하나 하의어까지 포함하다 보니 체
계성이 없고, 이들 정보를 일반적인 국어사전에 반영하는 것은 실용적이지

않을 뿐 아니라 국어사전의 유의어의 개념에도 맞지 않다.

4.2. 사전의 성격에 따른 유의어의 기준과 범위

문금현(2004)은 외국인 학습자를 대상으로 한 유의어 변별 기준으로 7가지를 제시하고 여러 대학의 급별 교재를 분석하여 중급의 유의어를 제시하였다. 그런데 이 중 어종의 차이(고유어-한자어)로 묶인 유의어 37쌍 중에 동의어나 비슷한 말로 <표준국어대사전>에 등재된 쌍은 11쌍밖에 안 된다.22) 이러한 검토는 <표준국어대사전>의 유의어 정보가 충분하지 않다는 점을 시사하는 한편,23) 사전의 성격에 따라 유의어의 등재 범위와 기준이 다를 수 있음을 시사한다.24)

<표준국어대사전>에 비슷한말로 오르지 않은 단어쌍

가게 : 상점	가장 : 제일	갈색 : 밤색
거의 : 대부분	겹치다 : 중복되다	그만두다 : 포기하다
기대다 : 의지하다	꾸다 : 차용하다	날달걀 : 생달걀
마지막 : 최후	부지런하다 : 근면하다	빌리다 : 대출하다
언제나 : 항상	잇다 : 연결하다	자라다 : 성장하다
잠깐 : 잠시	태어나다 : 출생하다	콩기름 : 식용유

22) 물론 <표준국어대사전>은 구는 비슷한말에 포함하지 않았으므로 '날마다/매일, 기분 좋다/유쾌하다, 둘째 딸/차녀, 보통 때/평소, 멈춤/정지, 비행기삯/항공요금' 등 6쌍은 제외될 수밖에 없다.

23) <표준국어대사전>은 부표제어에 관련어휘 정보를 싣지 않기 때문에 빈도 높게 사용되는 '-하다', '-되다' 부표제어의 관련어휘 정보를 알려주지 못하는 단점이 있다.

24) 이 중에 '가게 : 상점, 가장 : 제일, 언제나 : 항상, 잠깐 : 잠시'는 <연세한국어사전>과 <푸르넷초등국어사전>에 유의어로 올라 있다. '기대다 : 의지하다, 태어나다 : 출생하다'는 <연세한국어사전>에만 각각 동의어와 유의어로 올라 있고, '갈색 : 밤색, 마지막 : 최후'는 <푸르넷초등국어사전>에만 비슷한말로 올라 있다.

어휘간의 의미관계에 대한 자료 수집과 이론적 연구가 앞서고 이러한 결과가 국어사전에 반영되는 것이 일반적인 순서라고 생각되지만 기존의 어휘론 연구 성과들을 보면 국어사전에서 유의어나 반의어 목록을 추출하여 이를 대상으로 다시 연구가 이루어지는 경우가 많다. 이는 언어 사용자마다 한 단어에 대해 갖고 있는 의미의 차이가 있을 수 있기 때문이라고 생각되는데, 문금현(1989) 역시 '새 우리말 큰사전'(1974/1983)과 기존 논저를 바탕으로 최대한도 내의 유의어를 수용하고 이를 기준으로 유의어의 의미 분석을 하였다.

그런데 문금현(1989)에서 논의된 유의어쌍25)을 보면 우리가 국어사전에서 찾고자 하는 일반적 내지는 협소한 유의어보다 그 범위가 훨씬 넓은 것을 확인할 수 있다.

(1) 함축 의미의 차이
눈가 : 눈시울 : 눈언저리 : 눈자위(개념적 : 구체적 대립)
가랑비 : 는개 : 보슬비 : 안개비 : 이슬비, 밤 : 저녁 : 한밤중(정도의 점
충적 차이)
(2) 내포 의미의 차이
뒷바라지 : 뒤치다꺼리(능동적 : 수동적)
(3) 적용 범위의 차이
발가숭이 : 알몸뚱이(제한적 : 비제한적 대립)
가리 : 갈비(전문적 : 비전문적)
대가리 : 머리(경어 : 평어 : 비어)
(4) 지시 범위의 차이
가장자리 : 시울 : 언저리(전체적 부분적 대립)
(5) 문체상의 차이
덧두리 : 웃돈(고어 : 현대어)
담살이 : 더부살이(비표준어 : 표준어)

---

25) 전부 839쌍이 분석 대상이며, 15가지의 의미 분석 기준을 제시하였다.

(6) 감정가치의 차이
  조가비 : 조개껍질(우아 : 비천한 표현)

위의 예들은 문금현(1989)에서 고유어간 유의어 명사류로 분류된 것으로, 필자가 보기에 국어사전에서 유의어로 처리하기 어려운 예들을 의미 분석 기준에 따라 정리해 본 것이다.

문금현(1989)에서도 분석하고 있듯이 '눈가, 눈시울, 눈언저리'와 '눈자위'는 눈의 가장자리라는 의미보다 좀더 구체적인 '눈알의 언저리'라는 의미가 있기 때문에 유의어사전에는 등재되어 있으나 대부분의 국어사전에서는 동의어나 유의어로 등재하지 않았다. 또 정도의 점층적 차이를 보이는 예들은 굵기의 정도가 다르고 바람을 동반하는지 안개를 동반하는지에 따라 의미 차이가 분명하기 때문에 국어사전 편찬자들은 유의어보다 참고어로 올리는 것을 선호한다.26)

내포 의미의 차이를 보이는 '뒷바라지 : 뒤치다꺼리'는 '뒷바라지'에는 내키지 않는 일을 억지로 한다는 소극성이 없으나 '뒤치다꺼리'에는 이런 의미가 있어 사전편찬자가 유의어의 기준과 범위를 어떻게 하느냐에 따라 유의어로 올릴 수도 있으며 유의어로 올리지 않을 수도 있다. <표준국어대사전>의 편찬지침에 따르면 위 유의어 유형 중에 경어 : 평어 : 비어, 비표준어 : 표준어, 전문적 : 비전문적인 유의어는 유의어 정보로 올라가지 않으며, 우아 : 비천한 표현도 유의어 등재 기준에 반영되어 있지 않다.

이처럼 국어사전에 올리는 유의어는 사전편찬자의 기준에 따라 그 범위가 달라질 수 있다. 그러나 어떤 사전편찬자라고 해도 빠뜨릴 수 없는 유의어의 기준은 문장에서의 교체 가능성이다. 즉 필자가 국어사전에 실어야 한다고 제안하는 유의어의 기준은 해당 뜻풀이를 보여주는 용례에 해당 표제어 대신 유의어를 사용했을 때 문법적으로 어색하거나 뜻의 차이가 있어서

---

26) <연세한국어사전>은 '가랑비'의 유의어로 '세우'를 관련어로 '이슬비'를 올렸고, <표준국어대사전>은 '안개비, 세우' 등을 동의어로 올렸으나 '안개비'를 동의어로 올린 것은 잘못된 처리이다.

는 안 된다는 것이다. 이러한 기준은 동의어를 판별하는 기준인 '교체 검증법'과 같은 것으로 이를 '문맥적 유의어'라고 명명할 수 있을 것이다.

3장에서 보았듯이 <표준국어대사전>의 동의어 처리는 용법 내지는 용례를 찾기 어려운 고어를 쉽게 처리하기 위한 한 수단으로 사용된 면이 크다. 또한 의미 차이는 있는 것으로 느껴지나 그것을 언어로 달리 풀이하기 어려운 유의어쌍을 동의어로 처리한 예들도 있다. 이처럼 동의어를 인정하면 한자어, 고어 등이 많은 국어대사전의 경우 용례를 찾기 어려운 한자어와 고어를 따로 풀이하는 어려움을 덜 수 있으며, 의미 차이를 표현하기 어려운 유의어쌍들을 동의어로 처리함으로써 어려움을 덜 수 있다.

그러나 5만 이하의 표제어가 실려 있는 중사전의 경우는 표제어 수가 많지 않으므로 찾고자 하는 단어를 동의어로 돌려 다시 찾는 불편을 덜고 세분화한 뜻풀이와 풍부한 용례를 유의어와 함께 보여줌으로써 사전의 실용성을 높이는 것이 필요하다고 생각한다. 더군다나 말뭉치를 자료로 편찬한 사전은 외국인 학습자들을 위한 한국어교육용이나 국어교육용으로 활용되기 쉽기 때문에 문맥적 유의어에 근거한 유의어 정보를 충실히 제시해 주는 것이 절실하다 하겠다.

이때 주의할 것은 용례를 기준으로 교체 검증을 잘못하면 잘못된 유의어 정보가 올라가게 된다는 점이다. <연세한국어사전>의 '세간'이 그 예가 될 수 있다.

> 세간1명 집안 살림에 쓰는 여러 가지 물건. ¶방 안에는 녹슨 손잡이가 달린
> 캐비닛 이외에 이렇다 할 세간이라곤 아무것도 없었다. 윤 가구1.

어휘간의 관련성을 관련어휘 정보로 사전에 제시하기 위해 가장 필요한 것은 단어의 뜻과 용례를 함께 제시한 유의어 사전이다. 앞에서도 보았듯이 김광해(1987)는 단어만 나열되어 있기 때문에 그 유의어가 상하관계인지 포함관계인지 알 수 없으며, 우리가 제안한 기준에 맞는 유의어 정보를 올리

기 위해서는 단어의 세분화된 풀이와 풍부한 용례가 함께 나와 있어 사전 이용자들이 두 단어가 유의어로 사용될 수 있음을 확인할 수 있어야 한다.

초등용 국어사전의 경우 사전이용자인 초등학생들이 동의어와 유의어를 구분하는 것이 용이하지 않다고 생각된다. 또한 언어학자도 구분하기 어려운 동의어와 유의어를 구분해야 할 필요성도 높지 않으며 어휘수도 많지 않기 때문에 굳이 동의어 처리를 할 필요가 있는지 모르겠다. 이에 대해서는 앞으로 더 논의가 필요하리라 본다.

5. 결론

규모가 다른 세 종류의 국어사전에 실려 있는 동의어와 유의어를 검토해 본 결과 동의어와 유의어를 다 인정한 사전과 유의어만 인정한 사전이 있음을 알 수 있었다. 그런데 유의어만 인정한 <연세한국어사전>의 경우 뜻풀이 대신 동의어를 대응해 놓은 예들이 다수 발견되었고, 동의어와 유의어를 다 인정한 <표준국어대사전>과 <푸르넷초등사전>의 경우 같은 단어군에 대해 각각 동의어와 유의어로 처리하고 있음을 볼 수 있었다. 이처럼 사전마다 동의어 내지는 유의어 처리가 다른 것은 동의어, 유의어 기준이 다르고 사전집필자의 언어직관과 판단이 달리 적용되기 때문이다.

본고는 사전의 성격에 따라 유의어의 기준과 범주가 달라질 수 있다고 보는 한편 문맥에서 교체 가능한 문맥적 유의어의 경우는 모든 사전에 그 정보가 실려야 함을 주장하였다. 그리고 사전마다 서로 다른 유의어 정보를 통일시키기 위해 뜻풀이가 정교하고 뜻풀이마다 풍부한 용례가 실려 있는 중사전 규모의 유의어 사전이 만들어져야 함을 제안하였다. 기존의 유의어 사전은 기존 국어사전의 정보를 모아놓거나 아니면 하의 관계나 포함 관계까지를 포함하는 넓은 의미의 유의어 사전으로 이 정보들을 국어사전에 그대로 반영하기 어렵기 때문이다. 이렇게 유의어 사전이 만들어지면 국어사전의 관련어휘 정보가 풍부해질 수 있을 뿐 아니라 사전 이용자들이 해당 풀이의 용례에 유의어와 반의어를 대응시킴으로써 스스로 그 단어의 유의 관계를 확인할 수 있게 될 것이다.

참고문헌

국립국어연구원. 2000. 「표준국어대사전 편찬 지침 Ⅱ」.

김광해. 1987. 「유의어·반의어사전」, 한샘.

김광해. 1993. "올림말의 관련 어휘 처리", 「새국어생활」 3-4, 국립국어연구원, pp.189-209.

김광해. 1995. 「어휘 연구의 실제와 응용」, 집문당.

김홍범. 2002. "한국어 학습 사전 편찬의 실제-미시 정보 구성을 중심으로-", 「교육연구」 10, pp.101-118.

문금현. 1989. "현대국어 유의어의 연구-유형분류 및 의미분석을 중심으로-", 「국어연구」 88, 서울대학교 국어국문학과, pp.65-94.

문금현. 2004. "한국어 유의어의 의미 변별과 교육 방안", 「한국어교육」 15-3, 국제한국어교육학회, pp.65-94.

배주채. 2001. "외국인을 위한 한국어사전의 방향", 「聖心語文論集」 23, 성심어문학회, pp.39-67.

심재기·이기용·이정민. 1984. 「의미론서설」, 집문당.

우재숙. 2005. "국어사전의 '관련어' 연구", 경인교육대학 교육대학원 석사학위논문.

이운영. 2002. "'표준국어대사전'의 연구 분석", 국립국어원.

전수태. 1997. 「국어 반의어의 의미 구조」, 박이정, pp.47-80.

조재수. 2000. "문제점이 많은 표준국어대사전", 「새국어생활」 10-1, 국립국어연구원, pp.133-149.

조항범. 1993. 「국어의미론」, (주)와이제이물산.

D. A. Cruse. 1986. Lexical Semantics, Cambridge University Press.

Leech, G. N.. 1974. Semantics, Harmondworth : Penguin.

Lyons, J.. 1977a. Semantics Ⅰ, Cambridge University Press.

Lyons, J.. 1977b. Semantics Ⅱ, Cambridge University Press.

| 이 논문은 한국어의미학 22집(2007, 한국어의미학회)에 게재된 논문을 재수록한 것입니다.

언어 사용의 경향성과 유의어의 기술

—인내동사를 중심으로

남 길 임

ㅣ 서문

1990년대 이후 말뭉치의 구축과 자료 중심 언어학의 발달로 언어 사용의 빈도와 공기관계의 경향성을 밝히고자 하는 연구가 활발히 진행되고 있다. 여기서 경향성(tendency)이란 특정 장르에서 특정 어휘나 구문, 문법범주가 서로 일정한 개연성(probability), 선호성(preference)을 가지고 공기하는 것을 말하며, 형식문법의 관점, 즉 직관을 근거로 정문과 비문을 판별하는 가능성(possibility)의 문법과 대비되는 관점에서의 용어이다.[1] 모국어 화자의 언어 사용의 경향성을 정밀하게 기술하는 것은 한 언어의 자연스러움의 원리를 제공한다는 점에서 응용언어학적 가치가 있을 뿐만 아니라, 이론 언어학

---

[1] 말뭉치언어학의 방법론적 유용성을 개연성이나 경향성의 관점에서 파악한 대표적인 연구는 Stubbs(2001), Hoey(2005), Hanks(2000, 2008, 2012) 등을 들 수 있으며, 체계기능언어학의 관점에서 Halliday(2014), Halliday & James(1999) 등을 들 수 있다. 특히, Hanks(2000)는 사전학의 차원에서 기술언어학의 특성을 논의하였는데, 이에 의하면, 형식문법과 말뭉치언어학의 특성은 각각 가능성(possibility)과 경향성(probability)으로 대비되며, 사전 편찬에서 동사의 논항 및 의미 기술은 가능성의 문법보다는 어떤 패턴이 어떤 장르에서 더 자주 나타나는지를 기술하는 '경향성의 문법'으로 훨씬 더 정밀하게 기술될 수 있다. 또, Halliday & James(1999)에서는 영어의 극성에 대한 양적 연구를 통해 '긍정 대 부정'의 비율을 경향성의 관점에서 기술한 바 있다.

분야에도 새로운 통찰력을 제공한다. 본 연구는 언어 사용의 경향성을 유의어 군의 기술에 적용하기 위한 연구로, '참다, 인내하다, 견디다' 등의 인내동사류가 논항 정보와 문법범주의 공기관계에서 어떤 경향성을 가지고 사용되는지를 살펴보고자 한다.

유의어의 기술, 유의어 변별에 있어서 말뭉치를 활용한 예는 이미 많은 연구에서 찾아볼 수 있다. 유현경·강현화(2002), 봉미경(2005), 최준(2011) 등에서는 말뭉치에 나타난 고빈도 연어, 조사 결합 관계 등을 유의어 변별을 위한 기초 자료로 제시한 바 있고, 문금현(2004), 조민정(2010) 등에서는 말뭉치 분석을 통한 유의어 기술의 의의를 한국어교육의 관점에서 논의하였다. 또 도재학·강범모(2012)에서는 대량의 말뭉치에 나타난 관련어 네트워크를 활용하여 유의어 사용 양상의 차이를 제시한 바 있다. 본 연구는 유의 관계의 증거를 말뭉치에서 찾는다는 점에서 선행 연구들과 공통점이 있지만, 통합 관계에 있는 개별 어휘에 초점을 맞추기보다는 부정의 연접범주(colligation)와 목적어의 의미적 선호(semantic preference)를 중심으로 유의어의 특성을 밝힌다는 점에서 이전 연구와는 다소 다른 방법론에 근거한다.[2] 즉, 본 연구에서는 각 유의어 구성원이 결합하는 부정의 범주를 계량화하고, 자주 공기하는 목적어의 의미부류를 분석함으로써 한국어 인내동사 사용의 경향성을 파악하고자 한다.

본 연구에서는 '참다', '견디다' 등의 메타언어로 뜻풀이되는 동사류를 '인내동사'로 지칭하고, 뜻풀이와 표제어가 서로 순환적으로 교차되는 부류를 다음과 같이 추출하였다. '인내하다'를 중심으로 동사의 뜻풀이를 분석해 보면, 뜻풀이에 '참다'와 '견디다'를 기본으로 하여 '버티다', '참고 견디다', '참고 버티다' 등이 순환적으로 나타나는 대표적으로 부류는 다음과 같다.

---

2) '의미적 선호'와 '연접범주'는 각각 특정 어휘가 특정 표현과 공기하는 현상을 의미적, 문법적 관점에서 지칭하는 용어이다. 전자가 특정 어휘가 특정 의미부류와 공기하는 것을 선호하는 것을 나타낸다면, 후자는 특정 어휘가 특정 문법범주를 선호하는 현상을 나타낸다. 이에 대한 상세한 정의는 2장에서 논의되며, 연접범주, 의미적 선호, 의미적 운율 각각의 용어에 대한 선행연구와 쟁점 등은 남길임(2012 : 138-146)을 참조할 수 있다.

(1) ㄱ. **인내하다** 괴로움이나 어려움을 <u>참고 견디다</u>

ㄴ. **참다** 웃음, 울음, 아픔 따위를 억누르고 <u>견디다</u>

ㄷ. **견디다** 사람이나 생물이 어려운 환경에 굴복하거나 죽지 않고 계속해서 <u>버티면서</u> 살아 나가는 상태가 되다

ㄹ. **감내하다** 어려움을 <u>참고 버티어</u> 이겨 내다.

ㅁ. **버티다** 어려운 일이나 외부의 압력을 <u>참고 견디다</u>

ㅂ. **누르다** 자신의 감정이나 생각을 밖으로 드러내지 않고 <u>참다</u>

본 연구에서는 (1)의『표준국어대사전』의 뜻풀이를 참고하여, 이들 중 다의성이 많고 의미적 변별이 비교적 뚜렷한 (1ㅁ), (1ㅂ)을 제외한 '인내하다, 참다, 견디다, 감내하다'를 연구 대상으로 살펴보고자 한다.

본 연구의 구성은 다음과 같다. 2장에서는 연구의 이론적 배경과 연구 방법을 소개하고, 3장에서는 부정 요소의 결합 양상과 목적어의 의미적 신호를 양적인 차원에서 논의한다. 특히 3장에서는 한국어 문장의 긍정 대 부정의 평균 비율과 인내동사류의 비율을 비교함으로써, 인내동사 유의어가 정도의 차이를 가지고 부정의 문법범주를 선호하거나 회피함을 논의할 것이고(3.1), 목적어 논항의 생략, 의미적 선호 또는 유의어에 따라 변별적으로 나타남을 보일 것이다(3.2). 4장에서는 이러한 유의어의 용법의 차이가 어휘의 의미 기술이나 사전 기술의 관점에서 어떤 함의를 가지는지를 논의함으로써 결론을 대신하고자 한다.

2. 연구의 이론적 배경과 연구 방법

2.1. 이론적 배경

본 연구는 말뭉치언어학에서 오래전부터 논의되어 온 문법과 의미의 정

도성에 대한 문제를 한국어 유의어 쌍의 기술에 적용하고자 하는 시도이다. 문법 체계 내에서의 문법 요소간의 출현 빈도, 어휘의 빈도와 연어 관계가 균등하게 분포하지 않으며, 일정한 경향성을 가지고 출현하고, 장르나 화자에 따라 선호성이 달리 나타나기도 한다는 논의는 말뭉치를 활용한 양적 연구에서 지속적으로 논의되어 왔다. 자연언어가 가지는 개연성의 속성과 경향성의 기술 의의를 논의한 대표적 연구는 다음과 같다. 각 논의에서 핵심이 되는 용어는 이탤릭체로 표시하였다.

(2) ㄱ. 일반적인 문법 체계는 확률적 범위에서 균등하게 분포되지 않고, 0.5 : 0.5에서 0.99 : 0.01까지 모든 변수를 가진다.(Halliday & James 1993 : 35), 문법 체계가 사실상 개연적이라는 것은 이 시대에 명백한 사실이다. 언어의 *개연성(probability)*에 대한 고찰은 본래, Halliday(1959)에서부터 언급된 바 있는, 체계기능언어학의 부분이었다. (Halliday 2014 : 1장)

ㄴ. 동사의 패턴을 구성하는 요소는 항가(valency)와 '*선호되는 연어*' *(preferred collocation)*인데, 연어를 설명하기 위해 필요한 '원형(prototype)'의 개념은 이는 이미 Rosch(1973)의 원형 이론에서 논의되었고, Sinclair(1991, 1996) 등에서도 시사되었다. (Hanks 2012 : 52)

ㄷ. 유의어는 전형적으로 동일하게 *점화되지(primed)*[3] 않는다. (중략) 실제로 공유되는 *점화(priming)*가 있고, 그것들이 있는 한, 그들은 가까운 의미의 유사성을 반영한다. 그러나 그들은 또한 중요한 방식에서 차이가 있는데, 그 차이는 사용과 맥락에서 변이형을 표시하고, 우선 유의어의 존재에 대한 이유를 제공한다. (Hoey 2005 : 6)

---

3) 여기서 '점화(priming)'는 심리학에서의 점화 이론을 원용한 것으로 '점화하는(priming)' 단어가 목표 단어를 유발하는 것을 말한다. 예를 들어, '예기하다'라는 동사는 거의 대부분 '못하다'와 같이 쓰여 주로 '예기치 못한/못하게'로 나타나는데, 이때 '예기하다'는 부정의 연접범주에 점화되어 있고, '예기치 못한-'라는 더 큰 구 단위 역시 관형사형어미 '-ㄴ'과 부사형어미 '-게'에 점화되어 있다. 어휘 점화 이론(lexical priming)을 주창한 Hoey(2005)는 경험적인 현상으로서의 점화는 어휘, 문법, 담화의 층위에서 전반적으로 나타나며 개인적이고 심리적인 현상임을 주장하고 있다.

(2ㄱ)~(2ㄷ) 각각이 표방하는 이론적 관점에는 어느 정도 차이가 있지만, 모두 경험적 자료를 중시하며, 양적 분석을 중요한 단서로 삼는 데는 공통점이 있다. (2ㄱ)은 체계기능언어학, (2ㄴ)은 사전학과 원형이론, 말뭉치언어학의 관점에서 문법과 의미의 선호성에 대한 기술이 중요한 의의를 가진다는 것을 논의하고 있고, (2ㄷ)은 어휘, 문법적 결합의 선호가 유의어의 존재 이유와 관련이 있음을 주장하고 있다. 특히 (2ㄱ)의 Halliday & James(1993)에서는 모든 문법 체계는 그 체계를 구성하는 문법 요소의 출현 빈도에 따라 0.5 : 0.5의 관계에 있는 등위 체계(equi system)에서부터 0.99 : 0.01의 편향 체계(skew system)의 스펙트럼 내에 있음을 영어의 시제와 극성 체계를 대상으로 증명하였다. 이에 의하면, 1,800만 어절 영어 말뭉치에서 긍정 : 부정의 비율은 0.9 : 0.1로 전형적인 편향 체계이다. 본 연구는 (2ㄱ)의 극성 분석의 일부와 (2ㄴ)의 선호되는 연어의 의미부뉴, (2ㄷ)의 유의어 분식 빙법론을 활용하여 인내동사군의 경향성을 분석할 것이다.

한편, Stubbs(2009)에서는 위의 논의를 수렴하여 언어 사용의 경향성을 [표 1]과 같이 '어휘/문법/의미/담화'의 네 가지 차원으로 정리하였는데4), 본 연구에서 논의하고자 하는 것은 이들 중 A.형태·통사 차원과 B.어휘·의미의 차원이다.

[표 1] 언어학적 층위에 따른 어휘 점화의 유형

	정의	관련 용어
A. 형태·통사	단어나 구가 공기하는 문법범주, 문법 기능, 또는 특정 어휘 연쇄에서의 특정 위치를 선호하거나 회피하는 것.	연접범주
B. 어휘·의미	단어나 구가 특정 어휘의 형태나 의미의 부류와 공기하는 것을 선호하는 것.	연어, 연어관계, 의미적 선호
C. 담화 화용	단어나 구가 특정한 화용론적 기능들과 함께 나타나도록 연관되어 있는 것.	의미적 운율

---

4) Stubbs(2009)는 의사소통의 기본이 되는 의미 단위를 확장된 어휘 단위(ELU : extended lexical units)라고 하고, Sinclair(1991), Hoey(1997), Louw(2000) 등의 논의를 종합하여 ELU의 공기 경향성에 대해 논의하였다.

A는 특정 어휘나 의미 단위의 구 단위가 특정한 문법범주, 즉 특정 시제, 상, 법, 부정, 한정어 등을 선호하는 것을 의미하며, 그러한 공기관계를 '연접범주(colligation)'라고 한다.5) 또, B의 어휘·의미는 특정 표현이 특정 어휘 또는 어휘의 의미부류를 선호하는 것으로, 어휘와의 공기 관계를 '연어(collocation)'로 어휘의 집합인 의미부류와의 공기 관계를 '의미적 선호(semantic preference)'로 지칭한다.6)

즉, '참다'가 '고통, 분, 설움 …' 등의 어휘와 자주 공기하는 관계는 '연어'를 이루고, 이러한 연어 관계는 '부정적 감정'이라는 의미적 선호로 일반화될 수 있다. 궁극적으로 A, B의 공기관계는 C의 의미적 운율(semantic prosody)과 깊은 관련을 가진다. 의미적 운율은 어휘의 공기관계를 담화화용적 차원에서 파악할 때 분석되고 공기관계 전체를 통해 파악되는, 구 또는 문장 단위의 화자의 긍정적·부정적 태도를 가리킨다.7) 본 연구에서는 A, B를 중심으로 인내동사 구성에서 흔히 볼 수 있는 부정의 연접범주와 논항의

---

5) Firth(1957 : 181)에서는 연접범주(colligation)를 '문법적 차원에서의 단어들 간의 관계'라고 정의하였지만 이러한 정의는 좀 더 명시적으로 제시될 필요가 있다. 연구자에 따라서는 연접범주를 특정 어휘와 문법 '범주'의 관계로 보는 경우도 있지만, 특정 어휘와 문법 '형태'의 관계로 정의하는 경우도 있다. 본 연구에서는 연접범주를 Hoey(1997), Stubbs(2009)를 따라 특정 단어와 '문법범주'(시제, 상, 법, 부정 등)의 공기관계를 가리키는 용어로 사용하기로 한다.

6) 'collocation'과 'colligation'은 연구자에 따라 다의적으로 쓰이기도 하여 번역 시에 문제가 되는 경우가 있다. 즉 이들은 각각 어휘와 문법, 어휘와 어휘 간의 공기 관계를 지칭하기도 하지만, 공기하는 현상 자체를 지칭하기도 하고, 이러한 현상을 보이는 문법범주와 어휘를 지칭하기도 한다. 예를 들어, Sinclair(2004 : 141-142)에서는 이 두 용어를 '관계'나 '부류'로 혼용해서 쓰고 있는 반면, Hoey(2005)에서는 적어도 연어 관계에 대해서는 collocation, collocate, node를 분명히 구분해서 사용하고 있다. 한 심사자는 현상 자체를 지칭할 경우, 'colligation'을 '(문법)범주 연접'으로, 'collocation'을 '어휘 연접'으로 번역할 것을 제안하였는데, 매우 적절한 제안으로 판단된다. 이 논문에서는 필요에 따라 심사자의 제안을 사용하기도 하겠지만, '관계'나 '문법범주' 자체를 가리킬 경우, 일반적으로 널리 알려진 연접범주와, 연어·연어 관계 등의 용어를 사용할 것이다.

7) Louw(1993 : 157)는 의미적 운율을, '장례식, 결혼식' 등 특정 어휘 자체가 가지는 부정적, 긍정적 의미가 아니라 'happen, cause'가 주로 부정적인 명사와 함께 나타나므로 인해 가지게 되는 부정적 의미와 같은 것이라고 하면서 의미적 운율은 연어 관계를 통해 분석될 수 있다고 하였다. 의미적 운율에 대한 정의와 용어는 학자들마다 다소 다른데, Stubbs(2001)에서는 의미적 운율의 담화적이고 감정적인 의미를 강조하여, '담화적 운율(discourse prosody)'이라고도 한 바 있다.

의미적 선호를 살펴봄으로써 인내동사 유의어쌍에 나타난 공기관계가 이들
의 의미적 변별에 어떤 기여를 할 수 있는지를 살펴볼 것이다.

2.2. 연구 방법

본 연구는 21세기 세종계획 현대국어 문어 형태분석말뭉치(이하 <세종
문어>) 1,000만 어절에 추출된 '인내하다, 참다, 견디다, 감내하다' 중 '인
내'의 의의를 가진 용례를 대상으로 한다. 따라서 '이 구두는 오래 견디지
못한다, 상자가 충격에 잘 견딘다'와 같은 용례는 사전의 뜻풀이와 격틀, 논
항 정보 등의 기준을 통해 분석 대상에서 제외하였다. 용례의 분석 결과, 참
다(1,495개), 견디다(1,334개), 감내하다(61개), 인내하다(38개)의 문장이 총
2,928개로 분석되는데, 한자어계인 '인내하다'와 '감내하다'가 현격히 적게
쓰인다는 것을 알 수 있다. 용례를 전수 검토함으로써 각 문장에서 나타나
는 부정의 연접범주와 의미적 선호를 분석한 주요 과정과 분석에 있어서의
쟁점을 제시하면 다음과 같다.

첫째, 문장 단위로 추출된 용례를 대상으로 부정의 문법범주와 공기관계
를 보이는 용례를 계수한다. 이때 부정의 문법범주는 우선 ㄱ)부정 부사(안,
못), ㄴ)부정 보조동사(아니하다, 못하다)로만 한정하고, '못' 부정과 '안' 부
정, 단형 부정과 장형 부정을 구분하여 분석한다.

둘째, 부정의 문법범주가 쓰이지는 않았지만, 부정의 의도를 나타내는 어
휘적 표현들, 즉 '어휘 부정'의 표현들은 기능적 관점에서 부정의 의도를 가
진 것으로 별도로 분석될 필요가 있다.[8]

---

[8] '안/못'이나 '아니하다/못하다' 외의 어휘 부정의 표현들은 주로 부정극어와 공기하는 '아
니다, 없다, 모르다' 등을 위주로 논의되어 왔다. 본 연구의 목적은 인내동사와 공기하는
부정 표현을 중심으로 논의하는 데 있으므로, '이다'나 '알다'의 부정 대립쌍에 대한 논의
는 논외로 한다. 따라서 본 연구의 '어휘 부정'은 통사적인 관점에서 엄밀한 '어휘 부정'의
범주에 의한 것이라기보다는 인내동사와 자주 결합하는 부정 표현으로 한정되는 것이고,

(3) ㄱ. 그리고 나오니 마음이 울적해서 <u>견딜 수 없다</u>.

　　ㄴ. 순간적으로 밀어닥치는 <u>참기 어려운</u> 모욕과 배신감.

　　ㄷ. 나는 노여움과 부끄러움보다 배반감이 더 <u>견디기 힘들었다</u>.

　　ㄹ. 독립국인 우리로서는 <u>감내하기 힘든</u> 조항들이 너무나도 많았다.

'없다, 어렵다, 힘들다'의 어휘로 구성된 이들을 부정의 '문법범주' 내에서 다루는 것은 적절하지 않을 수도 있다. 하지만 이들은 개별적으로 출현한다기보다는 일정한 패턴을 가지고 고빈도로 나타나고, 부정의 의도를 실현하므로, 기능적인 관점에서 부정의 연접범주로서 고려 대상이 된다. 무엇보다 이들을 부정의 범주로 분류함으로써, 인내동사를 사용하는 사용 맥락, 의사소통의 의도 등을 분석할 수 있고, 유의어쌍의 변별 자료로 활용할 수 있다.9) 본 연구에서는 어휘 부정을 어휘의 연접 관계, 즉 '연어 관계'로 파악하기보다는 연접범주로 파악함으로써, 고빈도 부정 패턴의 빈도와 기능을 포괄적으로 살펴보고자 한다.

셋째, 아주 적은 비중을 차지하지만 아래와 같은 표현들 역시 쟁점이 되는 표현들이다.

(4) ㄱ. 이거 답답해 어디 <u>견디겠냐</u>?

　　ㄴ. 그러니 더 이상 <u>어떻게 참겠어요</u>?

(5) ㄱ. 엄마까지 없으면 그 엄청난 고독감을 <u>견딜 것 같지가 않았다</u>.

　　ㄴ. 그러나 역시 <u>견딜 수 있을 것 같지가 않았다</u>.

　　ㄷ. 그것이 오래 계속되면 <u>견디기가 쉽지 않았다</u>.

(6) ㄱ. 형은 자기에게 돌아오는 이유 없는 비난을 감내하지 <u>않으면 안 되</u>

기능적인 관점에서 귀납적 과정을 통해 추출된 것임을 여기서 밝혀 둔다.

9) '-ㄹ 수 없다'나 '-기 어렵다/힘들다'에 비해서는 매우 저빈도를 나타내지만, (3) 외에도 '-기 곤란하다/거북하다/벅차다/버겁다, -을 길이 없다' 등의 어휘적 표현이 다양하게 부정의 의도를 나타내는 표현으로 실현되었다. 어휘 부정의 빈도에 대해서는 3장에서 상세히 다룬다.

었다.
ㄴ. 장기 입원 환자는 몇 달 동안을 병상에서 견디지 <u>않으면 안 된다</u>.

(4)는 부정의 문법 표지나 어휘 표현이 사용되지 않았음에도 불구하고 부정의 의도를 나타내는 반어적 표현들이다. 또 (5)는 인내동사가 직접적으로 부정되지 않았지만 인내동사를 포함하는 상위문의 동사 '같다, 쉽다' 등이 부정됨으로써, 궁극적으로 인내동사의 부정에 상응하는 의미를 나타낸다. 한편 (6)의 이중 부정은 부정의 연접범주가 실현되었지만 의사소통의 의도에서 더 강한 긍정을 의미하므로 실제 기능적 관점에서 인내동사가 부정되지는 않았다. 이들은 전체에서 큰 비중을 차지하지 않지만 연구의 관점에 따라 이들을 부정의 범주에 넣을지 말지는 쟁점이 될 수 있다. 본 연구에서는 '부정'을 문법적 관점에서 엄밀히 정의하기보다는 부정의 의사소통적 기능, 즉 인내동사를 부정의 문맥에서 사용하는 화자의 의도에 초점을 맞추고자 하므로, (4)와 (5)를 '반어', '문맥 부정'으로 지칭하고, 이들을 부정의 연접범주에 포함하되, (6)의 '이중 부정'은 부정 표현의 총계에서([표 2]) 제외하기로 한다. 이상의 분석 원칙을 요약하자면, 다음과 같다.

(7) 부정 표현 분석의 원칙
　　ㄱ. 각 문장의 부정 요소를 분석하되, '문법부정'과 '어휘부정'으로 구분하여 분석한다.
　　ㄴ. 부정 표현이 쓰이지는 않았지만 부정의 의도를 가진 것으로 분석되는 '반어', 인내동사를 포함하는 상위문의 부정을 통해 궁극적으로 인내동사의 부정을 표현하는 '문맥부정'을 별도로 분석한다.
　　ㄷ. 부정 표현이 쓰였지만, 강조를 나타내는 '이중 부정'을 별도로 분석한다. 단, 이중 부정의 경우는 화자의 의도가 인내동사의 부정이 아니므로 이 경우는 부정의 범주에서 제외한다.

부정의 연접범주와 더불어, 본 연구에서는 논항의 의미적 선호 분석을 위해 목적어가 생략되지 않고 실현된 문장만을 대상으로 귀납적으로 의미부

류를 범주화하였다. 목적어의 생략에도 상당한 정도성이 있어서 '견디다'의
경우는 648개, '참다'는 712개, '인내하다'는 12개의 목적어가 분석되었고,
'감내하다'의 경우는 61개 문장 모두가 목적어가 실현된 것으로 분석되었
다. 즉, 전체 2,928개 문장 중, 목적어가 실현된 문장은 1,424개(49%) 정도
로, 이들이 논항의 의미적 선호 분석의 대상이 된다. 이들의 목적어 어휘 형
태를 귀납적 분석을 통해 5개의 의미부류로 분류한 결과는 다음과 같이 분
류될 수 있다.

> (8) 인내동사 목적어의 의미부류
>
> ㄱ. 감정 및 감각 : 슬픔, 아픔, 통증, 성욕, 웃음, 울음, 눈물 …
>
> ㄴ. 일과 경험 : 수술, 위협, 감사, 훈련, 폭격, 위기, 일, 삶, 부작용, 적
> 자 …
>
> ㄷ. 사람 : 남자, 부모, 사람, 자기…
>
> ㄹ. 시간 : 시간(침묵의 ~, 적막한 ~ …), 기간, 동안, 오늘, 시대 …
>
> ㅁ. 기타 : 쑥, 마늘, 이슬, 거리, 체중, 무엇 …
>
> ㅂ. '것' 절

위 (8)은 귀납적 분석을 통해 도출된 5개의 의미부류와 '지루한 건 못 견
디지만…'과 같은 '것' 절의 6가지 분류 체계를 보인 것이다. 분석 대상이 된
명사들은 모두 인내동사를 선행하는 목적어이거나 인내동사가 서술어로 쓰
인 관계관형절의 피수식 명사들이며, 명사구나 명사절일 경우 구나 절의 핵
명사가 분석되었다.[10]

---

10) 이러한 분석 기준을 적용하는 데 있어서 몇 가지 어려움은 다음과 같다. 첫째, 의미부류의
분석은 항상 분명한 것은 아니어서 주관성이 개입될 여지가 있다는 점이다. 예를 들어
'감정 및 감각'에는 신체적 욕구를 나타내는 '성욕, 방귀' 등을 포함했는데, '웃음, 울음'과
더불어 이들을 같은 부류로 범주화할 수 있을지에 대한 지침이 필요했다. 실제 작업 과정
에서 일관성 확보를 위해 지침에 따라 필자와 보조연구원이 분석하고 문제가 있는 부류
를 재검토하는 과정을 거쳤다. 또한 '비난의 화살'과 같이 통사적 핵과 의미적 핵이 다른
경우나 분열문의 경우도 논항의 의미부류 분석에서 난제로 작용하였다. 본 연구에서는
'비난의 화살'은 '비난'을 핵으로 분석하였고, '감내하기 어려운 것은 복종이었다'와 같은
문장에서 '복종'을 목적어로 분석하였다. 물론 이러한 예들은 대체로 소수여서 전체적인
경향성에 큰 영향을 미치지는 않는 것으로 분석되었다.

마지막으로 일반적인 문어 전반에 나타나는 긍정문 대 부정문의 비율과 인내동사가 사용된 부정문의 비율을 비교하기 위해 본 연구에서는 강범모 (1999 : 74-76)의 '언어 특성 사용 빈도 통계_문어'를 활용하였다. 이에 의하면, 문어 1,000어절 당 '안, 못'의 짧은 부정은 1.02회, '아니하다, 못하다'의 긴 부정은 '5.76'회로 1,000어절 당 부정은 총 6.78(=1.02+5.76)회 나타난다. 한 문장의 길이가 12.82인 것을 고려할 때, 1,000어절의 총 문장 수는 78개이므로, 전체 문장 78개 중 부정문은 6.78이 된다. 즉, 한국어 문어의 긍정문과 부정문의 비율은 78 대 6.78로, 이를 백분율로 환산할 때 91 대 9에 해당한다. 이는 Halliday & James(1993)에서의 영어 긍정문과 부정문의 비율 90 대 10과 매우 근사한 수치임을 알 수 있다.[11]

더 나아가 기존 연구의 통계 결과를 활용할 수 없는, '안' 부정과 '못' 부정의 비율, 능력부정의 또 다른 표현으로서의 '-ㄹ 수 없다'와 같은 구분 단위의 빈도는 <세종 문어>의 형태 분석 표지를 직접 분석하여 사용 비율을 구하였다. 1,000만여 말뭉치의 분석에서 '안/아니하-/않-'의 총 출현 횟수는 82,225회, '못/못하-'는 26,985회로 일반적인 한국어 문어에서 '안' 부정은 '못' 부정보다 3배가량 많이 쓰인다.[12] 또 인내동사 구문에서 특별히 선호되는 어휘 부정 구문인 '-ㄹ/을 수 없다'는 <세종 문어> 전체에서 총

11) 한국어 부정문의 비율에 대한 더 상세한 분석을 위해서는 계수 단위를 문장과 절, 동사구 중 어떤 단위로 할지의 문제, 부정의 범주에 대한 한정 등의 논의가 더 필요하다. 또 어휘 부정인 '아니다'와 '없다/모르다' 등도 어휘나 형태 차원이 아닌, 기능적 차원에서 포함 여부가 논의되어야 할 것이다. 현재 한국어에 대한 계량적인 분석은 주로 어휘나 형태 단위의 분석을 위주로 수행되어 왔으므로, 한국어 부정문 : 긍정문의 사용 비율에 대해서는 아직 구체적인 연구가 수행되지 못한 상황이다. 본 연구에서는 잠정적으로 강범모(1999)의 부정의 부사·보조사에 대한 계량적 통계를 활용하고, 대상 말뭉치의 문장 단위의 수와 부정 표현의 수를 비교함으로써 문장의 긍정문과 부정문의 비율을 잠정적으로 도출하였다. 만약, 문장 단위 대신 절 단위나 동사구의 수를 분석 대상으로 할 경우, 긍정 대 부정의 비율은 9 대 1보다 훨씬 더 많은 차이를 보일 것이다. 부정문과 긍정문의 비율과 사용 경향성에 대해서는 향후 연구 과제로 삼기로 한다.
12) 이러한 빈도의 차이는 두 가지 유형의 부정이 가지는 부정의 의미와 출현 분포 등과 밀접한 관계가 있을 것이다. 즉, 일반적으로 '안' 부정은 단순부정과 의도부정의 의미를 가지고 동사와 형용사에 두루 결합하는 반면, '못' 부정은 주로 동사에 결합하여 '능력부정'이라는 한정적인 의미를 가진다.

18,228회 쓰여, '못' 부정의 2/3 수준으로 나타난다. 이러한 통계 결과는 한국어 문어 전체의 부정의 분포와 인내동사군의 비율을 비교하고, 더 나아가 인내동사군 사이의 부정문의 비율을 비교 분석하는 데 기반 자료로 활용된다.

3. 인내동사의 연접범주와 의미적 선호

3.1. 인내동사 구성에 나타난 부정의 연접범주

위 2의 과정을 통해 분석된 인내동사 구성에 나타난 부정의 연접범주는 다음과 같다. [표 2]는 문법부정, 어휘부정, 반어 등으로 실현된 부정의 유형을 구분하고 총계를 제시한 것이다.

[표 2] 부정 유형에 따른 부정문의 횟수와 비율

어휘/용례 수	부정의 유형				부정 총계
	A. 문법부정	B. 어휘부정	C. 반어/문맥부정	D. 이중부정	A+B+C-D
견디다/1,334	302(23)	499(37)	19(1)	1(0)	819(61)
참다/1,495	245(16)	292(20)	13(1)	3(0)	547(37)
감내하다/61	6(10)	6(10)	0(0)	3(5)	9(15)
인내하다/38	1(2)	0(0)	0(0)	0(0)	1(2)
총계/2,928	554(19)	797(27)	32(1)	7(0)	1,376(47)

횟수(백분율 %)

위의 계량적 분석 결과를 말뭉치 용례와 함께 분석하면 다음과 같은 해석을 얻을 수 있다. 첫째, 총계를 통해 한국어 인내동사는 부정의 연접범주를 선호한다는 사실을 알 수 있다. 전체 용례를 100으로 보고, 문법부정으로만 한정했을 때 긍정과 부정의 비율은 81 대 19로, 긍정의 비율이 훨씬 많으며, 어휘부정 등의 전체 부정을 합하였을 때도 부정문의 총계는 47%로 나타나 53 대 47로 긍정이 약간 더 많다. 하지만 한국어 문어 문장의 긍정 문과 부정문의 비율이 91 대 9인 것을 고려할 때, 인내동사의 부정의 비율 은 문법부정만으로도 2배가 넘으며, 부정의 총계는 한국어 일반 문장의 5배 이상인 것으로 해석된다.[13] 즉 인내동사가 구성하는 문장은 일반적인 한국 어 문장에 비해 부정의 연접범주를 훨씬 더 선호한다.[14] 이는 한국어 화자 가 이들 동사류를 사용할 때 긍정적으로 인내하는 상황을 말하기보다는 주 로 '{견디-/참-}'는 것이 매우 힘들거나 할 수 없는 부정적인 상황을 표현 할 때 사용한다는 것을 의미한다. 각 동사가 선호하는 표현을 나열하면 다 음과 같다.

> (9) ㄱ. 견딜 수 없-(358회), 견디지 못하-(151회), 못 견디-(150회), 견디기
> 어렵-(90회), 견디기 힘들-(41회)
> ㄴ. 참을 수 없-(241회), 참지 못하-(168회), 못 참-(59회), 참기 어렵
> -(27회), 참기 힘들-(15회)

[표 2]와 위 예문을 분석해 보면, 인내동사가 부정의 연접범주를 선호한

---

13) 단 이때 부정의 총계는 상당수의 어휘 부정이 포함된 것이므로, 인내동사의 부정의 총계 와 한국어의 일반적인 부정의 비율을 논의하기 위해서는 한국어 동사 전체의 어휘부정과 비교될 필요가 있다. 아직 한국어 어휘 부정의 요소를 총체적으로 추출하는 작업은 시도 되지 못했기 때문에 본 연구에서는 이를 직접적으로 비교하지 못하였다. 그러나 인내동사 가 어휘부정의 측면에서 더 많은 부정의 경향성이 있는 것은 분명하다. 본문의 예문 (9)에 서 나타나듯이 고빈도의 어휘 부정 패턴인 '-ㄹ 수 없-'은 인내동사에서 '못' 부정보다 많이 나타나는데, 이를 <세종>과 비교한 결과 어휘 부정 역시 한국어 일반 말뭉치의 빈 도보다 상당히 높은 것으로 나타났다. 즉, 2장의 <세종> 전체의 분석에서 '능력 부정'의 의미를 기본 의미로 하는 '-ㄹ 수 없-'은 '못' 부정의 2/3 수준으로 나타났는데, 본 연구 의 대상인 인내동사의 '-ㄹ 수 없-'은 '못' 부정보다 빈도가 더 높다.
14) 통계 프로그램 R을 사용하여 일표본 비율 검정을 한 결과, 인내동사의 부정문의 비율과 한국어 문어 문장의 비율은 유의미한 차이를 가지고 있는 것으로 나타났다. 즉 인내동사 의 경우, 유의확률 $p=0.018<0.05$(자유도=1)에서 부정문의 비율이 한국어 문어 문장의 부 정문 비율 9%의 5배인 45%보다 큰 것으로 나타났다.

다는 것에서 나아가 문법부정보다 어휘부정을 더욱 선호한다는 사실도 알
수 있다. 특히 '-ㄹ 수 없-'에 대한 선호는 '못' 부정 전체보다 많거나 유사
한 정도로, 인내동사 구문에서 능력부정을 나타내는 주요한 표현 수단으로
'못' 부정 못지않게 '-ㄹ 수 없-'을 자주 사용함을 나타낸다.

둘째, 부정의 연접범주에 대한 선호는 개별 유의어에 따라 매우 다르다.
부정문의 비율은 '견디다(61%)>참다(37%)>감내하다(15%)>인내하다(2%)'
의 순으로 나타나는데, '견디다'와 '참다'는 부정의 비율이 매우 높은 편이
고, '인내하다'는 단지 2%만 부정문으로 분석된다. 이를 통해 '인내하다
(2%)'만을 대상으로, 한국어의 평균적인 문장의 긍정과 부정의 비율, 91 대
9와 비교할 때 '인내하다'는 오히려 부정의 연접범주를 회피한다는 사실을
알 수 있다. 아래 예문에서 볼 수 있듯이, '인내하다'는 '참다, 견디다'와 달
리 주로 '인내'를 긍정적으로 파악하는 맥락에서 쓰이며, '꾸준히/묵묵히/끝
까지', '순종하고/조용하고/희생하고' 등과 공기하는 경우가 많다. 이러한 공
기관계를 명시적으로 보이는 예는 '인내하다' 전체 문장 38개 중 16개이다.

(10) '인내하다'의 용례

꾸준히	인내해	준 대다수 국민들에게 진심으로 감사드리며,
모두 질투와 시기를 퍼부을 때도 묵묵히	인내하는	역할.
어지간하면 서로	인내하며	조용히 대화할 수 있을 만한 일도 큰 소리 치고,
순종하고	인내하며	정절을 생명처럼 지켰던 여성의 표본으로 그려져 온 춘향이다.
섣부른 긍정을 끝까지	인내하고	극기하는 시 자체의 -- 개인 엘리어트가 아닌 위대한 시인
두 주먹 불끈 쥐고 분노하면서도 끝까지	인내하던	그의 모습을 잊을 수가 없다
단군신화의 웅녀 이야기는	인내하고	순종하는 '한국 여성의 원형'으로 일컬어져 있다.

끊임없이	인내하고	아낌없이 주며 때가 되면 미련 없이 보낼 줄 아는 그런 사랑을 말한다.
남자아이는 어려운 과제들을 택하여	인내하며	극복하는 방법을 배우고
오히려 현재의 일과 직장에서의 상황을	인내하면서	새로운 비전을 형성하는 기회로 삼아야 한다.
서로 상의하고 합리적으로 하고 자제하고	인내하라.	
모진 세파를 꿋꿋이 싸워 이기셨으며 잘	인내하셨습니다.	
항상 조용하고	인내하는	역할만 했던 나로서는 대변신이 아닐 수 없다.
"일월"은 나의 조용하고	인내하는	이미지가 그대로 스며 있는 드라마였지만
박소현은 "그동안 조용하고 속으로	인내하는	순종형 역할만을 맡아 왔는데
인간이 불멸의 존재라는 것은 그가 연민하고 희생하고	인내할	수 있는 정신을 소유하고 있기 때문이다.

ㅣ머기 22개이 8케 중 단 1회만이 문법부정과 공기히였고, ㅣ머기 21회의 용례는 '꾸준히/묵묵히/끝까지', '순종하고/조용하고/희생하고'와 같은 어휘와 공기하지는 않았지만 대체로 '인내하-'는 행위를 긍정적으로 나타내는 경우가 많았다. 이들 각각의 예는 아래 (11), (12)와 같다.

(11) 신애가 <u>인내하지 않을</u> 경우 대화는 자주 끊기곤 했다.

(12) ㄱ. 그녀는 속에서 연기도 없이 타오르는 겻불내를 혼자서 다 마시며 <u>인내하고</u> 있었다.
   ㄴ. 대학신문의 논조가 다소 과격하고 냉소적이라도 관용하고, 그 비판이 거칠고 직설적이라도 <u>인내하며</u>, 언론으로서의 자율성과 독립성을 존중해야 한다.
   ㄷ. 추위와 배고픔 같은 죽음의 고통을 <u>인내하는</u> 헤라클레스의 덕목...
   ㄹ. 결국 그게 아이들에게 유익하다는 것을 알고 나면 <u>인내하면서</u> 격려하죠.

셋째, 고빈도 인내동사 '참다', '견디다'에 나타난 문법부정의 유형을 좀 더 상세히 살펴보는 것은 인내동사의 의미적 속성을 기술하는 데 도움이 된다. 부정의 범주를 능력부정인 '못' 부정과 의도부정인 '안' 부정으로 구분할 때, 이들의 부정은 모두 '못' 부정에 집중되어 있고, '안' 부정은 매우 제한되어 나타난다. 즉 '참다, 견디다'는 부정의 두 가지 유형 중에서 의도부정을 회피하며, 능력부정과 연접범주를 형성하는데, 이는 2장의 <세종 문어>에서 '안' 부정(82,225)이 '못' 부정(26,985)보다 3배가량 많이 나타나는 것과 대조적인 현상이다.

[표 3] 안 부정과 못 부정의 빈도

	문법부정 수	문법부정의 유형		
		안 부정	못 부정	말다
견디다	302	1	301	0
참다	245	12	227	3
감내하다	6	4	2	0

실제로 '견디다'에서 단 1회 나타난 '안' 부정이 이중 부정이고, '감내하다'의 경우도 전체 '안' 부정 4회 중 3회가 이중 부정으로 나타난다는 사실을 고려할 때, '참다', '감내하다'만이 '안' 부정과 아주 드물게 공기한다고 할 수 있다. '참다'는 '안' 부정 12회 중 3회가 이중 부정으로 나타나 전체 245개의 용례 중 9회의 '안' 부정이 쓰였다. 아래 (13), (14)는 '안' 부정을 보이는 '견디다', '감내하다' 전체 예를 보인 것이고, (15)는 '참다'의 '안' 부정문의 일부를 보인 것이다.

(13) 장기 입원 환자는 몇 달 동안을 병상에서 <u>견디지 않으면 안 된다.</u>

(14) ㄱ. 환부를 도려내는 아픔을 <u>감내하지 않을</u> 경우 마침내는 군이 지키고 유지해야 할 모든 것을 잃게 될 수도 있다.
　　 ㄴ. 약간의 무리나 변칙은 전부 기정사실로 받아들여서 <u>감내하지 않으면 안 된다.</u>
　　 ㄷ. 형은 자기에게 돌아오는 이유 없는 비난을 <u>감내하지 않으면 안 되었다.</u>

ㄹ. 아픔도 지섭 혼자 끝끝내 <u>감내하지 않으면 안 되었다.</u>

(15) ㄱ. 화를 내고 <u>참지 않으니까</u> 속까지 후련했다.

ㄴ. 나도 너무 분이 나서 <u>참지 않고</u> 같이 악다구니를 쓰면서…

ㄷ. 시간이 가니까 울음을 <u>참지 않고도</u> 아버지를 생각할 수 있게 되었습니다.

ㄹ. 군민장으로 한다는 말만 들리면 내가 <u>안 참을</u> 참이여.

(16) ㄱ. 바보같이 허탈과 좌절이 담긴 울음은 <u>참지 마라.</u>

ㄴ. 온몸의 근육들이 더 이상 <u>참지 말라고</u> 아우성치고 있었다.

ㄷ. 배고프면 <u>참지 말고</u> 이거 꺼내 먹어.

(13)ㄱ의 '견디다'이 유임한 '안' 부정의 예는 이중부정에서 쓰인 것이고, (14)의 '감내하다'의 경우도 (14ㄱ)을 제외하고는 모두 이중부정의 맥락에서 '안' 부정이 사용되었다. 그런데, (15), (16)의 '참다'는 조금 다른 양상을 보인다. 즉, (15)의 '안' 부정은 명백히 의도 부정으로 쓰였고, (16)의 '말다' 부정이 '참다'에서만 출현한 것을 고려할 때, 확실히 '참다'는 인내동사 유의어군 중에서 의도부정과 가장 밀접한 관계를 가지는 것임에 틀림없다.

우리는 의도적으로 참지 않는 상황보다는 참을 수 없는 상황을 더 많이 접하고, 이러한 상황은 언어에 반영된다. 그리고 의도적으로 참지 않는 상황을 표현할 때는 '참다'를 사용할 뿐, '견디다, 감내하다'를 사용하지는 않는다. 부정의 범주에 대한 선호성, 문법부정과 어휘부정 사이에서의 선호관계, '못' 부정과 '안' 부정의 선호성에 대한 이러한 고찰은 인내동사 유의어쌍의 존재 의의와 관련이 있다. 그렇다면, '견디다, 인내하다'는 '안' 부정이 전혀 불가능할까?

(17) ㄱ. [?]그렇게 사소한 일도 <u>견디지 않을</u> 거라면, 뭘 이룰 수 있겠는가?

ㄴ. 나는 더 이상 <u>인내하지 않을</u> 거야. (작례)

위 예의 작례에서 보여주듯이 더 큰 말뭉치를 대상으로 용례를 찾아보면 '안' 부정의 용례를 찾을 수도 있을 것이다. 그러나 분명한 사실은 1,000만 어절 말뭉치에서 이들은 이중부정을 제외하고는 전혀 나타나지 않는다. Halliday, Mcintosh & Strevens(1964)에서 언급된 바 있듯이, "사람들이 실제로 말하는 것은 그들이 말한다고 생각하는 것과 매우 다르며, 그들이 말해야 한다고 생각하는 것과는 더욱 다르다."[15] 말뭉치의 용례는 자연스러운 어휘의 용법을 보여준다. Hanks(2000, 2012)에서 논의된 바 있듯이, 가능성(possibility)의 문법은 무엇이 정문이고 비문인지를 설명하는 데 유용하다면, 개연성(probability)의 문법, 경향성의 문법은 무엇이 더 자주 쓰이는지, 더 자연스러운지를 밝히는 데 도움을 준다.

'인내하다'를 제외한 '참다, 견디다, 감내하다'는 부정의 맥락에서 더 자주 쓰이는 데 반해, '인내하다'는 긍정적인 의미로 쓰이는 경우가 많고 긍정문을 더 선호한다. 또, '참다'를 제외한 '견디다, 인내하다, 감내하다'는 의도 부정의 문맥을 회피한다. 따라서 (17)의 작례는 실제로 거의 쓰이지 않으며, '참다'를 제외한 인내동사는 부정의 맥락을 표현할 때 '못' 부정과 훨씬 자주 공기한다.

3.2. 인내동사의 의미적 선호

여기서는 인내동사 목적어의 의미부류를 분석함으로써, 각 유의어가 선호하는 의미 부류의 공통점과 차이점을 살펴본다. 2장에서 언급한 바 있듯이 목적어가 명시적으로 실현된 문장은 '견디다'(총 문장 수, 1,334) 중 648개, '참다'(1495) 중 712개, '감내하다'(61) 전체 61개, '인내하다' 38개 중 12개로, 전체 1,433개 목적어가 분석되었다. 연구 대상 전체에 해당하는 2,928개 문장 중, 목적어가 실현된 문장은 1,433개(49%)이므로 목적어가 명시적

15) Halliday(2014 : 51) 재인용.

으로 실현된 것은 절반 정도인 셈이다. 여기서 중요한 것은 각 동사마다 목적어의 명시적 실현 여부가 다르고, 목적어의 논항 정보 즉 목적어의 의미부류, 문법 형태 등이 모두 다르다는 것이다. 우선, 의미부류별로 이를 분류하면 다음과 같다.

[표 4] 인내동사의 의미적 선호

	목적어 의미부류의 유형					'것' 절	총계
	감정 및 감각	일과 경험	사람	시간	기타		
견디다	217(33)	232(36)	15(2)	86(13)	68(10)	30(5)	648(100)
참다	**371(52)**	96(13)	0(0)	24(3)	78(11)	143(20)	712(100)
감내하다	22(36)	30(49)	0(0)	2(3)	6(10)	1(2)	61(100)
인내하다	4(33)	6(50)	0(0)	1(8)	1(8)	0(0)	12(100)
총계	614(43)	364(25)	15(10)	113(8)	153(11)	174(12)	1,433(100)

횟수(백분율%)

[표 4]를 통해 알 수 있는 사실은 우선, 인내동사류는 공통적으로 주어가 부정적이라고 판단하거나 스스로 통제해야 할 것으로 생각하는 '감정 및 감각, 일과 경험'과 관련된 논항을 대체로 선호한다는 것이다. 인내동사의 의미를 생각할 때 이는 당연한 현상이다. 공통적으로 자주 출현하는 목적어 명사는 '고통/아픔/통증/공포/외로움/슬픔…'의 '감정 및 감각'을 나타내는 부류와 '구박, 노동, 삶, 상황, 일, 협박, 수탈16)' 등의 부정적 경험을 나타내거나 좋지 못한 일과 관련한 명사이다. 그럼에도 불구하고 목적어의 명시성, 의미부류의 빈도와 분포는 개별 동사에 따라 달리 나타나며, 이들의 차이는 유의어의 존재에 의미를 부여한다.

---

16) '삶, 상황, 일'과 같은 외연이 넓은 명사는 대체로 아래와 같이 관형절이나 관형사구의 수식을 받는피수식 명사로 나타나며 이때의 관형어는 불쾌함, 고통스러움 등의 부정적 의미를 가진다.
ㄱ. {삭연한/불투명한/고달픈/고통스러운/누추한…} 삶
ㄴ. {극단화된/불통의/어려운…} 상황
ㄷ. {짓밟히는/과도한/알몸을 드러내는…} 일

먼저, '참다'의 경우, '감정 및 감각'이 전체 목적어의 52%를 차지하는데, 이는 미세하긴 하지만 다른 동사에서 '일과 경험'이 '감정 및 감각'에 비해 다소 앞서는 것과 변별적인 특성이다[17]. '참다'가 선호하는 의미부류를 좀 더 상세히 분석해 보면, 다른 동사에서 나타나지 않는 신체적인 욕구나 반응과 관련한 명사가 상당수 출현한다. '웃음(52), 울음(29), 눈물(15), 화(11)' 등이나 '잠, 방귀, 성욕, 오줌, 재채기' 등은 모두 '견디다/인내하다/감내하다'에서는 등장하지 않은 것들이다.

> (18) ㄱ. {고통/아픔/통증/공포…}을 참다/견디다/인내하다/감내하다
> ㄴ. {웃음/울음/잠/방귀…}를 참다/*견디다/*인내하다/*감내하다

이를 통해 '참다'의 의미 영역이 더 넓으며, '참다'의 의미적 선호가 개인적이고 신체적인 욕구를 포함한 감정 및 감각의 영역에 좀 더 많은 비중을 두고 있음을 알 수 있다.

반면, '감내하다'는 '참다'의 개인적인 감정의 선호와는 정반대의 관점에서 해석된다. '감내하다'는 목적어가 100% 실현된 동사로서 '참거나 견디거나 인내하는' 경우와 달리 '감내하는' 대상(theme)은 항상 명시적으로 출현한다. 예문을 상세히 살펴보면, '감내하다'의 주어는 주로 개인이 아닌, '우리, 여성, 민족, 청춘, 리더, 환자, 개인 투자자' 등의 집단인 경우가 많으며, 목적어 역시 집단적 관점 즉, 사회적·역사적 차원의 정서나 행위와 관련된다.

---

17) 이표본 비율 검정 결과, $p < 0.05$(자유도=1)에서 '참다'는 '인내하다'를 제외한 나머지 인내동사 '견디다, 감내하다'보다 '감정 및 감각'에 대한 의미적 선호가 높은 것으로 나타났다. 또한 $p < 0.05$(자유도=1)에서 '참다'는 나머지 인내동사 '견디다, 감내하다, 인내하다' 모두보다 '일과 경험'에 대한 의미적 선호가 낮은 것으로 나타났다.

(19) '감내하다'의 용례

우리는 도덕적-정신적으로, 물질적-경제적으로 더 이상	감내하기	힘든 소모를 하고 있는 것이다.
대통령직은 아무리 인기가 있고 신념에 찬 사람이라고 하더라도	감내하기	힘든 정상의 자리입니다.
의사는 자유와 권력을 누리고 환자는 구속과 복종을	감내할	수밖에 없다.
이 시에서는 행인의 무관심하고 난폭한 처사를 묵묵히	감내하는	나룻배를 여성 화자로 삼고 있다.
비열한 테러리스트들에 의해 살해되는 위험을	감내하는	수도 있다.
그것은 마치 내일의 더 기쁜 만남을 위해 오늘의 아픈 작별을	감내하는	청춘들의 일상과도 같다.
개인 투자자들은 성장주들의 가격 하락을 조정으로 이해하고,	감내하는	자세가 필요하다.
야간의 무리가 변치을 전부 기정사실로 받아들여서	감내아시	잃으빈 신 편터는 새김니디.
베트남인들이 다른 민족보다 더 강한 민족인지는 모르겠지만 꾸찌에서 그들이 버티고	감내해야	했던 전쟁은 꾸찌를 지옥이라고밖에는 달리 말할 수 없는
유신과 1980년대 군사 독재 시절, 모진 고초를	감내해야	했던 선배들은 민주화라는 선명한 목표를 위해 젊음을 불사를 수
지난 일 년 동안의 투쟁에서 고향을 지키고자	감내해야	했던 손실은 응당 배상되어야 한다.
하지만 이는 어디까지나 그동안 우리가	감내해	왔던 불평등의 '완화'이지,
투자 요소는 대학인들 자신의 의욕과 '더 많은 짐을 기꺼이	감내하고자	하는 결의'라고 생각한다.
행협에 관한 한 엄연한 독립국인 우리로서는	감내하기	힘든 조항들이 너무나도 많았다.
이후 크메르 민족이	감내해야	했던 고달프고 비참한 역사는 똔레삽 호수만이 알고 있을까.
부양가족을 거느린 상태라면 주변의 따가운 시선으로부터	감내해야	하는 부담이 매우 크다.
그것이 현대적 상황에서 그나마 연극이 존립하기 위해	감내해야	하는 마땅한 한계일 수도 있는 것이며,
아무래도 우리에겐 그 패배한 백제사가 우리들이	감내해야	할 역사의 몫인 걸 어떻게 하겠습니까

또, '감내하다' 논항의 명시성은 나머지 인내동사의 51%가 목적어가 생략되는 경우와 대비된다. 나머지 동사에서는 '견디다(49%)>참다(48%)>인내하다(32%)'의 순서로 목적어가 실현되어, 절반 이상의 목적어가 생략된다. 예문을 상세히 살펴보면, 목적어의 생략은 추정할 수 있는 상황 맥락에 의해 기인되는 경우도 있지만, 아래 예문과 같이 특정 형태의 부사절이 목적어의 정보를 대신하는 경우도 있다. 고빈도 인내동사 '참다, 견디다'가 '-어서, -고는' 과 결합하는 경우를 보이면 다음과 같다.

(20) ㄱ. {배가 고파서/가려워서/눈물이 나와서/자랑스러워서…} 참을 수 없다.
ㄴ. {좀이 쑤셔/답답해서/누나가 불쌍해서/심심해서…} 못 견딜 지경이다.

(21) {술을 마시지 않고는/쓰지 않고는/그렇게 하지 않고는} 견딜 수 없다.

(20)은 '-어서' 절과 공기하는 경우, (21)은 '-고는'과 공기하는 경우를 예로 보인 것이다. '견디다'는 전체 용례 1,334개 중 256개의 용례가 '인내'의 대상이나 상황 맥락을 제시하는 '-어서, -고는' 절 등과 함께 나타났고, '참다'는 1,495개 용례 중 32개의 용례가 이러한 절 정보와 함께 나타났다. 즉, '견디다'는 목적어를 대신하는 부사절 정보를 선호함을 보여준다.[18] (19)를 (20), (21)과 비교할 때, '감내하다'의 목적어의 명시성은 매우 분명한 것으로 보인다. 즉 '감내하다'는 '감내하-'는 대상(theme)이 항상 명시적이며, 유표적인 대상으로 나타나므로, 부사절과 같이 상황 맥락에서 제시되지 않는다.

목적어의 명시성, 주어나 목적어의 의미적 특성 등의 상호 관계, 또 각 특성과 '감내하다'의 다른 어휘적 속성과의 관계가 어떤 상관관계가 있는지

---

18) '견디다'의 부사절 공기에 대한 선호는 사전에도 일부 반영되어 있다. 대표적 예로 <표준국어대사전>에서는 인내동사 중 '견디다'에만 절 정보가 논항 정보로 제시되어 있는데, 이는 문법 정보란에서 격틀의 선호성을 적절히 반영한 것이라 평가할 수 있다.

일반화하기는 쉽지 않다. 예문을 살펴볼 때 목적어의 명시성은 '감내하다'
가 자주 출현하는 공적 텍스트의 특성과도 깊은 관계가 있는 듯도 하다. 그
럼에도 불구하고 장르의 속성, 논항 생략의 정도성, 논항 정보의 의미적 속
성 등이 분명 상호 영향 관계에 있고, 이러한 관계의 총체는 유의어의 문법
적, 의미적 특성을 유발하는 요인이 되는 것은 분명해 보인다.

4. 결론

지금까지 인내동사 유의어군의 문법적·의미적 경향성을 부정의 연접범
주와 목적어 논항의 의미적 선호를 중심으로 살펴보았다. 말뭉치를 활용한
연어 관계의 분석, 유의어군의 의미 변별은 이미 여러 연구에서 논의된 바
있다. 본 연구는 이러한 선행 연구와 같은 관점에서 출발하였으나, '부정'의
연접범주, 논항의 명시성과 의미적 선호 등과 같은 좀 더 추상적인 단계에
서 유의어군을 분석하고자 하였다. 또 계량적 분석의 결과를 <세종 문어>
의 분석 결과와 비교함으로써 어휘나 문법범주 간의 통합 관계가 명확한 이
분법적 관점이 아닌, '경향성'의 관계이며, 이러한 경향성의 기술이 언어 사
용의 원리를 밝히는 데 유용한 가치가 있음을 논의하고자 하였다.

본 연구에서 밝혀진 바는 다음과 같다. 첫째, 부정의 연접범주와 관련하
여 인내동사의 유의어군은 전체적으로 부정의 연접범주를 선호하지만, 어휘
에 따라 선호성의 정도는 다르다. '고빈도 동사인 '견디다(61%)>참다(37%)'
는 부정의 연접범주를 선호하지만, '인내하다(2%)'는 오히려 부정을 회피하
는 경향이 있다. 둘째, 한국어 문장 전체의 부정 유형과 비교할 때, 인내동
사는 문법부정과 어휘부정, '안' 부정과 '못' 부정의 부정의 유형에 따라서
특수성을 보이며, '못' 부정을 선호한다. 셋째, 목적어의 의미적 선호 분석
결과 부정적 감정이나 감각, 일, 경험을 목적어로 취한다는 공통점이 있지

만, 목적어 논항의 명시성, 상황 정보로서의 '-어서, -고는' 절과의 공기, 논
항의 의미부류 등에서 유의어 간의 변별성이 나타난다.

　본 연구의 결과 중에서 특정 부분은 이미 사전의 기술에 반영된 부분도
있고, 그렇지 않은 부분도 있다. 또, 사전이나 교육적 활용에서 활용할 수
있는 뚜렷한 경향성을 가진 결과도 있지만, 경향성이 뚜렷하지 않아 활용이
어려운 부분도 있다. 그럼에도 불구하고 유의어의 변별성이 의미나 어휘적
공기관계를 넘어서 의미 범주, 문법범주 전반과 상관성이 있다는 논의는 의
의가 있다. 향후 언어 사용에는 개연성이나 선호성만이 있을 뿐, 100%의 가
능성과 불가능성은 없다는 말뭉치언어학의 관점이 언어 교육과 언어 정보
의 처리에 어떻게 활용될 수 있는지에 대한 연구가 더 필요하리라고 본다.

참고문헌

강범모. 1999. 「한국어의 텍스트 장르와 언어 특성」, 고려대학교 출판부.

남길임. 2012. "어휘의 공기 경향성과 의미적 운율", 「한글」 298, 한글학회, pp.135-164.

도재학 · 강범모. 2012. "관련어 네트워크를 활용한 유의어 분석 : '책, 서적, 도서'를 중심으로", 「한국어의미학」 37, 한국어의미학회, pp.131-157.

문금현. 2004. "한국어 유의어의 의미 변별과 교육 방안", 「한국어교육」 15, 국제한 국어교육학회, pp.65-94.

봉미경. 2005. "국어 형용사의 유의관계 유형", 「언어사실과 관점」 14 · 15 · 16, 연세 대학교 언어정보연구원, pp.99-135.

유현경 · 강현화. 2002. "유사관계 어휘 정보를 활용한 어휘 교육 방안" 「외국어로서 의 한국어교육」 27, 연세대학교 언어연구교육원, pp.244-246.

조민정. 2010. "학습자사전에서의 유의어 선정과 기술 방법에 대한 연구", 「한국어의 미학」 33, 한국어의미학회, pp.349-387.

최 준. 2011. "경험동사의 의미적 운율 연구", 「한국사전학」 18, 한국사전학회, pp.209-226.

Firth, J. 1957. *Papers in Linguistics*. Oxford : Oxford University Press.

Halliday, M. A. K. 1959. *The Language of Chinese 'Secret history of the Mongols'*. Oxford Blackwell.

Halliday, M. A. K. 2014. *Halliday's Introduction to Functional Grammar*. 4nd edn. Routledge.

Halliday, M. A. K., Mcintosh, A. & Strevens, P. 1964. *The Linguistic Sciences and Language Teaching*. London : Longmans.

Halliday, M. A. K. & James, Z. L. 1993. A Quantitative study of polarity and Primary tense in the English Finite Clause, in J. M. Sinclair, M. Hoey and G. Fox (eds) *Techniques in Description : Spoken and Written Discourse*. pp.32-66. London : Routledge.

Hanks, P. 2000. Contributions of Lexicography and Corpus Linguistics to a Theory of Language Performance, Keynote Address at Euralex 2000. published in *Proceedings of Euralex 2000*. Stuttgart.

Hanks, P. 2008. Lexical Patterns : from Hornby to Hunston and beyond. published in

Proceedings of Euralex 2008. Barcelona.

Hanks, P. 2012. How people use words to make meanings : Semantic types meet valencies. http://clg.wlv.ac.uk/papers/hanks-2012a.pdf

Hoey, M. 2005. *Lexical Priming : A new theory of words and language.* Routledge.

Hunston, S. 2002. *Corpora in Applied Linguistics.* Cambridge : Cambridge University Press.

Langacker, R. 1987. *Foundations of Cognitive Grammar-Volume I : Theoretical Prerequisites.* Stanford University Press. Stanford. CA.

Louw, B. 1993. 'Irony in the text or insincerity in the writer? the diagnostic potential of semantic prosodies' in M. Baker. G. Francis and E. Tognini-Bonelli (eds.) *Text and Technology : In Honour of John Sinclair.* pp.157-176. Amsterdam : John Benjamins.

Louw, B. 2000. 'Contextual prosodic theory : bringing semantic prosodies to life' in C. Heffer, H. Sauntson and G. Fox (eds.) *Words in context : A* Tribute to hohn Sinclair on his Retirement. Birmingham : University of Birmingham.

Sinclair, J. 1991. *Corpus, Concordance, Collocation.* Oxford : Oxford University Press.

Sinclair, J. 1996. The search for units of meaning. *Textus* IX : pp.75-106.

Sinclair, J. 2004. *Trust the text; Language, Corpus and Discourse.* Routledge.

Stubbs, M. 1996. *Text and Corpus Linguistics.* Oxford : Blackwell.

Stubbs, M. 2001. *Words and Phrase.* Oxford : Blackwell.

Stubbs, M. 2009. The Search for Units of Meaning; Sinclair on Empirical Semantics. *Applied Linguistics* 30/1 : pp.115-137.

| 이 논문은 한국어의미학 43집(2014, 한국어의미학회)에 게재된 논문을 재수록한 것입니다.

대중가요에 나오는 반의어의 의미 양상

문 금 현

1. 서론

한국어 어휘 의미에 대한 연구에서 가장 다루어지지 않은 분야가 반의어라 해도 과언이 아니다. 이는 반의어에 대한 범주를 설정하는 데에 상당한 어려움이 있기 때문이다. 그런데 대중가요의 가사를 살펴보면 반의어를 사용한 의미의 대립 구조로 표현된 것들이 많아서 흥미롭다. 일반적으로 생각하는 고정적인 반의어가 아닌 것들이 상황적 맥락에 따라서 일시적인 의미 대립을 이루고 있다. 본 연구는 이들이 의미 대립을 갖게 되는 과정을 살펴보고자 하며, 이는 기존의 고정적인 반의어가 형성된 과정을 유추해 볼 수 있기에 반의어 연구의 새로운 가능성을 열 수 있는 작업이라고 생각한다.

대중가요의 가사에는 우리 삶의 모습이 잘 드러나 있고, 인생의 희로애락이 담겨 있으며, 주로 남녀 간의 사랑을 주제로 하여 만남과 이별을 노래하고 있다. 대중가요의 장르 중에서 댄스가요나 락(rock), 힙합(Hip Hop), 발라드 등도 남녀 간의 사랑을 주제로 한 것이 많지만 트로트에 특히 많다. 트로트는 표현 방식이 단순하고 직선적이며, 가사가 반의어의 대립을 통한 내용 설정이 두드러지게 나타나는데 이는 반의어의 의미 대립을 통해서 전달하고자 하는 주제를 선명하게 부각시킬 수 있는 효과를 기대하기 때문이다.

본고에서는 트로트가 한국인의 정서를 잘 표현하고 있고 어휘의 의미 대립이 잘 드러나 있다고 생각하여 분석 대상으로 삼았다. 해방 이후부터 현재에 이르는 트로트 인기가요를 수록해 놓은 <가요반세기>(2006)에 나오는 전체 184곡을 대상으로 하여 가사의 주제별로 나타나는 반의어의 특징을 살펴보고, 반의어의 유형을 분류하여 유형별 반의어의 의미 양상을 분석해 봄으로써 우리의 대립적 의식 구조도 밝혀보고자 한다.

2. 주제별 트로트 가요에 나타난 반의어의 대립 양상

트로트 가요 184곡의 가사 내용을 주제별로 분류해 보았더니 대체로 사랑, 인생살이, 고향에 대한 그리움이나 분단의 아픔 등을 주제로 한 것이 많았고 나머지 기타로 처리한 것은 몇 곡에 불과했다. 각 주제별 노래에 나타난 반의어의 대립 양상을 예를 들면서 살펴보기로 하겠다.[1]

2.1. 사랑을 주제로 한 노래

사랑을 큰 주제로 다루고 있더라도 주제의 초점이 무엇이냐에 따라서 세

---

1) 반의어의 대립 양상은 두 가지 관점으로 볼 수 있는데 기존의 일반적인 논의에 따라서 중립 지역의 유무에 의해 반의어를 등급반의어와 상보반의어로 나누는 관점과 상황적 맥락을 설정하여 고정 반의어와 비고정 반의어로 나누는 관점이다. 본고는 대중가요에 나타난 비고정 반의어에 관심을 갖고 있으며, 이를 예외적인 현상으로 보느냐(전수태 1997 : 73), 아니냐(김슬옹 1998 : 84)는 여기에서 논의하지 않기로 한다. 다만, 일반적으로 인식하고 있는 고정 반의어뿐만 아니라 상황 문맥에서 일시적으로 대립관계가 형성된 반의어가 대중가요의 가사에 어떠한 양상으로 나타나는지를 알아보고자 하며, 용어는 '고정 반의어'와 '상황 반의어'를 사용하기로 한다. 또한 가사 내용상의 대립관계에 의한 반의어가 아니고 단어 생성 시부터 의미의 대립 구조를 가진 병렬복합어는 분석 대상에서 제외한다(예 : 천지, 남북 등).

부적으로 다시 사랑하는 사람과의 만남과 이별, 사랑의 감정, 사랑하는 남
녀의 성 역할, 사랑 자체에 대한 정의를 노래한 경우로 나눌 수 있다.

2.1.1. 만남과 이별

남녀 간의 사랑을 주제로 한 노래에는 이별의 아픔과 함께 잊지 못하는
사랑을 표현한 것이 많은데 이러한 노래의 가사에는 (1), (2)와 같이 기본적
으로 사랑의 주체인 '남자-여자'의 반의어가 많이 나온다.

  (1) 남자-여자
    여자이기 때문에 (중략)/날 울린 남자 날 버린 남자 (하략) <날 버린
    남자>

  (2) 앞-뒤, 남자-여자
    (전략) 그대 앞에만 서면 나는 왜 작아지는가
    그대 등 뒤에 서면 내 눈은 젖어드는가
    사랑 때문에 침묵해야 할 나는 당신의 여자
    그리고 추억이 있는 한 당신은 나의 남자요 <애모>

  (3) 아침-저녁, 피다-지다, 길다-짧다
    (전략) 사랑이란 길지가 않더라 영원하지도 않더라
    아침에 피었다가 저녁에 지고 마는
    나팔꽃보다 짧은 사랑아 속절없는 사랑아 (하략) <립스틱 짙게 바르
    고>

  (3)도 이별의 아픔을 표현한 것으로 고정 반의어인 '아침-저녁', '피다-지
다', '길다-짧다'가 나오고, 반의어는 아니나 내용상 '영원하다-속절없다'가
의미의 대립을 보인다.

  (4) (잘)가다-(잘)있다, 아가씨-(젊은)나그네, 서울-부산(정거장)[2]

(전략) 잘가세요 잘있어요 눈물의 기적이 운다(중략)
경상도 사투리에 <u>아가씨</u>가 슬피우네 이별의 <u>부산</u> 정거장 ~~~
<u>서울</u> 가는 십이 열차에 기대 않은 젊은 <u>나그네</u> (중략)
이별의 <u>부산</u> 정거장 <이별의 부산 정거장>

(5) <u>너</u>-<u>나</u>, <u>상행선</u>-<u>하행선</u>
<u>너</u>는 <u>상행선</u> <u>나</u>는 <u>하행선</u>/열차에 몸을 실었다 (하략) <차표 한 장>

(4)는 젊은 남녀가 이별하는 아픔을 표현한 것으로 '가다-있다', '아가씨-나그네', '서울-부산'과 같은 상황 반의어가 나오고, (5)는 기차역에서 헤어지는 남녀의 이별을 표현한 것으로 '너'와 '나'로 표현했던 남자와 여자를 서로 멀어져 가는 '상행선'과 '하행선'으로 비유해서 나타냈다. 기차를 대상으로 하면 '상행선-하행선'이 고정 반의어지만 사람을 대상으로 하면 비유에 의한 상황 반의어가 된다.

만남과 이별을 주제로 한 노래들에서는 고정 반의어로 '남자-여자, 앞-뒤, 아침-저녁, 피다-지다, 길다-짧다, 너-나'가 나오고, 상황 반의어로는 '가다-있다(←오다)3), 아가씨-나그네(←총각), 서울-부산(←지방)'이 나오며, 비유에 의한 상황 반의어로는 '상행선-하행선'이 나온다. 만남과 이별을 주제로 한 노래들에 나타난 상황 반의어는 헤어지는 주체, 헤어지는 행위, 헤어지는 장소에 대한 대립이 상황에 따라서 일시적인 대립으로 표현되었음을 알 수 있다.

2.1.2. 사랑의 감정

남녀 간의 사랑을 주제로 한 노래에는 그리움이나 사랑에 대한 감정을 애절하게 표현한 것들이 있다.

---

2) (4)에서 밑줄이 그어진 것은 상황 반의어들이다. 이하 동일.
3) ( ) 안의 단어는 고정 반의어를 말한다.

(6) 피다-지다, 가다-오다

(전략) 꽃은 <u>피고 지고</u> 세월이 <u>가도</u>(중략) 꽃이 다시 피는 새 봄이 <u>와
도</u> 그리움은 가슴마다 메아리 치네 <그리움은 가슴마다>

(7) 감다-뜨다

다시 못 볼 꿈이라면 차라리 눈을 <u>감고 뜨지</u> 말 것을 (하략) <꿈속의
사랑>
눈을 <u>감고</u> 걸어도 눈을 <u>뜨고</u> 걸어도 (하략) <보고 싶은 얼굴>

(8) <u>그립다-미워지다</u>, 쓰다-지우다

<u>그리우면 썼다가 미워지면 지워버린</u> (하략) <낙서>

(9) <u>여미다-열다</u>, 여자-남자, 너-나

(전략) 그대여 이렇게 <u>여미시긴</u> 마음 <u>열고</u> 싶을 때는
<u>너랑 나랑</u> 둘이만 들을 수 있는 목소리로 (중략)
몰래 사랑했던 그 <u>여자</u> 또 몰래 사랑했던 그 <u>남자</u> (하략) <몰래한 사
랑>

사랑의 감정을 주제로 한 노래들에도 고정 반의어인 '남자-여자, 피다-
지다, 너-나, 가다-오다, 감다-뜨다, 쓰다-지우다'가 나오고, 일시적인 상황
반의어로는 '그립다-미워지다(←잊다), 여미다-열다(←풀다)'가 나온다. 사
랑의 감정을 주제로 한 노래들에 나타난 상황 반의어는 사랑하는 사람에 대
한 감정이 좋았다가 나빠지는 과정이나 긍정적이었다가 부정적이 되는 등
의 대립 상황에 따라 일시적인 대립으로 표현되었음을 알 수 있다.

2.1.3. 남녀의 성 역할

남녀 간의 사랑 노래에서는 남자와 여자를 생물학적인 차이보다는 성 역
할로 비교하여 (10), (11), (12)와 같이 남자는 적극적이고 능동적인 존재로,

여자는 소극적이고 수동적인 존재로 표현하고 있다.

    (10) 너-나, 피다-지다, 떠나다-오다
        (전략) 너마저 몰라주면 나는 나는 어쩌나 (중략)
        동백꽃 피고 지는 계절이 오면 (중략)
        떠나고 안 오시면 나는 나는 어쩌나 (하략) <소양강 처녀>

    (11) 사랑하다-미워하다, 좋아하다-싫어하다
        사랑한다 말할까 좋아한다 말할까 (중략)
        미워한다 말할까 싫어한다 말할까 (하략) <여자이니까>

    (12) 착하다-나쁘다, 여자-남자, 웃다-울다
        착한 여자 나쁜 여자 따로 있나 남자하기 나름이지 요즘 여잔
        행복한 가정 변함없이 지켜주는 바로 내가 요즘 여자 (중략)
        웃고 우는 여자 웃고 우는 여자 요즘 여자랍니다 <요즘여자 요즘남
        자>

  (10)에는 고정 반의어 '너-나, 피다-지다, 떠나다-오다'가 나타나고, (11)에는 '사랑하다-미워하다, 좋아하다-싫어하다'가 나오며, (12)에는 '착하다-나쁘다, 여자-남자, 웃다-울다'가 나온다.

    (13) 남자-여자, 배-항구, 보내주다-떠나가다
        눈앞에 바다를 펑계로 헤어지나 남자는 배 여자는 항구
        보내주는 사람은 말이 없는데 떠나가는 남자가 무슨 말을 해 (하략) <남
        자는 배 여자는 항구>

    (14) 처음-이제, 남자-여자, (씩씩한)남자-애기
        처음에 사랑할 때 그이는 씩씩한 남자였죠 (중략)
        이제는 달라졌어 그이는 나보고 다 해 달래 (중략)
        남자는 여자를 정말로 귀찮게 하네(2번) ～～～
        결혼을 하고 난 후 그이는 애기가 돼버렸어 <남자는 여자를 귀찮게 해>

(13)은 돌아오지 않는 남자를 기다리는 여자가 적극적으로 찾아 나서지 않고 그 상황을 인내하는 것이 자신의 역할이라고 생각하는 내용으로 고정 반의어로는 '남자–여자'가 나타나고, 남녀의 특성을 배와 항구에 비유한 상황 반의어 '배–항구'가 나온다. '배'는 떠나는 특성을 가진 존재를 비유하고, '항구'는 기다리는 특성을 가진 존재를 비유하여 대립관계가 새롭게 형성되었다. (14)는 남녀의 갈등 구도를 설정해 놓고 '능동적'이던 남자가 '수동적'이 되어 여자를 귀찮게 한다는 내용으로 우리 사회의 고정적인 성 역할을 반대로 표현하여 재미를 주고 있다. 고정 반의어인 '남자–여자', '처음–이제'가 나오고, 상황 반의어인 '남자–애기'가 나온다. '애기'는 남자의 소극적이고 귀찮게 보채는 특성을 비유한 것이다.

남녀 성 역할을 주제로 한 노래들에도 고정 반의어인 '남자–여자', '너–나'가 주로 나타나고, '피다–지다', '떠나다–오다', '사랑하다–미워하나', '좋아하다–싫어하다', '착하다–나쁘다', '웃다–울다' 등이 나오며, 상황 반의어로는 '처음–이제(←끝)', '남자–애기', '배–항구'가 나온다. 남녀의 성 역할을 상황에 따라서 다양하게 비유하여 표현하였음을 알 수 있다.

2.1.4. 사랑에 대한 정의

사랑을 정의하는 노래에 나오는 반의어들은 다음과 같다.

(15) 사랑–이별, 당신–나
사랑이 무어냐고 물으신다면/눈물의 씨앗이라고 말하겠어요
먼 훗날 당신이 나를 버리지 않겠지요(중략) ~~~
이별이 무어냐고 물으신다면/눈물의 씨앗이라고 대답할테요 (하략) <사랑은 눈물의 씨앗>

(16) 만남–이별, 너–나
(전략) 만남의 기쁨도 이별의 아픔도 두 사람이 만드는 걸

어느 세월에 너와 내가 만나 점 하나를 찍을까 (하략) <사랑은 아무나
하나>

(17) 오다–가다, 사랑하다–싫다
(전략)사랑한다 할 땐 언제고 싫다는 말은 무슨 말이오(중략)
마음대로 왔다가 마음대로 가는 것이 (하략) <사랑은 장난이 아니랍
니다>

(18) 사랑–이별, 나–당신
잘 있어 나 없이도 행복해야 해 (중략)
목숨처럼(목숨처럼–) 사랑했던 당신 모습(당신 모습–) 밀려오네
(중략) 사랑이 무어냐 묻지를 마라 떠나는 내 신세 네가 알잖아
이별이 웬말이냐 묻지를 마라 (하략) <사랑이 무어냐>

(19) 즐겁게–슬프게, 오다–가다, 살며시–괴롭게
사랑이란 즐겁게 왔다가 슬프게 가는 것
(중략) 사랑이란 살며시 왔다가 괴롭게 가는 것 (하략) <하와이 연정>

사랑의 정의를 주제로 한 노래들은 '너'와 '나'의 관계, '만남'과 '이별'의
설정을 통해서 표현을 하고 있으며, 고정 반의어로 '나–당신, 나–너, 만남–
이별, 사랑하다–싫다, 오다–가다, 즐겁게–슬프게'가 나오고, 상황 반의어로
는 '사랑–이별(←미움), 살며시–괴롭게(←세게)'가 나온다. 상황 반의어는 고
정 반의어와 달리 상황에 따라서 사랑을 정의하는 대립 개념이 달라짐을 알
수 있다.

2.2. 인생살이를 주제로 한 노래

트로트가 표현하고 있는 삶의 모습은 소박하면서도 관조적이며, 인생살

이를 인간관계나 삶과 죽음, 희로애락으로 표현하고 있다. 대립 상황을 통해서 현실적인 삶을 직선적으로 표현하고, 갈등 상황을 설정하되 반의어를 사용하여 메시지를 전달하고 있다. 또한 현실에 대한 긍정과 부정이 반의어를 통해 표현되고 있는데 반의어는 극에 놓인 상황을 통해서 대상의 속성을 명확히 보여준다.

> (20) 나-너(니/지), 기쁘다-슬프다, 웃다-울다, 잘나다-못나다
>   니가 기쁠 때 내가 슬플 때 누구나 부르는 노래 (중략)
>   울고 웃는 인생사 연극 같은 세상사 (중략)
>   나 그리울 때 너 외로울 때 혼자서 부르는 노래
>   내가 잘난 사람도 지가 못난 사람도 (하략) <네 박자>
>
> (21) 너-나, 모르다-알다
>   네가 나를 모르는데 난들 너를 알겠느냐 (중략)
>   알몸으로 태어나서 옷 한 벌은 건졌잖소 (하략) <타타타>
>
> (22) 오다-가다
>   인생은 나그네길 어디서 왔다가 어디로 가는가 (하략) <하숙생>

(20)은 인생에는 희로애락이 묻어 있다는 내용으로 고정 반의어인 '나-너', '기쁘다-슬프다', '웃다-울다', '잘나다-못나다'가 출현하고, (21)과 (22)는 인생의 의미를 한번쯤 생각해 보게 하는 노래로 고정 반의어 '너'와 '나', '앎'과 '무지'가 나오고, '알몸으로 태어나서'와 '옷 한 벌은 건졌잖소.'가 무와 유, 삶과 죽음의 의미를 대조적으로 표현하고 있다.

> (23) 잘나다-못나다, 도련님-아가씨, 영감-할멈, 상투-신발
>   잘난 사람은 잘난 대로 살고/못난 사람은 못난 대로 산다
>   (중략) 싱글벙글 싱글벙글 도련님 세상/방실방실 방실방실 아가씨 세상
>   영감 상투 삐뚤어지고 할멈 신발 도망갔네 허- (하략) <세상은 요지경>

(23)은 세상의 구성원을 '잘난 사람'과 '못난 사람'으로 나누고, 성별로는 젊은 사람을 '도련님'과 '아가씨'로, 늙은 사람을 '영감'과 '할멈'으로 나누고 있다. 또한 영감의 '상투'와 할멈의 '신발'을 대비하고 있는데 이는 이 노래에서만 일시적으로 대립관계를 보이는 것이다.

> (24) 남-님, 웃다-울다, 돈-돌, 정-멍
> 남이라는 글자에 점 하나를 지우고/님이 되어 만난 사람도 (중략)
> 가슴 아픈 사연에 울고 있는 사람도/복에 겨워 웃는 사람도 점 하나에
> (중략)
> 돈이라는 글자에 받침 하나 바꾸면/돌이 되어 버리는 인생사
> 정을 주던 사람도 그 마음이 변해서/멍을 주고 가는 장난 같은 인생사
> (하략) <도로남>

(24)는 인간관계 속에서의 인생을 정의하고 있는데 고정 반의어로 '웃다-울다'가 나오고, 상황 반의어로 '나-남' 대신 '님-남'이 나오며, '정-멍'도 있다. 비유적 상황 반의어로는 '돈-돌'이 나온다.

인생을 주제로 한 노래들에는 고정 반의어로 '나-너, 도련님-아가씨, 영감-할멈, 기쁘다-슬프다, 모르다-알다, 오다-가다, 웃다-울다, 잘나다-못나다' 등이 나오고, 상황 반의어로 '남-님, 멍-정, 상투-신발' 등이 나오며, 비유적인 상황 반의어로 '돈-돌'이 나온다. 일시적인 상황에 따른 반의어의 사용 양상이 사랑을 주제로 한 노래들에 비해서 더욱 독특하고 다양하게 나타남을 알 수 있다.

2.3. 분단의 아픔과 고향을 주제로 한 노래

우리나라는 같은 민족이 정치 이념에 의해 분단된 국가이기에 동질성을 기반으로 하면서도 여러 면에서 서로 대립되는데 이러한 상황이 분단의 아

품을 주제로 한 노래들에서 의미 대립을 이루면서 표현되고 있다. 가고 싶은 곳이나 갈 수가 없고, 만나고 싶으나 만날 수 없는 사람에 대한 그리움을 반의어를 통해서 잘 나타내고 있다.

2.3.1. 분단의 아픔

(25) 산-물, 가다-오다, 꽃(피다)-눈(오다)
아 산이 막혀 못 오시나요 아 물이 막혀 못 오시나요
다 같은 고향역을 가고 오련만 (중략)
아 꽃 필 때나 오시려느냐 아 눈 올 때나 오시려나 (하략) <가거라 삼
팔선>

(26) 너-나
(전략) 천지간에 너와 난데 변함 있으랴 (하략) <굳세어라 금순아>

이 노래들은 국토의 분단으로 인한 민족의 아픔을 노래하면서 잊을 수 없지만 만날 수 없는 사람에 대한 그리움으로 민족 통일을 갈망한다는 내용을 담고 있다. 고정 반의어로는 '나-너, 가다-오다'가 나오고, 상황 반의어로는 '산-물, 꽃-눈'이 나온다.

2.3.2. 고향에 대한 그리움

(27) 진달래꽃-갈대, 봄-가을
(전략) 진달래꽃이 피는 봄날에 이 손을 잡던 그 사람
갈대가 흐느끼던 가을밤에 울리고 떠나가더니 (하략) <고향의 강>

(28) 타향-고향, 싫어-좋아
타향도 정이 들면 정이 들면 고향이라고 (중략)
아 타향은 싫어 고향이 좋아 <고향이 좋아>

(29) 고향-타향(타관)
　　고향이 그리워도 못 가는 신세/저 하늘 저 산 아래 아득한 천리
　　언제나 외로워라 타향에서 우는 몸 (중략)
　　타관 땅 돌고 돌아 헤매는 이 몸 (하략) <꿈에 본 내 고향>

　이 노래들은 고향에 대한 그리움을 표현한 것들로 고정 반의어인 '고향-타향, 봄-가을, 싫다-좋다, 오다-가다'가 나오고, 상황 반의어로 '진달래꽃-갈대'가 나온다.

　분단의 아픔이나 고향에 대한 그리움을 주제로 한 노래에서는 환경적인 상황 표현을 통해서 대립 개념을 형성하고 있는 경우가 많다.

　지금까지 각 주제별 노래 가사에 나타난 반의어의 양상을 보면 고정 반의어는 주제와 상관없이 고빈도로 나타났고, 일시적인 상황 반의어는 주제별로 다양한 양상을 보였다.

2.4. 주제별 가요에 나오는 반의어의 특징

　먼저 주제별 가요에 나오는 반의어의 특징을 보기 전에 전체 트로트 가요를 살펴보면 '나-너'가 가장 많이 출현한 반의어이다. '나'의 반의어로는 '너' 외에도 '남/당신/그대'가 나오고, 해당 가요에서만 일시적인 대립을 보이는 것으로 '그녀/처녀, (그)사람/길손/사내/청년' 등이 있다. 다음으로는 '가다-오다'가 많이 출현했는데 '가다'의 반의어로는 '오다' 외에도 '두다/머물다/있다, 떠나다/보내다, 만나다' 등이 일시적인 대립을 보였다.

　각 주제별로 반의어의 출현 양상을 살펴보면, 사랑을 주제로 한 노래에서는 '나-너'가, 인생살이를 주제로 한 노래에서는 '가다-오다'가, 분단의 아픔과 고향에 대한 그리움을 주제로 한 노래에는 '고향-타향'이 가장 많이 출현하였다. 사랑을 주제로 한 노래에 '나-너'가 많이 출현한 것은 사랑의

주체가 대립적으로 표현된 것이고, 인생살이를 주제로 한 노래에 '(돌아)가다-(돌아)오다'가 많이 출현한 것은 세월이나 인생의 흐름을 표현한 것이며, 분단의 아픔과 고향에 대한 그리움을 주제로 한 노래에 '고향-타향'이 많이 출현한 것은 고향에 대한 그리움과 타향에서의 서러움이 대비되는 표현이 많아서이다.

트로트는 가사의 내용이 인간의 감정을 직설적이고 솔직하게 표현하여 대립적인 구절이 많고 그것들이 반의어로 부각되어 다루어졌다. 같은 반의어라도 노래의 주제에 따라서 대립의 내용이 달라져 '가다-오다'의 경우, 사랑을 주제로 한 노래에서는 만남과 이별의 행위로서 사람이 '가다-오다'이고, 인생살이를 주제로 한 노래에서는 시간이나 세월이 '가다-오다'이며, 분단의 아픔과 고향에 대한 그리움을 주제로 한 노래에서는 고향을 떠나온 사람이 고향에 '가다-오다'를 의미한다.

트로트 가요의 가사에 나오는 고빈도 반의어를 주제별로 정리하면 [표 1] 과 같다.[4]

[표 1] 트로트 가요의 주제별 고빈도 반의어

주제별 빈도순	전체 노래(184곡)		사랑(119곡)		인생살이(27곡)		분단과 고향(23곡)	
1위	나-남/너/당신/ 그대	42	나-남/너/당신/그 대	39	(돌아)가(버리)다 -(돌아)오다	7	고향(산천)-(천리) 타향/타관	10
2위	(돌아)가(버리) 다-(돌아)오다	34	(돌아)가(버리)다- (돌아)오다	23	못나다-잘나다	3	(돌아)가(버리)다- (돌아)오다	4
3위	울다-웃다	13	남자(사나이)-여자	13	울다-웃다	3	남(南)-북(北)	3
4위	남자(사나이)- 여자	13	울다-웃다	10	(해가)지다-돋다 /뜨다(날이)새다	3	(이북)고향-부산항/ 서울/이역(異域)	3
5위	고향(산천)-(천 리)타향/타관	12	사랑하다(사랑)-미 워하다(미움)	9	나-남/너/당신/ 그대	2	산(길)-강/물(길)/바 다	2

---

4) 음영 부분은 해당 주제에서 특징적으로 나타난 반의어이다. 전체의 1-3위를 차지한 반의어는 두 주제 이상에서 나타난 것들이며, 그 밖의 주제에 대한 노래는 기타로 처리하여 생략한다.

[표 1]을 통해서 전체 트로트 가요에서 고빈도로 출현한 1-3위의 음영 부분을 제외하고, 주제에 따라서 고빈도로 출현한 음영 부분의 반의어들이 각 주제의 특징을 잘 반영해 주고 있음을 알 수 있다.

3. 트로트 가요에 나오는 반의어의 유형별 의미 분석

3.1. 반의어의 유형별 의미 양상

트로트 가요에 출현한 반의어는 155개인데 이 중에서 고정 반의어는 82개(53%)이고, 일시적인 상황 반의어는 73개(47%)이며, 상황 반의어 중에서 비유에 의한 반의어는 6개이다.

3.1.1. 고정 반의어의 의미 양상

트로트 가요에 고빈도로 출현한 반의어는 대부분 고정 반의어들인데 가사의 주제별로 특징을 나타낸다. '나-너, 가다-오다, 울다-웃다, 남자-여자, 고향-타향'은 모든 주제에 고빈도로 출현하고, 사랑을 주제로 한 노래에는 '사랑하다-미워하다'가, 인생살이를 주제로 한 노래에는 '못나다-잘나다'가, 분단과 고향을 주제로 한 노래에는 '남-북'이 고빈도로 출현하였다.

3.1.2. 상황 반의어의 의미 양상

본고는 해당 노래에서만 의미 대립을 보이는 일시적인 상황 반의어에 관심을 갖고 이들을 분석하고자 한다. 상황 반의어가 고정 반의어와 달리 다양한 의미의 대립을 보이는 것은 가사 내용 전체 속에서 대립의 개념 구조가 새롭게 생겨나기 때문이다. 일반적으로는 대립관계를 가지지 않은데 왜 이 노랫말에서만 대립관계를 형성하게 되었는지 그 이유를 알아봄으로써 우리의 의식 속에 자리 잡고 있는 대립 개념을 엿볼 수 있다. 상황 반의어의 의미 양상을 세부적으로 나누면 다음과 같다.

첫째, 표현하고자 하는 개념의 속성을 대표할 수 있는 구체적인 단어로 대립을 표현하는 유형이 있다. '꽃(피다)-눈(오다)'은 봄과 겨울을 그 계절의 특징적인 현상으로 표현하여 대립을 이룬 것으로 해석할 수 있다.

둘째, 해당 단어의 예를 하나 가져와서 반의어로 삼은 유형이 있다.

서울에는 어여쁜 아가씨도 많지만
울산이라 큰 애기 제일 좋다나 <울산 큰 애기>
뭍 꺼리게 그리운 아득한 저 육지를 바라보다
검게 타버린 검게 타버린 흑산도 아가씨(중략)
애타도록 보고픈 머나먼 그 서울을 그리다가
검게 타버린 검게 타버린 흑산도 아가씨 <흑산도 아가씨>

'서울'의 고정 반의어는 '시골, 지방'인데 노래에서는 시골이나 지방의 구체적인 지명을 제시하여 '서울-울산/흑산도'가 일시적인 반의어를 이룬다. 그리고 '육지'의 고정 반의어는 '바다'인데 노래에서는 바다에 있는 섬의 구체적인 지명들이 일시적으로 대비되어 '육지-흑산도'로 표현된다.

셋째, 행동 주체의 이동을 통해서 대립을 표현하는 유형이 있다.

이제 와서 붙잡아도 소용없는 일인데
구름 저 멀리 떠나버린 당신을 <공항의 이별>
아- 붙잡아도 뿌리치는 목포행 완행열차 <대전 부르스>
잘 있거라 나는 간다 이별의 말도 없이 (중략)
잘 가소 잘 있소 이별 슬픈 밤 부두 <연락선은 떠난다>

'붙잡다-떠나다'를 보면 '붙잡다'의 고정 반의어는 '놓다'이고, '떠나다'

는 '머물다'인데 '떠나다'의 반의어로 '붙잡다'가 된 것은 행동의 주체가 달라졌기 때문이다. '(붙)잡다-뿌리치다'의 경우도 '(붙)잡다'는 '놓다'가, '뿌리치다'는 '놔두다'가 고정 반의어인데 행동의 주체가 이동하여 일시적으로 반의어가 이루어진 것이다. '가다-있다'도 마찬가지이다.

넷째, 의미의 점진적인 변화를 받아들임으로써 대립 의미가 연결되는 유형을 들 수 있다.

> 유행가 유행가 <u>신나는</u> 노래 나도 한번 불러본다
> 유행가 유행가 <u>서글픈</u> 노래 가슴 치며 불러본다 <유행가>
> 편지 한 장 전할 길이 이다지도 없을소냐
> 아 <u>썼다</u>가 <u>찢어버린</u> 한 많은 대동강아 <한 많은 대동강>
> <u>정</u>을 주던 사람도 그 마음이 변해서
> <u>멍</u>을 주고 가는 장난 같은 인생사 <도로남>

'신나다-서글프다'를 보면 '서글프다'는 반의어가 없고, '신나다'는 "재미있다, 흥이 난다"를 의미하므로 '재미없다'를 반의어라 할 수 있다. '재미없다'에서 부정적인 감정이 점진적으로 '우울하다'로 발전되고, 부정적인 감정이 심화되어 '슬프다'로 되었다가 '서글프다'는 감정까지 연결된 것으로 해석할 수 있다.5) 그 과정은 다음과 같다.

> 신나다→재미있다⇔재미없다→ **부정적 감정으로 심화** →우울하다→슬프다→서글프다
> 쓰다⇔지우다→ **극한 감정으로 심화** →찢다

'쓰다-찢다'도 '쓰다'의 반의어 '지우다'의 감정을 보다 더 극하게 표현한 것이 '찢다'로 연결되어 대립을 이루게 되었다고 할 수 있다. '정-멍'의 경우도 '정'이 없는 것을 넘어서서 상처를 준 것이 '멍'이라 할 수 있다.

---

5) 강현화(2005 : 48-49)에서도 기쁨과 슬픔의 감정 기초 형용사의 유의관계를 논하면서 사전의 의미를 분석하였는데 이와 같은 맥락으로 이해할 수 있다.

다섯째, 유의어를 대신 사용하여 고정 반의어와 약간의 의미의 비틀림을
보이면서 대립을 표현하는 유형이 있다.

> 파도 위에 물거품처럼 왔다가 사라져 간 <바닷가의 추억>
> 거치른 타관 길에 주막은 멀다 (중략)
> 또 다시 고향 생각 엉키는구나 <백마야 울지마라>

'오다-사라지다'에서는 '오다'의 고정 반의어 '가다'의 유의어 '사라지다'
가 '오다'의 상황 반의어가 되었고, '고향-타관'에서는 '고향'의 고정 반의
어 '타향'의 유의어 '타관'이 상황 반의어가 되었다.

여섯째, 관련어를 가져다가 고정 반의어와 대립을 이룬 유형이 있다.

> 언제나 분주한 <u>어머님</u> 마음
> 정으로 기른 <u>자식</u> 모두들 가버려도 <모정의 세월>
> <u>어머님</u> 오늘 하루를 어떻게 지내셨나요
> 백날을 하루 같이 이 못난 <u>자식</u> 위해 <어머님>
> 저고리 고름 말아 쥐고서 누구를 기다리나 <u>낭랑</u> 십팔 세
> 팔짱을 끼고 돌부리 차며 무엇을 기다리나 <u>총각</u> 이십 세 <낭랑 십팔세>
> 우는 님은 <u>건달</u>이요 웃는 님은 <u>도련님</u>이지 <아리랑 랑랑>

'어머님-자식'을 보면, 고정 반의어는 '부모-자식'인데 부모 중 부분어라
고 할 수 있는 '어머님'을 가져와서 부모 전체를 나타내면서 '자식'과 대립
을 이루었다. '낭랑-총각'의 경우는 '처녀-총각'이 반의어인데 '처녀' 대신
에 "왕비나 귀족의 아내"를 의미하는 '낭랑'을 가져와서 일시적인 반의어를
만들었다. '건달-도련님'은 '건달'의 고정 반의어는 없고 '신사'를 떠올릴
수 있는데 관련어 '도련님'을 가져와서 일시적인 반의어를 이루었다.

일곱째, 다의어인 경우 여러 의미 중 한 의미를 가져와서 그것의 유의어
가 반의어를 이룬 경우가 있다.

덧없이 <u>왔다가</u> <u>떠나는</u> 인생은 구름 같은 것 <서울 탱고>

'오다-떠나다'를 보면 '오다'의 고정 반의어는 '가다'인데 '가다'의 ④번 의미[6] "지금 있는 곳에서 어떠한 목적을 가지고 다른 곳으로 옮기다"가 '떠나다'의 의미 "있던 곳에서 다른 곳으로 옮기다"와 유의관계에 있다고 봄으로써 대립 개념을 형성한 것이다. '만나다-돌아서다'도 '만나다'의 기존 반의어는 '헤어지다'인데 '헤어지다'의 ②번 의미 "사귐이나 맺은 정을 끊고 갈라서다"가 '돌아서다'의 의미 "생각이나 의견의 차이로 말미암아 다른 사람과 등지게 되다"와 유의관계에 있다고 봄으로써 대립 개념을 형성한 것으로 해석할 수 있다.

여덟째, 상황에 따라 다양하게 달라지는 대립어의 유형을 들 수 있다. '나'는 '너, 남, 당신, 그대' 등으로 반의어가 가장 다양하게 나타난 단어이다. 나와 사랑을 나누는 대상이 노래마다 다양하여 여자는 '그녀, 처녀, 해숙' 등이 반의어로 나오고, 남자는 '그사람, 길손, 사내, 청년' 등이 나온다.

그날 밤이 좋았기에 <u>오늘</u> 밤도 기다려지는 <단골손님>
행여 <u>오늘</u>도 다시 만날까 <u>그날</u> 밤 그 자리에 <신사동 그 사람>
그대여 이렇게 <u>여미어진</u> 마음 <u>열고</u> 싶을 때는 <몰래한 사랑>

좋지 않은 현실 상황과 대비되는 표현도 다양하다. '그날-오늘'은 좋았던 과거와 안 좋은 현재 즉 오늘이 대비를 이루고 있고, 반대로 '여미다-열다'는 안 좋은 현재와 좋아질 미래의 상황이 대비를 이루고 있다.

마지막으로 단어가 의미 대립을 보이는 것이 아니라 앞뒤 구절로 대립을 보이거나 1절과 2절에서 대립관계를 형성하는 유형도 있다.

<u>날이 새면</u> 물새들이 시름없이 날으는
<u>해가 지면</u> 뻐꾹새가 구슬프게 우는 밤 <강촌에 살고 싶네>

---

6) 뜻풀이는 <표준국어대사전>을 기준으로 하였음.

이상 일시적인 상황 반의어가 형성되는 과정을 통해서 우리의 의식 속에 대립 개념이 형성되는 과정을 유추해 볼 수 있으며, 나아가 기존의 고정 반의어가 형성된 과정도 짐작할 수 있다.

3.1.3. 비유적 반의어의 의미 양상

일시적 상황 반의어 중에는 비유의 과정을 통해서 형성된 비유적 반의어가 있는데 이들의 의미 양상이 다양하게 나타나고 있다. 먼저 "A(원개념)는 B(비유 개념)이다"의 전형적인 은유 표현으로 의미의 대립 양상을 보인 경우가 있다.

> 남자는 배 여자는 항구 <남자는 배 여자는 항구>
> 너는 상행선 나는 하행선 <차표 한 장>

남자와 여자를 비유한 '배-항구'의 경우, '배'의 반의어는 없지만 굳이 찾는다면 '자동차, 비행기'가 떠오르는데, 이 노래에서 '배-항구'가 대립 개념을 갖게 된 것은 '배'가 자유롭게 움직이는 특성과 적극성을 가진 데에 비해서 '항구'는 한 곳을 지키는 소극성을 갖는다 하여 이러한 특성을 남녀의 특성에 빗댄 것이다. 다음으로 남녀가 헤어지는 상황을 비유한 '상행선-하행선'의 경우, 헤어지는 남녀가 더 이상 만날 수 없는 상황을 반대 방향으로 달리는 상행선과 하행선 기차로 표현한 것이다. 이러한 1차 비유 과정을 거친 후에 다시 '남자-여자'(원개념)를 '배-항구', '상행선-하행선'(비유개념)으로 비유하는 2차 과정을 거쳤다고 할 수 있다.

둘째, 한 단어로 전체 개념을 대표하는 대유 표현을 통해 대립 양상을 보인 경우가 있다.

> 백금에 보석 놓은 왕관을 준다 해도

흙냄새 땀에 젖은 배적삼만 못 하더라 <마음의 자유 천지>
돈이라는 글자에 받침 하나 바꾸면/돌이 되어 버리는 인생사 <도로남>

'왕관-배적삼'은 의복이나 장신구 중에서 가장 화려한 것과 가장 남루한 것을 대조적으로 비유하여 표현한 것으로 '배적삼'은 신성한 노동을 통한 자유를, '왕관'은 편안하게 취한 부귀영화의 굴레를 나타내고 있다. '돈-돌' 도 가치가 있는 것과 가치가 없는 것을 대표하는 단어로 대립시켜 표현한 것으로 우리의 의식 속에 가치가 있는 것의 대표적인 것이 돈이고, 가치가 없는 것의 대표적인 것이 돌임을 알 수 있다. 이를 통해서 한국인의 의식 구조의 단면을 엿볼 수 있다. 이들 반의어는 어떤 추상적인 개념을 대표하는 단어를 통해서 대립을 보인 경우이다.

셋째, 표현하고자 하는 개념의 속성을 대표할 수 있는 구체적인 단어로 표현한 환유 표현에 의해서 대립 양상을 보인 경우가 있다.

진달래꽃이 피는 봄날에 이 손을 잡던 그 사람
갈대가 흐느끼던 가을밤에 울리고 떠나가더니 <고향의 강>

봄에 사랑을 함/희망과 기쁨의 표현 → 봄의 대표적인 꽃 → 진달래꽃
  ↕   ↕   ↕   ⇕
가을에 사랑이 끝남/이별과 슬픔의 표현 ⇒ 가을의 대표적인 꽃 ⇒ 갈대

'진달래꽃-갈대'는 봄과 가을의 계절 대비가 그 계절에 피는 대표 식물로 표현되었는데, 봄에 사랑할 때의 희망적인 진달래꽃과 가을에 이별할 때의 슬픔의 갈대가 의미의 대립을 보이면서 일시적으로 반의어가 형성된 것으로 해석할 수 있다.

넷째, 본뜻을 숨기고 비유하는 말만으로 숨겨진 뜻을 암시하는 풍유 표현에 의해 대립 양상을 보인 경우가 있다.

쥐도 새도 모르듯이 살짝살짝 걸어오네 <남원의 봄 사건>

'쥐-새'는 관용구 '쥐도 새도 모르듯이'로 표현되었는데 이는 밤에 돌아
다니는 속성을 가진 대표적인 동물로는 쥐를, 낮에 돌아다니는 속성을 가진
대표적인 동물로는 새를 들어 일시적인 의미 대립을 이루고 있다. 이는 '낮
말은 새가 듣고 밤말은 쥐가 듣는다'는 속담에도 나타난다.

3.2. 반의어에 나타난 대립적 의식 구조

지금까지 해당 노래에서만 의미적 대립을 이루면서 형성된 일시적인 상
황 반의어를 주요 분석 대상으로 하여 의미의 내립 구조를 파악하고, 이러
한 과정에서 반의어의 의미 양상이 다양하며, 우리의 의식 속에 대립 개념
이 어떠한 과정을 거쳐서 형성되는지 그 과정을 통해서 우리의 대립적 의식
구조 및 사고방식의 일면도 발견하였다.

사랑을 주제로 한 노래에는 우리 사회의 고정적인 성 역할을 남자는 적
극적이고 능동적인 존재로 인식하고, 여자는 소극적이고 수동적이며 상황
을 인내하고 기다려야 하는 존재로 인식하는 것으로 나타났고, 인생살이를
주제로 한 노래에는 현실 그대로를 받아들이는 서민들의 삶의 모습이 엿보
였다.

상황 반의어를 통해 나타난 대립적 의식 구조를 보면 다음과 같다. 첫째,
이분적 사고를 통해서 대립 개념이 형성되었음을 알 수 있다. 예를 들어 '그
이-사람들'은 그이와 그 밖의 사람들로 이분함으로써, '집-요리집/기생집'
은 집(가정)과 기생집으로 이분함으로써 대립 개념이 생겼다.

둘째, 대표적 사고를 통해서 대립 개념이 형성되었음을 알 수 있다. '꽃-
눈'은 봄과 겨울을 대표하는 사물을 통해서, '진달래꽃-갈대'는 봄과 가을
을 대표하는 식물을 통해서, '쥐-새'는 밤과 낮을 대표하는 동물을 통해서

대립 개념이 생겼다. '겉-마음'은 마음이 사람의 속을 대표한다고 생각하여 대립 개념이 생겼으며, '배-항구, 상행선-하행선, 왕관-배적삼, 돈-돌'도 대표적 사고를 통한 비유 과정을 거침으로써 대립 개념이 형성되었다.

셋째, 포괄적 사고를 통해서 대립 개념이 형성되었음을 알 수 있다. '오늘-그날'을 보면, '오늘'의 반의어인 '어제'보다 더 포괄적인 '그날'로 표현하였고, '춘향-낭군/도령'도 '춘향'의 반의어인 '몽룡'보다 더 포괄적인 '낭군, 도령'으로 대체되었다고 할 수 있다.

넷째, 구체적 사고를 통해서 대립 개념이 형성되었음을 알 수 있다. 시간, 장소, 사람의 경우가 대표적인데 시간 표현의 경우, '겨울-사월'은 '겨울'의 반의어인 '봄'의 구체적인 달 '사월'로 표현한 것이고, 장소 표현의 경우는 '고향-부산항/서울/이역'이 타향의 구체적인 장소를, '서울-울산/부산/흑산도'가 지방의 구체적인 장소를, '육지-울릉도/흑산도'가 바다의 구체적 장소인 섬의 지명을 표현한 것이다. 사람에 대해서는 '나-그녀/처녀/그사람/길손/사내/청년/님'처럼 상대방을 구체적인 인물로 표현하거나, '서울색시(아가씨)-영산강처녀/울산큰애기'처럼 구체적인 장소에 사는 사람으로 표현하며, '여자-사나이, 아가씨-나그네/사나이/카우보이'처럼 구체적인 예로 표현하였다.

다섯째, 주변적 사고를 통해서 대립 개념이 형성되었음을 알 수 있다. '총각-낭랑'을 보면 '총각'의 반의어는 '처녀'인데 주변적 의미를 가진 '낭랑'이 반의어가 되었고, '가을-겨울/여름'을 보면 '가을'의 반의어는 '봄'인데 앞뒤의 계절인 '겨울'과 '여름'이 반의어가 되었으며, '내일-모레'는 '내일'의 반의어인 '오늘' 대신 다음날인 '모레'가 반의어로 표현된 것이다.

여섯째, 점층적 사고를 통해서 대립 개념이 형성되었음을 알 수 있다. '정-멍'과 '신나다-서글프다'는 부정적 감정이 점층적으로 강해짐으로써 감정의 대비를 보여 반의어가 형성되었다.

일곱째, 초점 이동을 통해서 대립 개념이 형성된 것을 알 수 있다. '건달-도련님/신사'는 이성을 대비시킨 고정 반의어의 초점을 동성으로 이동하였

으며, '떠나다-보내다/붙잡다'는 행동 주체의 초점을 바꾸어 반의어를 형성
하였다.

마지막으로 대립적 사고를 확대한 경우도 있다. "아내에게 오는 삐삐 번
호를 일일이 체크하는 남자"(<간 큰 남자> 중에서)에서 '아내-남자'의 일시
적인 반의어는 '아내'의 고정 반의어인 '남편'을 확대 해석하여 상황 반의어
'남자'로 대비시킨 것이라 할 수 있다. 그런데 이러한 대립적 사고의 확대가
'아내'를 '남편'으로 바꾸고 '남자'를 '여자'로 바꾼 '남편-여자'의 경우는
자연스럽지 않다. 이때 '여자'는 '아내'의 개념을 확대한 것이 아니라, 아내
가 아닌 다른 '여자'의 개념으로 이동하기 때문이다.

이상에서 살펴본 바에 따르면 반의어에 나타난 대립적 의식은 우리가 어
떤 현상이나 사물에 대해서 이분적 사고, 대표적 사고, 포괄적 사고, 구체적
사고, 주변적 사고, 섬승적 사고 등을 함으로써 형성되었음을 알 수 있다.

4. 마무리

본 논문에서는 트로트 가요에 나오는 반의어들을 통해서 의미의 대립 구
조를 파악하고자 하였다. 기존에 일반적으로 생각하는 고정적인 반의어와
함께 해당 노래에서만 의미적 대립을 보이는 일시적인 상황 반의어가 출현
하였는데 이러한 반의어의 대립 관계가 형성되는 과정과 양상을 살펴보면
서 우리의 의식 구조 및 사고방식의 일면을 엿볼 수 있었다.

이러한 연구의 결과는 그동안 의미의 상관관계에 대한 다른 연구들에 비
해서 상대적으로 활발한 연구가 진행되지 못했던 반의어 연구에 미약하나
마 활력소가 될 수 있다고 본다. 기존의 고정적인 반의어가 형성되는 과정
을 유추해 볼 수 있어서 국어의미론 연구에도 의의가 있고, 반의어의 새로
운 대립 구조를 통해서 인간의 의식 구조를 알 수 있으므로 인지의미론적인

연구와도 관련이 있으며, 나아가 외국인을 한국어 어휘 교육의 자료로도 활용할 수 있으리라 생각한다. 앞으로 다른 유형의 가요에 나타난 반의어들과는 어떠한 차이점을 가지는지 비교하는 연구도 필요하고, 반의어뿐만 아니라 대중가요에 나오는 유의어의 의미 양상에 대한 연구도 이와 마찬가지 방법으로 시도가 가능하다고 하겠다.

〈부록 1 : 분석 대상 가요 184곡〉

A 사랑을 주제로 한 노래(119)

1. 이별의 아픔-만남과 이별(59)

   〈가버린 당신〉〈가슴 아프게〉〈가을을 남기고 간 사람〉〈가져가〉〈가지마오〉〈간데요 글쎄〉〈고별〉〈공항에 부는 바람〉〈공항의 이별〉〈낙엽이 가는 길〉〈남 남〉〈내 사랑에 돌을 던져 놓고〉〈내 사랑에 돌을 던져놓고〉〈당신은 어디 있나요〉〈당신은 철새〉〈당신 이 버린 사랑〉〈대전 부르스〉〈립스틱 짙게 바르고〉〈마음은 서러워도〉〈마음의 사랑〉 〈멈출 수 없는 사랑〉〈무영탑 사랑〉〈무정한 그 사람〉〈물레방아 도는데〉〈물레야〉〈미 련 때문에〉〈미스고〉〈미안 미안해〉〈미운 사람〉〈바닷가의 추억〉〈바람 같은 사람〉 〈비 내리는 호남선〉〈비오는 해안〉〈사나이 블누스〉〈사랑과 계절〉〈사랑은 계절 따라〉 〈사랑이 저만치 가네〉〈석별〉〈선창〉〈신사동 그사람〉〈아리랑 랑랑〉〈있으나 서나 당 신 생각〉〈애증의 강〉〈연락선은 떠난다〉〈연안 부두〉〈영산강 처녀〉〈영영〉〈용두산 엘레지〉〈울고 넘는 박달재〉〈웃으며 가요〉〈이별의 부산정거장〉〈이별의 인천항〉〈이 별의 종착역〉〈잠깐만〉〈차표 한 장〉〈천상재회〉〈추억의 테헤란로〉〈카페에서〉〈타인 들〉

2. 사랑의 감정(32)

   〈경상도 청년〉〈그대의 이름은〉〈그리움은 가슴마다〉〈꿈속의 사랑〉〈나는 울었네〉〈낙 서〉〈남원의 봄사건〉〈내몫까지 살아주〉〈너와 나의 고향〉〈니가 올래 내가 갈까〉〈당신 때문에〉〈몰래한 사랑〉〈보고 싶은 얼굴〉〈빛과 그림자〉〈사랑 A〉〈사랑 B〉〈사랑의 미로〉〈사랑의 종말〉〈사랑하는 영자씨〉〈사랑해서 미안해〉〈살짜기 옵서예〉〈아내에게 바치는 노래〉〈아네모네〉〈앉으나 서나 당신 생각〉〈울산 큰 애기〉〈유일한 사람〉〈짝사 랑〉〈찰랑찰랑〉〈천상재회〉〈평양기생〉〈하늘 땅 만큼〉〈환희〉

3. 남녀 성 역할-남자와 여자(23)

   〈간 큰 남자〉〈거울도 안 보는 여자〉〈그대 변치 않는다면〉〈날 버린 남자〉〈남남북녀〉 〈남성 넘버원〉〈남자는 배 여자는 항구〉〈남자는 여자를 귀찮게 해〉〈내 남자〉〈마도로 스 박〉〈목석같은 사나이〉〈빨간 마후라〉〈소양강 처녀〉〈아리조나 카우보이〉〈애모〉 〈엄처시하〉〈여자여자여자〉〈여자이니까〉〈요즘 여자 요즘 남자〉〈우리 순이〉〈좋았다 싫어지면〉〈항구의 선술집〉〈항구의 영번지〉

4. 사랑에 대한 정의(5)

　　<사랑은 눈물의 씨앗> <사랑은 아무나 하나> <사랑은 장난이 아니랍니다> <사랑이 무어
　　냐> <하와이 연정>

B 인생을 주제로 한 노래(27)

　　<강촌에 살고 싶네> <귀거래사> <기러기 아빠> <기타 부기> <네박자> <노래가락 차차
　　차> <노래하며 춤추며> <단골손님> <도로남> <마음의 자유천지> <물새야 왜 우느냐>
　　<방랑 삼천리> <빈대떡 신사> <산팔자 물팔자> <서울탱고> <세상은 요지경> <울릉도 트
　　위스트> <유행가> <인생은 나그네> <주유천하> <청산 유수> <청춘 부라보> <초립동>
　　<충청도 아줌마> <타타타> <팔도강산> <하숙생>

C 고향과 분단의 아픔을 주제로 한 노래(23)

1. 분단의 아픔(11)

　　<가거라 삼팔선> <경상도 아가씨> <고향 만리> <고향설> <굳세어라 금순아> <꿈에 본
　　내 고향> <돌아와요 부산항에> <머나먼 고향> <잃어버린 30년> <한 많은 대동강아> <녹
　　슬은 기찻길>

2. 고향에 대한 그리움(鄕愁)(12)

　　<고향은 내 사랑> <고향이 좋아> <그리운 얼굴> <돌아와요 부산항에> <두메 산골> <망
　　향의 탱고> <머나먼 고향> <목동의 노래> <물레방아 도는 내력> <백마야 울지마라> <타
　　향살이> <향수>

D 기타(생략)

〈부록 2 : 주제별 트로트 가요에 나오는 반의어의 분포 양상〉

반의어 쌍 / 노래 주제	일시적인 상황 반의어	비유적 반의어	총 출현 회수 (고빈도 순위)	사랑 (119곡)	인생살이 (27곡)	분단과 고향 (23곡)
가다–두다/머물다/있다	○		9	1/2/5		1/0/0
가다–떠내(오)다/보내다	○		4	3/1		
가(버리)다–만나다	○		1	1		
(돌아)가(버리)다–(돌아)오다			34(2위)	23(2위)	7(1위)	4(2위)
가을–봄			2	2		
가을–겨울/여름	○		3	2/1		
갈대–진달래꽃		○	1	1		
감다–뜨다			3	2		1
개다–(안개)덮히다/비(가)오다			2	1/1		
거짓–진실			1	1		
건달–도련님/신사	○		2	1	1	
겉–마음	○		1	1		
겨울(철) 봄(철)/여름			1	1/1	(1)	
겨울–사월	○		1	1		
(이북)고향–부산항/서울/이역(異域)	○		6	0/2/0	0/1/0	1/1/1(4위)
고향(산천)–(천리)타향/타관			12(5위)	1/0	1/0	9/1(1위)
곱다(곱상)–밉다(밉상)			2	2		
그날–오늘	○		2	1	1	
그림자–빛			1	1		
그립다(그리움)/좋다–밉다(미움)/싫다			4	2(1)/1		
그이–사람들	○		1	1		
기쁘다(기쁨)–슬프다(슬픔)			7	2(4)	1(0)	
기생집/요리집–집	○		1		1	
깨다–자다			1		1	
꽃(피다)–눈(오다)	○		1			1
끝–시작			1	1		
나–그녀/처녀	○		2	1/1		
나–남/너/당신/그대			42(1위)	1/20/13/5(1위)	0/2/0/0	0/1/0/0
나–그사람/길손/사내/청년	○		4	1/0/1/1		0/1/0/0
나오다–들어가다			1	1		
남–단골손님	○		1	1		
남(南)–북(北)			4	1		3(3위)
남다–떠나다			1	1		
남매–형제			1			1
남자(사나이)–여자	(○)		13(3위)	12(1)(3위)		

반의어 쌍 ＼ 노래 주제 ＼ 일시적인 상황 반의어	비유적 반의어	총 출현 회수 (고빈도 순위)	사랑 (119곡)	인생살이 (27곡)	분단과 고향 (23곡)
낮-밤			1			1
낯설다-낯익다			1			1
내일-모레	O		1			1
내일-오늘			3	2	1	
녹다-얼다			1		1	
논-밭			2		2	
늙다-젊다			2		2	
남-나/남/낭주골처녀/(낭군-)평양기생	O		9	5/0/1/(1-)1	0/1/0/0	
닭(아버리)다-열다			1	1		
달-해			4	2	2	
돈-돌		O	1		1	
뒤-앞			1	1		
뒷문-문앞	O		1			
뒷산-앞개울	O		1	1		
둘-하나			1	1		
딸-아들			1		1	
떠나다-보내다/붙잡다	O		2	1/1		
떠나가다-돌아오다/머물다/오다/찾아오다			7	2/1/1/1	0/0/1/0	0/0/0/1
마르다-젖다			1	1		
만나다(만남)-돌아서다/떠나가다/헤어지다(이별)	O/O/		9	2/1/5(1)		
머무르다-흘러오다			1	1		
멍-정	O		1		1	
모르다-알다/알아주다			6	4	1	1
못나다-잘나다			4	1	3(2위)	
못살다-잘살다			1		1	
믿다-속다			1	1		
바보-일색	O		1	1		
받다-주다			3	2		1
밝다-어둡다			1	1		
배-항구		O	1	1		
배적삼-왕관		O	1		1	
부여땅-서라벌	O		1	1		
불행-행복			1	1		
붉다-푸르다			1		1	
사라지다-오다	O		1	1		
사랑하다(사랑)-미워하다(미움)/싫다			9	6(2)/1(5위)		

반의어 쌍	일시적인 상황 반의어	비유적 반의어	총 출현 회수 (고빈도 순위)	사랑 (119곡)	인생살이 (27곡)	분단과 고향 (23곡)
사랑하다(사랑)-이별하다(이별)/헤어지다	○		7	0(5)/1	0(1)/0	
산(길)-강/물(길)/바다			5	1/0/1	0/(1)/0	0/2/0
살다-죽다			2	2		
삼돌이-큰애기	○		1	1		
상행선-하행선		○	1	1		
새-쥐		○	1	1		
서글프다-신나다	○		1		1	
서다-앉다			1	1		
서울-울산/부산/흑산도	○		4	1/1/1	0/1/0	
서울색시(아가씨)-영산강처녀/울산큰애기	○		2	1/1		
슬프다-즐겁다			1	1		
싫(어하/어지)다-좋(아하)다			5	4		1
쓰다-지우다/찢다			3	2		1
아기씨 (젊은)-도련님/써니외/기으보이	○		5	2/0/1/1	0/1/0/0	
아내-남자/남편			3	2/1		
아버님(아빠)-어머님(엄마)			3		2	1
아침-밤/저녁			5	3/1	1/0	
여미다-열다			1	1		
영감-마님/할멈	○/		2		2	
울다-웃다			13(3위)	10(4위)	3(2위)	
육지-울릉도/흑산도	○		2	1	1	
이리-저리			1	1		
자기-타인			1	1		
(붙)잡다-뿌리치다	○		2	(1)1		
저고리-치마			1	1		
접다-피우다	○		1	1		
지(地)-천(天)			1			1
(해가)지다-돋다/뜨다/(날이)새다			6	3	1/1/1(2위)	
지옥-천국			1	1		
총각-낭랑/처녀	○/		2	1	1	
춘향-낭군/도령	○		2	1/1		
청사실-홍사실			1	1		
피다-시들다/지다			8	2/5	1	
하늘-땅/바다	○		4	1/1	1	1

〈부록 3 : 트로트 가요에 나오는 일시적인 상황 반의어〉

일시적인 상황 반의어 쌍	기존의 고정 반의어 쌍	일시적으로 반의어가 형성된 근거	의식 구조
가다-두다/머물다/있다 /떠나(오)다/보내다/만 나다	(돌아)가다-(돌아)오다	사람과 사람이 관련된 이야기가 전개되면서 '가다'와 '오다'가 구체적으로 표현됨	구체적 사고
가을-겨울/여름	가을-봄	'가을'과 앞뒤에 있는 계절들이 반의어가 됨	주변적 사고
건달-도련님/신사	도련님-아가씨	남녀 성 대비에서 동성끼리 지위를 대비함	초점.이동
겉-마음	겉-속	인간의 '속'은 '마음으로 대표됨	대표적 사고
겨울-사월	겨울(철)-봄(철)/여름	'봄'의 구체적인 달이 '사월'로 표현함	구체적 사고
(이북)고향-부산항/서울 /이역(異域)	고향(산천)-(천리)타향/타관	'타향'의 구체적인 장소를 대비시켜 표현함	구체적 사고
그날-오늘	어제-오늘	'그날'은 어제보다 더 포괄적인 표현이다.	포괄적 사고
그이-사람들	×(기존 반의어가 존재하지 않음 을 의미)	'그이'와 그 밖의 사람을 이분 대비함	이분적 사고
기생집/요리집-집	×	'기생집'과 '집(가정)'을 이분 대비함	이분적 사고
꽃(피다)-눈(오다)	꽃-잎, 비-눈	계절을 대표하는 사물을 통해서 표현함	대표적 사고
나-그녀/처녀, 그사람/길손/사내/청년	나-남/너/당신/그대	상대방에 대한 구체적인 인물로 표현함	구체적 사고
남-단골손님			
님-나/남/낭주골처녀/ (낭군)-평양기생			
남편-애기	남편-아내, 애기-어른	대상의 특성을 비유한 것이다.	대표적 사고
내일-모레	내일-오늘/어제	유의어가 반의어로 작용한 예이다.	주변적 사고
뒷문-문앞	뒷문-앞문	주변의 가까운 곳을 표현한 것이다.	주변적 사고
뒷산-앞개울	뒷산-앞산	주변의 가까운 곳을 표현한 것이다.	주변적 사고
떠나다-보내다/붙잡다	떠나가다-돌아오다/머물다/오다/ 찾아오다	행동 주체가 이동한 것이다.	초점 이동
만나다-돌아서다/떠나 가다	만나다(만남)-헤어지다(이별)	다의의 유의어가 반의어로 작용한 예이다.	주변적 사고
멍-정	×	부정적 감정을 점층적으로 대비한 것이다.	점층적 사고
바보-일색	바보-천재	유의어가 반의어로 작용한 예이다.	주변적 사고
부여땅-서라벌	×	지명의 구체적인 예로 표현한 것이다.	구체적 사고
사나이-여자	남자-여자	남자의 구체적인 예로 표현한 것이다.	구체적 사고
사라지다-오다	사라지다-나타나다, 가다-오다	유의어가 반의어로 작용한 예이다.	주변적 사고
사랑하다(사랑)-이별하 다(이별)/헤어지다	사랑하다(사랑)-미워하다(미움)/ 증오하다	사랑이 끝나는 상황인 이별로 구체화됨	구체적 사고
삼돌이-큰애기	×	구체적인 예로 표현한 것이다.	구체적 사고
서글프다-신난다	×-재미없다	감정의 점층적 대비로 표현한 것이다.	점층적 사고
서울-울산/부산/흑산도	×	구체적인 장소를 표현한 것이다.	구체적 사고

일시적인 상황 반의어 쌍	기존의 고정 반의어 쌍	일시적으로 반의어가 형성된 근거	의식 구조
서울색시(아가씨)-영산 강처녀/울산큰애기	×	구체적인 지역의 아가씨를 표현한 것이다	구체적 사고
아가씨-(젊은)나그네/ 사나이/카우보이	아가씨-총각/도련님/아줌마	구체적인 예들이 표현된 것이다.	구체적 사고
아내-남자	아내-남편	성 차이로 일반화된 표현이다.	포괄적 사고
어머님-자식	어머님-아버님, 부모-자식	부분어로 표현한 것이다.	
영감-마님	영감-할멈	관련어로 표현한 것이다.	주변적 사고
육지-울릉도/흑산도	육지-바다	바다의 구체적인 장소를 표현한 것이다.	구체적 사고
(붙)잡다-뿌리치다	잡다-놓다/뿌리치다-놔두다	행동의 주체를 다르게 파악함	초점 이동
접다-피우다	접다-펴다	반대 상황으로 표현한 것이다.	초점 이동
총각-낭랑	총각-처녀	처녀의 관련어로 표현한 것이다.	주변적 사고
춘향-낭군/도령	춘향-몽룡	몽룡의 관련어로 표현한 것이다.	포괄적 사고
하늘-바다	하늘-땅	포괄적 관련어로 파악함	주변적 사고

〈부록 4 : 트로트 가요에 나오는 비유적 반의어〉

비유적 상황 반의어	기존의 고정 반의어	비유적 상황 반의어 쌍이 형성된 이유
갈대-진달래꽃	×	가을의 대표 식물과 봄의 대표적인 꽃으로 비유함
돈-돌	×	가치가 있는 것과 가치가 없는 것을 대표하는 사물로 돈과 돌을 비유했음
배-항구	×	남자와 여자의 성 역할을 사물의 특징에 비유했음
배적삼-왕관	×	인간의 의복이나 장신구 중에서 가장 남루한 것과 가장 화려한 것을 비유했음
상행선-하행선	상행선-하행선	남녀가 더 이상 만날 수 없는 헤어지는 상황을 상행선과 하행선 기차로 비유했음
새-쥐	새-×, 쥐-고양이	낮에 돌아다니는 대표적인 동물과 밤에 돌아다니는 대표적인 동물을 비유함

참고문헌

강사민. 1980. "국어 반의어고", 단국대학교 석사학위논문.

강현화. 2005. "중·고급 학습자를 위한 감정 기초 형용사의 유의관계 변별 기제 연구", 「한국어의미학」 17, 한국어의미학회, pp.48-49.

고명균. 1989. "현대국어의 반의어에 관한 연구", 한국외국어대학교 석사학위논문.

김광해. 2000. 「비슷한말 반대말 사전」, 도서출판 낱말.

김슬옹. 1998. "상보반의어 설정 맥락 비판", 「한국어의미학」 3, 한국어의미학회, pp.70-84.

김주보. 1988. "국어 의미 대립어 연구", 성균관대학교 석사학위논문.

남기심. 1974. "반대어고", 「국어학」 2, 국어학회, pp.136-137.

박선희. 1984. "현대 국어의 상대어 연구", 숙명여자대학교 석사학위논문.

성열호. 1983. "국어 반의어 지도에 관한 연구", 전북대학교 석사학위논문.

심재기. 1975. "반의어의 존재 양상", 「국어학」 3, 국어학회, pp.135-150.

아름출판사 출판부. 2006. 「가요반세기」, 아름출판사.

이석주. 1989. "반의어에 대한 고찰", 「이용주박사 회갑기념논문집」, 한샘.

이승명. 1978ㄱ. "국어 상대어의 구조적 양상", 「어문학」 37, 한국어문학회.

이승명. 1978ㄴ, "이원대립과 상대관계", 「허웅박사 회갑기념 논문집」.

이신태, 1992, "국어 대립어에 대한 연구", 조선대학교 석사학위논문.

임지룡, 1989. 「국어 대립어의 상관체계」, 형설출판사.

임지룡, 1992. 「국어의미론」, 탑출판사, pp.159-165.

전수태, 1992, "부정 반의어 연구", 「고려대 어문논집」 31, 고려대, pp.341-370.

전수태. 1996. "반의 병렬 구조의 의미 배열", 「한국어학」 3, 한국어학회, pp.383-429.

전수태. 1997. 「국어 반의어의 의미 구조」, 박이정.

정인수. 1985. "국어 반의어 연구", 영남대학교 석사학위논문.

조남호 외. 2002. 「현대국어 사용빈도 조사」, 국립국어원.

홍순성, 1990. "대립어와 부정", 「한국학논집」 17, 계명대학교 한국학연구원.

황문환. 1988. "반의어의 의미 중화에 대한 연구", 한국정신문화연구원 석사학위논문.

| 이 논문은 한국어의미학 33집(2010, 한국어의미학회)에 게재된 논문을 재수록한 것입니다.

한국어 연어 연구의 전개와 쟁점에 대하여

임 근 석

1. 들어가며

　본고는 지금까지 이루어진 한국어 연어 연구[1]의 흐름을 범언어학적 관점에서 확인하고 한국어 연어 연구에서 쟁점이 되었던 혹은 쟁점이 될 문제들에 대한 필자의 견해를 분명히 밝히는 것을 그 목적으로 한다.

　필자가 이와 같은 연구 목적을 세우고 본고를 준비하게 된 데에는 세 가지 정도의 이유가 있었는데, 그 이유와 함께 그 내용들을 어떻게 다룰지를 아래에 차례로 밝히기로 한다. 첫째, 한국어 연어 연구자들 사이에는 자신이 연어 연구의 전범으로 삼은 외국의 연어 연구를 가치 평가의 기준으로 삼아 다른 한국어 연어 연구자들의 연어 연구 방법론을 비판하는 경우가 종종 있다. 건강한 연어 논의를 위해서 상호간의 방법론을 비판하는 것은 바람직하다고 할 수 있지만, 그 비판의 기준이 외국 학자 혹은 특정 연어론의 방법론에 입각한 것이어서는 곤란하다. 범언어학적 관점에서 한국어 연어 연구가 어떻게 전개되어 왔는지를 살펴봄으로써 특정 연어론에 입각하여 다른 연어론을 비판하는 것이 타당성을 가지기 어렵다는 점을 2절에서 다루기로 한다.

---

[1] '연어 연구'는 성구론적 연어 연구와 말뭉치 지향적 연어 연구를 모두 포괄한다.

둘째, 최근 한국어 연어 연구가 폭발적으로 증가하고 있어서 한국어 연어 연구의 전개 흐름과 주요한 쟁점들에 대해 다시 한 번 검토할 필요가 있다. 필자가 한국어 연어 연구를 검토한 바에 따르면 한국어 연어 논의의 시작은 이희자(1994)로 볼 수 있고,[2] 본격적인 연어 연구는 2000년대 들어와서라고 할 수 있을 듯하다. 국내에서의 본격적인 연어 연구가 그리 길지 않다는 점을 감안할 때 최근의 연어 연구는 그 꽃을 피우고 있다고 할 만큼 양적으로 증가하고 있다. 다음은 2007년부터 2010년 상반기까지의 석·박사 학위논문들 중 한국어 연어 연구와 관련이 있는 것들을 가져온 것이다.

(1) 최근 4년간의 연어 관련 학위 논문
황용주(2007), "연어 구성의 계량언어학적 연구 : 신소설 말뭉치를 중심으로," 전북대 박사학위논문.
홍혜란(2007), "고급 한국어 학습자의 문법적 연어 오류 유형 연구," 경희대학교 석사학위논문.
강서영(2007), "중국어권 한국어 학습자의 어휘적 연어 사용 연구," 이화여대 석사학위논문.
김시준(2008), "연어중심 어휘지도가 어휘력 향상에 미치는 영향," 중앙대 석사학위논문.
신지영(2008), "외국인 학습자를 위한 한국어 '부사류+용언'형 연어 교육 방안 연구," 한국외국어대 석사학위논문.
양수영(2008), "중·고급 학습자의 어휘적 연어 능력과 한국어 숙달도의 상관관계 연구," 한구외국어대 석사학위논문.
이나리(2008), "고등학교 교과서에 나타난 동사구 중심의 연어 유형 연구," 부산외국어대 석사학위논문.
이민성(2008), "한국어 연어 교재 개발 방안 연구," 한국외국어대 석사학위논문.
박이정(2008), "국어의 연어 연구," 창원대 석사학위논문.

---

2) 이희자(1994)의 경우, 연어의 정의나 특성에 대한 논의가 매우 소략하여 어떤 측면에서는 본격적인 연어 논의의 출발점으로 삼을 수 없을지도 모르겠다. 그러나 이희자(1994) 이후에 일련의 국어 연어 논의들이 시작되었다는 점을 중시하여, 필자는 이희자(1994)를 국어 연어 논의의 시작으로 보고자 한다.

이유정(2008), "연어(Collocation)를 통한 어휘학습이 유아 말하기 향상에 미치는 효과 : 만 4세 중심으로," 중앙대 석사학위논문.

이종림(2009), "연어의 단어화 연구," 한림대 석사학위논문.

조은영(2009), "현대국어 어휘적 연어의 형성과 의미," 이화여대 석사학위논문.

주은석(2009), "대규모 언어처리를 위한 분산 컴퓨팅 연구 : 연어 추출을 중심으로," 연세대 박사학위논문.

허영화(2009), "한국어 학습자를 위한 주제중심 연어교육 방안," 상명대 석사학위논문.

김윤경(2009), "한국어 상징부사+용언 형 연어의 목록 선정과 교수 활동 연구," 부산외국어대 석사학위논문.

박영수(2009), "상징부사의 연어적 공기관계 연구," 한남대 석사학위논문.

가단봉(2010), "중국어권 학습자를 위한 한국어 연어 대조 연구 ; 목숙관계 언어를 중심으로," 고려대 석사학위논문.

김혜선(2010), "명시적·암시적 연어 중심 어휘지도가 중등 학습자들의 연어 지식 습득에 미치는 영향," 한국외국어대 석사학위논문.

신수영(2010), "문화상 특수한 연어와 유표적 연어의 영한 번역 연구," 세종대 석사학위논문.

신아랑(2010), "한국어 연어 교육 연구 : 명사를 중심으로," 한성대 석사학위논문.

안정은(2010), "한국어 연어 교육 연구," 충남대 석사학위논문.

이연화(2010), "연어 중심 어휘지도가 중학생의 어휘능력 향상에 미치는 영향," 한국교원대 석사학위논문.

조미혜(2010), "연어 지도가 한국어 읽기 이해에 미치는 영향 연구," 영남대 석사학위논문.

채 4년이 되지 않는 기간 동안 22개의 석·박사 학위논문이 간행되었다. 한국어 연어를 간접적으로 다루거나 국어가 아닌 다른 언어를 대상으로 한 것까지 한다면 그 수효는 더욱 늘어날 것이다. 여기에 각종 소논문들을 포함한다면 그 수는 가히 폭발적으로 증가한다. 질적인 면에서도 변화된 모습을 발견하게 되는데, (1)에서 언급한 논문 중 상당수가 연어 연구의 결과를 어떻게 실용화할 것인가에 대한 문제를 다루고 있다. 초기의 한국어 연어 연구가 연어 개념의 정립과 인접 범주와의 구별 문제에 초점을 맞추었던 점을 고려할 때, 질적 성장이 이루어지고 있다고 하겠다. 그러나 한국어 연어 연구에 대한 이러한 양적 · 질적 성장에도 불구하고 연어 논의에서 여전히 논란이 되고 있는 쟁점들이 있는데 이에 대한 논의는 3절에서 다루기로 한다.

셋째, 성구론적(phraseological) 연어 연구자들의 연어 연구가 일부 말뭉치 지향적(corpus-driven)[3] 연어 연구자들에 의해 부당하게 비판 받고는 하는데 이에 대해 합당한 해명을 할 필요가 있다. 이는 첫 번째 이유와도 관련이 있다. 필자가 보기에, 성구론적 연어 연구에 대해 부당한 비판을 가한 대표적인 논의로는 김진해(2007)을 들 수 있을 듯하다. 김진해(2007)에서 제기된 비판을 소개하고 그에 대한 재반론의 내용을 3.4.에서 다루기로 한다.

2절과 3절에서 한국어 연어 연구의 전개 양상과 연어 논의의 쟁점을 다룬 후, 4절에서는 본고의 논의를 종합하고 앞으로 연어 연구가 어떻게 나아가는 것이 좋을지에 대한 필자의 생각을 밝히기로 한다.

2. 범언어학적 연어 논의

본 절에서는 연어 연구가 어떻게 시작되었으며, 연어 연구의 주요한 접근

---

3) 성구론적 연어 연구에 대비되는 연어 연구를 말뭉치 연어학적 연어 연구라 할 수도 있을 것이다. 그러나 그렇게 부르게 되면 말뭉치 언어학을 바라보는 두 가지 상이한 관점을 제대로 반영해 주지 못하게 된다. 따라서 본고에서는 말뭉치를 바라보는 태도를 보다 분명히 밝히기 위해, 성구론적 방법론과 대비되는 방법론을 말뭉치 지향적(corpus-driven) 연어 연구라 칭하기로 한다. 말뭉치를 바라보는 두 가지 시각인 corpus-based 연구 방법론과 corpus-driven 연구 방법론의 차이에 대해서는 McEnery et al.(2006 : 8-11) 참조. 다만, corpus-based 연구 방법론과 corpus-driven 연구 방법론을 굳이 구분할 필요가 없을 때는, '말뭉치 언어학적'이라는 표현을 쓰도록 한다.

법에는 무엇이 있는지 그리고 이러한 접근법들이 한국어 연어 연구에는 어떠한 영향을 미쳤는지, 그리고 순수언어학적 한국어 연어 논의가 어떤 방향으로 확장되어 가고 있는지를 살펴보기로 한다. 이를 통해 한국어 연어 연구가 자생적인 측면도 있고 동시에 세계적으로 이루어지고 있는 연어 연구의 경향과 그 궤를 같이 한다는 점을 밝히고자 한다.

　세계 언어학계에서 이루어지고 있는 연어 연구는, 연구사적 관점에서 보면 성구론적 연어 연구와 말뭉치 지향적(corpus-driven) 연어 연구로 대별된다.4) 발생 순서에 따라 성구론적 연어 연구와 말뭉치 지향적 연어 연구의 순으로 논의를 진행하기로 한다.

2.1. 성구론적 연어 연구

　연어라는 존재가 언어학의 주요한 연구 주제로 다루어진 것은 성구론(phraseology)이라는 학문분야를 통해서이다. 성구론은 1909년에 간행된 Charles Bally의 저서 Traité de stilistique français에서부터 시작되었다(Burger et al.(eds.) 2007 : XII). 그의 성구론 연구가 즉각적으로 다른 학자들에 의해 받아들여진 것은 아니지만, 1940년대 러시아 학자 Victor Vladimirovich Vinogradov에게 수용되어 본격적인 성구론 연구가 꽃을 피우게 된다.5)

　Vinogradov(1947)은 '성구적(成句的) 단위(phraseological unit)'라는 일반적인

---

4) 임근석(2006, 2010ㄴ)에서는 연어 연구를 그 정의의 특성에 따라, ① 의미적 정의, ② 어휘적 정의, ③ 통계적 정의, ④ 종합적 정의로 나누어 살펴본 바 있다. 본 절에서는 세계 언어학계의 연어 연구가 한국어 연어 연구에 어떤 영향을 미쳤는지를 살펴보기로 하였기에 연구사적 관점을 중시하여 성구론적 연어 연구와 말뭉치 지향적 연어 연구로 나누어 살펴보기로 한다.
5) 최근에 Bally(1909)의 저서를 확보하였는데 해당 논저에서 연어에 해당하는 구성에 대한 본격적인 논의가 이루어졌는지는 아직 확인하지 못했다. 성구론적 관점의 연어 연구들에서는 일반적으로 Vinogradov(1947)를 성구론적 연어 연구의 효시로 보는 듯하다. Bally(1909)에서 연어에 해당하는 구성들이 다루어졌는지 또 만약 다루어졌다면 어떤 정도로 다루어졌는지에 대해 살펴볼 필요가 있는데 이에 대한 논의는 다음 기회로 미루기로 한다.

범주 밑에 '성구적 융합(phraseological fusions)', '성구적 통일(phraseological unities)', '성구적 조합(phraseological combinations)'이라는 세 유형을 두고 있다. 이중 세 번째 유형이 요즘 이야기하는 연어(collocation)에 해당하는 유형이라고 할 수 있다.6) 이후 Vinogradov의 연구는 많은 소련학자와 동구권 학자들에게 영향을 주어 성구론 연구를 계승 발전시키게 된다. 필자의 능력이 부족하여 1940년대 이후 소련 체제하에서 연어 연구가 어떻게 발전되었는지를 정확히 파악할 수는 없다. 다만 소련 언어학계의 이러한 전통이 두 가지 방향으로 확대되어 국제 언어학계에 영향을 미친 것은 확인할 수 있다.

그 첫 번째 전파 방향은 소련 체제로부터 추방된 구소련 학자에 의해서이다. 그 중 대표적인 사람이 Igor Mel'čuk이다. 그는 1976년도에 추방되어 캐나다에 정착하게 되었는데 이것이 캐나다를 포함한 서구 유럽에 의미-텍스트 이론(Meaninng-Text Theory)이 소개되고 영향력을 미치게 된 계기가 되었다. 의미-텍스트 이론은 Mel'čuk이 A. Žolkovskij, J. Apresjan과 함께 1960년대에 창안한 이론으로, 그들의 의미-텍스트 이론 하에서 연어는 중요한 연구 주제 중 하나로 다루어진다.7) 캐나다에 망명한 후 Mel'čuk은 그의 동료들과 함께 의미-텍스트 이론을 정교화하고 해당 이론을 바탕으로 프랑스어 결합설명사전을 구축하게 된다. 이러한 과정에서 그들의 성구론적 접근법이 서구 언어학자들에게 영향을 끼치게 되고 시차를 두고 한국의 언어학자들에게도 직·간접적인 영향을 미치게 된다. 특히 1995년도에 있었던 그의 내한(來韓)이 한국의 언어학계에 일정 부분 영향을 주었을 것으로 생각한다.

다음에 그가 설정하고 있는 연어 정의와 속성들을 보이기로 한다. 참고한 논저는 Mel'čuk(1995b : 182, 1998 : 28-31)로 한국어 연어의 예는 필자가 추가한 것이다.8)

---

6) 각각의 하위 유형에 대응하는 영어 술어는 Cowie(ed.)(1998)에서 가져온 것이다. 각 유형의 특징에 대해서는 Cowie(ed.)(1998 : 2-8) 참조.
7) 특히 연어를 설명하는 데 사용된 어휘함수(Lexical Function)라는 개념은 많은 학자들로부터 커다란 반향을 불러 일으켰다.

(2) Mel'čuk의 연어 정의와 연어 하위 부류

ㄱ. 언어 L의 연어 AB는 언어 L의 의미적 성구소(semantic phraseme)의
하나로서, 그 연어의 기의(記意, signified) 'X'는 두 개의 구성 어휘
소 중 하나의 기의 'A'와 다른 구성 어휘소의 기의 'C'로부터 구성
된다. 이때 어휘소 B는 어휘소 A에 의존적일 때만(contingent) 기의
'C'를 나타낸다. 연어 AB의 기의 X는 'X'='A⊕C'로 표상된다.

ㄴ. 여기서 어휘소 B가 어휘소 A에 의존적일 때만(contingent) 기의 'C'
를 나타낸다고 하였는데, 이러한 구성이 만들어 지는 것은 다음의
네 가지 경우 중 하나에 해당한다.

① 기의 'C'가 기의 'B'와 다르고 어휘소 B는 사전에 상응하는 기
의를 갖고 있지 않은 경우로, 기의 'C'는 비어있다(기능동사).
예를 들어 [to] do [N] a FAVOUR, 결론을 내리다 등.

② 기의 'C'가 기의 'B'와 다르고 어휘소 B는 사전에 상응하는 기
의를 갖고 있지 않은 경우로, 기의 'C'는 비어 있기 않지만 어
휘소 B가 어휘소 A와 결합할 때만 기의 'C'를 나타낸다. 예를
들어 black COFFEE, 새빨간 거짓말 등.

③ 기의 'C'가 기의 'B'와 같고 어휘소 B는 사전에 상응하는 기의
를 갖고 있는 경우로, 기의 'B'는 B의 유의어로 대치되어 나타
날 수 없다. 예를 들어 strong(*powerful) COFFEE, 심심한(*강한,
*간절한) 사의 등.

④ 기의 'C'가 기의 'B'와 같고 어휘소 B는 사전에 상응하는 기의
를 갖고 있는 경우로, 기의 'B'가 기의 'A'를 포함하고 있다. 예
를 들어 The HORSE neighs, 가슴이 설레다 등.

(2)에서 제시한 연어 특성을 통해 우리는 다음과 같은 사실을 확인하게
된다. ① 그의 연어 정의 역시 성구론적 태도를 반영하고 있다. (2ㄱ)에서
그는 연어를 성구소의 하나로 본다고 하였는데, 이는 연어를 관용어처럼 하
나의 어휘요소(lexème)로 본다는 것으로 연어가 마치 하나의 단어처럼 기능
한다는 점을 함축하고 있다. 성구론이 단어보다 큰 구성이 마치 하나의 단

---

8) 이해의 편의를 돕기 위해 원문의 내용을 일부 간략화하거나 풀어서 번역하였음을 밝혀
둔다.

어처럼 기능하는 현상을 주요한 연구 대상으로 삼는다는 점을 고려할 때, 그의 연어관이 성구론적 전통을 계승하고 있음을 알 수 있다. ② 연어를 구성하는 어휘소 중 하나는 의존적이라는 점을 분명히 하고 있는데 이는 연어를 이루는 두 구성요소 중 하나는 연어핵이 되고 다른 하나는 연어변이 됨을 보이는 것이다. 이러한 관계를 체계화한 것이 어휘함수이다. ③ (2ㄴ)에서는 의존적 어휘소의 의미 B가 연어 구성에서 표상되는 의미 C와 동일한지 여부를 분류 기준의 하나로 사용하고 있는데, 이는 연어 논의에서 투명성 여부를 따지는 것과 관련이 있다.

성구론적 전통이 국제적으로 파급되게 된 다른 방향 하나는 70년대와 80년대에 서구 유럽에서 일어난 성구론에 대한 비약적인 관심이다. Burger(1998)과 Burger et al.(eds.)(2007)이 서문에서 밝히고 있듯이 소련과는 달리 로망스어와 게르만어에서는 성구론이 7-80년대까지는 주목을 받지 못하였다. 그러던 것이 7-80년대 들어 갑자기 다양한 관점을 지닌 성구론 논저들이 쏟아지기 시작했다. 그 중 대표적인 것을 Burger et al.(eds)(2007)을 원용하여 소개하면 다음과 같다. Adam Makkai는 영어를 대상으로 1972년 <Idiom Structure in English>을 집필하였고, Harald Thun은 1978년 로망스어들을 대상으로 <Probleme der Phraseologie>를, 그리고 Harald Burger, Annelies Buhofer, Ambros Sialm은 독일어를 대상으로 1982년에 <Handbuch der Phraseologie>를 집필하였다. 이는 대표적인 것만을 언급한 것으로 수 없이 많은 논저들이 이 시기 이후 쏟아져 나오게 되었다.

다만 여기서 한 가지 언급해 두어야 할 점은 영국과 미국의 경우 뒤에 소개하게 될 말뭉치 지향적 연어 연구의 흐름이 절대적으로 우세하여 성구론적 연구 방법론이 적극적으로 이용되지 않았던 것으로 생각된다. 후술할 터이지만 초기의 한국어 연어 연구가 말뭉치 지향적 연구 방법론에 많은 영향을 받은 것은 한국 언어학계가 영미 중심의 언어학계에 영향을 많이 받고 있는 현실과 관련이 있는 듯하다.

2.2. 말뭉치 지향적 연어 연구

말뭉치 지향적 연어 연구 방법론을 최초로 전개한 학자는 런던 언어학파의 창시자인 영국 언어학자 John Rupert Firth이다. 그는 런던대학의 교수로 재직하면서 수많은 후진들을 양성하였는데, 이들은 뒤에 신퍼스주의자(neo-Firthians)라고 불리게 된다. 그의 연어관을 충실히 잇고 있는 대표적인 학자로는 Machael Halliday와 John Sinclair를 들 수 있다. Firth는 Firth(1951)에서 "단어의 의미는 그것과 함께 나타나는 단어들에 의해 파악된다."라는 말로 말뭉치 지향적 연어 접근법의 기초를 세웠다. 그는 비록 연어에 대한 명시적인 정의를 밝히지는 않았지만, 'night'가 가지는 의미 중 하나는 'dark'와 함께 공기함으로써 획득된다고 설명함으로써 말뭉치 지향적 접근법의 토대를 마련하였다. Firth의 뒤를 이은 신퍼스주의자들은 대규모의 말뭉지를 이용하여 연구를 수행하였고, 연어를 통계적 방법에 의해 추출하는 데 심혈을 기울였다.

신퍼스주의자의 대표자라 할 수 있는 Sinclair의 연어관을 아래에서 간단히 살펴보기로 한다.

> (3) Sinclair(1991 : 170) : 연어는 둘이나 그 이상의 단어들이 한 텍스트 속에서 가깝게 나타난 것이다.

(3)에서 보듯이 Sinclair(1991)은 Firth의 아이디어를 발전시켜 연어를 정의하고 있다. Sinclair를 포함한 신퍼스주의자들 다시 말해, 말뭉치 지향적 연어 연구자들은 말뭉치에서 연어를 추출해 내는 것을 중시한다. 이를 위해 그들은 중심어(node), 연어변(collocate), 범위(span)라는 개념을 설정하고 있는데 간단히 그 성격을 밝히면 다음과 같다.9) 중심어는 연어를 구성하는 어휘들

---

9) 말뭉치 지향적 연어 접근법을 가장 정확하게 따르고 있는 대표적인 논의로는 한영균(2002)를 들 수 있다. 그는 collocation이 어휘 단위 사이의 관계를 가리킬 때는 '연어 관계', 구성 자체를 가리킬 때는 '연어 구성'으로 번역하여 사용하고 있다. 본고에서는 용어상의 혼돈

중 검토 대상이 되는 단어이다. 연어변은 연어를 구성하는 어휘들 중 중심어에 근접하여 공기하는 단어이다. 범위는 중심어를 기준으로 연어변이 얼마나 가까이 나타나는지를 검토하기 위한 개념으로, 범위를 -4, +4로 한다는 것은 중심어를 기준으로 양쪽으로 네 번째 단어까지를 검토 대상으로 삼는다는 것을 의미한다. 예를 들어 It really was like being back at school이라는 문장에서 중심어를 back으로 하고 범위를 ±2로 두고 연어변을 추출한다고 할 경우, 왼쪽으로는 like와 being이 오른쪽으로는 at과 school이 검토 대상이 된다. 그리고 최종적으로 back에 선행하면서 자주 공기하는 연어변의 목록을 제시하고, back에 후행하면서 자주 공기하는 연어변의 목록을 제시하게 되는 것이다.

여기서 한 가지 언급하여야 할 점은, 본고의 검토 대상으로 삼지 않은 응용언어학 분야의 연어 연구에서는 말뭉치 지향적 연어 정의가 대세를 이룬다는 사실이다. 국내에서도 2000년을 전후하여 말뭉치 언어학(그 중에서도 말뭉치 지향적 연구)과 자연어 연구가 폭발적으로 증가하였는데, 이러한 상황에서 연어의 순수언어학적 연구에서도 말뭉치 지향적 연어 연구가 상당히 중요한 위치를 차지하게 되었다.

2.3. 성구론적 연어관 대 코퍼스 언어학적 연어관의 충돌

여기에서는 성구론적 연어관과 코퍼스 언어학적 연어관이 한국에서 어떻게 충돌하고 있는지에 대한 일면을 보이고, 두 연어관이 한국어 연구자들에게 어떤 방식으로 영향을 미쳤는지 간단히 살펴보기로 한다.

필자가 연어 연구를 하면서 가장 난처했던 것 중에 하나가, 특정한 학자의 연어관을 빌어 필자의 연어관을 비판하는 것이었다. 간결한 논의를 위해

을 방지하기 위해 말뭉치 지향적 접근법에서 사용되는 개념어라 할지라도 collocation은 '연어', collocate은 '연어변'으로 번역하여 사용하기로 한다.

대표적인 두 가지 사건을 아래에 언급해 보기로 한다.

(4) 한영균(2002 : 138)

　이 문제와 관련해서, 심사위원 중의 한 분은 이 글이 연어에 대한 이론적 분석이 탄탄하지 못해 보충할 필요가 있다고 지적하면서 그 이유로 말뭉치 분석이 중요하기는 하지만 언어 연구를 위한 수단에 지나지 않으며 연구자에 의한 이론적 분석이 언어 연구의 궁극적 본령이라는 점을 들었다. 그러나 필자로서는 그러한 견해에 동의하기 어렵다는 점을 분명히 해 두어야 하겠다. 이 논문은 말뭉치 안에서의 언어 단위의 빈도와 분포를 밝히는 것을 주된 연구 영역으로 하는 언어정보학적 관점에서 연어 구성의 빈도 추출과 관련된 문제를 정리하는 것을 목적으로 하고 있기 때문이다. 따라서 개념 정의를 포함한 이론적 문제는 이 논문의 집필에 필요한 최소한의 것만을 다루었다, 연어의 개념 정의를 둘러싼 내부분의 논의는 포괄적 언어정보의 수술을 위한 말뭉치 분석 방법론과는 무관한 것이기 때문이다.

(5) 김진해(2007 : 231)

ㄱ. 외국에서 이루어지고 있는 연어 논의는 무엇을 목적으로 하든 상관없이 통계적 방식을 기반으로 하고 있다.

ㄴ. 국내의 연어관계 연구 경향에는 양 극단이 존재하는데 두 극단 모두 연어관계의 본질에서 상당히 멀어져 있다. 그중 한 극단은 연어관계에 대한 이론적 논의인데, 해당 논의가 지극히 사변적으로 흐르고 있다. 개념 규정은 모든 과학적 논의의 출발점으로 중요하지만, 연어의 개념 규정을 둘러싸고 지나치게 미세한 조건을 부여하는것은 연어관계가 전체 언어구조나 의미구조에 던지는 주요한 메시지들을 망각하게 만든다. Sinclair(2004 : 74-75)에서는 '특정 대상어(node)와 결합 가능한 연어(collocate) 목록에 대해 어떠한 판단도 해서는 안 된다'고 언급하고 있는데, 이는 연어관계를 고찰하는 연구자들이 미리 연어에 대해 범위를 한정해서는 안 되며 말뭉치를 통해 통계적인 결과를 얻은 다음에 이론적 논의를 진행해야 한다는 것을 지적한 것이다.

(4)는 코퍼스언어학적 연어관을 바탕으로 쓰여진 한영균(2002)가 성구론

적 혹은 이론 지향적 연어관에 의해 비판 받은 후 그에 대한 답변을 한 내용이고, (5)는 코퍼스언어학적 관점의 연어관에 기대어 쓰여진 김진해(2007)이 성구론적 혹은 이론 지향적 연어관을 비판한 내용 중 일부이다. (4)의 경우 서로 다른 관점의 연어관을 가진 연구자들이 흔히 보일 수 있는 정도의 논쟁으로 보인다. 그러나 (5)에 이르면 자신이 취한 관점만이 옳고 상대방의 관점은 옳지 못하다고 하는 주장에 이르게 되고, 그러한 과정에서 (5ㄱ)처럼 현실에 부합하지 않는 근거를 들게 될 수도 있다.10) 물론 연어 연구와 관련된 두 방법론의 경쟁 및 비판은 국내에서만 이루어지는 것은 아니다. 이에 대해서는 3절에서 다시 다루기로 한다.

이제 한국어 연어 연구가, 범언어학적으로 이루어지고 있는 연어 연구의 두 방법론 중 어떤 방법론에 영향을 받았는지 살펴보아야 할 차례이다. 그러나 그 영향 관계를 파악하는 데에는 상당한 어려움이 따른다. 왜냐하면 한국어 연어 연구자들이 외국의 어떤 방법론에 어떤 정도의 영향을 받았는지 분명히 밝히지 않은 경우가 많고, 또한 두 방법론의 특징을 적절히 병용하는 경우도 있으며, 자신만의 독창적인 연어관을 개진한 경우가 많기 때문이다. 본고에서는 한국어 연어 연구에서 비교적 자주 인용되는 논저 몇을 골라, 이들이 성구론적 연어관이나 말뭉치 지향적 연어관 중 어느 것에 더 영향을 받고 있는지 정리하기로 한다. 성구론적 연어관과 말뭉치 지향적 연어관의 영향 관계를 살펴보기 위해 다음의 판단 기준을 사용하기로 한다.

(6) ㄱ. 연어의 정의나 유사 범주와의 구별을 중시하는가?
　　ㄴ. 연어를 구성하는 구성요소의 의미적 투명성 여부를 중요하게 다루는가?
　　ㄷ. 말뭉치에서의 연어 추출 혹은 말뭉치에서 드러나는 연어적 특성을 중시하는가?

---

10) (5ㄱ)이 사실이 아님은 외국에서 성구론적 연어 연구가 활발히 진행되고 있고 이들 연구는 통계적 방식을 기반으로 하고 있지 않다는 사실을 고려하면 정당하지 못하다는 것을 쉽게 알 수 있다.

ㄹ. 연어를 구성하는 구성요소의 문맥 의존적 양상을 중요하게 다루
는가?

(6ㄱ, ㄴ)은 본질적으로 성구론적 연어 연구에서 중시되던 연구 주제이고, (6ㄷ, ㄹ)은 말뭉치 지향적 연어 연구에서 중요하게 다루어지던 연구 주제들이다. 본고에서 다루고자 하는 한국어 연어 연구 논저들에 (6)의 기준을 적용해 보면 아래와 같은 결과를 얻게 된다.[11]

(7) 한국어 연어 연구에서 성구론적 방법론과 말뭉치 지향적 방법론의 영
향 관계
이희자(1994) : ㄱ, ㄴ
이동혁(1998, 2004) : ㄱ, ㄴ, ㄹ
김진해(2000) : ㄴ, ㄹ
홍종선 외(2001) : ㄷ
임근석(2002, 2006) : ㄱ, ㄴ, ㄷ
임홍빈(2002) : ㄱ, ㄴ
한영균(2002) : ㄷ, ㄹ
박병선(2003) : ㄷ
임유종(2006) : ㄱ, ㄴ

이희자(1994), 임홍빈(2002), 임유종(2006)은 성구론적 방법론에 입각한 논의이고, 홍종선 외(2001), 한영균(2002), 박병선(2003)은 말뭉치 지향적 방법론에 기반한 연구라는 것을 알 수 있다. 그 외의 논의들은 양자의 영향을 공히 받고 있다. 예를 들어, 임근석(2006)의 경우, 성구론적 방법론에 입각하여 연어의 개념 정의, 인접 범주와의 구분, 연어의 언어학적 특성에 대해 논의하고 있는데, 이를 증명하는 방법으로 말뭉치 언어학적 방법론, 보다 정

11) (6)의 기준을 (7)에 적용했을 때의 결과는 연구자의 판단에 따라 조금 달라질 수 있을 것으로 생각된다. 본고에서는 한국어 연어 연구들 중에는 성구론적 연구 방법론을 수용한 것도 있고, 말뭉치 지향적 연구 방법론을 수용한 것도 있으며, 양자의 특성을 모두 수용한 경우도 있다는 것을 밝히는 정도로 만족하기로 한다.

확히 말하면 말뭉치에 의존한(corpus-based) 연구 방법론을 적극적으로 사용하고 있다.

이렇듯 한국어 연어 연구는 성구론적 방법론과 말뭉치 지향적 방법론에 골고루 영향을 받아 발전하여 왔는데, 그 이유는 두 방법론이 모두 장점과 단점을 각각 지니고 있기 때문이다. 두 방법론의 장·단점 혹은 상호 보완적인 속성에 대해서는 3.2.와 3.3.에서 다시 다루기로 한다.

2.4. 순수언어학적 연어 논의의 확장

이제 순수언어학적 관점에서 연어 논의가 어떻게 확장되어 가고 있는지 간단히 살펴보기로 한다.

첫째, 연어 연구의 대상이 확장되고 있다. 기존의 연어 연구는 주로 '명사+동사' 유형에 한정되어 왔다. 그러나 임근석(2006)에서 지적하고 있듯이 어휘요소들 간의 결합을 다루는 어휘적 연어 연구는, '명사+동사'뿐만 아니라 '명사+명사', '부사+용언', '관형어+명사' 등 상정 가능한 모든 유형에 대해 그 연어성을 검토하여야 한다. 그리고 실제로 이러한 연구 대상의 확장 현상은 여러 논의에서 발견된다. 예를 들어, '부사+용언' 유형에 대해서 다룬 논의로는 임유종(2005), 신지영(2008), 김윤경(2009), 박영수(2009) 등이 있다. 다른 유형의 경우도 연어 연구가 확장되고는 있으나 여전히 '명사+명사' 유형의 경우 그 중요도를 고려할 때 연어 연구가 느리게 진척되고 있는 것으로 생각된다. 한편, 어휘요소와 문법요소의 결합에 의한 문법적 연어에도 활발한 논의가 진행되고 있는데, 일련의 임근석의 논의와 이은경(2005), 홍혜란(2007), 한정한(2007)에서 문법적 연어의 언어적 특성과 실용적 활용에 대한 방안이 적극적으로 논의되고 있다.

둘째, 연어의 생성에 대한 관심도 증폭되고 있다. 이른 시기부터 성구론적 연어 연구에서는 연어의 생성 관계에 대해 관심을 보여 왔는데, 예를 들면 멜축과 그의 동료들은 연어 생성의 측면을 함수적인 관계로 설명하려 하였다. 국내에서도 연어의 생성에 관심을 기울여 왔는데, 이동혁(2004)에서는 연어 관계를 '의미 분절'로 설명하고, 조은영(2009)에서는 연어 생성을 '유추'의 관점에서 설명하고 있다.

셋째, 연어의 정의, 연어의 특성 그리고 인접 범주와의 구별에 대한 논의도 지속되고 있다. 혹자는 이러한 연어 논의를 '사변적인 것'으로 폄하하기도 하나 연어 논의가 정교화되기 위해서는 이러한 논의가 좀더 심화되어야 한다는 것이 필자의 생각이다. 이러한 측면에서 최근에 필자의 관심을 끄는 논의로는 한정한(2010)이 있다. 한정한(2010)은 용언형 연어가 어휘부에서는 하나의 단어처럼 행동하고 통사부에서는 하나의 구(XP)처럼 행동한다는 점을 밝히고 있는데, 연어 논의가 통사부에서 어떻게 분석되어야 하는지에 대한 논의를 촉발시킬 것으로 기대된다.

넷째, 범유형론적 관점에서 연어의 다양한 특성들을 다루는 논의들이 늘어나고 있다. 외국의 논의는 생략하더라도, 국내에서도 이러한 연구 경향은 쉽게 발견할 수 있다. 특히 다국어 연어대조 연구팀에서 구축한 데이터베이스가 대표적이라 할 수 있다. 또한 한국에 유학을 온 수많은 외국인 연구자들에 의해서도 이러한 작업이 대조 연구의 관점에서 이루어지고 있다. 이러한 논문들은 주로 '연어 대조' 혹은 '연어 비교'라는 제목으로 논의가 이루어지고 있는데, 논문의 수가 많으므로 따로 구체적인 논저명은 언급하지 않기로 한다.

3. 한국어 연어 연구의 쟁점

본 절에서는 한국어 연어 연구에서 쟁점이 되었던 사항들 중, 주로 성구론적 연어관과 말뭉치 지향적 연어관의 충돌로 발생하게 된 혹은 발생하게 될 것으로 예상되는 문제들에 대해 논의하기로 한다.

3.1. '연어' 전쟁?

2절에서 일부 언급하였다시피 성구론적 연어관과 말뭉치 지향적 연어관의 충돌은 비단 국내에서만 일어나는 일은 아니다. 세계 언어학계에서도 이와 관련된 충돌이 발견되는데, Hausmann(2004)에서는 이를 두고 연어의 전쟁(War of Collocation)이라고 부르기도 하였다(Burger et al. 2007 : 15-16에서 재인용). 국내 연어 논의에서도 collocation이라는 술어를 어떻게 번역할지 그리고 collocation의 개념을 어떻게 규정할지를 두고 두 연구 방법론이 팽팽한 신경전을 벌이고 있다. 그러나 관점을 좀 달리한다면 두 연어관의 충돌을 굳이 '전쟁'이라는 부정적 뉘앙스를 함축하는 단어로 기술할 필요는 없다는 생각이 든다. 필자가 두 연구 방법론의 충돌을 '전쟁' 정도로 보지 않는 이유는 다음과 같다.

첫째, 두 연어관의 갈등은 주로 술어 사용 양상에 집중되어 있다. 즉, collocation이라는 술어를 성구론적 연어론에서는 관용어와 유사한 속성을 가지고 있지만 '관용어'로 묶일 수 없는 구성을 가리키는 데 사용하고 있고, 말뭉치 지향적 연어론에서는 특정 단어가 다른 단어와 자주 공기하는 현상(혹은 그 구성)을 가리키는 데 사용하고 있다. 필자가 지금까지 검토한 바에 따르면 연어에 대한 연구를 먼저 시작한 쪽은 성구론 분야이고, collocation이라는 술어 자체를 먼저 사용한 쪽은 말뭉치 언어학 분야이다.[12] 앞서 언급하였다시피 연어 연구에서 collocation이라는 술어를 처음 사용한 것은 말뭉치 지향적 연어관의 효시라 할 수 있는 Firth(1951)에서이다. 그러나 Firth 역시 collocation이라는 술어를 창안한 것은 아닐뿐더러 이 단어를 언어학에

---

12) 성구론적 연어 연구에서 collocation이라는 술어를 처음 사용한 사람이 누구이고 그 시기가 언제인지는 아직 파악하지 못하였다.

서 처음으로 이용한 사람도 아니다.[13] 우리가 'collocation'이라는 술어에 대한 '지적재산권'을 주장하는 것이 아니라면, 서로 다른 연구 방법론을 사용하는 성구론적 연구와 말뭉치 지향적 연구에서 collocation이라는 술어를 상이하게 사용한다고 해서 문제될 것은 없다. 국어로 이를 '연어'로 번역하면서 서로 상이한 개념으로 사용하는 것 역시 크게 문제되지 않는다고 생각한다. 언어학의 여러 하위분야에서 동일한 술어를 상이한 개념으로 사용하는 경우는 흔히 발견되는 현상이기 때문이다.

둘째, 두 방법론을 적극적으로 받아들이는 연구들은 상대의 방법론적 문제점에 대해 적극적으로 비판을 가하지 않고 있다. 마치 "나는 내 갈 길 간다."라고 느껴질 만큼 연어 논저들에서는 서로에 대한 학문적 비판을 삼가고 있다. 앞서 언급하였다시피 필자는 성구론적 연어론을 기본으로 삼되 말뭉치 언어학적 방법론도 적극적으로 사용하고 있는데, 필자는 양 방법론의 장점을 수용하되 특정 방법론의 전면적인 실패를 주장하는 것은 섣부른 판단이라는 생각을 가지고 있다. 왜냐하면 두 방법론 모두 장점과 단점을 모두 가지고 있어서 전체 언어학의 발전이라는 측면에서는 상호 보완적인 측면이 강하기 때문이다. 이에 대해서는 3.2.와 3.3.의 논의에서 다시 다루겠다.

셋째, 필자를 포함한 여러 연어론자들이 보여주다시피, 두 방법론을 적절히 받아들인 후 자신의 색채를 드러내려는 학자들의 수가 부쩍 늘어나고 있다. 예를 들어, 말뭉치의 통계적 사용이라는 방법론은 더 이상 말뭉치 지향적 연어론의 전매특허가 되기 곤란한 처지에 처하게 되었다. 이는 달리 말하면 성구론적 연어 연구에서도 통계적 작업의 중요성을 간과할 수 없게 되었다는 것을 뜻한다. 마찬가지로 말뭉치 지향적 연어론에서도 성구론적 방법론을 참고하지 않을 수 없을 것이다.

---

13) 'collocation'의 라틴어 어원은 collocātus이다. Palmer(1933)에 따르면, 'collocation'을 언어학적 술어로 처음 사용한 것은 1750년 Harris에 의해서이고(Drábková 2008 : 27 참조), Firth 이전에도 현대적인 의미로 Otto Jespersen(1917)과 Palmer(1938)에서 먼저 사용되었다 (Bartsch 2004 : 30-31 참조).

3.2. 성구론적 연어론자들에게 제기되는 문제들

여기에서는 성구론적 연어 연구를 하는 학자들에게 제기되는 혹은 제기될 수 있는 문제들을 살펴보기로 한다.[14]

첫째, 성구론적 연어 연구는 과하다고 여겨질 만큼 연어의 범주 문제와 연어 판별의 문제에 집착하고 있는 것이 아닌가? 이를 둘로 나누어 살펴보기로 한다. 먼저, 연어 범주 문제의 경우, 관용표현(관용어 혹은 숙어)[15]과 연어, 자유결합의 구분 및 이들 범주들 간의 상관관계를 밝히는 데에 치중하는 연구는 구체적인 연어가 가지는 언어적 특성을 밝히는 것과는 별 상관이 없다는 지적이 일부 있었다. 그러나 필자로서는 이에 대해 동의하기 어려운데 그 이유는 다음과 같다. ① 어떤 연구 주제이든지 초기의 연구는 해당 구성들이 어떤 언어(학)적 범주에 귀속되며 인접 범주와는 어떤 공통점과 차별점을 가지는지 고구하는 것이 당연하다. 한국어 연어 연구 역시 마찬가지이다. ② 관용표현, 연어, 자유결합은 여러 가지 측면에서 언어적 속성을 달리하고 있으므로 그 차이를 범주적인 차이로 설명해 내는 것이 원론적으로 필요하다. ③ 한국어 연어 연구가 범주 논의에만 몰두하고 있다면 이러한 비판이 일부분 타당할 수도 있지만, 최근의 성구론적 연어 연구는 그 연구 대상을 확대해 가고 있으므로 더 이상 이러한 비판은 유효하지 않다.

다음으로 연어 판별의 문제를 살펴보도록 하자. 말뭉치 지향의 연어 연구자들로부터 성구론적 연어 연구들이 혹독하게 비판 받는 것 중에 하나가, 개별 연어에 대한 판별이 연구자마다 다른 경우가 많다는 것이다. 예를 들어, '속이 타다', '입에 맞다'와 같은 구성에 대한 연어성 판단이 연구자들마다 상이하다. 아래 그 일면을 보인다.

---

14) 김진해(2007)에서 제기하였던 문제들과 중복되어 따로 다루는 것이 편리한 문제들은 3.4.에서 다룬다.
15) 편의상 술어를 '관용표현'으로 통일하기로 함.

(8) ㄱ. 박만규(2003) : '입에 맞다' 관용표현, '속이 타다' 연어
　　ㄴ. 박진호(2003)) : '속이 타다' 관용표현
　　ㄷ. 임근석(2005ㄴ, 2006) : '입에 맞다' 연어, '속이 타다' 관용표현
　　ㄹ. 임유종(2006) : '속이 타다' 연어

　(8)에서 보듯이, '입에 맞다'나 '속이 타다'에 대한 연어성 판별이 학자들에 따라 상이하다는 것을 알 수 있다. 그러나 이런 예들이 존재한다고 해서 이것이 성구론적 연어 연구의 치명적 문제점으로 거론되는 것은 곤란하다. ① 연어 판별에 있어서, 이렇게 연구자들마다의 판단이 상이한 경우는 소수에 지나지 않으므로, 침소봉대해서는 안 된다. ② 언어학의 모든 논의에서 검토대상이 되는 언어요소가 특정 범주에 포함되는지 그렇지 않은지에 대한 논의는 지극히 일반적인 것이어서, 유독 연어에 대해서만 이를 문제 삼는 것은 곤란하다. ③ 성구론적 연어 연구에서 연어 판별에 문제가 있다면, 말뭉치 지향적 연어 연구 역시 이 문제에서 결코 자유로울 수 없으며, 어떻게 보면 더욱 심각한 문제를 안고 있다. 이에 대해서는 3.3.에서 다시 언급하기로 한다.
　둘째, 개별 언어의 연어 범주 속에는 수많은 연어들이 존재하는데, 각 연어들이 가지는 응용언어학적 중요도의 차이는 어떻게 포착해 줄 것인가? 예를 들어, 연어 사전을 편찬한다고 할 때 등재의 우선 순위는 어떻게 결정할 것인가? 이는 한정된 인력과 자원을 가지고 실용적인 작업을 수행할 때 항상 고민해야 하는 문제이다. 논의를 보다 분명하게 하기 위해, 한국어 '명사+명사'로 이루어진 연어를 선정하고, 이 구성의 언어적 특성을 기술하여야 한다고 가정해 보도록 하자. 그리고 말뭉치 언어학적 방법론—그것이 말뭉치 기반적 방법이든 말뭉치 지향적 방법이든—을 전혀 사용하지 않는다고 생각해 보자. 이럴 경우 다음의 문제점들이 생기게 된다. ① N+N 구성을 만들어 낼 수 있는 경우의 수가 무한대에 가깝다. 현실적으로 예상 가능한 모든 경우를 말뭉치의 도움 없이 검토한다는 것이 불가능하다. ② 사전에

등재된 명사를 참고하여 예상 가능한 구성을 추출하였다 하더라도 어떤 구성이 다른 구성보다 언중들에게 자주 사용되는지 혹은 각 구성요소들의 긴밀도가 어떠한지 등은 객관적으로 판단하기 어렵다. ③ 해당 구성이 띄어쓰기가 되어 있는지 혹은 자주 붙여 쓰기가 되는지와 같은 각종 언어 정보들을 말뭉치의 도움 없이는 추출해 낼 수 없다. 예를 들어, '자아 의식'이 '문화 의식'보다는 붙여 쓰일 가능성이 높은데, 이를 객관적으로 파악하기 위해서는 대규모 말뭉치를 이용하여 통계적 작업을 수행하여야만 한다. 지금까지 성구론적 연어 연구는 말뭉치 지향적 연어 연구에 비해 순수언어학적 논의에 초점을 맞추어 왔다. 그러나 연어 연구 결과물의 객관성과 실용성을 담보하기 위해서는 말뭉치 언어학적 방법론 즉, 말뭉치를 이용한 통계적 방법론을 이용하지 않을 수 없다.

셋째, 연어로 취급되지 않지만 유의미한 공기성을 보여주는 구성들이 있는데 성구론적 연어 연구에서는 이들의 중요성을 간과하는 것은 아닌가? 예를 들어, 어휘적 공기어, 문법적 공기어, colligation 혹은 의미적 응집성 (semantic cohesion 혹은 semantic prosody)의 문제에 대해서는 성구론적 연구 방법론으로는 적절한 답을 줄 수가 없다는 의문을 제기할 수 있다. 필자의 입장에서는 이러한 지적이 타당하다고 생각한다. 이러한 문제를 해결하는 데에는 말뭉치 언어학적 방법론이 더 유효할 수 있다. 그러나 이것이 성구론적 연어 연구가 잘못되었다거나 부족한 것이라고 해석되어서는 곤란하다. 여기서 언급되는 문제들에 대해서는 말뭉치 언어학적 접근법이 더 타당한 것이고 다른 부분에 있어서는 성구론적 접근법이 더 타당한 경우도 있으며, 어떤 경우에는 양자의 관점을 함께 이용하는 것이 올바른 경우도 있다는 것이 필자의 판단이다.

3.3. 말뭉치 지향적 연어론자들에게 제기되는 문제들

말뭉치 지향적 연어 연구를 하는 학자들에게는 다음의 문제가 제기될 수 있다.

첫째, 말뭉치 지향적 연어 연구는 연구 대상이 되는 말뭉치가 어떻게 구축되어 있느냐에 따라 연어성에 대한 판단이 달라질 수밖에 없는데, 이는 심각한 문제가 아닌가? 특히 말뭉치를 통해서만이 언어학적인 관찰과 언어학적인 설명이 이루어져야 한다는 말뭉치 지향적 연어 연구의 관점에서 볼 때, 이는 치명적인 문제가 아닐 수 없다. 이런 측면에서 말뭉치에서 얻은 결과물은 연어 연구의 보조 자료로 이용되는 것이 바람직하지 그 자체가 연어로서 맹신되는 것은 문제가 있다는 것이 필자의 생각이다. 이는 아래의 두 번째 의문 제기와도 관련이 되어 있다.

둘째, 동일한 말뭉치를 대상으로 하더라도 전처리 작업을 어떻게 하느냐 혹은 어떤 통계 기법을 이용하느냐에 따라 통계 결과가 다르게 나타나는데, 이 역시 문제가 아닌가? 실제로, 영어를 대상으로 한 연어 연구에서는 MI가 두루 사용되고 있으나 한국어에서는 이 통계 기법이 적절치 않다는 주장이 있다(임근석 2002, 박병선 2003, 신효필 2007 참조). 또 신효필(2007)에서는 임근석(2002)와 마찬가지로 연어를 특정 통사구성에서 추출하면서도, 통계 기법으로는 로그우도비가 더 적절하다고 주장하고 있다. 그런데 이 역시 어떤 통계 기법을 이용하느냐에 따라 결과물이 달라진다는 것을 역설적으로 보여주는 것이라고 하겠다. 결국, 어떤 통계 기법을 사용하느냐 하는 것은 통계학 내적인 결론에 따르는 것이 아니라, 어떤 통계 기법이 연구자가 상정하는 연어를 가장 잘 추출해 내느냐 하는 점에 의해 결정된다. 물론 이는 어떤 통계 기법을 사용해도 무방하다는 것을 주장하려는 것은 아니다. 다만 특정 통계 기법의 결과를 맹신하여서는 안 된다는 점을 명확히 하고자 한다. 달리 말하면, 통계적 방법을 이용하더라도 궁극적으로는 연구자가 어떤 연어 개념 혹은 어떤 연어 판별 기준을 가지고 있는지가 매우 중요하다는 것을 강조하고자 한다.

셋째, 연어 구성요소들의 결합에서 보이는 함수 관계, 제약적 관계 그리고 연어가 문법의 각 하위 부분과 어떤 관계를 갖는지 등에 대한 순수언어학적 논의는 말뭉치 지향적 연어론으로는 불가능한 것이 아닌가? 지금까지 이러한 논의는 성구론적 연어 연구에서 수행되어 왔던 것으로 말뭉치 지향적 연어 연구에서는 깊이 있는 논의가 이루어지지 않고 있다. 그러나 이것 역시 3.2.의 논의와 마찬가지로, 말뭉치 지향적 연어 연구가 잘못되었다거나 성구론적 연구에 비해 부족하다는 근거가 될 수는 없다. 두 연어론이 제각기 장단점을 가지고 있어 연어의 어떤 특성을 밝히려고 하느냐에 따라 더 효율적인 방법론이 존재하는 것으로 받아들이는 것이 더 타당하다.

3.4. 김진해(2007)에 대한 반론

여기에서는 김진해(2007)에서 제기한 여러 문제 중, 필자의 연어관에 대한 비판과 성구론 일반의 연어 연구 방법론에 대한 비판을 중심으로 필자의 반론을 담기로 한다.

첫째, 김진해(2007)에서는 외국의 저명한 학자들의 견해에 기대여 한국에서 이루어지고 있는 연어 연구가 비정상적이라고 주장하고 있는데, 거론되는 학자들이 모두 말뭉치 지향적 연어론자들이어서 적절한 비판이 될 수가 없다. 김진해(2007)의 비판은 전형적으로 (5)의 예들처럼 이루어지고 있다. 그러나 그가 권위의 근거로 언급하고 있는 학자들, Sinclair, Halliday, Stubbs, Leech 모두 말뭉치 지향적 연어 연구자들이다. 반대로 생각하여, 성구론적 연어 연구자들의 견해를 옮기고 그와 다른 방식으로 한국어 연어 연구를 수행하고 있는 연구자들 즉, 말뭉치 지향적 연어 연구자들을 비판할 수 있겠는가? 그렇지 않다. 특정 이론의 외국 학자의 견해를 옮기고 그와 다르게 한국어 연어 연구가 진행되고 있다고 비판하는 것은 적절한 비판이 될 수 없다.

둘째, 김진해(2007)에서는 연어핵과 연어변의 구별 및 연어핵에 의한 연어변의 선택을 비판하고 있는데, 여기에는 몇 가지 오해가 있는 것으로 보인다. 먼저 이 문제와 관련된 그의 주장을 살펴보기로 한다.

(9) ㄱ. 실제로 연어구성 요소 간의 어휘 관계를 기술한 세종전자사전 연어분과의 결과물 중 50% 정도만이 기술 가능했다. 기술된 어휘함수도 그 타당성에 대한 재검토가 필요하다. 이는 어휘 간의 결합에서 그 결합을 매개로 하는 의미적 관계가 보편적(general) 어휘함수의 조합으로 설명하려는 기획이 실현되기 상당히 어렵다는 것을 보여준다. 이는 보편적이고 귀환적인 메타언어(규칙)로 설명하는 것이 어느 정도 가능한 문법과 달리, 모든 의미를 폐쇄적인 의미원소들로 화원하는 것이 근본적으로 불가능하다는 것을 보여준다. 또한 어휘함수는 문법적 연어를 설명하지 못하며, '명사+명사' 구성의 연어에 대해서도 설명력이 떨어진다. (김진해, 2007 : 234)

ㄴ. 국내 연구에서 가장 집요하게 논의된 것이 연어관계의 단일 방향성이다. 이는 김진해(2000)에서 비롯된 것인데, 김진해(2000 : 37-43)에서는 연어관계의 중요한 특성 중 하나로 '선택의 단일 방향성'을 제시하고 있다. (김진해, 2007 : 240)

ㄷ. 임홍빈(2002), 임근석(2006), 박진희(2005), 유승만(2006b) 등에서는 연어핵과 연어변을 구분하면서 '체언+용언'형 연어구성의 경우, 체언이 연어핵이고 용언이 연어변이라고 해석하고, 그 반대 방향에서의 제약은 어휘의 개념구조에 따른 논항에 대한 공기 제약일 뿐이라고 주장한다. 여기서 한 걸음 더 나아가서 '연어핵에 의한 연어변의 선택만을 연어 정의의 핵심'이라고 본다(임근석, 2006 : 26). (중략) 연어 관계를 '핵'과 '변'의 차원에서 접근하기 때문에, 연어핵을 판별하는 기준으로 '두 연어원자 중에서 의미적으로 보다 안정된 것이 연어핵이 된다'거나, '의미적 안정성에 있어 우열을 가릴 수 없는 경우 선행 연어원자가 연어핵이 된다'는 등의 사변적인 기준을 계속 제시할 수밖에 없다(임근석, 2006 : 53). (김진해, 2007 : 241-242)

(9ㄱ)은 "연어관계 연구가 두 어휘가 '자주 공기한다'는 것에 출발해야만 그 속에 있는 다양한 의미적 양상들을 볼 수 있다."는 주장을 하면서 어휘함수를 언급하고, 그러면서도 한편으로는 어휘함수의 한계점을 주장하는 부분이다. 여기에는 두 가지 오해가 있다. ① 어휘함수는 "어휘가 '공기하는' 것에서부터 출발하여 정교화된 언어학적 설명"이 아니다. 어휘함수는 두 개의 어휘요소가 결합함에 있어 어휘적으로 유발된 어휘선택이 함수관계를 보여준다는 점을 파악하기 위한 언어학적 기제이다. 따라서 '공기성'을 통해 발견된다는 그의 주장은 타당하지 않다. ② 세종전자사전에서 어휘함수가 50% 정도밖에 기술되지 않은 것은 복합어휘함수를 적극적으로 사용하지 않았기 때문이다.16)

(9ㄴ)은 '선택의 단일방향성'이 김진해(2000)에서 제시된 것이기는 하지만 후속 논문들에 잘못된 이해를 낳게 하였고, 결과적으로 node와 collocate에 대한 개념 정의의 왜곡을 가져왔다고 하는 주장의 도입 부분이다. (9ㄷ)은 (9ㄴ)의 맥락에서 연어핵과 연어변을 구별하고 확인하려는 연어 논의가 잘못되어 가고 있으며 사변적으로까지 진행되고 있다는 비판 내용의 일부이다. 이 부분에서도 김진해(2007)은 다음의 오해를 보인다. ① 국내 논의에서 '선택의 단일 방향성'이라는 표현을 처음 사용한 것은 김진해(2000)이 분명하지만, 한국어 연어 논의에서 연어핵과 연어변을 설정하고 그들 간의 결합관계상의 비대칭성 그리고 선택제약과의 차이를 밝히고자 노력한 것은 성구론적 연어 연구의 오랜 전통에 따른 것이다. 예를 들어, Mel'čuk의 연어 논의에서 밝히고 있듯이 연어를 구성하는 두 구성요소의 선택은 선택하는 요소와 선택을 받는 요소로 나뉘어지고 이들은 일반적인 선택제약에 의한 선택과 분명한 차별을 보여준다. 한국어 연어 논의에서 연어핵과 연어변의 구분 그리고 그들 간의 선택관계를 집요하게 찾고자 하는 노력의 배경에는 바로 이 성구론적 연어 연구의 전통이 존재하는 것이다. 따라서 node와

---

16) 어휘함수의 특징 및 세종전자사전 연어사전에서의 어휘함수 기술에 대해서는 임근석 (2006 : 70-75) 및 임근석(2006 : 52) 부분을 참고.

collocate이라는 말뭉치 지향적 연어 연구와 결부하여 이러한 일련의 논의들을 비판하는 것은 온당치 않다. ② (9ㄷ)에서는 연어핵을 판별하고자 하는 임근석(2006)의 시도를 사변적이라고 비판하고 있는데, 일부분 비판을 겸허히 수용하면서도 김진해(2007)의 오해를 지적하지 않을 수 없다. 우리가 어떤 구성들의 언어적 특성을 관찰하여 그들을 하나의 범주명 아래 두고자 한다면, 우리는 공통된 혹은 원형적인 범주 속성을 찾아내야만 한다. 연어의 경우도 마찬가지이다. '결론을 내리다' 뿐만 아니라 '공격 개시', '-기 때문에'와 같은 구성들을 연어로 파악한다면, 이들을 연어로 묶을 수 있는 공통 혹은 원형적 속성을 분명히 하여야 한다. 임근석(2006)에서는 말하자면, 위 예들이 공유하는 연어의 범주적 속성 중 하나로 '연어핵에 의한 연어변의 선택'을 밝히고자 하였던 것이다.[17]

셋째, 김진해(2007 : 236)에서는 '밥을 먹다'와 '배가 고프다'에 대한 임근석(2006)의 판단을 '자의적'이라고 비판하고 있는데, '자의적'이라는 판단의 구체적인 근거를 들고 있지 않아서 그 비판을 받아들이기 어렵다.[18] 특히 여기서 분명히 하고자 하는 것이 있는데, 특정 구성이 연어인가 아닌가에 대한 판단이 연구자마다 다르거나 일부 동의할 수 없는 부분이 있다고 하여, 이것이 성구론적 연어 연구는 잘못된 것이라는 근거로 사용되어서는 곤란하다. 마찬가지로 우리는 특정 말뭉치 지향적 연어 연구에서 특정한 연어 구성이 포함되지 않았다거나 연어로 보이지 않는 구성이 포함되었다고 하여 말뭉치 지향적 연어 연구의 방법론 자체가 잘못되었다고 주장할 수는 없는 것이다.

넷째, 김진해(2007 : 249)은 임근석(2006)에서 문법적 연어 구성요소들의 결합 관계를 설명한 부분에 대해 "이론 내적 논의가 얼마나 사변적으로 흐를 수 있는지를 잘 보여준다."는 비판을 하고 있는데, 이 말이 어휘적 연어

---

17) 지면 관계상 '연어핵에 의한 연어변의 선택'에 대한 논의를 이곳에서 장황하게 논할 수는 없다. 임근석(2006) 혹은 임근석(2010)을 참조하기 바란다.
18) 이들 구성에 대한 연어성 판단은 임근석(2006 : 119-121, 79) 참조.

와 달리 문법적 연어 구성요소들의 결합관계가 어휘적 연어처럼 깔끔하게 설명되어지지 않는다는 비판이라면 이러한 비판을 일부 받아들일 용의가 있다.19) 그러나 보다 건강한 연어 논의를 위해서라면, 그리고 해당 연어 연구자가 문법적 연어를 상정하는 데에 동의한다면, 어휘적 연어와 문법적 연어가 어떤 특성들을 공유하고 있는지 또 어떤 특성을 달리하는지를 먼저 상세히 밝히는 것이 순서일 것이다. 그의 일련의 논저에서는 이에 대한 논의를 찾아볼 수 없다.

4. 결론 및 제언

지금까지 우리는 한국어 연어 연구의 전개와 쟁점을 성구론적 관점과 말뭉치 지향적 관점에서 살펴보았다. 세계 언어학계에서 이루어진 연어 연구에 비하면 한국의 연어 연구는 그 역사도 짧고 아직은 가야할 길이 멀다고 해야 할지도 모르겠다. 그러나 한국의 연어 연구가 성구론적 연어론과 말뭉치 지향적 연어론의 연구 성과를 적절히 수용하면서도 연어 연구의 영역을 확장하고 있는 점을 볼 때(2절), 한국의 연어 연구의 미래가 밝다는 생각을 가지게 된다. 3절에서는 성구론적 연어론과 말뭉치 연어론의 충돌, 그리고 두 연구 방법론이 상호 보완적인 성격을 가질 수밖에 없음을 살펴보고, 덧붙여 김진해(2007)에서 제기된 성구론적 연구 방법론 및 임근석(2006)에 대한 비판에 대해서 다루었다.

한국어를 연구하면서 평소 가지게 되었던 생각 중 하나는 우리가 지나치게 영미 중심의 언어학의 영향을 받는 것은 아닐까 하는 점이었다. 연어 연

---

19) 여기서 상술할 수는 없지만, 문법적 연어를 구성하는 구성요소들의 결합관계가 어휘적 연어의 그것만큼 깔끔하지 못한 것, 그것 자체가 문법적 연어의 특성일 가능성이 있다. 이에 대해서는 다른 기회에 다시 한 번 자세히 논의하기로 한다.

구 역시 마찬가지이다. 일부 말뭉치 지향의 연어 연구자들에 의해 제기된 성구론적 연어 연구 방법론에 대한 부당한 비판은 이러한 한국 언어학계(혹은 국어학계)의 단면을 그래도 보여주는 듯하다. 필자가 보기에, 성구론적 연어론과 말뭉치 지향적 연어론은 상호 배타적인 것이 아니라 상호 보완적인 측면이 강하다. 이 두 연구 방법론의 상호보완성에 대해 다른 연어 연구자들과 함께 고민해 보고자 한다.

참고문헌

김윤경. 2009. "한국어 상징부사+용언 형 연어의 목록 선정과 교수 활동 연구", 부산외국어대 석사학위논문.

김진해. 2000. 「연어연구」, 한국문화사.

김진해. 2007. "연어 관계의 제자리 찾기-국내의 이론적 논의에 대한 재검토를 중심으로-", 「한국어학」 37, pp.229-260.

박병선. 2003. "국어 공기관계의 계량언어학적 연구", 고려대학교 박사학위논문.

박영수. 2009. "상징부사의 연어적 공기관계 연구", 한남대학교 석사학위논문.

박진호. 2003. "관용표현의 통사론과 의미론", 「국어학」 41, pp.361-419.

신지영. 2008. "외국인 학습자를 위한 한국어 '부사류+용언'형 연어 교육 방안 연구", 한국외국어대 석사학위논문.

신효필. 2007. "연어의 통계적 접근을 통한 로그 우도비 중심의 연어 검증", 「언어학」 47, 한국언어학회, pp.107-138.

이동혁. 1998. "국어의 연어적 의미연구", 고려대학교 석사학위논문.

이동혁. 2004. "국어 연어관계 연구", 고려대학교 박사학위논문.

이은경. 2005. "명사를 중심어로 하는 문법적 연어 구성", 「한국어 의미학」 17, 한국어의미학회, pp.177-205.

이희자. 1994. "현대 국어 관용구의 결합관계 고찰", 「제6회 한글 및 한국어 정보 처리 논문 발표 대회 발표 논문집」, pp.333-352.

임근석. 2002. "현대국어의 어휘적 연어 연구", 서울대학교 석사학위논문.

임근석. 2005ㄱ. "문법적 연어의 개념 정립을 위하여", 「형태론」 7-2, pp.277-301.

임근석. 2005ㄴ. "연어와 관용표현의 판별 기준에 대한 고찰", 「우리말 연구 서른아홉 마당」, 태학사, pp.981-1006.

임근석. 2006. "한국어 연어 연구", 서울대학교 박사학위논문.

임근석. 2007. "문법적 연어의 사전적 처리에 대하여", 「한국언어문화」 34, pp.351-380.

임근석. 2008. "문법적 연어와 문법화의 관계", 「국어학」 51, pp.115-147.

임근석. 2009ㄱ. "통계적 방법을 이용한 문법적 연어 후보 추출", 「한국어학」 45, pp.305-333.

임근석. 2009ㄴ. "문법적 연어와 한국어 교육-조사적 연어를 중심으로-", 「한국어교육」 20, 국제한국어교육학회, pp.161-184.

임근석. 2010ㄱ. "국어 어미적 연어의 필요성과 목록 선정에 관한 연구", 「한국언어문화」 42, pp.347-370.

임근석. 2010ㄴ. 「한국어 연어 연구」, 월인.

임유종. 2005. "부정소 호응 부사에 의한 연어와 사전 기술", 「한국언어문화」 27, pp.235-256.

임유종. 2006. "연어의 개념과 범주 한정의 제 문제", 「국제어문」 36, pp.145-181.

임홍빈. 2002. "한국어 연어의 개념과 그 통사·의미적 성격", 「국어학」 39, pp.279-311.

임홍빈·임근석. 2004. "21세기 세종계획 전자사전구축분과 연어사전의 정보구조와 기술내용", 「한국사전학」 4, pp.99-130.

조은영. 2009. "현대국어 어휘적 연어의 형성과 의미", 이화여자대학교 석사학위논문.

한영균. 2002. "어휘 기술을 위한 언어정보의 추출 및 활용과 관련된 몇 가지 문제", 「국어학」 39, pp.137-171.

한정한. 2007. "'-는 바람에' 유형의 사전기술과 전산처리-[원인]의 문법적 연어를 중심으로-", 「한국어학」 35, pp.391-418.

한정한. 2010. "용언형 연어의 문법범주", 「한국어학」 49, pp.405-433.

홍종선 외. 2001. 「한국어 연어 관계 연구」, 월인.

홍혜란. 2007. "한국어 고급학습자의 문법적 오류 분석-학습자 말뭉치와 작문 자료를 중심으로-", 「비교문화연구」 11-1, pp.23-52.

Bally, C.. 1909. Traité de stilistique français, Klincksiek.

Bartsch, S.. 2004. Structural and Functional Properties of Collocations in English, Gunter Narr Verlag Tübingen.

Burger, H. et al.. 2007. Phraseology : Subject area, terminology and research topics, in Burger et al.. eds.

Burger, H. et al.(eds). 2007. Phraseology : An International Handbook of Contemporary research, Walter de Gruyter.

Burger, H.. 1998. Phraseologie : eine Einführung am Beispiel des Deutschen, Berlin : Erich Schmidt. 「성구론 입문」. 천미애 역(2000). 세기문화사.

Cruse, D. A.. 1986. Lexical Semantics, Cambridge : Cambridge University Press.

Drábková, L.. 2008. A Corporeal Analysis of English and Czech-Nominal Business Collocations, Ph. D. Dissertation, Masaryk University.

Firth, J. R.. 1951. Modes of meaning, in J. R. Firth, Paper in Linguistics pp.1934-1951,

Oxford University Press.

Hausmann, F.J.. 2004. Was sind eigentlich Kollokationen, In Steyer, K. (Hrsg) : Wortverbindungen-mehr oder weniger fest, Berlin, pp.309-334.

Martin, E. et al.(eds.). 1995. Idioms : Structural and Psychological Perspectives, Hillsdale.

McEnery, T. et al(eds). 2006. Corpus-Based Language Studies, Routledge.

Mel'čuk, I. et al.. 1995a. Introduction à la Lexicologie Explicative et Combinatoire, Editions Duculot.

Mel'čuk, I.. 1995b. Phrasemes in Language and Phraseology in Linguistics, in Martin et al.(eds.). 1995. pp.167-232.

Mel'čuk, I.. 1996. Lexical Functions : A Tool for the Description of Lexical Relations in a Lexicon, In Wanner(ed.) John Benjamins, pp37-102.

Mel'cuk, I.. 1998. Collocations and lexical functions, In Cowie(ed.) Phraseology : Theory, Analysis, and Applications, Oxford : Clarendon Press. pp23-54.

Palmer H. E.. 1933. Second Interim Report on English Collocations, Tokyo : IRET.

Sinclair, J.. 1991. Corpus, Concordance, and Collocation, Oxford : Oxford University Press.

Vinogradov, V. V.. 1947. Ob sonovnuikh tipakh frazeologicheskikh edinitsv russkom yazuike, In A. A. Shakhmatov, pp.1864-1920. Sbornik statey i materialov, Moscow : Nauka, pp339-364.

Wanner, L. (ed.). 1996. Lexical Functions in Lexicography and Natural Language Processing, Amsterdam : John Benjamins Publishing Company.

| 이 논문은 국어학 61집(2011, 국어학회)에 게재된 논문을 재수록한 것입니다.

한자어의 구성성분과 의미 투명도

노 명 희

1. 서론

　형태론의 주요 임무 중의 하나는 단어의 어휘 의미가 그 구성성분과 구조로부터 잘 해석될 수 있도록 관련성의 틀을 만드는 것이라 할 수 있다. 이는 고유어와 한자어를 망라한 형태론의 중심적 과제라고 할 수 있으나 그동안 한자어 연구자들이 이에 대해 별로 관심을 기울이지 않았던 듯하다. 주로 한자어의 내적 구조를 분석하고 이를 분류하는 작업에 머물러 한자어의 구조나 구성성분들과 단어들이 가지게 되는 의미적 관련성에 대한 연구가 부족한 실정이다.

　본고는 한자어의 구성성분이 전체 한자어의 의미에 어떻게 반영되는지 밝히는 것이 목표이다. 가령 A, B라는 두 성분을 지닌 한자어가 있다고 할 때 이들의 의미가 전체 한자어의 의미에 반영되는 정도를 살펴보려는 것이다. 의미 투명성의 관점에서 한자어 구성성분의 의미가 어느 정도 투명하게 유지되는지 살펴보고, 각 단어의 투명성 정도를 따져 유형별로 분류하고자 한다. 예컨대, '선악(善惡), 명암(明暗)' 등은 구성성분의 의미가 곧 전체 한자어의 의미로 해석될 수 있어 의미가 투명한 예에 속하나 '공부(工夫), 환경(環境)' 등은 개별 한자의 의미가 한자어의 의미에 그대로 반영되지 않아 불투명한 예에 속한다. 그 중간 단계로 구성성분 A, B 중 A 또는 B의 의미만 투명하게 인식되는 '내용(內容), 모양(模樣)' 등이 있다. 이들을 유형별로 분류하고 그 부류별 특성을 밝히고자 한다.

이와 관련하여 한자어의 성분구조와 의미 투명성 사이의 관련이 문제가 될 수 있다. 예컨대 '주어+서술어', '서술어+목적어', '서술어+보어' 등의 근간성분들로 이루어진 '심란(心亂), 호명(呼名), 귀가(歸家)'는 그 의미가 투명하게 인식된다. 또한 후술하겠지만(4.2 참조) '난제(難題), 부제(副題)' 등 '수식어+핵심어' 구조를 가진 단어의 경우 핵심어의 투명도가 전체 단어의 투명도에 더 많은 영향을 미칠 수 있다. 그리고 '확실(確實), 분명(分明)' 등 유사한 의미의 '형용사+형용사' 구조를 가진 단어는 상대적으로 투명하지 못한 경향이 있다. 이러한 현상은 한자어의 성분구조도 전체 한자어의 의미 투명도에 영향을 미친다는 점을 보여주는 예들이지만 이는 후일의 과제로 미루고, 본고에서는 우선 구성성분과 전체 한자어의 의미적 관련만을 다루기로 한다.

본고의 논의 순서는 다음과 같다. 2장에서는 의미 투명성과 이와 관련된 의미 합성성, 또는 생산성 등의 개념에 대해 기존 논의를 살펴보고, 이를 한자어에 어떻게 적용할 것인지 그 가능성을 모색하기로 한다. 3장에서는 이를 토대로 한자어의 투명도 판단 기준을 살펴보고, 4장에서는 구체적인 한자어의 예를 통해 구성성분과 의미 투명도와의 관련성을 논의하도록 하겠다.

2. 투명성의 정의

본고는 한자어의 성분과 의미 사이의 관련성을 투명성(transparency)이나 합성성(compositionality)과 관련하여 설명하고자 하므로, 우선 이들 용어에 대한 기존의 정의를 살펴보고자 한다. 그리고 이러한 정의를 한자어에 어떻게 적용할 수 있을지 방법론적인 문제를 생각해 보기로 한다.

투명성(transparency)이란 용어는 일찍이 S.Ullmann(1962 : 80-93)이 기호의 자의성과 관련하여 각 언어는 음성과 의미 사이에 관련이 없는 자의적이고 불투명한(opaque) 단어들을 가지고 있는 한편, 어느 정도 유연적(motivated)이고 투명한(transparent) 단어도 가지고 있다고 한 것에서 찾아볼 수 있다. 이 논의는 유연성(motivation)의 세 가지 유형을 제시하고 있는데, 음성적 유연성, 형태적 유연성, 의미적 유연성 등이 그것이다.

음성적 유연성은 명칭과 뜻 사이에 유사성이 존재한다는 것으로 의성어가 대표적인 예이다. 형태적 유연성은 단어들이 형태적 구조에 의해 갖게 되는 유연성으로, preacher와 같은 단어가 동사 preach와 접미사 -er로 분석될 수 있으며 이때 이 단어는 형태론적 유연성을 가지며 투명하다고 보는 것이다. 의미적 유연성은 비유나 적용의 전이 등에 의해 발생하는 다의들 사이의 유연성으로, 자동차의 bonnet이 머리 덮개와 비슷하게 보여 그렇게 불리는 것 등이다. 이때 원의미와 전이된 의미 간의 간격이 너무 벌어져 유연성을 상실하면 별개의 단어로 취급된다.

이에 비해 Bauer(1983 : 19-20)에서는 "한 어휘소가 분명하게 구성 형태로 분석 가능하고, 관련 형태에 대한 지식이 다른 문맥에서 그 어휘소를 해석하는 데 충분하다면 그 어휘소는 투명하다"라고 하였다. 예컨대 coverage는 분명히 cover+age로 분석되고, cartage, pilotage, postage 같은 단어를 통해 age가 명사화소라는 것이 분명하다. 즉 coverage는 그것이 포함하고 있는 형태들로부터 해석이 가능하므로 투명하다. 이에 비해 carriage는 carry+age로 분석 가능한지도 불분명하여 투명하지 않다. airmail과 blackmail의 경우는 둘 다 구성 형태로 분석 가능하다. 그러나 airmail(항공우편)의 의미는 구성 형태의 정보로부터 예측 가능하지만 blackmail(공갈, 갈취)의 의미는 예측 가능하지 않으므로, 전자는 투명하고 후자는 불투명하다. 구성 형태로 분석 가능하여도 구성 형태가 전체 의미를 해석하는 데 충분하지 않다면 불투명어가 되는 것이다.

Bauer(1983)의 의미 투명성은 Ullmann(1962)이 의미적 유연성이 있는 단어를 투명하다고 한 것과 다른 뜻으로 해석된다. 본고는 형태적 투명성과 의미적 투명성을 구별하되 형태적 투명성은 Ullmann(1962)의 정의로 사용하고 의미적 투명성은 Bauer(1983, 2001)의 정의로 사용하고자 한다. Ullmann (1962 : 91)에서는 butterfly(나비), kingfisher(물총새), lady-bird(무당벌레)와 같은 많은 합성어들이 두 요소 간의 관련이 멀거나 불명료할 수 있지만 형태적으로 유연성을 가진다고 보았다. 본고는 이와 같이 형태적 유연성이 있는 단어를 형태적으로 투명한 것으로 보고자 하는 것이다. 이것은 위에 든 airmail이나 blackmail과 같은 단어 부류의 차이를 설명하기 위해서이다. 즉 전자는 형태적으로, 그리고 의미적으로도 투명하다. 후자는 형태적으로는 분석 가능하여 투명하지만 의미적으로는 불투명하다고 볼 수 있는 것이다. 따라서 의미적 투명성은 Bauer(1983)에서의 정의처럼 형태적 투명성을 포함하는 개념이라 할 수 있다.

의미 투명성이라는 용어와 함께 의미 합성성의 원리를 살펴볼 필요가 있다. 이는 일반적으로 의미가 투명한 경우는 구성 형태소의 의미가 유지되어 의미 합성성의 원리로 설명이 되는 경우라고 할 수 있기 때문이다.[1]

Cruse(2000 : 70-72)에서는 '합성성의 원리'를 "복합 표현의 의미는 그 의미적 구성소들(semantic constituents)이 가지는 의미의 합성적 함수"로 정의하였다. 여기서 의미적 구성소는 반복적 대조 검증(recurrent contrast test)에 의해 인식될 수 있는 것으로, 동일한 문법적 부류에 속하는 다른 것에 의해 대치되어 다른 의미를 줄 수 있다는 특징을 갖는다. 예를 들어, disapprove의 dis-는 의미적 구성소이지만 disappoint의 dis는 의미적 구성소가 아니다. 전자의 dis는 dislike에서와 동일한 의미적 효과를 갖지만, 후자의 dis는 그것을 제거해서 발생하는 의미적 효과가 다른 어간에 대해서는 발생하지 않기 때

---

1) Bauer(2001 : 52-53)에서는 의미적 투명성의 결여와 합성성이나 의미적 정합(整合)성 (semantic coherence)의 결여를 같은 것으로 보고 있다.

문이다. 마찬가지로 recount(다시 세다)의 re-는 의미적 구성소이지만, recount(이야기하다)의 re-나 report, receive의 re-는 그렇지 않다. blackbird(지빠귓과의 검은새)의 black, bird도 의미적 구성소의 자격을 인정받지 못하는데, 그것은 black의 의미와 bird의 의미를 더하면 blackbird(지빠귀)라는 새로운 의미가 발생하는 것이 아니라 단순히 black bird(검은 새)의 의미가 되기 때문이다. 즉 blackbird는 의미 합성성의 원리에 부합하지 않는 예로 그 자체가 최소 의미 구성성분(minimal semantic constituent)이 된다.

그렇다면 이와 같이 의미 합성성의 원리에 부합하지 않는 예들을 모두 불투명한 예로 보고 이들 성분은 의미적 구성소의 자격이 없다고 보아야 하는가? blackbird의 의미가 의미 합성성의 원리에 부합하지는 않지만 black과 bird의 의미에 기반해서 복합적인 '지빠귀'라는 의미가 되었으며 '검은 새'라는 의미가 남아 있으므로 구성성분과의 의미적 관련성이 없다고 볼 수도 없을 듯하다. blackbird는 형태적으로 투명할 뿐만 아니라 의미적으로도 완전히 불투명하다고 하기는 힘들다. 따라서 의미 합성성의 원리에 부합하지 않는 예도 완전히 불투명하지 않는 예가 있을 수 있으며, 각 구성성분은 의미적 구성소의 자격을 가질 수 있다고 생각한다.

본고는 특정 단어가 의미 합성성의 원리에 따라 설명되는 경우는 의미가 투명하다고 보고, 합성성의 원리에 의해 설명되지 않는 경우는 기본적으로 의미가 불투명하다고 본다. 이때 형태적 투명성과 의미적 투명성은 구별될 필요가 있다고 생각한다. 한자어의 성분이 Cruse(2000)처럼 다른 단어에서 반복적 대조 검증에 의해 인식될 수 있으면 형태적으로 투명한 것으로 보기로 한다.[2] 또한 투명성이라는 용어는 투명과 불투명으로 양분 대립되는 것이 아니라 양 극단 사이에 정도의 변이가 존재한다. 깨끗함이 더러운 정도

---

2) 후술할 '선생(先生)'의 의미 속에는 "먼저"와 "사람"의 의미 외에도 "가르치다"의 뜻이 추가되므로 합성성의 원리가 지켜지지 않아 의미적으로는 투명하지 않다. 그렇지만 '선'은 '선견(先見), 선결(先決), 선금(先金)' 등의 반복적 대조 검증에 의해 의미적 구성소의 자격을 가지며 '생'도 '학생(學生), 유생(儒生)' 등에서 "사람"의 뜻으로 쓰여 형태적으로는 투명하다고 본다.

의 연속선상의 한 끝점에 있는 것과 같이 투명성은 불투명한 정도의 연속선
상에서 한 끝점이라는 사실이 중요하다(Cruse 1986 : 39). 이에 따라 우리는
투명성에 정도성을 부여하여 "투명한(transparent) 경우"와 "반-투명한(semi-
opaque) 경우, 불투명한(opaque) 경우" 등으로 구별하고 이들을 다시 하위 분
류하려 한다.3) 따라서 그 용어도 '투명도'라 칭하고자 한다.

　다음으로 의미 예측 가능성이나 생산성과의 관련을 생각해 보자. 투명성
과 생산성이 밀접히 관련되는 것은 사실이나 동의적인 것으로 볼 수는 없
다. -ment의 접사화는 투명하지만 생산적이지 않은 형태론적 과정이고 -ity
부가는 생산적인 과정이지만 전적으로 투명하지는 않기 때문이다.4) 투명성
이 생산성에 대한 전제 조건은 아니더라도 최소한 주요 자극 요인이 된다고
볼 수 있다. 투명성이 유지되는 형태론적 과정은 그것의 투명성으로 인해
그렇지 않은 경우보다 더 생산적이기 때문이다(Bauer 2001 : 54). 이는 국어
에도 동일하게 적용될 수 있는데, 생산성이 높은 규칙으로부터 파생되어 나
온 파생어는 생산성이 낮은 규칙으로부터 파생되어 나온 파생어보다 의미
가 더 투명하다. 예컨대, '애꾸눈이, 절름발이, 육손이, 곱사등이'의 '-이'는
매우 생산적인 접사로 파생어의 의미가 쉽게 예측된다. 이에 비해 '나무새,
푸새'의 '새'는 비생산적인 파생접사로 파생어의 의미가 쉽게 예측되지 않
는다는 것이다(송철의 1992 : 31). 따라서 생산성의 정도와 파생어 의미의
투명성은 어느 정도 비례하는 것으로 볼 수 있다.

---

3) Cruse(1986 : 39-40)에서 사용한 semi-opaque를 '반불투명'이라는 용어 대신 '반투명'이라
　는 용어로 대신하고자 한다. 국어의 관용어를 Cruse(1986)의 투명도 개념을 이용하여 '불
　투명형, 반불투명형, 반투명형' 등으로 구분한 논의가 다수 있다. 임지룡(1992 : 200-202)
　참조.
4) able+ity→ability와 같은 경우 ity가 부가되는 어기의 강세가 유지되지 않으므로 투명하지
　않다고 보는 것이다.

3. 한자어와 투명도

이러한 투명도의 개념을 한자어에 어떻게 적용할 수 있을지 그 방법과 기준을 생각해 보기로 하자. 한자어에서도 개별 한자의 의미와 전체 한자어의 의미적 관련성은 합성성의 원리에 의해 설명되는 경우와 그렇지 않은 경우로 나뉜다. 즉 '선악(善惡), 남녀(男女)' 등과 같이 개별 한자의 의미를 알면 전체 한자어의 의미가 파악되는 경우를 일반적으로 의미가 투명하다고 할 수 있고, '비난(非難), 갈등(葛藤)' 등과 같이 개별 한자의 의미를 알아도 전체 한자어의 의미 파악에 별로 도움이 되지 않는 경우를 의미가 불투명하다고 볼 수 있다. 한자어 의미의 투명도에 관해서는 민현식 외(2003), 김왕규(2004)에서 언급된 바 있다.

김왕규(2004)에서는 한자의 자훈(字訓) 이해와 한자어 의미 이해의 상관 정도를 파악하기 위해 빈도수가 높은 300개의 한자어를 대상으로 '투명/불투명' 정도를 조사한 바 있다. 이에 따르면 교육 한자 대표훈을 기준으로 했을 때 '경험(經驗)'과 같은 예는 '글'과 '시험'이라는 훈을 지니므로 불투명한 것으로 판단된다. 이는 '경'의 대표훈을 고전 문헌에 많이 쓰이는 의미인 "글"로 선정하였기 때문이다. 그러나 '경험'을 "지날 경, 증험할 험"으로 훈을 부여하면 "자신이 실제로 해 보거나 겪어봄"이라는 뜻과 의미적 관련성을 찾을 수 있다. 이는 한자의 훈을 무엇으로 정하느냐에 따라 투명도 판단이 달라질 수 있음을 의미한다. 즉 대표훈을 무엇으로 선정하느냐에 따라, 어느 정도까지 복수 자훈을 인정하느냐에 따라, 또는 화자의 한자 지식 정도에 따라 한자어에 대한 투명도 판단은 달라질 수 있기 때문이다. 이러한 사실은 다음과 같이 접사적 용법을 지닌 '자(子)'에서도 드러난다.

<예1> 상자(箱子 : 상자/아들), 탁자(卓子 : 탁자/아들), 의자(椅子 : 의자/아
　　　들), 모자(帽子 : 모자/아들), 판자(板子 : 널판지/아들)

<예1>은 '자'의 대표훈이 "아들"이므로 김왕규(2004)의 기준에 의하면 직역이 되지 않아 불투명어로 처리된다. 본고는 '자'가 일관되게 "물건의 이름"을 의미하는 접사적 용법을 보이므로 그 의미의 공통성이 추출되는 것으로 본다. 이와 같이 국어 단어에서 일관된 의미와 용법을 보이는 예는 의미가 투명한 것으로 판단할 근거가 된다. 이러한 사실을 고려하여 본고에서 투명도를 판단할 때 고려하게 될 기준을 제시하면 다음과 같다.

첫째, 투명도를 판단할 때 단순히 현행 대표훈만을 고려하지는 않는다. 각 한자의 복수 의미를 인정하고 그것이 합성성의 원리에 부합되면 투명하다고 판단한다. 예컨대 대표훈을 하나로 정하면 '시비(是非)'의 경우 '시(是)'의 대표훈이 "이 시"이므로 직역이 되지 않아 불투명하게 되며, '부부(夫婦)'에서 '부(婦)'도 대표훈이 "며느리"이므로 불투명어로 처리된다. 그러나 '시비(是非)'에서의 '시(是)'는 '시인(是認), 시정(是正)' 등의 단어에서 "옳다"라는 뜻으로 쓰이므로 그 다의성을 인정하면 "옳고 그름"이 되어 의미 합성성의 원리에 부합된다.5) '부(婦)'도 '제부(弟婦), 부인(婦人), 부창부수(夫唱婦隨), 유부남(有婦男)' 등에서 "아내"라는 뜻으로 쓰이므로 그 다의성을 인정하면 '부부(夫婦)'는 "남편과 아내"가 되어 투명한 것으로 볼 수 있다.6) 본고는 단어의 의미 해석에 대표훈 하나만을 적용하기보다는 각 한자의 다의성을 인정하여 좀더 융통성 있는 투명도 판단 기준을 적용하려고 한다.

이때 각 한자의 복수 의미를 인정하는 기준은 국어 단어에서의 용법이다. 각 한자가 포함된 한자어를 사전에서 검색하여 각 한자의 의미와 용법을 추출해 낸다. 국어의 여러 한자어에서 동일한 의미로 쓰일 때 그 다의성을 인

---

5) 좀더 정확히 말하면 '시(是)'는 "옳다"는 뜻 외에 "그러하다"는 뜻으로도 쓰인다. 예컨대 '시인(是認)'은 ≪표준국어대사전≫에 "어떤 내용이나 사실이 옳거나 그러하다고 인정함"으로 풀이되어 있고, 가령 '잘못이나 패배를 시인하다'에서는 '시'가 "옳다"보다 "그러하다"의 뜻으로 해석된다. 따라서 '시'의 훈을 "그러하다, 옳다"의 두 가지로 나누는 대신 이를 포괄하여 "맞다"로 삼는 것도 생각해 볼 수 있다.

6) '부'는 '요부(妖婦), 작부(酌婦), 가정부(家政婦), 간호부(看護婦)' 등에서 단순히 "여자"라는 의미로 더 많이 쓰인다. 이때 '婦'는 "여자"를 의미하고, '夫'는 "남자"를 의미하여 성(性)의 차이를 보인다(淸掃婦 : 淸掃夫).

정하게 된다. 이는 Cruse(1986)에서 반복적 대조 검증을 통해 의미적 구성소로 인정할 수 있느냐를 판단하는 것과 유사하다고 할 수 있다. '자'의 대표 훈은 "아들 자"이지만 '상자, 탁자' 등에서 일관된 기능과 의미를 가지므로 '자'는 의미적 구성소의 자격을 지니게 되며 '자'의 의미는 투명하다고 판단한다. 또한 '학생'의 '생'도 그 훈이 "날 생"이지만 국어 단어에서 '선생(先生), 유생(儒生), 중생(衆生), 의생(醫生), 기생(妓生)'뿐만 아니라 '신입생, 강습생, 등교생, 학부생' 등 3음절 한자어에서 "학생"이나 "사람"이라는 일관된 의미로 쓰이므로 '생'의 의미는 투명하다고 보는 것이다.

둘째, 구성성분의 의미가 투명하다고 곧 전체 한자어의 의미가 투명하다고 할 수는 없다. 개별 성분의 의미 합이 전체 단어의 의미가 되지 않는 경우가 많기 때문이다. 즉 '자, 생'은 많은 단어에서 의미적 구성소의 역할을 하지만 그렇다고 '자, 생'이 들어간 모든 단어가 의미적으로 투명한 것은 아니다.7) 예컨대, '선생'의 '생'은 '학생'의 '생'과 같은 뜻으로 파악되어 투명하다고 볼 수 있지만 '선생'은 "학생을 가르치는 사람"을 의미하여 전체 단어는 의미적으로 투명하다고 할 수 없다. '선'(먼저)의 의미와 '생'(사람)의 의미 합이 전체 단어의 의미라고 하기 어렵기 때문이다. 구성성분의 의미가 투명한 경우는 해당 성분이 국어의 여러 단어에서 일관된 의미와 용법을 가질 때 가능하며, 한자어의 의미가 투명한 경우는 구성성분의 의미도 투명하고 이들의 결합이 전체 한자어의 의미를 결정할 때로 한정된다. 따라서 본고에서 투명하다고 판단한 예는 형태적으로 투명하고 의미적으로도 투명한 경우가 된다.

셋째, 한자어 투명도는 개별 한자에 대한 국어 화자의 인식 정도에 따라 달라질 수 있다. 각 한자의 뜻에 대해 화자들이 어느 정도 합치된 인식을

---

7) 본고에서 사용하는 '의미적 구성소'는 이런 의미에서 Cruse(2000)의 의미적 구성소와 차이가 있다. Cruse(2000)는 의미 합성성의 원리에 부합하지 않는 blackbird와 같은 예는 최소 의미 구성소로 보고, 이때의 black, bird 각각은 의미적 구성소로 보지 않기 때문이다. 이에 비해 본고는 '선생'이 의미 합성성의 원리에 부합하지 않는다고 해도 이때의 '생'이 의미 구성소의 자격을 갖는다고 보며 형태적으로는 투명하다고 본다.

갖느냐 하는 문제가 투명도 판단에 영향을 미친다고 본다. 이는 투명도 판단이 한자어에 대한 지식 정도에 따라 충분히 달라질 수 있다는 것을 의미한다. 한자에 대한 지식이 많은 사람, 한자를 배운 사람의 경우는 투명도가 높아질 수 있으나 한자에 대한 지식이 거의 없는 사람의 경우는 투명도가 낮아지므로 그 기준을 마련하기가 쉽지 않다. 여기서 본고의 투명도가 화자의 인식에 대한 개념인지 개별 화자와 독립된, 국어 어휘 체계 속에 들어있는 객관적인 분포에 대한 것이냐는 문제가 제기될 수 있다. 화자의 합치된 인식을 반영하기 위해서는 실험을 통한 객관적인 검증이 필요하겠지만 본고에서는 국어 어휘 속에서의 분포를 통해 투명도 판단의 객관성을 얻고자 하며, 아울러 구성 한자의 훈과 전체 한자어의 의미를 제시하기로 한다.[8]

결국 한자어의 의미가 투명하다는 것은 구성성분 각각의 의미가 투명해야, 즉 정확하게 직관되어야 할 뿐만 아니라 이들의 의미가 전체 한자어의 의미에 그대로 반영되어야 한다. 의미가 불투명한 경우는 다시 여러 부류로 나뉠 수 있는데, 각 구성성분의 의미가 투명할 수도 있고 그렇지 않을 수도 있기 때문이다. 이에 대해서는 다음 장에서 살펴보도록 하자.

4. 한자어의 구성성분과 의미

이 장에서는 구체적인 예를 통해 한자어 성분의 의미가 전체 한자어의 의미에 어떻게 반영되는지 의미 투명성의 관점에서 살펴보고자 한다. 앞에서 의미 투명성에 정도성을 부여하자고 하였는데, 이를 의미 합성성의 원리와 관련시켜 다음과 같은 단계로 나누어 분석하려 한다. 성분 A와 성분 B가 있을 때 A+B의 결합이 어떠한 의미를 갖게 되는지에 따라 다음과 같이 투

---

8) 최근 출간된 ≪우리말 한자어 속뜻사전≫(2007 전광진)에 제시된 훈을 참고하여 각 한자가
   포함된 한자어에서 일관된 의미를 파악하여 제시하고자 한다.

명성의 정도를 파악하려는 것이다.

(1) 투명한 경우 : [A]+[B]→[A+B]

(2) 반투명한 경우 : <1> [A]+[B]→[A'+B], <2> [A]+[B]→[A+B']

　　　　　　　　 <3> [A]+[B]→[A+B+α]

(3) 불투명한 경우 : [A]+[B]→[C]

(1)은 의미 합성성 원리에 부합되는 경우로 투명하다고 할 수 있고, (2)는 구성 형태소 A, B 중 하나의 의미가 투명하게 인식되거나 A, B의 의미가 남아 있으면서 새로운 의미가 부가되는 경우이므로 약간 불투명한 예에 해당한다. (3)은 완전히 새로운 제3의 의미를 나타내는 경우이므로 불투명한 예가 된다.

김왕규(2004)와 민현식 외(2003)에서 제시된 예를 토대로 빈도가 높은 몇몇 한자어를 대상으로 투명도와 합성성에 따라 나누어 보고자 한다.

4.1. 투명한 경우

여기에 속하는 예는 구성성분 A와 B의 의미가 전체 한자어의 의미에 그대로 남아있는 것으로 해석되어 투명하다고 판단된다.

<예2> ㄱ. 利用(1)9) : 이익, 이롭다/쓰다= 대상을 필요에 따라 이롭게
　　　　　 씀.10)
　　　　　 [利 : 이기(利己), 이익(利益), 이적(利敵)성, 이해(利害), 이득(利

---

9) 괄호 안의 숫자는 김왕규(2004)에서의 투명도 판단 예를 참고로 제시한 것이다. 1은 투명하다고 판단한 예이며, 2는 불투명하다고 판단한 예이다.

10) 한자어 구성성분의 훈을 A/B로 제시하고 전체 한자어의 대표적인 의미를 제시하도록 하겠다. 훈은 대표훈을 참고하되 여러 의미 가운데 해당 한자어의 훈에 가장 합당하다고 생각하는 의미를 제시하였으나, 객관적인 투명도 판단을 위해서 앞으로 이 과정이 세심하게 재검토될 필요가 있을 것이다. 뜻풀이는 ≪표준국어대사전≫에 근거한 것이다.

得), 이윤(利潤) / 用 : 겸용(兼用), 고용(雇用), 공용(共用), 과용
(過用), 군용(軍用), 남용(濫用), 대용(代用), 도용(盜用), 범용(汎
用), 상용(常用), 오용(誤用), 인용(引用), 전용(專用)]
ㄴ. 表現(1) : 겉, 드러내다/나타나다= (생각이나 느낌 따위를 언어나
몸짓 따위의 형상으로) 드러내어 나타냄.
[表 : 표리(表裏), 표면(表面), 표명(表明), 표시(表示), 표정(表情), 표
지(表紙), 표출(表出), 표피(表皮) / 現 : 실현(實現), 외현(外現), 재현
(再現), 출현(出現)]
ㄷ. 計算(1) : 세다/수, 계산함= 수를 헤아림.
[計 : 계가(計家), 계량(計量), 계수(計數), 계월(計月), 계측(計測), 계
획(計劃) / 算 : 검산(檢算), 결산(決算), 승산(勝算), 심산(心算), 암산
(暗算), 연산(演算), 예산(豫算), 전산(電算), 정산(精算), 청산(淸算),
타산(打算), 통산(通算), 합산(合算), 환산(換算)]11)

위의 뜻풀이는 각 단어의 가장 대표적인 의미로, 의미가 확대되어 다의
(多義)를 형성하는 경우는 제시하지 않았다. 예컨대 <예2ㄷ>의 '계산'에는
"①수를 헤아림" 외에 "②어떤 일을 예상하거나 고려함 ③값을 치름 ④어
떤 일이 자기에게 이해득실이 있는지 따짐" 등의 다의적 의미가 있지만 이
들 의미는 ①의 기본 의미보다 구성 형태소의 의미와 멀어졌을 것으로 예측
된다. 투명도 판단의 1차적 대상은 그 단어의 기본 의미가 된다.12) 또한 각
예의 [ ] 안에 표시된 것은 각 한자가 포함된 한자어의 대표적인 예를 들어
이들 한자어에서 일관된 의미가 추출될 수 있음을 보이고자 한 것이다.
<예2>의 예들은 각 형태소가 의미 구성소의 자격을 가지며 의미 합성성
의 원리에도 부합되어 투명한 것으로 볼 수 있다. '이용'의 '이'는 위에 제
시한 국어 단어의 예에서 보는 바와 같이 "이익, 이롭다"의 의미로 가장 많

11) 이 밖에도 '필요(必要, 반드시/요긴하다), 지역(地域, 땅/지역), 해결(解決, 풀다/결단하다),
관찰(觀察, 보다/살피다), 선택(選擇, 가리다/가리다), 자기(自己, 스스로/몸), 학생(學生, 배우
다/사람)' 등은 이 부류에 속하는 것으로 볼 수 있다.
12) '기본 의미'는 일반적으로 사전에서 첫 번째 뜻풀이가 되나 사전마다 뜻풀이의 배열 기준
이 달라질 수 있다는 점을 고려하여 여기서는 구성 형태소와의 관련성을 가장 많이 유지
하고 있는 의미로 보기로 한다.

이 쓰인다.13) '용(用)'은 더 많은 한자어에서 "쓰다"는 한 가지 의미로 쓰여 의미 구성소의 자격이 충분하고 투명하게 인식된다.

　이들 예에서 개별 한자의 투명도가 구성 형태소의 출현 빈도에 영향을 받는다는 것을 알 수 있다. 이러한 사실은 인지언어학에서 개별 단어빈도(word frequency)보다 어근빈도(root frequency)가 단어의 인지 시간에 영향을 준다는 사실(Taft 1979, 조명한 외 2003 : 104)과 관련하여 설명할 수 있을 듯하다. 이는 단어의 개별빈도는 낮더라도 어근빈도가 높은 단어('sized')에 대한 반응이 개별빈도는 높으나 어근빈도가 낮은 단어('raked')에 대한 반응보다 빠르다는 것이다. 즉 어근빈도가 그 어근을 포함하는 단어의 인지 시간에 영향을 준다는 것이다.14) 이는 '용'이라는 한자 형태소가 많은 한자어에 출현한다면 '이용, 애용'과 같은 단어를 인지하기가 훨씬 쉽다는 것을 의미한다. 본고는 '용'이 포함된 한자어 '이용, 애용'의 단어빈도보다 '용'의 어근빈도가 의미 투명도에 더 많은 영향을 주는 것으로 해석하려는 것이다.

　이러한 사실은 한자어 빈도는 높은데 투명한 것으로 볼 수 없는 예와 한자어 빈도는 낮은데 투명한 것으로 볼 수 있는 예를 통해서 설명될 수 있다. '모양(模樣), 정리(整理), 공부(工夫)' 등은 민현식(2003)에 의하면 빈도 순위가 12위, 21위, 30위로 빈도가 높은 한자어에 속하지만 이들을 투명한 예로 보기 힘들다. 이에 비해 '중지(中指), 승선(乘船), 휴학(休學)' 등의 한자어는 빈도 순위가 모두 8,182로 나타났지만 훨씬 투명하게 인식된다. 이것은 한자어의 개별 단어빈도보다 이들이 포함된 어근빈도가 단어 투명도에 더 많은 영향을 미칠 수 있음을 의미한다. 어근빈도가 높다는 것은 개별 한자의 단순빈도가 높다기보다는15) 다수 어휘항에 출현하여 어휘 생성력이 높은 경

---

13) ≪표준국어대사전≫에 '이(利)'로 시작하는 한자어 124개 중 105(84.67%)개가 "이익, 이롭다"는 의미와 관련되며, 8(6.451%)개가 "날카롭다"('예리하다' 등)는 의미로, 나머지 11(8.870%)개 단어가 고유명사 등 기타 의미로 쓰였다.

14) 이러한 사실은 단어를 형태소 단위로 분해하여 심리어휘부에 저장한다는 주장을 뒷받침한다. 다만 한자 형태소의 경우 각각이 심리어휘부에 개별 저장되어 있는지에 대해서는 앞으로 좀더 고구할 필요가 있다.

15) 개별 한자의 단순빈도는 그 한자가 포함된 한자어의 빈도가 높아서 한자의 빈도가 높아

우로 해석할 수 있다.16) 생산성이 높은 한자의 경우 투명도가 높아지는 것
으로 해석할 수 있다.

위의 한자 형태소는 여러 단어에 반복 출현하여 의미가 투명하게 인식될
뿐만 아니라 의미면에서 주로 한 가지 의미가 쓰인다는 점에서 화자에게 쉽
게 인식된다고 할 수 있다. 이는 하나의 형태에 하나의 의미가 대응되는 단
일기능성(monofuctionality)을 지닌 형태소가 더 투명하게 인식된다는
Bauer(2001 : 53-54)의 논의와 관련된다.17) 즉 '이(利), 용(用), 표(表), 현(現)'
등의 한자 형태소가 국어 단어에서 주로 한 가지 의미로 많이 쓰이므로 더
투명하게 인식된다는 것이다.

4.2. 반투명한 경우

반투명한 경우는 다시 (1) [A]+[B]→[A'+B], (2) [A]+[B]→[A+B'], (3)
[A]+[B]→[A+B+α]의 세 가지로 나누어 살펴보겠다. (1)과 (2)는 구성성분
A와 B가 A'이나 B'으로 변화된 것으로 볼 수 있는 예이다. 다시 말해 구성
성분 A, B 중 하나의 의미만 투명하게 직관되는 것으로 파악된다. (1)
[A]+[B]→[A'+B]에 해당하는 '모양(模樣), 사용(使用), 조사(調査)' 등은 두

질 수 있기 때문이다. 가령 '친구(親舊 1위)'가 높은 빈도로 출현하여 '구(舊)'(11위)의 빈
도가 높게 나타나지만 '구'가 포함된 한자어는 10개 내외여서 '구'의 생산성을 확인하기
힘들다. 노명희(2006 : 480-482) 참조.

16) 이를 측정할 객관적인 근거를 찾기는 힘들지만 ≪표준국어대사전≫에서 각 한자가 포함
된 한자어를 검색한 결과 '모(模) : 351, 양(樣) : 281, 정(整) : 328, 리(理) : 744, 공(工) :
1883, 부(夫) : 562'이고, '중(中) : 3007, 지(指) : 756, 승(乘) : 323, 선(船) : 1036, 휴(休) :
314, 학(學) : 4708' 등으로 나타났다. '공부'의 경우 의미적 동일성을 인정할 수 있을지
의심스러운 예로 보아 논외로 한다면(4.3 참조) 어근빈도가 단어빈도보다 투명성에 더 많
은 영향을 미치는 것으로 해석 가능하리라고 본다.

17) Bauer(2001 : 53-54)에서는 투명성에 대한 요소로 형태가 유지되는 단일형태성(uniformity)
과 단일기능성(monofuctionality)을 들고 있다. 즉 어기의 형태가 변하지 않고 유지되는 ing
이나 하나의 형태에 하나의 의미가 대응되는 -scape와 같은 접사가 투명하다는 것이다.
4.2 참조.

번째 구성성분인 '樣(모양), 用(쓰다), 査(조사하다)'의 의미만이 투명하게 인식되는 것으로 해석된다. (2) [A]+[B]→[A+B']에 해당하는 '내용(內容), 문제(問題), 의견(意見)' 등은 첫 번째 구성요소인 '內(안), 問(묻다), 意(뜻)'의 의미가 투명하게 인식되는 것으로 판단된다. (3) [A]+[B]→[A+B+α]은 구성요소 A와 B의 의미를 유지하면서 새로운 의미가 추가된 것으로 해석되는 예로, '친구(親舊), 사진(寫眞)' 등이 포함된다.

(1) [A]+[B]→[A'+B]

<예3> ㄱ. 模樣(2) : 본보기, 본받다/모양= 겉으로 나타나는 생김새나 모습.
　　　ㄴ. 調査(1) : 고르다/조사하다= 사문이 내용을 명확히 알기 위하여 자세히 살펴보거나 찾아봄.
　　　ㄷ. 使用(1) : 하여금/쓰다= 일정한 목적이나 기능에 맞게 씀.18)

<예3ㄱ>의 '모양(模樣)'에서 두 번째 구성요소인 '양(樣)'은 '각양(各樣), 다양(多樣), 문양(紋樣), 외양(外樣)' 등의 단어에서 "형상, 모양" 등의 의미를 지닌 것으로 파악되나 '모(模)'는 '모방(模倣), 모조(模造), 모의(模擬), 모범(模範)' 등의 단어에서 "본, 본받다"라는 의미로 더 많이 쓰인다. 따라서 '모양'에서 '모'는 불투명하게 인식되어 이 유형에 속하게 된다. '모양'의 '모(模)'가 불투명하게 인식되는 것은 '모'의 다의성에서 오는 것으로 판단된다. 즉 '모'가 국어 단어에서 "본보기, 모방, 틀, 모호하다" 등 여러 의미로 쓰이면서 의미적 투명성을 얻지 못하는 것이다. Bauer(2001 : 53-54)에서 언급했듯이 하나의 형태에 하나의 의미가 대응되는 단일기능성(monofuctionality)을 지닌 형태소가 더 투명하게 인식되기 때문이다. 한자 형태소는 단어에 따라 여러 의미로 해석이 가능하여 고유어 단어가 가지는 투명도에 미치지 못하

---

18) 이 외에 '물건(物件, 만물/물건), 부분(部分, 떼/나누다), 운동(運動, 돌다/움직이다), 경우(境遇, 지경/만나다), 자료(資料, 재물/재료)' 등의 예가 이 부류에 포함될 수 있다.

는 듯하다.

흔히 한자어가 조어력이 뛰어난 이유로 의미의 융통성이나 통사적 기능의 다양성을 든다(심재기 1987/2005). 그렇다면 이는 역으로 의미적 투명성을 떨어뜨리는 원인으로 작용하게 될 수도 있다. 하나의 한자가 여러 의미로 쓰이고 다양한 통사적 기능을 가지게 되면 개별 단위로의 인식이 어려워질 것이기 때문이다. 심재기(1987/2005 : 176-177)에서 든 '숙(宿)'의 예만 해도 '숙덕(宿德), 숙망(宿望)'에서는 관형어로 "오랜 세월 닦아 놓은, 오랜 세월 품고 있던" 등으로 해석되고, '숙박(宿泊), 숙식(宿食)'에서는 동사 "자다"의 의미로 쓰인다. 더구나 '숙'이라는 음을 지닌 동음어까지 고려한다면 그 경우의 수는 훨씬 늘어날 것이다. 최근 한글전용이 일반화되면서 개별 한자 형태소에 대한 인식이 점차 약화되는 경향을 보인다. 동일한 음을 지닌 한자가 많아 '숙'이라는 음이 어떤 의미를 나타내는지 그 관련성을 파악하기 힘들다.[19] 개별 한자가 여러 의미를 나타내거나 그 기능이 다양하게 되면 그만큼 개별 형태소로 인식하는 데 어려움을 겪게 된다는 것이다.

<예3ㄴ>에서 '조사(調査)'의 '사(査)'도 '심사(審査), 수사(搜査), 검사(檢査), 감사(鑑査), 내사(內査), 답사(踏査)' 등에서 "조사하다, 검사하다"의 의미가 추출되어 투명하게 판단되나 '조(調)'는 상대적으로 일정한 의미가 반영되지 않아 불투명하다. '조(調)'는 '조달(調達), 조련(調練), 조리(調理), 조율(調律), 조음(調音)' 등에서도 일관된 의미를 찾기 힘들다.

이들 한자어는 의미가 비합성적이어서 의미적 투명성은 떨어지지만 형태적으로는 두 구성요소 A와 B로 분석이 가능하다. 따라서 형태론적으로는 투명한 것으로 판단된다.[20]

---

19) '숙'을 한글로 적었을 때 이를 해당 의미와 대응시키기는 어려운 것이다. 이에 해당하는 한자는 '淑, 宿, 肅, 熟, 叔, 塾, 夙, 孰' 등 서른 여 개에 이른다.
20) 형태론적 투명성의 경우 결국 단어 내부의 형태소 경계를 인정하느냐는 문제로 환원될 가능성이 있다.

(2) [A]+[B]→[A+B']

<예4> ㄱ. 內容(2) : 안/얼굴= ㄱ릇이나 포장 따위의 안에 든 것.
      ㄴ. 問題(2) : 묻다/표제, 제목= 해답을 요구하는 물음.
      ㄷ. 意見(2) : 뜻/보다= 어떤 대상에 대하여 가지는 생각.21)

<예4ㄱ>의 '내용(內容)'에서 첫 번째 구성요소 '내(內)'는 투명하게 남아 있고, 두 번째 구성요소 '용(容)'은 불투명하다. '내'는 '내과(內科), 내규(內規), 내란(內亂), 내부(內部), 내선(內線)' 등에서 "안"이라는 의미가 확인되나 '용(容)'은 '관용(寬容), 미용(美容), 수용(收容), 위용(威容), 형용(形容)' 등에서 '내용'의 '용'과 공통된 의미를 찾기 힘들다. 이들 예에서 '용(容)'은 "얼굴이나 모습"의 의미와 "용서하다"라는 두 가지 의미를 갖는 것으로 해석된다. 여러 단어에서 '용'이 공통된 의미를 나타내지 않고 있어 의미 투명성을 떨어뜨린다.

'문(問)'도 '문답(問答), 문병(問病), 문안(問安), 문의(問議), 문진(問診), 문책(問責), 문초(問招), 문항(問項)' 등에서 "묻다"는 의미가 파악된다. 국어에서 '문'이 다른 의미로 쓰이는 예가 거의 발견되지 않아 투명하게 인식되는 듯하다. '제'는 '난제(難題), 의제(議題), 주제(主題), 부제(副題), 원제(原題), 표제(表題), 화제(話題)' 등에서 "문제 또는 제목"의 의미로 쓰인다. '문제'의 경우 "해답을 요구하는 물음"이라는 뜻풀이에서 보는 바와 같이 '제'의 의미가 명확하게 인식되지 않는데, 이는 '문제'의 의미 핵이 "물음"으로 인식되기 때문인 듯하다. 이에 비해 '난제, 의제' 등에서의 '제'는 각 단어의 의미 구성성분 중 중심 요소(핵)를 이루어 더 투명하게 인식되는 듯하다.

단어의 구성성분 중 중심어를 이루는 요소가 더 투명하게 인식되는 경향이 있는 것으로 해석할 수 있다. 이는 심리언어학에서 의미 투명도가 복합명사의 처리에 영향을 미친다는 연구 결과와 관련된다. '수식어+핵심어' 구

21) 이 부류에 속하는 예로 '인물(人物 : 사람/만물), 시작(始作 : 처음/짓다), 특징(特徵 : 특별하다/부르다)' 등을 더 들 수 있다.

조의 단어에서는 수식어보다 핵심어의 의미 투명도가 더 중요한 역할을 한다. 수식어나 핵심어 중 하나를 점화 자극으로 제시했을 때 T-O나 O-O 조건에 비해 O-T나 T-T 조건의 어휘 판단 시간이 더 빠르다는 것이다(이태연 2004 : 47).[22] 핵심어가 투명한 T일 때 어휘 판단 시간이 빠르다는 것은 핵심어와 어휘와의 관련성이 더 빨리 인식된다는 것을 의미한다. '난제(難題), 부제(副題)' 등에서는 '제(문제, 제목)'가 핵심어이므로 '난제, 부제'와의 관련성이 빨리 파악되어 투명하게 인식되는 데 비해 '문제'에서는 '제'가 핵심어가 아니므로 '문제'와의 관련성이 빨리 파악되지 않아 불투명하게 인식된다. '문제'의 의미 핵심어는 '문'("물음")으로 볼 수 있기 때문이다.

(3) [A]+[B]→[A+B+α]

<예5> ㄱ. 親舊(1) : 친하다/오래다= 가깝게 오래 사귄 사람.
　　　ㄴ. 寫眞(1) : 베끼다/참= 물체의 형상을 감광막 위에 나타나도록 찍어 오랫동안 보존할 수 있게 만든 영상.
　　　ㄷ. 社會(1) : 모이다/모이다= 같은 무리끼리 모여 이루는 집단.
　　　ㄹ. 新聞(1) : 새롭다/듣다= 새로운 소식이나 견문[23]

<예5ㄱ>의 '친구'에서 '친'은 '친교(親交), 친근(親近), 친목(親睦), 친밀(親密), 친분(親分), 친선(親善)' 등의 예에서와 같이 "친하다"는 의미를 지니며, '구(舊)'는 '수구(守舊), 신구(新舊), 의구(依舊)'에서와 같이 "예"라는 의미로 쓰이는 것을 알 수 있다. '친, 구' 각각은 투명하게 인식되는 듯하나 '친구'는 단순히 "친하고 오래다"는 의미가 아니므로 '친'과 '구'의 의미에 새로운

---

22) 여기서 T-T는 수식어와 핵심어가 모두 의미적으로 투명한 조건(예 : 팥죽, 보리밥), T-O는 수식어가 투명한 조건(예 : 물줄기, 쌀밥), O-T는 핵심어가 투명한 조건(예 : 딸기코, 구슬땀), O-O는 수식어와 핵심어가 모두 의미적으로 불투명한 조건(예 : 콩밥, 피눈물)을 나타낸다.

23) 이 부류에 속하는 예로 '소년(少年 : 적다/해), 자연(自然 : 스스로/그러하다), 선생(先生, 먼저/사람), 가족(家族 : 집/겨레), 행동(行動 : 가다/움직이다), 음식(飮食 : 마시다/먹다), 식물(植物 : 심다/만물), 동물(動物 : 움직이다/만물)' 등을 더 들 수 있다.

의미가 부가된 것으로 해석하여 이 부류에 포함시켰다.

<예5ㄴ>의 '사진'도 구성요소의 의미가 남아 있다고 할 수 있지만 그 둘의 의미 합이 곧 전체 한자어의 의미가 된다고 할 수 없어 약간의 의미 변화를 수반한 경우이다. '사진'의 '사(寫)'는 '사본(寫本), 사상(寫像), 사생(寫生), 사실(寫實)' 등에서 "베끼다"는 의미로 쓰이고, '진(眞)'은 '순진(純眞)하다, 천진(天眞)하다'와 같이 어말에서는 일부 예에서 서술적 용법으로 쓰인다. '진'은 어두에서 출현 빈도가 훨씬 높아 '진가(眞價), 진담(眞談), 진리(眞理), 진미(眞味), 진범(眞犯), 진본(眞本), 진상(眞相), 진수(眞髓), 진심(眞心)' 등에 쓰이며 어말에서보다 더 투명하게 인식된다. '진'은 "참"의 뜻으로 명사로 쓰이며 '사진'에서도 그렇게 해석된다. '사진'은 일정한 영상을 의미하면서 새로운 의미가 첨가된 것으로 볼 수 있다.

<예5ㄷ>의 '사회'에서 '사'는 수로 '사규(社規), 사내(社內), 사옥(社屋), 사원(社員), 사장(社長), 사훈(社訓)'과 같이 국어에서 주로 "회사"의 의미로 쓰이며, '사교(社交)' 정도의 단어에 "모이다"는 뜻이 남아 있다. '회'는 '교회(敎會), 대회(大會), 본회(本會), 산회(散會), 정회(停會), 개회(開會), 조회(朝會), 집회(集會), 총회(總會)' 등에서 "모임이나 회의"의 뜻으로 쓰인다. 따라서 '사회'는 "모이다"는 훈과 관련되기는 하나 여기에 "집단"이라는 새로운 의미가 부가된 것이다.

<예5ㄹ>의 '신문'에서의 '신'은 '신곡(新曲), 신관(新館), 신규(新規), 신년(新年), 신식(新式), 신구(新舊)'에서보다 "새롭다"는 의미가 투명하게 인식되지 않는다. 이는 '신문'이 단순히 새롭게 듣는 것이 아니라 "정기 간행물"을 의미하기 때문으로 해석된다. '문'은 '염문(艶聞), 추문(醜聞), 풍문(風聞), 후문(後聞)' 등에서는 "소문"의 뜻으로, '견문(見聞), 과문(寡聞), 다문(多聞), 미문(未聞), 전문(傳聞), 탐문(探聞)' 등에서는 "듣다"는 뜻으로 해석된다.

이 부류에 속한 예들의 특징은 김왕규(2004)에서 투명한 것으로 판단한 예가 다수 포함된다는 것이다. 이것은 구성요소 A, B의 의미가 전체 한자어의 의미에 남아있어 A, B 각각이 투명하게 인식되는 예도 있어 화자에 따라

투명하게 판단할 수도 있기 때문이다.

4.3. 불투명한 경우

이 부류에 해당하는 예는 구성요소 A, B의 의미가 거의 남아있지 않고 제3의 의미를 나타내는 경우로 흔히 융합 복합어에 속하는 예라 할 수 있다. 이들 예에는 계열 관계에 의해 구성 형태소로 분석 가능한 경우도 없지 않으나 그 의미적 관련성을 인정하기 힘들어 형태적으로도 불투명한 것으로 볼 수 있는 예도 일부 포함된다.

<예6> ㄱ. 工夫(2) : 장인/사나이= 학문이나 기술을 배우고 익힘.
　　　　ㄴ. 文化(2) : 글/되다= 자연 상태에서 벗어나 일정한 목적 또는 생활 이상을 실현 하고자 사회 구성원에 의하여 습득, 공유, 전달되는 행동 양식이나 생활양식의 과정 및 그 과정에서 이룩하여 낸 물질적 정신적 소득을 통틀어 이르는 말.
　　　　ㄷ. 環境(2) : 고리/지경= 생물에게 직접 간접으로 영향을 주는 자연적 조건이나 사회적 상황.[24]

<예6ㄱ>에 쓰인 '공'은 '공고(工高), 공단(工團), 공사(工事), 공업(工業), 공임(工賃), 공장(工場), 공학(工學)' 등에 출현하여 "공업, 공사" 등과 관련된 의미를 지닌다. 이 예는 '공부'의 '공'과 의미적 관련성을 파악할 수 없어 과연 동일한 형태소로 볼 수 있을지 의심스럽다. '부(夫)'도 국어 단어에서는 '고부(姑夫), 매부(妹夫), 열부(烈夫), 마부(馬夫), 역부(役夫), 인부(人夫), 임부(賃夫), 잡부(雜夫)' 등에서 "남편, 사람, 남자"의 의미로 쓰여 '공부'의 '부'와는 의미적 관련성을 찾기 힘들다. 이들을 '공'이나 '부'가 지닌 다의적 의미로 파악하면 분석이 가능한 합성어로 불투명한 예에 해당되는 것으로 볼 수

---

24) 이 외에 '차례(次例 : 버금/본보기), 관계(關係 : 빗장/매다)' 등을 이 부류에 넣을 수 있다.

있다. 또한 '공부'의 '공'이나 '부'가 다른 단어에서의 의미와 관련이 없는 것으로 보면25) 단일어로의 처리 가능성도 배제할 수 없다.26)

<예6ㄴ>의 '문화'에서 '문'이나 '화'도 여러 국어 단어에서 발견되는 보편적 의미와의 관련성을 파악하기 힘들다. '문'은 '문갑(文匣), 문건(文件), 문고(文庫), 문구(文句), 문단(文段), 문리(文理), 문맥(文脈), 문면(文面), 문서(文書), 문안(文案)' 등에서 "글이나 문서"의 의미로 쓰이고 있다. '문화'와 관련된 단어는 '문명(文明), 문물(文物), 문교(文敎)' 셋 정도로 빈도수가 적을 뿐만 아니라 '문화'에서 '문'의 의미만을 추출해 내기가 쉽지 않아 형태소 경계가 불투명하다고 할 수 있다. '화'도 국어 단어에서는 '감화(感化), 강화(强化), 개화(開化), 교화(敎化), 귀화(歸化), 노화(老化), 녹화(綠化), 동화(同化), 둔화(鈍化), 미화(美化), 변화(變化), 분화(分化), 순화(醇化), 약화(弱化), 심화(深化), 이화(異化), 정화(淨化), 진화(進化)' 등에서 "되다"라는 의미로 투명하게 쓰인다. '문화'의 '화'를 이들 단어와 같은 의미를 지닌 형태소로 분석할 수 있을지에 대해서는 더 많은 논의가 필요할 듯하다.

<예6ㄷ>의 '환경'은 위의 두 예에 비해 형태론적으로 좀더 투명한 경우에 해당한다. '환'이 '환상(環狀), 환촌(環村)' 등에서 "둥글다"는 뜻으로 쓰여 간접적으로 의미적 관련성을 확인할 수 있고, '경'은 '곤경(困境), 변경(邊境), 사경(死境), 심경(心境), 역경(逆境)' 등에서 "처지나 경우" 등의 의미로 쓰여 의미적 관련성이 전혀 없다고 하기는 어렵다. 본고는 오히려 이와 같은 예가 위의 '공부'보다 의미적 불투명성을 보이는 전형적인 예에 해당하는 것이 아닌가 한다. '공부'의 경우는 '공'과 '부'가 결합하여 '공부'의 의미를 생성한 것으로 보기 어려워 분석 가능성 자체가 불투명하기 때문이다.

---

25) 이들을 분석하였을 때 다른 단어에서는 찾아볼 없는 유일형태소가 된다. 이 경우 이들을 분석할 수 있는지에 대한 문제가 제기될 수 있다.

26) 이는 이익섭(1969)에서 제시한 '모순(矛盾)'의 예와 유사하다고 할 수 있다. '모'와 '순'이 이들 이외의 다른 형태소와 만나는 일이 없으므로 단일어로 본다는 것이다.

5. 결론

본고는 국어의 2음절 한자어들에 대하여 그 구성성분의 의미가 전체 한자어의 의미에 반영되는 양상을 파악하고자 하였다. 한자는 대체로 일음절 일형태소에 해당하나 한글전용이 일반화되면서 각 형태소에 대한 인식이 약화된 실정이다. 한자는 국어의 단어형성에서 큰 역할을 하지만 의미적으로나 기능적으로 다양한 용법으로 쓰이고 있어서 구성성분의 의미로부터 전체 한자어의 의미를 예측하기 어려운 경우가 많다. 이에 한자어의 투명성은 고유어나 외래어에 미치지 못하며 그만큼 투명도 판단에 어려움을 겪게 된다.

본고는 의미 합성성과 의미 투명성을 구별하였는데, 먼저 의미 합성성의 원리에 부합하는 예는 형태적으로, 의미적으로도 투명한 예가 해당된다('利用' 등). 의미가 합성적이 않은 예는 의미적으로 불투명하다. 이들 중에는 형태적으로는 투명하지만 의미적으로 불투명한 예가 대부분이지만('模樣, 內容' 등), 형태적으로도 투명한 것으로 볼 수 없는 예가 일부 있다('工夫' 등).

본고는 한자어 투명도를 판단할 때 대표훈만이 아니라 국어 단어에서의 용법을 중요시하였는데, 각 구성성분의 의미가 단일한 기능과 의미로 여러 단어에 반복 출현할 때 투명도가 높아지는 것으로 볼 수 있다. 다의적 의미를 지닌 한자보다 하나의 의미로 쓰이는 한자가 투명도가 높다는 것이다. '모양(模樣)'의 '모'는 '모방, 모조, 모의' 등에서 일관된 의미를 찾기 힘들어 투명하게 판단되지 않는 데 비해 '이용(利用)'은 그 구성성분 '이'와 '용'이 모두 국어 단어에서 거의 한 가지 의미로 쓰여 투명하게 인식된다.

또한 각 한자어의 투명도 판단에 한자어의 빈도보다 어근빈도가 더 많은 영향을 미치는 것으로 볼 수 있다. 즉 '이용(利用), 애용(愛用)' 등의 어휘 빈도보다 '이(利)'나 '용(用), 애(愛)'가 여러 단어에 쓰여 단어 생성력이 높아야 더 투명하게 인식된다는 것이다. 이는 생산성과 관련된 문제로 생산성이 높은 한자가 포함된 한자어는 투명도가 높아진다고 할 수 있다. 그리고 단어의 구성성분 중 핵심어가 더 투명하게 인식되는 경향이 있었다. 핵심어가 투명할 때 전체 한자어와의 관련성이 빨리 인식된다. '문제'에서 핵심어가 "물음"이므로 '문'이 더 투명하게 인식된다는 것이다.

한자어의 구성성분 중 주요 성분으로 이루어진 '심란(心亂), 독서(讀書), 귀가(歸家)' 등은 투명한데, 이는 한자어의 구조가 의미 투명성과 어느 정도 관련이 있음을 의미한다. 그러나 본고에서는 이러한 성분구조가 전체 한자어의 의미 투명도에 미치는 영향에 대해서는 충분히 다루지 못했다. 한자어 의미 투명도에 대한 연구는 한자어의 구조, 개별 한자의 사용 빈도, 의미 단위로의 인식 문제 등 보다 다각적인 면에서의 접근이 필요할 것이다. 앞으로 더욱 광범위한 자료를 토대로 한 객관적이고 세밀한 검토가 요구된다.

참고문헌

김광해. 1994. "한자 합성어", 「국어학」 24, 국어학회, pp.467-484.

김왕규. 2005. "한자 자훈(字訓) 이해와 한자어 의미 이해의 상관도", 「청람어문교육」 30, 청람어문교육학회, pp.199-222.

김용한. 1998. 「한자 어소의 의미 기능 연구」, 국학자료원.

김정남. 2007. "의미 투명성과 관련한 국어의 제 현상에 대하여", 「한국어 의미학」 22, 한국어의미학회, pp.1-23.

노명희. 2006. "한자어 문법 단위와 한자어 교육", 「국어국문학」 142, 국어국문학회, pp.465-489.

노명희. 2007. "한자어의 내적 구조와 어휘 범주", 「진단학보」 103, 진단학회, pp.167-191.

문금현. 1999. 「국어의 관용 표현 연구」, 태학사.

민현식 외. 2003. 「초등학교 교과서 한자어 및 한자 분석 연구」, 국립국어연구원.

박만규. 2003. "관용표현의 범주적 정체성 확립을 위하여", 「국어학」 41, 국어학회, pp.305-353.

박진호. 2003. "관용표현의 통사론과 의미론", 「국어학」 41, 국어학회, pp.361-379.

성환갑. 2001. "반의자 결합 한자어 연구(I)", 「어문연구」 112, 한국어문교육연구회, pp.5-42.

성환갑. 2002. "반의자 결합 한자어 연구(II)", 「어문연구」 113, 한국어문교육연구회, pp.5-28.

송기중. 1992. "현대국어 한자어의 구조", 「한국어문」 1, 한국정신문화연구원, pp.1-85.

송철의. 1992. 「국어의 파생어형성 연구」, 태학사.

신기상. 2005. 「현대국어 한자어」, 북스힐.

심재기. 1987 · 2005. "한자어의 구조와 그 조어력", 「국어 어휘론 신강」, 태학사, pp.161-178.

이광오. 1999. "한글 단어 인지 과정에서 형태소 처리", 「한글 및 한국어 정보처리」, 한국 실험 및 인지심리학회, pp.35-42.

이익섭. 1969. "한자어의 비일음절 단일어에 대하여", 「김재원박사 회갑기념논총」, pp.837-844.

이재욱 · 김정숙. 2001. "한국어의 파생어 정보처리 : 한국인과 외국인의 차이", 「한국

실험 및 인지 심리학회 여름 학술대회 발표논문집」, pp.23-31.

이태연. 2004. "복합명사의 어휘판단에 미치는 의미 투명도의 영향", 「한국심리학회지」 16-1, 한국심리학회, pp.45-60.

임지룡. 1992. 「국어 의미론」, 탑출판사.

전광진. 2007. 「우리말 한자어 속뜻사전」, LBH교육출판사.

조남호. 2003. 「한국어 학습용 어휘 선정 결과 보고서」, 국립국어연구원.

조명한 외. 2003. 「언어심리학」, 학지사.

Bauer, L.. 1983. *English Word-formation*, Cambridge University Press.

Bauer, L.. 2001. *Morphological Productivity*, Cambridge University Press.

Booji.. G.. 2005. *The Grammar of Words*, Oxford University Press.

Charles N. Li & Sandra A. Thompson. 1981. *Mandarin Chinese : A functional reference grammar*, Berkeley : University of California Press.

Cruse, A.. 1986. *Lexical Semantics*, Cambridge University Press.

Cruse, A. 2000. *Meaning in Language*, Oxford University Press.

Taft, M.. 1979. Recognition of affixed words and the word frequency effect, *Memory and Cognition* 7, pp.263-272.

Ullmann, S.. 1962. *Semantics : An Introduction to the science of meaning*, Oxford : Basil Blackwell.

| 이 논문은 국어학 51집(2008, 국어학회)에 게재된 논문을 재수록한 것입니다.

국어 고유명사의 의미와 기능

박 철 우

1. 서론

이 글은 명사의 하위범주로 익히 알려져 있는 고유명사의 범주적 위상을 재고찰함으로써 판정이 애매한 예들의 기술에 도움을 얻고자 하는 목적으로 계획되었다. 고유명사라는 범주의 존재에 대한 직관은 일반 언중에게도 보편적이지만 오히려 이에 대한 전문적인 논저는 찾아보기가 쉽지 않은 것이 현실이다. 범주를 확인하기 위한 형태소나 통사적 요인으로 명확히 설명되지 않는 의미론적 해석과 관련된 현상이라는 점이 그 주된 요인이겠으나 언중의 관습화된 인식이 현상의 파악을 어렵게 만드는 점도 있다고 여겨진다. 이 글에서는 고유명사를 그것의 근본적인 의미 기능이 고유명칭(proper name)이라는 점과 관련지어 살펴보고 그것이 어휘적으로 명사의 한 하위범주로 정착되기 위한 필요·충분조건에 대해 생각해 보기로 한다.

2. 고유명사의 형식적 판별 기준

고유명사는 그 형식과 분포에 있어서는 보통명사와 큰 차이가 없지만 의미·기능의 측면에서 구별되는, 명사의 한 하위범주이다.

> (1) ㄱ. 사람 나라   도시   강   산   바다 ...
> | | | | | |
>   ㄴ. 철수 신라   경주   한강   금강산   동해 ...

　남기심·고영근(1985)은 (1)에 대해, (1ㄱ)의 말들은 같은 성질을 가진 대상에 대해서는 두루 붙일 수 있는 명사이므로 보통명사(또는 통칭명사, 두루이름씨)라고 하며, (1ㄴ)의 '말들은 같은 성질의 대상 가운데서 어느 하나를 다른 것과 특별히 구별할 필요가 있을 때 사용되는 명사라는 점에서 고유명사(또는 특립명사, 홀로이름씨)라 한다'고 정의하고 있다.

　형식의 면에서 차이가 없다는 것은, 국어에서는 표기의 측면에서 특정 자모를 대소로 구분한다든지 하여 고유명사를 다르게 표현하는 방식을 채용하고 있지 않다는 뜻이다. 즉, 국어에는, 영어 등의 언어에서 'John, Iraq' 등의 고유명사가 'man, country' 등의 보통명사와 구별되는 것과 같은 표기상의 구별이 없다. 밑줄에 의해 구별되는 경우(예 : <u>기영</u>, <u>목민심서</u>)나 특정 모양의 괄호에 의해 구별되는 경우(예 : 「삼국유사」, 「우리들의 일그러진 영웅」)가 없지 않으나 그러한 구별이 필수적이라고 여겨지지 않기 때문에, 국어에 그러한 구별이 존재한다고 말하기는 어렵다.[1]

　분포의 측면에서는, 고유명사가 보통명사보다 몇 가지 면에서 제약을 가진다는 것이 알려져 있다(위의 책 pp.69-70).

> (2) ㄱ. 수관형사와의 어울림
>   *<u>한</u> 철수가 가고 있다. / <u>한</u> 사람이 가고 있다.
>   *<u>두</u> 신라가 멸망하였다. / <u>두</u> 나라가 멸망하였다.

---

[1] 영어의 경우에도, 고유명사라고 하기 어려운 예들이 그 기원이 고유명사에 있음으로 해서 고유명사의 형식을 띤 예들이 많으므로 전적으로 형식에 의존하여 판단할 수는 없다. 예컨대, 'Monday, Tuesday ...; January, February ...; Marxist, Confucian ...

　　　ㄴ. 복수접미사 '-들'과의 공기
　　　　*경주들에는 사람이 많다. / 도시들에는 사람이 많다.
　　　ㄷ. 조사 '-마다'와의 공기
　　　　*한강마다 홍수가 났다. / 강마다 홍수가 났다.
　　　ㄹ. 지시관형사와의 공존
　　　　*이 철수가 간다. / 이 사람이 간다.
　　　　*그런 동대문은 처음 본다. / 그런 대문은 처음 본다.

　그러나 이러한 제약들은 고유명사에만 국한된 것이 아니거나 고유명사에 대해서도 여러 예외를 허용하기 때문에 고유명사를 판정할 수 있는 통사적으로 엄밀한 기준이 되지 못한다.

　우선, 고유명사는 애초에 수(數)가 단수이기 때문에 (2ㄱ-ㄷ)과 같은, 복수 또는 집합 명사가 가질 수 있는 특징을 가지지 못하는 것은 당연하다. 단수 대명사도 마찬가지 제약을 가질 것이다(예 : *한 그것 / *너들 / *나마다 / *이 애). 또, 고유명사는 비단 수관형사뿐 아니라 다른 관형어와도 잘 어울리지 못한다(예 : *모든/새/예쁜 영희가 왔다). 또한, (2ㄹ)처럼 지시사와의 결합이 제약되는 것은 그 자체가 지시 표현이기 때문이다. 이미 분명한 지시 대상(referent)이 확인되어 있는데 그것에 대해 추가로 지시적 제한을 가하는 것은 잉여적이다. 이 또한 대명사 또는 다른 직시어에서도 확인할 수 있는 특징이다(예 : *이 나는 *그 너를 좋아한다 / *이 오늘 / *이 지금 / *그 거기).

　더군다나, 이러한 지시와 관련된 특징은 i)고유명사가 메타언어적으로[2] 사용되어 보통명사화되었을 때(=(3))와, ii)서술적 용법의 관계절에 의해 수식을 받을 때(=(4)) 얼마든지 소거될 수 있어서 형식적인 측면에서 소극적 기준(충분 조건)이 되기도 어렵다.

　　(3) ㄱ. 우리 반에는 {영희가 둘 / 두 명의 영희가} 있다.
　　　　 ㄴ. 내가 아는 {모든 철수는 / 철수마다 (모두)} 안경을 끼었다.

---

2) 실체에 대한 지시적 용법으로 쓰이지 않고 음상만을 지시하는 경우를 말한다.

(4) ㄱ. 이 세상에서 제일 <u>예쁜,</u> 영희가 왔다.

ㄴ. 나는 <u>똑똑한(,)</u> 민호보다 <u>착한(,)</u> 철수가 좋다.

ㄷ. 나는 <u>그런,</u> 영수가 얄밉다.

3. 고유명사의 의미·기능적 판별 기준

먼저 통사론적 기능의 측면에서, 고유명사는 보통명사와는 구별되는 위상을 가진 것으로 여겨진다. 보통명사는 아무런 관형어를 수반하지 않고 주어 자리에 놓였을 때, 그 앞에 지시성을 가진 관형어가 생략되어 있다고 보는 것이 자연스럽다.[3]

(5) ㄱ. (그곳에서 보낸 / 이미 언급한 / 그) 사람이 왔다.

ㄴ. 철수가 왔다.

ㄷ. 그가 왔다.

그렇다면, 고유명사와 보통명사의 차이는 '고유명사 - 보통명사 = 지시성'이 되고 이를 달리, '고유명사 = 지시성 + 보통명사'로 표현할 수 있을 것이다.[4] 이러한 직관에 따라, 통사론적 논의에서 일반적으로, 보통명사에는 명사라는 어휘범주(N)를 할당하고, 고유명사는 명사구와 같은 구범주(NP)에 할당하는 것이다.

다음으로, 고유명사를 판별하는, 의미에 입각한 기준에 대해 살펴보자. 많은 비슷한 정의들 가운데, 홍재성(2001)은 고유명사를, '특정한 단일 대상(개

---

3) 명사의 지시성과 관련된 보다 구체적인 논의는 박철우(2002 : 83-84)를 참조할 수 있다.

4) 이와 관련하여, 지시성과 관련된 기능범주가 그 구의 머리어가 된다고 보면 한정사구(Determiner Phrase; DP)의 성립 여부도 논란이 될 수 있을 법하다. 하지만, 국어에서는 지시성을 표시하는 성분이 따로 범주로 성립되어 있다고 보기 어렵고 그런 기능을 가지는 어휘들을 한정시킨다고 해도, 그것들의 생략이 너무나 자유롭다는 점에서 머리어로 판정하기는 어렵다. 여기서는, 그러한 직관의 타당성을 가늠하는 정도로 충분하다.

체)에 대한 명칭(name)의 성격을 지닌 요소'라고 정의하고 있는데 이 짧은
정의 속에 고유명사의 의미과 관련된 모든 측면이 들어 있다. 풀어서 살펴
보면, 고유명사는 정의로부터 지시대상과의 관련성을 내포하고 있다. 따라
서 가장 먼저 i) 특정한 단일 지시대상을 확인할 수 있어야 하고 ii) 그것에
대한 이름의 성격을 가지고 있어야 한다는 것이다.

　이러한 정의는 우리가 (1)에서 살펴보았던 것과 같이, 사람이나 자연적 대
상에 대해서는 그다지 어렵게 느껴지지 않는다. 그러나 구체적인 예들을 살
펴보면 그 판단이 명확하지 않을 때가 많다. 임홍빈 외(1995)에서는, '소나
무'는 '나무'의 한 종류이고, '적송'이나 '해송'은 그 '소나무'의 한 종류인
것과 같이 어떤 종류를 다시 더 특정한 종류로 나누어 내려가도 그것들은
모두 보통명사이지만, '장미'의 하위 품종이 '퀸엘리자베스, 피스, 슈퍼스타,
화이트크리스마스' 등은 고유명사로 보아야 하고, 벼의 품종인 '통일벼, 밀
양3호, 수원2호' 등도 마찬가지로 고유명사로 보아야 한다고 하였다. 그 이
유는, 단순히 어떤 식물의 한 하위 품종을 가리키는 것이 아니라 새로이 개
발한 한 품종만을 특정적으로 가리키기 위한 이름들이기 때문이라는 것이
다. 또, 홍재성(2001)에서도, (7)에서 '프라이드'는 고유명사를 특징짓는 '지
시성'이 없지만 보통명사로 범주화되지는 않을 것이라고 하였다.

　　(7) ㄱ. 그의 집은 프라이드를 세 대 갖고 있다.
　　　　ㄴ. 그는 프라이드마다 최신형 오디오를 장착했다.
　　　　ㄷ. {이/이런} 프라이드는 처음 보네.

　우리는 이를 통해, 여전히 고유명사의 판별 기준에서 설명되지 않고 있는
부분이 있음을 알 수 있다.
　다른 한편으로, '해, 달' 등과 같은 예는, 위의 정의와 조금도 어긋남이 없
이, 특정한 단일 개체의 명칭으로서의 성격이 있음에도 불구하고 국어에서
그것들을 고유명사라고 하는 논의를 찾아볼 수 없다. 그 까닭에 대해, 최현

배(1961 : 213)에서는, "그 스스로가 아예 하나밖에 없기 때문에 그 말의 쓰이는 범위도 저절로 하나에 한하게 될 수밖에 없는 것"이라고 하였다. 임홍빈 외(1995 : 121)에서는 이를 좀더 구체화하여, "(어떤 사물에) '해'라고 하는 이름을 붙였는데 우연히 그 해가 하나뿐이었을 뿐, 만일 그와 똑같은 것이 몇 개 더 나타나도 역시 '해'라고 이름을 붙일 수 있을 것"이라고 설명하고 있다. '해'는 어느 하나를 구별해서 부르려고 한 이름이 아니라는 것이다. 이상을 통해서, 고유명사를 의미의 측면에서 정의하는 것 역시 만만치 않은 일임을 짐작할 수 있다. 최현배(1961 : 215)는 결론적으로, '홀로이름씨와 두루이름씨는 질적으로 구별이 있다 하기보다 양적으로 차이가 있을 뿐이요; 이론적으로 구별이 있다 하기보다 실제적으로, 관용적으로 구별하는 것이라 할 것이다'라고 천명하고 있다.

이상에서 우리는 품사로서 어떤 어휘에 대해 규정되는 '고유명사(proper noun)'라는 범주와 그 어휘의 의미론적 기능으로서의 '고유명칭(proper name)'을 구별해야 할 필요성이 요구된다는 사실을 확인할 수 있었다. 고유명사가 고유명칭으로 사용되는 것이 정상적이고, 고유명칭으로 주로 사용되는 어휘가 고유명사로 분류되어야 하겠지만 이들 사이의 대응이 언제나 유지된다고 보기는 어렵기 때문이다.

(8) ㄱ. 우리 꽃집에서 이번에 새로 들여오기로 한 품종(의 이름)은 퀸엘리자베스이다.
ㄴ. 나는 오늘 꽃집에서 퀸엘리자베스 세 송이를 샀다.
ㄷ. 어제 산 퀸엘리자베스가 시들어서 방금 쓰레기통에 버렸다.

(8ㄱ)의 '퀸엘리자베스'는 품종의 이름으로 사용되었고 그때 그 어휘는 고유명칭으로 사용된 것이다. 반면, (8ㄴ,ㄷ)은, (7)과 마찬가지로, 그렇게 보기 어렵다. '퀸엘리자베스'를 고유명사로 규정하면 후자는 고유명사가 보통명사화된 예로 분류할 수 있을 것이다. 반대로 다음과 같은 예를 보자.

(9) ㄱ. 우리 꽃집에서 이번에 새로 들여오기로 한 품종(의 이름)은 <u>장미</u>
　　이다.
ㄴ. 나는 오늘 꽃집에서 <u>장미</u> 세 송이를 샀다.
ㄷ. <u>어제 산 장미</u>가 시들어서 방금 쓰레기통에 버렸다.

(9ㄱ)과 같은 용법은 어느 쪽으로 분류될 수 있는가? 사실, (9ㄱ)은
Carlson(1977)의 용어로 '종류-지시 명사구(kind-referring noun phrase)'라고
할 수 있는 것으로, '장미'가 품종의 고유명칭으로 사용된 경우이다. 군이
품사의 측면에서 논의하자면, 장미가 보통명사라고 할 때 이 예는 보통명사
가 고유명사화된 경우라고 말할 수 있을 것이다. 이상의 예를 통해, 우리는
품사 구분의 문제가 그 어휘의 실제 사용과 늘 일치하는 것이 아님을 알 수
있다.

한국어를 모국어로 사용하는 사람들에게 어떤 어휘들이 주어졌을 때 그
들에게는 한국어에서 무엇이 고유명사이고 무엇이 보통명사임을 판정하는
기준은 분명히 존재할 것이다. 그러나 개별적인 용례에서 그 판정이 쉽지
않음을 지적하였다. 그 차이가 '관용적으로' 구별된다는 최현배(1961)의 논
의를 받아들이더라도 모국어 화자의 직관을 담아 낼 수 있는, 보다 구체적
인 기준이 요구된다는 것을 알 수 있다.

우리는 이를 정의에 입각하여 다시 정립해 보고자 한다. 출발점으로서,
(7)이나 (8)에 사용된 '프라이드'나 '퀸엘리자베스'가 '특정한 단일 개체에
대한 명칭의 성격'을 지니고 있는가를 생각해 보자. 만일, 어떤 사람이 차종
이 프라이드인 차를 소유하고 있는데 그 차에 '붕붕이'라는 이름을 붙여주
었다고 하자. 그렇다면, 그 차의 고유명칭은 '프라이드'인가, '붕붕이'인가?
그 대답은 '붕붕이'일 것이다. 그러면 이때 '프라이드'는 무엇인가? 그것은
그 차가 속한 '종류'의 이름이다. 우리는 이로부터 고유명사 여부의 판정에
는 '단일 개체'의 의미론적 단위성(unit)이 문제가 된다는 것을 알 수 있다.

모든 사물이 고유명칭을 가지는 것은 아니다. 하지만, 누군가가 특정 사

물에 고유명칭을 부여하는 순간 그것은 고유명칭을 가지게 된다. 이런 관점을 연장하면, 상당히 많은 보통명사가 다른 한편으로 어떤 '종류'의 고유명칭이 될 수 있다.5) '개'는 대략적으로 정의하여 '네 발 달리고 주인에게 충직하며 멍멍 짖는, 동물의 한 종류'의 이름이며, '장미'는 '가시가 있고 독특한 향기를 가진 꽃의 일종'의 이름이다. 그런 맥락에서, '에어데일테리어(개의 일종)'나 '퀸엘리자베스'는 그것의 지시대상이 낱낱의 개체일 때보다, 종류일 때가 더 부각되어 그 종류에 대한 고유명칭으로 사용되는 경우가 그 반대의 경우보다 언중의 직관에 더 인상적으로 수용된다고 할 수 있겠다. 마찬가지로, '개, 호랑이, 토끼, 장미, 국화, 백합' 등이 보통명사인 것은 그것들이 종류의 고유한 이름임에도 불구하고 종류의 고유명칭으로서보다는 개체의 일반적 속성으로 언중에게 더 가까이 인식된다는 점이다.

'해'의 경우에도, 성격은 좀 다르지만 고유명사적 용법과 보통명사적 용법의 양면을 다 가지고 있다고 생각된다. '해'를 '낮에 하늘에 떠 있으면서 땅을 밝게 비추어 주는 눈부시게 밝은 물체' 또는 '수성, 금성, 지구 등 9개의 행성을 위성으로 거느린 항성' 등으로 정의되는 존재의 고유명칭으로 사용되는 경우만을 주목하면, '해'는 고유명사이다. 하지만, 일반 언중에게는 시시각각 위치가 바뀌고, 갠 하늘에 나타나는가 하면 구름에 가리고, 때론 별으로, 때론 빛으로 인간에게 인식되어 그것의 단위성이 자연물인지, 별인지, 열(熱)인지, 빛(光)인지 분명하지 않아서, '해'라는 어휘를 발화하는 경우는 많지만, 대개의 경우 그 존재를 하나의 동일한 개체로 인식하게 되지 않는다는 점이 그것의 품사를 보통명사로 받아들이게 만들기도 하는 것 같다. 이런 점은 그것을 '태양'이라고 부를 때, 좀더 전문적인 어휘가 되기는 해도, 크게 달라지지 않는다(예 : 작열하는 태양, 내일은 내일의 태양이 떠오른다...). '달'도 동일한 맥락에서 이해될 수 있겠다.6) '달'이 일반적으로 항성

5) 반드시 모든 보통명사가 그렇다고 할 수는 없다. '동물, 식물, 생물, 물건, 사물, ' 등과 같이 일반성을 더 많이 띤 어휘들은 좀처럼 하나의 종류로 인식하기 어렵다.
6) 홍재성(2001)에서는 '지구'도 보통명사로 분류된다고 한다. '지구 온난화' 등 그 지시대상을 염두에 두지 않은 용례들이 있을 수 있지만, 품사가 보통명사라고 할 만큼 그런 용례가

의 위성인 것들을 가리킨다면 보통명사일 수 있겠으나 지구의 유일한 위성의 이름이 '달'이라면 그것은 고유명사가 되어야 한다. 하지만 또 다른 측면으로 밤하늘에 보름을 주기로 매일 조금씩 다른 모습을 보여주는 달을 그저 자연물의 하나로만 받아들인다면 고유명사가 아닌 것처럼 느껴지기도 할 것이다.

4. 고유명사의 본질

이상의 논의를 종합하여, 고유명사와 보통명사의 상관성을 가설적으로 추정하면 다음과 같다.

특정 언어 사회에 속하는 초기의 인간들이 우연히 처음 보는 동물과 마주쳤다. 그래서 그들은 그것을 '개구리'라고 부르기로(명명(命名; naming)) 했다. '개굴개굴' 하는 소리를 내기 때문이다. 그리고 주변 사람들에게 그런 동물의 존재에 대해 이야기하고 그 이름을 개구리라고 말해 주었다(처음에서는 이름으로서가 아니라 개굴거리는 것이라는 기술(description)이었을 수도 있다).

그 다음날 다른 사람들이 냇가에 다녀와서는 자기들도 그 개구리라는 것을 보았노라고 말했다. 그러자 처음 개구리에게 이름을 준 사람들은 다시 한번 그 놈을 보고 싶다면서 두 번째 그것이 출현한 곳에 함께 가 보았다. 그런데 이번에 본 것은 어제 본 것과 매우 흡사하고 개굴개굴 하고 울었지만 크기가 조금 작고 줄무늬의 모양이 조금 달라서 적어도 어제 본 그것과

더 일반적인지는 의문이다.
다른 한편으로, 해, 달, 지구가 보통명사로 여겨지는 데는 외국어의 영향도 적지 않다고 생각된다. 영어의 경우, sun, moon, earth 등이 각각, '항성', '위성', '대지/땅/흙' 등의 보통명사로서의 의미를 가지고 있으면서 거기에 정관사 'the'가 결합되면, 유일한 대상이 가지는 한정성을 가지게 된다. 그리고, 별의 이름으로서 '태양'이나 '지구'를 가리킬 때, '(the) Sun', 'Earth'와 같이 첫 글자를 대문자화하는 경향을 보인다.

동일한 동물이 아니라는 것은 알 수 있었다. 그들은 이번에 본 것도 그냥 개구리라고 부르면서 '이 개구리는 어제 본 개구리와는 다른 놈이야' 하고 말했다. 그 순간 '개구리'라는 이름은 특정 대상의 이름에서 그런 특성을 지닌 일반적 대상에 대한 이름으로 바뀐다. 이런 일반화가 가능한 것은 개구리인 존재들이 한 마리 한 마리가 인간 사회와 관련지어져 구별이 될 필요가 있는 대상이 아니기 때문에 그렇다. 그리고 웬만한 사람들은 그것들 사이의 작은 차이를 잘 구별하지 못할 것이다. 이 존재들은 그저 개구리가 아닌 다른 종류에 속하는 존재들과 구별될 수만 있으면 충분한 것이다.

시간이 지나면서 사람들은 개구리가 매우 흔한 동물이고 사람이 식용으로 쓸 수 있다는 사실을 알게 되었다. 그리고 이 식용할 수 있다는 특성은 특정 개구리 한 마리의 특징이 아니라 어느 개구리에게나 마찬가지였다. 그래서 그들은 종종 개구리 사냥을 다니게 되었고 '개구리 잡으러 가자'라는 말은 특정 개구리를 염두에 둔 것이 아니라 아무 개구리나 잡으려 할 때 할 수 있는 말이 되었다. 그리고 '개구리는 식용할 수 있는 동물이다'는 처음에 발견된 그 개구리도 아니고 불특정적인 한 마리 개구리도 아닌 '개구리'라는 동물의 일종(kind)을 가리키는 이름이 되었다. 이 과정을 요약하면 (10)과 같이 나타내어질 수 있다.

(10) 일반 명칭은 개체 지시 고유명칭에 기원을 두며, 종류 지시 고유명칭으로도 사용될 수 있다. (보통명사의 고유명사 파생 가설)

(10)에서 일반 명칭은 공시적으로 보통명사와 대응하며 개체 고유명칭은 일반 명칭이 되기 이전이라면 고유명사와 대응한다. 하지만 종류 지시 고유명칭은 대개 보통명사와 대응된다.[7)]

만일, 개구리가 이 세상에 한 마리밖에 존재하지 않는다면 '개구리'는 보

---

7) 이러한 불일치는 고유 지시의 문제가 전적으로 어휘적인 문제가 아닐 수 있음을 보여준다. 종류 지시 고유명칭이 정관사와 함께 나타나기도 하는 독일어, 프랑스어 등의 예를 고려할 때(Carlson & Pelletier 1995 : 68-69) 통사론적인 설명을 기대할 수도 있을 것이다.

통명사가 되지 못했을 것이다. 이상의 가설을, 영국 네스(Ness) 호수에 산다는 가상의 동물의 경우와 비교해 보자. 실제로 그것이 존재하는지는 알 수 없지만 보았다는 사람들이 있어서 그 동물의 이름을 사람 이름의 명명법과 유사하게 지어 '네시(Nessie)'라고 했다. 다른 곳에서 유사한 동물이 발견된 적이 없고 그 호수에서도 두 마리 이상이 무리지어 다닌 것이 아니어서, 만일 그 동물이 존재한다면, '네시'는 그 동물을 가리키는 고유명칭이다. 그런데, 만일 그 호수에서 네시와 똑같은 동물이 또 한 마리, 또는 그 이상 발견된다면 그것들의 이름은 어떻게 될 것인가? 그런 일은 없겠지만, 그것은 정도 문제가 될 것이다. 새끼들이 발견되고 네시라는 동물의 존재가 생산적이라면 그 이름이 보통명사화할 수도 있을 것이고, 이와 달리, 네시가 수컷이었는데 암컷만 한 마리 더 발견되고 이것들이 사람들이 더 쉽게 관찰할 수 있는 대상이 된다면 사람들은 암컷에게 다른 이름을 부여하려고 할 것이다. 물론 그러기 위해서는, 네시의 존재가 그 이전에 먼저 분명해졌어야 할 것은 당연하다.

다음으로 명명 시점의 문제를 생각해 보자. 위의 가설을 '해, 달'의 경우와 관련시키면, '해, 달'은 그것들을 누군가 그렇게 명명했겠지만 그 이후 그와 같은 것들의 존재를 더 발견한 적이 없는 경우에 해당된다. 그것들이 단순히, '항성'과 '위성'이라는 의미를 가지는 단어들이라면 적어도 그런 정도의 천체에 대한 지식이 알려졌을 때 그것들이 보통명사화하였겠지만 국어에서 그러한 용법은 찾기 어렵다. 그런데도 이것들이 보통명사라고 이해되기도 하는 것은 명명 시점과 관련이 있다는 가정이 또한 가능하다. 인공물(텔레비전, 라디오, 냉장고 ...)이나 탐험이나 과학적 발견에 의해 새로이 알려진 개체(희망봉, 아메리카, 북극점, 핼리 혜성 ...) 또는 일어난 사건(백년전쟁, 명예혁명, 삼일운동, 6·25동란)은 그 명명 시점이 추정될 수 있지만 '해, 달' 등은 그 시점을 추정하기가 어렵다는 점이다. 그러나 이러한 점이 그 명칭의 고유성을 부인할 정도인지는 의문이 남는다.

또 다른 한 가지 생각해 볼 수 있는 경우는, 상품 따위의 새로운 출현이다. 어떤 자동차 회사에서 새로운 모델의 시제품을 개발한 뒤 그 차의 이름을 '프라이드'라고 명명했다면, 이때는 최초에 만들어진 차에 대한 고유명칭으로 그 이름이 명명되었을 것 같지는 않다. 그 이름은 처음부터 그런 '모델'에 대한 종류 지시 명칭으로 명명된 것이다. 따라서 이 경우는 장미의 하위종인 '퀸엘리자베스'나 개의 하위종인 '에어데일테리어' 등과 더불어, 종류 지시 명칭이 고유명사에 대응하는 다소 특별한 경우로 이해되어야 할 것이다.

요약하자면, 고유명사는 언중에게, 그 단어가 특정 단일 대상(개체)에 대한 이름으로 명명되는 최초의 사건이 존재하거나 존재할 것으로 믿어져야 하며, 그 단어의 사용이 일차적으로 그 개체와의 연결을 보장해야 한다.

5. 국어 고유명사 또는 고유명사 관련 구성의 확인 기준

앞 절의 논의의 연장선에서, 고유명사를 가려내는 첫 번째 절차는, 먼저 판정 대상이 되는 명사(구)가 출현한 용례에서 그 어휘가 고유명칭으로 사용되고 있는가를 판정하는 것이다. 이를 위해서는, (7-9)에서처럼, 그 용례에서 그 명사가 가리키는 지시대상이 존재론적으로 어떤 의미부류에 속하는지와 그 명사는 본래 어떤 의미부류에 속하는 지시대상을 외연지시(denote)하기 위한 이름인지를 확인하는 것이 필요하다. 그리고 그 지시대상들이 서로 일치하지 않으면 그 경우는 고유명칭이 아니다. (7-9)는 '종류'의 고유명칭인 명사가 '낱 개체'를 가리키는 데 사용되었을 때, 그 용례에서는 그것이 고유명칭으로 사용된 것이 아님을 보였었다. 그러한 불일치가 있어 나는 경우는 (7-9) 이외에도 다양하다.

(11) ㄱ. 소대원들이 정찰을 하던 중 <u>인민군</u>(두 명)을 목격하였다고 한다.
ㄴ. 경찰이 오늘 <u>마피아단</u>(다섯 명)을 검거했다고 한다.
ㄷ. 내가 음식점에 들어가려고 히는데 <u>노찾사</u>(일곱 명)가(/이) 우루루
몰려나왔어.
ㄹ. 오늘 방송국 앞에서 <u>지오디</u>(두 명)를(/을) 봤어.
ㅁ. 중국에서 사인방(두 명)이 축출되었대요.
ㅅ. 길에서 <u>삼총사</u>(두 명)를(/을) 만났다.
ㅇ. 나는 그 음악회를 마치고 <u>트윈폴리오</u>(한 명)에게 사인을 받았다.

(11)의 예들은 모두 낱 개체를 표현하는 '명사 + 수관형사 + 분류사' 구
문이다. 그런데 (11)에서 우리가 의문을 가지게 되는 것은, 이러한 구에 출
현하는 명사가 과연 낱 개체를 표현하는 것으로 이해되어야 하는가 하는 것
이다. 우리는 (9ㄱ)이 '장미 세 송이'라는 명사구를 만날 때는 그 구에 출현
한 '장미'를 별다른 망설임 없이 낱 개체로 이해하곤 하지만, (11)의 예들을
살펴보면, 거기에 출현한 명사들은 모두 낱 개체로 이해되기 어려운 예들임
을 알 수 있다. (11ㄱ)의 '인민군'이 가장 쉽게 인간 개개인을 가리키는 낱
개체처럼 이해되지만 분명히 '인민군'은 '북한 군대의 이름'이다. 공식 명칭
은 '조선인민군'이지만 일반적으로 '인민군'이라 부른다. '우리 아버지는 인
민군이었다'와 같은 문장에서 '우리 아버지'와 '인민군' 사이에는 분명히 지
시대상의 의미부류에서 차이가 난다. '우리 아버지'의 의미부류는 '개인'이
고 '인민군'의 경우는 '단체'이다. 이 경우는, '이 꽃은 장미이다'에서 '이
꽃'의 의미부류가 '낱개의 꽃'이고 '장미'의 의미부류가 '꽃의 일종'이라고
하는 것보다 훨씬 그 구별이 쉽다. 하지만 두 경우가 모두 그 단위성에서
동일하지 않다는 것은 분명하다. (11)의 나머지 예들은 출현 명사의 단체로
서의 성격이 강조되느냐, 그것에 소속된 낱 개체들의 수량이 강조되느냐에
따라 전체의 단위성이 영향을 받는다. 예컨대, (11ㄴ)에서 '마피아단'을 검
거한 것이 강조되느냐, '다섯 명'을 검거한 것이 강조되느냐에 따라 전체 명
사구의 단위성이 달라진다. 이에 따라, 그 명사의 품사적 위상도 흔들림 없

이 고유명사로 될 수도 있고 보통명사화된 것으로 여겨지기도 한다. (11ㄱ, ㄴ)은 그 단체에 속한 구성원의 수가 불분명하고 또 다수이기 때문에 보통 명사화되어 사용될 개연성이 많고 (11ㄷ-ㅇ)은 그 수의 제한성 때문에 보통 명사화된 것으로 이해하기가 더 어렵다.

다음으로, 단체명도 아니면서 고유명사가 보통명사로 전성된 경우를 더 살펴보자.

> (12) ㄱ. 내가 아는 <u>영미 세 명</u>은 다 공부를 잘한다.
> ㄴ. 그 수집가는 지역 미술관에 <u>허백련 세 점</u>을 기증하였다.
> ㄷ. 형은 서점에 가서 <u>어린왕자 두 권</u>을 사왔다.

(12ㄱ)은 (3)에서도 살펴본 바와 같이, '영미'가 그 지시대상과 무관하게 그 이름의 표현적인 측면(시니피앙)을 가리키는 데 사용되고 있어 메타언어적인 용법이다. 이때 '영미'의 의미부류를 찾는다면 '음성형(문자열)의 일종(type)'이 된다. (12ㄴ)에서 '허백련'은 허백련이라는 화백의 이름이지만 여기서는 먼저 허 화백이 그린 그림으로 환유적인 의미 전성이 일어나고 이어 그런 그림의 종류가 그 단위가 된다. 마찬가지로, (12ㄷ)에서는, '어린왕자'는 본래 생텍쥐페리가 쓴 소설의 이름이고 그것이 다시 그 소설을 담은 책이 되고 단위성은 '책의 일종'으로 이해된다.

그렇다면, 낱 개체가 복수화된 것이 아닌 예들은 어떤가?

> (13) ㄱ. 난 어제 <u>페스탈로치 한 분</u>을 만났다네.
> ㄴ. 김 박사야말로 <u>한국의 아인슈타인</u>입니다.

여기서도, (13ㄱ)은 위의 예들과 동일한 선상에서 '페스탈로치'가 '위대한 교육자상(像)의 일종'으로 이해될 수 있을 것이다. 이 경우는, 본래, 낱 개체이고 특정 인물인 페스탈로치가 존재하였지만 그 특정 인물의 이름에서 그와 같은 위대한 교육자로 의미 전성이 일어나고 '그런 교육자의 일종'이 그

단위성이 된다. 그리고 (13ㄴ)은 '김 박사'가 '아인슈타인'이 아닐 뿐 아니
라, 이 '아인슈타인'도 개인이 아닌 '위대한 과학자상의 일종'으로 이해될
수 있을 것이다. 요컨대, 이로부터 모든 '종류, 단체'의 이름은 그것의 고유
명칭으로서의 기능을 버리고 그것에 속한 '낱 개체'를 가리키기 위해 보통
명사화할 수 있다는 결론을 도출하게 된다.

   고유명사를 확인하는 그 다음 절차는, 명사가 외연지시하는 지시대상과
그 명사가 주어진 표현에서 가리키는 지시대상이 일치하는 경우와 그렇지
않은 경우 중에서 어떤 용법이 그 명사의 전형적인 용법인가를 판정하는 일
이다. 위에서 살펴본 바와 같이, 우리가 보통명사로 이해하는 '장미, 사과,
개, 호랑이, 토끼' 등을 보통명사로 판정하고 '퀸엘리자베스, 홍옥, 에어데일
테리어, 시베리아 호랑이, 앙고라'는 고유명사(구)로 판정해 주는 과정이 바
로 이 단계이다. Miller(1996 : 184)는 어휘 위계를 상정하고, 인간의 기억은,
상위 층위 어휘의 개념적 특성이 모든 하위 층위 어휘들에 반복되는 계승
원리를 가지고 있을 것으로 보는데, 각 층위 사이의 관계가 상위 층위에서
하위 층위로 가면서 일정한 비율로 몇 개씩의 변별적 특성을 더 가지게 되
기보다는 어떤 중간 층위에 대부분의 변별적 특성이 몰려 있다는 것이다.
이를 '기본 개념(basic concept)'이라고 한다. 예컨대, '의자'와 '안락의자'를
비교해 보면, '의자'는 앉는 자리, 등받이, 다리 등을 가지고 있다든지, 사람
들이 앉는 데 쓰인다든지 하는 일반적인 특성들과 함께 기억되지만 '안락의
자'는 그저 팔걸이가 있다는 점 등이 기억될 뿐이라는 것이다. 즉, 하위 층
위의 어휘는 개념적으로 특수한 특성을 가리키는 데 주로 쓰인다는 것이다.
이러한 설명은, 본 논문의 보통명사-고유명사 구분에 시사하는 점이 있다고
생각된다. 우리가 보통명사로 이해하는 '장미, 개' 등의 어휘는 기본 개념에
속한다. 따라서, 다양한 변별적 특성과 함께 기억되고 그런 특성을 가진 개
체들을 가리키는 데 사용되지만, 그보다 하위 층위에 속하는 '퀸엘리자베스,
에어데일테리어' 등은 그 하위종이 가진 특수한 특성과 함께 기억되고, 그
특성과 함께 주로 종류 단위에서 논의된다고 볼 수 있다. 이러한 설명을 참

조하면, 우리는 이러한 구분을 행함에 있어서 어휘들의 위계를 상정해 보고 적절한 높이의 층위에서, 개체의 일반적인 특성이 강조되어 보통명사로 분류될 것과 종류의 특수한 특성이 강조되어 고유명사로 분류될 것을 일관된 직관으로 판정해야 할 것이다.

현재까지의 논의의 연장선에서 우리는 여기서 구별을 위한 한 가지 기준을 제시하고자 한다. 그것은 '장미'를 보통명사로 판정하면서 '퀸엘리자베스'를 고유명사로 판정하는 일견 불균형이라 여겨지는 현상에 기초를 둔다. 이 테스트를 '분류사구의 피수식어화'라고 부르자.

> (14) ㄱ. 나는 <u>세 송이의</u> 장미를 선물받았다.
> ㄴ. [?]나는 <u>세 송이의</u> 퀸엘리자베스를 선물받았다.

구별의 대상이 되는 어휘가 고유명사이고 단위성의 전성이 일어나지 않을 때는 이러한 테스트가 필요 없을 뿐 아니라 2.1.의 형식적 기준에서 이미 살펴보았듯이 복수 표현이 불가능하다. (14ㄱ)과 (14ㄴ)은 모두 종류에서 낱개체로 단위성의 전성이 일어났는데 그 용인성이 서로 차이가 나는 것이다. 여기서 나타나는 이러한 차이는, 보통명사로서의 용법이 더 일반적인 '장미'의 경우에 비해 '퀸엘리자베스'는 보통명사화 하는 경우가 극히 드물다는데 기인한다. 그러나 이러한 판단은 인식의 문제이므로, 꽃과 관련된 분야에 종사하는 사람이나 꽃에 관심이 많은 사람에겐 다른 판단의 여지도 없지 않을 것이다. 그리고 이러한 판단에는 정도 차이가 있다.

> (15) ㄱ. 나는 <u>두 명의</u> 인민군(예비군)을 만났다.
> ㄴ. [?]나는 <u>두 명의</u> 마피아단을 만났다.
> ㄷ. ^{??}나는 오늘 길에서 <u>두 명의</u> 삼총사를 만났다.

(15ㄱ)과 같이 '인민군, 예비군'은 분명히 단체 이름이지만 낱 개체의 사람을 가리키는 용도로 얼마든지 사용될 수 있고 (15ㄴ), (15ㄷ)으로 가면서

용인성이 점점 떨어지는 것을 볼 수 있다. 우리는 이러한 전성이 자유롭지 않은 어휘에 대해 고유명사의 가능성을 확인할 수 있다. 그리고 전성이 자유로운 어휘에 대해서는 다의어로 보아 고유명사와 보통명사의 가능성을 모두 인정해야 할 것이다.

6. 결론

요컨대, 고유명사란 '무엇의 고유한 이름'이라는 기능을 가진 단어 혹은 그 이상의 단위로서, 특정 언어에서 그 언중들이 그 대상을 인식하고 있고, 그 대상에 대해 명명된 것임을 인식하고 있는 표현을 말한다.

그러나 고유명사를 그 형식에 의거하여 구별하기는 어렵다. 분포적인 면에서는 보통명사와 차이가 있지만 그러한 차이 역시 의미·기능에 기인하는 것으로 결정적인 판별 기준이 되어 주지 못하기 때문이다. 엄밀한 형식적 판단이 어려운 근본 이유는 위의 정의에 의해 고유명사로 판정될 수 있는 표현들이 보통명사적인 용법으로 사용될 수 있으며, 분명히 보통명사인 예들도 본질적으로 고유명사적 특성이 없는 것은 아니기 때문인데 그 차이의 본질은 지시대상의 단위성이다. 개체의 고유 이름을 그와 유사한 특성을 지닌 개체들의 부류로 확장하여 사용한다면 그런 현상은 고유명사의 보통명사화가 된다. 종류의 고유 이름은 일반적으로 종류에 대해 적용되는 예가 적으므로 언중들이 그 대상을 잘 인식하지 못하여 그 기원이 어떠하든 보통명사로 여겨진다. 하지만 때로 그 종류 자체에 대해서도 이름이 필요하며 그럴 때 그 종류의 고유한 이름으로 쓰인 그 보통명사는 고유명사적이어서 어쩌면 우리는 이러한 현상을 보통명사의 고유명사화라고 불러야 할지도 모른다. 때로 그 종류의 출현과 특수성이 언중에게 그 종류 자체와 관련하여 더 많이 인식되고 있어서, 개체와 연결되는 것이 덜 일반적인 표현들이 있는데 이것들은 개체의 이름이 아니라 종류의 이름이지만 그대로 고유명 사라고 해야 한다.

따라서 고유명사와 보통명사의 구별은 그 표현이 개체와 종류 가운데 무 엇에 대한 이름인가를 확인하고 그 양자 가운데 어느 경우가 언중의 인식에 서 더 전형적인가를 판단하는 일에 의존한다. 우리는 그 실질적 기준으로 '분류사구의 피수식어화'를 제시하였다. 즉 주어진 표현을 분류사구에 의해 수식되는 자리에 놓아 그 표현의 어색함 여부를 판단해 보는 것이다. 혹자 는 이에 대해서 그 객관성을 의심하겠지만 아마도 이런 종류의, 언중의 인 식이 검증 대상이 되는 논의에서 그 신빙성을 높이는 방법은 결국 통계에 의한 귀납적 증명밖에는 없을 것이다.

참고문헌

김광해 외 3인. 1999. 「국어지식탐구」, 박이정.

남기심 · 고영근. 1985. 「표준국어문법론」, 탑출판사.

임홍빈, 장소원. 1995. 「국어문법론I」, 한국방송통신대학교출판부.

최현배. 1961. 「우리말본」. 정음문화사.

홍재성. 2001. "한국어의 명사 II", 「새국어생활」 11-4, pp.119-131.

Carlson, G. 1980. *Reference to Kinds in English,* Garland Publishing, Inc.

Miller, G. 1996. *The Science of Words,* Scientific American Library.

Zeevat, H. 1996. A neoclassical analysis of belief sentences, *Proceedings of the 10th Amsterdam Colloquium.* ILLC, University of Amsterdam. pp.723-742.

| 이 논문은 인문과학연구 12-II집(2004, 안양대 인문과학연구소)에 게재된 논문을 재수록한 것입니다.

국어 색채어 연구

손세모돌

1. 들머리

이 논문의 목적은 국어 색채어들의 의미 체계를 살피는 것이다. 국어는 자음 교체, 모음 교체, 각종 접사 결합 등을 통해서 같은 색상을 표시하는 낱말이 매우 다양하게 나타난다. 이런 세분화된 색채어들의 의미가 어떻게 체계화될 수 있는지를 살피기 위한 것이다. 색채어의 의미 체계 고찰은 국어 색채어의 발달이 어떤 방향으로 이루어져 있는지를 알게 해 줄 것이다.

이 논문에서 대상으로 하는 것은 고유어 색채어들이다. 고유어 색채어 범주를 "검다", "누르다", "붉다", "푸르다", "희다"의 다섯 가지로 구분하고 각 범주의 다양한 색채어들을 대상으로 한다.[1] 색채어의 선별은 사전의 표제어를 중심으로 하되 색채 이외에 모양 등 다른 모습을 표현하는 데 중심이 있는 것들은 대상에서 제외한다.[2] 품사별로는 형용사가 주된 대상이 될

---

1) 우리말 색채어 범주는 "검다", "누르다", "붉다", "푸르다", "희다"의 5가지로 규정하는 것이 일반적이다. 강재원(1984), 최범훈(1985), 정재윤(1988), 김영우(1990), 정진주(1990), 김영철(1994) 등에서 모두 국어의 색채어를 오색으로 규정하고 있다. 강재원(1984 : 6-7)에서는 우리말 고유의 색채어가 다섯 가지 색의 구분밖에 없었음을 과거 기록 등의 여러 가지 근거를 들어 설명하고 있다.

2) 이 글에서 참고한 사전은 신기철·신용철(1980), 남영신(1989), 사회과학원 언어 연구소 편 (1992), 김민수 외(1995)이다. 사전 표제어는 남쪽의 사전을 기준으로 한다.
색채어 중에는 "가마무트름하다", "가마반드르하다", "발가야드르르하다", "푸르싱싱하다",

것이다. 국어 색채어 가운데 다양하게 분화되어 나타나는 것이 이들이기 때문이다.

　이 글에서는 의미를 기준으로 색채어들을 크게 색채 표현과 평가 태도 표현의 두 가지로 구분한다. 국어 색채어 가운데에는 색상, 명도, 채도 등 색과 관련된 의미 이외에 말하는 이의 평가 태도를 드러내는 것이 있다. 평가 태도란 색채나 색채와 관련된 대상에 대한 말하는 이의 긍정과 부정의 평가 태도를 말한다. 어근이 되는 색상에 평가 태도만 첨가된 것도 있고 명도나 채도가 함께 표현되는 것도 있다. 색채 표현의 색채어들은 색상만 표시하는 것, 명도가 첨가된 것, 채도가 첨가된 것들이 있다. 명도 첨가 표현은 색상에 명도의 정도가 드러나는 것이다. 채도 첨가 표현은 채도가 표시되는 것인데, 명도가 함께 드러나는 것들도 있다. 다양한 색채어들의 의미 파악은 주로 사전의 설명을 바탕으로 하되 공기 제약 등을 함께 이용한다.

2. 색채 표현

　이 장에서는 색과 관련된 의미만을 표현하는 색채어들을 살펴보고자 한다. 색과 관련되어 나타날 수 있는 것은 색상, 명도, 채도이다. 색채어의 선택은 기본적으로 말하는 이의 판단에 달려 있다. 같은 색을 보고도 "파랗다", "파르스름하다", "퍼렇다"와 같이 정도가 다른 색채어를 사용할 수 있다는 것이다. 이는 색의 정도를 가르는 객관적 기준을 정할 수 없기 때문이다. 이런 점에서 색채어 사용은 말하는 이의 태도를 반영한다고 할 수 있다. 이 글에서는 말하는 이의 선택과 상관없이 낱말 자체를 기준으로 색상, 명

　"해말끔하다", "희멀쑥하다", "희번드르르하다" 등과 같이 색채와 더불어 모양이나 질감을 표현하는 것들이 있다. 국어는 의미 중심이 뒤에 있으므로 뒤쪽에 오는 어근이 색채어가 아닌 이런 것은 대상에서 제외한다.

도, 채도를 표현하는 색채어를 말하는 이의 평가 태도가 드러나는 것들과
구분하여 다루고자 한다.

2.1. 색상 표현

색상 표현이란 색상 이외의 다른 의미를 드러내지 않는 색채어 구조를
말한다. 색의 세 가지 중요 속성인 색상, 명도, 채도 가운데 명도나 채도에
관련된 의미가 첨가되지 않은 색채어들이 여기에 속한다.[3]
낱말 형성 구조로 볼 때 주로 단일어인 색채어와 합성어 가운데 명사류
가 이런 구조를 갖는다. 접사가 결합된 파생어들은 대부분 색상 이외에 추
가적인 의미를 드러낸다. 파생어 가운데는 "-앟-/-엏-" 첨가형만이 색상 표
현 구조를 갖는다.[4]
색채어 가운데 단일어들은 품사에 관계없이 색상만을 표시한다. 형태론
적으로 볼 때 색상을 나타내는 어근 이외에 의미를 첨가할 만한 요소가 없
기 때문이다.

(1) ㄱ. 검다, 누르다, 붉다, 푸르다, 희다
    ㄴ. 감장, 거멍, 검정, 까망, 깜장, 꺼멍, 껌정, 노랑, 누렁, 발강, 벌겅,
       빨강, 뻘겅, 파랑, 퍼렁, 하양

(1ㄱ)의 기본 색채 형용사들은 색상 이외의 것을 표시하지 않는다. 어미

---

3) "검다"와 "희다"는 무채색으로 색의 분류상으로 보면 색상과 채도가 없다. 그러나 언어적
  으로 볼 때는 "검다"와 "희다"도 색상의 하나로 인식되고 있음을 알 수 있다. 김영우(199
  0 : 56-57)에서는 색채어 분석의 중요 기준을 이야기하면서 색의 세 가지 속성인 색상, 명
  도, 채도에 대해 설명하고 있다.
4) 접사 파생 색채어는 색채의 의미에 접사의 의미가 결합되므로 접사의 의미에 따라 낱말의
  의미 구조가 달라진다. 색채 형용사를 파생시키는 접미사들은 색상의 명도, 채도를 표현하
  는 것과 그 이외의 뜻을 표시하는 것이 있다. 색채 이외의 것을 표현하는 색채어들에 대해
  서는 3장에서 자세히 다룬다.

"-다"를 빼고 난 나머지 어간이 색상만을 표시하기 때문이다. (1ㄴ)은 다섯 가지 색채어 범주의 기본 형용사에서 파생된 명사들이다. 이들도 역시 색상만을 표시한다. 이들은 "색", "빛"과 결합하여 사용되기도 하지만, 분리되어서 독립된 형태로 색채를 표시할 수 있는 독립된 낱말들이다.[5)]

형태론적으로 볼 때 <사물 이름 + "색/빛">, 혹은 <색채어 + "빛">의 구조로 이루어진 합성어들도 색상만을 표시한다. 이들 역시 색상 표현 이외의 언어 요소가 개입되지 않은 구조이기 때문이다.

> (2) ㄱ. 쥐색, 잿빛, 먹빛
> ㄴ. 호박색, 땅색, 개나리색, 달걀색, 귤색, 밤색, 살구색, 구리빛
> ㄷ. 살색, 팥색, 팥죽색, 진달래색, 가지색
> ㄹ. 하늘색, 바다색, 물색, 배추색, 풀색, 청개구리색, 쑥색, 이끼색, 쪽빛, 남빛
> ㅁ. 젖색, 젖빛
>
> (3) 검정빛, 노란빛, 빨간빛, 푸른빛, 흰빛

(2)는 특정한 사물 이름에 "색", "빛"을 붙임으로써 그 사물이 지닌 특정한 색상을 표현하고 있다. 국어의 명사 색채어들은 대부분 <사물 이름 + "색">의 구조를 갖는다.[6)] (3)은 색채어에 "빛"이 결합된 것들이다.[7)]

---

5) (1ㄴ)은 국어 고유어 색채어 가운데 단일어인 명사를 통틀은 것이다. 다양한 색상을 표현하는 단일어들은 대부분 한자어이다.
   <1> 주황, 주홍, 자주, 보라, 분홍, 진분홍, 연분홍, 다홍, 연두, 초록
   한자어 색채어들은 <1>과 같이 "색"이나 "빛"이 없이 독립된 형태로 색채를 나타내는 낱말들이 많이 있다.
6) 고유 색상어보다 사물 명칭 차용 색상어가 훨씬 더 많다는 것은 김충효(1982 : 11)에서도 지적된 바 있다. 한자어와 외래어 색채어는 <사물 이름 + "색"> 구조의 색채어가 고유어보다 더 많다.
   <1> 황금색, 계피색, 상아색, 겨자색, 황토색, 미색, 산호색, 벽돌색, 비취색, 청태색, 옥색, 녹두색, 창포색, 은색, 치자색, 우유색
   <2> 오렌지색, 커피색, 초콜릿색, 코르크색, 크림색, 레몬색, 루비색, 카키색, 사파이어색, 에메랄드색, 코발트색, 올리브색
   <1>은 한자어, <2>는 외래어 색채어들이다. 특히 외래어 색채어가 "색"과 결합해서만 나

색채어 가운데 파생어이면서 색상 표현 구조를 갖는 것은 접미사 "-앟/ 엏-" 파생형이다.

> (4) ㄱ. 가맣다, 거멓다, 까맣다, 꺼멓다
> ㄴ. 노랗다, 누렇다
> ㄷ. 발갛다, 벌겋다, 빨갛다, 뻘겋다
> ㄹ. 파랗다, 퍼렇다
> ㅁ. 하얗다, 허옇다

(4)는 기본 색채 형용사에 "-앟/엏-"이 결합되어 파생된 것들이다. 접미사 파생형들은 접미사의 의미 첨가로 추가적인 의미를 갖는 것이 일반적이다. 그러나 색채어에 결합되는 "-앟/엏-"은 특별한 의미를 첨가하지 않는다.

접미사 "-앟/엏-"이 별다른 의미를 첨가하지 않는 이유는 이것이 접사 "-하다"의 축약형이기 때문이다. 이때 "-하다"는 어간을 동사화하는 문법적인 역할을 할 뿐이다. "-앟/엏-"이 결합된 파생형은 자음 교체나 모음 교체에 의해 다시 몇 가지로 세분화되는데, 자음 교체형이나 모음 교체형은 색상 이외에 명도, 채도, 말하는 이의 평가 태도 등 여러 가지 의미를 추가한다. 그러나 이런 추가적인 의미는 "-앟/엏-"과는 무관하다.

지금까지 단순히 색상만을 표현하는 색채어들을 살펴보았다. 품사별로 보면 명사는 모두 색상만을 나타낸다. 그 형태론적인 구조가 어떻게 이루어져 있든지 명사 색채어는 색상 이외의 다른 의미를 표현하지 않는다. 형용사 가운데에는 기본 색채 형용사와 "-앟/엏-" 파생어가 색상 표현 구조를 가진다.

타나는 것은 이들의 대부분이 사물 이름을 원용하고 있기 때문이다. 특징적인 색을 갖는 사물이지만 그 이름만으로는 색을 표시할 수 없으므로 색채를 표시하기 위해서 반드시 "색"이라는 낱말과 결합할 필요가 있다는 것이다.

7) "검정빛" 등과 달리 비슷한 구조의 "검정색, 노란색, 빨간색, 푸른색, 흰색"은 표제어로 등재되어 있지 않다. 또 사물 이름에 "빛"이 결합된 색채어는 매우 제한되어 있다. 특히 외래어의 경우 "빛"과 결합해서 색채를 나타내는 형태는 보이지 않는다.

2.2. 명도 첨가 표현

명도 첨가 표현이란 색상의 명도에 대한 의미가 드러나는 색채어 구조를 말한다. 같은 색의 범주에 속하는 다양한 색채어들은 대부분 색상 이외의 추가적인 의미를 표현하고 있다. 색상에 추가되는 의미 가운데 전형적인 것이 명도와 채도이다. 명도와 채도는 색상과 더불어 색의 세 가지 속성이기 때문이다.

색채어에서 명도는 색상이 진한가, 연한가로 표현되는데 높은 정도, 중간 정도, 낮은 정도의 세 가지로 나타난다. 명도 의미를 첨가하는 형태론적 방법은 낱말 겹쳐 사용하기, 자음 교체, 접사 첨가 등인데, 명도의 높음과 낮음을 표현하는 낱말 형성 방법이 많이 다르다. 명도가 낮은 정도는 주로 접미사에 의해 표시되는 반면에 높은 정도는 합성어나 자음 교체형에 의해 표시된다.

2.2.1. 높은 명도 표시

높은 명도를 표시하는 색채어의 대표적인 것은 "-디"를 매개로 한 기본 색채 형용사의 중복형이다. 이 색채어들은 색이 아주 짙은 것을 의미한다. 사전에는 이들을 다음과 같이 풀이하고 있다.

> (5) ㄱ. 검디검다 : 몹시 검다, 더할 수 없을 만큼 검다, 더할 수 없을 정도
>   로 매우 검다
> ㄴ. 누르디누르다 : 아주 누르다
> ㄷ. 붉디붉다 : 아주 진하게 붉다, 몹시 붉다, 매우 붉다
> ㄹ. 푸르디푸르다 : 더할 나위 없이 푸르다
> ㅁ. 희디희다 : 몹시 희다, 더할 나위 없이 희다

색이 매우 진하다는 것은 명도가 매우 높다는 것을 말한다. 이런 의미는

같은 낱말을 두 번 겹쳐 사용함으로써 얻어지는 것이다.8)

경음형의 색채어들도 높은 정도의 명도를 표시한다. 이런 유형은 "검다"와 "붉다" 범주에서만 나타난다.

    (6) ㄱ. 까맣다, 꺼멓다
        ㄴ. 빨갛다, 뻘겋다

(6)은 '가맣다, 거멓다'와 '발갛다, 벌겋다'의 센말로 구분되고 있다. 색상에서 센말이란 색상이 진하다는 것이다. 사전에서도 "까맣다"는 '몹시 깜다'로 풀이되고 있는데, "깜다"는 [빛깔이] 아주 감다'이므로 "까맣다"는 빛깔이 검은 정도로는 높은 정도를 나타낸다. 진한 색이 명도가 높은 색을 가리키는 것이라고 할 때 "까맣다", "뻘겋다"는 "가맣다", "발갛다"보다 명도가 높다. 이들의 차이는 자음 교체뿐이므로 명도 높음의 의미를 첨가하는 것은 경음이다.9)

자음체계상 경음형이 불가능한 색채어 범주에서는 명도 높음을 표시하는 방법이 각기 다르게 나타난다. "희다"는 "희디희다" 이외에 명도 높음을 표현하는 별도의 색채어가 없다. "푸르다" 범주에서는 "짙푸르다"가 명도 높음을 나타낸다. "짙푸르다"는 "짙다"와 "푸르다"의 합성어로 '빛깔이 짙게 푸르다'는 뜻이다. "누르다" 범주에서는 "진노랑"이 높은 명도를 표시한다. "진노랑"은 '진한 노랑'이란 뜻이다. 이때 "진-"은 한자어 진(津)으로 "진(津하)다"는 '빛깔이나 안개 따위가 짙다'는 뜻이다.10) "진노랑"과 같은 표현

---

8) 국어의 형용사 가운데는 "달디달다"처럼 "-디-"를 매개로 반복되는 것들이 있다. 이들은 낱말의 중복으로 인해 강조된 의미를 표현한다. 나찬연(1999 : 361-365)에서도 형용사 되풀이 표현이 형용사의 전달 의미를 뚜렷이 하는 기능을 갖는다고 지적한 바 있다. 문법적으로는 "검디검다"와 같이 "-디"로 두 개의 형용사가 이어지는 유형을 합성어로 처리하는 견해와 이은 말로 처리하는 견해가 있다. 전자는 이익섭(1982 : 42), 채완(1986 : 61), 김계곤(1996 : 492) 등이고 후자는 최현배(1980 : 512), 허웅(1983 : 234) 등이다. 여기에서는 이들이 사전에 표제어로 올라 있는 점을 고려하여 합성어로 처리한다.
9) "거멓다", "벌겋다" 등 모음 교체에 의한 색채어는 큰 말로 처리되고 있다. 큰 말은 색상의 진함을 표현하지 않는다. 모음 교체형에 대한 것은 3장에서 다룬다.

방법은 고유어 색채어에서는 매우 독특한 것이다. "진-"이 명도 높음을 표
시하는 고유어 색채어는 "진노랑"뿐이며, 품사로 보아도 명사가 높은 명도
를 표시하는 경우가 많지 않기 때문이다.

강세접두사 "새-/시-"는 색채어에 명도가 매우 높음의 의미를 첨가한다.
"새-/시-" 결합형이 명도가 매우 높음의 의미 구조를 갖는다는 것은 이들
접두사와 결합하는 색채어의 유형에서 뒷받침된다.

> (7) ㄱ. 새까맣다, 새빨갛다, 샛노랗다, 새파랗다, 새하얗다
> ㄴ. 시커멓다, 시뻘겋다, 싯누렇다, 시퍼렇다, *시허옇다

(7)에서 보듯이 강세접두사 "새-/시-"는 "검다"와 "붉다" 범주에서 경음
형 "까맣다", "빨갛다"에 결합된다. 진한 색상을 표현하는 "까맣다"나 "빨갛
다"에 강세를 둔다는 것은 이들 색상의 진함을 좀더 강조하는 것이다.11) 따
라서 "새빨갛다" 등은 명도가 매우 높은 것을 나타낸다 할 것이다.

이들이 매우 진한 색상을 표시한다는 것은 정도부사와의 공기관계에서도
뒷받침된다. 높은 정도를 표시하는 정도부사와는 공기 가능하지만, 낮은 정
도를 표시하는 정도부사와는 공기 제약을 받는다.

> (8) ㄱ. 옷 색깔이 (아주/매우/무척) 새빨갛다
> ?ㄴ. 하늘이 (조금/꽤) 새파랗다

"새빨갛다", "새파랗다"는 "아주" 등과 자연스럽게 공기하지만 "좀"과는

---

10) 사전에는 "진노랑"의 "진-"에 한자어가 표시되지 않았지만, "진-"은 "진분홍, 진보라, 진
주홍, 진초록" 등에서 보는 바와 같이 한자어 색채어에 명도 높음의 의미를 첨가한다.

11) 사전 중에는 "노랗다", "빨갛다", "파랗다"의 중복형이 표제어로 등재된 것도 있다. 사전
에 따라 등재되어 있는 표제어가 조금씩 다르고 방언으로 처리하는 사전도 있지만, "새-"
결합형과 같은 것으로 취급하고 있다. 김민수 외(1995)에는 "노라노랗다"와 "파라파랗다"
가 표제어로 올라 있는데, "샛노랗다", "새파랗다"의 방언으로 처리되어 있다. 신기철·
신용철(1980)에는 "빨가빨갛다", "뻘거뻘겋다"와 "퍼러퍼렇다"가 "새빨갛다", "시퍼렇다"
와 같은 낱말로 처리되고 있다. 사회과학원 언어연구소 편(1992)에는 더 많은 수의 중복
형이 등재되어 있다.

어색하다. 이는 "좀"이 "새빨갛다", "새파랗다" 등과 의미에 상충되는 바가 있다는 뜻이다. "새파랗다" 등은 진한 색상에 [매우]라는 뜻을 덧붙이는데 낮은 정도를 표현하는 "좀"은 '매우'와 의미가 상충되므로 의미 충돌을 일으킨다는 것이다.

명도 첨가 표현의 색채어들을 살펴보건대 명도 첨가 방법의 기본은 기본 색채 형용사의 중복인 것으로 생각된다. 중복형만이 색채어의 다섯 범주에서 모두 나타나며 다른 의미를 갖지 않기 때문이다. 명도 첨가 표현의 다른 유형이 일부 색채어 범주에만 나타나거나 "새-"형이 채도의 의미를 함께 드러내는 것과 비교된다.12)

2.2.2. 중간 정도 명도 표시

중간 정도의 명도를 표시하는 색채어들은 접미사 파생형들이다. 색채어의 접미사 가운데는 색채와 관련 있는 것과 그렇지 않은 것들이 있다.13) 색채와 관련 있는 접미사들은 명도나 채도의 정도를 표시한다. 높지도 낮지도 않은 명도를 표시하는 접미사는 "-께-"와 "-끄름-"이다. "-께-"형은 "누르다"와 "푸르다"에 나타나고, "-끄름-"은 "검다"에서 나타난다. 중간 정도의 명도를 표시하는 접미사는 많지 않다.

"-께-"형은 중간색을 표시한다. 사전에서 "노르께하다"는 '곱지도 짙지도 않게 노르다', '약간 노랗게 보일사하다'로, "파르께하다"는 '옅지도 짙지도 않게 조금 파랗다', '꽤 파르스름한 데가 있다'로 풀이되고 있다. 이는

---

12) "새-"형이 채도의 의미를 드러낸다는 것은 3장에서 다루기로 한다.

13) 접미사 파생어는 색채의 의미에 접사의 의미가 결합되므로 접사의 의미에 따라 의미 구조가 달라진다. 김충효(1984 : 14)에서는 색상어에 접미사가 결합되어 새로 형성된 단어가 어기적 단어의 의미와 비교할 때 색상 의미는 변함이 없고 명도, 채도 의미만 변한다고 지적하고 있다. 그러나 접미사 결합형이 본래 형용사와 비교할 때 단순히 명도와 채도의 차이만을 갖는 것은 아니다. 5장에서 자세히 살피겠지만, 접미사 결합형 가운데는 명도와 채도의 변화가 아니라 다른 것을 표시하는 것들이 있다. 색채 이외의 의미를 첨가하는 접미사들에 대해서는 3장에서 자세히 다루게 될 것이다.

"-께-"가 중간색의 의미를 첨가한다는 것을 보여 준다. 정도부사 "꽤"는 정도가 높음을 표시하는 것으로 꽤 파르스름하다는 것은 색상이 짙지는 않지만 연하지도 않은 것을 나타낸다. 14) 중간색은 높지도 낮지도 않은 명도를 나타낸다 할 것이다.

"노르께하다"의 사전 풀이에는 '곱지 않다'는 풀이가 들어 있다. 그러나 "-께-" 자체에는 '곱지 않다'는 평가가 포함되어 있지 않은 것으로 생각된다.

> (9) ㄱ. 기름한 검은 눈썹 아래 삼십을 바라보는 <u>노리끼한 상아빛 얼굴이</u> 더욱이 아름다웠다. <박종화 "多情佛心">
> ㄴ. 뜰에 서 있는 나무에 기어 오른 나팔꽃이 <u>잎을 누르께하니 물들여 가면서</u> 여름철보다는 송이가 작은 꽃을 그냥 피우고 있었다. <황순원 "일월">15)

(9)는 "-께-"에 색이 곱지 않다는 말하는 이의 판단은 포함되어 있지 않음을 잘 보여 준다. "-께-"형이 색이 곱지 않음을 뜻하는 것으로 생각되는 것은 "누리께하다" 때문인데, "누리께하다"에서 '색이 곱지 않게'의 의미는 모음 교체에 의한 것일 뿐 "-께-" 자체의 의미는 아니다 "노리께하다"와 "누리께하다"는 모음 교체에서 오는 의미 차이를 가지지만, 중간 정도의 색상을 나타낸다는 점에서는 동일하다.16)

"검다" 범주에 나타나는 "-끄름-"형도 중간 정도의 색을 나타낸다.

> (10) <u>보이지는 않아도</u> 노루가 내빼 숨어 버린 산골짝 가무끄름한 속은 뭇 노루떼들이 득실거리고 있을 것 같았다<안회남 "농민의 비애">17)

---

14) 하치근(1989 : 136-141)에서는 "-께-"를 '조금(알맞음)'의 의미를 가지는 접사로 보고, 채도를 표시한다고 지적한 바 있다(김영주 1990 : 57에서 재인용).
15) 예문 (9ㄱ,ㄴ)은 김민수 외(1995 : 586, 612)에서 재인용한 것이다.
16) 색채어에서 모음교체에 의해 드러나는 말하는 이의 평가 태도에 대해서는 3장에서 다루기로 한다.
17) 김민수 외(1995 : 15)에서 재인용한 것이다.

(11) ㄱ. 가무끄름하다 : 어둡게 가무스름하다, 빛깔이 산뜻하지 못하게 가
　　　　무스름하다, 어둡게 가무스름하다
　　ㄴ. 거무끄름하다 : 약간 짙게 거무스름하다, 산뜻하지 못하게 거무스
　　　　름하다, 약간 짙게 거무스름하다

(10)에서 밑줄 친 부분으로 볼 때 "가무끄름하다"는 어두워 보이지 않는
모습을 나타내고 있다. (10)과 (11)의 사전 풀이를 참고로 할 때 "가무끄름하
다"는 "가무스름하다"보다 좀더 짙은 검은 색을 표시한다.[18] "-스름-"형이
옅은 색상을 나타내므로 "-스름-"형보다 조금 짙은 색이란 그다지 짙은 색
은 아니다. 따라서 "가무끄름하다"는 중간 정도의 검은 색을 표시한다 할
것이다.

2.2.3. 낮은 명도 표시

색채어에 명도의 의미를 첨가하는 접미사들은 대체로 낮은 명도를 표시한
다. 낮은 명도를 표시하는 접미사는 "-스름-", "-무레-", "-웃-", "-우리-",
"-끔-"이다. "-스름-", "-무레-", "-웃-"은 다섯 가지 색채 범주에 모두 나
타나지만, "-우리-"는 "붉다"에, "-끔-"은 "희다" 계열에만 나타난다.

색채어 범주에 두루 사용되면서 낮은 명도의 의미를 첨가하는 접미사로
는 "-스름-"이 대표적이다.[19] 사전에서는 "-스름-"을 다음과 같이 풀이하

---

18) 하치근(1989 : 136-141)에서는 "-끄름-"이 '약간 짙음'의 의미를 갖는 접사로 채도를 표
　　시한다고 지적한 바 있다(김영주 1990 : 57에서 재인용).
19) 이 접미사가 결합된 파생어는 다음과 같다.
　　<1>　ㄱ. 가무스름하다, 거무스름하다, 까무스름하다, 꺼무스름하다
　　　　　ㄴ. 불그스름하다, 발그스름하다, 벌그스름하다
　　　　　ㄷ. 노르스름하다, 누르스름하다
　　　　　ㄹ. 파르스름하다, 퍼르스름하다, 푸르스름하다
　　　　　ㅁ. 해읍스름하다, 희읍스름하다
　　"-스름-"형의 색채어는 "-스레-"형과 의미에 차이를 보이지 않는 것으로 생각된다. 사전
　　에서는 이들을 동일한 것으로 취급하고 있다. "-스레-"형 역시 다섯 가지 색채어 범주에
　　모두 나타난다.

고 있다.

> (12) -스름하다 : 어떤 빛깔이나 형상을 나타내는 말 아래에 붙어 빛깔이
> 옅거나 그 형상과 비슷하다는 뜻을 나타내는 말. -스레하다.[20]

접미사 "-스름-"이 어근이 되는 색채어에 '약간', '조금', '옅게' 등의 의미를 첨가하므로 "-스름-"형의 색채어는 연한 색상을 표현하게 된다. 연한 색이란 명도가 낮은 색상이다.[21]

"-스름-"은 그 어원으로 따져 보아도 [+약한 정도]를 나타내는 것이 뒷받침된다. 이들은 본디 "-스럽-"에서 비롯된 것인데, "-스럽-"은 어떤 성질이나 느낌이 있다는 뜻을 가진다. 사전에서는 접미사 "-스럽다"를 다음과 같이 풀이하고 있다.

> (13) 명사 아래에 붙어 그러한 느낌이나 요소가 있다는 뜻의 형용사를 만
> 드는 말. 미흡성(未洽性)의 어감을 가지는 말로, 가령 '행복하다'에 대
> 해 '행복스럽다'는 조금 덜 행복하다는 어감을 가짐.

"-스럽다"가 어떤 것과 똑같지는 않지만 그런 자질을 가지고 있다는 뜻을 결합하는 어근에 첨가한다는 것이다.

"-무레-" 역시 낮은 명도의 뜻을 첨가하는 접미사이다.[22]

<2> ㄱ. 가무스레하다, 거무스레하다, 까무스레하다, 꺼무스레하다
　　 ㄴ. 노르스레하다, 누르스레하다
　　 ㄷ. 발그스레하다, 벌그스레하다, 불그스레하다
　　 ㄹ. 파르스레하다, 퍼르스레하다, 푸르스레하다
　　 ㅁ. 해읍스레하다, 회읍스레하다.

20) 신기철·신용철(1980)과 사회과학원 언어연구소 편(1992)에서도 비슷한 풀이를 하고 있다.
　　 <1> ㄱ. -스름하다 : [어떤 형상이나 빛깔을 나타내는 말의 어간에 붙어서] 그 형상과 비
　　　　 슷하거나 빛이 아주 옅다는 뜻으로 쓰이는 접미어.
　　 ㄴ. -스름 : 그 특성이 얼마간 있음을 나타낸다.

21) 하치근(1989 : 136-141)에서는 접사 "-스름-"이 '조금'의 뜻을 가지면서 채도를 표시한다
　　 고 지적하고 있다(김영주 1990 : 57에서 재인용).

22) "-무레-"가 결합된 색채어들은 다음과 같다.

(14) ㄱ. 가무레하다 : 엷게 가무스름하다

　　 ㄴ. 노르무레하다 : 산뜻하지 않고 옅게 노르다, 희미하게 조금 노랗다

　　 ㄷ. 발그무레하다 : 썩 얕게 발그스름하다, 태가 나지 아니하고 가장
　　　　 얕게 발그스름하다, 매우 얕게 발그스름하다

　　 ㄹ. 파르무레하다 : 엷게 파르스름하다, 아주 엷게 파르스름하다

　　 ㅁ. 해끄무레하다 : 생김새가 반듯하고 빛깔이 조금 흰 듯하다, 엷게
　　　　 해읍스름하다

　 사전에서 "-무레-"형은 대체로 '엷게 -스름하다', '얕게 -스름하다'로 풀
이되고 있다. 이는 "-무레-"형이 "-스름-"형보다 더 색이 옅은 것을 나타
낸다는 사실을 보여 준다. "-무레-"형은 명도가 매우 낮은 색상을 가리킨다
할 것이다.[23]

　 사전에 따라 "-읏-"형이 표제어로 올라 있는 경우도 있다.[24] "-읏-"형
은 표제어로 올라 있는 양상이 사전에 따라 다른데, 다음과 같이 풀이되어
있다.

(15) ㄱ. 가뭇하다 : 가무스름하다, 가무스름하다의 준말

　　 ㄴ. 노릇하다 : 좀 흐릿하게 노르스름하다

　　 ㄷ. 발긋하다 : 빛깔이 약간 붉은 듯하다

　　 ㄹ. 파릇하다 : 빛깔이 좀 파란 듯하다

　 (15)의 풀이에 따르면 "-읏-"은 "-무레-"와 비슷한 정도의 색상을 표시
한다. 따라서 "-읏-"형 역시 낮은 명도의 색상을 표시한다 할 것이다.

<1> ㄱ. 가무레하다, 거무레하다, 까무레하다, 꺼무레하다

　　 ㄴ. 노르무레하다, 누르무레하다

　　 ㄷ. 발그무레하다, 벌그무레하다

　　 ㄹ. 파르무레하다, 푸르무레하다

　　 ㅁ. 해끄무레하다, 희끄무레하다,

23) 하치근(1989 : 136-141)에서는 이 접사가 '옅음'의 의미를 가지며, 채도를 나타낸다고 지
적하고 있다(김영주 1990 : 57에서 재인용).

24) "희다" 범주에는 "희끗하다" 대신 "해끔하다, 희끔하다"가 나타난다. "희끗"은 "희끗희끗
하다"로 나타난다.

접미사들이 나타내는 명도를 순위화하기는 매우 어렵다. "-무레-"형이 '엷게 -스름하다'로 풀이되는 것을 보면 "-무레-"가 "-스름-"보다 낮은 명도를 가리키는 것으로 생각된다. 그러나 대부분의 경우 색채어들은 쓰이는 대상에 따라 선택되는 양상을 보인다. "파릇한 새싹"은 자연스럽지만, "파르스름한 새싹"은 어색하다. 반면에 "파릇한 비취색"은 어색하고 "파르스름한 비취색"이 자연스럽다. 이런 것으로 보면 색채어에 결합되는 접미사들이 다양한 것은 접미사들이 표현하는 명도에 차이가 있어서라기보다는 대상에 따른 색감을 달리 표현하기 위한 것이라 할 수 있을 것이다. 색채어의 명도는 정도가 높은가 낮은가는 구분할 수 있지만, 색채어 간에 명도에 따른 순위를 매기기에는 무리가 있다고 생각된다.

"붉다" 범주에 나타나는 "-우리-"와 "희다"에 나타나는 "-끔-"도 낮은 명도 의미를 첨가한다.

> (16) ㄱ. 발가우리하다 : 은은하게 발간빛이 돌다, 발간빛이 은은하다
> ㄴ. 벌거우리하다 : 벌건 빛이 은은하다, 은은하게 벌건 빛이 돌다
>
> (17) ㄱ. 해끔하다 : 빛깔이 조금 하얀 듯하다, 빛깔이 조금 희고 깨끗하다
> ㄴ. 희끔하다 : 빛깔이 조금 흰 듯하다, 빛깔이 약간 희고 깨끗하다, 빛깔이 조금 하얀 듯하다

빛이 은은하다거나 어떤 색인 듯하다는 것은 색이 매우 옅은 것을 말한다.[25) 따라서 "-우리-"와 "-끔-"은 낮은 명도를 표현하는 접미사라 할 것이다.

낮은 명도를 표현하는 색채어의 또 한 유형은 경음형이 있는 색채어의

---

25) 사회과학원 언어연구소 편(1992 : 1316, 1370)과 김민수 외(1995 : 3517)에는 다음과 같은 예문이 있다.
  <1> ㄱ. 발가우리하게 익는 복숭아
    ㄴ. 벌거우리한 그믐달<생명수>
  <2> 가까운 위치에서 보니 분명히 두 마리의 갈매기는 거기 있었다. 희끔한 두 개의 점이 어렴풋이 공중에 떠 있었다.<최인훈 "광장">

평음형이다. 평음형이 연한 색상으로 낮은 명도를 표시한다는 것은 사전의 풀이에서도 인정되지만 다음과 같은 정도부사와의 어울림 제약에서 뒷받침 된다.26)

(18) ㄱ. 사과색이 아주 (²발갛다/빨갛다)
    ㄴ. 사과색이 조금 (발갛다/빨갛다)
    ㄷ. 사과색이 꽤 (²발갛다/빨갛다)

(19) ㄱ. 비가 오려나 하늘이 아주 (²거멓다/꺼멓다)
    ㄴ. 비가 오려나 하늘이 약간 (거멓다/꺼멓다)
    ㄷ. 비가 오려나 하늘이 꽤 (거멓다/꺼멓다)

(18), (19)에서 보눈이 평음형 "거멓다", "발갛다" 등은 "아주"니 "꽤"와 어울림이 자연스럽지 못하다. 반면에 "조금", "약간" 등과는 자연스럽게 어울린다. "아주"와 "꽤"는 높은 정도를 표시하고, "조금", "약간"은 낮은 정도를 나타낸다.27) "거멓다", "발갛다"가 높은 정도를 표시하는 정도부사와 쓰임이 제약되는 것은 이것이 정도가 낮은 색상을 표시하기 때문이라 할 것이다. 즉 연한 색상을 표시한다는 것이다. "거멓다", "발갛다" 등은 낮은 명도의 색상을 표시한다.

---

26) 사전에서는 이들을 다음과 같이 풀이하고 있다.
　〈1〉 ㄱ. 감다 : 빛깔이 밝고 산뜻하게 검다
　　　 ㄴ. 검다 : 빛깔이 숯[석탄]이나 먹빛과 같다
　　　 ㄷ. 가맣다 : 매우 감다, 진하게 감다
　　　 ㄹ. 거멓다 : 조금 희미하게 검다, 좀 뿌연 색깔이 돌게 검다
　〈2〉 ㄱ. 붉다 : 빛이 익은 고추의 빛이나 피빛과 같다
　　　 ㄴ. 발갛다 : 연하고도 곱게 붉다, 산뜻한 맛이 나게 붉다
　　　 ㄷ. 벌겋다 : 연하게 붉다
　사전 풀이에 따르면 "검다"나 "붉다"는 "가맣다", "거멓다"나 "발갛다", "벌겋다"와 달리 연한 색상을 표시하지 않는다.
27) 정도부사의 정도성에 대한 보다 자세한 것은 손세모돌(1998 : 180-188, 200-201) 참조.

2.3. 채도 첨가 표현

색채어 가운데에는 색상의 채도를 함께 나타내는 것들도 있다. 채도는 색상이 선명한가 탁한가 등으로 인식되는데, 높은 정도와 낮은 정도로 구분되어 나타난다. 국어 색채어에는 채도와 명도가 명백하게 분리되어 표시되지 않는 경우가 많다. 일반인들은 색상의 채도나 명도에 대하여 뚜렷한 지식이 없기 때문에 색상을 진한 것, 옅은 것, 흐린 것, 선명한 것 정도로 인식할 뿐이다. 이때 옅은 색상과 흐린 것, 탁한 것의 구분은 종종 선명하게 구획되지 않는다. 낮은 채도를 표시하는 접미사 파생어들이 대부분 낮은 명도를 표시하는 것도 이런 까닭이다. 높은 채도는 색의 다섯 범주 모두 강세 접두사에 의해 표현되고, 낮은 채도는 "검다", "희다"와의 결합에 의한 합성어나 여러 가지의 접미사에 의해 표현된다.

2.3.1. 높은 채도 표시

채도 높음을 표시하는 색채어는 강세접두사 "새-"가 결합된 것들이다. "새-" 결합형이 높은 채도를 표시한다는 것은 "푸르디푸르다" 등의 중복형과 비교할 때 검증된다. "새-" 결합형과 "-디-"를 매개로 한 기본 색채 형용사의 중복형은 모두 높은 정도의 명도를 표시한다. 그러나 (20)에서 보는 것처럼 "새파랗다" 등과 "푸르디푸르다" 등은 어울림 제약에서 다른 모습을 보인다.

> (20) ㄱ. (샛노란/*누르디누른) 색이 아주 <u>산뜻하다</u>
> ㄴ. <u>티 하나 없이 완전히</u> (새빨갛다/*붉디붉다)
> ㄷ. (새파란/*푸르디푸른) 색이 <u>더할 나위 없이 깨끗하다</u>

(20)에서 밑줄 친 부분들은 색의 채도가 높음을 뜻한다. 이때 의미 호응관

계에 있는 것은 "새-" 결합형들뿐이다. "누르디누른" 등이 이런 문맥에 제약을 받는다는 것은 이들에 순도 높음의 자질이 없음을 의미한다. (20)은 "-디-" 결합형이 명도 높음만을 표시하는 것과 달리 "새-" 결합형에는 채도 높음의 의미 자질도 포함되어 있음을 보여 준다.[28]

언중들은 "새-"형과 "-디"를 매개로 한 중복형의 의미 차이를 잘 인지하고 있는 것으로 생각된다. "새파란 하늘"이 "푸르디푸른 하늘"보다 자연스럽게 쓰이는 이유는 "새파란 하늘"이 더 깨끗하고 산뜻한 느낌을 주기 때문이다. 이런 느낌은 "새파랗다"가 가지는 채도 높음의 의미를 언중들이 잘 인지하고 있기 때문이라 할 것이다.

사전의 풀이에 따르면 "-앟-" 파생어들 가운데 양성모음형, 경음형들도 채도 높음이 의미를 드러낸다. 사전에서는 "까맣다", "노랗다", "빨갛다", "파랗다", "하얗다"를 산뜻한 색상으로 설명하고 있다.[29] 산뜻한 색상이란 잡티가 없고 선명한 색상을 나타내는 것이므로 채도면에서 본다면 채도가 높은 것을 표시한다.

그러나 "까맣다", "노랗다" 등은 높은 채도를 표시하는 것이 아니다. 이들이 채도 높음을 표시하지 않는다는 것은 다음과 같은 어울림 관계에서 뒷받침된다.

    (21) ㄱ. 이 커튼색은 (까만데/노란데/빨간데/파란데/하얀데) 산뜻하지는 못
           하다

---

28) "새-" 결합형에 대한 사전 풀이에서 채도와 관련된 표현이 보이는 것은 "새빨갛다"와 "새하얗다" 뿐이다. "새노랗다"는 '빛깔이 매우 노랗다'로, "새빨갛다"는 '아주 짙게 빨갛고 새뜻하다'로 풀이되어 있다. "새파랗다"는 '빛깔이 짙게 몹시 파랗다'로, "새하얗다"는 '더할 수 없이 새뜻하게 하얗다'로 풀이되어 있다.

29) 사전에서는 이들에 대해 다음과 같이 풀이하고 있다.
    <1> ㄱ. 까맣다 : "가맣다"의 센말, 매우 감다, 매우 검다
        ㄴ. 노랗다 : 산뜻하게 매우 노르다, 새뜻하고 매우 노르다, 산뜻하고 선명하게 노
            르다
        ㄷ. 빨갛다 : '발갛다'의 센말, 아주 진하고도 새뜻하게 붉다, 색깔이 매우 발갛다
        ㄹ. 파랗다 : 새뜻하고 곱게 푸르다, 새뜻하고 곱게 푸르다, 새뜻하고 짙게 푸르다
        ㅁ. 하얗다 : 매우 희다, 새뜻하고 깨끗하게 희다

ㄴ. 이 병아리는 털이 샛노랗지 않고 <u>어둡게 노랗다</u>
ㄷ. 옷색깔이 빨갛기는 한데 <u>조금 칙칙하다</u>
ㄹ. 바다가 <u>검게 파랗다</u>
ㅁ. 하얀 색이 <u>깨끗하지 못하다</u>

(21)에서 밑줄 친 부분들은 채도가 낮은 것을 뜻하는 것들이다. 이들과의 어울림은 "-앙-"형의 색채어가 채도 높음을 포함하지 않는다는 것을 입증한다.

이들이 채도가 높은 것을 표시하는 것처럼 생각되는 것은 양성모음이 주는 어감 때문이다. 양성모음형이 말하는 이의 중립적이거나 긍정적인 평가를 드러내는 경우가 많기 때문이다.[30]

2.3.2. 낮은 채도 표시

높은 채도를 나타내는 색채어가 제한되어 있는 반면 낮은 채도를 드러내는 색채어는 매우 다양하게 나타난다. 채도 낮음의 의미는 여러 가지 방법에 의해 표현된다. 합성어에 의해 표시되기도 하고, 다양한 접미사를 통해 표시되기도 한다. 유채색은 음성모음형에 낮은 채도의 의미가 드러나기도 한다.

합성어이면서 낮은 채도를 표시하는 색채어는 "검-"이나 "희-"와 결합된 것들이다. "검-"과 결합된 합성어는 "누르다", "붉다", "푸르다"에서 나타난다.

(22) ㄱ. 감노랗다, 감노래지다, 감노르다
　　ㄴ. 검누렇다, 검누레지다, 검누르다

(23) 검붉다

---

30) 이에 대한 자세한 설명은 3장에서 제시될 것이다.

(24) ㄱ. 감파랗다, 감파래지다, 감파르다, 감파르잡잡하다, 감파르족족하다
　　 ㄴ. 검퍼렇다, 검퍼레지다, 검푸르다, 검푸르접접하다, 검푸르죽죽하다
　　 ㄷ. 가마푸르레하다

"검누르다", "검붉다"와 "검푸르다"는 형태론적 구조와 달리 검은 색과 누런 색, 붉은 색, 푸른 색이 혼합되어 있는 것을 말하는 것이 아니다. 이런 사실은 "검푸른 바다"와 같은 표현이 푸른 빛이 진해 어둡게 보이는 것을 묘사한 것이라는 사실에서도 쉽게 이해된다. 이들은 사전에 '검은빛을 띠면서 누르다', '검은빛을 띠면서 붉다', '검은빛이 돌면서 푸르다'로 풀이되고 있다. 이는 색상이 어두운 것을 말한다. 색상이 어둡다는 것은 색이 탁하거나 맑지 못함을 뜻하는 것이다. "검누르다", "검붉다", "검푸르다"는 색상이 진해서 어둡게 보이는 것을 의미한다.[31]

색채어에서 "희-"는 "검-"과 마찬가지로 뒤에 결합되는 색상이 맑지 못한 것을 의미하므로 채도가 낮은 것을 뜻한다.

(25) 희누르스름하다 : 좀 흰 빛을 띠면서 누르스름하다

(26) ㄱ. 희붉다 : 흰빛이 돌게 붉다, 희슥하면서 붉다
　　 ㄴ. 희불그레하다 : 빛깔이 희고 불그레하다, 희슥하면서 불그레하다,
　　　　 희고 불그레하다
　　 ㄷ. 해뜩발긋하다 : 빛깔이 약간 희고 발그스름한 모습, [빛깔이] 해끔
　　　　 하고 발그스름하다

흰 빛이 돌게 붉다는 것은 붉은 빛이 맑지 못한 것을 의미한다. 이는 색의 채도가 낮다는 것이다. 붉은 물감에 흰색을 섞으면 채도가 낮아지는 것과 같다. 우리말은 의미 중심이 뒤쪽에 있는 언어이므로 합성어의 의미 중

---

31) (24)에서 보듯이 "푸르다" 범주는 채도가 낮은 표현이 다른 범주보다 많은 편이다. 모음교체형뿐 아니라 "-접접하다", "-죽죽하다"가 결합되어 파생어를 이루기도 한다. "붉다" 범주에 "검-"이 결합된 색채어가 "검붉다" 하나인 것과 비교된다.

심도 뒤쪽에 있는 경우가 대부분이다.

채도 낮음을 첨가하는 접미사는 "-죽죽-", "-칙칙-", "-잡잡-", "-충충-", "-튀튀-", "-퉁퉁-", "-무레-"이다.[32] "-죽죽-"은 "검다", "붉다", "푸르다"의 세 범주에 결합되며 "-퉁퉁-"은 "누르다", "푸르다"의 두 범주에 결합된다. "-무레-"형은 다섯 색채 범주에 모두 나타나지만, 채도와 관련된 풀이가 나타나는 것은 "노르무레하다"뿐이다.[33] 나머지 접미사들은 "검다" 범주에만 나타난다. 낮은 채도의 표현은 "검다" 범주에 가장 많이 나타난다.

이런 접미사 파생형 색채어들은 맑지 못하거나 탁하거나 빛깔이 고르지 못하여 우중충하거나 칙칙한 색으로 설명되어 있다. 빛깔이 맑지 못하다거나 탁하다는 것은 색에 잡티나 다른 색이 섞인 것을 의미하므로 순도가 낮다는 뜻이다. 색조가 트인 맛이 없다거나 칙칙하다는 것도 색상이 맑지 못하다는 것을 뜻한다. 색상이 맑지 못하다는 것은 객관적인 기준을 제시하기 어렵지만 채도가 낮은 것을 의미한다는 점에는 틀림이 없다.

"-칙칙-"은 명도가 높으면서 채도가 낮은 색채를 가리킨다. "-칙칙-"은 '빛이 산뜻하지 않게 짙음'을 나타낸다.[34] 산뜻하지 못하다는 것은 색상이 맑지 못하다는 말과 통한다. 접미사 "-칙칙-"이 낮은 채도를 나타낸다는 것

---

32) 채도 낮음을 표시하는 색채어는 다음과 같다.
    <1> ㄱ. 가무족족하다, 거무죽죽하다, 까무족족하다, 꺼무죽죽하다
           ㄴ. 가무잡잡하다, 거무접접하다, 까무잡잡하다, 꺼무접접하다
           ㄷ. 거무충충하다, 까무충충하다, 꺼무충충하다
           ㄹ. 가무칙칙하다, 거무칙칙하다, 까무칙칙하다, 꺼무칙칙하다
           ㅁ. 가무퇴퇴하다, 거무튀튀하다, 까무퇴퇴하다, 꺼무튀튀하다
    <2> ㄱ. 노르무레하다, 누르무레하다
           ㄴ. 누르퉁퉁하다
    <3> 발그족족하다, 벌그죽죽하다, 빨그족족하다, 뻘그죽죽하다
    <4> ㄱ. 파르족족하다, 퍼르죽죽하다, 푸르죽죽하다
           ㄴ.푸르퉁퉁하다
33) "노르무레하다"는 사전에 다음과 같이 설명되어 있다.
    <1> 산뜻하지 않고 옅게 노르다, 희미하게 조금 노랗다, 조금 탁하게 누르다
34) "가무칙칙하다", "거무칙칙하다"에 대해 사전에서는 다음과 같이 설명하고 있다.
    <1> ㄱ. 가무칙칙하다 : 감은빛이 산뜻하지 않게 짙다, 감은빛으로 산뜻하지 않고 짙다,
              빛갈이 가무스름하면서 컴컴하고 어둡다, 산뜻하지 않고 칙칙하게 검다
           ㄴ. 거무칙칙하다 : 검고 칙칙하다, 색깔이 검고 칙칙하다.

은 형용사 "칙칙하다"와의 관련을 통해서도 검증된다. 접미사 "-칙칙-"은 형용사 "칙칙하다"에서 비롯된 것으로 보인다. 형태가 동일하며 의미에 있어서도 큰 차이가 없기 때문이다. "칙칙하다"는 산뜻하거나 맑지 않고 어둡고 짙기만 한 모습을 표현한다.35) 산뜻하거나 맑지 못하다는 것은 잡티가 섞여 있거나 다른 색이 가미된 것을 말하는 것이다. 따라서 "가무칙칙하다" 등은 명도는 높으나 채도는 낮은 색상을 가리키는 것이라 할 것이다.36)

채도가 낮은 것을 표현하는 접미사형들은 대부분 명도도 낮은 색채어들이다. "-충충-", "-잡잡-", "-튀튀-", "-죽죽-"은 명도가 낮으면서 채도가 낮은 색채를 가리킨다. "거무충충하다"는 사전에서 '검고 충충하다'로 설명하고 있다. 형용사 "충충하다"는 '물이나 빛깔이 맑거나 산뜻하지 않아 흐리고 침침하다'는 뜻이다. 따라서 "거무충충하다"는 '맑거나 산뜻하지 않고 흐리고 침침한' 검은색을 일컫는다. 흐리고 침침하다거나 맑지 못하다는 것은 채도가 낮은 것을 지칭하는 것이다.37)

"-잡잡-"형과 "-튀튀-"형도 채도가 낮은 색채를 가리킨다.38) 사전에서는 "가무잡잡하다"와 "가무퇴퇴하다"를 비슷한 말로 설명하고 있다. "가무잡잡하다"는 '(오종종한 얼굴이) 칙칙하게 가무스름하다, 납작스름하고 오종종한

---

35) 사전에서는 "칙칙하다"를 다음과 같이 설명하고 있다.
<1> 칙칙하다 : 산뜻하거나 맑지 않고 어둡고 짙기만 하다, 빛깔이 산뜻하거나 밝고 고운 맛이 없고 짙기만 하여 어둡다, (색깔이) 산뜻하거나 맑지 못하고 컴컴하고 어둡다.

36) 정재윤(1988 : 112)에서는 "-칙칙-"이 '조금 검고 어둡다'를 나타내는 것으로 검정 빛깔의 정도면에서 '높은 정도'의 빛깔을 표현하는 것으로 파악한 바 있다. 하치근(1989 : 136-141)에서는 "-칙칙-"형이 '조금 어두움'의 의미를 가져 채도를 나타내는 것으로 지적하고 있다(김영주 1990 : 57에서 재인용).

37) "거무충충하다"의 명도에 대해서는 높게 보는 견해와 낮게 보는 견해가 있다. 정재윤 (1988 : 112)에서는 "거무충충하다" 등을 검정 빛깔의 정도면에서 '높은 정도'의 빛깔을 표현하는 색채어로 구분한 바 있다. 강재원(1984 : 20)에서는 흐린 빛으로 구분하고 있다.

38) 국어에 모음 교체형이 활발하므로 "-잡잡-"과 "-튀튀-"도 어근의 모음에 따라 "-접접-", "-퇴퇴-"형으로 나타나기도 한다. 사전에 "거무접접하다,""꺼무접접하다"와 "가무퇴퇴하다", "까무퇴퇴하다"가 표제어로 올라 있다. 이런 낱말들은 국어에 다양한 모음 교체형이 가능하다는 점에서 가능한 낱말이기는 하지만, 실제 사용에 있어 적절하게 쓰이고 있는지는 의심스러운 바가 있다. 이들이 가능한 낱말로 실제 사용되고 있다면 "-잡잡-"과 "-접접-"에서 나타나는 심리적인 의미의 차이는 "ㅏ"와 "ㅓ"의 모음 교체에서 나타나는 [부정] 의미의 첨가로 처리할 수 있을 것이다.

얼굴이 칙칙하게 가무스름하다, 환하게 트인 맛이 없이 가무스름하다, (얼굴이) 조금 검다'로 설명하고 있다. "가무퇴퇴하다"는 '무디고 탁하게 가무스름하다', '칙칙한 듯 가무스름하고 흐리터분하다', '칙칙한 듯 가무스름하고 흐리터분하다'로 설명하고 있다. 사전의 설명에 따르면 "가무잡잡하다"와 "가무퇴퇴하다"는 다 같이 색이 옅고 산뜻하지 못한 색이다.

낮은 명도와 낮은 채도를 표현하는 색채어들이 선택되면 그 색채나 대상에 대해 부정적인 평가가 드러나는 경우가 많다. 명도와 채도가 낮은 색채어들은 아름다운 색이 아니기 때문이다. 그러나 이는 색채어의 선택에 따른 추가적인 의미일 뿐 색채어 자체에 그런 의미가 들어 있는 것은 아니다. 고창운(1998 : 2-11)에서는 "가무족족하다" 등을 [부정성] 얼굴 그림씨로 분류하고 있다. 그러나 다음 예문들에서 보는 바와 같이 "-족족-"형의 색채어는 얼굴 이외의 것에도 사용되며 부정성이 가미되지 않은 표현에도 쓰인다.[39]

> (27) ㄱ. 집에 있는 가무족족한 고사리 장아찌와 붉은 깍두기와 그리고 끼고 있는 바이런의 시집 속 밖에는 아무 데도 생각이 퍼지지 아니하였던 것이다.<곽하신, "실락원">
> ㄴ. 옷에 거무죽죽한 얼룩이 졌다.[40]

(27)에서 "가무족족하다"는 아무런 부정적 의미를 드러내지 않는다. 다만 맑거나 깨끗하지 못하고 칙칙한 엷은 색상을 가리킬 뿐이다.

"누르퉁퉁하다"와 "푸르퉁퉁하다"는 명도의 높낮이 없이 낮은 채도만을

---

39) 사전에서는 "-족족-"형의 색채어들을 다음과 같이 설명하고 있다.
  <1> ㄱ. 가무족족하다 : 맑지 못하고 가무스름하다, 조붓한 얼굴이 맑지 않고 트인 맛이 없이 가무스름하다, 밝지 못하고 트인 맛이 없이 가무스름하다
      ㄴ. 발그족족하다 : 빛깔이 고르지 못하고 칙칙하게 조금 붉다, 트인 맛이 없이 발그스름하다
      ㄷ. 파르족족하다 : 색이 깨끗하거나 고르지 않고 칙칙하게 파르스름하다, 빛깔이 트인 맛이 없이 칙칙하게 파르스름하다, 좀 칙칙하게 파르스름하다, (빛깔이) 칙칙하게 파르스름하다
40) (27ㄱ,ㄴ)은 김민수 외(1995 : 15)에서 인용한 것이다.

드러낸다.

> (28) ㄱ. 누르퉁퉁하다 : 윤기가 없어 산뜻하지 않게 누르다, 맵시가 없고
> 산뜻하지 않게 누르다, (붓고 뜬 살색이) 피기가 없고 누르다, 멋
> 없고 칙칙하게 누르다
> ㄴ. 푸르퉁퉁하다 : 산뜻하지 못하게 푸르다

"-퉁퉁-"형은 산뜻하지 못한 색상을 표현하는데, 명도의 높낮이는 알 수
없다.

3. 평가 태도 표현

이 장에서는 색의 세 가지 속성 이외의 의미가 함께 드러나는 색채어들
에 대해 살펴보고자 한다. 국어 색채어 가운데는 말하는 이의 느낌이나 생
각 등이 표현되는 것들이 있다. 색채어에 나타나는 말하는 이의 생각은 긍
정적 시각과 부정적 시각이다. 이때 평가는 그 색채뿐 아니라 색채와 관련
된 대상에 대한 말하는 이의 심리적 태도와 관련되어 있다.[41] 평가 태도는
모음교체와 접미사 파생형으로 표시된다.

말하는 이의 평가 태도 가운데 부정적인 시각은 주로 낮은 채도를 표시
하는 색채어에서 드러난다. 채도가 낮은 색채는 대체로 '맑지 못하다', '우
중충하다', '칙칙하다', '산뜻하지 않다' 등으로 설명된다. 산뜻하지 못하다
거나 밝고 고운 맛이 없다는 것은 그것 자체가 색채에 대한 평가이다. 다만
그 평가가 말하는 이의 추상적인 느낌이나 감정이기보다는 색상의 채도와

---

41) 강재원(1984 : 22)에서도 "-죽죽-", "-뎅뎅-" 따위 접사가 결합된 색채어가 어기인 색채
의 의미를 변화시키는 것이 아니라 환정적 의미의 차이를 드러내는 것이라고 지적한 바
있다. 환정적 의미에 대해서는 구체적으로 언급하지 않고 있다.

관련된다. 우중충하고 산뜻하지 못한 색채에 대한 평가는 대체로 [-긍정] 쪽이다. 칙칙하고 맑지 못한 색상을 아름답고 좋은 색으로 평가하는 경우는 드물기 때문이다. 낮은 채도를 표시하는 접미사 파생어들은 말하는 이의 부정적인 시각을 함께 표시하는 경우가 대부분이다. 거꾸로 부정적인 시각을 드러내는 색채어는 채도가 높지 않은 색으로 인식된다.

3.1. 모음 교체를 통한 긍정적 시각과 부정적 시각

색채어에 표시되는 [-긍정]의 평가 태도는 기본적으로 모음 교체에 의해 드러난다. 국어의 낱말들에서 밝고 어두움, 크고 작음, 좋고 싫음과 같은 감정 대립은 모음교체에 의해 표현되는 것이 일반적이다. 음성모음형이 어둡고, 크고, 싫은 감정을 드러내는 경향이 있다.[42] 접미사 가운데에도 색채에 대한 부정적 평가를 첨가하는 것들이 있지만, 다섯 가지 범주에 고루 나타나는 것이 없다. 모음 교체는 다섯 가지 색 범주에 고르게 나타날 뿐 아니라 모음 교체형에 다시 접미사가 결합된 형태도 있으므로 모음 교체 방법이 말하는 이의 태도를 표시하는 데 있어 보다 근본적인 방법이라 할 것이다.

색채어에서 말하는 이의 부정적 평가 태도가 드러나는 것은 고모음형이다. 모음이나 자음의 교체는 어감의 차이를 가져온다는 것이 일반론이다. 색채어의 모음교체형들도 양성모음과 음성모음의 교체로 파악되어 양성모음형은 작은 말로, 음성모음형은 큰 말로 해석되어 왔다.[43] 또 종래에는 자음, 모음의 교체가 단순히 채도와 명도만의 차이를 표시하는 것으로 자주

---

42) 김인화(1986 : 79-81)에서는 화자가 파생 색채어를 사용하여 자신의 심리상태를 다소 의탁 표현하려 한다고 지적한 바 있다. 또 상황이 '쾌'일 때와 '불쾌' 상황일 때 "ㅏ : ㅓ" 대립, 단순음과 긴장음의 대립 등이 구분 사용된다고도 지적하고 있다. 그러나 3장에서 살핀 바와 같이 자음교체는 명도 표현과 관련이 있다.

43) 모든 사전에는 색채어의 양성모음형을 작은 말로, 음성모음형을 큰 말로 풀이하고 있다. 양성모음은 작고 밝은 어감을 나타내는 것으로, 음성모음은 크고 어두운 어감을 나타내는 것으로 이야기된다.

이야기되어 왔다.44) 그러나 색채어에서 모음 교체형들은 색상의 명도나 채도, 혹은 크고 작은 어감의 차이와만 관련이 있는 것은 아니다.

색채어에서 "ㅏ"형과 "ㅓ"형은 그 색채 혹은 색채와 관련된 대상에 대한 말하는 이의 평가 태도에서 차이를 보인다. "ㅏ"형은 평가에 대해 중립적이거나 좋은 감정을 드러내는 반면 "ㅓ"형은 부정적인 평가 태도를 드러낸다.45)

    (29) ㄱ. 수줍어서 얼굴이 (발갛게/?벌겋게) 달아오르니까 더 예쁘다.
        ㄴ. 화가 나서 얼굴이 (?발갛게/벌겋게) 달아올랐는데 정말 볼 만하더라.

(29ㄱ)에서는 "발갛게"만 자연스럽고 (29ㄴ)에서는 "벌겋게"가 자연스럽나. 문맥에 따라 공기 관계가 나르나는 것은 "발갛나"와 "벌겋나"의 의미사질에 다른 점이 있기 때문이다. (29ㄱ,ㄴ)은 "발갛다"에 [+긍정]의 자질이 있고, "벌겋다"에는 [-긍정]의 자질이 있음을 보여 준다. "발갛다"와 "벌겋다"는 명도나 채도에서 차이를 갖는다기보다 말하는 이의 평가 태도 차이를 드러내는 것이라 할 것이다.46)

"ㅏ"형과 "ㅓ"형의 교체는 "누르다"를 뺀 네 가지 색깔 범주에서 고르게

---

44) 정재윤(1989 : 28-30)에서는 국어 색채어의 분화를 색상의 정도에 따른 것으로 지적하고 있다. 색상의 정도는 파생접사와 자음, 모음 교체에 따라 크게 삼분되고, 파생접사는 색조를 나타낸다는 것이다. 접미사 "-족족-, -대대-, -스름-" 따위는 평음, 양성 모음과 더불어 낮은 정도의 색깔을 표현하고, 경음, 음성 모음일 때 높은 정도의 색채를 나타낸다고 본다. 김충효(1984 : 14)에서도 접미사에 의한 파생 구조가 기본 어휘와 색상 의미는 변함이 없고 명도와 채도의 의미만 변화한다고 지적하고 있다. 실제로 앞서 2장에서 살핀 바와 같이 자음 교체는 색상의 명도 표시와 관련이 있다.
45) 국어 감각어 중 미각동사에서도 모음 교체가 말하는 이의 긍정, 부정의 심리 상태를 표현하는 일이 있다. 정재윤(1989 : 86-87)에서는 쓴 맛 가운데 양성 모음형인 "쌉쌀하다, 쌉싸름하다, 쌉싸래하다" 등을 음성 모음형인 "씁쓸하다, 씁쓰름하다, 씁쓰레하다"와 구분하여 전자 를 '구미에 적응' 범주에 포함시키고, 후자를 '구미에 부적응' 범주에 포함시키고 있다.
46) 신기철・신용철(1980)에서는 "ㅓ"형에도 "곱다"는 수식어를 사용하고 있다. "발갛다"가 '조금 연하고 산뜻하게 붉다'는 뜻으로, "벌겋다"는 '좀 연하고도 곱게 붉다'는 뜻으로 풀이되어 있다. 그러나 예문 (29)에서 본 바와 같이 "벌겋다"에는 [+긍정]의 태도가 반영되지 않는다.

나타난다.

(30) ㄱ. (까맣고/[?]꺼멓고) 윤이 나는 머리.
ㄴ. 색이 (빨갛고/[?]뻘겋고) 예쁘다.
ㄷ. 바탕 색이 (파란/[?]퍼런)게 시원해 보인다.
ㄹ. 얼굴이 (하얀게/[?]허연)게 귀공자같이 생겼다.
ㅁ. 그녀의 (거무스레/[?]가무스레) 패인 눈 자위 <박경수, 鄕土記>[47]

(30ㄱ-ㄹ)은 긍정적인 평가의 문맥이다. "까맣다" 같은 "ㅏ"형만 공기가
가능하고 "꺼멓다"와 같은 "ㅓ"형은 공기할 수 없다. 반면에 (30ㅁ)과 같은
부정적인 평가의 문맥에서는 "거무스레"만 자연스럽다.

"ㅓ"는 후설중모음이고, "ㅏ"는 후설저모음으로 "ㅓ"가 "ㅏ"보다 상대적
으로 높은 위치에 있는 모음이다. (29), (30)은 저모음인 "ㅏ"형이 긍정적인
평가를 표시하는 반면에 고모음인 "ㅓ"형은 긍정적인 평가를 가지지 않음
을 보여 준다. 만약 이들 모음의 교체가 작고 큰 어감의 차이를 나타내는
것이라면 (29), (30)에서 보는 바와 같은 "ㅓ"형의 어울림 제약은 설명하기
어렵다.[48] "ㅓ"형이 부정적인 평가를 드러내는 모습은 색채 범주에 따라 조
금씩 다르다. 경음교체형이 있는 경우 경음형의 "ㅓ"형에 부정적인 의미가
나타난다.

"누르다"에서는 "ㅗ"형과 "ㅜ"형의 교체가 대상에 대한 [+긍정]과 [-긍
정]의 평가 태도나 심리 상태를 드러낸다. "ㅗ"형이 평가에 대해 중립적이
거나 좋은 감정을 드러내는데 비해 "ㅜ"형에는 부정적인 평가 태도가 드러
난다.

(31) ㄱ. (노랗게/[?]누렇게) 물든 은행잎
ㄴ. 거리마다 ([?]노란/누런) 낙엽이 뒹굴고 있다

---

47) 이 예문은 강재원(1984 : 31)에서 재인용한 것이다.
48) 정재윤(1988 : 107)에서는 "허옇다", "시허옇다" 등을 밝음의 정도가 높은 어휘로 구분하
고 있다.

ㄷ. 덕산 영감은 ('노란/누런 이)를 드러내 웃었다 <박연희, "덕산영
감">49)

(31ㄱ-ㄷ)에서 보듯이 곱게 단풍 든 은행잎의 색을 말할 때는 "노랗다"가
어울리지만, 낙엽에는 "누렇다"가 자연스럽다. "누런 이"는 대상에 대한 부
정적인 생각을 표현하는데, 이때 "노란"은 결코 사용되지 않는다. 이는 "ㅗ"
형에 비해 "ㅜ"형이 상대적으로 부정적인 평가를 드러냄을 보여 준다.50)
"ㅗ"는 원순후설중모음이고, "ㅜ"는 원순후설저모음이다.

"푸르다" 범주에서는 두 가지 유형의 모음교체형이 나타난다. "ㅏ"형과
"ㅓ"형, "ㅜ"형의 세 가지 모음이 교체되는 것들도 있고, "ㅏ"형과 "ㅜ"형
의 모음교체형만 있는 것도 있다.51)

(32) ㄱ. 파란(/푸른/'퍼런) 하늘
ㄴ. 파르스름한(/푸르스름한/'퍼르스름한) 비취색의 옷
ㄷ. 세모꼴 눈에 퍼르스름한 빛을 띠고<오유권, "絕島">52)

---

49) 이 예문은 강재원(1984 : 27)에서 재인용한 것이다.
50) 색채어의 모음 교체형에서 고모음류가 모두 [-긍정]의 심리 상태를 나타내는 것은 아니
다. 모음 교체가 이루어져도 어감의 크기만 달라질 뿐 심리 상태에 대하여 중립적인 경우
도 있다. "노랗다"와 "누렇다" 따위가 그 대표적인 예이다. 이들은 "노랗다"가 쓰일 범주
와 "누렇다"가 쓰일 범주의 크기나 색상의 농담에 차이가 있을 뿐 "누렇다"형에 부정적인
평가 태도가 드러나지 않는 경우도 있다.
<1> 귤이 제법 누르스름한 빛이 돌고 있었다.<허윤석, "해녀">
<1>에서 "누르스름한"은 부정적인 뜻으로 사용되지 않았다. 그러나 대다수의 경우 "ㅗ"
형과 비교할 때 "ㅜ"형에는 [-긍정]의 시각이 드러난다. 또 "누르다" 범주에는 낱말 자체
에 말하는 이의 긍정적 평가가 포함된 색채어가 있는데, 이들은 모음교체에 의해 평가 내
용이 달라지지 않는다.
<2> ㄱ. 눌면하다 : 알맞게 노르다
ㄴ. 눌면하다 : 보기 좋을 만큼 약간 누르다
51) "푸르다"에서 "ㅏ"형과 "ㅓ"형과 "ㅜ"형, "ㅏ"형과 "ㅜ"형의 모음교체형이 나타나는 모
습은 다음과 같다.
<1> ㄱ. 파랗다, 퍼렇다, 푸르다, 파르스름하다, 퍼르스름하다, 푸르스름하다, 파르족족
하다, 퍼르죽죽하다, 푸르죽죽하다, 파릇파릇, 퍼릇퍼릇, 푸릇푸릇
ㄴ. 파르께하다, 푸르께하다, 파르대대하다, 푸르데데하다, 파르무레하다, 푸르무레
하다, 파르댕댕하다, 푸르뎅뎅하다
52) 강재원(1984 : 29)에서 재인용한 것이다.

(33) ㄱ. 파르께하다 : 엷지도 짙지도 않게 조금 파랗다
     ㄴ. 푸르께하다 : 곱지도 짙지도 않게 약간 푸르다

(32)에서 보듯이 "ㅏ", "ㅓ", "ㅜ"의 세 모음이 교체되는 색채어에서는 "ㅓ"형만 부정적인 평가를 드러내고, "ㅏ"형과 "ㅜ"형은 중립적이거나 긍정적인 평가를 나타낸다. (33)은 "ㅏ"와 "ㅜ" 모음만 교체되는 색채어의 사전 설명인데, "ㅏ"형이 "ㅜ"형보다 긍정적인 의미를 담고 있다. "ㅏ"형은 어느 경우에나 [-긍정]의 의미를 드러내지 않는다.

강세접두사 "시-"가 결합된 고모음형에서는 부정적인 시각이 더욱 뚜렷이 드러난다.

(34) ㄱ. (새카만/²시커먼) 머리결, 붉은 입술
     ㄴ. (새빨간/²시뻘건) 입술이 꼭 앵두 같다.

"새카만 머리결"은 아름다운 머리결을 이야기하지만, "시커먼 머리결"이라고 하면 아름다운 머리결과는 거리가 있다. (34ㄴ)에서도 "빨간 입술", "뻘건 입술"과 비교할 때 "새빨간 입술"은 호감을 표시하지만, "시뻘건 입술"은 호감이 가지 않는다는 것을 더욱 강조하게 된다.

"새-"와 "시-"에서 "ㅐ" : "ㅣ"의 교체는 모음조화에 의한 교체는 아니다.53) 또 일반적으로 "ㅣ"를 중성모음이라 부르므로 양성 모음과 음성 모음의 교체로 보기도 어렵다. 국어에는 모음 교체나 자음 교체에 의해 어감이 달라지는 표현들이 많이 있다. 이때 모음 교체는 반드시 모음조화를 의미하

---

53) 정인승(1938 : 12-3)에 따르면 이는 본시 "ㅑ" : "ㅣ"이던 것이 변한 것도 있고 "ㅐ" : "ㅚ"이던 것이 변한 것도 있다. "매(마)끄럽다"와 "미끄럽다", "대글대글"과 "디(듸)글디(듸)글" 따위가 그것이다. 국어의 모음 상대인 "ㅏ : ㅓ", "ㅑ : ㅕ", "ㅐ : ㅔ"따위는 우랄 알타이어계적인 특수한 음운조직에 의한 상대 관계로 되어 있는데, "ㅡ"와 "ㅣ"만은 짝을 가지지 않는다. 이 모음을 가진 낱말들이 어감 표현의 전환에서 상대되는 모음은 "ㅡ"는 "ㅏ", "ㅚ"는 "ㅐ", "ㅣ"는 "ㅑ"이다. 이들은 음성학적으로 발음 부위의 상대와 서로 부합된다. "ㅐ : ㅣ"는 꽤 예가 많은 모음 상대 법칙이다. 제시된 바에 따르면 "ㅏ : ㅓ", "ㅗ : ㅜ"의 예가 가장 많고 다음으로 많은 것이 "ㅐ : ㅣ"와 "ㅏ : ㅡ"의 예이다.

는 것은 아니다. 정인승(1938 : 10-1)에서는 어감 표현의 방식 가운데 "음가의 전환"을 들고 있는데 "음가의 전환"이란 동일한 음절의 모음, 자음만 상대되는 다른 모음, 자음으로 바꾸어 어감을 달리 표현하는 것이다.54) 정인승(1938; 14-9)에서는 이러한 국어의 모음 상대 법칙을 13가지로 구분하고 있는데, 그 가운데 하나가 " ㅐ " 와 " ㅣ "의 상대이다. "ㅐ"는 전설중모음이고, "ㅣ"는 후설고모음이다.

3.2. 접미사파생형에서의 긍정적 시각과 부정적 시각

접미사 파생형 색채어는 부정적인 평가 태도를 드러내는 것들이 많다. 접미사들의 구체적인 의미는 조금씩 차이가 있지만 평가 태도면에서 볼 때 [-긍정]의 의미를 드러내는 것이 많다는 것이다. 부정적 시각을 나타내는 접미사 중에는 여러 색채 범주에 결합되는 것과 한두 범주에만 결합하는 것들이 있다. 이에 비해 긍정적인 평가 태도를 나타내는 접미사는 수적으로도 적을 뿐 아니라 한두 가지 색채 범주에만 나타난다.

3.2.1. 긍정적 시각 표현

긍정적인 평가 태도를 드러내는 접미사는 "-숙숙-", "-레-" 등이다. "-숙숙-"은 '수수하고 걸맞다'는 뜻을 갖는다.55) 사전에서 "가무숙숙하다"

---

54) 정인승(1938 : 11)에서는 이런 어감 표현 방식은 우랄 알타이말에서 비교적 현저히 나타나지만, 그 가운데에서도 특히 국어에 체계적으로 발달된 것이라고 지적하고 있다.
55) "-숙숙-"은 "검다"와 "붉다"의 두 계열에만 나타난다.
    <1> ㄱ. 가무숙숙하다, 거무숙숙하다, 까무숙숙하다
           ㄴ. 발그속속하다, 벌그숙숙하다, 볼그속속하다, 불그숙숙하다
    "-숙숙-"도 어근의 모음에 따라 "-속속-"으로 나타나는데 "검다" 계열에서는 "-속속-"형이 나타나지 않는다. 이로 보아 "-숙숙-"이 기본형인 것으로 보인다. 또 "빨그숙숙하다"처럼 경음형도 표제어로 등재되어 있지 않다.

는 '수수하고 걸맞게 검다'로, "발그속속하다"는 '수수하게 발그스름하다', '술명하게 발그스름하다'로 풀이되고 있다.56) 수수하고 걸맞다는 것은 명도나 채도에 대한 설명이 아니라 색채에 대한 말하는 이의 평가이다.57) '수수하고 걸맞다'는 평가는 [+긍정]의 평가라 할 것이다.

"붉다" 계열에만 나타나는 "-레-"형도 긍정적인 평가 태도를 드러낸다. 사전에서는 "발그레하다" 등을 다음과 같이 풀이하고 있다.

(35) ㄱ. 발그레하다 : 조금 곱게 발그스름하다, 좀 곱게 발그스름하다
ㄴ. 벌그레하다 : 조금 곱게 벌그스름하다, 좀 곱게 벌그스름하다
ㄷ. 볼그레하다 : 곱다랗게 볼그스름하다, 약간 곱다랗게 볼그스름하다.
ㄹ. 불그레하다 : 약간 곱게 불그스름하다, 약간 연하고 곱게 불그스름하다.

(35)에서 보듯이 "-레-"형은 모음에 관계 없이 고운 색으로 설명되고 있다. 저모음형이 일반적으로 부정적인 시각을 표현하는 것을 생각할 때 (35)는 "-레-"가 색채가 '곱다'는 말하는 이의 평가를 첨가한다는 것을 보여 준다. '곱다'는 것은 명도나 채도 표현이 아니라 색채나 대상에 대한 긍정적인 평가이다.

"발그레하다" 등에 말하는 이의 긍정적인 평가가 첨가되어 있다는 것은 다음과 같은 예에서도 뒷받침된다.

(36) ㄱ. (발그레한/ˀ발그대대한) 아가씨의 얼굴이 곱기도 하다.

56) 고모음형만을 예로 든 것은 저모음형은 그 자체가 부정적인 시각을 포함하고 있기 때문이다. 고모음형에서도 [-긍정]의 의미가 나타나는 접미사는 그 자체에 부정적 시각이 포함된 것으로 볼 수 있다. "술명하다"는 것은 '수수하고 훤칠하게 알맞다'는 뜻이다.

57) 정재윤(1988 : 113, 118-119)에서는 "가무숙숙하다, 거무숙숙하다" 등이 화려하지 않고 대체로 수수한 빛깔의 모양을 일컫는 것으로, "발그속속하다, 벌그숙숙하다" 등이 격에 맞으면서 낮은 정도의 빛깔로 화려하지 않은 '수수함'이라는 의미 특성을 내포하는 것으로 제시되어 있다. 하치근(1989 : 136-141)에서는 "-숙숙-"이 인상을 나타내는 것으로 '수수함'을 의미로 한다고 지적한 바 있다(김영주 1990 : 58-59에서 재인용).

ㄴ. 수줍어서 얼굴이 (볼그레하게/²볼그댕댕하게) 물들었다.

ㄷ. 화가 나서 (벌그레하게/²벌겋게) 달아오른 얼굴도 예쁘더군

(36ㄱ-ㄷ)처럼 긍정적인 문맥에서 "발그레하다" 등은 자연스럽다. "발그대대하다"나 "볼그댕댕하다", "벌겋다"처럼 [-긍정]의 평가를 내포하고 있는 색채어들은 이런 문맥에서 사용이 제약된다. 이는 "발그레하다"에 [+긍정]의 자질이 있음을 뒷받침하는 것이다. 얼굴이 붉어졌을 때 (36ㄱ-ㄷ)처럼 표현하는 것은 실제 얼굴색의 차이를 일컫는 것은 아니다. 대상에 대해 어떤 마음을 가지고 있는가에 따라 선택되는 것일뿐 실제 얼굴색에 의해 선택되는 것은 아니라는 것이다. 화가 난 모습도 "벌그레하다"로 표현하면 귀엽고 예쁜 느낌을 주는데, 이는 그 대상에 대한 말하는 이의 긍정적인 시각을 보여 준다. 반면에 "벌겋다"에서는 상대에 대한 이런 긍정적 시각이 드러나지 않는다. 이처럼 "-레-"가 결합된 색채어는 [+긍정]의 평가가 함께 어우러진 표현이다.

3.2.2. 부정적 시각 표현

말하는 이의 부정적인 시각을 첨가하는 접미사로 대표적인 것은 "-대대-"와 "-댕댕-"이다. 이들은 낮은 채도를 표현하는 것이 아닌데도 부정적인 시각을 드러내며 여러 색채 범주에 나타나기 때문이다. 채도가 표현되지 않은 색채어 가운데 부정적인 시각을 표현하는 것은 이들 결합형뿐이다.

"-대대-"는 '곱지 않고 천박하다'는 의미를 갖는다.[58] 사전에서는 "-대

---

58) "-대대-"는 어간이 되는 색채어의 모음 교체에 따라 "-데데-"형으로 나타나기도 하지만 이들 모음의 차이에 따른 의미 차이는 없는 것으로 보인다. "-대대-"가 결합된 색채어는 다음 과 같다.
  <1> ㄱ. 가무대대하다, 거무데데하다, 까무대대하다, 꺼무데데하다,
       ㄴ. 발그대대하다, 벌그데데하다, 볼그대대하다, 불그데데하다, 빨그대대하다, 뻘그
          데데 하다
       ㄷ. 파르대대하다, 푸르데데하다

대-"형에 "천격스럽게", "곱지 않고 조금 천하게", "산뜻하지 못하게", "보기 싫게" 등의 설명을 덧붙이고 있다.59) 천하다거나 보기 싫다는 설명들은 색의 명도나 채도에 대한 것이 아니라 색이나 대상에 대한 말하는 이의 평가일 뿐이다. 이러한 평가에는 그 색상과 관련된 대상에 대한 심리 상태가 포함되기도 한다. 결국 "-대대-"형의 색채어는 색채나 대상에 대한 [-긍정]의 감정을 표현한다 할 것이다.60)

이같은 "-대대-"의 의미는 독립된 낱말로서의 "데데하다"와 관련이 있는 것으로 보인다. "데데하다"는 '시시하여 보잘 것 없다', '아주 변변치 못하여 보잘 것 없다'는 뜻으로 대상에 대한 말하는 이의 평가를 표현한다. 접미사 "-대대-"는 형용사 "데데하다"의 의미 범주에서 벗어나지 않는 것으로 말하는 이의 부정적인 평가 태도를 색채어에 첨가한다 할 것이다.

"-댕댕-"도 "희다", "누르다"를 제외한 세 가지 색채 범주에 결합되는 접미사로 대상에 대한 [-긍정]의 평가 태도를 표시한다.61) "-댕댕-"은 '어울리지 않음'의 의미를 드러낸다. 사전들에서는 "-댕댕-"형의 색채어를 '격에 어울리지 않게', '볼품없게', '지저분하게', '천한 맛이 나게', '칙칙하게' 등

---

59) 사전들에서는 "-대대-"형의 색채어를 다음과 같이 설명하고 있다.
    <1> ㄱ. 가무대대하다 : 천격스럽게 가무스름하다, 산뜻하지 못하게 가무스름하다, 더러운 듯하게 거무스름하다,
          ㄴ. 발그대대하다 : 곱지 않고 조금 천하게 발그스름하다, 좀 천격스럽게 발그스름하다, 산뜻하지 못하게 발그스름하다
          ㄷ. 파르대대하다 : 천격스럽게 파르스름하다, 천해 보이게 파르스름하다, 칙칙하게 파르스름하다.
60) 하치근(1989 : 139-141)에서는 "-대대-/-데데-"가 '천한' 인상을 나타내는 접미사로 분류되어 있다(김영주(1990 : 58)에서 재인용). 정재윤(1988 : 114, 117)에서는 낮은 정도의 채도를 가지며, 걸맞지 않음("검다"), 천격스러움("붉다"), 산뜻하지 못함("푸르다")의 특성을 갖는다고 지적하고 있다. 고창운(1998 : 6)에서는 "가무대대하다" 등을 색채성 표시 얼굴 그림씨 가운데 '천한' 얼굴 그림씨로 분류하고 있다.
61) "-댕댕-"도 어근이 되는 색채어의 모음에 따라 "-뎅뎅-"으로 나타나기도 한다. 이들이 결합된 색채어 목록은 다음과 같다.
    <1> ㄱ. 가무댕댕하다, 거무뎅뎅하다, 까무댕댕하다, 꺼무뎅뎅하다
          ㄴ. 발그댕댕하다, 벌그뎅뎅하다, 볼그댕댕하다, 불그뎅뎅하다, 빨그댕댕하다, 뻘그뎅뎅하다,
          ㄷ. 파르댕댕하다, 푸르뎅뎅하다

과 같이 부정적인 색으로 설명하고 있다.62) 어울리지 않는다거나 격에 어울리지 않는다는 것은 색채의 명도나 채도의 정도를 말하는 것이 아니라 색채에 대한 말하는 이의 생각이다. 어울리지 않는다는 평가는 [-긍정]의 평가이다.63)

"-댕댕-"이 결합된 색채어 가운데 자주 사용되는 것은 "푸르뎅뎅하다"이다.

> (37) ㄱ. 푸르뎅뎅한 안색에 무뚝뚝한 표정
> ㄴ. 푸르뎅뎅하게 부어 오른 상처

푸르뎅뎅한 피부색을 아름다운 피부색이라고 말할 사람은 없다. 피부색이 푸르뎅뎅하다고 할 때 듣는 이가 연상하는 색은 푸느하기노 하고 붉기노 하면서 야릇한 색감의 보기 흉한 피부이다. 이로 미루어 보건대 "푸르뎅뎅하다"는 색감이 칙칙하여 결코 좋다고 말할 수 없는 것이다. 이런 표현은 "피부가 푸르스름하다"고 말하는 것과 비교할 때 연상에 큰 차이가 있다. "푸르뎅뎅하다"는 좋지 않은 느낌을 연상시키는 역할을 함으로써 색감에 대한 [-긍정]의 판단 태도를 덧붙인다.64)

---

62) 사전들에서는 "-댕댕-"형의 색채어에 대해 다음과 같이 설명하고 있다.
  <1> ㄱ. 가무댕댕하다 : 격에 어울리지 않게 가무스름하다, 어울리지 않게 가무스름하다, 볼품없이 가무스름하다
  ㄴ. 발그댕댕하다 : 격에 맞지 않게 발그스름하다, 어울리지 않게 발그스름하다, 격에 어울리지 않게 발그스름하다
  ㄷ. 파르댕댕하다 : 칙칙하게 파르스름하다, 격에 어울리지 않게 파르스름하다, 천한 맛이 나게 파랗다

63) 하치근(1989 : 136-141)에서는 "-뎅뎅-/-댕댕-"을 빛깔이 '품위 없음'의 의미를 가지는 접미사로서 인상을 나타내는 것으로 분류하고 있다(김영주 1990 : 57에서 재인용). 고창운(1998 : 3-11)에서는 "검다" 범주의 "가무댕댕하다" 등을 '어울리지 않는'이란 의미를 가지는 부정성얼굴 그림씨로 분류한 바 있다.

64) 정재윤(1988 : 114, 117,118,127)에서는 "-댕댕-/-뎅뎅-"과 "-대대-/-데데-"에 대해 색채 범주마다 조금씩 다른 풀이를 한 바 있다. "검다"의 "-댕댕-/-뎅뎅-"과 "-대대-/-데데-"는 '걸맞지 않음'을 특성으로 한다고 지적하고 있다, "붉다"의 "-대대-/-데데-"는 '천격스러움'을, "-댕댕-/-뎅뎅-"은 '격에 어울리지 않음'을 특성으로 본다. "푸르다"의 "-댕댕-/-뎅뎅-"은 '격에 안 어울림'을, "-대대-/-데데-"는 '산뜻지 못함'을 특성으로

낮은 채도를 표시하면서 말하는 이의 평가를 나타내는 접미사형들은 대부분 한두 가지 색채 범주에만 나타난다. "누르다"와 "푸르다" 범주의 "-퉁퉁-"형에서 부정적인 시각이 드러난다. "누르다" 계열에는 "-대대-", "-댕댕-"형이 없는 대신 "누르퉁퉁하다"가 있다.

(38) ² ㄱ. 얼굴이 부어서 누르퉁퉁하지만 예쁘다.
  ㄴ. 얼굴이 부어서 누르퉁퉁하니 보기 흉하다.

(38ㄱ)에서 보듯이 "누르퉁퉁하다"는 "예쁘다"와 같은 판단 상황에서는 제약을 받는다. 이는 "누루퉁퉁하다"가 [-긍정]의 의미를 가지기 때문이다. "누르퉁퉁하다"는 모음 교체형인 "노르퉁퉁하다"가 없다. 대부분의 색채어들이 모음 교체형을 가지는 데 비해 "노르퉁퉁하다"가 존재하지 않는 것은 "-퉁퉁-"이 형성하는 어감의 영향이라 생각된다. "퉁퉁하다"는 형용사로 사용될 때 살이 알맞게 쪄서 귀엽고 예쁜 모습을 표현하는 데 주로 쓰인다. 형용사 "퉁퉁하다"가 형성하는 이런 이미지때문에 "노르퉁퉁하다"는 "누르퉁퉁하다"와 전혀 다른 어감을 형성한다. 이런 점으로 볼 때 "누르퉁퉁하다"에는 말하는 이의 부정적인 시각이 포함되어 있다 할 것이다.

"검다" 계열에서는 "-칙칙-", "-충충-", "-튀튀-"형에서 부정적인 시각이 표현된다.[65] "-튀튀-"형은 낮은 채도를 표현하는 색채어에 [-긍정]의 판단이 드러나는 대표적인 것이다. 2장에서 "가무잡잡하다"와 "가무퇴퇴하다"가 사전 설명상 비슷한 색채를 표현한다는 점을 지적한 바 있다. 그러나 말하는 이의 평가 태도 반영과 관련해서 이들은 다른 모습을 보인다. "가무잡잡하다"가 긍정과 부정의 평가 문맥에 모두 사용될 수 있는 것과 달리 "거무튀튀하다"는 [-긍정]의 문맥에서만 자연스럽다.

한다고 파악하고 있다. 이런 풀이들은 결국 "-댕댕-/-뎅뎅"과 "-대대-/-데데-"가 말하는 이의 부정적 평가 태도를 덧붙인다는 것을 말하는 것이라 할 것이다.
65) "가무충충하다", "가무칙칙하다" 등은 2장에서 살핀 바 있으므로 여기에서 따로이 설명하지 않는다. 이들은 칙칙하고 흐린 색채를 표현하므로 자연히 부정적인 시각에 사용될 수밖에 없다.

(39) ㄱ. 그 정도면 꽤 미인이지?

　　ㄴ. 거무튀튀한데 (예쁘긴 뭐가 예뻐/ˀ참 예뻐).

(40) ㄱ. 어제 선 본 아가씨 어때?

　　ㄴ. 가무잡잡한게 (꽤 미인이야/별로야).

　(39)에서 보듯이 "거무튀튀하다"는 대상이나 색채에 대해 [+긍정]의 평가와 호응하지 못한다. (39ㄴ) 뒷부분에는 긍정적인 평가 표현이 올 수 없다는 것이다. 이에 비해 (40)에서처럼 "가무잡잡하다"는 긍정과 부정의 평가에 모두 사용 가능하다. 이는 "가무잡잡하다"가 말하는 이의 평가 태도에 대해 비교적 중립적인데 비해 "거무튀튀하다"는 그 자체에 부정적인 평가를 포함하고 있음을 반증하는 것이다.[66] 똑같이 거무스름한 얼굴이라도 말하는 이가 긍정과 부정의 어느 쪽 평가를 내리는가에 따라 "거무튀튀하다"의 사용이 결정된다.[67]

　"누르다" 계열은 접미사 파생어가 다른 색채 계열에 비해 적게 나타나며, 말하는 이의 평가를 반영하는 접미사형도 거의 나타나지 않는다. 긍정적이든 부정적이든 접미사 파생어가 한두 가지에 불과하다. 또 알맞게 노란빛을 말하는 "놀면하다, 눌면하다"와 같은 형용사가 따로 존재한다는 점도 다른 색채어들과 다르다.

　"희다" 계열은 접미사 파생형 자체가 매우 적게 나타나 다른 색채어들과 차이를 보인다. "희다"는 접미사 결합 파생어 형성에 있어 다른 네 가지 색

---

66) "거무튀튀하다"도 상황에 따라 부정의 어감을 띠지 않는 경우가 있다.

　〈1〉 그 사람 거무튀튀한 게 꽤 사나이답게 생겼지.

　위와 같은 경우 "거무튀튀한" 것을 사나이다운 자질로 보아 괜찮다는 뜻을 형성하지만, "거무튀튀한" 모습 자체를 아름답다거나 긍정적인 표현으로 사용하고 있는 것은 아니다. 사나이다운 자질이라고 하는 것이 거칠고 예쁘지 않은 것을 전제로 하기 때문이다.

67) 하치근(1989 : 138)에서도 "-잡잡-/-접접-"이 얼굴색을 표시하는 것으로 [품위 없음]의 의미를 나타낸다고 지적하고 있다(김영우 1990 : 59에서 재인용). 정재윤(1988 : 114-115)에서는 '얼굴색이 침침함'이라는 특성을 갖는 것으로 파악한 바 있다. 고창운(1998 : 2-11)에서는 "가무잡잡하다" 등을 '칙칙한'의 의미를 가지는 부정성 얼굴 그림씨로 분류하고 있다.

범주와 크게 다른 모습을 보인다. "희다" 범주에 속하는 색채어는 접미사 파생형이 거의 없기 때문이다. "희다" 범주에 속하는 색채어는 파생형보다 합성형이 더욱 많다.[68]

4. 마무리

국어 색채어의 발달은 다양한 종류의 색채를 표현하는 점에서의 분화가 아니라 동일한 색채의 미묘한 차이를 나타내는 분화이다. 다시 말해서 많은 종류의 색상을 표현할 수 있다는 것이 아니라 동일한 범주의 색상에 추가적인 의미를 덧붙여 매우 세밀하게 나누어서 표현하는 것이다.

국어에서 다양한 표현이 나타나는 색채 범주는 크게 "검다", "누르다", "붉다", "푸르다", "희다"의 다섯 범주이다. 국어에서 다양한 표현이 가능한 색채 범주가 다섯 범주로 제약되는 이유는 고유어 형용사를 가지는 색채어 범주가 이들 다섯 범주뿐이기 때문이다. 이들 각 범주에서 모음이나 자음 교체, 접사 결합 등의 방법을 통해 다양한 색채어가 만들어진다.

국어 색채어들은 색채를 표현하는 것과 말하는 이의 평가 태도가 표현되는 것으로 나눌 수 있다. 색채를 표현하는 것은 다시 색상만을 표현하는 것과 명도 표현이 첨가된 것, 채도 표현이 첨가된 것으로 구분된다. 말하는 이의 평가 태도는 색채나 색채와 관련된 대상에 대한 말할 이의 긍정적인 시각과 부정적인 시각을 말한다. 낮은 채도를 표시하는 색채어에서는 부정적인 시각이 함께 드러나는 경우가 많다. 색채 자체가 아름다운 색이 아니기 때문이다.

---

68) "희다"의 파생어는 "하얗다", "새하얗다"와 "희끔하다", "희끄무레하다" 정도이고, 합성법에 의한 낱말은 "하야말갛다"를 위시하여 "하야말쑥하다", "해끄무레하다", "해말쑥하다", "해반들하다", "해반지르르하다", "희부옇다" 등등 여러 낱말이 있다.

색상 표현이란 색상 이외의 다른 의미를 드러내지 않는 색채어를 말한다. 낱말 형성상 단일어와 합성어 가운데 명사류가 이런 표현 구조를 갖는다. 합성어 가운데는 <사물 이름 + "색/빛"> 또는 <색채어 + "빛">의 구조인 색채어들이 색상만을 표현한다. 파생어 가운데는 ""-앟-/-엏-" 첨가형만이 색상 표현 구조를 갖는다. "가맣다", "노랗다" 등이 추가적인 의미 없이 색상만을 표현하는 것은 "-앟-/-엏-"이 특별한 의미를 첨가하지 않기 때문이다.

명도 첨가 표현이란 색상의 명도가 표시된 것을 일컫는다. 색채어에서 명도는 색상이 진한가, 연한가로 표현되는데 높은 정도, 중간 정도, 낮은 정도의 세 가지로 나타난다. 높은 명도는 "검디검다"와 같은 기본 색채 형용사의 중복형과 "새-/시-"의 결합형에서 표현된다. 이들은 다섯 가지 색채 범수에 모두 나타나는데, "-디-"형이 명도 이외의 의미를 표시하지 않는데 비해 "새-/시-" 결합형에서는 채도가 함께 표시된다. "까맣다", "빨갛다"와 같은 경음형들도 높은 정도의 명도를 표시한다. "짙푸르다", "진노랑"처럼 개별적인 형태로 높은 명도가 표현되기도 한다. 중간 정도의 명도를 표시하는 색채어는 "-께-"와 "-끄름-"이 결합된 접미사 파생어들이다. 접미사 파생 색채어 가운데 명도를 표현하는 것들은 대체로 낮은 명도를 표시한다. "-스름-", "-무레-", "-웃-", "-우리-", "-끔-"이 낮은 명도의 의미를 첨가하는 접미사들이다.

색채어 중에는 채도가 표현되는 것들도 있다. 채도는 색상이 맑고 깨끗한가 탁한가 등으로 인식되는데 높은 정도와 낮은 정도로 구분되어 나타난다. 채도를 표시하는 색채어들은 대부분 명도도 함께 표시한다. 높은 채도는 색의 다섯 범주 모두 강세 접두사 "새-"에 의해 표현되고 낮은 채도는 "검다", "희다"와의 합성어나 "-죽죽-", "-칙칙-", "-잡잡-", "충충-", "-튀튀-", "-퉁퉁-", "-무레-"이다. "-죽죽-"형은 세 가지 색채 범주에 나타나고 "-퉁퉁-"은 두 가지 범주에 나타난다. "-칙칙-"형은 채도는 낮지만 명도는 높은 색채를 가리킨다. "-죽죽-", "-잡잡-", "충충-", "-튀튀-"는 채도와 명도가 모두 낮은 정도를 표시한다.

말할 이의 평가 태도는 모음 교체와 접미사 결합에 의해 드러난다. 평가 태도 표시의 기본적 방법은 모음교체인 것으로 생각된다. 모음 교체는 다섯 가지 색 범주에 고르게 나타나며 모음 교체형에 다시 접미사가 결합된 형태도 있기 때문이다. 저모음형에 비해 고모음형이 부정적인 시각을 드러낸다. 색채어의 모음 교체는 "ㅏ" : "ㅓ", "ㅗ" : "ㅜ", "ㅐ" : "ㅔ"의 대립으로 나타난다.

접미사에 의한 평가 첨가는 모음 교체와는 상관없이 접미사의 형태에 따라 이루어진다. 부정적인 태도를 드러내는 것이 긍정적인 시각을 표현하는 것보다 상대적으로 많다. 긍정적인 시각을 나타내는 것은 "-숙숙-", "-레-"형이다. 접미사 파생어에 의한 긍정적인 시각은 한두 색채 범주에서만 나타난다. 부정적인 시각을 첨가하는 대표적 접미사는 "-대대-"와 "-댕댕-"이다. 이들은 낮은 채도를 표현하지 않는데도 부정적인 시각을 드러내며 여러 색채 범주에 나타난다. 낮은 채도를 표시하는 "-퉁퉁-", "-튀튀-", "-충충-", "-칙칙-" 결합형들도 부정적인 평가를 드러낸다.

국어에 색채어가 다양하게 발달한 것은 첨가어라는 계통적 특성과 모음 조화의 존재, 그리고 국어 자음 체계의 특성에 힘입은 바 크다. 첨가어의 특성에서 접미사 첨가가 자유로왔고, 모음 조화의 전통에서 고모음 대 저모음의 모음 대립이 가능했으며, 거기에 자음 교체에 의해 경음을 가지는 어휘들이 생성될 수 있었기 때문이다. 다시 말해서 국어 색채어는 다양한 접미사 첨가 가능성만으로도 다양한 색채어를 파생시킬 수 있는데다 모음 상대 법칙에 의한 다양한 모음 교체로 그 숫자가 배로 늘어났으며, 거기에 경음 교체에 의해 다시 그 수가 증가되었다는 것이다.

참고문헌

강재원. 1985. "우리말 색채어 어휘 분화 연구", 전북대학교 석사학위논문.

고창운. 1998. "사람 얼굴 그림씨의 의미구조와 어휘체계,"「한말연구」 4, 한말연구
학회, pp.1-28.

김계곤. 1996.「현대국어의 조어법 연구」, 도서출판 박이정.

김민수 외. 1995.「금성판 국어대사전」, 금성출판사.

김성대. 1977. "조선시대의 색채어 낱말밭에 대하여", 고려대학교 박사학위논문.

김영우. 1991. "색채어 분석을 통한 언어 상대성과 언어 보편성 고찰", 경북대학교
석사학위논문.

김영진. 1994. "국어의 끄유이께 낵재이에 관한 연구 형태아 의미 구조 중심으로-",
군산대학교 석사학위논문.

김인화. 1987. "현대 한국어의 색채어 연구", 이화여자대학교 석사학위논문.

김창섭. 1984. "형용사 파생 접미사들의 기능과 의미",「진단학보」 58, 진단학회,
pp.145-161.

김창섭. 1985. "시각 형용사의 어휘론,"「관악어문 연구」 10, 서울대학교, pp.149-176.

나찬연. 1999. "낱말 되풀이 표현의 설정,"「화법연구」, 한국화법학회, pp.347-369.

남영신. 1989.「우리말 분류사전(2)」한강문화사.

박갑수. 1975. "현대 소설의 색채어 연구,"「국어교육」 23, 한국국어교육연구회,
pp.21-54.

박선우. 1984. "현대국어의 색채어에 대한 연구-색채 형용사의 의미 분석 중심", 고
려대학교 석사학위논문.

배해수. 1982. "맛그림씨의 낱말밭,"「한글」 176, 한글학회, pp.67-92.

사회과학원 언어연구소 편. 1992.「조선말 대사전」상·하.

손세모돌. 1998. "정도부사들의 유표적 자질 분석,"「한말연구」 4, 한말연구학회,
pp.179-211.

신기철.신용철. 1980.「새 우리말 큰사전」, 증보9판 : 삼성출판사.

이현숙. 1977. "색채 어휘의 공시론적 고찰,"「성심어문집」 4, 성심어문논집, pp.157-
176.

정인승. 1938. "모음 상대 법칙과 자음 가세 법칙,"「한글」 60, 한글학회, pp.419-434.

정재윤. 1988. "우리말 색채어의 낱말밭,"「국어교육」 63, 국어교육연구회, pp.105-131.

정재윤. 1989. 「우리말 감각어 연구」, 한신문화사.

정진주. 1990. "우리말 색채어 연구", 건국대학교 석사학위논문.

최범훈. 1985. "국어 색채어의 기원어 탐색", 「국어교육」 53, 한국국어교육연구회, pp.77-94.

최현배. 1980. 「우리말본」. 여덟번째 고침; 정음사.

하치근. 1989. 「국어 파생형태론」, 남명문화사.

현성순. 1982. "한국어의 색채 어휘에 대한 연구", 단국대학교 교육대학원 석사학위 논문.

| 이 논문은 한말연구 6집(2000, 한말연구학회)에 게재된 논문을 재수록한 것입니다.

보조사의 의미론

임 동 훈

1. 보조사의 기능과 관련 개념

1.1. 세로관계 표지

한국어의 조사는 흔히 격조사와 보조사로 나뉜다. 그런데 격조사는 격이 무슨 개념인지 알기만 하면 그 기능이 이해되나 보조사는 무슨 기능을 하는지가 분명히 드러나지 않는다. 흔히 접하게 되는 "특별한 뜻을 더해 주는 조사"라는 정의만으로는 도무지 그 정체를 알기 어렵다. 먼저 격조사의 기능을 더 분명히 하기 위해 격의 개념, 격과 문법적 기능의 관계를 살펴본 후 이와 연관지어 보조사의 기능에 대해 논의하기로 한다.

통사적 구성(construction)이 둘 이상의 성분(constituent)으로 이루어질 때 병렬 구성을 제외하면 각 성분의 통사적 지위가 동일하지 않다. 하나가 중심 역할을 하고 나머지가 그에 의존적인 역할을 하여 흔히 전자를 핵어(head)라고 하고 후자를 의존어(dependent)라고 한다. 그런데 통사적 구성을 해석하려면 우선적으로 핵어와 의존어 사이의 문법적, 의미적 관계가 표시될 필요가 있다. 이러한 관계는 핵어에 표시될 수도 있고 의존어에 표시될 수도 있는데, 의존어에 표시되는 체계를 격(case)이라고 한다(Blake 2004 : 1).

격은 그것이 표시하는 관계가 문법적인 것이냐 의미적인 것이냐에 따라 문법격과 의미격으로 분류할 수 있다. 문법격에는 주격, 목적격 등이 속하는데 이들은 주어, 목적어와 같은 문법적 기능과 묶여 인식되기도 한다.[1] 격은 구성에서 부분인 핵어와 부분인 의존어 사이의 관계를 표시하고 문법적 기능은 부분으로서의 성분이 전체인 구성 속에서 발휘하는 문법적 관계를 표시한다는 점에서 둘은 차이가 있다. 그래서 격이 굴절로 표시되는 상당수 언어에서 격과 문법적 기능이 일대일 대응을 보이지 않으며, 주어나 목적어는 때로 주격, 목적격 외의 격으로 실현되기도 한다.

격과 문법적 기능은 구분되는 개념임이 분명하나 격이 표시되는 방식에 따라 둘 사이의 관련성 정도는 차이가 있다. 격이 굴절로 표시되는 경우는 격과 문법적 기능의 관련성이 상대적으로 느슨하나 한국어의 문법격 조사처럼 격이 접어(clitic) 성격의 표지로 표시되는 경우는 격과 문법적 기능의 관련성이 크며, 심지어는 일대일 대응에 가까운 경우도 있을 수 있다.[2] 격 표지가 분석적으로 인식될수록 격과 문법적 기능의 관련성이 증가한다고 할 수 있다.

격을 핵어와 의존어의 관계가 의존어에 표시되는 체계라고 보는 이론에서는 그 관계가 의존어에 표시된다고 볼 만한 형식적 체계의 실현이 없으면 격을 인정하지 않는다. 언어에 따라 격이 없는 언어가 있으며 격은 보편적인 개념이 아니라고 보는 것이다. 반면에 추상격을 상정하는 이론에서는 격을 보편적인 개념으로 간주한다. 굴절형, 접사, 접어와 같은 형태상의 격을 표시하는 장치가 없어도 추상적으로 격이 존재한다고 보면 모든 언어에 격이 있다고 주장할 수 있다. 그러나 추상격을 인정하면 격과 문법적 기능이

---

1) 예컨대 주격은 앞말이 주어임을 표시하는 격으로 정의되고 다시 주어는 주격조사가 붙어 표시되는 문장 성분으로 정의되기도 한다. 이러한 순환적 정의는 문법격과 문법적 기능이 한데 묶여 인식됨을 잘 보여 준다.

2) 최근 들어 한국어에 대해 '나에게는 영희가 좋다', '선생에게 학생이 필요하다', '할아버지에게 돈이 많다'와 같은 구문에서 여격으로 표시된 성분을 주어로 보는 논의가 제기되고 있으나 이 주장은 격이 구현되는 방식에 관한 유형론적 논의를 바탕으로 재검토될 필요가 있다. 여격 주어설의 한 예로는 연재훈(1996) 참조.

구분되기 어렵다는 이론적 난점이 생긴다. 예컨대 주어가 주격을 받기 위해 이동하고 또 주어에 추상적인 주격이 부여된다고 보면 문법적 기능과 격을 구분할 방도가 없기 때문이다.[3]

격조사는 통사적 구성 속에 실현된 핵어와 의존어 사이의 문법적, 의미적 관계를 표시한다는 점에서 가로관계를 나타내는 표지라고 할 수 있다. 핵어와 의존어는 가로선 위에 함께 나타나는 성분들이기 때문이다. 이 점에서 격조사는 그것이 나타내는 문법적, 의미적 관계에 따라 가로선 위의 출현 위치가 고정되어 있다. (1)에서 '가', '을'은 의존어인 '철수', '김밥'이 핵어인 '먹-'과 맺는 문법적 관계를 표시하며 그러한 관계에 따라 각각의 위치가 고정되어 있다. 반면에 보조사는 구성 속에 실현된 성분과 실현되지 않은 성분 사이의 의미적 관계를 나타낸다는 점에서 세로관계 표지라고 할 수 있다. 이러한 세로관계는 서의 보는 성분 위치에서 상정될 수 있으므로 보조사의 출현 위치는 고정되어 있지 않다. (2)에서 보조사 '은/는'은 세로관계를 나타내므로 주어 자리나 목적어 자리, 서술어 자리를 가리지 않고 나타난다.

  (1) 철수가 김밥을 먹는다.

  (2) 가. 철수는 김밥을 먹는다.
      나. 철수가 김밥은 먹는다.
      다. 철수가 김밥을 먹기는 한다.
      라. 철수는 김밥은 먹기는 한다.

격조사가 가로관계, 보조사가 세로관계를 표시한다면 격조사는 가로관계 표지, 보조사는 세로관계 표지로 볼 수 있을 것이다. 그러나 이러한 주장이

---

[3] 격 이론을 보편문법의 한 부문으로 간주하는 대표적인 이론은 촘스키의 GB 이론이라고 할 수 있다. GB 이론의 격 개념에 대해서는 Haegeman(1994 : 3장)을, 추상격 설정의 문제점에 대해서는 Blake(2004 : 57-58)을 참조.

성립하려면 보조사가 나타내는 세로관계의 성격이나 이와 관련된 개념에 대해 먼저 논의할 필요가 있다. 이에 대해서는 절을 달리하여 살펴보기로 한다.

1.2. 대안집합과 초점

(2가)에서 보조사 '는'이 나타내는 세로관계는 문장에 실현된 '철수'와 의미상 대조될 수 있는 요소들 사이에 존재한다. 이때 대조될 수 있는 요소들은 '철수'와 동일한 유형으로 간주되고 그 집합의 크기는 맥락상 제한된다. 이들 요소는 실현된 요소에 대해 잠재적 대립항의 역할을 하므로 그 집합을 대안집합(alternative set)이라 한다.[4] 그리고 대안집합의 요소들과 대조되어 문장에 실현된 성분은 초점(focus)이라 한다. 요컨대 (2가)에서 보조사 '는'은 맥락상 {철수, 영수, 숙희, …}와 같은 대안집합을 생성하고 이를 바탕으로 '철수'를 초점으로 표시해 준다고 할 수 있다.

초점은 두 종류가 있다. 하나는 화용적 '배경(background)-초점(focus)' 분절에서의 초점을 가리키고 또 하나는 대안집합과의 의미적 관계에서 발생하는 초점을 가리킨다.[5] 전자의 초점은 문장의 나머지 부분과의 관계를 통해 규정되는 신정보를 가리킨다는 점에서 정보 초점이나 가로초점이라고 할 수 있고 후자의 초점은 그 기반이 되는 대안집합이 일정한 의미적 관계가 작동하는 양화 영역(quantification domain)을 제공한다는 점에서 양화(量化) 초점이나 세로초점이라고 할 수 있다.[6]

문장의 화용적 관계는 배경-초점 구조로 분석되기도 하고 주제(topic)-평언(comment) 구조로 분석되기도 한다. 주제는 이전 담화에서 연결되는 부분

---

4) 대안집합의 개념에 대해서는 Rooth(1985, 1996) 참조.
5) 초점을 두 종류로 가르는 논의는 Vallduví & Vilkuna(1998) 참조.
6) 가로초점과 세로초점에 대해서는 임동훈(2012) 참조.

이면서 문장이 언급하는 대상이라는 속성을 지닌다. 그래서 주제는 초점이
아닌 배경에 나타나되 언급 대상이 될 수 있는 성분성을 지녀야 하므로 대
체로 배경보다 크기가 작다. 배경이 항상 통사적 성분을 이루지는 않기 때
문이다. 세로초점은 배경-초점 구조에 나타나는 가로초점과 층위가 다르므
로 주제(배경의 일부)에도, 초점(가로초점)에도 나타날 수 있다. (3)에서 '한
국인은, 중국인은'은 세로초점이 주제에 나타난 예이고 (4답2, 답3)은 세로
초점이 가로초점에 나타난 예이다.7)

    (3) <u>한국인은</u> 흰옷을 즐겨 입고 <u>중국인은</u> 빨간 옷을 즐겨 입는다.

    (4) 문 : 선희가 뭘 잘 먹지?
        답1 : <u>냉면을</u> 잘 먹어요.
        답2 : <u>냉면은</u> 잘 먹어요.
        답3 : <u>냉면만</u> 잘 먹어요.

   그런데 보조사와 보조사가 나타내는 세로초점은 항상 인접하여 나타나지
는 않는다. 위의 (2나)에서 보조사 '은'은 '김밥'에 결합해 있지만 그 초점은
'김밥'일 수도 있고 '김밥을 먹-'일 수도 있다. 세로초점 표지는 초점 전체
에 결합하기도 하고 정보 가치가 크다고 여겨지는 초점의 한 성분 뒤에 결
합하기도 한다. (5가) 역시 '값'에 '은'이 결합하였지만 맥락상 그 초점은 (5
가)과 동일하다.8) 흔히 '어근 분리' 현상으로 간주되는 (5나)도 이런 방식으
로 세로초점이 실현된 예일 뿐이다.

---

7) 보조사 중에서 '은/는'은 주제에도, 가로초점에도 나타날 수 있으나 그 밖의 보조사는 주제
   에 나타나기 어렵다. 후술하겠지만 이는 보조사 '은/는'이 나타내는 소극적 배제의 의미 관
   계와 관련이 있다.
8) 이때 '은'이 취하는 초점은 그 성분지휘(c-command) 영역을 넘어서지 못한다. 즉 '그 음식
   점'까지 확대되지 못한다. 영어의 'even'이나 독일어의 'nur, auch' 등이 자신과 결부되는
   초점 요소를 성분지휘한다는 주장은 Jackendoff(1972 : 249-251), Jacobs(1984)를, 한국어에
   서 세로초점에 보조사가 부착되는 방식에 대해서는 林東勳(2007)을 참조.

(5) 가. 그 음식점이 값은 싸죠.
　　가'. 그 음식점이 값이 싸기는 하죠.
　　나. 방이 깨끗은 하다.
　　나'. 방이 깨끗하기는 하다.

　세로초점이 가로초점과 다른 또 하나의 차이는 가로초점이 진리조건적 의미와 무관한 반면 세로초점은 진리조건적 의미에 영향을 끼칠 수 있다는 점이다. 아래 (6답1)에서 '고향 친구들을'은 관계적 신정보라는 점에서 가로초점이고 (6답2)에서 '고향 친구들만'은 보조사 '만'이 쓰여 여기에 세로초점이 겹쳐져 있다. (6답1)의 '철수가 결혼식에 고향 친구들을 초대했어'는 '고향 친구들을'에 가로초점이 오건 안 오건 진리조건적 의미는 차이가 없다. 가로초점이 오면 철수가 결혼식에 누군가를 초대했다는 전제적 의미가 덧붙을 뿐이다. 반면에 세로초점이 온 (6답2)는 진리조건적 의미에 영향을 끼친다. 철수가 고향 친구들 외에 대학 친구들도 초대했다면 (6답1)은 거짓이 아니나 (6답2)는 거짓이 되기 때문이다.

(6) 문 : 철수가 결혼식에 누구를 초대했지?
　　답1 : (철수가 결혼식에) **고향 친구들을** 초대했어. (그리고 대학 친구들도 초대하고.)
　　답2 : (철수가 결혼식에) **고향 친구들만** 초대했어.

　보조사가 문장에 기여하는 의미를 파악하기 위해서는 그것이 나타내는 초점(세로초점)이 무엇인지 외에 그것의 영향권(scope)이 무엇인지도 함께 고려할 필요가 있다.9) 영향권이 다르면 그 의미 해석이 달라질 수 있기 때문이다.

---

9) scope는 '작용역'이라는 번역어도 널리 쓰인다. 그러나 초점을 작용역이라고 부르는 논의가 많아 본고에서는 이러한 혼란을 피하기 위해 '영향권'이라는 번역어를 사용한다. 초점을 작용역이라고 부르는 대표적인 논의로는 Yang(1972), 최재웅(1996) 참조.

(7) 가. 손님들이 가지 않았다.

　　 나. 손님들이 다 가지 않았다.

　　 다. 손님들이 다는 가지 않았다.

(8) 가. I hope they won't lay off BILL, too.

　　 나. I hope they won't lay off BILL, either.

(7가)에서 부정 용언 '않-'의 초점은 '손님들이'가 될 수도 있고 '가지'가 될 수도 있고 '손님들이 가지'가 될 수도 있다. 이들 용법은 각각 다른 사람들이 갔을 때, 손님들이 머물러 있을 때, 다른 일이 벌어졌을 때 발생한다. 그러나 '않-'의 영향권은 모두 동일하다. 예컨대 '손님들이'가 초점이 될 때 '않-'은 '손님들이'를 부정하지만 이는 단순히 '손님들이'를 부정하는 것이 아니라 누군가가 있는데 그 누군가는 손님들이 아님을 의미하는 것이므로 영향권은 문장 전체가 된다.

(7나)는 영향권을 취하는 연산자(operator)가 복수인 경우이다. 양화 부사 '다'와 부정 용언 '않-'은 양화나 부정의 연산이 작용하는 범위, 즉 영향권을 지닌다. 그런데 이처럼 복수의 연산자가 있을 때에는 영향권의 상대적 크기에 따라 해석의 중의성이 발생한다. '다'의 영향권이 '않-'의 영향권보다 큰 해석과 그 반대의 해석이 존재하는 것이다. 그러나 보조사 '는'이 쓰인 (7다)의 경우는 '않-'의 영향권이 '다'의 영향권보다 큰 해석만이 존재한다. 한국어의 보조사는 그 영향권이 절 경계를 넘지 못하기 때문이다.[10]

(8)은 의미상 한국어의 보조사에 대응하는 영어의 부사 'too, either'가 쓰인 예이다. (8)에서 두 문장의 초점은 'BILL'로 동일하지만 그 영향권은 상이하다(König 1991 : 30). (8가)에서 'too'의 영향권은 문장 전체이지만 (8나)는 'either'가 부정 극성의 맥락에만 나타나는 제약이 있어 종속절이 그 영향

---

10) 단문화 과정에 있는 'V1-어 V2' 형식의 일부 보조동사 구성에서는 보조사의 영향권이 전체 문장에 이르기도 한다. 예컨대 '밤은 밝아 오는데…'에서 보조사 '은'의 영향권은 '밤이 밝-'에 그치는 것이 아니라 '밤이 밝아 오-'에 해당한다고 판단된다. 이는 '밝아 오다'가 합성동사화하는 현상과 무관치 않아 보인다.

권이 된다. (8)은 초점이 달라도 영향권이 동일한 (7가)와 반대로 초점이 동일하나 영향권이 다른 예가 된다.

보조사의 의미와 관련하여 초점 외에 영향권이 함께 고려된다면 초점이 생성하는 대안집합도 그 성격이 분명해진다. 예컨대 '철수도 동창회에 왔다'에서 보조사 '도'는 '철수'를 초점으로 표시함으로써 대안집합을 생성하는데, 이때 영향권을 함께 고려하면 그 대안집합은 {a, b, c, …}가 아니라 {a가 동창회에 왔다, b가 동창회에 왔다, c가 동창회에 왔다, …}가 된다. 대안집합을 이렇게 상정하면 철수가 동창회에 왔으며, 동창회에 온 사람이 철수 외에 더 있다는 '도'의 의미가 잘 포착된다.

그런데 보조사가 쓰인 문장 중에는 대안집합이 상정되기 어려워 보이는 경우도 있다.

> (9) 가. 밤이 점점 깊어만 간다.
>   나. 달도 참 밝구나!

(9가)에서 '만'이 나타내는 초점은 '깊어 가-'일 수도 있고 '밤이 점점 깊어 가-'일 수도 있으며, (9나)에서 '도'가 나타내는 초점 역시 '달'일 수도 있고 '달이 참 밝-'일 수도 있다. 각 예에서 후자의 경우는 초점과 영향권이 동일하다. 초점과 영향권이 동일할 때에는 '첫째도 결혼하고 둘째도 취직하고 … 좋은 일이 계속 생기는구나'에서처럼 상위의 담화 주제가 뚜렷하여 대안집합이 분명할 때도 있지만 맥락상 그렇지 않은 경우가 있다.[11] 그러나 이러한 경우도 맥락상 드러나지는 않았지만 화자의 마음 속에 있는 어떤 상태가 대안집합의 요소일 수 있어 대안집합이 존재한다고 봄이 합리적이다. 예컨대 (9나)를 '달만 밝네 뭐'와 비교해 보면 '도'나 '만'이 화자의 이전 마음 상태를 바탕으로 대안집합을 생성함을 알 수 있다.

---

11) '첫째도 결혼하고'에서 초점은 '첫째가 결혼하-'이며 이는 영향권과 동일하다. 이 문장의 내용은 계속 생기는 좋은 일의 한 예라는 점에서 상위의 담화 주제에 묶여 있다.

이런 관점에서 볼 때 보조사는 대안집합이 존재할 때 쓰이기도 하지만 보조사가 쓰이면 대안집합이 생성되는 효과가 있다고 이해할 수도 있다. 예를 들어 "채점도 공부가 되네"라는 문장은 공부가 되는 다른 일들이 활성화되어 있지 않은 맥락에서도 사용이 가능하며 화자는 이때 '도'를 사용함으로써 공부가 되는 채점 외의 다른 일들의 존재를 암묵적으로 불러들이는 효과를 발생시킨다고 할 수 있다.

위에서 우리는 보조사가 대안집합을 생성하는 세로초점 표지임을 살펴보았다. 그런데 대안집합은 초점과 맥락상 대조되는 관계에 있는 요소들의 집합이며 또 초점을 중심으로 첨가, 배제와 같은 의미적 연산이 작동하는 양화 영역이라는 특징이 있다. 이러한 측면을 고려할 때 보조사라는 명칭은 대조조사나 양화조사라는 명칭으로 대체되는 것이 더 합당할 것이다. 이들 명칭은 앞말에 특별한 뜻을 더해 주는 조사라는 개념의 보조사나 여러 격에 두루 쓰이는 조사라는 개념의 특수조사보다 그 성격을 분명히 해 줄뿐더러 한국어가 격조사를 통해 가로관계를 표시하고 대조조사(또는 양화조사)를 통해 세로관계를 표시하는 정연한 체계를 갖추고 있음을 잘 드러낸다는 장점이 있기 때문이다.

2. 보조사의 분류와 의미

2.1. 의미 관계에 따른 보조사의 분류

보조사는 분포에 따라 후치사와 첨사로 나눌 수 있다. 후치사는 그 뒤에 다른 조사가 올 수 있는 부류이고 첨사는 조사 결합체의 맨 뒤에 오므로 그 뒤에 다른 조사가 오지 못하는 부류이다.[12) 이러한 분포의 차이는 의미상의

---

12) Yang(1972 : 59)에서는 보조사 중에 그 뒤에 다른 조사가 오지 못하는 부류(그의 용어로는

차이와도 연관되어 있어 후치사는 실사로서의 의미가 완전히 탈색되지 못하고 초점이 선행하는 XP에 국한되는 경향이 있으며 첨사는 의미가 추상적이며 초점이 선행하는 XP를 넘어 그 성분지휘 영역으로 확대될 수 있다는 특징이 있다.13) (10가)는 후치사의 예이고 (10나)는 첨사의 예이다.

> (10) 가. 까지, 조차, 마저, 만, 뿐, 밖에, 만큼, 처럼, 같이, 대로, 보다, 대로, 부터
> 나. 도, 은/는, (이)야/야, (이)나, (이)나마, (이)라도

보조사는 분포 외에 그것이 나타내는 의미 관계에 따라 분류될 수도 있다. 보조사는 세로관계 표지이므로 자신이 표시하는 초점과 대안집합 요소 사이에 어떤 의미 관계가 있느냐에 따라 하위분류될 수 있는 것이다. 첫째는 초점과 대안집합의 요소가 영향권 내의 나머지 부분에 대해 동일한 값을 지니는 경우이다. 이는 대안집합의 요소에 더하여 초점 요소가 동일한 의미 값을 지니는 것이므로 이때의 보조사는 첨가 보조사라고 할 수 있다. 첨가 보조사의 예로는 '도', '까지', '조차', '마저'가 있다.

둘째는 초점과 대안집합의 요소가 영향권 내의 나머지 부분에 대해 상치되는 값을 지니는 경우이다. 이 경우는 초점과 대안집합의 요소가 배제 관계에 있으므로 이때의 보조사는 배제 보조사라고 할 수 있다. 배제 보조사는 초점이 대안집합의 요소를 배제하느냐 대안집합의 요소가 배제되어 초점이 선택되느냐에 따라 두 부류로 나뉜다. 전자는 '배제함'의 관계라면 후

'Z-lim')가 있음을 밝혔고 이남순(1996)에서는 이를 첨사라고 하였다. 후치사와 첨사에 대한 더 자세한 논의는 임동훈(2004) 참조.

13) 세로관계를 나타내는 보조사는 통사적 핵이 아니어서 부가(adjunction) 구조를 형성한다(임동훈 1991). 그래서 보조사의 성분지휘 영역은 XP를 넘어설 수 있다. A가 B를 성분지휘하려면 서로 관할(dominance)하지 않고 A를 관할하는 첫 번째 교점이 B를 관할해야 한다. 그런데 해당 교점이 부가 구조로 존재한다면 그것의 모든 부분들(segments)이 A를 관할하는 것이 아니므로 성분지휘 정의에 부합하는 첫 번째 교점이 되지 못한다. 이에 따라 보조사의 성분지휘 영역은 선행하는 XP를 넘어설 수 있는 것이다. 관할에 대한 정의는 Chomsky(1986 : 7) 참조.

자는 '배제됨'의 관계이다. 후자는 초점이 배제의 결과로 남은 잔여(殘餘)를 가리킨다.

'배제함'은 배제하는 정도에 따라 다시 소극적 배제와 적극적 배제로 나뉜다. 소극적 배제는 정보가 부족하거나 관심이 적어 세로관계에 있는 대안집합의 요소들을 적극적으로 배제하지 않는 경우인데, 그 예로는 '은/는'과 '(이)야/야'가 있다.[14] 적극적 배제의 보조사로는 '만', '뿐', '밖에'가 있다.[15] 그리고 '배제됨'의 보조사로는 '(이)나', '(이)나마', '(이)라도'가 있는데, 이들은 배제되는 것이 최선에 해당하는 요소로 간주되어 차선의 의미 관계를 나타내는 보조사로 기술되기도 한다.

셋째는 초점과 대안집합의 요소가 비교 관계에 있는 경우이다. 비교는 비교의 기준과 대상이 문장에 실현됨이 일반적이므로 문장에는 비교 기준이 되는 초점뿐만 아니라 비교 대상이 되는 대안집합의 요소도 함께 나타난다는 특징이 있다.[16] 예컨대 '철수는 형보다 삼촌을 좋아한다'에서는 초점이 되는 '형' 외에 대안집합의 요소인 '삼촌'이 함께 나타나 있다. 이 점에서 비교 관계의 보조사는 세로관계 표지가 아니라 가로관계 표지로 오인되어 격조사의 일부로 처리되기도 한다.[17]

비교 관계는 다시 차등 비교와 동등 비교로 나뉘는데, 전자에는 '보다'가

14) '야'는 적극적 배제의 용법도 있다. 이에 대해서는 후술함.
15) '만'은 분포상의 제약이 거의 없으나 '뿐'은 '이다, 아니다' 앞에 주로 쓰이고 '밖에'는 부정문에만 쓰인다는 제약이 있다.
16) 초점과 대안집합의 요소가 함께 문장에 실현되는 그 밖의 경우는 'A는커녕 B조차'와 같은 구성이 있다. 영어의 'not only A, but also B, even C'도 이와 비슷하다.

  가. 철수는 상은커녕 칭찬조차 듣지 못했다.
  나. One expects a good guide not only to know the terrain, but also to choose good roads and perhaps even to find a few short-cuts.

17) '철수는 형보다 삼촌을 좋아한다'는 맥락에 따라 비교 대상이 철수인 해석과 비교 대상이 삼촌인 해석이 존재한다. '형보다'의 격은 비교 대상의 격과 일치하여 철수가 비교 대상인 경우는 주격이 되고 삼촌이 비교 대상인 경우는 목적격이 된다고 할 수 있다. 즉, '보다'가 격을 표시하지 않는 것이다. '만큼, 처럼, 보다'가 격조사가 아니라 보조사임을 주장한 논의로는 임동훈(2006) 참조.

속하고 후자에는 '만큼', '처럼', '같이', '대로'가 속한다. 동등 비교는 이를 나타내는 보조사가 여럿인데, '만큼'은 정도(degree)의 동일성을 표현하고 '처럼, 같이'는 정도의 동일성을 표현하기도 하지만 주로 서술 행위의 방식 (manner)이 동일함을 나타내며 '대로'는 서술 내용 자체의 동일성을 나타낸다. 전형적인 비교를 서술어가 나타내는 척도 위에 두 대상을 위치시키는 행위라고 한다면 '만큼>처럼, 같이>대로'의 순서로 전형성을 드러낸다고 할 수 있다. (11가)의 '만큼'은 크기의 척도에서 철수의 정도와 형의 정도가 동등함을 나타내고 (11나)의 '처럼, 같이'는 철수의 말을 하는 방식과 형의 말을 하는 방식이 동등함을 나타낸다. 그리고 (11다, 다')의 '대로'는 서술어 의 행위가 선행어가 나타내는 내용과 동일함을 의미한다. 이처럼 세부적인 차이는 있지만 '만큼, 처럼, 같이, 대로'는 모두 비교의 기준을 나타낸다는 공통점이 있다.

    (11) 가. 철수가 형만큼 크다.
          나. 철수가 형처럼/같이 말을 한다.
          다. 철수가 지시대로 작업을 한다.
          다'. 철수가 (어떻게 작업을 하라는) 지시대로 작업을 한다.

    넷째는 초점이 일정한 범위의 한 지점이나 경계를 가리키는 경우이다. 이 때 대안집합의 요소는 범위를 구성하는 다른 지점이나 부분이 된다. 이러한 범위의 보조사에는 '부터', '까지'가 해당되는데, (12가)에서 보듯이 '부터'는 범위의 시작점을 가리키고 '까지'는 범위의 끝점을 가리킨다. '까지'는 그 의미가 변화하여 첨가 보조사의 용법도 보이는데 (12나)는 범위와 첨가의 해석을 모두 지니고 (12다)는 첨가의 해석을 지닌다.[18]

---

18) '까지'는 부사격 조사로 보기도 한다. 그러나 "이제 5쪽까지 풀었다"에서 '(1쪽부터) 5쪽 까지'는 목적어이므로 이때의 '까지'를 부사격 조사로 보기 어렵다. 또 "게임을 그렇게까 지 좋아하는 줄 몰랐다"에서 보듯이 '까지'는 용언의 부사형 뒤에도 결합하므로 격조사와 분포가 다르다.

(12) 가. 1조부터 3조까지 앞으로 나오세요.

　　　나. 동생을 동구 밖까지 바래다주었다.

　　　다. 대학은 물론이고 대학원까지 졸업을 했어요.

의미 관계에 따른 보조사의 하위분류를 정리하면 다음과 같다.

(13) 가. 첨가의 보조사 : '도', '까지', '조차', '마저'

　　　나. 배제의 보조사

　　　　a) 배제함[소극적 배제]의 보조사 : '은/는', '(이)야/야'

　　　　b) 배제함[적극적 배제]의 보조사 : '만', '뿐', '밖에'

　　　　c) 배제됨[배제의 결과]의 보조사 : '(이)나', '(이)나마', '(이)라도'

　　　다. 비교의 보조사

　　　　a) 차등 비교 : '보다'

　　　　b) 동등 비교 : '만큼', '처럼', '같이', '대로'

　　　라. 범위의 보조사 : '부터', '까지'

　　앞서 우리는 보조사가 그 뒤에 다른 조사가 올 수 있는 후치사와 그렇지 않은 첨사로 나눌 수 있음을 살펴보았는데, 후치사와 첨사의 구분은 의미 관계에 따라 차이가 있다. 비교나 범위의 보조사는 모두 후치사이고 배제됨의 보조사는 모두 첨사이다. 또 소극적 배제의 보조사는 모두 첨사이나 적극적 배제의 보조사는 모두 후치사이다.[19] 이처럼 의미 관계에 따라 후치사와 첨사가 배분되는 양상은 보조사의 문법화 정도와 유관한 듯하다. 의미와 범주가 상관성을 보인다고 할 때 문법화 정도가 높은 의미 관계일수록 첨사가 많고 문법화 정도가 낮은 의미 관계일수록 후치사가 많은 경향을 보인다고 할 수 있다. 범위나 비교보다 배제됨의 의미 관계가 더 추상적이고 적극적 배제보다 소극적 배제가 더 추상적이기 때문이다.

---

19) 다만 '만'은 후치사의 용법 외에 첨사의 용법도 지닌다고 판단된다. 특히 "대령만(*이) 되어도 성공이지요."처럼 '만'이 충분조건 맥락에 사용될 때에는 그 뒤에 다른 조사가 올 수 없다.

2.2. 보조사의 의미 변이

위에서 보았듯이 보조사는 그것이 나타내는 초점과 대안집합의 요소가 어떤 관계가 있느냐에 따라 첨가, 배제, 비교, 범위의 의미 관계를 나타낸다. 그러나 다른 한편으로 대안집합을 구성하는 요소들이 어떻게 구성되어 있느냐에 주목을 한다면 각각의 의미 관계 내부에 의미 변이가 존재함을 확인할 수 있다.

대안집합의 요소는 특정한 순서 없이 집합을 이룰 수도 있지만 어떤 순서에 따라 집합을 이룰 수도 있다. 후자는 대안집합의 요소들이 흔히 정보성의 정도나 의미적 강도에 따라 선적으로 배열된 척도를 이루므로 척도적 (scalar) 대안집합이라고 부를 수 있다.[20] 그렇다면 초점이 생성하는 대안집합은 척도적인 것과 비척도적인 것의 두 종류로 나눌 수 있을 것이다.

(14) 가. 운동회에는 철수만 왔다.
　　가'. 철수는 사과를 두 개만 먹었다.
　　나. 동창회에 철수도 왔다.
　　나'. 이 문제는 초등학생도 풀 수 있다.

(14가)에서 '만'이 생성하는 대안집합은 철수와 맥락상 대조되는 사람들로 구성될 수 있다. 이때에는 '만'이 비척도적 용법을 보이므로 이 문장은 철수 외의 사람은 오지 않았다는 해석을 지닌다. 반면에 (14가')에서 '만'이 생성하는 대안집합은 {한 개, 두 개, 세 개, …}로 상정되므로 '만'이 척도적 용법을 보이고 이 문장은 철수가 사과를 셋 이상을 먹지 않았다는 해석을 지닌다. 이와 비슷하게 (14나)의 '도'는 비척도적 용법으로, (14나')의 '도'는 척도적 용법으로 해석될 수 있다. (14나')은 대안집합이 학력에 따라 배열된

---

20) 독일어의 'nur, auch'나 영어의 'only, even' 등이 척도적 용법과 비척도적 용법을 지니고 이는 대안집합의 구성 요소들이 어떻게 배열되어 있는지와 관련된다는 논의는 König (1991 : 37-42) 참조.

{초등학생, 중학생, 고등학생, 대학생} 정도로 가정되므로 누구나 풀 수 있다는 해석을 지닌다.

그러나 보조사가 생성하는 대안집합이 척도적이냐 비척도적이냐 하는 문제는 의미적인 것이 아니라 화용론적인 것이다. 그래서 흔히 비척도적으로 간주되는 (14가, 나)도 적절한 맥락만 주어지면 척도적으로 해석될 수 있다. 예컨대 운동회에 가족이 많이 참여하는 것이 권장되는 상황이라면 {철수, 철수+어머니, 철수+어머니+아버지}와 같은 대안집합이 형성될 수 있어 (14가)는 철수가 가족과 함께 오지 못했음을 뜻하게 된다. 또 (14나)도 동창 모임에 참석할 가능성이라는 척도가 상정되면 척도적 해석이 발생하게 된다.

척도성은 백과사전적 지식 외에 특정한 맥락에 따라 결정되므로 맥락에 따라 척도값이 역전되는 현상이 나타나기도 한다.

> (15) 가. 반찬을 천 원어치만 샀다.
> 가'. 철수만 오면 아이가 운다.
> 나. 근본적인 개혁만이 당면한 문제를 해결할 수 있다.
> 나'. 가장 큰 소리만 신경 쓰인다.

(15가), (15가')은 맥락상 각각 {1 : 천원 어치, 2 : 삼천 원 어치, 3 : 오천 원 어치}와 {1 : 철수가 온다, 2 : 철수보다 더 무서운 사람이 온다, 3 : 최고로 무서운 사람이 온다} 같은 척도가 상정될 수 있어 여기서 '만'의 초점은 척도상의 하위값을 가리킨다. 반면에 (15나), (15나')은 맥락상 각각 {1 : 작은 변화, 2 : 상당한 변화, 3 : 근본적인 개혁}, {1 : 가장 작은 소리, 2 : 중간 크기의 소리, 3 : 가장 큰 소리}의 척도가 상정될 수 있어 '만'의 초점은 척도상의 상위값을 가리킨다. 척도값 역전(scale reversal)이 발생한 것이다.

이러한 척도값 역전은 (15가, 가')이 충분조건 맥락이고 (15나, 나')이 필요조건 맥락인 점과 관련되어 있다.[21] 충분조건을 가리키는 'X가 충분하다'는

'X보다 큰 값이 필요치 않다'를 함의하므로 배제 보조사의 초점 X는 하위 값을 가리키게 되고, 필요조건을 가리키는 'X가 필요하다'는 'X보다 작은 값은 충분치 않다'를 함의하기 때문에 배제 보조사의 초점 X는 상위값을 가리키게 된다. 이와 같은 맥락의 차이가 척도값 역전을 유발한 것이다.

척도값 역전은 의미상 상충되는 배제 보조사와 첨가 보조사가 함께 쓰이는 현상을 잘 설명해 준다. 충분조건 맥락에서 척도값 역전이 일어나면 배제 보조사와 첨가 보조사가 함께 쓰일 수 있는 환경이 제공되기 때문이다. 충분조건 맥락에서 배제 보조사는 하위값을 가리키면서 하위값이 성립하면 그 상위값도 성립함을 의미하므로 배제 보조사가 첨가 보조사와 결합할 수 있게 된다. (16)은 첨가 보조사와 배제 보조사가 함께 쓰인 예인데 이때에는 배제 보조사 '만'이 좁은 영향권을 지니고 첨가 보조사 '도'가 넓은 영향권을 지녀 '만도'의 순서로 나타난다.

> (16) 가. 야근 생각<u>만으로도</u> 스트레스 생긴다.
>   나. 이것<u>만도</u> 충분해.

3. 첨가 보조사

첨가 보조사에는 첨사 '도'와 후치사 '까지', '조차', '마저'가 있다. 앞서 살펴본 대로 '도'는 척도적 용법과 비척도적 용법을 모두 지니나 '까지', '조차', '마저'는 척도적 용법만 있다는 차이가 있다. 또 '까지'와 '조차'를 비교하면 '까지'는 (17가), (17다)에서 각각 보듯이 긍정적 속성이 강해지는 {1, 2, 3}의 척도나 부정적 속성이 강해지는 {-1, -2, -3}의 척도를 모두 허용하나 '조차'는 (17나, 다)에서 보듯이 부정적 속성이 강해지는 {-1, -2, -3}

---

21) 척도값 역전과 충분조건, 필요조건을 연관시킨 논의는 König(1991 : 102-104) 참조

의 척도만 허용한다는 특징이 있다.22)

> (17) 가. 대학원<u>까지</u> 졸업을 했어요.
> 　　나. 초등학교<u>조차</u> 졸업을 못 했어요.
> 　　다. 너<u>까지/조차</u> 나를 못 믿니?

　한편 '도'가 지니는 척도적 용법은 '도'가 양보 구문의 형성에 관여하는 현상을 잘 설명해 준다(林東勳 2007). '도'가 표시하는 초점의 대안집합이 척도적일 때에 초점이 척도의 끝값과 연관되면 '도'가 결합한 선행절이 후행절과 양립하지 않으면서 후행절이 단언되는 효과가 발생하기 때문이다.

> (18) 가. 개미 새끼 한 마리<u>도</u> 얼씬거리지 못하게 해라.
> 　　나. 월급을 안 주어<u>도</u> 좋으니 일을 하게 해 주세요.

　(18가)에서 '도'의 초점은 감시 대상이 되는 물체로 구성되는 대안집합을 생성한다. 여기서 개미 새끼 한 마리는 감시 대상이 될 가능성이 가장 작은 물체로서 척도상의 끝값을 표시한다. 그런데 이 경우도 감시 대상으로 삼으라는 말이므로 그것이 무엇이든 상관없이 감시 대상으로 삼으라는 뜻을 지닌다. (18나)도 월급을 받는 것은 일을 하는 최소한의 조건으로서 척도상의 끝값에 해당하는데 월급을 주지 않을 때라도 일을 하겠다는 것이므로 선행절과 관계없이 후행절이 성립함을 함의한다. '도'는 이처럼 선행절과 상관없이 후행절이 단언됨을 표시하는 데 관여하므로 양보(concessives) 구문의 형성에 참여한다. 양보는 선후행절의 양립불가능성과 후행절의 단언으로 정의되기 때문이다.23)

---

22) '마저'는 '조차'와 비슷하게 부정적 속성이 강해지는 척도적 용법으로 쓰임이 일반적이다. 그러나 후술하겠지만 보조사 '마저'는 "남김없이 모두"라는 뜻의 부사 '마저'에서 문법화한 것이어서 긍정, 부정 속성과 상관없이 순서상의 마지막 것을 가리키는 용법도 있다. 후자의 용법은 문법화 과정에서 이전 시기의 의미가 살아남은 잔존 의미라고 할 수 있다. 기존 논의에서 후자의 용법과 관련되는 예를 찾아 제시하면 "다 가고 너만 남았다. 너<u>마저</u> 가겠니?"가 있다(채완 1977 : 49).

첨가 보조사는 후술할 배제 보조사와 비교할 때 단언(assertion)과 전제 (presupposition)의 양 측면에서 차이가 있다(채완 1977 : 40, König 1991 : 55, Huddleston & Pullum 2002, 林東勳 2007). 배제 보조사 '만'이 쓰인 (19가)는 (19나)를 전제하면서 (19다)를 단언한다. (19다)가 단언임은 이를 부정한 (19라)에서 "초점과 동일한 값을 지니는 다른 사람이 존재하지 않음"이라는 의미가 부정됨을 통해서 알 수 있다. 반면에 첨가 보조사 '도'가 쓰인 (20가)에서는 반대로 (20나)가 단언이 되고 (20다)가 전제가 된다. (20다)가 전제임은 (20가)를 부정한 (20라)에서 "초점과 동일한 값을 지니는 다른 사람이 있음"이라는 의미가 그대로 유지되는 현상을 통해서 알 수 있다.[24]

(19) 가. 철수만 합격하였다.
    나. 철수가 합격하였다.
    다. 철수 외에 다른 사람은 합격하지 않았다.
    라. 철수만 합격하지 않았다.

(20) 가. 철수도 합격하였다.
    나. 철수가 합격하였다.
    다. 철수 외에 다른 사람이 합격하였다.
    라. 철수도 합격하지 않았다.

위에서 보았듯이 배제 보조사는 "초점과 동일한 값을 지니는 다른 요소가 없음"이라는 의미를 단언한다. 이런 측면에서 적어도 일부 보조사가 표시하는 초점(세로초점)은 문장의 의미 해석에 관여할뿐더러 때로 진리조건적 의미에 영향을 끼치기도 한다. (20가)와 (20나)의 진리조건적 의미는 동

---

23) 양보는 전건(antecedent)과 후건(consequent) 사이에 양립불가능성(incompatibility)이 존재한다는 특징이 있다. 양보는 다시 양보적 조건과 좁은 뜻의 양보로 나뉘는데, 전자는 후건만 단언되고 후자는 전건과 후건이 모두 단언된다는 차이가 있다. 이에 대해서는 König & van der Auwera(1988) 참조.
24) 이 점에서 첨가 보조사는 부정보다 더 넓은 영향권을 지니지 않는 한 부정문으로 잘 나타나지 않는다는 특징이 있다.

일하나 (19가)와 (19나)의 진리조건적 의미는 동일하지 않기 때문이다.[25]

4. 배제 보조사

앞에서 살펴보았듯이 배제의 보조사는 배제함을 나타내는 보조사와 배제
됨을 나타내는 보조사로 갈리고 전자는 다시 소극적 배제를 나타내는 경우
와 적극적 배제를 나타내는 경우로 갈린다. 소극적 배제를 나타내는 보조사
로는 '은/는'과 '(이)야/야'가 있는데 이 둘은 정보 구조상의 차이가 있다.
'은/는'은 관계적 구정보인 주제나 관계적 신정보인 정보 초점에 모두 나타
날 수 있으나 '(이)야'는 정보 초점에만 나타날 수 있고 수제에는 나타날 수
없다는 특징이 있다.[26]

> (21) 가. 철수는/^{??}야 시집 읽는 것을 좋아하지.
>
> 나. 철수는/[*]야 말이야 시집 읽은 것을 좋아하지.
>
> 다. 그런데 철수는/[*]야 뭘 좋아하지?
>
> 라. 문 : 이 집에서는 누가 문제지?
>
>   답 : 철수야 걱정 없고, 아마 동생이 취업 때문에 문제지 뭐.

보조사의 선행 성분이 주제로 해석되는 맥락이라면 (21가)에서 '는'은 결

---

25) Rooth(1996)에서 영어를 예로 들어 초점이 진리조건적 의미에 영향을 끼칠 수 있음을 지
적한 바 있는데, 이 역시 동일한 현상이다.

가. John only introduced [Bill]_F to Sue.

나. John only introduced Bill to [Sue]_F.

(가)와 (나)는 'only'에 걸리는 초점만 다를 뿐 나머지는 동일한 문장이다. 그러나 John이
Bill과 Tom을 Sue에게 소개한 상황이라면 (가)는 거짓이 되고 (나)는 참이 되나, John이 Bill
을 Sue와 Jane에게 소개한 상황이라면 반대로 (가)가 참이 되고 (나)가 거짓이 된다.

26) 채완(1977 : 28)에서 "사람은/[?]사람이야 이성적 동물이다"와 같은 예를 들어 '는'은 화제
와 대조를 나타낼 수 있으나 '야'는 언제나 대조를 나타낸다고 본 바 있다.

합할 수 있으나 '야'는 결합하기 어렵다고 판단된다. (21가)에서 '야'가 가능
하다면 철수가 주제가 아니고 문장 전체가 초점인 경우일 것이다.[27] (21나)
에서는 주제 해석을 분명히 하기 위해 그 뒤에 '말이야'를 덧붙였는데, 이때
에는 '야'를 쓸 수 없다. 또 (21다)에서 보듯이 나머지 부분에 의문사를 넣어
그것이 관계적 신정보임을 표시하고 보조사의 선행 성분이 주제임을 표시
하는 맥락에서도 '야'는 쓰일 수 없다. 반면에 (21라)에서처럼 의문사에 대
응하는 가로초점(정보 초점) 자리에는 '야'가 자유롭게 쓰일 수 있다.

'(이)야'는 '는'과 비슷하게 소극적 배제의 의미 관계를 나타냄이 일반적
이나 일부 격조사나 어미 뒤에 결합하는 '야'는 소극적 배제의 '는'과 다르
고 오히려 적극적 배제를 나타내는 '만'과 비슷한 용법을 지니기도 한다.[28]
Ramstedt(1939 : 90)에서는 '보아야 알겠네'에서의 '-야'에 대해 "only"라는
주석을 달고 있는데, 이 역시 '야'가 적극적 배제의 용법이 있음을 지적한
논의라 할 수 있다.

> (22) 가. 이 기계는 영하에서만 작동한다.
> 나. 이 기계는 영하에서야 작동한다.
> 나'. 이 기계는 영하라는 조건이 충족되어서야 작동한다.

그래서 (22)에서 보듯이 '만' 자리에 '야'가 쓰여도 적극적 배제의 의미

---

27) (21가)에서 '는'이 쓰일 때와 '야'가 쓰일 때에는 악센트도 차이가 난다. '철수는'은 대조
주제에 적합한 L+H* 악센트로, '철수야'는 초점에 적합한 H* 악센트로 나타난다고 판단된
다. 이에 대해서는 임동훈(2012), 악센트와 정보 구조의 관련성에 대해서는 Pierrehumbert
& Hirschberg(1990), Pierrehumbert의 억양 음운론에 대한 개괄적 설명은 Ladd(2008 : 3장)
참조.
28) 현대국어의 '야'는 중세어의 'ᅀᅡ'에서 발달하였다. 중세어의 'ᅀᅡ'는 조사 용법과 어미 용
법을 아울러 지녔으며 명사 바로 뒤에 결합할 때에는 계사 어간 '이-'에 'ᅀᅡ'가 결합한
'이ᅀᅡ' 형이 쓰였다. 현대국어에서 '이ᅀᅡ'의 후대형 '이야'가 보조사로 문법화하면서 '이
야'는 '(이)야'로 재분석되고 일부 격조사나 어미 뒤에 쓰이는 'ᅀᅡ'의 후대형 '야'와 공존
하고 있다. 그런데 적극적 배제의 용법은 '(이)야'가 아니라 '야'의 일부 예에서 발견된다.
중세어에서는 'ᅀᅡ'의 용법이 더 넓었다가 차츰 소극적 배제로 발달하였으나 일부 예에서
는 적극적 배제의 용법이 잔존한 것으로 판단된다. 'ᅀᅡ'의 문법사와 중세어의 'ᅀᅡ'가 한정
의 용법도 지녔음은 이현희(1995) 참조.

관계는 유지된다. 다만 '야'가 적극적 배제의 의미 관계를 표시하기는 하나
두 가지 점에서 '만'과 차이가 있다. 첫째, '야'는 척도적 용법으로만 쓰여
척도적 용법과 비척도적 용법을 모두 지니는 '만'과 차이가 있다. 둘째, '야'
는 필요조건 맥락에서만 쓰이고 충분조건 맥락에서는 쓰이지 못하여 척도
상의 하위값을 가리키지 못한다.[29]

소극적 배제를 나타내는 '은/는'에 대해서는 이를 주제 표지로 보거나 대
조의 의미를 나타내는 표지로 보는 논의들이 있었다. 그러나 앞서 (4)의 예
를 통해 알 수 있듯이 '은/는'은 정보 초점에도 나타나므로 주제 표지라고
하기 어렵다.[30] 편의상 (4)의 예를 (23)으로 가져와 다시 보기로 하자.

    (23) 문 : 선희가 뭘 잘 먹지?
         답1 : 냉면을 잘 먹어요.
         답2 : 냉면은 잘 먹어요.

(23답1)의 '냉면을'은 의문사 '뭘'에 대한 대답으로서 정보 초점이 된다.
그러나 (23문)에 대한 대답은 (23답2)로도 할 수 있어 이때 '냉면은'은 마찬
가지로 정보 초점이라고 할 수 있다(임동훈 2012). 다만 냉면 외의 다른 음
식에 대해서는 잘 모르겠다는 소극적 배제의 의미가 더해질 뿐이다.

그렇다면 '은/는'은 대조의 표지인가? 그렇다고 할 수 있으나 이 주장이
성립하려면 대조의 의미가 더 분명히 기술될 필요가 있다. 앞서 언급하였듯
이 세로초점 표지인 보조사가 생성하는 대안집합은 초점과 맥락상 대조되
는 관계에 있는 요소들로 구성된다. 이 점에서 보조사는 모두 대조조사라고
할 수 있다. 대조는 '은/는'이 독점할 수 있는 의미 관계가 아닌 것이다. 다
만 '은/는'은 대조 관계 중에서 소극적 배제의 의미 관계를 표시한다고 할

---

29) 이런 까닭에 '야'는 '-어야 하다'처럼 의무를 가리키는 구성의 형성에 참여한다. 그 밖에
   적극적 배제의 '야'가 쓰인 예로는 '석사학위 소지자여야 지원할 수 있다', '이 꽃은 추운
   계절이 되어서야 핀다', '지금은 모르고 한참 후에야 알 수 있어' 등이 있다.
30) 박철우(1998)에서는 '은/는'을 주제(topic) 표지로 보고 '은/는'이 정보 초점에 나타날 수 없
   다고 주장하였다.

수 있다.

대조가 '은/는'만의 의미 관계가 아니라면 왜 보조사 중에서 '은/는'은 주제나 정보 초점(가로초점)에 모두 실현될 수 있으나 그 밖의 보조사는 주제에 실현되기 어려운지가 설명될 필요가 있다. 이는 문장에 실현된 주제의 기능과 관련이 있다. 비교, 범위의 의미 관계는 말할 것도 없고 적극적 배제의 의미 관계 역시 주제의 기능에 적합하지 않기 때문이다.

주제는 이전 담화와 동일한 경우가 있고 그렇지 않은 경우가 있다. 전자는 주제가 생략되거나 대명사가 발달한 언어에서는 비강세 대명사가 쓰인다. 그러나 후자는 담화상의 상위 주제에서 파생된 하위 주제를 표시하거나 이전에 언급된 주제나 추론된 주제로 전환될 때, 그리고 이전 담화의 정보 초점이 주제가 된 경우에 해당한다. 이럴 때는 그 밖의 다른 대상이나 상황과 대조되기는 하나 그들에 대해서는 관심이 적거나 정보가 부족하여 분명히 언급하기 어려운 경우가 일반적이다. 이런 이유로 이런 기능에 적합한 소극적 배제의 '은/는'이 주제 표시에 이용된 것이라고 판단된다.

배제됨을 나타내는 보조사에는 '(이)나', '(이)나마', '(이)라도'가 있는데, 이들은 대안집합의 요소가 배제되어 초점이 선택된, 즉 배제의 결과를 나타낸다는 점에서 잔여의 보조사라고 할 만하다. 그런데 선택하지 못한 요소와 남겨진 요소 사이에는 일정한 순서가 존재하므로 배제됨을 나타내는 보조사의 초점은 모두 척도적 대안집합을 생성한다는 특징이 있다.

배제됨의 보조사와 배제함의 보조사는 척도값 역전의 면에서 비슷한 점도 있다. 예컨대 '(이)나'는 '만'과 비슷하게 척도값이 역전되는 현상이 있다. (24가)는 맥락상 {5킬로, 10킬로, 15킬로}와 같은 척도가 상정될 수 있어 '(이)나'의 초점은 상위값이 배제된 하위값을 표시한다. 그러나 (24나)는 맥락상 {1킬로, 3킬로, 5킬로}와 같은 척도가 상정될 수 있어 '(이)나'의 초점이 하위값이 배제된 상위값을 표시한다. 척도값 역전이 발생한 것이다. (24가)는 사고의 영역에 있어 상상을 통해서만 알 수 있는 서상적(irrealis) 맥락을 나타내고 (24나)는 실현된 것이어서 직접적인 지각을 통해 알 수 있는 서

실적(realis) 맥락을 나타내는데, 척도값 역전은 이러한 맥락의 차이와 관련이
있어 보인다.

> (24) 가. 5킬로나 뺄까 모르겠네.
> 나. 5킬로나 뺐어?
> 다. 오늘 무척이나 덥구나.
> 라. 마치 부모나/라도 되는 듯이 행동하네.

　맥락에 따른 척도값 역전은 (24다)에서처럼 부사 뒤의 '(이)나'가 강조의
뜻을 나타내는 용법도 잘 설명해 준다. (24다)는 서실적 맥락으로서 하위값
이 배제된 상위값을 나타내는데 이것이 강조 효과를 내기 때문이다. 반면에
(24라)는 현실에서 허용되지 않는 상황을, 그리하여 현실에서 배제된 결과를
가리킨다. 실제와의 부합 정도라는 척도를 상정하면 '부모가 되-'는 척도상
의 하위값에 해당한다. 실제로는 부모가 아니므로 현실과의 부합 정도가 낮
기 때문이다. 이처럼 서상적 맥락에 쓰인 '(이)나'는 초점이 하위값을 나타
내므로 '(이)라도'로 교체될 수 있다는 특징이 있다. 이는 같은 서상적 맥락
인 (24가)도 마찬가지다.[31]

　'(이)나'는 어림의 뜻을 나타내는 용법도 있다. (25가)가 그 예인데, 이러
한 '(이)나'는 특정되지 않은 선택을 나타내는 접속조사 '(이)나'에서 발달한
것으로 보인다. 즉 'A이나 B이나' 구성에서 'A이나' 구성이 발달하면서 특
정되지 않은 선택이라는 의미가 어림의 의미로 잔존해 있는 것으로 판단된
다. 이러한 '(이)나'는 (25나)에서 보듯이 정확하지 않은 비교를 나타낼 때도
쓰인다. 이들 용법은 '(이)라도'와 교체될 수 없다.

---

31) '(이)나'는 대안집합 요소의 배제가 실현되어 있음을 전제하지 않고 그러한 배제 관계가
　　가정되기만 하면 쓰일 수 있으므로 서실적 맥락보다 서상적 맥락에 쓰임이 일반적이다.
　　따라서 '(이)나'가 서실적 맥락에 쓰일 때에는 일정한 유표성을 표출한다. (24나)에서는 놀
　　람을 나타내는 억양이 동반되고 (24다)처럼 강조를 나타낼 때에는 '몹시, 퍽, 무척, 너무,
　　꽤, 더욱' 등과 같은 정도 부사에 결합함이 일반적이다.

(25) 가. 지금 몇 시나 되었니?

　　나. 그 두 사람은 사귀는 것이나 다름없다.

　　다. 그 사람이 언제나 올 것 같아?

　　라. 그는 언제나 술을 마신다.

그러나 보조사 '(이)나'의 일부 용법이 접속조사 '(이)나'와 관련된다고 해도 공시적으로 이 둘은 분명히 구분된다. 그래서 (25다, 라)에 쓰인 두 종류의 '언제나'를 구분하는 일은 필요하다. (25다)의 '언제나'는 어림을 나타내는 보조사 '(이)나'가 결합한 예이고 (25라)는 접속조사 '(이)나'가 결합한 예로서 이는 '(낮이나 밤이나) 언제나'에 대응한다.

이제 '(이)나'를 첨가 보조사 '도', 배제 보조사 '만', 그리고 같은 계열이라고 간주되는 '(이)라도'와 비교하여 그 특징을 살펴보기로 한다. '(이)나'와 '도'의 비교는 의미 관계의 대립성을 확인하기 위함이고, '(이)나'와 '만', '(이)라도'와의 비교는 배제라는 의미 관계 속에서 발견되는 차이를 확인하기 위함이다. 우선 비교의 틀을 만들기 위해 대안집합이 주어 쪽에서 발생하는 경우와 서술어(predicate)[32] 쪽에서 발생하는 경우로 나누어 논의하기로 한다.

먼저 '(이)나'와 '도'의 용법을 비교해 보자. 서술어는 고정되어 있고 주어가 대안집합을 형성하는 경우로 다음과 같은 예를 생각해 볼 수 있다.

(26) 가. 초등학생도 풀 수 있다.

　　나. 대학생도 풀 수 없다.

　　다. 대학생이나 풀 수 있다.

　　라. 초등학생이나 풀 수 없다.

---

32) 'predicate'는 목적어를 포함하므로 '서술부'라고 표현함이 더 정확할 것이다. 그러나 관례에 따라 서술어가 두 가지 용법을 지니는 것으로 처리한다. 하나는 목적어를 제외한 좁은 뜻의 서술어(predicator)이고 또 하나는 주어를 제외한 나머지를 가리키는 넓은 뜻의 서술어(predicate)이다.

(26가, 다)는 '풀 수 있다'라는 서술어를 기준으로 판단할 때 {1 : 초등학생, 2 : 중학생, 3 : 고등학생, 4 : 대학생}과 같은 척도적 대안집합이 상정된다. '도'가 쓰인 (26가)는 초점이 척도상의 하위값을 가리키나 '(이)나'가 쓰인 (26다)는 초점이 척도상의 상위값을 가리킨다. 반면 (26나, 라)는 '풀 수 없다'라는 서술어를 기준으로 판단할 때 {1 : 대학생, 2 : 고등학생, 3 : 중학생, 4 : 초등학생}과 같은 척도적 대안집합이 상정된다. '도'가 쓰인 (26나)는 역시 초점이 척도상의 하위값을 가리키나 '(이)나'가 쓰인 (26라)는 초점이 척도상의 상위값을 가리킨다.

그런데 주어는 고정되어 있고 서술어가 대안집합을 형성하는 경우에는 위와 다른 모습을 보인다.

(27) 가. 여행도 가다/고급도 풀다
　　　나. 차도 못 마시다/초급도 못 풀다.
　　　다. 차나 마시다/초급이나 풀다
　　　라. 여행<u>이나</u> 못 가다/고급<u>이나</u> 못 풀다

(27가, 다)는 맥락상 {1 : 차를 마시다/초급을 풀다, 2 : 영화를 보다/중급을 풀다, 3 : 여행을 가다/고급을 풀다}와 같은 척도적 대안집합이 상정된다. '도'가 쓰인 (27가)는 (26가)와 달리 그 초점이 척도상의 상위값을 가리키고 '(이)나'가 쓰인 (27다)는 (26다)와 달리 그 초점이 척도상의 하위값을 가리킨다. (27나, 라)는 맥락상 {1 : 여행을 못 가다/고급을 못 풀다, 2 : 영화를 못 보다/중급을 못 풀다, 3 : 차를 못 마시다/초급을 못 풀다}와 같은 척도적 대안집합이 상정된다. '도'가 쓰인 (27나)는 (26나)와 달리 그 초점이 척도상의 상위값을 가리키고 '(이)나'가 쓰인 (27라)는 그 초점이 (26라)와 달리 척도상의 하위값을 가리킨다.

'(이)나'와 '도'는 척도값 측면에서 상반되는 모습을 보일뿐더러 비한정 (indefinite) 대명사 '아무'와 결합했을 때 극성(polarity)의 측면에서 상반되는

모습을 보이기도 한다. 첨가 보조사 '도'는 긍정 맥락에서 '아무'와 결합할 수 없다. 긍정 맥락에서의 첨가는 특정한 개체여야 하기 때문이다. 반면에 부정 맥락에서는 첨가가 특정한 개체일 필요가 없어 '아무'와 결합하여 전칭 양화의 기능을 할 수 있다.33) 이와 달리 배제됨의 보조사 '(이)나'는 긍정 맥락에서 '아무'와 결합할 수 있다. 비한정의 '아무'가 '(이)나'의 초점이 되면 배제된 대안집합의 요소들이 되살아나 자연스레 전칭 양화가 된다. 배제됨의 보조사 '(이)라도'도 '아무'와 결합하면 마찬가지로 전칭 양화의 기능을 한다.

이제 배제됨의 보조사인 '(이)나'를 배제함의 보조사인 '만'과 비교하기로 한다. 앞서 '(이)나'가 '도'와 상반되는 측면이 있음을 보았는데, 이는 '(이)나'와 '만'이 공통점이 있을 가능성을 제기한다. 일반적으로 '만'과 '도'는 대립되는 의미 속성을 지닌다고 간주되기 때문이다.

> (28) 가. 가장 작은 소리만/나 신경 쓰이지 않는다.
> 　　　나. 가장 큰 소리만/나 신경 쓰인다.

서술어가 '신경 쓰이지 않-'인 (28가)는 맥락상 '{1 : 가장 큰 소리, 2 : 중간 크기의 소리, 3 : 가장 작은 소리}'와 같은 척도적 대안집합이 상정되는데, '만'이나 '(이)나'의 초점은 모두 척도상의 상위값을 표시한다. 서술어가 '신경 쓰이-'인 (28나)는 맥락상 '{1 : 가장 작은 소리, 2 : 중간 크기의 소리, 3 : 가장 큰 소리}'의 척도적 대안집합이 상정되는데, 이 역시 '만'이나 '(이)나'의 초점은 모두 척도상의 상위값을 표시한다. (28)은 주어가 대안집합을 형성하는 경우인데 '만'이 필요조건 맥락에 쓰이면 '(이)나'와 '만'의 척도값이 같음을 알 수 있다.

그러나 주어가 대안집합을 형성하는 경우이더라도 '만'이 충분조건 맥락

---

33) 첨가 보조사가 비한정 대명사와 결합하여 전칭 양화를 보이는 현상은 척도적 용법을 전제하지 않는다. 따라서 첨가 보조사 중에서 척도적 용법만 지니는 '까지, 조차, 마저'는 '아무'와 결합하여 전칭 양화의 기능을 발휘하지 못하는 것으로 보인다.

에 쓰일 때에는 '만'과 '(이)나'의 척도값이 반대가 된다. '만'이 쓰인 (29가)
는 철수가 오는 것이 아이가 우는 충분조건이라서 그보다 심한 상황이면 아
이가 역시 울 것이므로 철수가 오는 것이 하위값에 해당한다. 반면에 (29나)
는 무서운 철수 정도가 와야 아이가 운다는 것이므로 철수가 오는 것은 척
도상의 상위값에 해당한다.[34]

> (29) 가. 철수만 오면 아이가 운다.
>   나. 철수나 오면 아이가 울지.

다음으로는 또 다른 배제됨의 보조사인 '(이)라도'에 대해 살펴보기로 한
다. '(이)라도'는 배제의 결과 나타난 잔여 요소가 척도상의 최소값에 해당
함을 표시한다. 이를 '도', '(이)나'와 비교하면, 다음 (30)처럼 서술어가 고정
되고 주어가 대안집합을 형성할 때에는 '도'와 동일하게 하위값을 표시하지
만 (31)처럼 주어가 고정되고 서술어가 대안집합을 형성할 때에는 서술어의
극성에 따라 이중적 패턴을 보인다.

주어가 대안집합을 형성하는 경우 '(이)라도'는 (30가, 나)에서 보듯이 초
점이 하위값을 표시하므로 '도'와 동일한 속성을 보인다.[35] 그러므로 (30다,
라)처럼 초점이 상위값을 표시할 때에는 '(이)라도'가 쓰일 수 없다.

---

34) 주어가 고정되고 서술어가 대안집합을 형성하는 경우는 "(그 회사는) 박사학위 소지자만
받는다. 그래서 석사학위로는 힘들다", "(철수는) 만 원만 가지고 나갔다. 그걸로 충분하다
고 보아."에서 보듯이 필요조건인 경우는 상위값을, 충분조건인 경우는 하위값을 가리킨
다. '만'의 경우는 대안집합이 주어에서 형성되든 서술어에서 형성되든 필요조건 맥락이
면 상위값을, 충분조건 맥락이면 하위값을 표시한다.
35) (26)에서 언급하였듯이 (30가, 다)는 '풀 수 있다'라는 서술어를 기준으로 판단할 때 {1 :
초등학생, 2 : 중학생, 3 : 고등학생, 4 : 대학생}과 같은 척도적 대안집합이 상정되고 (30
나, 라)는 '풀 수 없다'라는 서술어를 기준으로 판단할 때 {1 : 대학생, 2 : 고등학생, 3 :
중학생, 4 : 초등학생}과 같은 척도적 대안집합이 상정된다. '풀 수 있다'가 서술어일 때
'초등학생'이 1, '중학생'이 2라는 것은 풀 수 있는 능력의 척도를 가정할 때 초등학생이
1, 중학생이 2에 해당된다는 뜻이다.

(30) 가. 초등학생도/이라도 풀 수 있다.
　　나. 대학생도/이라도 풀 수 없다.
　　다. 대학생이나/*이라도 풀 수 있다.
　　라. 초등생이나/*이라도 풀 수 없다.

　반면에 서술어가 대안집합을 형성하는 경우는 상위값이나 하위값 한쪽으로 고정되지 않는다. (31가, 나)는 초점이 상위값을 표시하고 (31다, 라)는 초점이 하위값을 표시하는데,[36] (31나)처럼 부정 서술어일 때에는 상위값을 표시하고 (31다)처럼 긍정 서술어일 때에는 하위값을 표시한다. 그래서 서술어가 대안집합을 형성할 때에는 '(이)라도'가 '도'와 '(이)나'의 속성을 반반씩 지니는 것이다. 이러한 현상은 '(이)라도'가 의미 관계상 '(이)나'와 같은 계열을 형성하면서 형태상 '도'를 포함하고 있는 점을 잘 설명해 준다.

(31) 가. 여행도/*이라도 가다
　　나. 차도/라도 못 마시다.
　　다. 차나/라도 마시다
　　라. 여행이나/*이라도 못 가다

　위에서 우리는 '(이)나'와 '도', '만'의 의미 및 척도값을 비교하고, 이에 근거하여 '(이)라도'와 '(이)나', '도'의 의미 및 척도값을 고찰해 보았다. 그 결과 '(이)나'와 '도'는 의미 관계가 대척적이라는 점, '(이)나'는 '만'과 맥락에 따라 동일한 척도값을 지니기도 하고 상반되는 척도값을 지니기도 한다는 점, '(이)라도'는 '(이)나'의 성격과 '도'의 성격을 반반씩 지닌다는 점 등을 살펴보았다. 이상의 내용을 척도값을 중심으로 요약하면 다음과 같다.

---

36) (31)의 정문, 비문 판단은 대안집합에 따라 달라질 수 있다. (31가, 다)는 {1 : 차를 마시다, 2 : 영화를 보다, 3 : 여행을 가다}와 같은 척도적 대안집합이, (31나, 라)는 {1 : 여행을 못 가다, 2 : 영화를 못 보다, 3 : 차를 못 마시다}와 같은 척도적 대안집합이 상정되는 경우이다. (31나)는 '차라도 못 마시면 어떡하지?'와 같은 예를 가리킨다.

(32) '도', '(이)나', '만', '(이)라도'의 척도값 비교[37]

	주어가 대안집합을 형성하는 경우	서술어가 대안집합을 형성하는 경우
'도'	하위값	상위값
'(이)나'	상위값	하위값
'만'	하위값(충분조건)	하위값(충분조건)
	상위값(필요조건)	상위값(필요조건)
'(이)라도'	하위값	하위값(긍정 서술어)
		상위값(부정 서술어)

5. 부사의 보조사화

앞서 보았듯이 보조사는 대안집합을 생성하는 세로초점 표지라고 할 수 있다. 그런데 대안집합은 초점과 맥락상 대조되는 관계에 있는 요소들의 집합으로서 첨가, 배제와 같은 의미적 연산이 작동하는 양화 영역이기도 하다. 이러한 점에서 보조사가 표시하는 세로초점은 양화 영역을 대상으로 하는 양화 초점의 성격을 지닌다.

보조사는 양화 초점을 표시한다는 점에서 양화상의 영역을 수식하는 일부 부사와 기능이 겹치는 면이 있다. 그래서 한국어의 보조사에 상응하는 요소는 상당수 언어에서 부사로 실현되기도 한다. 이런 의미상의 관련성은 한국어에서도 양화와 관련된 일부 부사가 보조사와 비슷한 기능을 하거나 또는 더 나아가 보조사화하는 경향이 존재할 가능성을 제기한다. 실제로 한국어에서는 이러한 현상이 여럿 발견된다.

---

37) '(이)나'가 서상적 맥락이냐, 서실적 맥락이냐에 따라 척도값 변화를 보이는 것은 '만'이 충분조건 맥락이냐 필요조건 맥락이냐에 따라 척도값 변화를 보이는 것과 다르다. 주31)에서 언급하였듯이 '(이)나'가 서실적 맥락에 쓰일 때에는 유표성을 보이기 때문이다. 따라서 여기서는 서상적 맥락을 기준으로 척도값을 제시하였다.

아래 (33)에서 '좀'은 부사이지만 후행하는 서술어를 수식하지 않아 일반적인 부사와 성격이 다르다.[38] '좀'이 '취직을 하다, 들다, 잘하다, 보내다, 쓰다'를 수식하지 않기 때문이다. 이때의 '좀'은 의미상 선행하는 '철수가, 과일(을), 가족에게, 해외로, 글은/도'를 수식하는데, 그렇다고 명사구나 격조사구 뒤에 오는 '좀'을 관형사로 볼 수도 없다. 한국어에서 관형사는 명사구 앞에만 오기 때문이다.[39]

> (33) 가. [철수가 좀] 취직을 해야 할 텐데.
> 나. [과일(을) 좀] 드세요.
> 다. [가족에게 좀] 잘해라.
> 라. 저를 [해외로 좀] 보내 주세요.
> 마. 신입사원이 [글은/도 좀] 쓰니?

'좀'과 비슷한 모습은 부사 '한번', '다'에서도 찾아볼 수 있다. (34)에서 보듯이 이들도 후행하는 서술어를 수식하지 않고 선행하는 명사구나 격조사구를 수식하기 때문이다. 예컨대 (34가)에서 '한번'이 형용사인 '급하다'를 수식한다거나 (34다)에서 '다'가 '농담을 하다'를 수식한다고 보기는 어렵다. 다만, '한번'과 '다'는 차이가 있어 전자는 속성을 나타내는 명사 바로 뒤에만 결합한다는 제약이 있으나 후자는 선행 명사에 대한 제약이 없다.

> (34) 가. 그 친구 [성격 한번] 급하네.
> 나. 신인 배우가 [연기 한번] 잘한다.
> 다. [철수가 다] 농담을 하는구나.
> 라. 그렇게 순한 사람이 [친구와 다] 싸움을 하네.

---

38) '좀'의 일부 용법이 그렇다는 것이다. 예컨대 (33나)는 '좀 과일을 드세요.'나 '과일(을) 드세요, 좀'과 다른 예이다. 이럴 때의 '좀'은 부사의 지위를 유지하면서 지시 행위의 효력을 완화하는 기능을 하는 완충어(hedge word)라고 본다.

39) 목정수(2001)에서는 이때의 '좀'을 신정보를 도입하는 요소로 보고 그 범주에 대해서는 한정조사로 편입되어 가고 있다고 하였다. 이 논의에서의 한정조사는 인구어의 관사에 대응하는 것으로서 부정관사에 대응하는 '가, 를'과 정관사에 대응하는 '은, 도'를 포괄한다. 이런 시각에서 '좀'은 부분관사와 비슷한 기능을 한다고 보는 것이다.

마. 저 사람은 [도끼로 다] 사과를 깎네.
바. 식물이 [밥을 다] 먹네.
바'. 식물이 밥까지 먹네.

'좀, 한번, 다'는 모두 양화와 관련된다는 점에서 공통점이 있다. 그리고 이들은 양화와 관련될뿐더러 선행하는 명사구나 격조사구를 수식함으로써 그와 대조되는 다른 개체들을 불러들이는 역할을 한다. 예컨대 (33가)에서 '좀'이 결합한 '철수가 좀'은 그렇지 않은 '철수가'에 비해 맥락상 철수와 대조되는 다른 개체들이 환기된다는 특징이 있어 보인다. 이는 (34가)의 '성격 한번'이나 (34다)의 '철수가 다'도 마찬가지다. (34가)에선 성격과 대조되는 다른 속성이, (34다)에선 철수와 대조되는 다른 개체가 환기된다.

이 섬에서 '좀, 한번, 다'는 보조사와 비슷한 기능을 한다고 할 수 있다. 이들은 선행어를 양화 초점(세로초점)으로 표시함으로써 이와 대조되는 대안집합을 생성한다고 판단되기 때문이다. 다만, 이들 사이에는 몇 가지 차이가 있다. 첫째, '한번, 좀'은 보조사의 비척도적 용법에 상응하는 기능을 하고 '다'는 척도적 용법에 상응하는 기능을 한다. 그래서 (34바')에서 보듯이 일부 격조사와 '다'의 결합은 보조사 '까지'로 대체될 수 있다. 둘째, 이들은 모두 보조사화하는 과정에 있으나 분포상의 차이가 있어 발달 단계가 동일하지 않다. '좀'은 명사 바로 뒤에도, 격조사나 보조사 뒤에도 자유롭게 올 수 있으나 '다'는 격조사 뒤에만 오고 '한번'은 속성을 나타내는 명사구 바로 뒤에만 온다. 셋째, '다'처럼 큰 양을 나타내는 경우는 첨가 보조사로 발달하고 '한번', '좀'과 같이 낮은 빈도나 적은 양을 나타내는 경우는 배제 보조사로 발달하는 모습을 보인다. 그래서 전자는 놀람의 뜻이 수반되고 후자는 한정이나 강조의 뜻이 수반된다.

부사가 이미 보조사화한 현상은 '마저'의 경우에서 찾아볼 수 있다. (35 나)의 보조사 '마저'는 비록 의미 변화가 수반되었지만 (35가)의 부사 '마저'에서 발달한 것으로 볼 수 있기 때문이다. 부사가 보조사의 기능을 하는 예

는 그 밖에도 더 있다. 예컨대 '특히, 주로'와 같은 부사는 (36)에서 보듯이
선행어를 수식하게 되면 보조사와 비슷한 기능을 수행한다. (36)의 '특히,
주로'는 후행하는 서술어를 수식할 수도 있고 선행하는 격조사구를 수식할
수도 있어 중의적인데40), 후자의 경우는 선행어를 세로초점으로 표시하는
보조사와 비슷한 기능을 하게 된다고 판단된다.

    (35) 가. 이 밥을 마저 드세요.
        나. 이 밥마저 드세요.

    (36) 가. 다른 사람보다 [철수가 특히] 문제야.
        나. 철수는 과일 중에서 [사과를 특히] 좋아한다.
        다. [퇴근 시간에 특히] 차가 많이 밀린다.
        라. 동창들 중에는 [영희가 주로] 말했다.
        마. 영희는 [방안에 주로] 틀어박혀 지냈다.

6. 결론

    보조사는 수도 많고 용법도 다양할뿐더러 보조사가 들어가지 않은 문장
은 찾기 어려울 정도로 그 빈도가 높다. 그래서 그간 보조사의 다양한 용법
과 기능에 대한 연구가 많이 축적되었다. 그러나 정작 보조사의 개념을 정
밀히 제시하거나 일반언어학의 관점에서 보조사를 어떻게 이해해야 하는지,
보조사의 의미 기술에 필요한 도구들이 무엇인지에 대한 논의는 드물었던
듯하다. 이에 본고는 격조사와 변별되는 보조사의 개념을 밝히는 일에서 시
작하여 보조사의 의미를 기술하는 방법론, 그리고 보조사의 체계와 각 보조
사의 구체적인 의미 기술까지 제시해 보고자 하였다. 본고에서 논의한 내용

---

40) 중의적이긴 하나 (36가)에서는 '특히'가 '문제이-'를 수식하는 해석이 다소 부자연스럽고
    (36마)에서는 '주로'가 '틀어박히-'를 수식하는 해석은 거의 생각하기 어렵다.

을 요약하면 다음과 같다.

첫째, 격조사가 핵이 있는 통사적 구성에서 의존어가 핵어에 대해 지니는 문법적·의미적 관계를 의존어에 표시하는 가로관계 표지라면, 보조사는 그러한 구성에서 실현된 성분과 맥락상 이와 대조되는 요소들이 맺는 의미 관계를 실현된 성분에 표시하는 세로관계 표지이다.

둘째, 초점을 관계적 신정보를 가리키는 가로초점(또는 정보 초점)과 대안집합을 바탕으로 양화상의 핵을 표시하는 세로초점(또는 양화 초점, 대조 초점)으로 나눈다면, 격조사는 가로초점을 표시하고 보조사는 세로초점을 표시한다.

셋째, 보조사는 선행 성분을 세로초점으로 표시하고 그와 유형이 동일하고 맥락상 제한된 대조 요소들로 구성된 대안집합을 생성한다. 이러한 대안 집합은 초점을 중심으로 첨가, 배제와 같은 의미적 연산이 작동하는 양화 영역이 된다. 이 점에서 보조사라는 명칭은 대조조사나 양화조사라는 명칭으로 대체되는 것이 더 합당하다.

넷째, 보조사와 보조사가 나타내는 세로초점은 항상 인접하여 나타나지 않는다. 보조사는 세로초점 전체에 결합하기도 하고 정보 가치가 크다고 여겨지는 세로초점의 한 성분 뒤에 결합하기도 한다. 다만, 보조사는 자신의 성분지휘 영역을 넘어서서 세로초점을 표시하지 못한다.

다섯째, 보조사는 자신이 표시하는 세로초점과 대안집합의 요소 사이에 어떤 의미 관계가 있느냐에 따라 첨가, 배제, 비교, 범위의 보조사로 나뉜다. 첨가 보조사에는 '도, 까지, 조차, 마저'가 있고 비교 보조사에는 '처럼, 만큼, 같이, 대로, 보다'가 있으며 범위 보조사에는 '부터, 까지'가 있다.

여섯째, 배제 보조사에는 배제함의 보조사와 배제됨의 보조사가 있는데 전자는 다시 소극적 배제의 보조사 '은/는, (이)야/야'와 적극적 배제의 보조사 '만, 뿐, 밖에'로 나뉜다. 그리고 후자는 '(이)나, (이)나마, (이)라도'가 있는데 이들은 배제의 결과를 나타낸다.

일곱째, 보조사는 대안집합이 척도적이냐 비척도적이냐에 따라 의미 변이를 보인다. 그리고 배제 보조사 '만', '(이)나'는 각각 충분조건 맥락이냐 필요조건 맥락이냐, 서실적 맥락이냐 서상적 맥락이냐에 따라 척도값 역전이 발생하는 모습을 보인다.

여덟째, '(이)나'와 '도'는 의미 관계가 대척적이고 '(이)나'와 '만'은 공통점을 지니며, '(이)라도'는 '(이)나'와 '도'의 성격을 반반씩 지닌다. 이들은 주어가 대안집합을 형성하는 경우와 서술어가 대안집합을 형성하는 경우에 따라 척도값의 차이를 보인다.

아홉째, 양화 부사 '좀, 한번, 다'는 후행 서술어를 수식하지 않고 선행 명사구나 격조사구를 수식한다는 점, 대안집합을 생성한다는 점, 의미상 배제와 첨가의 관계를 보인다는 점 등을 고려할 때 보조사화하는 과정에 있다고 판단된다. 이러한 예로 '특히, 주로'를 더 들 수 있다.

참고문헌

목정수. 2001. "{좀}의 기능과 문법화", 「언어학」 28, pp.77-100.

박철우. 1998. "한국어 정보구조에서의 화제와 초점", 서울대 박사학위논문.

연재훈. 1996. "국어 여격주어 구문에 대한 범언어적 관점의 연구", 「국어학」 28, pp.241-275.

이남순. 1996. "특수조사의 통사 기능", 「진단학보」 82, pp.217-235.

이현희. 1995. "'-사'와 '-沙'", 「한일어학논총」, 국학자료원, pp.523-585.

임동훈. 1991. "격조사는 핵인가", 「주시경학보」 8, pp.119-130.

임동훈. 2004. "한국어 조사의 하위부류와 결합 유형", 「국어학」 43, pp.119-154.

임동훈. 2006. "'만큼, 처럼, 보다'가 격조사인가", 「국어학」 48, pp.125-143.

임동훈. 2012. "'은/는'과 공통의 의미 관계", 「국어학」 64, pp.217-271.

채 완. 1977. "현대국어 특수조사의 연구", 「국어연구」 39, 서울대 국어연구회.

최재웅. 1996. "'-만'의 작용역 중의성", 「언어」 21, pp.673-692.

홍사만. 2002. 「국어 특수조사 신연구」, 역락.

林東勳. 2007. "韓國語 助詞 '만'과 '도'의 意味論", 「朝鮮學報」 125, pp.1-20.

Blake, B.. 2004. *Case*, 2d ed., Cambridge University Press.

Chomsky, N.. 1986. *Barriers*, The MIT Press.

Haegeman, L.. 1994. *Introduction to Government & Binding Theory*, 2d ed., Blackwell.

Haspelmath, M.. 1997. *Indefinite Pronouns*, Oxford University Press.

Jackendoff. R. S.. 1972. *Semantic Interpretation in Generative Grammar*, The MIT Press.

Jacobs, J.. 1984. The syntax of bound focus in German, *Groninger Arbeiten zur Germanistischen Linguistik 25*, pp.172-200.

König, E.. 1991. *The meaning of focus particles-a comparative perspective*, Routledge.

König, E. & J. van der Auwera. 1988. Clause integration in German and Dutch conditionals, concessive conditionals, and concessives. In Haiman, J. & S. A. Thompson eds., *Clause Combining in Grammar and Discourse*, John Benjamins Publishing, pp.101-133.

Ladd, D. R.. 2008. *Intonational Phonology*, 2d ed., Cambridge University Press.

Pierrehumbert, J. & J. Hirschberg. 1990. The Meaning of Intonational Contours in the Interpretation of Discourse. In Cohen, P. R., J. Morgan & M. E. Pollack eds., *Intentions in Communication*, The MIT Press, pp.271–311.

Pullum, G. K. & R. Huddleston, R.. 2002. Adjectives and adverbs. In Huddleston, R. & G. K. Pullum, *The Cambridge Grammar of the English Language*, Cambridge University Press, pp.525–595.

Ramstedt, G. J.. 1939. *A Korean Grammar*. 김민수 외 편(1979). 「역대한국문법대계」 ②-18에 재록.

Rooth, M.. 1985. Association with Focus, Ph.D. dissertation, University of Massachusetts.

Rooth, M.. 1996. Focus. In S. Lappin ed., *The Handbook of Contemporary Semantic Theory*, Blackwell Publishers, pp.271–297.

Sudhoff, S.. 2010. *Focus Particles in German–Syntax, prosody, and information structure*, John Benjamins Publishing company.

Truckenbrodt, H.. 2012. Semantics of intonation. In Maienborn, C., von Heusinger, K. & P. Portner eds., *Semantics–An International Handbook of Natural Language Meaning*, vol. 3, De Gruyter, pp.2039–2069.

Vallduví, E. & M. Vilkuna. 1998. On Rheme and Kontrast. In P. W. Culicover & L. McNally eds., *Syntax and Semantics 29–The Limits of Syntax*, Academic Press, pp.79–108.

Yang, In-seok. 1972. Korean Syntax : Case Markers, Delimiters, Complementation, and Relativization, Ph.D. dissertation, University of Hawaii.

| 이 논문은 국어학 73집(2015, 국어학회)에 게재된 논문을 재수록한 것입니다.

접속부사 '그러나'의 의미

신 지 연

1. 머리말

접속부사나 연결어미와 같은 접속어가 하는 일은 다음의 두 가지 일이다.

> (1) 접속어의 두 기능1)
> ① 접속 : 이어주는 일을 함으로써 두 문장 사이의 긴밀성을 나타낸다.
> ② 관계 의미 구현 : 대조(그러나), 인과 관계(그래서, 그러므로), 양보
> (그래도, 그렇지만) 등 명제 사이의 관계 의미를 나타낸다.

보통 순접이라 하는 것은 ①의 접속의 기능에 충실하다는 의미 외에 그 어떤 의미도 가지지 않는 것으로 해석할 수 있다. 실제로 아래 (2ㄱ)은 대립적으로 파악될 수 있는 맥락을 가진다. 보조사 '는'이 선후행문의 주어들을 대조시키고 있는 점이나 '학생'과 '교수'의 의미적 대립이 그러한 해석을 가능케 한다. 그러나 (2ㄷ)에서 볼 수 있듯이 순접의 접속 부사 '그리고'는 이

---

1) 최현배(1937 : 602)에서도 접속부사의 기능을 접속('앞에 간 말을 잇는 일')과 수식('뒤에 오는 말을 꾸미는 일')의 두 가지로 본다. '및, 또는, 곧' 등은 '형식적으로 앞의 말과 뒤의 말과를 서로 잇는 것'으로 분류하여 수식의 기능은 없고 접속의 기능만을 가지는 것으로 본다. 전체적으로 '그리고'에 대한 언급은 없으나 '그리고' 또한 이 부류에 포함되어야 할 것으로 본다.

러한 문맥에서도 특별한 의미 해석을 배제한 채 접속의 기능을 큰 무리 없이 수행한다.[2]

    (2) ㄱ. 나는 학생이다. 당신은 교수이다
      ㄴ. 나는 학생이다. 그러나 당신은 교수이다.
      ㄷ. 나는 학생이다. 그리고 당신은 교수이다.

 (2ㄴ)에서 '그러나'는 접속과 동시에 선후행 문장의 대조를 두드러지게 하는 일을 하고 있다. (2ㄷ)은 (2ㄱ)의 선후행문의 의미 관계와 거의 같다. (2ㄷ)의 '그리고'는 의미 구현 기능은 탈색되고 오직 두 문장이 긴밀히 관련되어 있음을 보여주는 철저한 기능어라고 할 수 있다.[3] '그리고'는 단지 연결의 기능만 할 뿐이다.[4] 이 점에서 '그러나'는 '그리고'와는 다르다. '그러나'에는 화자의 사태에 대한 인식이 반영되어 있지만 '그리고'는 단지 두 사실을 담백하게 접속시키고 있을 뿐이다. 따라서 단순히 접속만이 필요한 상황이 아니고 모종의 의미를 적확하게 구현할 필요가 있는 상황이라면 선후행 문장의 관계를 살펴 그러한 의미를 분명하게 나타내는 접속부사가 명시적으로 표현되어야 한다.[5]

 어떠한 두 사태가 (3)에서처럼 선행문과 후행문의 관계로 배열되면 두 문장 사이의 의미 관계에 대한 해석이 이루어진다.

---

2) 이때, 보조사의 사용도 이와 궤를 같이 한다. 자매항목이 나열될 때 보조사 '-도'가 자연스럽게 쓰이지만, 대조적인 사실이 연결될 때에는 '-도'가 쓰일 수 없고, '-는'이 자연스럽게 쓰인다.

3) 유목상(1970)에서는 접속어를 실사(substantives)가 아니라 허사(Form Word) 혹은 기능어 (function word)로 보는 Nida나 Fries 등의 견해를 소개하고 있다. '그리고'의 경우에는 이러한 해석과 밀접하다.

4) 실제로 '그리고'의 의미를 찾으려고 하는 노력은 공허하게 되기 쉽다. 예를 들어 장정줄 (1983)에서는 '그리고'가 '계기, 이유, 나열, 대립, 전환, 동시'의 의미 기능을 하고 있는 것으로 본다. 결국은 '그리고'는 특징적인 기능을 가지지는 않으며 선후행문의 의미 내용에 따라 거의 모든 문맥에 쓰일 수 있다는 이야기이다.

5) 자매 항목이 "철수는 돈이 많다. (그리고) 얼굴도 잘 생겼다. (그리고) 머리도 좋다. 그러나 키는 작다."와 같이 나열될 때 '그리고'는 필수적으로 요구되지 않는다. 그러나 다른 상황을 도입하는 '그러나'는 필수적이다.

(3) ㄱ. 나무를 정성껏 가꾸었다. [   ] 나무가 잘 자랐다.

   ㄴ. 나무를 정성껏 가꾸었다. [   ] 나무가 잘 자라지 않았다.

그 해석의 결과로서 (3ㄱ)의 경우에는 접속부사 '그래서'가, (3ㄴ)에는 '그러나'가 삽입되는 것이 적절하다고 생각된다. 본고에서 주목하는 접속부사 '그러나'는 (3ㄴ)의 선후행문 사이에서처럼 의미 연결 관계가 순조롭지 못한 경우에 접속어로 사용될 것이 기대된다. 이러한 '순조롭지 못한 연결'을 종래에는 '이접' 혹은 '역접'이라 불러왔고, 이 경우 선후행절은 대립 혹은 대조되는 것으로 보아왔다.6) 이와 같은 '그러나'의 기본 의미를 밝히고, 여러 가지 경우의 접속 유형을 살펴보아 대조의 접속부사 '그러나'에 의한 대조 양상을 하위 분류하는 것이 본고의 목적이다.7)

'그러나'에 의해 두 부상이 접속되는 경우의 대표적 유형은 다음과 같다.

---

6) 표준국어대사전에서는 '그러나'를 '앞의 내용과 뒤의 내용이 상반될 때 쓰는 접속 부사'로 정의하고 있다. '그러나'의 의미는 연결어미 '-(으)나'의 의미에서 크게 벗어나지 않는 것으로 해석되어 왔다. 연결어미 '-(으)나'는 이익섭·임홍빈(1983)에서는 [반의(反意)], 남기심·고영근(1993)에서는 [상반(相反)], 윤평현(1989), 전혜영(1989) 등에서는 [대립(對立)], 이은경(2000)에서는 [대조(對照)]의 의미를 가진 것으로 본다.

7) 이와 관련하여, 부사 자체의 고유한 의미가 선후행문을 선택하는 것으로 보아야 하는지 아니면 선후행문의 관계가 부사를 결정하는 것으로 보아야 하는지 질문할 수 있다. 곧, '대조'의 의미가 '그러나' 자체의 의미인지 아니면 문장에 의존한 '그러나'의 의미인지를 분명히 밝혀야 한다는 것이다. 어휘 의미와 사용 환경은 서로 강화하는 관계이다. 곧 어떤 어휘의 의미는 사용 환경에 의해 더욱 구체화되며 사용 환경은 그렇게 구체화되어 가는 어휘 의미에 의해 제약을 받는다. 어떤 어휘의 의미가 그것에 고유한 것인지 아니면 문맥에 따른 사용의미인지를 구별하여야 한다는 주장은 무의미하다. 어떤 어휘라도 고유 의미를 가지고 있지만 그 의미는 사용 환경에 따라 어느 정도 가변적이기도 하다. 그 가변성이 다의어 생성이나 의미 변화의 원인이 되는 것이다(의미를 개념이라고 보는 입장과 용법(use)이라고 보는 입장에 대해서는 임지룡(1992 : 28-35) 참조). '그러나'는 개념적으로 '대조'라는 고유 의미를 가지며 그 사용 맥락이 대조 관계를 보일 때 내적인 개념적 의미와 외부 맥락에서 비롯하는 사용적 의미가 일치하여 객관적 대조에서와 같은 가장 표준적인 '그러나' 사용 예를 보인다. 만일 맥락 자체가 직접적으로 대조 관계를 보이지 않는 것으로 보이는데도 불구하고 대조의 접속사가 사용되었을 때 우리는 맥락에 숨어 있는 대조적인 측면을 찾아내어 접속사 고유의 대조 의미와 일치시키려는 시도를 하게 된다. 그 경우가 곧 주관적 대조, 함축적 대조, 부분적 대조의 경우이다. 이와 같이 '그러나'의 고유의미는 여러 사용 맥락에서 다의어로 읽히게 되는 것이다.

(4) ㄱ. 철수는 공부를 잘 한다. 그러나 영수는 공부를 못 한다.
ㄴ. 철수는 공부를 잘 한다. 그러나 영수는 운동을 잘 한다.
ㄷ. 철수는 공부를 잘 한다. 그러나 몸이 약하다.
ㄹ. 철수는 공부를 잘 한다. 그러나 잘난 체 하지 않는다.
ㅁ. 철수는 공부를 잘 한다. 그러나 늘 1등만 하는 것은 아니다.

'그러나'가 어떤 문맥에서 어떤 의미 기능을 가지며 쓰이는지를 살펴보는 것은 이 접속부사의 의미를 밝히는 데 도움이 된다. 다음 절에서는 이들 각각의 유형에서 드러나는 '그러나'의 의미 기능의 차이에 대해 규명해 보고, 그 다음 절에서는 이 접속부사에 대한 기존의 해석들을 바탕으로 기본 의미인 '대조'의 여러 의미적 양상과 구문적 특성을 밝혀보고자 한다.

2. '그러나'의 대조 의미의 하위범주화

'그러나'가 사용된 위의 모든 문맥에서 선후행절 사이의 대조 의미가 발견되지만, 그 대조의 양상은 사용 문맥에 따라 조금씩 차이를 보인다. 편의를 위하여 각각의 하위 범주 밑에 그에 해당하는 예문을 다시 제시한다.

2.1. 객관적 대조

(4) ㄱ. 철수는 공부를 잘 한다. 그러나 영수는 공부를 못 한다.
ㄴ. 철수는 공부를 잘 한다. 그러나 영수는 운동을 잘 한다.

종래 '그러나'에서 '대립' 의미를 발견한 예가 바로 이 경우에 해당한다. (4ㄱ)은 의미론적으로 반의어 관계에 있는 선행문의 '잘 한다'와 '못 한다'

가 의미론적 대립을 보이는 경우이다. (4ㄴ)은 '공부'와 '운동'이 대조항이
되어 대조를 보이는 경우이지만, 대립된다고까지는 할 수 없는 경우이다.
그러나 이 경우 문장 구조가 대칭성을 가진다는 점 때문에 대립 구문으로
인정되기도 한다. '그러나'는 선후행문이 (4ㄱ)과 같이 어휘적으로 대립되거
나 혹은 (4ㄴ)과 같이 구문적으로 대립적인 요소를 가지고 있을 때 적극적
으로 반대 사실을 접속시키는 것으로 해석되어 왔다. 이와 같은 경우를 R.
Lakoff(1971)은 의미적 대립으로 보았다.

(5) ㄱ. 아버지는 키가 크시다. 그러나 어머니는 키가 작으시다.
　　ㄴ. 철수는 여자 짝을 만났다. 그러나 영수는 남자 짝을 만났다.
(6) ㄱ. 우리나라는 예로부터 대가족 제도의 전통을 이어 왔다. 그러나 사
　　　람들이 살아기는 형태와 생각이 바뀜에 따라 근래에서는 핵가족
　　　제도가 자리 잡게 되었다.
　　ㄴ. 한국인 의사들이 우즈베키스탄에 가서 의료 봉사 활동을 시작했
　　　을 때, 그 곳 사람들은 저들이 무슨 속셈이 있어 저러는 걸까 하
　　　고 의아하게 생각했습니다. 그러나 이제는 그들을 '우즈베키스탄
　　　의 천사들'이라고 부르며 고마워합니다.
(7) 철수는 공부를 잘 한다. 그러나 영수는 운동을 잘 한다.

　대조 의미는 위 (5)에서와 같이 반대 사실이 표면적으로 대립될 때 가장
잘 드러난다. (5)에서처럼 두 항목이 서로 성격상 반의어 관계에 있다고 판
단될 때 그 두 항목은 가장 분명한 대립을 보인다. '크다'와 '작다', '여자'와
'남자'는 소위 반의어라고 할 수 있는 의미론적으로 대립되는 어휘 쌍으로
서 분명한 대립을 보인다고 할 수 있는 경우이다. 그러나 이는 '그러나'에
고유한 속성이라기보다는 '그러나'의 사용 환경이 어휘적 구문적으로 대립
되기 때문인 것으로 보인다. 환경이 적극적으로 대조되는 경우인데 '그러나'
에 의해 양자가 서로 대립된다고 생각된 것이다. 그러나 반드시 어휘적으로
대립어 관계에 있는 사실끼리만 '그러나'에 의해 대조 구문을 이루는 것은

아니다. (6ㄱ)에서는 '예'와 '현대', '대가족제도'와 '핵가족제도'가 각각 선
후행문에 나타나 대립을 보인다. 여기까지는 그래도 대립 관계가 인식되지
만 (6ㄴ)에서의 대조항들은 해당 문맥에서만 대립을 보인다. 여기에서는 '시
작했을 때'와 '이제'라는 시간이 대조되고, 또 '의아하게 생각'하는 것과 '고
마워한' 것이 대조되기도 한다. 이들은 결코 대립어(혹은 반의어) 관계에 있
다고 볼 수 없는 것들이다. 이들의 대조 관계는 문맥 의존적이고 상대적이
다. 이렇듯 대조의 개념은 상대적이고 연속적인 흐름의 선상에 있는 것으로
이해해야 한다. (6)이나 (7)에서처럼 대조항이 반의어 관계에 있는 것은 아닐
때 이들이 대립 의미를 분명히 가지는지 확인하는 일은 쉽지 않다. (7)의 경
우 대조는 보이나 대립은 없는 것으로 보인다. 이 경우의 대조는 대립을 보
이기 위한 것이라기보다는 비교를 위한 것으로 보인다.

이 경우에는 오히려 접속부사가 그다지 적극적으로 기능하지 않는다. 이
경우 접속부사 '그러나'가 생략되어도 대조 의미는 유지되는 것이다. 곧, 어
휘적 구문적으로 적극적으로 대조될 때에는 오히려 접속부사가 소극적으로
기능할 수 있다. 설사 '그리고'가 두 문장을 접속한다고 하여도 대립 의미는
여전히 살아있다.

> (4ㄱ) 철수는 공부를 잘 한다. (그러나/그리고) 영수는 공부를 못 한다.
> (4ㄴ) 철수는 공부를 잘 한다. (그러나/그리고) 영수는 운동을 잘 한다.

이렇듯 어휘적 구문적으로 대립을 보이는 경우라 하더라도 '그러나'의 의
미를 '대립'이라고 파악하는 것은 지나친 감이 있으며 따라서 이 경우 '그러
나'는 어휘나 구문에 의미론적으로 드러난 객관적 대조를 보인다고 하는 것
이 마땅할 것이다. 그러나 어휘·구문적으로 대립되지 않는 (5)-(7)에서는
오히려 '그러나'가 생략될 수 없다.

> (4ㄷ') $^{??}$철수는 공부를 잘 한다. 몸이 약하다.
> (4ㄹ') $^{??}$철수는 공부를 잘 한다. 잘난 체 하지 않는다.

(4ㅁ') ^{??}철수는 공부를 잘 한다. 늘 1등만 하는 것은 아니다.

2.2. 주관적 대조

(4ㄷ) 철수는 공부를 잘 한다. 그러나 몸이 약하다.

(4ㄱ)과 (4ㄴ)이 외부 세계의 대조에 대해 서술하고 있는 데 반하여 (4ㄷ)은 화자의 가치 평가와 관련된 대조를 보인다. '공부를 잘하다'와 '몸이 약하다'가 화자의 가치 평가 속에서 각각 긍정적인 것과 부정적인 것으로 대조되는 경우이다.

'그러나'가 대조 의미를 가진다고 할 때 '그러나'에 의해 접속되는 선후 행절은 대조항(對照項)들이 될 것이며, 그 대조항들이 대조되기 위해서는 자매 항목을 이루어야 한다. 차이점은 공통점들을 배경으로 하므로 대조항들은 같은 배경에서만 대조적 특성을 드러낼 수 있는 것이다. 예를 들어 다음과 같은 문장에서 '그러나'는 제대로 대조 기능을 수행하지 못한다.

(8) ㄱ. [?]형은 키가 크다. 그러나 동생은 못생겼다.
ㄴ. [?]John has a house, but Bill has a sore throat.

위 (8)의 문장에서 대조하고자 하는 내용들은 같은 배경을 갖는 자매 항목들이 아니므로 '그러나'에 의한 접속이 부자연스럽다. R. Lakoff(1971)가 'but'이 제대로 접속 기능을 수행하려면 유사성(similarity)과 차별성(deference)을 동시에 가져야 한다는 언급을 한 것도 이와 관련된다고 볼 수 있다.[8] '집을 가지고 있는 것(has a house)'과 '목이 아픈 것(has a sore throat)'은 유사성을 바탕으로 하는 차별성이 아니므로 자매 항목이 될 수 없고 따라서

8) 임지룡(1992 : 157)에서도 대립어는 동질성과 이질성의 양면성을 지니고 있어야 성립된다고 한다.

'but'에 의해 접속될 수 없는 것이다.

자매 항목이라는 것은 유사한 배경을 갖는 것들로서 상위에서는 같은 범주에 속할 수 있는 것들이어야 한다. 접속이 가장 자연스러운 상황은 자매 항목들이 나열되는 경우이다. 순접이든 이접이든 동질성을 바탕으로 해야 한다는 것이다. 경우에 따라 바로 이 자매 항목의 배열 자체가 순접이냐 이접이냐 하는 접속의 문제와 직접적으로 관련되기도 한다. 대조항들이 자매 항목을 제대로 이루지 못할 때 이접이 되는 경우가 있어, 자매 항목인지의 여부가 대조의 직접적 조건이 되는 것이다. 이러한 자매 항목의 개념은 보다 넓게 적용될 수 있다. 아래 (9)에서는 '그러나'에 후행하는 내용인 '키가 작다' 등이 선행절의 내용인 '돈이 많다'와는 결코 자매 항목이 될 수 없음이 진술됨으로써 자매 항목이 암시적으로 제시된다.

(9) 철수는 돈이 많다. 그러나 키가 작다/ 못 생겼다/ 머리가 나쁘다.

여기에서 알 수 있는 것은 '돈이 많은 것'과 '키가 작지 않은 것'과 '못 생기지 않은 것', '머리가 나쁘지 않은 것' 사이에 동질성이 있을 것이라는 사실이다. 이들은 남들로부터 부러움을 살 수 있는 긍정적 요소들이라는 점에서 하나의 범주로 묶일 수 있는 자매 항목에 속하게 되고 따라서 이 자매 항목들이 순조롭게 나열될 수 없는 상황일 때 '그러나'에 의해 접속될 수 있다. 이러한 자매 항목들은 '그러나'에 의해 대조될 수 있는 배경으로 작용하는 것이다. 자매 항목들이 제대로 접속되지 않는다는 것은 바로 R. Lakoff(1971) 이래의 '기대 부정'과도 관련된다. 이때에도 대조 의미가 인식될 수도 있으나 이는 앞의 반의어나 반대 사실에 의한 대조 곧 대립보다는 훨씬 주관적인 것으로 인식된다. 자매 항목 가능성이 구문이나 어휘 자질에 의해 보증되는 2.1.에 비하여, 자매 항목의 선정이 다분히 화자의 주관에 의해 결정되기 때문이다. 그러나 (4ㄱ,ㄴ)과 (4ㄷ)은 모두 선후행문의 사실이 직접적인 대조항이 된다는 점에서 공통점을 가진다.

2.3. 함축적 대조

(4ㄹ) 철수는 공부를 잘 한다. 그러나 잘난 체 하지 않는다.

(4ㄹ)은 선행문에서 서술하는 사항과 후행문에서 서술하는 사항이 (4ㄱ-
ㄷ)에서처럼 직접적으로 대조되지 않고 선행문에 의해 유발되는 기대와 후
행문에 나타난 사실 사이에 간접적인 대립을 보인다는 면에서 앞의 세 경우
와는 차이가 있다. 곧 (4ㄱ-ㄷ)은 표면 요소들 혹은 명제 사이의 직접적인
대조를 보이지만 (4ㄹ)은 선행문의 함축 의미와 후행문의 표면 의미가 대조
를 보인다는 차이가 있다. (4ㄱ)에서 선행절의 대조항은 표면적 서술인 '철
수는 공부를 잘한다'가 가지는 하나의 함축 의미인 '공부를 잘하면 일반적
으로 잘난 체 하는 경향이 있다'이다. 이것이 후행절의 '잘난 체 하지 않는
다'와 대조되는 것이다. (4ㄷ)과 (4ㄹ)은 둘 다 화용론적 대조라는 점에서 공
통점이 있는데, (4ㄷ)은 직접적 대조이기는 하지만 그 대조 행위의 배경이
화자의 인식 세계라는 점에서 화용론적이고 (4ㄹ)은 함축 의미와의 대조이
므로 당연히 화용론적이다.

이와 같은 함축의미와의 대조 기능은 아래 (10)에서처럼 선행문에서 기대
되는 사실과 후행문의 사실이 서로 불일치를 보일 때에도 드러나며, 이 경
우 두 문장은 '그러나'에 의해 접속될 수 있다.[9]

(10) ㄱ. 산은 높다. 그러나 계곡은 없다.
ㄴ. 철수는 돈이 많다. 그러나 인색하다/ 여자 친구가 없다.

산이 높음에 따라 기대되는 것을 후행 문장의 내용이 배반하고 있음을
나타낸다. 이와 같이 선행절에서 기대되는 사실과 후행절에서 드러나는 그

[9] 이와 관련하여 이은경(2000 : 249)에서는 '-(아)도'의 양보 구성과는 달리 '-(으)나'의 대조
구성에서는 상례적 함축을 포함하지 않으며 대체로 대조 구성은 사실적인 사태를 대조하
는 경우가 일반적이라고 하여 본고의 논의와는 다른 해석을 하고 있다.

기대의 배반이 빚어내는 '대조'를 '그러나'가 보여주는 것이다.10) 따라서 위 (10)은 아래 (10')와 같은 숨은 맥락을 갖는다.

> (10') ㄱ. 산은 높다. (산이 높으면 계곡이 깊기 마련이다.) 그러나 계곡은 없다.
> ㄴ. 철수는 돈이 많다. (돈이 많으면 인색하지 않아야 한다.) 그러나 (그는) 인색하다.

높은 산에 수량 풍부한 계곡이 있을 것으로 기대하는 것은 일반적 기대이다. 돈이 많은 사람이면 씀씀이가 후하거나, 여자가 많이 따를 것이라는 것도 일반적인 기대에 속한다. 이러한 기대가 선행문장으로 인해 야기되나 후행 문장이 진술하는 사실이 그와 부합하지 않을 경우에 '그러나'는 두 문장을 접속할 수 있다. 특히 자연법적이거나 사회문화적인 경험을 바탕으로 하는 결과는 일반적인 기대에 속하는 것으로 볼 수 있다.

> (11) ㄱ. 봄이 왔다. 그러나 꽃이 피지 않는다.
> ㄴ. 봄이 왔다. (봄이 오면 꽃이 핀다) 그러나 꽃이 피지 않는다.

> (12) ㄱ. 그는 일본사람이다. 그러나 친절하지 않다.
> ㄴ. 그는 일본사람이다. (일본사람들은 일반적으로 친절하다) 그러나

---

10) 사실 맨 앞의 (1)에서 언급한 의미적 부정의 예들도 기대의 배반으로 이해될 수도 있다.
 (1) ㄱ. 형은 키가 크고, 동생은 키가 작다.
  ㄴ. 형은 키가 크나, 동생은 키가 작다.
  ㄷ. 우리 아버지는 키가 크나, 나폴레옹은 키가 작다.

 (1ㄴ)에서는 (1ㄱ)에서와는 달리 선행절에서의 기대가 후행절에서 배반되는 문체적 특징이 있다. (1ㄱ)에서나 (1ㄴ)에서나 선후행절의 내용에 따라 의미상의 대립은 드러나지만, '-고'는 담백하게 두 사실을 나열하고 있는 데 반해, '-나'는 특별한 대조적 의미를 드러내고, 이러한 대조적 의미는 형이 크면 그 동생도 클 것이라는 선행절의 기대가 배반되는 데에서 말미암는다. 만일 (1c)가 유전자를 공유할 것으로 기대되는 형제도 아니고 같이 어울려 다니므로 서로 비슷할 것이 기대되는 친구나 애인 사이도 아닌 두 사람의 키를 언급하고 있다면 '-나'의 사용이 어색할 것이다. 선행문이 어떤 기대도 유발시키지 않기 때문이다.

(그는) 친절하지 않다.

(11)은 우리의 자연 법칙에 대한 경험상 봄이 오면 꽃이 핀다는 기대를 후행문이 저버리는 경우이기 때문에 '그러나'의 사용이 적절하다고 판단된다. (12)의 경우에는 일본사람들은 대개 친절하다는 사회문화적 경험에 근거한 기대와 후행문이 부합하지 않기 때문에 양자를 대조시키는 '그러나'의 사용이 적절하다고 판단된다. 동궤의 사실이라고 생각하는 것과 서로 다른 범주에 속하는 사실이라고 생각하는 것의 구분은 사회 문화적인 함축 의미이고 실제로 이는 변할 수 있다. 이러한 기대는 일반적 경향에 따른 것이라 할 수 있다.

때로, 이러한 기대는 가능성이나 개연성에 기반을 두기도 한다.

(13) 그는 가난하다. 그러나 그는 정직하다.

'가난하면 정직하지 않다'는 일반적 경향에 따른 기대가 있는 것은 아니다. 다만 '가난하면 금전적 아쉬움으로 인해 정직하지 않을 수도 있겠다'는 가능성을 예측할 수도 있다. '그러나'가 배반하는 기대는 이러한 가능성까지도 포함하는 폭넓은 것이다. 곧 이때의 '기대'는 의미적, 화용적인 모든 상황을 포괄한다.

이러한 '기대'는 완전히 개인적인 경험이나 상황에 따른 것도 있다. 심지어 개인적 편견에 기반하기도 한다.

(14) ㄱ. 철수는 돈이 많다. 그러나 착하다.(혹은 착하지 않다)
ㄴ. 김철수는 교수이다. 그러나 그를 믿어도 좋다.(그러나 그를 믿을 수 없다)

이같은 경우라면 순수하게 개인적인 경험에 의지하므로 선후행문 사이에 어떤 제약도 올 수 없다. 개인의 의식 세계에서는 대조를 이룬다면 참이 될 수 있겠지만 문면상으로는 진리치를 판별할 수 없다. 화자에게는 적절한 발화가 청자에게는 수용할 수 없는 발화가 될 수도 있다.[11] 따라서 발화가 참인 것으로 인정받기 위해서는 이러한 판단을 하게 된 배경에 대한 서술이 선행되어야 한다.

이렇듯 문면으로는 전혀 대조될 것이 없어 보이는 사실들을 접속하기도 하는 '그러나'는 어떤 어휘가 특별한 함축 의미를 유발시키는 대표적인 예로 거론되어 왔다. 아래 (15)와 같은 문장은 기존의 화용론 논의에서 '그러나'가 함축의미를 가진다고 할 때 많이 예시되어 온 문장이다. 이 경우 '그러나'가 가지는 특별한 함축 의미는 선후행 문장이 함축하는 의미적 대조와 관련되며 특히 그 대조는 선행문의 문면에 드러난 사실보다는 그것이 유발하는 기대와 관련된다.

> (15) ㄱ. 영희가 임신을 했다. [그러나] 철수는 기뻐했다.
> ㄴ. 영희가 임신을 했다. [그러나] 철수는 기뻐하지 않았다.

'그러나'가 드러내는 함축의미는 선행절에 의해 기대할 수 있는 상황과 후행절의 상황이 일치하지 않음으로써 대조를 보일 때 생긴다. 이 경우에는 표면적으로 이러한 대립 의미가 명시적으로 드러나지 않으므로 '그러나'가 적극적으로 기능한다. '그러나'가 생략된 문장이 '그러나'가 들어 있는 문장으로 읽히기는 쉽지 않은 일이다. 이와 같은 경우에 '그러나'의 적절성은 구체적이고 개별적인 상황이 갖는 기대가 무엇인지를 살펴 판단되어야 한다.

선행문이 유발하는 기대가 일반적인 것인지 아니면 개인적인 것인지의 판별이 어려운 경우도 있다. 예를 들어 '예쁜 여자는 남자에게 인기가 있을 것'이라는 기대는 일반적인 기대로 굳어진 것으로 볼 수 있지만 '예쁜 여자는 성격이 까다롭다'는 것은 많은 사람이 동의하겠지만 그렇지 않은 비율도 만만치 않은 기대라 할 것이다.

---

11) 전혜영(1989 : 73) 참조.

이러한 기대는 사회문화적인 경험을 바탕으로 한 것일 수도 있고, 자매항목에 대한 기대를 바탕으로 한 것일 수도 있다. 비슷한 구문일지라도 서로 다른 연유에서 접속 부사가 쓰였을 수 있는 것이다.

(16) ㄱ. 그녀는 예쁘다. 그러나 성격이 까다롭다.
　　　ㄴ. 그녀는 예쁘다. 그러나 성격이 까다롭지 않다.

(16ㄱ)의 후행문에 의해 배반되는 선행 문장의 기대는 '예쁜 여자는 성격이 까다롭더라'는, 경험을 바탕으로 한 사회문화적 기대이다. 반면에, (16ㄴ)의 후행문에 의해 배반되는 선행 문장의 기대는 '예쁜 것'과 '성격이 좋은 것'이 자매항목으로서 같은 기대치를 갖는다는 점을 바탕으로 한 것이다.

'그러나'의 의미는 이와 같이 심소 대상들이 지긴지으로 자매 항목을 이루지 못할 때에는 상당히 소극적으로 파악되며, 이때에는 2.1.이나 2.2.에서처럼 '그러나'가 대립적으로 파악되기보다는 더 극성이 약화된 단순 대조로 파악되며 자칫하면 '양보'로까지 인식될 수 있다. 따라서 이 함축적 대조를 보이는 경우의 '그러나'는 연결어미 '-나'로 바꿔쓰기 하는 것보다는 오히려 '-지만'으로 바꿔쓰기 하거나 '-에도 불구하고'로 바꿔쓰는 것이 더 자연스럽다. 곧 '그러나'는 경우에 따라 '양보'의 의미를 가질 수도 있는 것이다. 양보는 대립보다는 훨씬 부드러운 대립으로서,[12] 인정하나 차별성을 제시한다는 의미를 가진다. 접속어미 '-나'는 갖지 않고 접속부사 '그러나'만이 갖는 기능인[13] 아래 2.4의 '부분적 대조'의 경우에 이러한 경향은 더욱 두드러진다.

---

12) 최현배(1939 : 304-5)에서는 '-나'와 '-지만', '-아도' 등이 모두 사실방임형(사실임을 인정하되 그것이 그 다음의 말의 내용이 드러남에는 상관이 없음을 보이는 꼴) 어미로 분류되어 있다. 이밖의 많은 연구들에서 '대립(대조)' 의미와 양보 의미는 유사성을 많이 갖는 것으로 인식되어 같이 다루어진 바 있다. '양보'와 '대립'의 관련성에 대해서는 신지연(2004ㄱ) 참조.
13) 이 부분적 대조의 경우, 연결어미 '-나'로 연결되어서는 잘 표현되지 않고 독립된 두 문장을 '그러나'가 접속하는 방식으로 주로 나타난다.

2.4. 부분적 대조

(4ㅁ) 철수는 공부를 잘 한다. 그러나 늘 1등만 하는 것은 아니다.

2.1-2.3의 경우와는 달리 '그러나'에 의해 접속되는 선후행문이 대조를 이룬다고 보기 어려운 예가 실제로 많이 보인다. (4ㅁ)이나 아래의 예들에서 대조항들은 더 암시적으로 제시된다.

(17) ㄱ. '그러나'는 문장 부사이다. 그러나 단순한 문장 부사는 아니다.
ㄴ. 국어나 영어를 살펴보면 언어는 첫째 소리로 되어 있다는 것을 알 수 있다. 그러나 조금만 더 생각하면, 그냥 소리로 되어 있다고만 해서는 안 된다는 것을 알게 된다.
ㄷ. 이러한 뜻에서 명예를 아끼는 마음은 자아의 성장을 위해서 매우 소중한 기능을 수행한다고 볼 수 있다. 그러나 명예에 대한 욕망 이 언제나 좋은 일만을 하는 것은 아니다.

이때 선후행문의 대조는 선후행문에 존재하는 직접적인 대조항들의 대조 관계에서 비롯되는 것은 아니다. '그러나'를 기준으로 한 대조항들은 대등 한 자격을 가지는 것이 아니라 더 많은 것을 포괄하는 일반항 대 그중의 하 나인 특수항의 관계를 갖는다. 선행문에 나타난 일반항이 함의할 수 있는 여러 특수항 가운데 하나를 후행절에서 문제삼음으로써 대조를 보이는 것 이다. 이런 의미에서 이 경우의 대조항들은 그것이 의미론적이든 화용론적 이든 '그러나'를 기준으로 한 대조항들이 같은 무게감을 갖는 앞의 경우들 과는 차이를 보인다.

곧, 위 (17)에서 '그러나'가 대조하고 있는 것은 선행 문장의 'X이다'와 후행문장의 '단순한 X는 아니다, 오직 X는 아니다, 극단적인 X는 아니다, 늘 X는 아니다. 가장 X는 아니다.'이다. 후행문은 '아니다, 없다, 안 된다' 등의 부정 표현을 포함한다. 선행 문장의 X는 비한정의 X이다. 후행문은 그

열려 있는 비한정의 상태로부터 한정적인 일부 속성으로 해석될 가능성을 제한한다. 일반항인 선행문이 가질 수 있는 여러 함의 중의 하나인 특수항의 일부가 후행문에서 부정됨으로써 후행문이 선행문의 내용을 부분적으로 수정하거나 보완하는 경우들이다. 곧, 선행문의 함의에 일부 제약을 가함으로써 선행문의 논의를 보완하는 것이다. 이는 '그러나'에 의해 후행절이 단서 조항의 역할을 다는 경우와도 같다. 이와 같이 단서 조항을 닮으로써 선행절에 의해 열려 있는 기대의 일부를 단절시킨다. 위의 예들에서는 선행절은 모두 부정할 수 없는 명제들이며 후행절에 의해 쉽게 배반되지도 않는다. (17)의 문장들이 서술하는 내용을 보면, 후행절에 의해 제한받기는 하지만 '그러나'가 문장 부사인 사실, 사람에게는 의식주가 필요하다는 사실, 언어가 소리로 이루어져 있다는 사실이 후행절에 의해 배반되는 것은 아니다, '그러나'는 선행 대조항의 부분을 문제삼음으로써 부분적 부정과 유사한 효과를 보인다. 이 경우의 '그러나'의 기능을 부분적 대조라고 할 수 있을 것이다. 이때 부분적 대조는 서술의 정교화를 위한 기초 작업에 속한다. '그러나'는 선행문의 서술로는 충족되지 않는다는 점을 강조하면서 결과적으로 텍스트가 완결되지 않았음을 나타내며 부연 설명이 더 필요함을 나타낸다. '그러나'에 의해 접속되는 후행문으로써 선행문의 내용은 보완되고 보강되어 더 정교해지고 더 발전적인 방향으로 나아가게 되는 것이다.

여기에서 '그러나'는 선행절과 후행절을 대조시키는 기능을 이용하여 종종 논리의 전개나 상황의 발전적 서술을 위해 이용된다. 곧 선행문을 이야기의 출발점으로 삼아 후행문이 그것을 발전적으로 극복할 때에 '그러나'가 두 문장을 대조시키며 사용되는 것이다. 이때의 대조는 선행문의 진술에 대해 전면적으로 이루어지지 않으며 선행문의 일부를 문제삼는 방식을 이용해 부분적으로 이루어진다. 후행문에서 선행문을 확대 발전시킴으로써 후행문의 사실을 더욱 두드러지게 보일 필요가 있을 때, 수사적 필요에서 이용하는 화법이다. 이 경우 '그러나'의 주기능은 대조에 있다기보다는 강조에 있다고 볼 수 있다.14)

후행문에서 제한되는 한정적인 일부 속성은 극성(極性, polarity)을 갖는다. 위의 예시문들의 후행문에서 배제되는 항목은 '늘(4ㅁ)', '단순한(17ㄱ)', '그 냥(17ㄴ)', '언제나(17ㄷ)' 등의 수식어에 의해 극성을 가지는 것으로 해석된다. 이들은 선행문이 함의하는 여러 항목 중의 하나로서 후행문에서 배제된다. 예를 들어 (4ㅁ)의 선행문인 '철수는 공부를 잘 한다'라는 발화가 실제로 가질 수 있는 외연은 거의 무한하며 이들이 이 발화가 가지는 일반적 함의를 이룬다. 화자에 따라 공부를 잘하는 기준은 다르겠지만 그 최소값을 10등으로 생각하는 사람이라면 '공부를 잘 한다'는 발화가 가지는 함의는 다음 (18)과 같은 척도들을 포괄한다.

> (18) '철수는 늘 1등을 한다.' …… '철수는 2-3등을 한다.' …… '철수는 10
>   등을 한다.'

이때 '그러나'는 선행문이 긍정적 내용을 담은 발화인 경우 최대값을 부정하는 일이 많으며 적어도 최소값을 배제시킬 수는 없다. 따라서 (19ㄱ)은 가능하지만 (19ㄴ)은 불가능하다.

> (19) ㄱ. 철수는 공부를 잘한다. 그러나 항상 반에서 1등을 하는 것은 아니다.
>   ㄴ. ?철수는 공부를 잘한다. 그러나 항상 반에서 10등 안에 드는 것은
>   아니다.

선행문이 부정적 내용을 담은 발화인 (20)은 부분적 대조 기능을 하는 '그러나'가 쓰일 경우 후행문에서 최소값이 배제된다.[15]

---

14) 장정줄(1982 : 70)에서는 이러한 대립시키지 않는 '그러나'를 <의도적 강조>를 위한 기능을 하는 것으로 보면서 다음과 같은 예문을 제시한다. "a.이것은 꽃이다. 그러나 저것도 꽃이다. b.그는 건강하다. 그러나 그의 동생도 건강하다."

15) 사실 최대값과 최소값은 절대적인 것이 될 수는 없다. 화청자의 인식 속에서 매겨지는 값을 말한다. 어린 아이들의 발화라면 그 단위는 훨씬 작아질 수 있다. 불과 몇 천원으로 그 발화를 가능하게 할 수 있는 최소값이 낮아질 수 있는 것이다.

(20) ㄱ. 철수는 공부를 못한다. 그러나 고등학교를 못 갈 정도는 아니다.
　　 ㄴ. 영희는 못생겼다. 그러나 시집을 못 갈 정도는 아니다.

　(20)의 화자는 공부를 못하는 것의 최소값을 '고등학교를 못 갈 정도'에 두고 있으며, 못생긴 것의 최소값을 '시집을 못 갈 정도'로 생각하고 있음에 틀림없다.

　이 (4ㅁ)과 같은 부분적 대립은 일견 선행문의 '-이다'와 후행문의 '-이 아니다'가 대립하는 의미론적 대조로 보일 수도 있다. 그러나 아래에서 논의될 (21)과 같은 경우에 보이는 복합적인 부분적 대조 구문에서는 표면적인 어휘적 대립이 드러나지 않는데도 '그러나'가 적극적으로 모종의 기능을 수행한다. 생략될 수 없는 것이다.

　부문석 대소는 항상 위의 (4ㅁ)과 같은 후행문의 극어(極語, polarity item) 부정의 구조로 만 나타나는 것은 아니며 아래 (21)과 같이 좀더 복합적인 구조로 나타나기도 한다.

(21) ㄱ. 여러 사람의 칭송을 받고 싶은 심정은 인간에게 매우 자연스러운 것이며 사실과 부합하는 명성은 삶의 보람과도 연결되는 크나큰 축복이다. 그러나 우리에게 가장 중요한 것은 자아의 성장이며, 명예는 부차적인 가치 이상의 것이 될 수 없다.
　　 ㄴ. 비관론은 때때로 인생을 살아나갈 때나 한 나라의 미래를 설계할 때에 반성의 계기를 마련해 주기도 한다. 그러나 너무 극단적인 비관론에 파묻혀있으면 생활 자체가 위축되고 어두워지기 쉽다.
　　 ㄷ. 이런 어린들의 생명을 구하기 위해 노력하는 단체나 개인들이 많이 있습니다. 그러나 고통 받는 모든 어린이들에게 혜택이 돌아가지 못하고 있습니다.

　(21ㄱ, ㄴ)에는 '그러나 그것이 가장 중요한 것은 아니다' 혹은 '그러나 그것이 항상 좋은 것은 아니다'와 같은 최대치 부정에 의한 부분적 대조 구문이 생략된 것으로 볼 수 있고, (21ㄷ)에서는 '많이 있다. 그러나 충분한 정

도는 아니다'의 의미를 함축 의미로 갖는다.

이렇듯 선행문이 함의할 수 있는 척도상의 일부 요소와 관련되는 속성을 부정하는 부분적 대조를 통해 화자는 선행문 사태의 척도상의 위치를 조정하고 제한한다. 이러한 부분적 대조는 서술의 정교화를 위한 기초 작업으로 이루어지는 경우가 많다. '그러나'는 선행 텍스트의 서술로는 충족되지 않는다는 점을 강조하면서 결과적으로 텍스트가 완결되지 않았음을 나타내어 부연 설명이 더 필요함을 나타낸다. '그러나'에 의해 접속되는 후행문에 의해 선행문의 내용은 보완되고 보강되어 더 정교해지고 더 발전적인 방향으로 나아가게 되는 것이다. 이러한 부분적 대조는 후행문에서 선행문을 확대 발전시킴으로써 후행문의 사실을 더욱 두드러지게 보일 필요가 있을 때, 수사법적으로 이용되는 경우가 많다. 이 경우 '그러나'의 수사법적 기능은 대조에 있다기보다는 강조에 있다고 볼 수도 있다. 이 부분적 대조의 경우 '그러나'의 해석이 함의와 관련되어 있으므로 화용론적 대조를 보이는 경우에 포함시킬 수 있다. 결국 '그러나'의 대조 의미는 다음과 같은 하위범주화 양상을 보인다.16)

[표 1] '그러나'의 의미 하위범주화

		어휘 대립(반의)	(4ㄱ)	의미론적 대조
직접적 대조	객관적 대조	구문 대립(대칭성)	(4ㄴ)	의미론적 대조
	주관적 대조		(4ㄷ)	
간접적 대조	함축적 대조		(4ㄹ)	화용론적 대조
	부분적 대조		(4ㅁ)	

---

16) R. Lakoff(1971)의 'but'의 고전적인 두 가지 의미 곧, '대립'과 '기대 부정'의 의미는 '-(으)나'와 같은 대립 연결어미에 대한 윤평현(1989), 전혜영(1989), 이은경(2000)의 일련의 논의에서 각각 '의미론적 대립(대조)'과 '화용론적 대립(대조)'으로 파악된다. 본고에서의 논의의 방향은 그 두 가지 대립(대조) 의미에서 출발한 것은 아니지만, 다섯 가지의 대조 의미를 의미론적/화용론적 차원에서 굳이 분류하자면 그렇게도 나눌 수 있다는 점을 표가 보여주고 있다. 본고의 '의미론적 대조'와 '화용론적 대조'가 위의 논의들에서의 구분과 반드시 일치하는 것도 아니다. 예를 들어 주관적 대조는 기대 부정은 아니며, 선후행절의 사태를 대조적으로 파악하게 된 배경이 의미론적이 아니라 화자의 (긍정적/부정적) 인식이기 때문에 화용론적이다. 물론 연결어미를 다룬 위의 논의들에서는 '부분적 대조'의 예는 발견할 수 없다. 이것은 접속부사 '그러나'에 고유한 기능이다.

3. '대조'의 의미론

'그러나'가 쓰인 문맥을 살펴보면 (4ㄱ)과 (4ㄴ)의 경우에는 선후행문의 의미가 분명히 대립되는 것으로 파악되지만, (4ㄷ), (4ㄹ), (4ㅁ)에서는 대립이나 심지어 대조의 의미조차 매우 약화되는 것처럼 보인다. 이렇게 선후행 절의 관계 의미가 서로 차이를 보이는데도 공통적으로 쓰이면서 이들을 모두 아우르는 '그러나'의 기본 의미는 과연 무엇인가. 먼저 우리가 무심히 섞어 쓰는 대립(對立)과 대조(對照)의 개념을 분명히 정리해 보자. 대조는 어떤 두 사물이나 상태가 다르다고 보는 것이다. 대조는 양자의 비교에서 출발하여 둘의 차이를 두드러지게 보는 것이며, 대립은 그 차이를 극단적인 것으로 곧, 반대의 위치에 있는 것으로 보는 것이다.[17]

대조는 상대적인 것이며 정도차를 가진다. 그러므로 대조되는 두 상황의 차이는 미미할 수 있다.

> (22) ㄱ. 철수는 공부를 잘한다. 그러나 운동은 보통이다.
>   ㄴ. 철수는 공부를 잘한다. 그러나 운동은 못한다.

(22ㄴ)에서는 선후행문이 분명히 대조되어 서로 대립된다고까지 할 수 있지만 (22ㄱ)에서는 대조가 그다지 분명히 이루어지지 않는다. 이는 노랑과 보라가 대조되는 경우와 노랑과 연두가 대조되는 두 가지 경우의 색 대비에 견주어 이야기할 수 있다. '대조'는 양자의 차별성이 드러나는 경우에 인식되는 것이지만 '대립'은 그 차별성이 완전히 반대의 극단에 있는 것으로 인식되는 경우이다. 위의 두 경우의 색 대비는 모두 대조를 보일 수 있지만, 서로 보색 관계에 있는 노랑과 보라의 대비는 대립된다고 말할 수 있어도, 노랑과 연두의 대조를 대립된다고 할 수는 없다. 따라서 명백히 반의어 관

---

17) '대조'와 '대립'의 사전적 의미는 다음과 같다. (표준국어대사전)
　　대조 : 서로 달라서 대비가 됨.
　　대립 : 의견이나 처지, 속성 따위가 서로 반대되거나 모순됨. 또는 그런 관계.

계에 있는 단어들이 대조를 이루는 (4ㄱ)의 경우는 대립된다고 할 수 있지
만 그렇지 않은 경우들은 단지 대조되는 경우로만 이해해야 할 것이다.

또한 대조는 주관적인 것일 수도 있다. 철수가 공부를 잘한다는 사실과
영수가 운동을 잘한다는 사실을 동궤의 사실로 파악하느냐 차별적인 사실
로 파악하느냐는 화자의 인식에 따른다. 전자의 경우에는 이른바 순접(順接)
의 접속부사 '그리고'가 사용될 수 있고 후자의 경우에는 이접(離接)의 접속
부사 '그러나'가 사용된다.

(23) ㄱ. 철수는 공부를 잘한다. 그리고 운동은 못한다.
ㄴ. 철수는 공부를 잘한다. 그러나 운동은 못한다.

(23ㄱ)의 경우 선후행절이 대립된다고는 할 수 없으나 여전히 대조 의미
는 인식된다.

따라서 대조는 대립보다는 훨씬 그 사용의 폭이 넓은 단어라고 볼 수 있
다. 대조되는 것들이 모두 대립을 이루지는 않지만 대립되는 것들은 분명한
대조를 이룬다. 대조의 차이가 커질 때 대립된다고 볼 수 있으므로 차별성
의 관점에서 보자면 대립은 대조보다 더 큰 차별성을 내포한다.

'그러나'의 의미를 대립이나 대조로 보는 관점과는 조금 달리 의미의 불
연속성의 측면에서 접속부사의 의미를 파악한 논의는 최현배(1937), 허웅
(1975) 등에서 보인다. 예를 들어 최현배(1937)에서는 접속부사 '그러나'는
'불구속(그 앞에 말한 바에 매이지 않고 그와 딴판의 결과가 생기는 것을 보
이는 것)'의 의미를 나타낸다고 한다. 이는 반대나 대립, 혹은 대조보다도
훨씬 소극적으로 서로 다른 두 양상을 보는 태도라고 볼 수 있다. 어떤 상
황을 '대립 - 대조 - 불구속'으로 각기 파악하는 입장은 두 상황을 각각
'반대이다 - 다르다 - 같지 않다'라고 보는 것과 같다. 실제로 접속부사 '그
러나'는 이 세 경우를 다 포괄하는 의미를 보인다. 반대와 대조와 불구속이
갖는 의미 차이는 다음과 같이 나타낼 수 있다.

(24) 반대 > 대립 > 대조 > 불구속(차단)[18]

(적극적)   (소극적)

다시 2.4.로 돌아가 '그러나'가 선행문을 단지 수정하고 보완하는 경우에 쓰이는 이유를 설명해 보자면, '그러나'의 수정 보완의 기능은 '그러나'의 불구속의 의미 곧 선후행문의 차단 기능에 말미암는다고 할 수 있다. 선행문의 논의 전개를 일단 멈추게 하고 모든 가능한 함의를 확대시키지 않는 기능에서 말미암는 것이다. 이러한 선행문의 후행문에 대한 불구속의 경우는 위의 '그러나' 사용 예 중 부분적 대조의 예들을 통해 잘 이해될 수 있다.[19]

이런 의미에서 기존의 '그러나'를 '역접(逆接)' 혹은 '비집(非接)'의 선어사로 본 전통적인 견해는 바로 [상반, 대립]보다는 [불구속]으로 이해되어야 하는 '그러나'의 특성을 잘 드러내고 있는 것 같다.[20] 흔히 '그리고'를 순접(順接)의 의미를 가지는 것으로 보고, '그러나'를 역접의 의미를 가지는 것으로 보는데, 순접의 '순(順)'이 가리키는 것이 바로 이 '구속'이고, 역접의 '역(逆)'이 가리키는 것이 바로 '불구속'임을 알 수 있다. '그러나'의 '역접'이

---

18) '>'는 차별성 정도를 나타냄.
19) 심지어 부분적 대조의 경우와 매우 유사하지만 선후행문이 대조 의미를 가지는지 의심스러운 예들도 있다. 부분적 대조의 경우와 마찬가지로 후행문이 선행문에 대한 단서 조항처럼 쓰여 선행문을 부분적으로 수정 보완하거나 보충하는 형식으로 쓰이지만 선행문의 어떤 함의를 부정하지는 않으므로 대조되는 면도 없다.

  (1) ㄱ. 네가 아까 그렇게 말한 것은 좀 심한 것 같아. 그러나 한 번쯤은 그렇게 말하는 것도 괜찮다고 생각해.
     ㄴ. 이 약은 위장을 튼튼히 해주고 활력을 북돋아 줍니다. 그러니 매일 이 약을 빠뜨리지 말고 챙겨서 드세요. 그러나 이 약을 복용하실 때에는 반드시 소화가 잘 되는 음식을 드셔야 합니다.
     ㄷ. 이 회사는 작년에도 꽤나 큰 수익을 올렸다. 연간 순이익만 해도 100억이나 되었으니 말이다. 그러나 올해에는 작년과 비교가 안 될 정도로 엄청난 이익을 낸 것으로 보인다. 이미 1/4분기만 해도 순이익이 100억을 넘었으니 말이다.
20) '이(離)'의 의미는 '떼놓다, 가르다, 끊다, 나누다'이고 '역(逆)'의 의미는 '거스르다, 배반하다, 어기다'이다.

반대 사실을 이어준다는 의미로 이해하는 것은 극단적인 해석이다. '그러나'
에 의해 앞 뒤 사실이 대조되는 것은 사실이지만 이는 반대 사실이 배열되
어서라기보다는 정확히 말해, 앞의 사실 후행 사실을 구속하지 않기 때문에
일어나는 효과이다. 선행문의 기대가 후행문에서 차단되고 그에 따라 후행
문을 불구속할 때 생기는 효과가 바로 '대조'이다. 이 대조는 경우에 따라
매우 적극적으로 혹은 소극적으로 기능한다. 가장 적극적인 대조는 곧 '대
립'이나 '반대' 의미를 가지는 것으로 이해하게 하는 것이고, 가장 소극적인
대조는 위 2.4.의 경우처럼 단순한 부분적 수정이나 단서 첨부로 이루어진
다. 따라서 기본적으로는 선행문과 후행문의 단절이 '그러나'가 하는 일이
며 이로 인한 대조 효과가 '그러나'에 의해 기대되는 기본 의미라고 할 수
있다.21) 그리고 이 대조 효과는 선후행문의 어휘적 의미화용적 특징에 따라
차이를 가지고 나타난다. 따라서 위의 (24)를 '그러나' 의미의 하위범주와
관련시키면 다음 (25)와 같다. '그러나'는 다양한 문맥에 따라 '대립'에서
'불구속'까지의 다양한 의미 스펙트럼을 가지며, 이를 대표하는 것을 중간
적인 '대조'로 보는 것이다.22)

    (25) 대립 > 대조 > 불구속(차단)

    ←——————————————————————→

    (4ㄱ)·········(4ㄴ, ㄷ, ㄹ)·········(4ㅁ)

    '그러나'의 대조 의미는 역시 대조 의미를 갖는 보조사 '은/는'과 공기할
때 가장 자연스럽다. 위 (4ㄱ-ㅁ)을 '이/가' 구문과 '은/는' 구문으로 만들어

---

21) 가장 소극적인 경우를 기본 의미로 볼 것이냐 가장 적극적인 경우를 기본 의미로 볼 것이
   냐를 놓고 고민한다면 당연히 소극적인 '불구속'의 의미가 '그러나'의 기본 의미가 되어
   야 할 것이다. 대립 의미에서 불연속의 의미가 파생되는 것이 아니라 선행문의 사실이 후
   행문의 내용을 불구속하는 한 경우에 '그러나'의 대립 의미가 읽힐 것이기 때문이다.
22) 본고의 '대조'는 이와 같이 중립적인 대표 의미로 이해되어야 하는 것으로서 실제로는 다
   양한 스펙트럼을 가진다는 점이 이기동(1977), 이은경(2000) 등에서 말하는 '대조'와 구별
   되는 점이다.

비교해 보면 역시 '은/는' 구문인 경우가 더 자연스러우며 '이/가'가 쓰인 어떤 경우에는 접속 자체가 순조롭지 못한 것을 발견하게 된다.

(26) ㄱ. 철수는 공부를 잘 한다. 그러나 영수는 공부를 못 한다.
　　 ㄱ'. [?]철수가 공부를 잘 한다. 그러나 영수가 공부를 못 한다.
　　 ㄴ. 철수는 공부를 잘 한다. 그러나 영수는 운동을 잘 한다.
　　 ㄴ'. [?]철수가 공부를 잘 한다. 그러나 영수가 운동을 잘 한다.
　　 ㄷ. 철수는 공부를 잘 한다. 그러나 돈이 없다.
　　 ㄷ'. 철수는 공부를 잘 한다. 그러나 돈은 없다.
　　 ㄹ. 철수는 공부를 잘 한다. 그러나 잘난 체 하지 않는다.
　　 ㄹ'. 철수는 공부를 잘 한다. 그러나 잘난 체 하지는 않는다.
　　 ㅁ. 철수는 공부를 잘 한다. 그러나 늘 그런 것은 아니다.
　　 ㅁ'. [?]철수는 공부를 잘 한다. 그러나 늘 그런 것이 아니다.

객관적 대립 의미가 분명히 드러나는 경우(26ㄱ, ㄴ)에는 대조항들이 거의 '-은/는'으로만 지시되어야 하고, 부분적 대립 의미를 가지는 경우(26ㅁ)에도 '-은/는'이 쓰이는 것이 오히려 '-이/가'가 쓰이는 것보다 더 자연스럽다. 그 외에 대립 의미가 약하게 드러나고 단지 대조 기능만이 두드러지는 경우(26ㄷ, ㄹ)에도 '-이/가'가 쓰이는 경우보다는 '-은/는'이 쓰이는 경우가 더 문장의 의미가 분명해 진다. 어느 경우이든 대조되는 항목들은 보조사 '-은/는'에 의해 콘트라스트를 더 받는다.

이 때 대조의 차이는 객관적 대조의 경우가 가장 크고 부분적 대조가 가장 적다. 따라서 구문 자체에서 이미 대조 의미가 나타나는 객관적 대조의 경우에는 '그러나'가 생략될 수도 있지만, 구문 자체가 대조적이지 않은 부분적 대조의 경우에는 절대로 '그러나'가 생략될 수 없다. 대조의 차이가 분명할 때 곧 양자가 이미 내용적으로 대립되는 경우에 '그러나'는 소극적으로 기능하지만, 대조의 차이가 두드러지지 않는 소극적 대조의 경우 오히려 대조의 접속부사 '그러나'는 그 기능을 분명히 발휘하는 것이다. 예를 들어 선후행문이 어휘적으로 분명히 대립되는 아래 (27)의 경우에는 '대립' 의미가 특별히 '그러나'에 의존적인 것은 아니다.

(27) 철수는 간다. [그리고/그러나/그런데/그래도] 영희는 가지 않는다.

긍정과 부정으로 의미 대립을 보이는 위 (27)의 두 문장 사이에는 어떤 접속부사가 쓰여도 대립 의미가 유지되며, 심지어 접속부사가 쓰이지 않고 생략되어도 대립 의미는 유지된다. 곧, 선후행문의 내용에 의해 대립 의미가 견고할 때에는 '그러나'의 기능이 두드러지지 않는 것이다. 표1을 두고 살펴보자면 의미론적 대조에 속하는 (4ㄱ), (4ㄴ)은 어휘적 구문적으로 분명히 적극적인 대조, 곧 대립을 이루는 경우이기 때문에 '그러나'가 생략되어도 큰 문제가 발생하지 않지만, 대립된다고까지는 볼 수 없는 화용론적 대조의 경우에는 '그러나'가 생략될 수 없다. 이 대조의 의미는 ①어휘나 혹은 구문의 대립적 특성, ②'그러나'와 같은 접속어, ③대조를 나타내는 보조사 '은/는' 등을 중복적으로 사용하는 방법으로 강화될 수 있다.

따라서 '그러나'가 쓰인 문장은 다음과 같이 대조 정도가 다르게 나타난다.

1) ①②③이 모두 다 쓰인 경우
   (a) 철수는 공부를 잘한다. 그러나 동생은 공부를 못한다.
2) ①②③이 부분적으로 쓰임.
   (b) ㄱ. 철수는 공부를 잘한다. 동생이 공부를 못한다.
       ㄴ. 철수는 공부를 잘한다. 그러나 몸이 약하다.
       ㄷ. 철수는 공부는 잘한다. 몸은 약하다.
3) ①②③이 모두 쓰이지 않음.
   (c) ㄱ. 철수는 공부를 잘한다. 몸이 약하다.
       ㄴ. [?]철수는 공부를 잘한다. 늘 1등만 하는 것이 아니다.

여기에서 대조 의미는 1)>2)>3)의 순으로 강하다. 1)의 경우 대조 의미가 가장 강하게 인식되며 따라서 대조보다 강한 대립 의미를 가지는 것으로 해석되기도 한다. 3)의 경우에는 대조 의미가 거의 인식되지 않는다. 심지어 위 3)의 (ㄷㄴ)과 같은 문장 연쇄는 '그러나' 없이는 의미 관계 형성에 실패하기도 한다.

4. 맺음말

이상의 논의를 요약하면 다음과 같다. 지금까지 '그러나'의 의미 기능으로 알려져 왔던 '역접'이나 '이접'이 말하는 '반대' 혹은 '대립'의 의미는 실제로는 선행절의 기대가 후행절에서 배반되는 데에서 두드러지는 '대조' 의미이다. 선행문의 내용이 후행문을 구속하지 않게 하는 불구속, 곧, 선행문과 후행문의 단절이 기본적으로 '그러나'가 하는 일이며 이로 인한 대조 효과가 '그러나'에 의해 기대되는 기본 의미라고 할 수 있다. '그러나'는 앞 뒤 문장을 불연속 시킴으로써 일종의 대조 효과를 발생시키는데, 앞 뒤 구문의 특성에 따라 '그러나'는 의미론적으로 객관적인 대조를 보이기도 하고, 화용론적으로 주관적 혹은 함축적 대조를 보이기도 한다. 또한 이러한 대립 기능이 매우 약화된 경우로서 대조가 선행문의 진술에 대해 전면적으로 이루어지지 않고 선행문의 일부를 문제삼는 방식을 이용해 부분적으로 이루어지는 특별한 기능이 접속부사 '그러나'에 고유하다. 이는 후행문에서 선행문을 확대 발전시킴으로써 후행문의 사실을 더욱 두드러지게 보일 필요가 있을 때, 수사적 필요에서 이용하는 일종의 표현법이라고 할 수 있다. 이 경우 '그러나'의 주기능은 대조에 있다기보다는 강조에 있다고 인식된다.

참고문헌

김경훈. 1995. "현대국어 부사어 연구", 서울대 박사학위논문.

김미선. 1996. "접속부사 연구(I)", 「어문연구」 92, 한국어문교육연구회, pp.92-106.

김미선. 1998. "접속부사 연구(II)", 「어문연구」 97, 한국어문교육연구회, pp.118-131.

김미선. 1998. "접속부사 연구(III)", 「어문연구」 98, 한국어문교육연구회, pp.35-49.

김미선. 2000. "'그러나'류의 자질과 기능", 「어문연구」 107, 한국어문교육연구회, pp.24-40.

김봉순. 2002. 「국어교육과 텍스트 구조」, 서울대학교 출판부.

남기심·고영근. 1983. 「표준국어문법론」, 탑출판사.

박선자. 1996. 「한국어 어찌말의 통어의미론」, 세종.

서정수. 1975. "국어 부사류어의 구문론적 연구", 「현대국어문법」, 계명대출판부. pp.67-98.

서태룡. 1979. "국어 접속문에 대한 연구", 「국어연구」 40, 서울대학교 국어국문학과.

손남익. 1995. 「국어부사연구」, 박이정.

신지연. 2004ㄱ. "대립과 양보 접속어미의 범주화", 「어문학」 84, 한국어문학회, pp.75-98.

신지연. 2004ㄴ. "논증 텍스트에서의 '그러나'의 주제전개 기능", 「텍스트언어학」 16, 한국텍스트언어학회, pp.41-64.

안주호. 1992. "한국어 담화표지 연구", 「말」 17, 연세대 한국어학당, pp.21-41.

양인석. 1972. "한국어의 접속화", 「어학연구」 8-2, 서울대 어학연구소, pp.1-25.

유목상. 1970. "접속어에 대한 고찰", 「한글」 146, 한글학회, pp.297-309.

윤평현. 1989. "국어의 접속어미에 대한 연구", 전남대학교 박사학위논문.

이건원. 1984. "문장접속연구", 「어학연구」 20-3, 서울대 어학연구소, pp.257-274.

이관규. 1992. 「국어 대등구성 연구」, 서광학술자료사.

이기동. 1977. "대조·양보의 접속어미의 의미 연구", 「어학연구」 13-2, 서울대 어학연구소, pp.129-138.

이은경. 1998. "접속어미의 통사", 「문법연구와 자료」, 태학사. pp.465-489.

이은경. 2000. 「국어의 연결어미 연구」, 태학사.

이익섭. 2003. 「국어 부사절의 성립」, 태학사.

이익섭·임홍빈. 1983. 「국어문법론」, 학연사.

이필영. 1994. "대등절과 종속적에 관하여", 「선청어문」 22, 서울대 국어교육과, pp.645-670.

임유종·박동호·홍재성. 2001. "접속부사의 구문론적 특성", 「언어학」 28, 한국언어학회, pp.117-210.

임지룡. 1992. 「국어의미론」, 탑출판사.

임홍빈. 1998. "NP-병렬의 '와/과에 대하여", 「국어문법의 심층2」, 태학사, pp.405-436.

장정줄. 1982. "국어의 접속사 연구", 동아대학교 석사학위논문.

전혜영. 1989. "현대 한국어 접속어미의 화용론적 연구", 이화여대 박사학위논문.

최현배. 1937. 「우리말본」, 정음사.

허 웅. 1975. 「우리옛말본」, 샘문화사.

Lakoff, R. 1971. "If's, And's, and But's about conjunction," In : Fillmore and Langendoen(1971), *Studies in Linguistic Semantics*, Holt, Rinehart and Winston, Inc. pp.115-149.

| 이 논문은 한국어의미학 18집(2005, 한국어의미학회)에 게재된 논문을 재수록한 것입니다.

동사 의미 분석에서의 단의 설정에 대하여
—논항과의 결합 관계를 중심으로

남 경 완

1. 서론

    소쉬르(F. de Saussure)가 기호를 개념과 청각 영상의 결합으로 정의내리고, 서로 대립되면서도 전제하는 이 양자를 시니피에와 시니피앙으로 제시한 이래, 언어 연구의 두 축은 내용으로서의 의미에 대한 연구와 형식으로서의 음성 혹은 형태에 대한 연구로 양분되어 왔다. 그런데 이 중 의미에 대한 연구는 심리적 실재로서의 의미의 본질과 이를 둘러싼 무한한 의미적 환경으로 인해 복잡한 절차와 다양한 방법을 거쳐 진행될 수밖에 없다.

    본고에서는 이러한 의미 분석의 여러 절차 가운데 동사의 단의(seme) 설정 문제에 대해 살펴볼 것이다.[1) 실제 언어생활에서 사용되는 용례를 통해 한 어휘소가 가지고 있는 단의들의 의미를 분석하고 그것들을 구분하기 위

---

1) '단의'란 하나의 어휘 항목이 가지고 있는 개별 의미 각각을 뜻한다. 이는 음운론에서의 '단음(phone)'에 대응되는 것이라 할 수 있는데, 단독적으로 규정될 수 있는 '단음'과는 달리 어떤 언어적 형태에 기대서만 실현된다. 이에 따라 한 어휘소에 하나의 단의가 대응되면 단의어이고, 두 개 이상의 단의가 대응되면 다의어가 된다. 그런데 한 어휘소의 의미를 가리킬 때 사용하는 'sense'라는 용어는 개별 의미의 집합적인 측면까지도 포함하는 일반적인 차원을 의미한다면, 본고에서 사용하는 'seme'이라는 용어는 주로 다의어의 경우 각 개별 의미 모두를 낱낱으로 구분하여 일컫는 개체적 차원의 의미로 사용한다.

해서는 단의 구분의 기준에 대하여 엄밀한 검토가 선행되어야 한다. 다음의
예를 통해 좀 더 구체적으로 문제점을 살펴보도록 하겠다.

> (1) ㄱ. 옷을 짓다.
> ㄴ. 집을 짓다.
> ㄷ. 밥을 짓다.
> ㄹ. 약을 짓다.

위 (1)에서 제시한 '짓다'의 용례를 통해 각각의 단의들을 어떻게 구분해
낼 수 있는가? (1ㄱ)에서 (1ㄹ)까지 나타난 의미들을 모두 독립된 단의로 구
분할 수 있는지, 아니면 일부 혹은 전체가 하나의 단의로 통합될 수 있는지
밝혀내는 것이 곧 단의 설정의 핵심이다. 더불어 통합될 수 있는 것들이 있
다면 그것은 어떤 기준에 의해서 판단되는 것인지를 밝혀야 한다.

이에 대해 살펴보기 위해 본고는 다음의 순서에 따라 논의를 진행한다.
우선 2장에서 의미 분석의 내용에 대해 정리한 후, 3장에서는 단의 설정의
과정이 전체 의미 분석의 절차 가운데 어디에 위치하는지를 살펴볼 것이다.
이를 바탕으로 4장에서는 단의 설정에 대해 논의되어 온 기존의 연구들의
한계를 살펴보고 단의 설정의 구체적인 기준에 대해 논의할 것이다. 이 때,
의미 분석의 대상은 동사로 한정하고, 동사의 경우 논항과의 결합 관계'를
살펴보는 것이 단의를 결정하는 데에 일차적인 기준이 될 수 있음을 주장할
것이다.[2]

---

2) 이것이 곧 명사와 동사의 의미 분석 방법론에 차이가 있다는 주장과 등치되지는 않는다.
어휘의 의미 분석에 있어서 그 기본적인 원칙과 태도는 어휘의 속성에 관계없이 동일하다.
다만, 실제적인 의미 분석의 과정에서 어휘의 의미적 속성에 따라 구체적이고 세부적인 방
법이 달라질 뿐이다. 가령 구체적 실재성을 띠고 있는 1차 실체(1stOrderEntity)로서의 명사
는 그 자체의 존재론적 위치에 따라 의미 속성을 분석할 수도 있으나, 어떤 존재의 존재
양식을 나타내는 2차 실체(2ndOrderEntity)로서의 동사는 필연적으로 그 동사가 서술하고
있는 존재의 속성에 의존하게 된다.

2. 의미 분석의 내용

한 어휘 항목의 의미를 분석한다는 것은 구체적으로 무엇을 밝히는 것인가? 바꾸어 말하면 어떤 내용들이 밝혀져야 한 어휘 항목의 의미를 완전하게 분석하였다고 말할 수 있는가?

어휘의 의미를 분석한다는 것은 넓게는 어휘의 어휘적, 통사적, 화용적 의미를 모두 밝혀내는 것을 뜻한다. 그러나 이 중 화용적 의미에 대한 분석은 발화 상황의 언어 외적인 가변성까지 고려해야 한다는 점에서 잠시 논의를 뒤로 미룬다면, 한 어휘 항목의 의미를 분석한다는 것은 곧 그 어휘 항목의 의소(sememe)를 밝히는 것으로 귀결되고,[3] 의소를 밝힌다는 것은 다시 다음과 같은 두 가지 측면이 사호 작용을 통하여 ┌러니다

I. 개별 의미의 의미 특성
II. 개별 의미 사이의 의미 관계

이 중 의미 특성을 파악하는 것은 해당 어휘 항목이 가지고 있는 단의의 의미 특성을 찾아 기술하는 것이다. 최호철(1993ㄴ)에서는 다음 (2)와 같이 의미 특성을 포함하여 어휘 항목의 문법 정보 전체를 제시하였다.[4]

---

[3] 본고에서 '의소'의 개념은 최호철(1993ㄱ, 1995)에서 제시한 '의소'와 '이의(alloseme)'의 관계 설정을 이어받은 것이다. 즉, 단의들 사이에서 유연성이 발견되면 그들은 하나의 의소로 묶이고, 그 의소에 드는 단의들은 이의가 되므로 의소는 집합 개념이라 할 수 있고, 이의는 개체 개념이라 할 수 있다(최호철1996 : 82). 따라서 결국 '의소를 밝힌다'는 것은 이미 단의 분석이 모두 이루어진 상태를 전제한다. 의소의 설정 방법에 대해서는 3장에서 보다 자세히 살펴보게 된다.

[4] 구체적으로 어떤 의미 특성들이 어떤 방식으로 기술되어야 하는가에 대해서는 다양한 견해가 있다. 이 외에도 어휘 항목의 의미 정보를 분류한 내용으로 김현권(2001), 이동혁 (2004ㄱ, 2004ㄴ) 등을 참조할 수 있다. 또한 지금까지 국내의 여러 연구에서 다루어진 Pustejovsky(1995)의 '논항 구조, 사건 구조, 특질 구조, 어휘 상속 구조' 역시 어휘 항목의 의미 구조를 제시한 것으로 이해할 수 있다.

(2) 어휘 항목의 문법 정보(최호철 1993b : 197)
  ㄱ. 음운 특성 : [±유성성], [±자음성], [±긴장성] 등
  ㄴ. 형태 특성 : [어근], [접사]
  ㄷ. 통사 특성 ┌범주 특성 : [-서술성, -한정성 / ±보통성, ±가산성],
              │   [+서술성, (-한정성)], [(-서술성), +한정성] 등
              └규칙 특성 : [±목적어 생략], [±인상] 등
  ㄹ. 의미 특성5) ┌논항 특성 : [지정격], [작위격, 피위격], [작위격, 피위격,
               │   목표격] 등
               ├선택 특성 : [작위격[+유정성], 피위격[+액체성]__] 등
               └고유 특성 : [±추상성], [±유정성], [±인간성], [±성인성],
                         [±기혼성], [±자웅성] 등

기술되어야 하는 의미 특성의 구성과 기술 방식이 어떤 식으로 결정되건,
이러한 의미 특성을 기술하는 것은 대상 어휘가 두 개 이상의 단의로 분석
되는 다의어의 경우 그 중요성이 더욱 커진다. 물론 해당 어휘의 의미 특성
을 정확하게 분석하는 것은 단의어이든 다의어이든 똑같이 중요한 문제이
지만, 다의어의 의미 분석은 단지 단의를 두 개 이상 기술한다는 양적 차원
의 팽창을 넘어서서 해당 어휘가 가지고 있는 각 단의들을 서로 변별해야
한다는 질적 차원의 팽창을 포함하기 때문이다.

그런데 이러한 의미 특성들은 언제나 개별 의미 사이의 의미 관계 속에
서 결정된다. 어떠한 개별 의미도 전체 의미 체계에서 유리된 상태로 존재
할 수 없으며, 따라서 개별 의미의 의미 특성은 다른 의미와의 관계를 통해
서만 관찰되고 구조화될 수 있다.6)

---

5) 여기에서 논항 특성은 서술 어휘 항목의 의미가 선택하는 의미격의 설정으로, 선택 특성은
   공기하는 어휘 항목의 고유 특성으로, 고유 특성은 다른 어휘 항목의 공통/시차 특성으로
   기술된다(최호철 1993ㄴ : 202).
6) 최호철(1993ㄱ : 69)에서 "어소(morpheme)의 의미 분석은 논리학상 유개념(genus) 및 종개
   념(species)을 도입하여 일련의 어소 사이에서 개념상의 공통 특성과 시차 특성을 찾아내는
   작업"이라고 언급한 것 역시 결국 전체 체계 속에서 상호 대립을 통해 자신의 가치를 발현
   하는 언어의 속성에 대한 언급이다. 이러한 관점을 받아들인다면, 의미 관계를 분석하는
   것은 그 자체로 의미 분석의 내용이면서 동시에 의미 분석의 방법이 된다.

의미 사이의 관계를 살펴보는 것은 다음과 같은 두 가지의 측면을 포괄
한다.

Ⅱ-1. 어휘소 내부의 의미 관계
Ⅱ-2. 어휘소 외부의 의미 관계

다음의 예문을 통해 살펴보자.

(3) ㄱ. 그녀의 이마가 너무 뜨겁다
    ㄴ. 그녀의 사랑은 매우 뜨겁다
    ㄷ. 작년 여름은 매우 뜨거웠습니다.

(4) ㄱ. 그녀의 손이 몹시 차갑다.
    ㄴ. 그녀의 성격은 너무 차갑다.
    ㄷ. *작년 겨울은 매우 차가왔습니다.

첫 번째 측면은 한 어휘에 두 개 이상의 의미가 대응되는 다의어의 경우
에만 나타나는 것으로,[7] (3)에서 (가), (나), (다) 사이의 관계, (4)에서 (가),
(나) 사이의 관계가 관찰의 대상이다. 즉, 위 (가), (나), (다)가 각각 상징하는
[물리성], [감정성], [생리성]이라는 세 가지 차원이 어떻게 연관되어 있기에
이런 식의 의미 파생이 가능한지, 그리고 이러한 파생 관계가 나타나는 양
상은 개별 어휘 항목마다 어떻게 나타나는지를 살펴보는 것이라 할 수 있
다.[8]

---

7) 의미 관계의 개념을 형식적 측면을 고려하지 않고 문자 그대로 의미 사이의 관계로 이해한
   다고 하더라도, 이와 같이 다의어가 가지고 있는 여러 단의 사이의 관계를 '다의 관계'로
   지칭하는 것은 적절하지 않다. '다의어'라는 것은 말 그대로 한 어휘에 여러 개의 의미가
   대응된다는 것만을 의미할 뿐이고, 이 때 그 변이 의미들 사이의 관계 자체는 '파생 관계'
   라고 지칭하는 것이 보다 정확하다. 하나의 형태에 대응되는 하나의 의미에서 형태는 그대
   로 유지한 채 새로운 의미가 파생될 때, 그 어휘 형태는 '다의성'을 가지게 되는 것이고, 이
   런 경우 '다의어'가 발생한 것으로 간주한다.
8) 의미의 은유적 확장을 설명하는 인지의미론의 접근 방식이나, 규칙적이고 생산적인 다의성

두 번째 측면은 다시 계열과 결합이라는 두 축으로 구분하여 살펴볼 수 있다. 우선 (3)과 (4)의 관계를 대상으로 삼는다면 그것은 의미 사이의 계열 관계를 살펴보는 것이 된다. 즉, (3ㄱ)과 (4ㄱ), (3ㄴ)와 (4ㄴ)는 대립 관계를 성립하는 데 반해, (3ㄷ)에 대해 대립 관계가 성립되는 단의가 '차갑다'에 존재하지 않는다는 사실을 밝힐 수 있다. 반면 'X가 차갑다'의 결합 구조에서 '차갑다'와 'X' 사이의 관계를 대상으로 삼는다면 그것은 의미 사이의 결합 관계를 살펴보는 것이 된다. 즉, '차갑다'와 결합할 수 있는 'X'의 의미에 대한 제약을 찾아내는 것에서부터 'X'의 의미로부터 '차갑다'의 의미 분절을 찾아내는 것까지가 모두 포함될 수 있다.

이상과 같이 개별 의미의 의미 특성을 밝히는 것과 개별 의미 사이의 관계를 찾아내는 것은 서로 분리될 수 없으며, 양자의 상호 작용에 의해 이루어진다. 즉, 의미 분석의 귀결점인 의소 설정을 위해서는 결국 각 개별 의미의 의미 특성을 찾기 위해 끊임없이 의미 관계의 양상을 검토하는 과정을 거칠 수밖에 없는 것이다.[9]

요컨대 어휘의 의미 특성과 의미 관계는 다음과 같이 정리된다.

[표 1] 어휘의 의미 특성
┌계열적 정보 ― 고유 특성
└결합적 정보 ┌논항 특성
             └선택 특성

을 통합 기술하려는 생성 어휘부의 다의어에 대한 접근 방식과 같은 것이 이러한 논의에 속한다고 볼 수 있다. 이에 대한 개괄적 설명은 남경완·이동혁(2004) 참조.

9) 이러한 과정은 순환적이라기보다는 변증법적인 통합 과정으로 이해되어야 한다. 체계 속에서의 위치를 찾기 위해서는 아래로부터의 분류와 위로부터의 구분을 동시에 수행해야 하는 것처럼 의미 분석의 과정 역시 의미가 가지고 있는 개체로서의 특성과 전체 체계 속에서의 위치가 동시에 고려되며, 그 가운데 의미 사이의 횡적, 종적 관계에 있어서도 관계를 형성하는 두 요소 사이의 상호 전제가 통합되는 것이다.

[표 2] 어휘의 의미 관계
┌어휘소 내부의 의미 관계 ─ 다의어 파생 관계
└어휘소 외부의 의미 관계 ┌계열적 의미 관계
                          └결합적 의미 관계

3. 의미 분석의 절차

본 장에서는 앞서 제시한 의미 분석의 내용을 토대로 구체적인 의미 분석의 절차에 대해 살펴볼 것이다.[10]

어휘의 의미 분석이 결국 의소 설정으로 귀결된다는 점에서 본다면, 의미 분석의 절차는 곧 의소를 설정하기까지의 절차가 핵심이다. 의미 분석의 절차에 대해 최호철(1996)에서는 다음과 같이 제시하고 있다.

(5) 의미 분석의 절차(최호철 1996 : 85)
　① 단의의 유연성에 따른 다의성과 동음성을 고려하여 어소를 분류한다.
　② 한 어소 자체의 의미로 한정한 의의를 평정(評定)하여 의소를 설정한다.
　③ 이의 실현 환경을 조사하고 문맥적/화맥적 이의를 분류한다.
　④ 기본적 의미(주이의)와 비유적/관용적 의미(부이의)를 선정한다.
　⑤ 기본적 의미와 비유적/관용적 의미의 의미 특성을 기술한다.
　⑥ 비유적/관용적 의미의 실현 규칙을 세운다.

여기에서 제시한 여섯 단계의 절차를 다시 정리해 보면, <1단계 : 의소

---

10) 의미 분석의 절차를 구성하는 것과 각 절차별 세부 방법론을 찾는 것이 전체적인 의미 분석의 방법론이 된다. 지면의 제약 상 본고에서 의미 분석 방법론 전체를 아우를 수는 없다. 이에 따라 3장에서 의미 분석의 절차에 대해 살펴본 뒤 4장에서 그 중 첫 단계에 해당하는 단의 설정에 대해 살펴볼 것이다.

설정(①, ②)> → <2단계 : 단의 분류(③, ④)> → <3단계 : 의미 기술(⑤, ⑥)>의 세 단계로 묶을 수 있다.[11] 그런데 이러한 절차는 불가역적인 선형성을 가진 것으로 이해할 수는 없고, 다만 분석된 의미를 표현하는 기술적 절차로 이해해야 한다. 왜냐하면 의미 분석의 첫 단계로 제시되어 있는 의소 설정은 그 자체로 의미 분석의 종착점이기 때문이다. 최호철(1993ㄱ)에서 제시한 의소의 설정 방법과 비교해 보면 좀 더 명확해진다.

> (6) 의소의 설정 방법(최호철 1993 : 77)
> ① 단의 사이의 의미적 유연성을 살펴 어소를 분류한다.
> ② 서술소의 단의 분포를 조사한다.
> ③ 한 어소에서 기본적인 의미를 선정하여 그것을 일반화한다.
> ④ 일반화한 기본 의미로써 다른 의미의 출현을 검증하여 보완한다.
> ⑤ 의미격을 설정하여 그 특성을 명세화한다.

위 (5)와 (6)의 내용을 비교해보면, 의미 분석 절차의 <2단계 : 단의 분류>는 이미 의소의 설정 방법에서 다루어진 것이다. 즉, 단의를 기본적 의미와 비유적/관용적 의미를 선정하는 과정(5-④)은 이미 의소 설정 단계에서 이루어진 일이다(6-③, ④). 이와 같이 실제로는 단의를 분석하고 분류하는 과정이 의소를 설정하는 과정에 앞서게 됨에도 의소 설정의 단계를 절차상 앞서 제시하는 것은 의소와 단의의 관계가 상호의존적이기 때문이다.

단의는 언어적 형태를 기대서만 실현되는 것이어서 언어의 최소 단위인 어소가 갖는 의미로서 그 존재가 밝혀지므로(최호철 1995 : 88), 한 어휘 항목의 의소를 실제로 기술할 때에는 단의 사이의 관계를 살피지 않을 수 없다. 즉, 의소의 개념을 여러 개별 의미의 공통 특성을 추상화하는 것으로 받아들이지 않는 관점에서는 의소를 기술하는 과정에서 위 (6-④)에서처럼 일반화한 기본 의미로써 다른 의미의 출현을 검증하여 보완하여야 하는 것이

---

11) <의소 설정> 단계에서 개별 의미가 하나로 판명되면, 위의 절차에서 <단의 분류>의 절차는 생략되어 곧바로 <의미 기술>의 단계로 넘어가게 된다.

다. 이는 곧 의소의 설정 문제가 단의들 사이의 관계를 통해서 검증될 수 있음을 의미한다. 따라서 본고에서는 위 (5)와 (6)의 과정이 통합될 수 있는 것으로 받아들이고, 이 때 나타나는 의미 분석 절차의 순서 문제는 의미 기술상의 문제로 파악한다.

　도리어 주목해야 할 부분은 (5)와 (6) 모두의 출발점인 단의는 어디에서 어떻게 도출되는가 하는 점이다. 위에서 제시한 의미 분석 절차나 의소 설정의 방법을 살펴보면, 한 어휘 항목의 단의는 모두 이미 분석되어 있는 것으로 전제되어 있다. 단의 사이의 의미적 유연성을 살펴 어소를 분류하기 위해서는 전체 n개의 단의가 확정되어 있어야 하기 때문이다.

　그러나 단의 설정은 전제되어 있는 조건이 아니라, 그것 자체가 의미 분석의 절차 중 하나이다. 즉, 어떤 어휘수 X가 n개의 단의를 가지고 있음을 분석하는 것 자체가 의미 분석의 한 절차일 뿐만 아니라, 다른 모든 절차에 앞서는 출발점이다.

　이에 따라 의미 분석의 절차를 구성해 보면 다음과 같다.

[표 3] 의미 분석의 절차

<1단계 : 단의 설정> → <2단계 : 의소 설정> → <3단계 : 의미 기술> 　1-1. 단의 분석 　1-2. 단의 구분

　이제 문제의 핵심은 단의를 어떻게 분석하고 구분할 수 있는가이다. 이것은 의미 분석의 방법에서 제시해야 할 각 절차별 세부 방법론 중 핵심적인 부분이다.

4. 동사의 의미 분석 : 결합 관계를 통한 단의 설정

본 장에서는 의미 분석의 절차 중 첫 단계인 단의 설정 과정에서 대두되는 구체적인 문제, 즉 단의 설정의 구체적인 기준에 대해 살펴볼 것이다.

앞서 밝혔듯이 단의 분석의 문제는 다의어의 경우에 보다 중요하게 대두된다. 다의어가 가지고 있는 단의들 가운데 주이의와 부이의, 그리고 문맥적 이의와 화맥적 이의를 구분하기 위해서는 우선 전체 n개의 단의가 분석되어야 하는데, 어떻게 n개의 단의를 구분하고 분석할 것인지가 문제의 핵심이 된다.

지금까지 단의 설정에 사용된 방법들은 대체로 의미 관계를 살펴보는 것으로 모아진다.[12] 그리고 그것은 곧 어휘소 내부의 의미 관계, 즉 계열 관계와 결합 관계에 대한 고찰을 의미한다.[13] 이러한 단의 설정의 방법은 앞서 언급한 의소 설정의 두 가지 측면과 동일하다. 즉, 단의의 설정은 각 단의들이 가지고 있는 의미 특성(논항 특성, 선택 특성, 고유 특성)을 비교하는 것으로 이루어지는데, 이것은 다시 각 단의들이 맺고 있는 계열적, 결합적 의미 관계를 살펴보는 것을 통해 이루어진다.[14]

이 때 1차 실체인 경우에는 계열 관계의 중요성이 부각되고, 2차 실체인 경우에는 결합 관계의 중요성이 부각된다. 따라서 동사의 경우 논항과의 결합 관계를 살펴보는 것이 단의 설정과 의미 분석에 있어서 직접적인 열쇠가 된다. 가령 앞서 살펴본 '옷/집/밥/약을 짓다'와 같은 용례에서 '짓다'의 단

---

12) 온톨로지에 기반을 둔 연구나 어휘망을 구축하고자 하는 WordNet, EuroWordNet 등의 연구는 본고의 관점에서는 모두 계열 관계에 대한 고찰에 속한다. 이러한 관점에 대해서도 보다 심도 있는 논의가 필요할 것으로 보이지만, 이는 별개의 논문에서 다루어질 만한 크기의 문제이므로 본고에서는 생략하기로 한다.

13) 앞서 본고에서 제시한 의미 사이의 관계 중 '어휘소 내부의 의미 관계'는 이미 모든 단의가 설정된 후에 살펴볼 수 있는 것이므로 단의 설정의 단계에서는 고려 대상이 되지 못한다. 이것은 후에 의소 설정 단계에서 고려되는 것이다.

14) 단의 설정의 기준은 계열 관계와 결합 관계에 대한 분석으로 나눌 수 있으며, 결합 관계는 다시 논항 특성을 살피는 것과 선택 특성을 살피는 것으로 나뉜다. 본고의 논의는 이 중 선택 특성에 중점을 두고 있는 것이다.

의를 구분하는 일차적인 기준은 '짓다'와 '옷', '집', '밥', '약' 사이의 결합 관계인 것이다.

그렇다면 동사와 논항과의 결합 관계를 살펴본다는 것으로 구체적으로 무엇을 의미하는가? 실제적으로 이러한 과정을 수행할 때 적용할 수 있는 세부적인 방법론은 확립되어 있는가? 이를 살펴보기 위해 동사의 의미 분석에서 논항과의 관계에 주목한 논의들을 살펴보자.

차재은·강범모(2002)에서는 다음과 같이 남경완(2000)의 다의 분석 방법 내용을 정리하면서 몇 가지 문제를 제기한 바 있다.

(7) 남경완(2000)에서의 의미 분석 과정 (차재은·강범모 2002 : 264-265 재인용)
　ㄱ 말뭉치 용례 검토 : '맞다'의 경우, 200만 어절 대비 961개의 용례 분석
　　　　　　↓
　ㄴ 통합관계에 의한 분석 : 통사적 기본틀 추출
　　　1) A가 (B에/와) 맞다, 2) A가 (C로/에) B를 맞다, 3) A가 B를 (C로) 맞다
　　　　　　↓
　ㄷ 다른 단어와 가지는 결합적 정보 고려 : A, B, C의 의미 특성 기준으로 의소 설정
　　　[일치성], [조화성], [접촉성], [수용성], [피동성]... 자질 도출
　　　　　　↓
　ㄹ 다의 의미 기술 : 다의 기술, 동음이의 구분
　　　[+일치성] → 맞다1(핵의미 6개), [+수용성] → 맞다2(핵의미 8개)로
　　　동음이의 구분

차재은·강범모(2002)에서 제기한 문제의 핵심은 A, B, C 자리에 나타나는 명사들의 의미 부류를 객관적으로 표시할 수 있느냐하는 것이다. 결합하는 다른 어휘의 의미 특성·부류에 따라 의미 분석을 시도하는 방법이 객관성을 얻으려면 바로 선행 체언이나 후행 용언의 의미 부류가 어느 정도 확정되어 있어야 하고, 단의를 구분하기 위해서는 모든 한국어 명사나 동사를 대상으로 그 의미 부류를 정해 놓은 목록이 필요하다는 지적이다. 그리고

이에 대해 우선은 현재 이용할 수 있는 의미 부류 중 '적정 술어' 개념을 이용한 세종계획의 의미 부류를 사용할 것을 제안한다.

여기에서 '적정 술어 개념을 이용한 의미 부류'란 박만규(1997), 박동호(2000) 등에서 소개된 바 있는 '대상 부류(object classes)' 개념을 말하는 것인데, 이 때 '대상 부류'라는 개념은 일반적으로 사용되는 의미 부류와는 조금 다르다. G. Gross(1994a)는 대상 부류를 '적정 술어'라고 불리는 일단의 어휘 또는 어휘간의 관계, 즉 통사적 관계들로 정의한다(박만규 2002 : 207 재인용). 구체적으로는 다음과 같이 표현된다.

> (8) '대상 부류 <병>의 정의'
> • 적정 술어 :
>   -동사 : N-이 있다. N-이 들다, N-에 걸리다, N-이 (나다+생기다), N-이 발병하다, N-이 (낫다+치유되다), N 판정을 받다, N-으로 판명되다. N-을 치료하다.
>   -명사 : N(-의) (증세+치료), N-에 대한 처방
>   -형용사 : (심한+심각한+깊은) N
> • 해당 어휘 : 위염, 간암, 간경화, 정신병, 피해망상증, 감기, 오한, 몸살 등 (박만규, 2002 : 215)

이 때, '대상 부류가 다르다'는 것은 곧 적정 술어가 다르다는 것이므로, 어떤 어휘가 하나의 대상 부류에 속하는지, 아니면 여러 개의 대상 부류에 동시에 속하는지에 대한 판단 역시 적정 술어를 참조함으로써 확인된다.

> (9) ㄱ. 책을 (쓰다+읽다) : <텍스트>
>   ㄴ. 책을 (인쇄하다+찍다+뽑다+내다+간행하다) : <인쇄물> (박만규 2002 : 213)

위 (9)에서 '책'은 <텍스트>라는 대상 부류와 <인쇄물>이라는 대상 부류에 동시에 속한다. 이 때, <텍스트>라는 대상 부류는 '쓰다, 읽다'라는 적

정 술어와의 관계에 의해, <인쇄물>이라는 대상 부류는 '인쇄하다, 찍다, 뽑다' 등의 적정 술어와의 관계에 의해 정의된다. 이런 점에서 볼 때, 대상 부류의 개념은 결합 관계에 대한 고려를 포함하고 있는 것으로 이해할 수 있다. 그리고 '책'이 어떤 의미 부류에 속하는지를 발견하기 위해 처음부터 존재론적 범주 체계를 상정하는 것이 아니라, 공기하는 동사나 분류사, 명사(이 모든 것이 적정 술어가 된다)와의 관계를 고려한다는 점에서 방법론상의 객관성과 구체성이 담보된다.

다음으로 연속체 형성의 경계가 어디인가 하는 문제, 즉 (9ㄱ)과 (9ㄴ)을 '책'의 개별 의미로 분리할 것인가 말 것인가에 대한 답으로 일단 '최상위 부류'의 차이를 확인하자는 Le Peasant(1997, 2000)의 견해를 받아들인다.[15] 즉, 대상 부류가 다르다고 무조건 별개의 의미로 분리되는 것이 아니라, 각각의 대상 부류가 속한 최상위 부류를 확인하여 그것이 서로 상이하면 다의어로, 그렇지 않으면 단의어로 분석된다. 다음의 예를 (9)와 비교해 보자.

(10) ㄱ. 사과를 (심다+가꾸다+재배하다+다듬다) : <나무>
　　 ㄴ. 사과가 (열리다+익다+여물다+맺다) : <열매>
　　 ㄷ. 사과가(달다+시다+새큼하다) : <과일> (박만규 2002 : 221-223)

최상위 부류 기준에 따르면, 위 (9)에서 '책'이 속한 <텍스트>와 <인쇄물>이라는 대상 부류는 각각 <추상적 대상>과 <구체물>이라는 서로 상이한 최상위 부류에 속하게 되므로, 이 경우 (9ㄱ)과 (9ㄴ) 역시 별개의 단의로 구분된다.

반면, (10)에서 '사과'는 '심다, 가꾸다' 등의 적정 술어를 가진다는 점에서 <나무>의 대상 부류에, '열리다, 익다' 등의 적정 술어를 가진다는 점에

---

15) 정확하게 표현하면 "Le peasant의 입장에 설득력이 있다고 판단(박만규 2002 : 220)"하고 있다. 아울러 "연속체로서의 의미를 적절히 분절하는 것은 이론적 선택이라는 점에서 우리는 아직 이 문제를 열린 문제로 남겨두고자 한다. 그리고 적절한 입장을 결정할 때까지 대상 부류의 차이를 개별 의미의 정체성 판단의 기준으로 삼는 원칙을 유지하기로 한다(박만규 2002 : 220)"라고 언급하면서 확실한 결론은 유보한다.

서 <열매>의 대상 부류에, '달다, 시다' 등의 적정 술어를 가진다는 점에서
<과일>의 대상 부류에 속하지만, <나무>와 <열매>와 <과일>이라는 대
상 부류는 모두 <구체물>이라는 동일한 최상위 부류에 속하므로 이들은
별개의 단의로 구분되지 않는다.

결국 대상 부류 이론에서 어떤 어휘소 X의 단의를 설정하는 과정은 다음
과 같이 정리된다.

> (10) 대상 부류 이론에서의 단의 설정 과정
> • 1단계 : X의 적정 술어(후행하는 동사 등)를 참조해 X의 대상 부류
> 를 나눈다.
> • 2단계 : X가 <a>와 <b>라는 서로 다른 대상 부류에 동시에 속하면,
> <a>와 <b>의 최상위 부류를 확인한다.
> • 3단계 : <a>와 <b>의 최상위 부류가 같으면 한 개의 의미로 통합
> 하고, 최상위 부류가 다르면 두 개의 의미로 분리한다.

그러나 문제는 위와 같은 단의 설정의 방법이 객관성을 얻기 위해서는
대상 부류 전체를 분류해 놓은 체계가 이미 존재하고 있어야 한다는 점이
다. 즉, 2단계와 3단계의 과정이 가능하기 위해서는 우선적으로 '최상위 부
류'의 목록이 제시되어야 하고, 아울러 어떤 대상 부류가 어떤 기준으로 '최
상위'임을 인정받게 되는지에 대한 설명도 필요하다. 그런데 대상 부류를
나누는 1단계는 적정 술어와의 결합 관계를 통하여 구체적 기준을 마련할
수 있지만, 2단계와 3단계는 다시금 대상 부류 사이의 존재론적 범주 체계
에 의존하게 된다. 이러한 방식은 1차 실체에 속하는 명사의 경우에는 실재
와의 관련성 속에서 이러한 존재론적 범주 구분이 가능할 수도 있으므로 적
용될 수 있지만, 2차 실체에 속하는 동사의 경우에는 적용하기 힘들 것으로
판단된다.16)

---

16) 박만규(2002 : 257)에서도 "본 논문에서는 대상 부류 개념을 원용하여 우리말 명사의 의
 미 부류 체계를 구축하는 작업에서 제기되는 문제들 가운데 가장 핵심적인 문제인 다의
 어의 개별 의미 구분 방법에 대해 몇 가지 원칙을 제시하고 구체적인 예들을 통해 이를

반대로 동사의 단의 구분에서 본고가 주목하는 부분은 동사 자체의 의미 부류가 아니라, 동사와 결합하는 논항의 의미 부류이다. 다음의 예를 살펴 보자.

(11) ㄱ. 차를 마시다.
　　ㄴ. 술을 마시다
　　ㄷ. 신선한 공기를 마시다.
　　ㄹ. 연탄가스를 마시다.

만약 위 (11)에서 동사 '마시다'의 단의를 (11ㄱ, ㄴ)과 (11ㄷ, ㄹ)로 나눈 다면, 아마도 그 일차적인 기준은 '차'와 '술'은 '액체'라는 의미 특성을 가 지는데 반해, '공기'나 '연탄가스'는 '기체'라는 의미 특성을 가진다는 차이 점일 것이다. 결합하는 논항의 의미 특성이 같으면('차'와 '술' 혹은 '공기' 와 '가스') 하나의 단의로 통합하고, 다르면('차'나 '술'과 '공기'나 '가스') 별개의 단의로 분리하는 것이다.

그렇다면 다음으로 해결해야 할 문제는 동사와 결합하는 논항의 의미 부 류를 어떤 기준으로 분류할 것인가 하는 점이다. (11)의 예에서 '액체'와 '기 체'라는 기준으로만 선행 논항을 분리해야 하는 논리적 필연성이 있는가? '차'나 '공기'는 몸에 좋은 것인데 반해, '술'과 '가스'는 몸에 나쁜 것이라는 기준으로 선행 논항을 분류할 수는 없는가?

결국 결합하는 논항의 의미 특성에 기대는 본고의 방법 역시 도대체 논 항의 어떤 의미 특성을 선택할 것이냐에 대한 기준이 없으면, 엄밀한 의미 분석을 기대하기 힘들다. 다음의 예를 통해 살펴보자.

(12) ㄱ. 사과/복숭아를 따다.
　　ㄴ. 굴/전복을 따다.

설명하고자 한다."고 언급한 바 있으며, 실제로 동사 다의어에 대한 분석 예는 거의 찾아 볼 수 없다.

위 (12ㄱ)과 (12ㄴ)은 서로 독립된 단의로 설정될 수 있는가? 앞서 동사의 단의를 구분하는 기준으로 논항의 의미 특성을 제시하였으므로, 우선 '사과'와 '전복'의 의미 특성을 살펴보아야 한다. 그런데, '사과'와 '전복'은 공통적인 의미 특성과 서로 다른 의미 특성을 동시에 가지고 있다. '사과'와 '전복'은 분명히 모두 <음식물>이라는 점에서는 같은 의미 특성을 가지지만, '사과'는 <뭍에 있는 것>이고 '전복'은 <바다에 있는 것>이라는 점에서는 다른 의미 특성으로 세분된다. 전자를 중시하면 하나로 합칠 것이고, 후자를 중시하면 나누게 될 것이다.[17]

어느 단계, 어떤 종류의 의미 특성을 선택할 것인가? 후자의 관점을 극단적으로 발전시킨다면 아마도 어휘의 용법마다 무한수의 단의가 설정될 가능성이 크다. 관점에 따라 단의들을 통합하고자 하면 얼마든지 모든 것을 합칠 수 있고, 구분하고자 하면 또 얼마든지 모든 것을 나눌 수 있다.

동사와 결합 관계를 맺고 있는 논항은 그 자체로 수많은 의미 특성을 가지고 있다. '사과'는 <음식물>이기도 하고 <과일>이기도 하며, 동시에 <껍질을 가지고 있는 것>일 수도 있다. 그러나 이러한 의미 특성들은 '따다'의 단의를 구분하는데 역할을 하지 못한다. 동사의 단의 구분에 영향을 미치는 논항의 의미 특성은 그 단독으로 결정되는 것이 아니다. 그것은 동사가 가지고 있는 단의가 출현하는 환경에서 단의들 사이의 변별성을 드러내는 상보적 분포를 이루는 것이어야 한다.

(12)를 아래 (13)과 함께 고려해 보자.

(13) 맥주병/깡통을 따다

(12)와 (13)을 비교해보면 '따다'의 단의를 구분할 때 참조되는 논항의 의미 부류를 확인할 수 있다. 즉, 그것이 먹을 수 있는 것인지 아닌지, 혹은 뭍

---

17) <표준국어대사전(이하 표준)>과 <연세한국어사전(이하 연세)>, <조선말 대사전(이하 조선)>에서는 모두 (12ㄱ)과 (12ㄴ)을 구분하지 않아 하나의 단의로 설정하였는데 반해, <세종 전자 사전(이하 세종)>에서는 이를 구분하여 각각 독립된 단의로 설정하였다.

에 있는 것인지 바다에 있는 것인지가 중요한 것이 아니라, '어디에 붙어있는 것'인지 '막혀 있는 것'인지의 차이가 중요하다는 것을 알 수 있다. 동사의 측면에서 볼 때, '따다'의 단의를 변별시켜주는 선행 논항의 의미 특성은 <막혀 있음>이고, 논항의 의미 자질 면에서 볼 때, [+막혀 있음] 부류와 [-막혀 있음] 부류는 서로 상보적 분포를 이루게 된다.[18]

이런 관점에서 앞서 제시한 (1)의 예를 다시 살펴보도록 하자.

> (14) ㄱ. 옷을 짓다.
> ㄴ. 집을 짓다.
> ㄷ. 밥을 짓다.
> ㄹ. 약을 짓다.

위 (14)의 용례에 대해 <표준>, <연세>, <조선>이 모두 동일하게 '옷/집/밥을 짓다'와 '약을 짓다'로 단의를 구분하였다. 이러한 구분의 근거는 실제 뜻풀이를 보면 짐작할 수 있다. <표준>에서는 (가-다)는 '재료를 들여 밥, 옷, 집 따위를 만들다'로, (라)는 '여러 가지 재료를 섞어 약을 만들다'로 풀이하고 있다. 여기에서 차이가 나는 것은 재료의 개수('여러 가지'의 유무)와 재료를 운용하는 방식('들이다/섞다'의 차이)이므로, '옷, 집, 밥'은 <한 가지 재료>와 <섞지 않는 것>, '약'은 <여러 가지 재료>와 <섞는 것>으로 구분된다고 보는 것이다.

그러나 문제는 재료의 개수나 재료를 운용하는 방식이 '짓다'의 단의를 변별시켜주는 상보적 분포를 보이느냐 하는 점이다. '약'만을 여러 가지의 재료를 섞어서 만드는 것으로 구분한 것은 동사와 결합하는 논항의 의미 특성에 근거한 것이라기보다는 언어 외적인 문제에 경도된 것으로 보인다. 즉, '약'에 대한 세상사적 지식이 침투되어 있는 것으로, 이는 화맥에 의해서만 구분된다.

---

18) 상보적 분포를 보인다는 것은 곧 동시에 결합 관계를 맺지 못함을 의미한다. 따라서 상보적 분포를 확인할 수 있는 일차적인 검증 틀로 다음과 같은 문장 구성의 적형성 여부를 제시할 수 있다. 즉, '사과와 굴을 땄다'라는 문장은 가능하지만, '사과와 맥주병을 땄다'라는 문장은 의미적으로 받아들여지지 않는다.

결합 관계에 의해 의미 분석을 하고자 한다면, '밥, 약'과 '옷, 집'으로 나누는 것이 보다 적합하다. 왜냐하면 사람이 먹을 수 있는 <음식물>로서의 의미 특성과 사람이 만들어내는 <창조물>로서의 의미 특성 차이가 '짓다'의 두 단의를 변별시키는 데 직접적인 것이기 때문이다. 이것은 다시 다음 (15)의 예문과 비교해 보면 명확해진다.

(15) 시를 짓다.

(14)와 (15)의 예를 다시 비교해 보면, (14ㄱ), (14ㄴ)을 (14ㄷ), (14ㄹ)과 구분시켰던 <창조물>의 의미 특성이 다시금 <정신 활동의 결과물>과 <물리 활동의 결과물>이라는 의미 특성으로 갈라지게 되는 것을 알 수 있다.[19]

이상의 논의는 의미 분석 절차의 첫 단계인 '단의 설정'에 관련된 것이었다. 단의 설정은 의미 분석 차원으로서의 '단의 분석'과 분석된 단의들 사이의 변별성을 규정하는 차원으로서의 '단의 구분'이라는 두 측면으로 구성되는데, 지금까지의 분석 결과를 2장에서 언급한 의미 분석의 내용, 즉 어휘의 의미 특성과 의미 관계에 관련지어 보면, 단의 설정의 단계에서 우선적으로 고려하여야 할 정보는 결합적 정보로서의 선택 특성과 어휘소 외부의 의미 관계로서의 결합적 의미 관계임을 알 수 있다.

특히, 동사의 경우 그 자체의 존재론적 범주 구분에 의해 단의를 구분하기보다는 동사와 결합하는 논항과의 결합 관계에 따라 단의를 구분하는 것이 보다 객관적이고 엄밀한 방법론이 될 수 있음을 확인할 수 있다. 그리고 동사의 단의를 구분할지를 결정할 때 일차적으로 고려할 사항은 다른 단의들과의 변별성, 시차성이 드러나는지 여부이고, 이것은 논항과의 결합 관계 속에서 논항의 의미 특성이 상보적 분포를 보이는가에 달려 있는 것이다.

---

19) 앞서 각주 13)에서 언급하였듯이 선택 특성을 살피는 것이 단의 설정의 유일한 기준은 아니므로, 한 어휘소의 단의 전체를 분석하는 것은 여러 기준을 종합적으로 검토해야 할 일이다. 가령, '짓다'의 예에서도 '이름을 짓다'와 같은 경우에는 '짓다'의 논항 특성이 중요한 역할을 할 수 있다.

5. 결론

지금까지 동사의 의미 분석에 있어서 단의 설정의 문제에 대해 논항과의 결합 관계를 중심으로 논의하였다. 이를 위해 우선 전체적인 의미 분석의 내용과 절차에 대해 살펴본 후, 이를 바탕으로 단의 설정의 과정에서 나타나는 문제들을 구체적으로 살펴보았다.

의미 분석의 내용은 곧 해당 어휘 항목의 의소를 밝히는 것으로 귀결되고, 의소의 설정은 다시 각 단의의 의미 특성과 의미 관계를 파악함으로써 이루어지는데, 의미 특성을 찾아내는 것과 의미 관계의 양상을 검토하는 것은 상호 작용의 과정을 거쳐 완성되는 것임을 확인하였다.

또한 의미 분석의 절차는 단의 설정, 의소 설정, 의미 기술의 순서로 구성되며, 이 중 출발점이 되는 단의 설정의 과정에서 핵심이 되는 것은 실제 용례 속에 나타나는 다양한 의미들을 어떤 기준으로 구분할 것인가의 문제임을 확인하였다.

이에 따라 지금까지 단의 설정에 사용되어 온 여러 방법들을 살펴보고, 동사의 경우, 논항과의 결합 관계를 살펴보는 것이 단의를 결정하는 데에 일차적인 기준이 될 수 있으며, 논항의 의미 부류에 따라 단의의 구분 가능성이 있음에 주목하였다. 즉, 동사의 단의를 설정할 때 일차적으로 고려할 사항은 다른 단의들과의 변별성, 시차성이 드러나는지 여부이고, 이것은 논항과의 결합 관계 속에서 논항의 의미 특성이 상보적 분포를 보이는지 여부에 달려 있음을 확인하였다.

그러나 어휘 의미론의 궁극적인 관심은 어휘의 의미 분석 방법론을 종합적으로 마련하여 전체 어휘 의미의 체계를 탐구하는 것이라는 측면에서 본 연구의 내용은 전체 분석 방법론의 일부에 지나지 않는다. 본고에서 논의한 내용 이외에도 각 절차별 세부 방법론이 완성되어야 전체의 모습이 그려질 수 있을 것이다. 본고는 다만 단의 설정의 문제를 다루는 출발점에 서 있는 것이며, 이후 도착점에 이르기까지 끊임없이 논의를 확장해 나갈 것이다.

참고문헌

강범모. 2002. "생성어휘부 이론의 다의어 기술 방법과 그 적용 : '사다'와 '팔다'", 「어학연구」 38-1, pp.275-293.

권재일. 2000. "국어 정보화와 용언 전자사전 구축", 「한말연구」 6, pp.67-86.

김숙정. 2004. 「현대국어 능동사와 피동사의 의미대응 연구」, 고려대학교 석사학위논문.

김현권. 2000. "EuroWordNet의 구성원리와 설계", 「언어학」 27, pp.145-177.

김현권. 2001. "전자사전에서의 동사 어휘의미 정보 기술", 「언어학」 30, pp.137-165.

남경완. 2000. 「다의 분석을 통한 국어 어휘의 의미 관계 연구」 고려대학교 석사학위논문.

남경완·이동혁. 2004. "틀의미론으로 분석한 '사다'와 '팔다'의 의미 분절 양상", 「언어」 29-1, pp.1-24.

박동호. 2000. "대상부류 개념의 응용언어학적 활용 방안", 「프랑스 어문교육」 10, pp.35-52.

박동호. 2003. "의미부류 체계의 구축과 적용", 「어학연구」 39-1, pp.243-266.

박만규. 1997. "어휘-문법과 사전학 : 의미의 정체성 확립과 그 계층화", 「프랑스 어문교육」 5, pp.41-84.

박만규. 2002. "다의어의 의미 분할과 의미 부류", 「한글」 257, pp.201-242.

이동혁. 2004ㄱ. "의미 관계의 저장과 기능에 대하여." 「한글」 263, pp.95-124.

이동혁. 2004ㄴ. 「국어 연어 관계 연구」 고려대학교 박사학위논문.

이병근·박진호. 2000. "결합설명 사전의 어휘 기술 방법론", 「인문논총」 43, pp.155-200.

이정식. 2002. "국어 다의 발생의 양상과 원인", 고려대학교 박사학위논문.

임지룡. 1989. 「국어대립어의 의미 상관체계에 대한 연구」 경북대학교 박사학위논문.

임지룡. 1992. 「국어 의미론」, 탑출판사.

임지룡. 2001. "다의어 '사다' '팔다'의 인지의미론적 분석", 「국어국문학」 129, pp.165-190.

차재은·강범모. 2002. "다의 설정의 방법에 대하여", 「한국어학」 15, pp.259-284.

최경봉. 1996. "명사의 의미 분류에 대하여", 「한국어학」 4, pp.11-45.

최경봉. 1999. "단어 의미의 구성과 의미 확장 원리", 「한국어학」 9, pp.307-331.

최경봉. 1997. 「국어 명사의 의미 구조 연구」, 고려대학교 박사학위논문.

최호철. 1993ㄱ. 「현대 국어 서술어의 의미 연구 : 의소 설정을 중심으로」 고려대학
교 박사학위논문.

최호철. 1993ㄴ. "어휘부의 의미론적 접근", 「어문논집」 32, pp.185-217.

최호철. 1995ㄱ. "의미 연구의 전제와 차원 : 언어 단위 및 의미 특성을 바탕으로",
「한남어문학」 20, pp.287-306.

최호철. 1995ㄴ. "의소(義素)와 이의(異義)에 대하여", 「국어학」 25, pp.77-98.

최호철. 1996. "어휘 의미론과 서술소의 의미 분석", 「한국어학」 4, pp.67-108.

홍재성·박동호. 2000. "멜축의 의미·텍스트 대응 모형 연구", 「인문논총」 43,
pp.107-154.

Nida, E. A.. 1973. Componential Analysis of Meaning. The Hague; Mouton. 「의미분석
론」. 조항범 역(1990). 탑출판사.

Cruse, D.. A. 1986. Lexical Semantics. Cambridge : Cambridge University Press.

Cruse, D. A. 2000. Meaning in Language. Oxford : Oxford University Press

Dowty, D.. 1979. Word meaning and Montague Grammar. Dordrecht : D. Reidel.

Fellbaum, C.. 1998. WordNet. Cambridge and London : The MIT Press.

Jackendoff, R.. 1990. Semantic Structures. Cambridge and London : The MIT Press. 「의미
구조론」. 고석주·양정석 옮김(1999). 한신문화사.

Jackendoff, R.. 2002. Foundations of Language. Oxford : Oxford University Press.

Lyons, J.. 1977. Semantics. Cambridge : Cambridge University Press.

Miller, G. A. 1991. The Science of Words. New York : Scientific American Library. (강범
모·김성도 옮김. 1998. 「언어의 과학」 민음사.)

Pustejovsky, J. 1995. The Generative Lexicon. Cambridge : The MIT Press.

Vossen, P.(ed.) 1998. EuroWordNet : A Multilingual Database with Lexical Semantic
Networks. The Kluwer Acadimic Publishers. (한정한·최경봉·도원영·이
봉원·이동혁·이현희·김혜영 공역. 2004. 「유로워드넷」 한국문화사.)

│ 이 논문은 한국어학 26집(2005, 한국어학회)에 게재된 논문을 재수록한 것입니다.

현대 국어 감정동사의 범위와 의미 특성에 대한 연구

김 은 영

1. 머리말

국어의 동사 중에는 감정을 서술하는 부류가 있다. 이 부류의 동사는 인간의 복잡하고 미묘한 감정을 표현한다는 점에서, 의미론적 접근이 요구되지만, 이들에 대해서는 다양한 논의가 이루어지지 않은 상태이다. 국어 감정동사1)에 관한 선행 논의를 살펴보면, 대체로 인지동사나 감각동사와 함께 심리동사의 범위 내에서 다루고 있다. 인지동사나 감각동사를 제외한 개념의 감정동사에 관한 논의로는 김선희(1990), 임은하(1998)가 있다. 그런데 이들은 감정동사에 대해서 논하고 있으면서도 감정동사에 대한 명확한 정의나 범위의 규정 없이 몇몇 어휘만을 대상으로 하여, 개별 어휘의 의미에 대해서 논하고 있다.

그러나 감정동사를 연구하기 위해서는 먼저 감정동사의 범위를 규정하는

---

1) 본고에서 사용하는 '감정동사'는 감정형용사까지 포괄한 명칭임을 밝힌다. '동사'라는 용어는 '형용사'를 포괄하여 지칭하기도 하고, 형용사를 제외한 의미로 쓰이기도 한다. 감정동사의 논의는 '김영희(1988)의 평가동사', '김흥수(1989)의 심리동사', '양정석(1995)의 느낌동사', '김선희(1990)의 감정동사', '이익환(1995)의 심리동사', '이창용(1988)'의 자기판단동사 등에서 찾을 수 있는데, 이들의 '동사'는 모두 '형용사'까지 포괄한 개념이다. 따라서 본고에서는 감정동사 논의에서 선행되어온 포괄적 의미의 '동사' 개념을 인정하여, '감정동사'라는 용어로 감정형용사까지 포함한다.

일이 선행되어야 할 것이다. 따라서 본고에서는 감정동사의 범위를 먼저 정리하고 이를 바탕으로 하여 감정동사의 보편적 의미 특성을 고찰하고자 한다.

그런데 감정동사의 범위를 규정하기 위해서는, '감정'에 대한 이해가 바탕이 되어야 한다. 하지만 '감정'이란 한마디로 정의할 수 있는 개념이 아니다. 따라서 본고에서는 '감정'과 의미상 밀접한 관련을 맺고 있는 '감각, 인지'의 개념들과 함께 감정의 특징들을 정리하여, 이를 바탕으로 해서 감정동사의 범위를 규정하고자 한다.

2. 감정의 특징과 감정동사의 범위

2.1. 감정의 특징

'감정'이란 오랜 역사 동안 많은 학자들의 연구 대상이 되어 오고 있음에도 불구하고, 한 마디로 정의할 수 없는 복잡한 문제로 남아 있다. 따라서 본 절에서는 감정이 어떤 특징들을 가지고 있는가에 대해서 살펴봄으로써, 감정에 대한 개념을 이해하는 데에 도움을 얻고자 한다. 김명훈·정영윤(1991 : 127-128)[2]이나 Harbert Rohracher(1976 : 409-410)에서는 감정의 특징들을 다음과 같이 제시하고 있다.

> 김명훈·정영윤(1991 : 127-128)[3]
> ① 감정은 주관적이고 전체적이다. 개인에 따라 반응 양태가 다르며 신체와 정신 양면에 걸친 전체적 반응 형태로 나타나게 된다.
> ② 습관적 행동 이외의 모든 지각에 감정이 따른다. 감정은 보통 생활 환

---

2) 김명훈·정영윤(1991)에서는 '감정' 대신 '정서'라는 용어를 사용하고 있다.
3) 본문에서 제시한 특징 외에도 몇 가지 특징을 더 기술하고 있으나 본고에서는 생략하였다.

경에서의 습관적 행동에는 발생하지 않는다. 이상 상태에 대한 반응에서 나타나는 것이 감정인 것이다. 예컨대 욕구 불만, 갈등 사태 등 새로운 자극 조건 하에서 발생하는 것이다.

Harbert Rohracher(1976 : 409-410)
① 감정은 정신적인 상태이다.
② 감정은 의식적인 의도의 가담 작용 없이 나타난다. 이것은 여하한 의식적 의도 없이, 원하지 않는 데도 나타난다. 따라서 감정은 자발적으로 생성되는 것이다.
③ 감정은 외적 혹은 내적 사상에 대한 정신적 반응이다. 이 정신적 반응의 원인은 대개 의식적이다. 우리는 무엇에 대해 기뻐하며, 왜 슬퍼하는지, 왜 노여워하는지를 알고 있다.[4]
④ 대개의 감정은 유쾌하거나 불쾌하게 체험된다. 그러나 예외적인 감정도 있는데, 후회나 연민의 삼성이 불쾌하거나 유쾌하냐고 밀힐 수는 없는 것이다.

위의 특징들을 정리해 보면, 감정이란 습관적 행동을 제외한 모든 지각에 나타나는 것으로, 비습관적이고, 주관적이며, 전체적인 것이다. 또 감정은 과정이 아닌 어떤 정신적 '상태'이며, 의식적 의도와는 무관하게 발생하고, 외적 내적 사상에 대한 정신적 반응이며, 대개는 유쾌하거나 불쾌한 것으로 나타남을 알 수 있다.

그런데 위와 같은 사실들에서 주목해야 할 점은 감정이 '비의도적'이며 '주관적'이라는 것이다. 감정이 '비의도적'이라는 것은, 감정의 발생이 의식적 사고 작용과는 무관하다는 것으로, 이는 '사고'의 작용인 '인지'와 구별되는 중요한 특징이다.[5]

또한 감정이 '주관적'이라는 것은 감정의 발생이 개인적인 '경험'에 의존하고 있다는 것이다. 똑같은 상황이나 대상에 대해서도 서로 다른 감정이

---

4) 감정 자체는 비의식적이고 비의도적이며 자발적인 것이지만, 감정 발생의 원인은 지각이나 인지의 단계를 거치게 된다. 이에 대한 자세한 논의는 본고 2.1.2.에서 이루어진다.
5) 이에 대한 자세한 논의는 본고 2.2.에서 이루어진다.

발생할 수 있는 것은, 감정 주체마다 경험이 다르기 때문이다. 따라서 감정 은 감정 주체의 '경험'이 매우 중요한 요소로 작용한다.[6]

이처럼 감정은 자기 자신의 내적인 '경험'과 관련 있기 때문에, 타인의 감 정을 직접적으로 말할 수는 없다. 그렇기 때문에 "나는 기쁘다."라는 말은 할 수 있지만 2인칭이나 3인칭을 주어로 해서, 직설법 현재형을 사용하면 비문법적인 문장이 된다. 즉 "당신은 기쁘다.", 또는 "저 사람은 기쁘다."라 는 말은 성립될 수 없다는 것이다. 자신을 제외한 상대방이나 제 삼자의 감 정을 알 수 없기 때문에 직설법 현재형으로 사용할 수 없다. 감정이란 자신 의 내적 경험을 통해서 느끼는 주관적인 것이다.

그리고 감정은 심신 양면에 걸쳐 전체적인 반응으로 나타나게 되며, 역동 적이고 시간적인 경과를 보인다. 즉 어떤 감정 상태가 일어나면 그것은 곧 생리적·신체적 변화가 일어나서 신체 외부의 변화를 유발하게 되며, 이것 이 원인이 되어 긴장 해소의 행동이 나타나게 되고, 감정이 발생하기도 한 다. 요컨대, 신체 변화와 감정은 밀접한 관계가 있다는 것이다.[7]

또한 감정이 내·외적 사상에 대한 정신적 반응이라는 점은 감정이 어떤 '자극'을 전제로 하여 발생한다는 것을 말한다. 감정의 발생은 생리적·신 체적 요인에 의해 발생하기도 하고, 감정 주체의 요구 수준에 의한 심리적 인 사항이 원인이 되어 발생하기도 하며, 타인과의 관계에 의해서, 혹은 문 화적인 원인에 의해서 발생하기도 한다. 이를테면, 감정은 우연히 생기는 것이 아니라, 감정 주체가 신체적인 자극을 경험하거나, 그 외의 외적·내 적 자극들을 경험하게 될 때 발생하는 것이다.

따라서 감정이란 대체로 어떤 자극을 전제로 해서 발생하되, 의식적 의도 와는 무관하게 발생하며, 감정 주체의 내적 경험에 의존한 주관적 반응이고

---

6) 김흥수(1989)에서는 '내적 경험' 개념을 상정하여 심리동사가 '경험'과 밀접한 관련이 있는 것으로 파악하고 있다.
7) 감정이 신체와 관련이 있다는 점은 철학, 심리학, 감성 공학 등 모든 분야에서 감정의 중요 한 특성으로 다루어지고 있다. 이에 대한 국어학적인 연구로는 임지룡(1999, 2000, 2001)이 있다.

신체적 변화와도 밀접한 관련이 있으며, 정신적 상태를 나타내는 것으로 정리해 볼 수 있다.[8]

2.2. 감정동사의 범위

이제 2.1.의 논의를 토대로 하여 감정동사의 범위를 규정해 보자. 지금까지 이루어진 감정동사의 논의가, 대체로 심리동사 내에서 인지동사나 감각동사와 함께 다루어진 사실에서 알 수 있듯이 '감정'은 '인지'나 '감각'과 밀접한 관련을 맺는다. 따라서 본 절에서는 감정동사의 범위를 규정하는 데, 인지동사나 감각동사와의 차이점에 초점을 두고자 한다.

본고 2.1.의 논의를 보면, '감정'이란 자극을 전제로 하여 발생하는 '비의도적인 반응'이라고 하였다. '비의도적'이라는 점에서 알 수 있는 사실은 감정이 '의식적 인식'인 '인지'와는 다른 것이며 다른 동사류와도 차이를 보인다는 것이다. 다음의 예문을 보자.

(1) ㄱ. *어머니는 자신도 모르게 김치를 담그셨다.
    ㄴ. *미국은 한국에 이라크 파병을 자신들도 모르게 요구하였다.
    ㄷ. *그는 자신도 모르게 새로운 회사에 입사했다.

---

8) 예를 들어, 어떤 학생이 성적이 떨어져서 우울해 한다고 하자. 이 때 학생이 느끼는 우울한 감정은 '성적이 떨어졌다.'라는 외부의 자극에 의해 발생한 것이고, 학생이 의식적으로 의도하여 얻어지는 것이 아니라, 저절로 발생한 것이다. 성적이 떨어진 것에 대해 의도적으로 우울해지려고 해서 우울해진 것이 아니라, 의도하지 않아도 저절로 우울해진다는 것이다. 그리고 이 우울함은 학생이 경험한 자신의 내적 경험에 의존한 반응이다. 성적이 떨어져서 우울한 감정을 느끼게 되는 것은, 학생이 지금껏 경험해 온 여러 가지 경험들에 의존하여 나타난다. 성적이 떨어졌다고 해서 모두 다 우울해 하지는 않을 것이다. 감정 주체에 따라서 별다른 반응을 보이지 않을 수도 있고, 무력감을 느낄 수도 있을 것이며, 창피함을 느낄 수도 있고, 질투심을 느낄 수도 있을 것이다. 이처럼 같은 자극 조건 하에서도 어떤 감정을 어떻게 느끼느냐의 문제는 전적으로 감정 주체의 내적 경험에 의존한다는 것이다. 그리고 학생이 느끼는 우울함은, 체험적인 과정이 아니라 정신적인 상태이고, 가슴이 답답하다든지 하는 신체적 변화를 수반할 수도 있다.

(2) ㄱ. *요즘 그는 오직 돈벌이만을 자신도 모르게 생각한다.
    ㄴ. ?그들은 서로의 처지를 자신들도 모르게 이해했다.
    ㄷ. *영이는 철수가 오고 있다는 것을 자신도 모르게 알았다.

(3) ㄱ. 채널을 돌리 던 중 갑자기 귀신이 보이는 바람에 그녀는 자신도
       모르게 깜짝 놀랐다.
    ㄴ. 내 이름이 호명되자, 나는 나도 모르게 긴장되었다.
    ㄷ. 가을이 오자, 나는 나도 모르게 슬퍼졌다.

위 예문(1)의 '담그다, 요구하다, 입사하다'는 모두 주체의 의식 작용의 요소가 있는 동사들이다. 따라서, 의식적인 인식의 요소가 배제되어 있는 '자신도 모르게'와는 호응하지 못한다. 예문 (2)는 '생각하다, 알다, 이해하다'라는 인지동사 구문인데, 이들 또한 '자신도 모르게'와 호응하지 못하거나 매우 어색하다. 그러나 예문 (3)의 감정동사 구문은 '자신도 모르게'와 아주 자연스럽게 호응한다.

따라서 감정동사를 인지동사나 다른 동사 부류와 구별하는 의미에서, 국어 감정동사를 규정짓는 어휘로 '나도 모르게'를 사용하기로 한다.

그리고 감정동사는 심리동사의 하위 부류로서 그 심리 영역이 '마음'으로 나타나는 특성이 있다.9) 이는 감각동사가 '신체 부위'를 그 영역으로 가지는 것과 구별되는 것이다.

(4) ㄱ. *그녀의 살결이 (마음에) 부드럽다.
    ㄴ. *아내가 만든 된장찌개는 (마음에) 너무 짰다.
    ㄷ. *오늘 날씨는 (마음에) 꽤 덥다.

(5) ㄱ. 그녀는 그가 (마음에) 믿음직스러웠다.
    ㄴ. 며칠 간 굶었는지, 고개도 못드는 노인을 보고 (마음이) 안타까웠다.
    ㄷ. 자꾸 말을 바꾸는 그의 태도에, (마음에) 화가 나서 미칠 지경이다.

---

9) 김흥수(1989 : 110)에서 심리동사가 '마음'과 '몸'의 심리 영역을 가지고 있음을 기술한 바
   있다.

(4)는 감각동사 구문이다. '감각'이란 외부 자극에 대한 신체적 대응이라는 점에서, 감각을 표현한 감각동사는 심리 영역인 '마음'과는 호응하지 못함을 알 수 있다. 하지만 감정동사는 위 (5)처럼 '마음'과 아주 자연스럽게 호응한다. 따라서 감각동사와 구별하는 의미에서, '마음'도 감정동사를 규정하는 어휘로 설정하기로 한다.

위의 두 가지를 기준으로 하여, 감정동사를 검증하는 장치로 "나도 모르게 ~한 마음이 {생기다/들다}"라는 틀을 제시하기로 한다.

또한 감정은 '정신적인 상태'를 나타낸다고 하였다. 감정의 상태성은 감정동사에도 그대로 반영된다. 감정동사는 동사이면서도 동작이 겉으로 드러나지 않는 동사로서, '상'에 관한 논의에서 많이 다루고 있다. 따라서 이러한 상태성도 감정동사를 규정하는데 중요한 요소로 보고 '마음{이/에} ~한 상태'도 그 검증 틀로 삼기로 한다.

(6) ㄱ. *마음{이/에}{오는/가는/싸운/먹는/만든/보낸/가꾼/입힌/만든/떨어진……} 상태
　　ㄴ. 마음{이/에} {슬픈/기쁜/서먹한/싫증난/불편한/실망한/후회하는/서운한/고민하는/원망하는/외로운/괴로운/막막한/화난/속상한/가여운……} 상태

예문 (6ㄱ)은 '오다, 가다, 싸우다, 먹다, 만들다, 보내다, 가꾸다' 등의 동사들로, 이들은 상태성을 띄지 않아서 '~한 상태'와는 공기할 수 없다. 그러나 (6ㄴ)의 감정동사들은 상태성 동사로서 '~한 상태'와의 공기가 자연스럽다. 결국, 감정동사란 "나도 모르게 저절로 ~한 마음이 {생기다/들다}"와 "마음{이/에} ~한 상태"의 틀을 모두 만족시키는 어휘로 규정할 수 있다.

그런데, 감정동사는 어떤 대상이 사태에 대한 '지각'이나 '인지'를 전제로 하는 동사이다.[10]

---

10) 감정동사가 어떤 대상이나 사태에 대해서 '지각'이나 '인지'를 전제로 한다는 것은, 감정

(7) ㄱ. 사장님은 나 여사님 뵙기 창피하다고 말했다.

ㄴ. 그렇게 놀기만 하면서 시험에 합격하기를 바라다니, 가소롭구나.

ㄷ. 밖에 비가 오니, 맘이 쓸쓸해진다.

위의 예문을 보면 '창피하다'나, '가소롭다'라는 동사는 어떤 대상이나 사태에 대해서 주관적 '판단'이나 '믿음'과 같은 '인지'의 요소를 전제로 하고 있고,[11] '쓸쓸하다'는 사태에 대한 '지각'을 전제로 하고 있다. 예문 (7ㄱ)에서 사장님이 '창피하다'는 감정을 느끼는 것은, '나 여사에게 뭔가 해서는 안 될 일을 했다'거나, '보여서는 안 될 뭔가를 보여 버렸다'는 등의 주관적

이 '비의도적'인 반응이라는 것과는 별개의 문제이다. '인지'란 사고의 작용으로 의식적인 것인데, 사고의 작용과는 무관하게 비의도적으로 발생하는 감정이 '인지'를 전제로 한다는 것이 모순처럼 여겨질 수도 있겠으나, 이는 서로 다른 차원의 문제라는 것이다. 감정동사가 지각이나 인지를 전제로 한다는 것은 감정이 '발생하기 전'에 필요한 요소에 관한 문제이다. 그러나 감정이 비의도적이라는 것은 발생한 감정 자체가 가지는 특성이 그러하다는 것이다. 어떤 자극이 있다고 하자. 그 자극을 전제로 감정이 발생하기 위해서는 이 자극을 지각하거나 인지하는 것이 선행되어야 한다. 그런데 동일한 지각에 동일한 인지를 거쳤더라도 어떤 감정이 발생하는 가의 문제는 비의도적이고 자발적이다. 예를 들어 '비가 온다'고 지각하였다고 하자. 지각한 사실을 그대로 표현한다면 이것은 감정동사 구문이 아니다. 그 지각에 대해서 '슬프다, 기쁘다, 누군가가 보고 싶다, 옛날 어떤 때가 그립다' 등 저절로 발생한 감정을 표현하였다면 이것이 감정동사 구문이 된다. 이때의 감정동사는 '비가 온다'는 지각을 전제로 하여 저절로 발생한 감정을 표현한 것으로 '비의도적' 특성을 지니는 것이다. 또 다른 예로 호랑이를 보고서 '저 호랑이가 내게 덤빌 것처럼 보인다'라고 인지하였다고 하자. 인지한 사실을 그대로 말한다면, 이는 호랑이에 대한 판단이나 믿음을 표현한 인지동사 구문이 된다. 그러나, '나는 호랑이가 무서워'라고 한다면, 호랑이가 자신에 덤빌 수도 있다는 등의 판단이나 믿음을 전제로 하여, 발생한 감정을 표현한 감정동사 구문이 된다. 이처럼 감정은 지각이나 인지를 전제로 하되, 발생한 감정은 비의도적이다.

11) 감정의 발생에 인지적 요소가 있음은 감정 발생에 관한 이론에서 찾아볼 수 있다.

(1) 자극 → 생리적 각성 → 인지적 해석 → 감정

(2) 자극 → 인지적 해석 → 감정

Schachter-Singer는 (1)과 같이 외부 자극에 의해 유발된 '생리적 각성' 상태를 한 개인이 어떻게 해석하고 평가하느냐에 따라 감정의 강도와 질이 결정된다고 주장하였다. 또 Lazrus는 Schachter-Singer 이론 가운데 생리적 각성의 측면을 경시하고 자극에 대한 인지적 해석을 중심으로 감정이 결정된다고 주장하였는데, 그 과정은 (2)와 같다. 위의 (1)이나 (2)의 견해 모두 생리적 각성의 유무에서는 차이가 나지만, 어떤 자극 상황에 대해 감정의 주체가 인지적으로 어떻게 해석하느냐에 따라 감정의 내용이 달라진다는 견해는 같다.

판단이나 믿음이 작용하여 발생한 감정이다. (7ㄴ)은 놀기만 하는 대상이 시험에 떨어질 것으로 '믿거나' '판단'하고서, 그 대상에 대해 가소로운 감정이 생긴 것이다.12) (7ㄷ)은 비가 오는 사태를 '지각'하고서 그에 대한 반응으로 '쓸쓸한' 감정이 생긴 것이다.

또 '원하다'라는 단어는 어떤 대상이나 사태에 대한 욕구를 표현하고 있는데, 이러한 욕구를 표현한 감정동사도, 대상이나 사태에 대한 '주관적 판단'이나 '믿음'이 작용할 때 생길 수 있는 감정이다.

> (8) ㄱ. 나는 남북한 동포의 진정한 화해와 통일을 원한다.
> ㄴ. 나는 편안한 안식처를 원한다.

예컨대 (8 ㄱ)의 남북한 동포의 화해와 통일을 원하는 '나'는 통일과 화해가 국익 등에 긍정적으로 작용할 것으로 '판단하거나' '믿기' 때문에 생길 수 있는 감정이다. 또 (8ㄴ)의 '나'가 편안한 안식처를 원하는 것은 편안한 안식처가 내게 긍정적으로 작용할 것으로 '판단하거나' '믿기' 때문에 생길 수 있는 감정이다. 이처럼 욕구와 관련된 감정은 어떤 대상이나 사태에 대해 아무런 판단이나 믿음도 없이는 나타날 수는 없고, 믿음이나 판단이 전제되어 나타난다.

위와 같이 감정동사는 어떤 대상이나 사태에 대한 '지각'이나 판단이나 믿음과 같은 '인지'의 요소를 전제로 하여 발생하는데, 이들은 또한 '경험'과도 관련이 있다.

> (7)' ㄱ. 생색은 자네가 내고 있으니, (*자네를 지켜본 적도 없이, 자네를 지
> 켜본 바에 의하면) 가히 가소롭다.
> ㄴ. 나는 놀기만 하면서 시험에 붙기를 바라는 (*너를 지켜본 적도 없
> 이, 너를 지켜본 바에 의하면) 네가 가소롭다.

---

12) 이때의 믿음은 반드시 사실에 근거한 것은 아니다. 감정은 세계에 대한 어떤 사람의 '주관적' 믿음에 의존한다.

(8)' ㄱ. 나는 (*남북 분단의 현실을 경험해 본적도 없이, 남북 분단의 현실
　　　을 경험해본 바에 의하면) 남북한 동포의 진정한 화해와 통일을
　　　원한다.
　　ㄴ. 나는 (*불편한 생활을 해 본적도 없이, 불편한 생활을 해본 바에
　　　의하면) 편안한 안식처를 원한다.

　어떤 대상이나 사태에 대해 '가소롭다'고 표현한다는 것은, 그 대상이나
사태에 대해서 경험한 것을 바탕으로 한다. (7)'에서 보면 감정 주체는 '자
네'나 '너'라는 대상을 본 적도 없이, 즉 '자네'나, '너'를 경험하지 않고
서,13) '가소롭다'고 말할 수 없다. (8)'에서도 뭔가를 원하려면, 원하는 대상
이나 사태에 대해 경험을 바탕으로 해야 함을 보이고 있다.
　이와 같이 감정을 표현한 감정동사는 감정 주체의 '경험'을 바탕으로 한
다는 점에서, 구문의 주어는 항상 '경험주'로 실현된다.14)
　따라서 감정동사란, "나도 모르게 저절로 ~한 마음이 {생기다/들다}"와
"마음{이/에} ~한 상태"의 검증 틀에 모두 적합한 어휘로, 구문의 주어는
항상 '경험주'로 실현되며, 어떤 대상이나 사태에 대한 '지각'이나, 판단이
나 믿음과 같은 '인지'의 요소를 전제로 하는 동사이다.

3. 감정동사의 의미특성

3.1. 의미의 연접성

　감정동사는 의미의 연접성이 있다. 감정동사의 의미의 연접성은, 인간이

---

13) 홍대식(1993 : 478)에서는 William James(1884)의 논문에 "'지각' 자체가 바로 어떤 주관적
　경험"이라고 제안하였음을 기술하고 있다.
14) 감정동사 구문의 주어가 '경험주'임에 대해서는 김홍수(1989), 유현경(1998), 우형식(1996),
　임은하(1997), 한송화(2000) 등에서 언급된 바 있다.

느끼는 감정이 복잡하고 미묘한 데서 비롯된 것으로 보인다. 화자가 자신이 느낀 감정을 하나의 서술어로 표현했다 할지라도, 그 감정이 한 가지 감정만을 표현하는 것은 아니다. 예를 들어 '우울하다'라는 동사는, 전제되어 있는 상황에 따라, '슬프다, 답답하다, 두렵다, 쓸쓸하다' 등의 많은 다른 감정동사의 의미를 포함할 수 있다. 감정동사의 연접성은 감정동사가 아닌 어휘에서도 일부 보이지만, 감정동사처럼 해당 동사 류 전반에 걸쳐서 전체적으로 나타나는 경우는 없다.

따라서 본 절에서는 '의미의 연접성'을 감정동사의 중요한 의미 특성으로 보고, 몇몇 어휘를 대상으로 해서 그 연접 양상을 살펴보고자 한다.

먼저 '감동하다'의 예를 보자.

> (9) ㄱ 이미지는 아들의 생각 깊은 말에 심이 삼통했나.
> ㄴ. 종애는 그가 무사하다는 소식에 너무나도 감동해서 소리 없이 울었다.
> ㄷ. 상사의 선심에 젊은이들이 감동하고 있다.
> ㄹ. 박동수는 그 사나이의 성실성에 감동하고 있었다.

위의 예문 (9ㄱ~ㄹ)의 '감동하다'는 모두 '기뻐하다'의 의미를 포함하고 있다. '감동하다'는 '기뻐하다'라는 동사의 의미는 물론이고, 문맥에 따라서 '반갑다', '자랑스럽다', '믿음직하다', '고맙다', '좋다' 등의 의미도 포함하고 있다. 그런데, '감동하다'가 포함하고 있는 의미는 모두 또 다른 감정동사이다. 이것은 감정동사가 다른 감정동사들과 의미상 밀접하게 연접되어 있다는 것을 보여주는 것이다.

(9ㄱ)의 '아들의 생각 깊은 말에 아버지가 감동하는 마음'에는 아들을 자랑스러워하는 마음과, 아들에 대해 믿음직해 하는 마음, 아들이 생각 깊은 말을 했음에 대해 만족해하고, 기뻐하는 마음들이 복합되어 있다.15) 즉 (9

---

15) 심리학이나 사회학 등의 '감정'에 관한 이론에서는, 대체로 감정이 기본 감정과 복합 감정으로 나눌 수 있는 것으로 본다. 기본 감정이란 선천적인 감정이고, 복합 감정이란 여

ㄱ)의 '감동하다'는 '자랑스러워하다, 만족해하다, 기뻐하다, 믿음직스러워하다' 등의 감정동사 의미를 포함한다고 볼 수 있다. (9ㄴ)의 '그가 무사하다는 소식에 감동하는 마음'에는 그가 무사해서 기쁘고, 반가우며, 안심되고, 그가 무사한 상황에 만족해하는 마음들이 복합되어 있을 수 있다. 즉 (9ㄴ)의 '감동하다'는 '기쁘다, 반갑다, 안심되다, 만족해하다' 등의 감정동사의 의미를 포함한다. (9ㄷ)의 '상사의 선심에 젊은이들이 감동하는 마음'에는 선심 써주는 상사가 고맙고, 그 선심에 기뻐하고 만족해하는 마음이 복합된 것이며, (9ㄹ)의 '그 사나이의 성실성에 감동하는 마음'에는 그 사나이의 성실성이 보기에 만족스럽고, 그 사나이에게 신뢰감이 가는 마음이 복합되어 있다. 따라서 '감동하다'는 (9ㄷ)의 문맥에서는 '고맙다, 기쁘다, 만족하다' 등의 감정동사 의미를 포함하고, (9ㄹ)의 문맥에서는 '만족하다, 신뢰하다' 등의 감정동사의 의미를 포함한다고 볼 수 있다.

이렇게 보면 '감동하다'라는 동사는 문맥에 따라서 '기뻐하다, 만족해하다, 반갑다, 안심되다, 신뢰하다, 고맙다, 믿음직하다' 등의 또 다른 감정동사 의미를 포함한다는 것인데, 이는 '감동하다'의 의미가 '기뻐하다, 만족해하다, 반갑다, 안심되다, 신뢰하다, 고맙다, 믿음직하다'의 의미와 연접된 것으로 해석할 수 있다.[16]

특이한 것은 위의 모든 예문에 '만족하다, 기뻐하다'가 공통적으로 포함되어 있다는 점인데, 이는 감정동사가 문맥에 상관없이 공통적으로 포함하고 있는 동사 의미들이 있는 것으로 추정해 볼 수 있게 한다. 다음의 예들을 보자.

다음은 '실망하다'의 예이다.

러 감정들이 복합되어서 나타나는 또 다른 감정이다. 몇몇의 기본 감정을 제외한 나머지 감정들을 복합 감정으로 보는 관점은, 감정동사가 의미의 연접성의 특성을 가지는 것으로 해석하는 것과 같은 관점이다.

16) 물론, '감동하다'가 반드시 '기뻐하다, 만족해하다, 반갑다, 안심되다, 신뢰하다, 고맙다, 믿음직하다'의 어휘 의미와만 연접되어 있다는 것은 아니다. 다만 본고에서 예로 든 문장들을 통해 본 결과가 그렇다는 것으로, '감동하다'는 좀 더 다양한 동사 의미들과 연접될 수 있다.

(10) ㄱ. 박 과장은 일이 계획대로 되지 않아 실망했다.

　　 ㄴ. 천박한 말씨 때문에 금방 실망하게 되는 사람도 있다.

　　 ㄷ. 그들은 아무 것도 발견하지 못하자 크게 실망하였다.

　　 ㄹ. 잔뜩 기대했던 호텔 여행업계가 실망하고 있다.

　(10ㄱ)의 '일을 계획대로 못했다고 실망하는 감정'에는 실천하려던 일이 있었는데, 그것이 계획대로 되지 않아서 불만스럽고 싫으며, 계획대로 일이 진행되었더라면 하고 아쉬워하는 마음과, 그렇지 못한 현실에 대해 안타까워하고 답답해하는 마음이 등이 복합되어 있는 것으로 볼 수 있다. (10ㄴ)의 '천박한 말씨 때문에 누군가에게 실망하는 감정'에는 상대에게 어느 수준의 기대감이 있었는데, 상대가 의외로 그 기대만큼의 수준이 되지 못한 것에 대해 다소 놀라워하는 마음과, 상대에 대해 거북해하는 마음 등이 복합되어 있다고 볼 수 있다. (10ㄷ)의 '아무것도 발견하지 못해 크게 실망하는 감정'에는 뭔가를 발견하게 되리라고 기대하는 마음이 있었는데 발견하지 못하게 된 현실이 불만스럽고, 싫으며, 기대대로 뭔가를 발견했더라면 하고 아쉬워하는 마음과 그러지 못한 현실에 대해 안타까워하고 답답해하는 마음 등이 복합되어 있다고 볼 수 있다. (10ㄹ)의 '잔뜩 기대했던 호텔 여행업계가 실망하는 감정'에는 호텔업계가 뭔가 좋은 일이 생기리라고 기대하는 마음이 있었는데, 그 기대가 이루어지지 않아서 불만스럽고 싫으며, 그 기대가 이루어졌더라면 하는 아쉬움과 이루어지지 않은 현실에 대해서 안타까워하고 답답해하는 마음 등이 복합되어 있다.

　이렇게 보면, '실망하다'라는 감정동사는 '기대하다'라는 동사 의미를 전제로 하여, 문맥에 따라서 '불만스럽다, 싫다, 아쉽다, 안타깝다, 답답하다, 놀랍다, 거북해하다' 등의 또 다른 감정동사 의미를 포함하고 있는 것으로 볼 수 있다. 그리고 '실망하다'도 공통적으로 포함하는 동사의미들이 있는데, '불만스럽다, 싫다, 아쉽다, 안타깝다'가 이에 해당한다.

　다음은 '심심하다'의 예이다.

(11) ㄱ. 아이들은 모두들 심심하게 앉아서 이쪽을 지켜보고 있었다.

ㄴ. 한 잔만 마셔요. 혼자 마시려니 심심해서 그래요.

ㄷ. 사실 나는 인간 세상이 너무나 심심해서 못 견디겠던 차다.

ㄹ. 그 개는 오래도록 텅 빈 집을 지키고 있는데, 어쩌면 심심해서 미쳐버렸을지도 몰라.

(11ㄱ)의 '아이들이 모두들 심심해하는 감정'에는 아이들이 자신들이 처해있는 상황이 싫고, 불만스러우며, 싫증나고 답답해하는 마음이 복합되어 있다고 볼 수 있다. 더불어서 뭔가 재미있는 일이 생겼으면 하고 기대하는 마음도 있다. (11ㄴ)의 '혼자 마시는 것을 심심해하는 마음'에는 누군가와 같이 마시고 싶어 하는 마음과 마실 사람이 없는 상태가 불만스럽다는 마음 등이 복합되어 있는 것으로 볼 수 있다. (11ㄷ)의 '인간 세상이 너무나 심심해서 못 견디겠다는 감정'에는 인간 세상이 싫증나고 불만스럽고 답답하며 싫다는 감정과 인간 세상이 좀더 재미있었으면 하고 바라는 마음이 복합되어 있는 것으로 볼 수 있다. (11ㄹ)의 '오래도록 텅 빈 집에서 어쩌면 미쳤을 지도 모를 만큼 심심해하는' 마음에는 외로워하는 마음과, 혼자인 상태에 대해 불만스러워하고 싫어하는 마음, 더불어 그런 상황에서 벗어나고 싶어 하는 마음 등이 복합되어 있는 것으로 볼 수 있다.

이처럼 '심심하다'는 어떤 상태가 불만스럽고 싫다는 마음과 그런 상황에서 벗어나고 싶은 마음이 복합되어 나타나고, 맥락에 따라 싫증나거나 답답해하는 마음이 나타날 수 있고, 그 심심함의 정도가 심하게 되면 외로운 감정으로도 연결됨을 알 수 있다. 따라서 '심심하다'의 의미는 '불만스럽다, 싫다, 바라다'의 동사 의미와 공통적으로 연접되어 있으며, 문맥에 따라서 '싫증나다, 답답하다, 외롭다' 등의 동사 의미와도 연접되어 있는 것으로 파악할 수 있다.

지금까지 '감동하다, 실망하다, 심심하다'가 문맥에 따라 포함하고 있는 의미를 살펴보았는데,[17] 감정동사가 문맥에 따라 포함하고 있는 의미는 곧 또 다른 감정동사의 의미임을 알 수 있었다. 이는 감정동사들의 의미가 서로 밀접하게 연접되어 있음을 보여주는 것이다.

3.2. 정도성

감정동사는 '정도성'의 의미 특성이 있다.

> (12) {가장/지극히/아주/훨씬/더욱/상당히/꽤……} {슬프다/화난다/밉다/부러워하다/지루하다/기쁘다/만족하다/좋아하다/시원하다/예뻐하다……}.

감정동사는 (12)와 같이 정도 부사어와 자연스런 호응 관계를 이룬다. 정도 부사어는 상태성 동사를 수식하면서, 상태성 동사가 가지고 있는 [+상태성]의 의미에 [+정도성]의 의미를 더해주는 기능을 한다. 이렇게 볼 때, 감정동사가 정도 부사어와 공기한다는 것은 [+상태성], [+정도성]의 의미를 지니고 있다는 것이고, 아울러 정도 부사어의 수식을 받게 되면 그 감정의 정도도 부사어에 의해 강해지거나 약해질 수 있다는 것이다.

그리고 비슷한 의미를 띠는 어휘 사이에 정도의 등급을 매길 수도 있어서 감정동사의 정도성은, 어휘 내에서 뿐만이 아니라 감정동사 어휘 간에도 보이고 있는 특성이다. 예를 들면, '조금 슬프다'나 '약간 슬프다'는 '울적하다', '우울하다'와 가깝고, '아주 슬프다', '매우 슬프다'는 '비통하다'나 '침통하다'와 가깝다고 볼 수 있다. '조금 화나다'는 '속상하다, 짜증내다'에 가깝고, '매우 화나다'는 '격노하다, 격분하다, 분통터지다' 등에 가깝다고 볼 수 있다.[18]

---

17) 모든 감정동사를 대상으로 하지 않고 이들 어휘만을 대상으로 한 것은, 감정동사의 연접 양상이 모든 감정동사에 달리 나타나기 때문이다. 한 동사의 연접 양상을 고찰하기 위해서는, 많은 예문을 대상으로 하여 공통적으로 연접된 동사를 찾아내야 하는데, 그러기 위해서는 수많은 노력과 지면을 할애해야 한다. 따라서 본 절에서는 몇몇 동사만을 대상으로 하여 감정동사가 의미 연접성의 특성이 있다는 것만을 밝혔다.

다음은 감정동사 어휘 간에 보이는 감정 정도에 따라 감정동사의 등급을
설정해 본 것이다.

> (13) ㄱ. 끌리다-좋아하다-사랑하다
> ㄴ. 심심하다-외롭다-고독하다
> ㄷ. 답답하다-억울하다-한스럽다
> ㄹ. 싫어하다-경멸하다
> ㅁ. 놀라다-경악하다

(13)의 감정동사들은 왼쪽에서 오른쪽을 갈수록 그 감정의 정도가 더 강
해진다. '끌림'의 감정보다 그 정도가 더해지면 '좋아함'의 감정이 될 수 있
고, '좋아함'의 감정보다 그 정도가 강해지면 '사랑함'의 감정이 될 수 있을
것이다.[19] 이와 같이 감정동사의 정도성은 개별 어휘가 내포하고 있는 특성
이기도 하고, 동시에 어휘 사이에 나타나는 특성이기도 하다.

3.3. 비의도성과 소극적 통제성

감정동사는 감정을 표현한 어휘이다. 감정이 의식적 의도와 무관하게 저
절로 발생한다는 점에서 감정동사 또한 의도성을 지니지 못하는 것은 당연
한 결과이다.[20] 감정은 그 발생이 '자신도 모르게' 되는 것이지 '계획적으
로' 실현되는 것이 아니다.

---

18) 김기홍(1979)에서는 감정의 특징을 5가지로 들면서 '감정 어휘는 서너 가지 정도의 강도
를 표시한다'고 하면서 '분통터지다-노엽다-귀찮다', '끔찍스럽다-무섭다-두렵다-불안하
다', '비애-슬픔-풀죽다' 등을 예로 들고 있다.

19) 위의 (13)에서 설정한 등급은 절대적인 것은 아니어서 상황에 따라 그 정도의 등급이 달
리 나타나는 경우도 있겠다. 다만, 그 등급이 달리 나타나는 경우라도, 감정동사는 동사들
끼리 정도의 등급을 매겨 볼 수 있다는 가능성은 항상 내재되어 있다.

20) 감정동사의 비의도성과 통제성에 관해서는 김홍수(1989)와 임은하(1998)에서 언급된 바
있다. 본 절에서는 서법 제약이나 부사와의 제약 양상을 통해 좀 더 면밀히 고찰키로
한다.

(14) ㄱ. *나는 계획적으로 {슬퍼졌다/갈등했다/걱정했다/긴장했다……}.
　　 ㄴ. 나는 나도 모르게 {슬퍼졌다/갈등했다/걱정했다/긴장했다……}.

이러한 감정의 '비의도성'은 '의도법', '약속법', '청유법', '명령법'처럼
'의도'와 관련 있는 서법 실현에 제약이 있는 것에서도 확인할 수 있다.

(15) ㄱ. *키우던 개를 잊어버려서, 내가 노심초사하겠다.
　　 ㄴ. *하얀 눈이 밤새 내리니, 내 마음이 싱숭생숭하겠다.
　　 ㄷ. *그 사람이 그렇게 재주가 좋으니, 내가 질투하겠다.

(16) ㄱ. *시간이 이렇게 덧없이 흘러가니, 내가 참 허망하마.
　　 ㄴ. *그를 떠나보냈으니 내가 후회하마.
　　 ㄷ. *며 다옹 킹끼허미뷔니, 내끼 외교위하마.

(17) ㄱ. *저 사람 참 매력 있어 보이는데 우리 같이 좋아하자.
　　 ㄴ. *오늘 할 일도 없는데 우리 같이 심심해하자.
　　 ㄷ. *일이 자꾸 꼬여 가는데, 우리 같이 심란해 하자.

(18) ㄱ. *슬픈 영화를 봤으니 슬퍼해라.
　　 ㄴ. *답을 가르쳐 주지 않았으니 궁금해해라.
　　 ㄷ. *그가 약속을 지키지 않았으니 그를 미워해라.

위의 예문 (15)은 '의도법', (16)은 '약속법', (17)는 '청유법', (18)은 '명령
법'의 예이다. '의도법, 약속법, 청유법, 명령법'은 모두 주체의 '의도'가 개
입되어 있는 서법이다. 감정동사가 주체의 의도가 개입된 서법들에서 제약
을 보이는 이유는 감정동사가 감정 주체의 '의도'를 담고 있지 않다는 말로
해석할 수 있다.
　감정동사가 감정 주체의 의도를 담고 있지 않다는 것은 '열심히, 당돌히,
경솔히, 못' 등의 의지가 개입된 동태부사어와 대체로 결합할 수 없다는 점
으로도 확인이 가능하다. 다음의 예를 보자.

(19) ㄱ. *나는 {열심히/당돌히/경솔히/못} 슬퍼했다.

　　ㄴ. *이렇게 책임지지도 못할 일들을 벌려 놓고 떠난 그가 {열심히/당돌히/경솔히/못} 기막히다.

　　ㄷ. *인사하는 면전에서 그렇게 돌아서 가버려서, {열심히/당돌히/경솔히/못} 무색해했다.

　　ㄹ. *{열심히/당돌히/경솔히/못} {슬퍼하다/답답해하다/처량해하다/못마땅해하다/우울해하다/서러워하다/비통해하다/초조해하다/창피해하다/허탈해하다……}.

이처럼 감정이란 감정 주체의 의도가 개입될 수 없다. 따라서 감정동사는 '비의도성'을 그 특성으로 한다고 볼 수 있다.[21]

그런데, 위에서 확인한 서법 제약이나, 의도 표현 부사어와의 호응 관계에 제약이 있는 현상은, 감정의 '통제성'의 측면에서 해석할 수 있다.[22] 즉, 감정동사가 의도의 의미를 내포한 서법에서 제약을 보이거나, 의도 표현 부사와의 공기에 제약이 있는 것은, 감정 주체가 감정의 발생과 소멸에 적극적으로 관여하여 통제할 수 없다는 것을 보여 주는 것이다.

이를 명령법의 제약 현상에서 확인해 보자.

---

21) 다만, '바람'의 의미를 내포하는 감정동사들은 '비의도성'의 정도가 낮다.
　　(1) ㄱ. 나는 나도 모르게 그녀를 원하고 있었다.
　　　　ㄴ. 나는 나도 모르게 그녀가 사라져 버리길 바라고 있었다.
　　(2) ㄱ. 이번 시험에 네가 꼭 합격하기를 바라마.
　　　　ㄴ. 나는 지수가 원하는 대로 대학에 합격하기를 바라겠다.
　　'바람'의 의미를 내포하는 감정동사는 위 (1)과 같이 주체의 의지가 배제되어 있는 '나도 모르게'와 호응한다는 점에서는 '비의도성'을 띤다. 그러나 (2)처럼 의도의 의미가 개입되어 있는 약속법이나 의도법이 실현된다는 점에서는 어느 정도 '의도성'을 띠고 있다. '바람'의 의미를 내포하는 감정동사들이 '비의도적'이면서 동시에 '의도적'일 수 있다는 것은, 다른 동사류에 비해서 '비의도성'의 정도가 낮은 것으로 볼 수 있다. 그 외에도 '-어하다'류의 타동사도 '나도 모르게'와 호응하면서 동시에 약속법이나 의도법이 실현된다는 점에서 '비의도성'의 정도가 낮고, '화내다, 사랑하다, 원망하다' 등처럼 감정의 소멸에 감정 주체의 의도가 개입될 수 있는 동사도 마찬가지로 '나도 모르게'와 호응하면서 약속법이나 의도법이 실현된다는 점에서 '비의도성'의 정도가 낮은 것으로 볼 수 있다.
22) '감정'을 통제 가능성의 측면에서 해석하는 관점은 Ekman(1992, 1994) Ekman & Davison (1994), J. Reeve(1997) 등에서도 보이는데, 이러한 감정의 통제 가능성 여부는 감정동사에도 그대로 드러난다.

(20) ㄱ. *그가 떠났으니 {기뻐해라/슬퍼해라/고마워해라/만족해라/즐겨
　　　라……).
　　 ㄴ. *그 친구가 말없이 가버려서, {실망해라/서운해라/걱정해라……}.

(21) ㄱ. *일이 뜻대로 되지 않으니, 조마조마해라.
　　 ㄴ. *그 사람이 섭섭하게 굴었으니 섭섭해해라.
　　 ㄷ. *소설이 읽기에 지겨우니, 따분해해라.

감정동사 구문이 '명령'의 서법을 취한다든 것은 감정의 발생을 명령하거
나 소멸을 명령하는 것이다. 그런데 감정동사 구문은 위와 같이 감정의 발
생에 관한 명령법에 제약이 있다. 이는 곧 감정의 통제에 제약이 있다는 의
미이다. 감정 주체가 '기뻐해야지', 혹은 '슬퍼야지' 하고 의도한다고 해서
슬픔의 감정을 가지게 되는 것은 아니다. 따라서 '슬퍼해라, 기뻐해라'는 식
의 명령법은 성립되지 않는 것이다. 그리고 일이 뜻대로 되지 않을 때 '조마
조마해하는 감정'을 지니게 되는 것은 당연한 결과이지만, 그 감정의 발생
을 타인이 강요할 수는 없다. 타인이 어떤 감정의 발생을 강요할 수 없다는
것은, 감정 주체가 그 감정을 의도대로 발생시킬 수 없다는 것을 전제한 것
이다. 즉, 감정이란 의도대로 통제할 수 있는 대상이 아니라는 것이다.

위의 (15)의 의도법 제약, (16)의 약속법 제약, (17)의 청유법 제약도 마찬
가지로 감정 주체가 감정의 발생에 의도적으로 관여하여 감정을 통제할 수
없다는 것을 보여준다. 이렇게 보면 감정동사는 '비통제성'의 특성이 있다
고 할 것이다.

그런데, 일부 감정동사는 주어진 자극 조건에 따라서 의도법, 약속법, 청
유법, 명령법이 실현되어 나타나기도 한다.

(22) ㄱ. 네가 계속 그런 식으로 말한다면, 나는 너에게 화내겠다.
　　 ㄴ. 내 맘을 그렇게 몰라준다면, 당신을 원망하겠다.
　　 ㄷ. 당신이 시험에 합격해준다면, 나는 당신을 자랑스러워하겠다.
　　 ㄹ. 네가 그렇게 계속 내 말을 안 들으면, 앞으로 나는 너를 미워하겠어.

(22)은 감정동사가 예외적으로 의도법을 취한 예이다. 그런데 예에서 보인 '화내다, 원망하다, 자랑스러워하다, 미워하다'는 모두 대상 중심 감정동사이다. 대상 중심 감정동사의 경우는 주어진 자극 조건에 따라, 위와 같이 의도법을 취할 수 있다.23)

또 감정이란 '앞으로 어찌 어찌하게 발생하도록 하겠다'고 약속할 수 있는 것이 아니다. 그러나 경우에 따라 약속법이 실현되기도 한다.

> (23) ㄱ. 내 말을 잘 들으면, 이뻐하마.
> ㄴ. 앞으로는 너만을 사랑하마.
> ㄷ. 내가 원하는 대로 조건을 수정해준다면, 고마워하마.

(23)은 약속법이 실현된 예인데, 약속법도 의도법과 마찬가지로 '이뻐하다, 사랑하다, 고마워하다'처럼 대상 중심 감정동사에서 예외적으로 나타나는 경우가 있다.

그리고 아주 드문 경우이기는 하지만 감정동사가 '청유법'이나 '긍정의 명령법'을 취하기도 한다. 다음은 그 예이다.

---

23) 원인 중심 감정동사와 대상 중심 감정동사에 관한 논의는 유현경(1998)에서 논의된 바 있다. 감정동사는 의미의 초점이 감정 발생 원인에 있는지 감정의 반응 대상에 있는지에 따라 양분할 수 있다. 원인 중심 감정동사는 'NP1은 (ADVP/NP2가) V'의 구조를 갖는 동사로 ADVP나 NP2의 실현은 수의적이며, 이들은 감정이 발생하게 된 원인으로 작용한다. 대상 중심 감정동사는 'NP1은 NP2가 V'나 'NP1은 NP2를 V'의 구조를 갖는 동사로 NP2의 실현은 필수적이다. NP2의 의미 기능은, 감정의 반응 대상의 기능을 하여, 발생한 감정은 NP2에 작용한다. 각각의 예를 들면 아래와 같다.
  (1) 원인 중심 감정동사
    고독하다, 기쁘다, 긴장하다, 난처하다, 놀라다, 당황하다, 무안하다, 벅차다, 불안하다, 비장하다, 서글프다, 서럽다, 속상하다, 속타다, 수줍다, 슬프다, 심란하다, 심심하다, 싱숭생숭하다, 쓸쓸하다, 애타다, 외롭다, 자괴하다, 좌절하다, 즐겁다, 지루하다, 창피다, 초조하다, 흐뭇하다 ……
  (2) 대상 중심 감정동사
    가소롭다, 가엾다, 걱정하다, 귀엽다, 그립다, 꺼리다, 무섭다, 밉다, 부럽다, 불쌍하다, 사랑하다, 싫어하다, 싫증나다, 예쁘다, 원망하다, 자랑스럽다, 증오하다, 질투하다, 혐오하다 ……
  좀 더 자세한 내용은 졸고(2004)를 참조하기 바란다.

(24) ㄱ. (목사님이 설교 중에) 이제, 다같이 회개하고, 감사하고, 기뻐합시다.
　　 ㄴ. 우리 모두 기뻐합시다. 우리 선수들이 4강에 진출했습니다.

이와 같이 감정동사는, '의도법, 약속법, 청유법'을 예외적으로 취하기도 하는데, 이것은 감정 주체가 감정을 통제하는 것이 어느 정도 가능하다는 의미로 해석할 수 있다. 즉, 위에서 보인 예에서 '화내겠다, 원망하겠다, 미워하겠다' 등의 동사 의미는 감정 주체가 그런 감정을 의도적으로 발생시키겠다는 것인데, 이것은 감정 주체가 어떤 감정에 대해서 어느 정도 통제할 수 있다는 의미가 내재되어 있는 것이다.

감정의 통제 가능성은 감정동사 구문의 부정 명령법이 제약 없이 나타나는 것에서도 확인할 수 있다.

(25) ㄱ. 내가 떠난다고 {슬퍼하지마/기뻐하지마……}.
　　 ㄴ. 시험에 떨어졌다고 {실망하지마/섭섭해하지마/부끄러워하지
　　　　 마…}.
　　 ㄷ. 이번 일에 너무 {갈등하지마/걱정하지마/감동하지마……}.

감정동사 부정형 명령법은 감정의 소멸을 명령하는 것이다. 부정형은 긍정형과 달리 명령법 실현에 제약이 없다 이것은, 감정의 주체가 감정을 소멸시키는 일은 어느 정도 통제가 가능함을 전제로 한다.

또한 드물긴 하지만 다음과 같이 긍정의 명령이 나타나는 경우도 있다.24)

(26) ㄱ. 애들아 기뻐해라, 우리가 이겼다.
　　 ㄴ. 안심해라, 내가 잘 처리하마.
　　 ㄷ. 밤늦도록 가족이 귀가하지 않으면, 걱정도 하고 그래라.

---

24) 특히 성경에는 감정동사가 명령형을 취하는 경우가 많다.
　 (1) ㄱ. 범사에 감사하라.
　　　 ㄴ. 네 이웃을 사랑하라.
　　　 ㄷ. 시기하지 말라. 교만하지 말라.

이렇게 보면, 감정 주체가 감정의 발생과 소멸에 대해 어느 정도 통제하는 것이 가능해 보인다. 그런데, 어느 정도의 통제성을 갖는다 하더라도 그것이 적극적인 통제성이라고 보기는 어렵다. '슬퍼하지 마라'라는 명령을 받고서, 슬퍼하지 않으려고 노력은 할 수 있을 것이다. 그러나 그 노력대로 반드시 '슬퍼하지 않게 될'지는 알 수 없다. 또 시험에 합격해서 기뻐하고 있는데, 타인이 '이제 그만 기뻐해라' 하고 명령했다고 해서, 명령과 함께 그 기쁨의 감정이 소멸되지는 않는다. 다만 그 명령에 대한 응답으로 기뻐하는 내색을 하지 않는 정도는 취할 수 있을 것이다. 따라서 감정동사는 '소극적' 통제성을 지닌다고 볼 수 있다.

결국, 감정동사는 '비의도성'과 '소극적 통제성'의 특성을 지닌다는 것인데, 지금까지의 논의를 보면 '비의도성'은 감정동사 구문이 '의도법', '약속법', '청유법', '명령법'의 서법 실현에 제약이 있다는 점에서 확인할 수 있었고, '소극적 통제성'은 이러한 서법 제약이 예외적으로 실현되는 경우에서 확인할 수있다

그리고, '의도법', '약속법', '청유법'이 예외적으로 실현되는 경우는, 대상 중심 감정동사 구문에서만 확인할 수 있었는데, 이는 '통제 가능성'이 원인 중심 감정동사보다는 대상 중심 감정동사에 더 많다는 것을 보여주는 것이다. 또한, 명령법이 부정의 명령형만 취할 수 있는 것은, 감정의 발생보다는 감정의 소멸에 '통제 가능성'이 더 있다는 것을 보여주는 것이다.

3.4. 경험성과 평가성

본고 2.1에서 언급했듯, 감정동사는 경험을 전제로 한다. 이러한 점에서 감정동사 구문의 주어는 항상 경험주로 실현된다고 하였다. '기쁘다, 슬프다' 등의 감정동사 의미는 그러한 감정을 느끼는 경험 주체가 경험한 것임을 나타내는 것이다.

(27) ㄱ. 나는 이 번 일이 {기뻤다/슬펐다/괴로웠다/아쉬웠다/안타까웠다/암
　　　　담했다······}
　　　ㄴ. 나는 이 번 일로 {기쁜/슬픈/괴로운/아쉬운/안타까운/암담한······}
　　　　감정을 경험했다.

(27ㄱ)의 의미는 (27ㄴ)의 의미로 해석이 가능하다. 이는 감정동사가 '경
험'의 의미를 내포하고 있음을 보여 주는 것이다. 그런데 감정동사가 지니
는 경험성은 '평가'의 의미도 함께 내포한다.[25]

(28) ㄱ. 내가 그때 왜 그런 말을 했는지, 참 망신스럽다.
　　　ㄴ. 매일 같은 나날들이 반복되니, 권태롭다.
　　　ㄷ. 시험에 합격해서 기쁘다
　　　ㄹ. 일을 다 처리하고 나니, 맘이 훨씬 기쁜데다.

위의 예문의 '망신스럽다, 권태롭다, 기쁘다, 가뿐하다, 걱정스럽다'는 모
두 감정 주체가 어떤 사태를 경험한 것을 바탕으로 하여 발생한 감정들을
표현한 동사이다. 그런데 이 때 발생한 감정은 감정 주체가 내면적으로 느
끼는 감정 상태로, 어느 정도 평가적인 의미를 지닌다. (28ㄱ)에서 '망신스
럽다'라고 표현하는 것은 '자신이 한 말에 대해서' 부정적으로 '평가'를 내
리고 있는 것이다. (28ㄴ)의 '권태롭다'라는 표현은 매일 똑같은 날들이 반
복되는 '사태'에 대해 부정적으로 평가를 내리고 있는 것이다. (28 ㄷ, ㄹ)은
시험에 합격한 일에 대해, 일을 다 처리한 상황에 대해 긍정적으로 평가한
것이다.
　감정동사의 이러한 평가성은 대상 중심 감정동사에서는 더욱 두드러지게
나타난다.

---

25) J. Reeve(1997, 정봉교 옮김, 2000 : 502)에서는 감정 주체가 느끼는 감정은, 지각에서 평가
　로 그리고 이 평가가 다시 감정으로 나타난다고 본다.

(29) ㄱ. 네가 이제 와서 그런 말을 하다니, 가증스럽구나.

ㄴ. 막 말문이 트이기 시작하는 유아는 누가 되었든 귀엽다

ㄷ. 말없이 자기 일을 묵묵히 해나가는 사람은 듬직하다.

ㄹ. 거동이 불편한데, 가족이 하나도 없는 노인은 불쌍하다.

ㅁ. 언제나 투덜거리며 불만거리만을 이야기하는 사람은 밉살스럽다.

(29)의 '가증스럽다, 귀엽다, 듬직하다, 불쌍하다, 밉살스럽다'는 감정 주체가 내적으로 경험한 감정이면서 동시에 대상에 대한 평가성의 의미도 함께 지닌다. (29ㄱ, ㄹ, ㅁ)은 대상에 대해 부정적인 평가 의미가 내포어 있고, (29ㄴ, ㄷ)은 대상에 대해서 긍정적인 평가 의미가 내재되어 있다.

이처럼 감정동사는 경험주를 주어로 한다는 점에서 모든 감정동사가 경험성을 가지고 있으며, 또한 모든 감정동사는 어떤 사태에 대해서 어느 정도 평가의 의미가 내포되어 있다.

4. 맺음말

감정동사를 연구하기 위해서는 감정동사의 범위 규정이 선행되어야 하나, 선행 연구에서는 이에 관한 논의가 이루지지 않았다. 논의 대상에 대한 명확한 정의나 범위의 규정 없이, 몇몇 어휘만을 대상으로 하여 그 의미에 대해서 논하고 있는 실정이다.

이에 본고에서는 감정의 특징을 통해서 감정동사의 범위를 규정하는 것으로 논의를 시작하였다. 심리학적 관점에서 바라보는 감정의 특징을, 언어학적으로 풀어서 감정동사의 범위를 규정한 방법은, 감정동사의 범위설정에 객관적 타당성을 확보한 것으로 본다.

감정이란 한 마디로 정의할 수 있는 대상이 아니지만, 심리학적 관점에서의 감정이란 대체로 어떤 자극을 전제로 해서 발생한다. 또한 의식적 의도

와는 무관하게 발생하며, 감정 주체의 내적 경험에 의존한 주관적 반응이다. 그리고 신체적 변화와도 밀접한 관련이 있으며, 정신적 상태를 나타낸다. 이러한 감정의 특징을 바탕으로 감정동사의 범위를 규정해보면, 감정동사란 "나도 모르게 ~한 마음이 {생기다/들다}"와 "마음{이/에} ~한 상태"의 검증 틀에 모두 적합한 어휘로, 구문의 주어는 항상 '경험주'로 실현된다. 또한 어떤 대상이나 사태에 대한 '지각'이나, 판단이나 믿음과 같은 '인지'의 요소를 전제로 하는 동사이다.

또한 감정동사는 보편적으로 '연접성, 정도성, 비의도성, 소극적 통제성, 경험성, 평가성'의 의미 특성을 지닌다. 감정동사가 지니는 보편적 의미 중 '연접성'과 '정도성'은 본 논문에서 새롭게 밝힌 의미 특성이다. '비의도성, 소극적 통제성, 경험성'에 관해서는 선행 연구에서 언급될 바가 있으나, 본 논문에서는 이들을 통사론적 제약 현상으로 풀이하여 그 객관적 근거를 마련하였다.

특히 소극적 통제성에 관해서는, '통제의 가능성'이 감정의 발생보다는 '감정의 소멸'에 더 관여하고, 원인 중심 감정동사보다는 대상 중심 감정동사에 더 많다는 것을 밝혔다. 그리고 선행 연구에서는 감정 동사가 '경우'에 따라 평가성의 특성을 갖는 것으로 보았지만, 본 논문에서는 '모든' 감정동사가 '어느 정도' 평가성을 가지고 있음을 밝혔다.

그런데 본 논문에서 밝힌 감정동사의 의미의 특성 중 의미의 '연접성'은 감정동사가 가지는 중요한 특성으로, 그 양상을 밝히는 일은 곧 감정동사의 의미 체계를 밝혀내는 일이 될 것이다. 만약 개별 어휘별 의미 연접 양상을 객관적으로 밝혀낼 수 있다면, 감정동사의 미묘하고 복잡한 의미 체계를 밝혀 낼 수 있게 된다. 그러나 이 과정은 수많은 노력과 시간을 요구할 뿐 아니라, 그 객관성을 확보하는 것도 쉬운 문제는 아니다. 감정동사 개별 어휘의 연접 양상은 앞으로 풀어야 할 과제로 남기기로 한다.

참고문헌

김경희. 1995. 「정서란 무엇인가?」, 민음사.

김기홍. 1979. "감정언어의 특징과 문법성 고찰", 「동서문화」 11, 계명대.

김기홍. 1983. "한미간의 감정표시의 차이", 「한국외국어대학교 논문」 16.

김기홍. 1993. "감정개념의 정의", 「언어와 언어학」 19, 한국외대.

김명훈·정영윤. 1991. 「심리학개론」, 박영사.

김미형. 1989. "형용사의 의미유형과 구문의 차이", 「이용주박사회갑기념논집」.

김선희. 1990. "감정동사에 관한 고찰", 「한글」 208, 한글학회.

김세중. 1994. "국어 심리술어의 어휘의미구조", 서울대학교 박사학위논문.

김영희. 1988. 「한국어 통사론의 모색」, 탑출판사.

김은영. 2004. "국어 감정동사 연구", 전남대학교 박사학위논문.

김홍수. 1989. 「현대 국어 심리동사 구문 연구」, 탑출판사.

박인조. 2001. "한국어 감정단어의 분석 : 감정단어 목록 마련과 차원탐색", 서울대학
교 석사학위논문.

변정민. 2002. "국어의 인지동사 연구", 고려대학교 박사학위논문.

신용일·김시연·정종식·이수길. 1997. 「심리학개론」, 동문사.

우순조. 1995. "내포문과 평가구문", 「국어학」 26, 국어학회.

유현경. 1998. 「국어 형용사 연구」, 한국문화사.

윤필연. 1980. "평가차원 성격특성 형용사의 하위차원에 관한 연구", 서울대학교 석
사학위논문.

이창용. 1988. "자기 판단동사의 통사적 기능", 「세종어문연구」 5·6, 세종대 세종어
문학회.

천시권·김종택. 1994. 「국어의미론」, 형설출판사.

홍대식. 1993. 「심리학개론」, (주)청암미디어.

Chomsky. 1965. *Aspect of the Theory of Syntax*. MIT Press.

Ekman, P. 1989. *The argument and evidence about universals in facial expressions of emotion*.
New York : Wiley

Fehr, B.,& Russell, J.A. 1984. *Concept of emotion viewed from a prototype perspective*. Journal
of Experimental Psychology : General.

Gruber.J. 1976. *Lexical structures in Syntax and Semantics*. North-Holland. Harbert

Rohracher(1976). Einführung in die Psychologie. 「심리학 개론」. 윤홍섭 옮김(1990). 도서출판 성원사.

Jackendoff, R. 1990. *Semantic Structures*. MIT Press.

Reeve, J. 1997. *Understanding motivation and emotion (2nd ed.)*, London : 67 Harcourt Brace College Publishers. 「동기와 정서의 이해」. 정봉교・윤병수・현성용 옮김(2003). 박학사.

Wierzbicka, A. 1992. *Semantics, culture and cognition : Universal human concepts in culture-specific configurations*. New York : Oxford University Press.

Weiner, B. 1985. *An attributional theory of achevement motivation and motion*. Psychological Review. 92.

| 이 논문은 한국어의미학 16집(2005, 한국어의미학회)에 게재된 논문을 재수록한 것입니다.

'짜다' 계열 어휘의 의미 확장 연구

김 해 미

1. 들어가며

본고는 미각 형용사 중 '짜다' 계열 어휘에 대해 인지언어학의 '신체화' 관점에서 의미 확장 양상을 살피는 데 있다.

한국어의 기본 미각 형용사인 '짜다' 계열의 어휘는 '짜다, 짭짜래하다, 짭짜부리하다, 짭짤하다, 짭찔하다, 짭쪼름하다, 찝질하다, 찝찌레하다, 짜디짜다, 간맞다, 간간하다, 건건하다, 간간짭짤하다, 건건짭찔하다, 건건찝찔하다, 밍밍하다, 삼삼하다, 섬섬하다, 싱겁다, 짐짐하다' 등이 있을 정도로 다양하다. 나아가 이 어휘들은 의미가 확장되어 다른 감각 영역이나 인지 영역 등에서도 쓰이고 있다.

본고는 이러한 미각 형용사 '짜다' 계열 어휘의 의미 확장 양상을 신체화된 인지(embodied cognition)의 모습으로 보고자 한다. 임지룡(2007 : 1-2)에 따르면 '신체화(embodiment)'란 인지과학 및 인지언어학의 체험주의에서 유래된 용어로 인지과정에서 몸과 신체적 경험에 따른 작용 양상을 가리킨다. 체험주의를 적극적으로 수용한 인지언어학에서는 일상 언어의 구조와 의미 속에 '신체화'의 상당한 부분이 내재되어 있다고 본다. 따라서 '짜다' 어휘의 의미와 확장 양상을 살피는 것은 한국인의 신체화 된 인지적 개념화[1] 양상을 살피는 데 단초가 될 것이다.

본고는 신체적 경험을 바탕으로 한 인지 과정을 '개념적 혼성(conceptual blending)' 이론으로 해석하고자 한다.[2] '개념적 혼성' 이론으로 설명한다는 것은 해당 언어적 은유에 대한 입력공간 구축, 입력공간 사이의 사상, 입력 공간에서 혼성 공간으로의 투사라는 세 가지 하위 인지 과정의 적용방식을 보여줌을 뜻한다. 따라서 이 세 가지 하위 인지 과정에 따라 미각 형용사 '짜다' 계열 어휘의 개념화 양상을 살펴보고자 한다. 이는 인간의 감각 기관 을 통해 인지한 미각 형용사의 의미 확장을 인간의 몸과 마음과 문화를 한 선상에 놓고 탐구하려는 인지언어학적인 접근으로 의의가 있다.

본고는 선행 연구들에서 제시한 '짜다' 계열의 어휘 목록[3] 중 연구 대상

---

1) 개념은 하나의 사물 또는 일정한 존재가 나타내는 여러 관념 속에서 공통된 요소를 추상하 여 종합한 또 다른 하나의 관념이며 그 과정은 표상, 분석, 비교, 추상, 총괄, 그리고 명명 의 순서를 거친다. 또 개념화에는 범주화 능력, 초점 조절 능력, 기억력, 지각 능력, 심적 영상에 대한 이해 능력 등 다양한 능력이 작용한다(이현근 1999 : 162, 170 참조).

2) 개념적 혼성 이론은 기존의 은유 이론의 한계에 대한 대안으로 다공간의 통합 연결망을 통 해 의미의 동적 양상을 해명하려는 모형이다. 개념적 혼성 이론은 두 개의 입력공간을 바 탕으로 공통 요소에 의한 총칭공간을 통해 유기성을 확보하며, 입력공간에 있는 요소들의 선택적 투사에 의한 혼성공간을 기본 구조로 삼는다. 특히 혼성공간에서는 '부분의 합 이 상'인 발현구조를 명시적으로 설명해 준다. 또한 언어의 문제를 넘어서 인간 사고와 상상 력의 근간을 차지하는 인지 작용으로 은유 현상을 포괄적으로 설명할 수 있다. 감정은 인 간 경험의 중요한 요소이다.(임지룡 2008 : 360-378 참조) 감정은 단지 느끼는 것으로 끝나 는 것이 아니라 언어로 표현할 수 있다. 또한 언어로 표현된 감정을 듣고 이해할 수 있다. 이에 추상적인 감정에 대한 의미를 해석하는 방식으로 개념적 혼성 이론이 중요한 역할을 할 수 있다고 본다.

3) 선행 연구에서 수집한 '짜다' 계열 어휘의 목록을 정리하면 다음과 같다.

논의	'짜다' 계열의 어휘
배해수(1982)	짜다, 간맞다, 간간하다, 짭짤하다, 건건하다, 찝질하다, 짐짐하다, 싱겁다, 밍밍하다
천시권(1982)	짜다, 짭짤하다, 찝질하다, 짭짜부리하다, 간간하다, 건건하다, 삼삼하다, 섬섬하다
김찬구(1986)	짜다, 짭짜래하다, 찝찌레하다
이승명(1988)	짜다, 짭짤하다, 짭쪼름하다, 찝질하다, 간간하다, 건건하다, 간간짭짤하다, 건건찝 질하다, 짜디짜다
손용주(1992)	짜다, 짭짤하다, 짭쪼름하다, 찝질하다, 간간하다, 건건하다, 간간짭짤하다, 건건짭 질하다, 짜디짜다
김준기(1999)	짜다, 짭짤하다, 찝질하다, 삼삼하다, 싱겁다, 짜디짜다, 간맞다
김중현(2001)	짜다, 싱겁다
송정근(2007)	짜다, 싱겁다, 간간하다

을 선정하기 위해 다음과 같은 세부적인 선정 조건을 설정한다.

> (1) 연구 대상 미각 형용사 선정 조건
>   ㄱ. 미각 형용사 연구에 제시된 목록 중 중복되는 것을 기본적으로 검
>   토한다.
>   ㄴ. (1ㄱ)의 미각 형용사를 제외한 나머지 어휘를 대상으로 한 주요 연
>   구들에서 그 출현 빈도가 높은 어휘를 조사하여 추가로 선택한다.
>   ㄷ. 고유어를 기본으로 한다.

먼저, (1ㄱ)의 중복 조건은 전형적이고 대표적인 미각 형용사를 확보하기 위함이다.[4] 이중 사전에 기재되어 있지 않거나, 일부 지역에서 사용하는 어휘를 제외하였다.[5] 그리고 말뭉치 용례의 빈도를 고려하여 최종 연구 대상 어휘를 선정하였다.[6] 이에 따라 연구 대상 어휘는 '짜다, 짭짤하다, 찝찔하다, 짭짜름하다, 짐짐하다'이다.

미각 형용사를 대상으로 한 연구는 첫째, 미각형용사의 분류 및 설정에 관한 연구[7]와 둘째, 의미 분석 연구로 나눌 수 있다.

이중 미각 형용사의 의미 연구는 김준기(1999, 2008), 김중현(2001), 정수진(2003, 2005), 송지혜(2007), 김민혜(2009), 조윤경(2009), 황혜진(2012), 이

---

[4] 중복되는 것을 기본적으로 검토하는 것은 전형적이고 대표적인 어휘를 확보하기 위함으로 선행 연구에서 제시한 '맵다' 계열 어휘 중 중복되는 어휘는 '맵다, 알알(얼얼)하다, 알근(얼근)하다, 매움하다, 매음하다, 매콤하다, 매큼하다, 맵호하다, 맵싸하다, 맵디맵다'가 있다.

[5] 선행 연구에서 언급된 '짜다' 계열의 어휘 중 말뭉치 용례를 찾을 수 없는 어휘는 '간간하다'이다. 또한, 사전에 없는 어휘는 '간맞다', '짭짜부리하다'가 있다. 그리고 '짭짜래하다'와 '짭쪼름하다'는 '짭짜름하다'의 유의어로 사용되고 있다.

[6] 선행 연구에서 언급된 '밍밍하다, 삼삼하다, 섬섬하다'는 모두 '짜다'와 반대 개념인 '싱겁다'의 의미를 갖고 있는 어휘이다. 본고는 '짜다' 계열 어휘의 확장 의미를 살펴보고자 하므로 이 세 어휘는 제외하고자 한다. '짜다'와 '싱겁다' 계열의 확장 의미 연구는 후속 연구에서 지속하고자 한다.

말뭉치 용례에서 '짜다' 계열 어휘의 출현 빈도는 아래와 같다.

어휘	짜다	짭짤하다	찝찔하다	짭짜름하다	찝찌레하다	간간짭짤하다	짭찔하다
수	67	12	3	1	0	0	0

[7] 미각어의 분류 및 설정에 관한 연구는 천시권(1982) 배해수(1982), 최현배(1984), 박문섭(1987), 이동길(1987), 이승명(1988), 정재윤(1989), 손용주(1992), 고창운(2006) 등이 있다.

경수(2012) 등이 있다. 김준기(1999, 2008)은 미각 형용사의 관용적, 비유적
표현에 주목하여 의미 양상을 살피고 있다. 정수진(2005)은 '짜다'에서 음운
의 교체가 '-짭/찝-' 등으로 풍부한 어휘가 생산되어 맛의 강도, 맛의 쾌적
도 등의 묘미를 살려 다양하게 표현될 수 있다고 보았다. 사전과 말뭉치 용
례를 통해 미각형용사의 의미가 어떻게 확장되는지 그 모습과 방향을 살펴
보고 있다. 이경수(2012)는 단어 연상을 통해 추출된 연상 어휘를 분석함으
로써 한국어 사용자의 인지 모형과 개념화 양상을 밝히고자 하였다.

국내에서 인지언어학에 대한 본격적인 관심이 시작된 것은 1990년대 이
후이다. 짧은 기간임에도 임지룡(2008 : 21-25), 김동환(2005 : 44-60)에서
말한 바와 같이 인지언어학 분야에서 비교적 다양한 연구가 이루어졌다. 그
중 미각 형용사의 의미 확장에 대한 연구가 다양하게 나타났다. 하지만 이
러한 논의들은 어휘의 다의적 쓰임과 확장 양상의 지시에 그치고 있다는 한
계를 지닌다. 그리고 미각 형용사의 의미 확장 기제로 은유, 환유를 제시하
고 있지만 의미 확장의 개념적 구조가 명확하게 제시되어 있지 않기도 하
다. 따라서 본고에서는 '개념적 혼성' 이론을 바탕으로 '짜다' 계열 어휘의
개념화 양상에 대해 논하고자 한다.

의미 분석을 위한 기본적인 언어 자료로 사전과 말뭉치 용례를 활용한다.
사전과 말뭉치 용례를 통해 미각 형용사가 어떤 속성을 가진 어휘와 공기하
여 의미를 구성하는지 살필 것이다. 언어 자료들은 말 그대로 언어 기호로
된 자료들로 그것이 한국인의 방대한 머릿속 사전(mental lexicon)을 제대로
보여준다고 할 수는 없다. 하여 어휘 용례를 구어에서도 찾아야겠지만, 구
어 자료를 모으거나 채택하기가 쉽지 않아 말뭉치 자료를 재인용하여 사용
하고자 한다. 사전은 『표준국어대사전』(이하, 『표준』), 『고려대 한국어사전』
(이하, 『고려』), 『우리말 큰사전』(이하, 『우리말』), 『연세 한국어사전』(이하,
『연세』, 『조선말 큰사전』(이사, 『조선』)을 참고하였다. 말뭉치 자료는 ≪세
종계획 21≫ 말뭉치 용례를 검색한 후에 추출하였다.

본고의 이론적 배경인 개념적 혼성 이론은 Gilles Fauconnier · Mark

Turner(김동환·최영호 역(2009))와 김동환(2002)를 바탕으로 한다.

2. '짜다' 계열 어휘의 의미

사전적 의미를 중심으로 보면 어휘 일반에 공통적으로 적용되는 의미는 '짜다'이다. 따라서 '짜다'를 기본 어휘로 삼고 '간간하다, 짭짤하다, 찝찔하다, 짭짜름하다, 짐짐하다'의 의미를 다루는 형식을 취한다.

2.1. 사전적 의미

사전에 기술된 '짜다' 계열 어휘의 의미를 살피고자 한다. 먼저, '짜다'의 사전적 의미를 제시하면 다음과 같다.

[표 1] '짜다'의 사전적 의미

사전	의미
『표준』	① 소금과 같은 맛이 있다. ② 속되게 인색하다.
『고려』	① 음식의 맛이 소금 맛과 같다. ② 사람이나 그 성품이 너그럽지 못하고 인색하다. ③ 어떤 일이 마음에 달갑지 않다.
『연세』	① 무엇의 맛이 소금 맛과 같다. ② 돈 씀씀이에 있어 매우 인색하다.
『우리말』	① 소금 맛과 같다. ② 마음에 달게 여겨지지 않다. ③ 재물에 대한 욕심이 많아서, 구두쇠처럼 인색하다.
『조선말』	① 맛이 소금맛과 같다. ② 성미나 남을 대하는 태도가 인정이 없고 인색하거나 모질다. ③ 마음에 달갑지 아니하다.

일반적으로 색, 맛 등의 어휘 의미를 풀이할 때는 사물이 가진 특징을 이용한다.[8] 이때 사물은 일상생활에서 누구나 쉽게 접할 수 있거나, 쉽게 떠올릴 수 있는 대상이어야 한다. '짜다'의 기본 의미 역시 다섯 종류의 사전에서 일상생활에서 쉽게 접할 수 있는 [소금]의 맛에 대응해 설명하고 있다. 현대 국어에서 '짜다'의 기본 의미를 여실히 보여 주고 있는 셈이다.『표준』, 『연세』는 '짜다'의 의미에 대해 맛과, 특정인의 성격으로 제시하고 있다. 반면에 『고려』, 『우리말』, 『조선말』은 맛, 특정인의 성격, 그리고 경험자의 기분으로 '짜다'의 의미를 제시하고 있다. 사전에 기술된 '짜다'의 의미는 사전마다 약간의 차이가 있지만 '맛'이라는 기본 의미와 대상의 특징, 기분을 나타낸다.

다음으로 '짭짤하다'의 사전적 의미를 제시하면 다음과 같다.

[표 2] '짭짤하다'의 사전적 의미

사전	의미
『표준』	① 감칠맛이 있게 조금 짜다. ② 일이나 행동이 규모 있고 야무지다. ③ 일이 잘되어 실속이 있다. ④ 물건이 실속 있고 값지다.
『고려』	① 일이 뜻대로 잘 되어 실속이 있다. ② 감칠맛이 나게 조금 짜다.
『연세』	① 맛이 조금 짜다. ② 돈벌이나 살림이 실속 있고 알차다.
『우리말』	① 감칠맛이 있게 짜다. ② 일이나 행동이 규모 있고 야무지다. ③ 물건이 실속 있고 값지다.
『조선말』	① 감칠맛 잇게 간기가 짜거나 입맞춤하다. ② 물건이 알속 있고 값지다. ③ 성질이나 됨됨이, 말투 같은 것이 알속 있고 옹골차다. ④ 일이 제대로 되어 여러 가지로 어울려 맞다.

---

8) 예를 들면 '검다'의 경우 '어떤 대상이 갖고 있는 색이 숯이나 먹과 빛깔이 같다', '희다'의 경우 '어떤 대상이 갖고 있는 색이 눈의 빛깔과 같이'로 나타내고 있다.

'짭짤하다'는 사전마다 기술 순서에 있어 약간 차이가 있지만 의미는 크게 다르지 않다. 사전에 기술된 '짭짤하다'의 의미는 맛, 아니라 물건의 가치, 일의 정도, 사람의 성격을 나타낸다.

'찝찔하다'의 사전적 의미를 제시하면 다음과 같다.

[표 3] '찝찔하다'의 사전적 의미

사전	의미
『표준』	① 맛이 없이 조금 짜다. ② 일이 되어 가는 꼴이 마음에 들지 않다.
『고려』	① 액체가 맛이 없어 조금 짜다. ② 일의 진행이나 결과가 깨끗하지 못해 마음에 들지 않는 데가 있다.
『연세』	① 기분이 좋지 않게 조금 짜다. ② 마음에 낫미땅하다.
『우리말』	① 맛이 없이 짜다. ② 일이 되어 가는 꼴이나 뒤끝이 못마땅하다.
『조선말』	① 감칠맛이 없게 짜다.

사전에 제시된 '찝찔하다'는 맛, 특정 상황에 대한 감정을 나타낸다.
'짭짜름하다'의 사전적 의미를 제시하면 다음과 같다.

[표 4] '짭짜름하다'의 사전적 의미

사전	의미
『표준』	① 좀 짠 맛이나 냄새가 풍기다. 늑 짭짜래하다.
『고려』	① 음식 따위가 약간 짠맛이나 짠 냄새가 있다.[9]
『연세』	−
『우리말』	① 좀 짭짤하다. = 짭짜래하다
『조선말』	−

9) '짭짜름하다'의 유의어로 '짭짜래하다'를 기재.

'짜다' 계열 어휘의 대부분이 미각과 후각의 자극을 분류하고 기술하고 있는 반면 '짭짜름하다'는 맛과 냄새 모두를 통틀어 기본 의미를 기술하고 있다.

'짐짐하다'의 사전적 의미는 다음과 같다.

[표 5] '짐짐하다'의 사전적 의미

사전	의미
『표준』	I① 음식이 아무 맛도 없고 찝찔하기만 하다. ② 어떤 일이나 생활이 아무런 재미나 흥취가 없다. II① 마음에 조금 꺼림하다.
『고려』	① 음식이 찝찔하면서 별맛이 없다. ② 사람이나 그 마음이 조금 거리끼어 언짢다.
『연세』	—
『우리말』	① 음식이 찝찔하기만 하고 별 맛이 없다. ② 마음에 조금 꺼림한 생각이 있다.
『조선말』	① 음식 같은 것이 뚜렷한 맛이 없고 슴슴하다. ② 어떤 일이나 생활이 아무런 재미나 흥취가 없다. ③ 마음에 맞지 않으며 좀 께름직한 느낌이 있다.

'짐짐하다'의 의미는 맛뿐만 아니라 특정 대상이나 상황에 대해 아기자기 하게 즐거운 느낌을 나타내는 의미 그리고 못마땅한 기분까지 나타낸다.

'짜다' 계열의 어휘 중 '짭짤하다'는 음식물을 먹은 후 느끼는 함미에 대한 쾌감의 정도가 높은 반면, '찝찔하다, 짭짜름하다, 짐짐하다'는 음식을 먹은 후 느끼는 쾌감의 정도가 낮다고 할 수 있다. 즉 '짭짤하다'는 미각적 대상을 경험한 후 느끼는 쾌감의 정도가 다른 어휘에 비해 높아 긍정적 의미를 갖는다. 반면에 '찝찔하다, 짐짐하다'는 쾌감의 정도가 낮아 부정적 의미를 갖는다.

'짜다'를 기본으로 '짭짤하다'는 '감칠맛 있게 조금 짜다', '찝찔하다'는 '맛이 없이 조금 짜다', '짭짜름하다'는 '좀 짠맛이나 냄새가 풍기다', '짐짐하다'는 '별 맛이 없어 찝찔하다'로 기술된 사전적 의미로 봤을 때 음식을 먹은 후 느끼는 각각의 만족도를 구분할 수 있다.[10] 이러한 쾌감의 정도, 만족의 정도는 의미 확장 양상에도 영향을 미칠 것으로 보인다.

사전에 제시된 '짜다' 계열 어휘의 의미를 정리하면 다음과 같다.

[표 6] '짜다' 계열 어휘의 사전적 의미

어휘	의미	『표준』	『국어』	『연세』	『우리말』	『조선말』
짜다	맛	✓	✓	✓	✓	✓
	성격	✓	✓	✓	✓	✓
	기분	✓			✓	✓
짬짤하다	맛	✓	✓	✓	✓	✓
	성격	✓			✓	
	일	✓	✓	✓		✓
	물건	✓			✓	✓
찝찔하다	맛	✓	✓	✓	✓	
	기분	✓	✓	✓	✓	
짭짜름하다	맛	✓	✓		✓	
짐짐하다	맛	✓	✓		✓	✓
	재미	✓				✓
	기분	✓	✓		✓	✓

'짜다' 계열 어휘 중 '짜다'는 미각을 통한 감각적 경험, 사람의 성격, 심리적 상태를 나타낸다. '짭짤하다'는 미각을 통한 감각적 경험, 사람의 성격,

---

10) 정재윤(1992 : 91), 김준기(2008 : 15)에서는 짠맛의 정도에 따른 구미(口味) 여부를 다음과 같이 제시하고 있다.

<짠맛의 정도와 구미 여부>

어휘	정도	구미(口味)여부
짜디짜다	높은 정도	구미(-)
간간하다	알맞은 정도	구미(+)
짭짤하다	낮은 정도	구미(+)
찝찔하다	낮은 정도	구미(-)
짐짐하다	낮은 정도	구미(-)

일의 정도, 심리적 상태를 나타낸다. '찝찔하다'는 미각을 통한 감각적 경험과 추상적인 심리적 상태를 나타낸다. '짐짐하다'는 미각을 통한 감각적 경험과 추상적인 대상에 대한 평가 및 심리적 상태를 나타낸다. 이중 '짭짤하다'의 의미 확장이 가장 활발함을 알 수 있다.

2.2. 의미 활용 양상

이 장에서는 말뭉치 용례를 바탕으로 '짜다' 계열의 어휘가 어떠한 의미로 사용되었는지 살펴보고자 한다. 먼저 '짜다'의 활용 양상이다.

[표 7] '짜다'의 말뭉치 용례

어휘	말뭉치 용례
짜다	① 보기에는 맛이 있을 것 같았지만 매우 <u>짜고</u> 내 식성에는 맞지 않았다.(송영, 『발로 자를 위하여』, 창작과비평사, 2003.) ② 바닷바람이 짜다기에 진짜 짠맛이 나는 줄 알았다. 그렇지만 바람에는 짠 냄새가 없었다.(안재성, 『어느 화가의 승천』, 새길, 1992.) ③ 사흘간의 말미란 것도 <u>짜거니와</u> 진서글을 뜯어보지 못하는 주제에 그 많은 장책이며 초일기를 베껴낸다는 일은 배지 못한 아이를 내놓으란 격이었다.(김주영, 『객주』 5, 창작과 비평사, 1996.) ④ 출연료라는 것이 짜면 똑같이 <u>짜야</u> 하는데 소문을 듣고 확인해보니 연예인들의 출연료보다 형편이 말이 아니게 적다는 것을 아셨던 모양이다.(이계진, 『뉴스를 말씀드리겠습니다. 딸꾹』, 도서출판 우석, 1991.) ⑤ 중국집에서 배발이(배달꾼)로 있었는데 때국놈이 하두 <u>짠</u> 바람에 나와 버렸지요(황석영, 『어둠의 자식들』, 현암사, 1980.)

현대 국어에서 '짜다'는 [맛], [바람], [시간], [출연료], [사람]과 공기하고 있다. '맛이 짜다'는 미각으로 느끼는 '음식의 맛'이다. '바닷바람이 짜다'는 후각으로 느끼는 '대상의 특징'이다. '사흘간의 말미가 짜다'는 '주어진 일정 기간이 무엇을 하기에 짧다'는 의미로 시간의 정도를 나타낸다. '출연료

가 짜다'는 '돈 등 재물이 보잘것없이 적다'는 의미로 대상의 가치 정도를 나타낸다. '때국놈(사람)이 하두 짜다'는 '사람이 어떤 일을 하는데 있어 지나치게 너그럽지 못하고 인색하다'의 의미로 사람의 태도를 나타낸다. 따라서 '짜다'는 음식의 맛을 표현하는 기본 의미에서 대상에 대한 주관적인 평가를 나타내는 의미로 확장되고 있다. 주관적인 평가를 나타내는 경우 대상은 구체적인 경우와 추상적인 경우로 나눌 수 있다.

다음으로 '짭짤하다'의 말뭉치 용례를 보이면 다음과 같다.

[표 8] '짭짤하다'의 말뭉치 용례

어휘	말뭉치 용례
짭짤하다	① 소래 포구를 떠올린 건 그 <u>짭짤한</u> 새우젓 맛이 문득 해장거리로 그리워진 때문이었나.(김소진, 『열린 사회와 그 적들』 속 1994.) ② 성진은 <u>짭짤한</u> 갯냄새와 함께 여자의 몸 냄새가 아련히 콧속으로스며드는 것을 느꼈다.(한승원, 『포구』, 도서출판 장락, 1994.) ③ 이 고을 아낙들은 된장·간장맛 솜씨가 <u>짭짤했다</u>.(윤금초, 『가장 작은 것으로부터의 사랑』, 신원문화사, 1990.) ④ 거기서 흘러나오는 외제 물건을 사서 장사도 하면서 이중으로 <u>짭짤한</u> 재미를 보는 멋장이 과부였다.(박완서, 『박완서 단편선』, 문학동네, 1985.) ⑤ 어느 관광회사의 여행 코스도 이렇게 <u>짭짤하진</u> 못할 것이다.(신은경, 『9시 뉴스를 기다리며』, 김영사, 1992.)

'짭짤하다'는 [맛], [갯냄새], [솜씨], [장사], [여행 코스]와 공기하고 있다. '새우젓이 짭짤하다'는 미각으로 느끼는 '음식의 맛'이며, '갯냄새가 짭짤하다'는 후각으로 느끼는 '대상의 특징'이다. '솜씨가 짭짤하다'는 '행동 및 재주 등이 빈틈없이 야무지다'의 의미로 '대상이 지닌 능력'을 나타낸다. '장사가 짭짤하다'는 '장사가 잘되어 벌어들이는 이익 등이 실속 있다'의 의미로 물질적으로 이롭고 보탬이 되는 정도를 나타낸다. '여행 코스가 짭짤하다'는 '여행 코스가 갖는 가치나 충실성이 만족스럽다'의 의미로 대상이 지닌 가치를 나타낸다.

'찝찔하다'의 말뭉치 용례를 보이면 다음과 같다.

[표 9] '찝찔하다'의 말뭉치 용례

어휘	말뭉치 용례
찝찔하다	① 손끝에 아릿한 통증과 함께 <u>찝찔한</u> 피맛이 느껴졌지만 그녀는 멈추지 않았다.(진산, 『오디션』, 영언문화사, 2002.) ② 비가 오락가락하는 속초의 어둠속에서 비릿하고 <u>찝찔한</u> 바다냄새가 짙게 녹아 있어 안주 없이도 소주가 땡기는 그런 밤이었다.(박완서, 『두부』, 창작과 비평사, 2003.) ③ 얻어맞기만 한 나는 벌써 입술이 부르트고 피가 나는지 입 안이 쓰라리고 <u>찝찔하였다</u>.(손춘익, 『작은 어릿광대의 꿈』, 창작과 비평사, 1980.) ④ 용이는 개운치가 않다. 더욱 기분이 나쁘고 <u>찝찔하다</u>.(박경리, 『토지』, 나남, 2007.)

'찝찔하다'는 [맛], [입안], [냄새], [기분]과 공기하고 있다. '외부적 자극에 의해 입안에 고인 피 맛이 찝찔하다'는 미각으로 느끼는 '대상의 맛'이며, '냄새가 찝찔하다'는 후각으로 느끼는 '대상의 특징'이다. '입안이 찝찔하다'는 외부적 자극에 의한 입안의 상태를 의미한다. '기분이 찝찔하다'는 일의 진행이나 결과 등이 마음에 들지 않는다는 의미로 사람의 기분 및 심리 상태를 나타낸다.

'짭짜름하다'의 말뭉치 용례를 보이면 다음과 같다.

[표 10] '짭짜름하다'의 말뭉치 용례

어휘	말뭉치 용례
짭짜름하다	① 눈물이 툭 떨어지면서 입가로 싸느란 물이 <u>짭짜름히</u> 배어들었다.(이주홍, 『아름다운 고향』, 창작과 비평사, 1950.)

'짭짜름하다'는 [물]과 공기하고 있다. [(눈)물]을 맛보았을 때의 맛을 '짭짜름하다'로 표현한다. 이때 '짭짜름하다'는 특정 대상이 갖고 있는 여러 속성 중 '맛'을 나타낸다. '짭짜름하다'의 경우 다양한 말뭉치 용례를 찾지 못

했다. 약간 짠맛이나 냄새를 뜻하는 '짭짜름하다'는 실질적으로 다양한 의미 확장이 나타나지 않는 것으로 보인다.

'짐짐하다'의 말뭉치 용례를 보이면 다음과 같다.

[표 11] '짐짐하다'의 말뭉치 용례

어휘	말뭉치 용례
짐 짐 하 다	① 파와 마늘이 들어가지 않은 <u>짐짐하고</u> 느글거리던 음식으로 늘 비위 거슬려했던 것이다.(이문구, 『장한몽』, 책세상, 1989.) ② 그것을 쓰는 동안의 구속감이나 쓰고 난 뒤의 <u>짐짐함으로부터</u> 해방 될 수 있을 것이다.(문학사상사, 『소설 창작 강의』, 문학사상사, 2003.)

'짐짐하다'는 [음식], [기분]과 공기하고 있다. '음식이 짐짐하다'는 미각으로 느끼는 '대상의 맛'이다. '기분이 짐짐하다'는 '사람이 어떤 상황이나 대상에 대해 마음에 들지 않아 언짢거나 불쾌하다'는 의미로 이해할 수 있다. 이때 '짐짐하다'는 사람의 기분 및 심리 상태를 나타낸다.

이처럼 '짜다' 계열의 어휘와 공기하는 대상인 [냄새], [말미], [솜씨], [재미], [여행], [입안], [기분], [출연료], [사람]은 구체적인 대상과 추상적인 대상으로 나눌 수 있다. 이에 따라 '짜다'의 확장 의미를 정리하면 다음과 같다.

[표 12] '짜다' 계열 어휘의 확장 의미

	대상	의미	짜다	짭짤하다	찝찔하다	짭짜름하다	짐짐하다
구 체	[음식]	① [맛]	✓	✓	✓	✓	✓
	[~음식]	② [냄새]	✓				
추 상	[대상]	③ [시간]	✓				
		④ [돈]	✓				
		⑤ [능력]		✓			
		⑥ [가치]		✓			
		⑦ [재미]		✓			
	[상황]	⑧ [기분]			✓		✓

'짜다' 계열의 어휘 중 '짜다'와 '짭짤하다'의 의미 확장이 다른 어휘들에 비해 활발함을 확인할 수 있다. 기본 의미인 짠 맛뿐만 아니라 추상적인 대상에 대한 주관적인 평가를 나타내는 의미로 확장되고 있다. 반면에 '찝찔하다'와 '짐짐하다'는 미각적 경험에서 특정 행위나 상황에 의한 심리적 상태를 나타내는 의미로 확장되고 있다. '짭짜름하다'의 경우 말뭉치 용례에서 기본 의미 외에 다른 활용 양상을 확인할 수 없었다.

'짜다' 계열 어휘와 공기하는 대상의 특징에 따라 의미 확장 양상을 정리하면 다음과 같다.

[표 13] '짜다' 계열 어휘의 의미 확장 양상

어휘	짜다	짭짤하다	찝찔하다	짭짜름하다	짐짐하다
확장양상	① ↓ ② ∧ ③ ④	① ╱↓↓↘ ⑤ ⑥ ⑧	① ↓ ⑧	①	① ↓ ⑧

이상으로 '짜다' 계열 어휘의 의미 활용 양상을 살펴보았다. '짜다' 계열 어휘의 의미 확장 양상은 몇 가지 특징이 나타난다. '짜다'를 중심으로 정리하면 다음과 같다. 첫째, 다른 감각 즉 후각에 전이되어 어떤 대상이 지닌 특징을 '짜다'로 표현한다. 둘째, 시간, 돈, 장사, 여행 등 대상이 지닌 정도나 가치를 '짜다'로 표현한다. 셋째, 신체적 상태나 정신적(심리적) 상태를 '짜다'로 표현한다. 넷째, 사람의 솜씨 및 능력 등을 '짜다'로 표현한다. 즉, '짜다' 계열 어휘의 기본 의미는 구체적 대상의 맛을 의미한다. 그리고 대상의 후각적 특징을 나타내는 의미로 확장된다. 또한 추상적 대상에 대한 주관적 평가를 나타내는 의미로 확장된다. 마지막으로 심리적 상태를 나타내는 의미로 확장된다.

추상적인 대상에 대한 가치나 정도에 대한 [평가]를 나타낼 경우 주로

'짜다' 계열 어휘의 의미가 확장되어 사용된다. '평가'의 의미로 확장된 경우는 구체적인 대상물과 인간에 대한 평가로 나눌 수 있다. 추상적 대상에 대한 평가를 나타내는 의미로는 '짜다' 계열 어휘는 확장하지 않는다.

음식 및 구체적인 대상물에 대한 의미 자질은 기본적인 '짜다'가 갖는 부정적 의미 자질이 유지되는 반면 인간의 능력을 평가하는 의미로 확장되는 경우에는 긍정적인 의미 자질로 전화됨을 알 수 있다. 또한 시간이나 양이 기준보다 짧거나 적었을 때를 나타내는 의미로 확장되는 경우 본래의 맛의 가치와 관련하여 인색함이라는 부정적인 의미 속성을 보인다.

'짭짤하다'는 만족, 이익, 실속이라는 긍정적인 의미를 포함하고 있으며, '절약'이라는 의미도 있는데 이 경우도 긍정적인 의미를 내포하고 있다. 그러나 '찝찔하다'는 의미 속성이 부정적이며 불쾌감, 꺼림직, 못마땅함, 아쉬움, 후회, 불만 능과 의구심, 답답함 등 다양한 감정적 의미를 내포하고 있다.

'짜다' 계열 어휘가 갖는 짠 맛의 정도에 따라 느끼는 신체적 쾌감, 즉 신체적 경험에 의한 만족도에 따라 의미 확장이 되었을 때 부정, 긍정의 의미 자질이 강해짐을 알 수 있다.

미각 형용사 '짜다' 계열 어휘는 맛을 지닌 구체적 대상에 대한 미각적 경험을 바탕으로 다른 감각으로 인지하는 대상의 특징을 부각하여 구체화한다. 이처럼 경험을 통해 감각의 범위가 확장되는 것은 일상적이다. 나아가 미각적 속성을 지닌 대상이 갖는 구체성이 추상적인 공간으로 확장되어 뚜렷한 실체가 존재하지 않더라도 어떤 특징이 있는 일정한 영역이 구체적인 사물로 개념화된다. 이는 특정한 미각적 경험을 통하여 구체성의 개념으로 구조화되어 추상적 대상을 구체적 사물로 개념화할 수 있는 토대를 제공하기 때문이다.

따라서 미각 형용사 '짜다' 계열 어휘는 다음과 같은 확장 의미 양상을 거치면서 인지 의미를 형성한다고 할 수 있다.

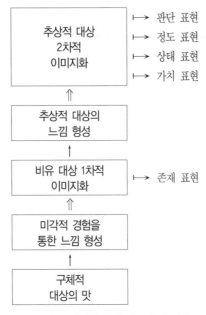

[그림 3] 미각 형용사의 의미 확장 양상

3. 확장 의미 개념화 양상

3.1. 대상에 대한 주관적 평가

'짜다'가 주관적인 평가를 나타내는 의미로 확장된 경우 대상은 구체적인 대상과 추상적인 대상으로 나눌 수 있다. 먼저, 대상이 구체적인 경우이다. 예문을 보이면 다음과 같다.

　　(2) ㄱ. 바닷바람이 <u>짜다기</u>에 진짜 짠맛이 나는 줄 알았다. 그렇지만 바람
　　　　　에는 <u>짠</u> 냄새가 없었다.
　　　　ㄴ. 성진은 <u>짭짤한</u> 갯냄새와 함께 여자의 몸 냄새가 아련히 콧속으로

스며드는 것을 느꼈다

ㄷ. 비가 오락가락하는 속초의 어둠속에서 비릿하고 **찝찔한** 바다 냄
새가 짙게 녹아 있어 안주 없이도 소주가 땡기는 그런 밤이었다.

예문 (2)의 '짜다, 짭짤하다, 찝찔하다'는 미각이 아닌 [냄새]를 인지하는 후각에 전이되어 의미를 형성하고 있다. 즉, '짜다, 짭짤하다, 찝찔하다'의 의미 영역은 '음식물'을 맛보는 미각 영역에서 '냄새'를 맡는 후각 영역으로 확장하여 의미를 형성한다.

이때 '짜다, 짭짤하다, 찝찔하다'는 모두 [바닷바람], [갯냄새], [바다냄새]와 같이 '바다' 혹은 바다와 관련된 것과 공기한다. 이는 우리나라 삼면이 바다이고 소금을 해안에서 생산하는 것과 밀접한 관련이 있다고 보인다. '소금'이라는 명확한 맛의 본보기로 설명되는 '짜다'이기에 '바다'와 공기하는 것은 자연스러운 현상일 것이다. 바다가 아닌 내륙 지방 역시 바다에서 생산되는 소금에 음식을 절이는 김치, 젓갈 등의 식문화가 발달되어 있기에 이러한 문화적 특징이 언어에도 반영된 것이다.

예문 (2ㄷ)의 '찝찔하다'는 '짜다, 짭짤하다'에 비해 부정적 의미가 강함을 알 수 있다. 왜냐하면 '찝찔하다'와 함께 쓰인 '비릿하다'는 날콩이나 물고기, 동물의 피 따위에서 나는 맛이나 냄새를 의미하는 것으로 부정적 의미를 지니고 있기에 '찝찔하다' 역시 부정적 의미라고 추측할 수 있다.

다음은 대상이 추상적인 경우이다. 먼저, '짜다' 계열의 어휘 중 일부는 '인간의 능력'을 표현하기도 한다. 예문을 보이면 다음과 같다.

(3) 이 고을 아낙들은 된장·간장맛 솜씨가 **짭짤했다.**

예문 (3)은 [솜씨]와 같이 사람이 어떤 일을 하는 수완이나 능력과 관련된 어휘와 '짭짤하다'가 공기하고 있다 이때의 '짭짤하다'는 '솜씨 등이 야무지다'로 이해할 수 있다. 이는 '짭짤하다'가 사람이 지니고 있는 솜씨와 공기

하면서 대상의 맛을 나타내는 의미에서 행위자의 뛰어난 능력을 나타내는 의미로 확장되었다.

'짜다' 계열의 어휘 중 일부는 시간의 정도를 의미하기도 한다. 예문을 보이면 다음과 같다.

> (4) 사흘간의 말미란 것도 <u>짜거니와</u> 진서글을 뜯어보지 못하는 주제에 그 많은 장책이며 초일기를 베껴낸다는 일은 배지 못한 아이를 내놓으란 격이었다.

예문 (4)의 '짜다'는 [시간]과 공기하면서 시간의 한도 등을 개념화하고 있다. 소금은 고대와 중세에 이르기까지 한 국가의 주요 수입원이자 세금이었다. 소금은 모든 음식을 보존하는 항균 및 천연방부제의 역할을 하였기에 없어서는 안 될 식품이었다. 하지만 그 옛날 염전 기술이 없었던 시절에는 소금이 아주 귀했다. 그래서 하얀 황금이라 불릴 정도로 소금의 가치는 엄청났다. 바닷가에서 떨어진 산중에서는 그 옛날 더욱 소금을 구하기가 힘들었다. 따라서 필요 이상으로 소금을 사용하지 않았을 것이다. 소금을 사용함에 있어 인색했을 것이다. 이러한 경험이 복합적으로 작용하여 주어지는 시간 등이 일정 기준보다 짧거나 박할 때를 표현한다.

'짜다' 계열의 어휘 중 일부는 돈의 정도를 의미하기도 한다. 예문을 보이면 다음과 같다.

> (5) 출연료라는 것이 짜면 똑같이 <u>짜야</u> 하는데 소문을 듣고 확인해보니 연예인들의 출연료보다 형편이 말이 아니게 적다는 것을 아셨던 모양이다

예문 (5)의 '짜다'는 [출연료]와 공기하면서 돈(출연료)의 정도를 개념화하고 있다. 소금이 지닌 긍정적 가치에 비해 돈 등을 '짜다'로 표현할 때에는 부정적 의미가 작용함을 알 수 있다. 즉, '짜다'와 밀접한 관련이 있는 '소

금'에 대한 경험이 신체화 되어 특정 대상의 정도 및 가치를 나타내는 의미로까지 확장된 것이다. 즉, 맛이 너무 짠 경우는 음식을 많이 먹지 못하는 경험이 지닌 부정적 의미가 부각되고 개념화되면서 목표영역인 '시간, 돈' 등을 개념화하게 된다.

'짜다'가 재미의 정도를 의미하기도 한다. 예문을 보이면 다음과 같다.

> (6) 거기서 흘러나오는 외제 물건을 사서 장사도 하면서 이중으로 <u>짭짤한</u>
> 재미를 보는 멋쟁이 과부였다.

예문 (6)의 '짭짤하다'는 [장사]와 공기하고 있다. 이때 '장사'는 이익을 얻기 위하여 물건을 사고파는 일이다. 따라서 '장사에서 짭짤한 재미를 보다'는 '장사를 통해 일정 정도의 이익을 얻다'는 의미로 이해할 수 있다. 즉, 일정 행동 뒤의 긍정적 결과를 의미한다. 앞서 '짭짤하다'는 '짜다' 계열의 다른 어휘와 달리 음식을 먹었을 때 느껴지는 함미(鹹味)에 대한 쾌락의 정도가 높다고 하였다. 음식물이 입에 당기는 짠맛인 '짭짤하다'가 내포하고 있는 긍정적 경험이 신체화 되어 결과의 만족도 정도를 나타내는 의미로까지 확장된 것이다.

'짜다' 계열의 어휘 중 일부는 일이나 물건의 가치를 의미하기도 한다. 예문을 보이면 다음과 같다.

> (7) 어느 관광회사의 여행 코스도 이렇게 <u>짭짤하지</u> 못할 것이다.

예문 (7)의 '짭짤하다'는 [여행 코스]와 공기하고 있다. 이때 '여행'은 자기가 사는 곳을 떠나 유람을 목적으로 객지를 두루 돌아다닌다는 뜻이다. '코스'는 여행의 시작부터 끝까지 정해 놓은 과정을 의미한다. '여행 코스가 짭짤하다'는 여행이 지닌 가치가 쓸 만했으며 그만큼 효용 가치가 높았다는 의미로 이해할 수 있다. 이는 만족도와 연결이 된다. 감칠맛이 있는 음식을

경험했을 때의 긍정적 경험이 특정 상황에 대한 효용, 쓸모의 가치에 대한
만족도로까지 의미가 확장된 것이다.

다음은 사람의 성격을 평가하는 경우이다. 예문을 보이면 다음과 같다.

> (8) 중국집에서 배발이(배달꾼)로 있었는데 때국놈이 하두 짠 바람에 나와
> 버렸지요.

예문 (8)의 '짜다'는 특정 사람을 지칭하는 [때국놈]과 공기하고 있다. 이
때의 '짜다'는 '특정 사람이 어떤 상황 등에 대처하는 태도가 너그럽지 못하
며 박하다'로 이해할 수 있다. '짜다'는 대상의 맛을 나타내는 의미에서 행
위자의 행위에 대한 평가의 의미로 확장되었고 부정적 의미이다. 이는 '소
금과 같은 맛'인 '짜다'가 예문 (5)-(6)의 '시간이나 돈 등의 정도가 보통보
다 적다'는 의미로 확장되었으며, 나아가 예문 (8)의 행위자의 성격 및 태도
에 대한 평가의 의미로까지 확장된다.

이중 추상적인 대상에 대한 주관적인 평가가 맛으로 개념화되는 양상을
살펴보도록 하자. 예문 (6)은 [돈은 음식이다]와 [돈의 정도는 맛이다]와 같
은 개념적 은유에 기초해서 연결자가 설립된다. 이처럼 은유를 정교화해서
돈의 정도를 묘사하고 있다. 우선, 예문 (6)의 의미가 구성되는 방식을 위해
서 음식에 대한 입력공간1과 돈에 대한 입력공간2가 구축되어야 한다. 경험
자는 음식을 먹으며 맛을 인지한다. 이러한 상황에 입각해서 입력공간1이
구축된다. 또한 특정 행위 후 대가로 돈을 받으며 수여자는 액수의 많고 적
음을 판단한다. 이러한 상황에 입각해서 입력공간2가 구축된다. 이를 제시
하면 다음과 같다.

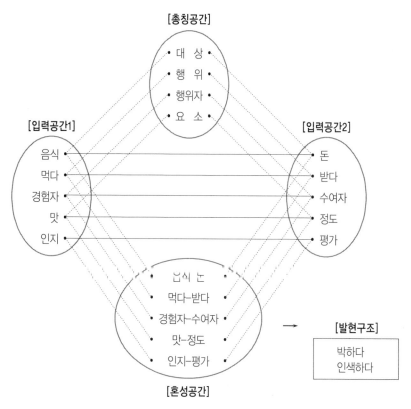

[그림 1] '돈의 정도는 맛이다'의 의미 구성을 위한 개념적 통합 망

  구축된 입력공간에 사상과 투사가 작용해 개념적 통합 망이 형성된다. 공간횡단 사상에 의해 입력공간1의 [음식], [먹다], [경험자], [맛], [인지]가 입력공간2의 [돈], [받다], [수여자], [정도], [판단]과 각각 사상되어 일대일 대응관계가 성립된다. 이 두 입력공간에 공통적인 총칭공간이 있다. 이것은 대상에 대한 특정 행위를 한다는 시나리오에 입각한 공간이다. 이러한 총칭공간은 공간횡단 사상을 한정해 준다. 이후 선택적 투사에 의해 입력공간1의 요소와 입력공간2의 요소가 혼성공간으로 투사되어 각각 융합된다. 개념적 혼성의 결과로 발생한 혼성공간의 요소들 및 요소들 사이의 관계들을 통

해 정도의 적음은 더는 넣을 수도 없고 먹을 수도 없는 짠 음식이라는 의미가 구성됨을 알 수 있다. 그리고 '박하다, 인색하다'라는 의미가 새롭게 발현된다.

3.2. 행위나 상황에 의한 심리적 상태

'짜다' 계열의 어휘는 특정 행위나 상황에 대한 인간의 심리적 상태를 나타낼 수 있다. 예문을 보이면 다음과 같다.

> (9) ㄱ. 용이는 개운치가 않다. 더욱 기분이 나쁘고 <u>찝찔하다</u>
> ㄴ. 그것을 쓰는 동안의 구속감이나 쓰고 난 뒤의 <u>짐짐함으로부터</u> 해방될 수 있을 것이다.

예문 (9ㄱ)-(9ㄴ)의 '찝찔하다, 짐짐하다'는 [기분]과 공기하고 있다. '찝찔하다', '짐짐하다'는 맛이 없는 조금 짠맛으로 먹었을 때의 쾌감 및 만족도가 낮다. 이러한 맛에 대한 경험을 바탕으로 예문 (9ㄱ)-(9ㄴ)의 '찝찔하다', '짐짐하다'는 유쾌하지 않은, 언짢은 정신 상태를 나타내는 의미로 확장된다.

심리적 상태가 맛으로 개념화되는 양상을 살펴보도록 하자. 예문 (9ㄴ)의 경우 [특정 상황은 음식이다]와 [상황에 대한 느낌은 맛이다]라는 개념적 은유에 기초해서 의미가 확장된다. 예문 (9ㄴ)의 의미 구성을 위해서는 세 개의 입력공간이 필요하다. 먼저, 어떤 사람이 음식을 먹었을 때 느끼는 맛이 없는 짠맛을 경험한 상황에 의해 입력공간1이 구축된다. 다음으로는 외부 자극에 의해 입안 전체에 느껴지는 신체적 상태에 의해 입력공간2가 구축된다. 그리고 특정 행위 및 상황을 경험자가 대면하는 상황을 구조화해서 입력공간3이 구축된다. 이를 제시하면 다음과 같다.

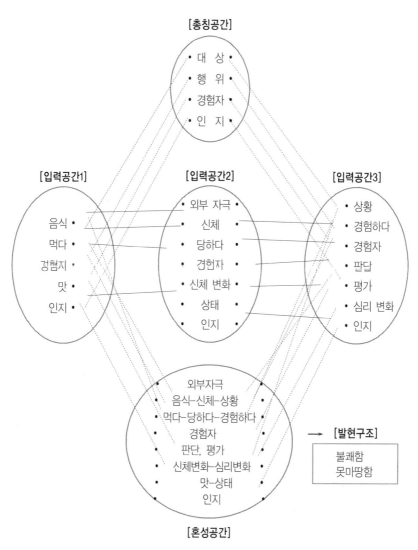

[그림 2] '상황에 대한 감정은 맛이다'의 의미 구성을 위한 개념적 통합 망

입력공간1에서 맛없는 짠맛을 경험했을 때 경험자는 불쾌감을 느낀다. 맛없는 짠맛이 원인이 되고 불쾌감이 결과가 된다. 입력공간2에서 외부 자극에 의해 입안에서 피가 나는 신체적 변화를 겪는다. 이를 통해 입안 전체에

느껴지는 맛은 불쾌함을 안겨준다. 이 역시 원인과 결과 구조가 형성된다. 입력공간3에서 특정 상황에 의한 감정 역시 원인, 결과 구조가 형성된다. 따라서 세 입력공간 사이의 원인-결과 구조가 일치한다. 따라서 총칭공간에는 세 입력공간에 공통적인 원인이 요소로 들어 있다. 세 입력공간이 구축되면 세 입력공간 사이에 공간횡단 사상이 이루어진다. 이때 개념적 혼성은 두 번 작용을 한다. 입력공간1과 입력공간2에서 먼저 개념적 혼성이 작용한다. 이후 입력공간2와 입력공간3에서 개념적 혼성이 작용하게 된다. 그럼으로써 세 개의 입력공간이 하나로 작용하게 된다.

입력공간1에는 [음식]의 개념이 있고, 입력공간2에는 특정 외부 자극에 의한 신체의 변화에 대한 개념이 있다. 그리고 입력공간3에는 특정 행위 및 상황을 경험한 후 느끼는 심리적 상태와 관련된 사항이 구축된다. 첫 번째 개념적 혼성의 매체는 '입 안의 종합적인 불쾌감은 짠맛이다'이다. 그리고 두 번째 개념적 혼성의 매체는 '심리적 감정은 입안이 상태와 같다'이다. 첫 번째 개념적 혼성에 의해 입력공간1의 [음식], [먹다], [경험자], [맛], [인지]는 입력공간2의 [신체], [당하다], [경험자], [상태], [인지]와 각각 사상된다. 그리고 혼성공간으로 투사되어 서로 융합된다. 두 번째 개념적 혼성에 의해 입력공간2의 [신체], [당하다], [경험자], [신체 변화], [인지]는 입력공간3의 [상황], [경험하다], [경험자], [심리변화], [인지]와 각각 사상되어 혼성공간으로 투사되어 서로 융합된다. 그리고 일대일 대응관계를 형성하지 못한 입력공간2의 [외부자극]은 독자적으로 혼성공간에 투사된다. 또한 입력공간3의 [판단], [평가]도 독자적으로 투사된다. 그리고 불쾌감, 못마땅함이라는 의미가 발현된다. 이렇게 두 번의 개념적 혼성이 연속적으로 발생해서 의미가 구성된다. 즉 미각을 통한 감각적 경험을 바탕으로 신체적 상태를 나타내며 나아가 추상적인 감정을 나타내는 의미를 구성한다.

요컨대 '짜다' 계열 어휘는 '혀라는 감각 기관을 통해 직접 음식 맛을 지각하다'는 기본 의미에서 대상에 대한 '주관적인 평가'를 나타내는 의미로 확장된다. 나아가 특정 행위나 상황에 대한 '심리적 상태'를 나타내는 의미로 확장된다. 짜다' 계열의 어휘 중 '짜다'는 [음식물]에 대한 미각 영역에서 다른 감각 영역 중 후각 영역을 통해 대상에 대한 판단의 의미로 확장이 일어남을 알 수 있다. 또한, 사람의 신체 중 미각과 관련된 [혀]와의 인접성을 바탕으로 '입안의 상태'를 표현하는 의미로 확장된다. 다만, '짜다'는 심리적 상태를 나타내는 의미로까지 확장되지 않고, '짐짐하다', '찝찔하다'만이 심리적 상태를 표현하는 의미로 확장된다.

'짜다' 계열의 어휘들이 갖는 긍정, 부정적 의미는 의미가 확장되면서 변화하거나 유지되고 있다. '짜다'의 경우 기본 의미에서는 '긍정, 부정'의 가치를 판단하기 어려웠지만, 의미가 확장되면서 '부정적 의미'가 강화된다. 반면에 '짭짤하다'는 기본 의미에서 내포하고 있던 '긍정적 의미'가 확장 의미에서도 그대로 유지되어 정도 및 능력의 긍정적 의미를 나타낸다. 이는 감칠맛 있게, 맛깔스럽게 짠 음식을 먹었을 때 느끼는 쾌감의 정도, 만족의 정도가 확장 의미에도 적용됨을 알 수 있다. 짠맛의 정도가 강할수록 전해지는 자극에 의해 쾌감의 정도는 떨어질 것이다. 또한 음식의 간을 맞추는 기본인 짠맛의 정도가 약하면 또 그만큼 맛이 떨어져 쾌감의 정도가 낮을 것이다. 이러한 신체적 경험이 개념화되고 언어화됨을 개념적 혼성 이론을 통해 알 수 있다.

3.3. 확장 의미 구성 양상

다양한 감정이 생기는 데는 감정을 유발하는 외부 자극이 있기 마련이다. 이런 외부 자극은 신체적, 정신적 반응이 포함된다. 경험자는 외부 자극을 인식하고, 그때 경험에 의해 감정이 발생한다. 마음속에서 일어나는 감정을 느끼는 경험자는 반응을 보인다. 그리고 이런 반응은 감정의 양상에 동기를 부여한다. 예를 들어 기분이 좋으면 그것을 표현하고자 하고, 불쾌하면, 그것을 소멸하고자 한다. 이에 따라 감정의 인지 모형을 구성할 수 있다.

[표 14] 감정의 인지 모형

단계	내용
1단계 : 외부 자극 및 상황	외부 자극 및 상황이 존재하거나 주어진다.
2단계 : 감정	감정이 존재한다. 감정으로 인해 경험자는 생리적·행동적 반응을 보인다.
3단계 : 감정 조절	경험자는 감정을 조절하고자 한다.
4단계 : 감정 표출	경험자는 감정을 표출한다.

그렇다면 감정이 맛으로 생성되고 이해되는 의미 구성 방식은 개념적 혼성 이론으로 어떻게 설명할 수 있을까? 개념적 혼성 이론으로 설명한다는 것은 해당 언어적 은유에 대한 입력공간 구축, 입력공간 사이의 사상, 입력공간에서 혼성 공간으로의 투사라는 세 가지 하위 인지 과정의 적용방식을 보여줌을 뜻한다.

감정이 맛의 개념에 입각해서 생성되고 이해되는 은유를 바탕으로 개념적 혼성의 세 가지 인지 과정이 작용하는 방식을 살펴보자.

먼저, 개념적 혼성의 첫 단계인 입력공간 구축 과정이다. 개별적인 맛 프레임에 입각해서 맛에 대한 입력공간1이 구축된다. 입력공간1의 요소는 [외부 자극(음식물)], [경험자], [지각], [인지], [맛], [경험자의 반응]이 된다. 그리고 [경험자의 반응]은 생리적 반응과 행동적 반응으로 표출된다.

그리고 감정에 대한 입력공간2가 구축된다. 이때 감정은 위에서 언급한 인지모형에 의해 구조화된다. 이때 입력공간2의 요소는 [자극], [상황], [주체], [경험자], [주체의 반응], [경험자의 반응]이 된다. 감정에 대한 [주체 및 경험자의 반응]은 그 감정을 조절하려고 노력한다. 그리고 감정을 소멸시키거나 표출하게 된다. 이렇게 해서 입력공간2를 구축한다. 이를 그림으로 나타내면 다음과 같다.

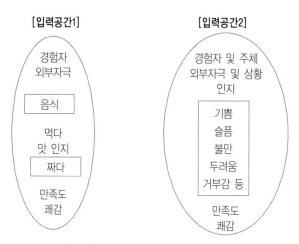

[그림 3] 1단계 : 입력공간 구축 과정

　　다음으로 개념적 혼성의 두 번째 단계이다. 이는 공간횡단 사상이라는 하위 과정이 작용한다. 입력공간1의 [경험자], [외부자극], [반응]은 입력공간2의 [경험자], [주체], [외부자극], [외부상황], [반응]과 사상된다. 입력공간1의 [먹다]에 상응하는 요소는 입력공간2에 없다. 왜냐하면 감정을 유발하는 외부 자극 및 상황은 주체의 의도적인 행동인 '먹다'와 같은 행동이 필요하지 않기 때문이다. 입력공간1의 [맛]에 포함되어 있는 하위 영역 중 [짜다]는 입력공간2의 [감정]에 포함되어 있는 하위 영역 중 [기쁨], [슬픔], [화남], [두려움] 등의 감정에 사상된다. 이를 그림으로 나타내면 다음과 같다.

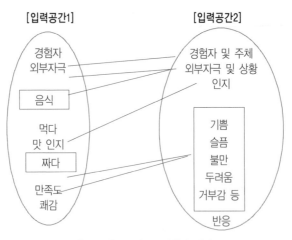

[그림 4] 2단계 : 공간횡단 사상

마지막으로 입력공간으로부터 혼성공간으로의 선택적 투사가 발생한다. 입력공간1의 [경험자]가 [음식]을 [먹다] 그리고 [맛]을 인지한 후 느끼는 생리적 반응 및 행동적 반응 그리고 [쾌감 및 만족도]는, 입력공간2의 [경험자]가 [외부자극 및 상황]을 [경험하다] 그리고 [외부 자극 및 상황]을 인지한 후 느끼는 [감정]은 혼성공간에서 개별적이고 선택적으로 투사되어 융합된다. 선택적 투사의 결과로 형성된 개념적 통합 연결망은 다음과 같이 나타낼 수 있다.

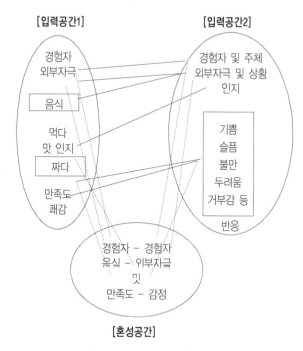

[그림 5] 3단계 : 선택적 투사

이처럼 미각 형용사 '짜다' 계열 어휘는 개념적 혼성이라는 인지 과정 중 다양한 개념적 통합 망[11]에 의해 의미가 생성된다. 이러한 개념적 통합 망을 분류하는 데에는 두 가지가 필요하다. 하나는, 개념적 통합 망의 공간들이 하나의 프레임을 공유하고 있는가이다. 다른 하나는, 두 입력공간 모두

---

11) 김동환(2012 : 7-22 참조)에 의하면 개념적 통합 망은 크게 4가지 유형이 있다. 이를 간단히 정리하면 다음과 같다.

연결망	입력공간	혼성공간
단순 연결망	하나의 입력공간만 프레임을 포함한다.	혼성공간은 이 프레임에 의해 구조화된다.
거울 연결망	두 입력공간은 동일한 프레임을 공유한다.	혼성공간은 입력공간과 동일한 프레임에 의해 구조화된다.
단일범위 연결망	두 입력공간은 서로 다른 프레임을 공유한다.	혼성공간은 하나의 입력공간 프레임에 의해서만 구조화된다.
이중범위 연결망	두 입력공간은 서로 다른 프레임을 공유한다.	혼성공간은 두 개의 입력공간 프레임 양상에 의해 구조화된다.

가 혼성공간의 발현구조를 만들 때 참여하고 있는가이다. 이 두 가지 기준에 따라 개념적 혼성 과정에서 발생하는 개념적 통합 망을 식별할 수 있다.

  (10) …… 쓰고 난 뒤의 <u>짐짐함으로부터</u> 해방될 수 있을 것이다.

  예문 (10)은 '맛은 감정(기분)이다'라는 은유에 기초를 둔다. 이 은유는 다음과 같은 방식으로 개념적 혼성의 결과로 간주될 수 있다. 즉, '감정', '맛'이라는 두 입력공간, 총칭공간, 혼성공간이 있다는 것이다.

  • 음식 – 특정 상황(소중한 순간을 보상과 바꾸려 하는 상황)
  • 음식을 먹어 맛을 보다 – 특정 상황에 대해 인지하다
  • 짐짐한 맛 – 꺼림칙한 기분, 불쾌한 기분

  음식과 상황은 모두 경험을 해야 한다는 것을 전제한다. 따라서 총칭공간에는 '경험하다'라는 일반적인 정보가 들어 있다. 마지막으로 혼성공간에는 특정 상황을 경험하는 것은 짠 맛이 나는 음식을 먹는다는 음식 프레임이 있다. 이때 공간횡단 사상은 은유적이다. 따라서 입력공간1은 근원공간이고, 입력공간2는 목표공간이라고 할 수 있다.
  먼저, 맛 프레임과 감정 프레임에 입각해서 두 입력공간이 구축되고, 공간 횡단 사상에 의해 입력공간1의 '경험자', '음식', '맛'과 입력공간2의 '경험자', '상황' 사이에 대응관계가 형성된다. 사상이 가능한 것은 두 입력공간의 공통적인 총칭공간 때문이다. 총칭공간은 경험자 요소인 '경험자', 경험자가 경험하는 대상인 '음식', '상황'이, 경험자가 경험 후 느끼는 '만족감', '쾌감', '기분'으로 구성된다. 그 다음으로 선택적 투사에 의해 입력공간1로부터 '짐짐하다'가 혼성공간으로 투사되어 혼성공간에 맛이 '짐짐함'이라는 프레임을 제공한다. 입력공간2로부터 특정 상황을 경험하는 요소가 혼성공간으로 투사되어 '맛이 짐짐함'이라는 프레임에 참여한다. 이러한 개념적 혼성의 결과로 예문 (10)의 의미가 구성된다. 여기서 중요한 것은 혼성

공간이 한 특정 입력공간 즉 맛이라는 프레임을 가진다는 것이다. 그리고 이 프레임을 채우는 역할은 특정 상황을 경험하는 다른 입력공간의 요소들로 채워진다. 예를 들어 '쓰고 난 뒤의 <u>짐짐함</u>으로부터 해방될 수 있을 것이다.'는 목표 입력공간으로부터 나온다. 그에 반해 무엇을 쓰고 난 경험을 한 후 느끼는 '짐짐함'은 근원 입력공간으로부터 나온다. 이 문장을 이해할 수 있게 해 주는 것은 근원 입력공간과 목표 입력공간 간의 경험의 유사성을 바탕으로 한 대응이다. 따라서 미각 형용사가 감정을 나타내는 의미로 확장될 때 개념적 혼성 과정에서 '단일범위 연결망'이라는 개념적 통합 망에 의해서 의미가 생성되고 있다.

인간의 신체와 신체적 미각 경험은 새롭고 추상적인 경험을 이해하는 준거가 된다. 그러므로 신체화는 미각 형용사 '짜다' 계열 어휘의 의미가 확장되는 진원지가 된다. 또한 '짜다' 계열 어휘는 광범위한 비미각적 의미를 지시하는 데 사용된다. 이는 신체적 인지를 통해 형성된 미각의 개념적 구조가 언어의 의미 구조에 반영된 것으로 볼 수 있다. 그리고 이러한 의미 구성 방식은 개념적 혼성 이론을 통해 명시적으로 나타낼 수 있다.

4. 나가며

본고는 인간의 신체적 경험이 언어의 의미 구조에 반영된다는 인지언어학의 '신체화' 관점에서 국어 미각 형용사 중 '짜다' 계열 어휘의 다의성을 분석하고, 의미 확장 양상을 살펴봤다. 이에 미각 경험이 인간의 개념화 및 의미 해석에 있어 중요한 부분을 구성함을 개념적 혼성 이론을 통해 설명하는 데 주된 목적을 두고 논의를 진행했다.

'짜다' 계열의 어휘의 확장 의미는 첫째, 대상에 대한 주관적 판단, 둘째 행위 및 상황에 대한 심리적 상태를 나타낸다. 이때 신체화에서 도출된 미각 개념 구조는 미각 형용사인 '짜다' 계열 어휘의 의미 구조에 반영된다. 우리가 감정이나, 행위, 시간, 양과 같은 추상적 대상의 정도, 상태 등을 언어 형식으로 실현할 때 그 내용을 보다 구체적으로 전달하기 위해 미각 형용사를 일상적으로 사용한다. 이는 미각과 간련된 구체적인 신체 경험을 통해 형성된 '미각 개념'이 추상적 경험을 그와 유사하게 구조화할 수 있는 토대를 제공하기 때문이다. 즉, 미각 형용사의 미각적 의미가 비미각적 의미로 자연스럽게 확장될 수 있는 동기가 바로 '신체 미각 경험'인 것이다. 그리고 추상적 의미를 표현한 의미 구성 방식을 개념적 혼성 이론을 통해 명시적으로 나타낼 수 있다.

감각어 전체의 면모를 보다 더 잘 드러내기 위해서는 연구 범위를 미각 형용사 단일어뿐만 아니라 전체 대상으로 확장해야 할 것이다. 나아가 감각 동사, 감각 명사까지 연구 범위를 확장하면 전체 감각어에 대한 의미 확장 양상을 체계화할 수 있을 것이다. 이는 후속 연구를 통해 보완해 나가고자 한다.

참고문헌

고창운. 2006. "우리말 맛 그림씨 어휘장 연구-'달다'류와 '시다'류 어휘를 중심으로", 「한국언어문학」 56, 한국언어문학회, pp.5-23.

김동환. 2002. 「개념적 혼성 이론」, 박이정.

김동환. 2005. 「인지언어학과 의미」, 태학사.

김동환·최영호 역. 2009. 「우리는 어떻게 생각하는가」, 지호.

김동환. 2012. 「인지언어학과 개념적 혼성 이론」, 박이정.

김민혜. 2009. "미각 형용사의 의미 도식과 확장 원리에 대한 연구", 전북대학교 석사학위논문.

김준기. 1999. "국어 미각어의 고찰", 「한국어의미학」 5, 한국어의미학회, pp.249-269.

김준기. 2008. "미각형용사의 의미 고찰", 「어문학」 100, 한국어문학회, pp.1-30.

김중현. 2001. "국어공감각 표현의 인지언어학적 연구", 「담화와인지」 8, 담화인지언어학회, pp23-46.

김찬구. 1986. "국어의 미각표현어휘에 대한 연구", 「교육논집」, 단국대교육대학원, pp.157-166.

박문섭. 1987. "우리말 형용사의 감각어 연구", 「어문논집」 20, 중앙어문학회, pp.124-146.

배해수. 1982. "맛 그림씨의 낱말밭", 「한글」 176, 한글학회, pp.67-91.

손용주. 1992. "감각형용사의 분류 체계", 「대구어문논총」 10, 대구어문학회, pp.127-154.

송정근. 2007. "현대 국어 감각 형용사의 형태론적 연구", 서울대학교 박사학위논문.

송지혜. 2007. "'맵다'의 의미 변화 연구", 「어문학」 98, 한국어문학회, pp.95-119.

윤평현. 2009. 「국어의미론」, 역락.

이경수. 2012. "한국어 미각 형용사의 의미와 개념화", 상명대학교 박사학위논문.

이동길. 1988. "현대국어 미각어 어장분석", 경북대학교 석사학위논문.

이승명. 1988. "국어 미각 표시 어군의 구조에 대한 연구", 「국어국문학」 100, 국어국문학회, pp.335-358.

이현근. 1999. "개념론적 및 인지론적 언어의 연구", 「담화와인지」 6, 담화인지언어학회, pp.159-177.

임지룡. 1997. 「인지의미론」, 탑출판사.

임지룡. 2004. "의미범주의 원형 탐색에 관한 연구", 「국어교육연구」 25, 국어교육학회. pp.115-151.

임지룡. 2007. "신체화에 기초한 의미 확장의 특성 연구", 「언어과학연구」 40, 언어과학회, pp.1-31.

임지룡. 2008. 「의미의 인지언어학적 탐색」, 한국문화사.

정수진. 2003. "국어 '단맛' 표현의 인지적 의미 해석", 「언어과학연구」 24, 언어과학회, pp.303-320.

정수진. 2005. "미각어의 의미 확장 양상", 「한국어의미학」 18, 한국어의미학회, pp.149-174.

정재윤. 1989. 「우리말감각어연구」, 한신문화사.

조윤경. 2009. "한중 미각 형용사 {짜다}, {싱겁다} 대비 연구", 「중국조선어문」, 길림성민족사무위원회, pp.20-24.

천시곤. 1982. "국어 미각어의 구조", 「어문연구」 7, 경북대학교 어학연구소, pp.1-6.

최현배. 1978. 「우리말본」, 정음사.

황혜진. 2012. "미각 형용사에 관한 의미론적 연구", 서울대학교 석사학위논문.

| 이 논문은 한국어의미학 46집(2014, 한국어의미학회)에 게재된 논문을 재수록한 것입니다.

'을씨년스럽다'의 語源에 대하여

조 항 범

1. 序論

우리말에는 접미사 '-스럽-'에 의해 파생된 형용사들이 대단히 많다. '가년스럽다, 가증스럽다, 갑작스럽다, 개감스럽다, 거년스럽다, 거추장스럽다, 거쿨스럽다, 고집스럽다, 바보스럽다, 병신스럽다, 새삼스럽다, 어른스럽다, 죄스럽다, 혐오스럽다' 등이 그와 같은 것들이다. 이들 '-스럽-' 파생어를 보면, '-스럽-' 앞에 오는 핵심어의 정체가 분명하게 드러나는 것이 있는가 하면 그렇지 않은 것도 있다. 본고에서 주목하는 '을씨년스럽다'의 경우는 후자에 속한다. 이렇듯 '을씨년'의 정체가 분명하지 않아 '을씨년스럽다'의 어원을 파악하기가 쉽지 않다.

물론 '을씨년스럽다'가 '을사년스럽다'에서 온 말이고, '을사년스럽다'의 '乙巳年'이 '乙巳勒約'이 체결된 1905년이라는 설이 제법 널리 퍼져 있어, 이 단어의 어원이 밝혀진 것이나 다름없다고 말할 수도 있다. 그러나 정말 '을씨년스럽다'가 '을사년스럽다'에서 온 말인지, 만약 그렇다면 '을사년'은 어느 해를 가리키는지 아직 충분하게 검토된 바가 없다. '을사년스럽다'로부터 '을씨년스럽다'까지의 형태 변화 과정이나 '을사년스럽다'의 등장 시기 등에 대해서는 아직 검토된 바도 없다.

본고에서는 우선 구체적 예와 구술 자료를 통해 '을씨년스럽다'가 '을사년스럽다'에서 온 것이라는 점을 밝히고자 한다. 더 나아가 '을사년스럽다'로부터 '을씨년스럽다'까지로의 변화 과정을 통해 이와 같은 사실을 더욱 분명히 하려 한다. 또한 본고에서는 '을사년스럽다'의 '을사년'이 과연 1905년인지, 아니면 그 이전의 어느 해인지를 '을씨년스럽다'의 의미 및 그 발생의 시대적 상황, 그리고 문헌 기록 등을 종합적으로 고려하여 밝혀보려 한다. 그리고 이를 근거로 '을사년'을 이용한 '을사년스럽다'라는 단어의 발생 시기를 추정해 보기로 한다.

2. 既存 論議 檢討

'을씨년스럽다'의 어원을 다룬 기존의 논의를 정리하면 다음과 같다.

(가) "'을씨년스럽다'의 '을씨년'은 '을ㅅ년'에서 온 말이다. (을ㅅ년→을시년 →을씨년) '을ㅅ년(오늘의 맞춤법으로서는 '을사년')'은 일제가 리조봉건통치배들을 위협·공갈하여 한일협상조약(을사5조약)을 강압적으로 체결한 해이다. 1905년 즉 을사년에 이 조약이 체결됨으로써 일제는 조선의 외교권을 빼앗고 '통감정치'를 실시하여 조선인민을 더욱 야수적으로 탄압, 학살하게 되었다. 참으로 을사년은 조선인민에게 있어서 가장 치욕스럽고 저주로운 해였다. 여기로부터 마음이나 날씨 같은 것이 어수선하고 흐린 기운을 나타내는 것을 '을씨년스럽다'고 하는데 이것은 '을사년스럽다'는 말이 변한 것이다. 지금도 함경도 사람들은 날씨가 흐리거나 추워질 때 '을쓱같다'고 말하는데 이것은 '을씨년스럽다'는 말의 사투리이다." (安玉奎 1989 : 456)

(나) "을씨년은 '을ㅅ년→을시년→을씨년'의 변화 과정을 거쳐 이루어진 말이다. 을사년은 일제가 1905년에 이완용 등 을사오적이라 부르는 친일고관들을 앞세워 강제로 우리나라의 외교권을 빼앗고 통감(統監) 정치를

실시한 해이다. (중략) 이러한 사건으로부터 마음이나 날씨가 어수선하고 흐린 것을 을사년스럽다고 하던 것이 지금의 을씨년스럽다로 된 것이다." (박일환 엮음 1994 : 159-160)

(다) "을씨년은 1905년 을사년에서 나온 말이다. 우리나라의 외교권을 일본에 빼앗긴 을사조약으로 이미 일본의 속국이 된 것이나 다름없었던 당시, 온 나라가 침통하고 비장한 분위기에 휩싸였다. 그날 이후로 몹시 쓸쓸하고 어수선한 날을 맞으면 그 분위기가 마치 을사년과 같다고 해서 '을사년스럽다'라는 표현을 쓰게 되었다." (박숙희 엮음 1994 : 58-59)

(라) "우리나라 민중에게 가장 치욕스러운 을사보호조약(1905년)으로부터 마음이나 날씨가 어수선하고 흐린 것을 '을사년스럽다'고 하던 것이 지금 '을씨년스럽다'로 된 것이다." (김민수 편 1997 : 828-829)

(마) "을씨년스럽다는 남이 보기에 탐탁하지 않고 몹시 쓸쓸하다란 뜻이다. 일본제국주의가 우리나라를 강점하기 위한 가장 치욕스러운 을사오조약(乙巳五條約, 1905)이 계기가 된 말인데, 마음이나 날씨가 어수선하고 흐린 것을 乙巳年스럽다고 하던 것이 을씬년스럽다로 변했다. 한편 을사년 대홍수로 전 국토가 황폐해지고 먹을 것이 없어 백성들은 큰 고통을 겪었다. 그 뒤 그런 상황을 을사년 같다, 을사년스럽다고 했다고도 한다." (서정범 2000 : 462-463)

(바) "날씨나 분위기가 스산하고 쓸쓸한 것, 혹은 날씨가 흐리거나 추운 것을 뜻하는 이 말에 대해 대개 치욕스런 을사보호조약이 체결된 해인 을사년(乙巳年)에서 온 말이라고 보고 있다. '巳'의 중국어 발음이 [si]이고 따라서 '을ᄉᆞ>을시>을씨'의 변천이라고 보는 것이다(박일환 159, 안옥규 264). 참고 : 알타이어 (몽골어군) 문어몽골어 elčil '황폐한, 황량한, 쓸쓸한, 고독한, 사람이 살지 않는', elčime, 몽골어 elčim '사막, 황야, 불모지대, 스텝, 대초원, 사람이 살지 않는 장소나 지역'(Les. 307)" (조영언 2004 : 379)

(사) "'을씨년'이 '을사년(乙巳年)'에서 변형된 것이라는 설이 제법 널리 퍼져 있다. '을사년(乙巳年)'은 구체적으로 1905년이다. 이해는 일본 제국주의자들이 박제순, 이완용 등의 을사오적을 내세워 강제로 조선의 외교권을 빼앗고 통감 정치를 실시한 원년이다. (중략) 최근에 이해조의 「빈상설」(1908)이라는 신소설에서 '을사년시럽다'는 단어를 찾아내어 '을씨년스럽다'가 '을사년스럽다'에서 온 말임을 확신하게 되었다." (조항범 2004 :

41-42)

(아) "고종석은 자신이 쓴 글에 대해 간단히 설명해 가며 글을 읽어나갔다.
별다른 수정 없이 한 페이지를 읽어 가다 '한 위대한 예술가가 자기 생
애의'에서 '자기'를 빼고 '생애'를 '생'으로 줄였다. 이어지는 문장에서
'을씨년스럽다'는 표현을 발견한 그는 '민간어원'에 대한 이야기를 시작
했다. 민간어원은 학문적 근거가 없지만 그럴듯하게 만들어져 많은 민중
들이 믿고 있는 어원을 뜻한다. 주로 연상 작용에 의해 어원을 추론하기
때문에 어형과 의미의 유사성을 바탕에 두는 경우가 많다. '을씨년스럽
다'가 을사년 이후 생긴 말로 을사조약을 맺던 해의 분위기를 담고 있다
는 이야기나 '행주치마'가 행주산성에서 권율 장군을 도와 돌을 나른 여
인들의 치마에서 유래했다는 이야기는 모두 이 민간어원이다." (채널예
쓰 2013.12.4.)

(가)에서는 '을씨년스럽다'의 '을씨년'을 '을스년(乙巳年)'에서 변한 것으
로 설명하고, '을스년'을 1905년으로 보고 있다. 일제에게 외교권을 빼앗긴
1905년의 비통한 심정을 담아 '을사년스럽다'는 말을 만들었다는 것이다.
이와 같은 어원설은 1980년대에 갑자기 생겨난 것이 아니라 아주 오래전부
터 면면히 이어져 온 것으로 추정된다. 아울러 '을스년'이 '을시년'을 거쳐
'을씨년'이 된 것으로 파악하고 있다.

(가)와 같은 어원설이 후에도 그대로 이어진다. 이 가운데 (나)는 '을스년'
으로부터 '을씨년'까지로의 변화 과정에 대한 설명까지도 동일하다. 그런데
(마)는 (가)의 어원설과 같으면서도 '을사년'이 1905년이 아니라 대홍수를
겪은 어느 해일 가능성을 말하고 있어 이전의 어원설과 다른 면을 보이기도
한다. (바) 또한 (가)의 어원설과 같지만 '을사'를 몽골문어와 비교하고 있다
는 점에서 그것과 차이를 보인다. 그러나 '을씨'와 여기 제시된 몽골어가 의
미는 유사할지 몰라도 형태상의 대응 관계가 불분명하여 상호 비교될 수 있
는지 의문이다.

(사)는 20세기 초 문헌에서 '을사년시럽다'를 찾아내어 '을씨년스럽다'가
이것에서 온 말임을 분명히 하고 있다는 점에서 진일보한 주장이다. 다만

여기서도 '을사년'을 1905년으로 보고 있어 앞선 논의와 크게 달라진 것은 아니다.

(아)는 '을씨년스럽다'가 '을사년스럽다'에서 온 말이라는 어원설을 아예 부정하고 있어 이전의 어원설과는 완전히 차별된다. 여기서는 기존의 설을 민간어원으로 간주한다. 그런데 아쉽게도 '을씨년'의 어원이 무엇인지에 대한 답은 확인되지 않는다.[1]

이들 '을씨년스럽다'에 대한 기왕의 논의를 통해 얻을 수 있는 대강의 정보는 다음과 같다.

① '을씨년스럽다'는 '을사년스럽다'에서 온 말이다.
② '을사년스럽다'의 '을사년'은 '乙巳年'이며 1905년을 가리킨다.
③ '을사년스럽다'는 일세에 외교권을 빼앗긴 조선 민중의 비통한 심정을 담아 만든 표현이다.
④ '을스'가 '을시'를 거쳐 '을씨'로 된 것이다.[2]

①은 (사)에서 제시한 '을사년시럽다'가 그 증거 자료가 되어 믿을 만하다. 그러나 ②는 의심이 간다. '을사년'이 1905년 이전의 어느 해일 가능성도 있고, 또 을사년을 굳이 1905년이라고 못 박을 만한 뚜렷한 증거도 없기 때문이다. ②가 부정되면 자연히 ③도 부정된다. ④는 음운론적인 관점에서 받아들이기 어려운 변화 과정이다.

이들 대강의 정보를 통해서도 '을씨년스럽다'와 관련하여 우선 해결해야 할 점이 분명하게 드러난다. '을사년'이 어느 해를 가리키는지, '을사년스럽다'가 언제 만들어져 어떤 과정을 거쳐 '을씨년스럽다'로 정착했는지 등이

---

1) '을씨년스럽다'가 '을사년스럽다'에서 온 것이 아니라고 보는 견지에서는 이것을 고유어로 파악할 수 있다. 실제 '으스스하다, 가년스럽다, 거년스럽다'와 관련하여 설명하기도 하는 듯하다. 그러나 이들을 통해 '을씨년스럽다'가 만들어졌다는 견해는 받아들이기 어렵다. 이들이 혼효되었다고 가정해도 '으스년스럽다'가 되지 '을스년스럽다'가 되지 않기 때문이다.
2) 물론 '을사년'이 1905년이 아닐 수도 있으며, '을사년스럽다'가 대홍수에 따른 기근 때문에 생겨난 말일 수도 있다는 특수한 정보도 얻을 수 있다.

바로 그것이다.

3. '을씨년스럽다'의 語源과 形態 變化

'을씨년스럽다'와 관련된 단어는 20세기 이후에야 보이기 시작한다.

(1) 안동 병문이 달토록 드나들어 상젼 셔방님을 맛나 보면 넉풀이를 실 컨 흐랴 흐나 된장 항아리에 픗고초 빅이듯 훈 졍길이 어디 가 맛나 보리요. 졍길이가 만장 갓혼 져의 집은 <u>을사년시러워</u> 꿈에도 가기 실 코 화슌집 건너방에게 발 물어 더진드시 누엇스니 「빈상셜 119」(1908)

(2) ㄱ. 이리하여 두 사람은 얼마ㅅ동안 김영의 알선으로 숏곱질 가튼 살 림을 해왓다. 그러나 두 사람에게는 <u>을스년스런</u> 살림살이도 꿈과 가티 달았다. 「耿奇樓漫話(윤백남) 卄四회」(동아일보 1930. 10. 11.)

ㄴ. 바람은 분다. <u>을스년스러운</u> 생각이 난다. 단풍은 바람에 떨 때 바 위틈을 기어 나고 모래로 숨여들어 은방울 울리듯이 흐르는 가을 물 우은 그것을 비처서 마치 뜨거운 붉은 피가 모였다가 흐르는 것 같기도 하다. 「뉘치려할때(나도향) 3」(문장 1940. 12.)

ㄷ. 절컥 하고 대문을 여는 어엄의 얼굴은 다른 날처럼 <u>을스년스럽지</u> 안타. 어찌보면 어멈으로서는 가장 애교 잇는 표정일 것 갓기도 하엿다. 「탑(한설야) 142회」(매일신보 1941. 1. 26.)

(3) 그 팔장을 오그린 <u>알스연스런</u> 억개가 길 아래로 사라지자 노마 아버 지는 문득 이러서 방 박게 머리를 내민다. 「남생이(현덕) 9회」(조선일 보 1938. 1. 19.)

(4) ㄱ. 도홍이 압헤 쓸쓸한 여름 양복을 입고 고개를 툭 쩌러트리고 섯는 <u>을쓴연스러운</u> 자긔의 모양이 눈 압헤 오락가락하는 것 갓기도 하 다. 「너희들은무엇을어덧느냐(염상섭) 82회」(동아일보 1923. 11. 17.)

ㄴ. 밧게서는 엉엉 하며 울음을 참는 을쓰년스러운 소리가 난다. 넘어
   치워서 저러나? 「두出發(염상섭) 52」(현대평론 1928. 6.)

ㄷ. 차ㅅ속과 류치장 속에서 땀에 겄고 쑤서미가 된 생풀옷을 걸친 것
   도 간연스럽고 을쓰년스러워 보이거니와 머리는 험수룩이 부풀어
   서 새 보금자리가 되엇스나 「사랑과죄(염상섭) 163회」(동아일보
   1928. 1. 28.)

ㄹ. 준경이는 별안간 이런 소리를 하는 남자의 뜻을 알수도 업지만,
   을쓰년스러울 듯한 자긔의 양장이 부끄러운 증이 나서 살작 얼굴
   이 붉어젓다. 「二心(염상섭) 75회」(매일신보 1929. 1. 17.)

ㅁ. 문은 을쓰년스럽게 삐-꺽삐-꺽. 이웃의 발발이는 벽에서 한창 바
   뿌게 달그락어린다. 「만무방(김유정) 7회」(조선일보 1935. 7. 24.)

(5) ㄱ. 을시년스럽다 : 寂寞なり 『朝鮮語辭典 669』(1920)

ㄴ. 을시년스럽다 : To be desolate; to be deserted. 『韓英大字典 1159』
   (1931)

ㄷ. 을시년스럽다 : ① 남 보기에 쓸쓸하다. ② 살림이 매우 가난하다.
   『朝鮮語辭典 1112』(1938)

ㄹ. 이월 보름 차듸찬 새벽밤람도 을신연스러윗다. 「多情佛心(박종화)
   95회」(매일신보 1941. 3. 6.)

ㅁ. 감나무도 대추나무도 모두 잎이 떨어져서, 앙상한 나뭇가가 보기
   에만도 을시년스럽다. 「非情의曲(정비석) 4회」(경향신문 1958. 12.
   18.)

(6) ㄱ. 한편으로 침대가 놓여 있고 탁자 위에는 거울이 놓여 있고 의자가
   한 개 그 앞에 놓여 있었다. "을씨년스럽지?" 방에 들어서자 명자
   는 척척 옷을 갈아입으면서 빙긋이 우섰다. 「오월은무르녹어(박용
   구) 5회」(동아일보 1956. 5. 17.)

ㄴ. 생각해 보면 이틀 계속되는 연휴에 아무려면 교외에라도 제법 계
   획적인 놀이를 못 나가고 먼지투성이의 시내에 박혀 겨우 덕수궁
   에나 나오는 것은 을씨년스런 일인지 모른다. 「餘滴」(경향신문
   1961. 10. 10.)

ㄷ. "어마 여기 근사하네요." 경애가 한길에 선 채 중얼거렸다. "이거

경애 양이 다오구…. 아직 건설 도중이라 <u>을씨년스런데요</u>. (중략)"
「힘의 抒情(김옥인) 96회」(동아일보 1962. 4. 9.)

(7) 坯 사람으로 말하더라도 아무도 새로 난 생명을 반가워하는 사람은
업고 모다 묵묵한 가운데 <u>을스냥스러운</u> 표정만 깁게 하고 잇슬 뿐이
다. 「탑(한설야) 108회」(매일신보 1940. 12. 14.)

(8) ㄱ. 사방은 모다 이따위 산에 돌렷다. 바람은 뻔찔나려 구르며 습긔와
함께 낙엽을 풍긴다. <u>을씨냥스리</u> 샘물은 노냥 쫄랑쫄랑. 금시라도
싯검은 산중턱에서 호랑이불이 보일 듯십다. 「노다지(김유정) (一)
회」(조선중앙일보 1934. 3. 2.)

ㄴ. 예제없이 버력은 무데기, 무데기 쌓엿다. 마치 사태 만난 공동묘지
와도 같이 귀살 적고 되우 <u>을씨냥스럽다</u>. 그다지 잘되엇든 콩포기
는 거반 버력 덤이에 다아 깔려 버리고 군데군데 어쩌다 남은 놈
들만이 고개를 나플거린다. 「金따는콩밧(김유정) 54」(개벽 1935)

(9) 벽이 확 나가고 네 기둥쑨인 그 속에 힘을 일흔 물방아는 <u>을씨냥굿것</u>
모로 누엇다. 거지도 고엽에 홋이불 우에 거적을 덧쓰고 누엇다. 「山
ㅅ골나그내(김유정) 44」(第一線 1933)

'을씨년스럽다'와 관련하여 가장 먼저 보이는 예는 (1)의 '을사년시럽다'
이다. '을사년시럽다'는 '을씨년스럽다'와 어형이 유사하다. 아울러 '적막하
고 쓸쓸하다'는 의미를 띠어 현대국어 '을씨년스럽다'와 의미 차이를 보이
지 않는다. 이렇듯 어형이 유사하고 또 의미가 같다면 두 단어를 별개의 것
으로 보기는 어렵다.

'을사년시럽다'는 '을사년스럽다'에서 'ㅅ' 아래의 'ㅡ'가 'ㅣ'로 변한 어
형이다. 'ㅅ' 아래에서의 'ㅡ>ㅣ' 변화는 '가스내>가시내, 고스레>고시레,
능청스럽다>능청시럽다, 슬컷>실컷, 승겁다>싱겁다' 등에서 보듯 아주 일
반적이었다. 이러한 전설 고모음화 현상은 대체로 19세기 이후에 일어난 것
으로 보고되어 있다. 그런데 정작 '을사년스럽다'는 문헌에 보이지 않는다.

그러나 (1)의 '을사년시럽다'만으로도 '을사년스럽다'의 존재를 확인하는 데 어려움은 없다.

다음의 구술 자료는 '을사년스럽다'가 실재했다는 사실을 더욱 분명히 알려준다.

> (10) 구히서 : 그러구 찾아낸 것 중에 하나가, 할머니하고 막 입씨름을 하다가 내가 발견한 건데, '을씨년스럽다'는 말을 해요. {아 을씨년스럽다고. 그래서, 우리 어머니가 겨울에 이렇게 추울때, 이렇게 할머니가 들어오시면, "아우 어머니는 을씨년스럽게 좀 두껍게 입고 나가시지 그게 뭐에요? 옷을 얇게 입고 나가셔서." 인제 이래. 그러면, "엄마 을씨년스럽다니 그게 무슨 뜻이야? '년' 자가 왜 붙어 거기?" 그랬어. 그랬더니, 우리 엄마도 설명을 못하고 그냥 관용어로 쓰더라구요. 근데 어떤 할머니가, "이 우 을사년스럽게." 이러는 기야. 그래서 그 소리를 듣는 순간 내가 깨달았어. 을사년을 왜 쓰는지. 어? 얼마나 우스워. 그런, 그게 을사년이 몇 개가 겹치더라고. 사화(士禍)에도 나와요. 무섭게 많이 죽인. 그 다음에, 이 국치, 을사년 아니야. 그래서 우리나라 사람들이 그런 데가 있어. 그래서 난 그런, 그런 말을 만들어 낸 선조를 존경했어. 근데 요즘에리 신조어에 대해서는 그렇게 존경하는 마음이 좀 안 생겨서.
> 김수미 : 그러니까 선생님 '을사년'이 그 '년'이 계집 년(女)이 아니라 {응 응} 을사년스럽게.
> 구히서 : 해 년(年) 자야. {해 년 자} 응, 을사년스럽다 이거야 그거를 추레하고 쓸쓸하고 어? 나쁜 걸로 얘기하는거지. 을사년스럽다. 그니까 그게 얼마나 그, 정말 비참했겠어? 그니까 그런 거를 그런 형용사로 내내 남아 있게 만든 거. {음} 그게 얼마나 참, 나중에 그거 발견하고 얼마나 좋았는지 몰라 내가. 좋아했는지 몰라. 근데, 글쎄 국어 사전엔 그게 나올까?
> 김수미 : (웃음) 한번 찾아보겠습니다. 선생님.[3]

---

3) 이는 현대문학 전공자인 백두산 교수가 채록한 구히서 선생의 구술 채록문의 일부를 그대로 가져온 것이다. 귀중한 자료를 제공해 준 백 교수께 이 자리를 빌려 감사를 드린다.

위는 연극 평론가 구히서(1939년생) 선생이 어린 시절을 회상하며 口述한 내용이다. 본 내용에서 주목되는 것은 선생이 어린 시절에 어떤 할머니로부터 '을사년스럽다'라는 말을 들었다는 점이다. 문맥으로 보면 선생이 10세 전후해서 이 말을 들었을 것으로 추정되는데, 그렇다면 광복 후에도 '을사년스럽다'라는 단어가 노년층에서 쓰이고 있었음을 짐작할 수 있다. '을사년스럽다'가 언제까지 쓰였는지는 차치하더라도, 이 단어를 실제 들은 사람이 있으므로 '을사년스럽다'의 존재는 의심의 여지가 없어 보인다.

이렇듯 '을사년시럽다'가 문헌에서 확인되는 가운데, 비록 구술 자료이지만 '을사년스럽다'가 확인되므로 '을사년스럽다'의 존재는 확실해진 셈이다. 따라서 '을씨년스럽다'가 '을사년스럽다'에서 온 것이라는 견해를 민간어원으로 본 (아)의 주장은 잘못된 것으로 볼 수 있다.

'을사년스럽다'는 명사 '을사년'에 형용사 파생 접미사 '-스럽-'이 결합된 어형이다. 형용사 파생 접미사 '-스럽-'이 17세기 중반 이후에 보인다. "어린 아히 누비 옷도곤 핫옷 믜니 니벗논 샹이 알온스러워 에엿브니라"(仁宣王后 언간 (1661))의 '알온스러워'에 보이는 '-스럽-'이 바로 그것이다. 그런데 '-스럽-'은 '원슈스러은 놈'(譯語類解補 21 (1775)), '힝지 좀스럽다'(漢淸文鑑 8 : 48 (1779)) 등에서 보듯 18세기 중반 이후 적극적으로 나타난다. '-스럽-'이 17세기 중반 이후 나타난다는 점을 고려하면 '을사년스럽다'는 적어도 17세기 중반 이후에 출현한 단어로 볼 수 있을 듯하다. 크게 잡아 보아도 그 출현 시기가 17세기 이전으로 내려가지는 않을 듯하다. 현대국어에서의 '-스럽-'은 다수의 명사 및 어근에 적극적으로 결합하는 매우 높은 생산성을 보인다. '괴물스럽다, 보람스럽다, 오노스럽다, 쪽스럽다' 등과 같은 임시어가 계속 만들어지고 있는 것만 보아도 그 높은 생산성이 입증된다.

그럼 '을사년스럽다'가 어떤 과정을 거쳐 '을씨년스럽다'로 정착했는지를 살펴보기로 한다. 그 변화 과정이 큰 무리없이 설명된다면 두 단어 사이의 관계가 더욱 분명해질 것이다.

‘乙巳年’에 대한 중세국어 한자음은 확인되지 않지만 [을ᄉᆞ년]이었을 것으로 추정된다. 근대국어 문헌에는 대체로 ‘을ᄉᆞ년’으로 표기되어 나온다. 만약 ‘을씨년스럽다’가 근대국어에 존재했다면 ‘을스년스럽다’나 ‘을사년스럽다’로 나타났을 것이다. ‘을사년스럽다’는 ‘ㆍ>ㅏ’에 따라 ‘ᄉᆞ(巳)’가 ‘사(巳)’로 변한 뒤에 나타난 어형이다. 뒤에서 언급하겠지만 ‘을씨년스럽다’의 선대형이 19세기를 넘어 나타났을 것으로 추정되므로 이는 ‘을사년스럽다’였을 것으로 보인다. ‘을사년스럽다’는 실제 [을싸년스럽다]로 발음이 났을 가능성이 있다. 우리는 앞서 「빈상셜」(1908)의 ‘을사년시럽다’와 ‘구히서’ 선생의 구술 발화 자료를 근거로 ‘을사년스럽다’라는 단어가 실재한 것으로 본 바 있다.

‘을사년스럽다’는 ‘을스년스럽다’로 변한다. ‘을스년스럽다’가 (2ㄱ)에서 보듯 1930년대 문헌에서 발견된다. 그런데 ‘을사년스럽다>을스년스럽다’의 변화, 곧 제2음절 모음에서의 ‘ㅏ>ㅡ’ 변화는 음운론적으로 자연스럽게 설명되지 않는다. 물론 이와 같은 변화를 아주 설명할 수 없는 것은 아니다. 우선 제1음절 모음 ‘ㅡ’에 이끌린 변화로 볼 수 있기 때문이다. 그러나 ‘ㅡ’에 이끌려 ‘ㅏ’가 ‘ㅡ’로 변하기는 쉽지 않다. 그래서 그와 같은 예도 잘 발견되지 않는다. 반면 방언형이지만 ‘방아들>방아달’, ‘아름>아람’, ‘바느질>바나질’ 등에서 보듯 ‘ㅡ’가 ‘ㅏ’에 이끌려 ‘ㅏ’로 변하는 예는 다수 발견된다.

또한 ‘을사년스럽다>을스년스럽다’의 변화를 ‘스산하다, 으스스하다’ 등에 유추된 결과로 생각해 볼 수도 있다. 이들은 ‘을스년스럽다’와 의미가 가깝다는 점에서 쉽게 연상될 수 있는 단어이기 때문이다.

이렇듯 ‘을사년스럽다>을스년스럽다’의 변화가 음운론적 규칙으로 쉽게 설명되지 않는다고 하여 문헌에 등장하는 ‘을사년스(시)럽다’를 부정하기는 어렵다. 더불어 ‘을스년스럽다’가 ‘을사년스럽다’에서 온 것이라는 것 또한 섣불리 부정하기 어렵다.

‘을스년스럽다’는 당시에 [을쓰년스럽다]로 발음이 났을 것으로 보인다.

(4)의 '을쓰년스럽다'는 그 실제 발음을 반영한 표기로 추정된다. 표기 관습에 따라 '을스년스럽다'로 표기하기도 하고, 현실 발음을 존중하여 '을쓰년스럽다'로 표기하기도 한 것으로 보인다.

'을스년스럽다'는 '을시년스럽다'로 변한다. 이는 'ㅅ' 아래의 'ㅡ'가 'ㅣ'로 변한 예이다. 앞서 본 '을사년스럽다'가 '을사년시럽다'로 나타난 것과 같은 현상이다.

(5)에서 보듯 '을시년스럽다'가 20세기 전반기의 대표적 사전인『朝鮮語辭典』(1920),『韓英大字典』(1931),『朝鮮語辭典』(1938) 등에 올라 있다. 이는 이것이 적어도 1920-1930년대의 대표적 어형이었음을 알려준다. '을시년스럽다'도 실제로는 [을씨년스럽다]로 발음이 났을 것이다. 다만 사전에서는 표기 관습을 존중하여 '을시년스럽다'를 표제어로 올린 것으로 이해된다. '을씨년스럽다'는 (6ㄱ)에서 보듯 1950년대 문헌에서야 보인다. 사전으로는『큰사전』(1957)에 처음 올라 있다. 이로 보면 '을사년스럽다'로부터 '을씨년스럽다'까지의 변화는 '을사년스럽다[을싸년스럽다]>을스년스럽다[을쓰년스럽다]>을시년스럽다[을씨년스럽다]'로 설명할 수 있다. 이와 같은 변화 과정을 무리가 없는 것으로 수용한다면, 이를 통해서도 '을씨년스럽다'가 '을사년스럽다'에서 출발하는 것으로 파악할 수 있다.

한편 '을스년스럽다'와 의미가 같은 (3)의 '알스연스럽다'는 어형상 아주 독특하다. 두 단어를 비교해 보면 제1음절과 제5음절의 모음이 다르고, 제3음절의 어두음이 다르다. '알스연스럽다'를 '을스년스럽다'와 관련하여 이해할 수도 있지만, '을사년스럽다'와 관련하여 이해할 수도 있을 듯하다. '알스연스럽다'의 '알스'를 '을사년스럽다'의 '을사'가 음운 도치된 어형으로 볼 수도 있기 때문이다. 그렇다면 이는 '을사년스럽다'의 존재를 뒷받침하는 예가 될 수 있다. 그러나 음운 도치의 원인을 찾아야 하는 어려운 문제가 남아 있다.

'알스연스럽다'는 단 한 예만 보인다. 그것도 서울 출생의 소설가가 쓴 특정 소설 속에서만 발견된다. 그리하여 과연 이 단어가 20세기 초에 서울말에서 일반적으로 쓰였는지는 알 수가 없다. 특정 소설 작품 속에 제한적으로 나온다는 점에서 작가 특유의 개인 어휘일 수도 있다.

(7), (8ㄱ, ㄴ), (9)에 보이는 '을스냥스럽다, 을씨냥스럽다, 을씨냥궂다'도 어형상 주목된다.[4] 이들은 '을스년스럽다' 또는 '을씨년스럽다'에 대한 당시의 방언형으로 추정된다. '을스냥스럽다'와 '을씨냥스럽다'는 '을스년'과 '을씨년'을 각기 '을슨'과 '연', 그리고 '을씬'과 '연'으로 잘못 분석하고[5] '을슨'과 '을씬'을 관형사형으로 파악한 뒤에 '연'을 통해 형식명사 '양'을 끌어들여 변형시킨 어형으로 추정된다. '을씨냥궂다'는 그렇게 하여 만들어진 '을씨냥'에 '궂다'를 결합하여 새롭게 만든 단어이다. '을씨냥스럽다'와 '을씨냥궂다'는 특히 金裕貞(1908-1937)의 소설에서 발견되는 특징이 있다.[6]

다음으로 '을사년스럽다'와 그 변화형들이 어떤 의미를 갖는지를 살펴보기도 한다. '을사년스럽다'의 의미를 살피는 것은, 그 지시 의미를 명확히 이해하기 위해서이기도 하지만, 그 의미를 통해 '을사년스럽다'의 '을사년'이 어느 해인지를 밝힐 수 있는 단서를 찾기 위해서이기도 하다.

(1)의 '을사년시럽다'는 '집'과 어울려 '쓸쓸하고 적막하다'의 의미를, (2ㄱ)의 '을스년스럽다'는 '살림살이'와 어울려 '窮塞하다, 가난하다'의 의미를, (2ㄴ)의 '을스년스럽다'는 '생각'과 어울려 '스산하고 쓸쓸하다'의 의미를, (2ㄷ)의 '을스년스럽다'는 '얼굴'과 어울려 '추레하다'의 의미를, (4ㄱ)의 '을쓴연스럽다'는 '모양'과 어울려 '추레하다'의 의미를, (4ㄴ)의 '을쓰년스럽다'는 '소리'와 어울려 '소름끼칠 정도로 으스스하다'의 의미를, (4ㄷ)의 '을쓰년스럽다'는 '외모'와 관련되어 '추레하다'의 의미를, (4ㄹ)의 '을쓰년스럽다'는 '洋裝'과 어울려 '어색하다', '추레하다'의 의미를 띤다. (5ㄹ)의 '을신연스럽다'는 '새벽바람'과 어울려 '으스스하다'의 의미를, (5ㅁ)의 '을

---

4) (8ㄱ)의 '을씨냥스리'는 '을씨냥스럽다'에서 파생된 부사이다. 그리고 (9)의 '을씨냥궂것'은 '을씨냥궂게'의 오기로 추정되며, 이는 '을씨냥궂다'의 부사형이다.
5) (4ㄱ)의 '을쓴연스럽다', (5ㄹ)의 '을신연스럽다'가 그 가능성을 높여준다.
6) 『우리말큰사전』(1992)에서는 '을씨냥스럽다'와 어형이 유사한 '을씨넝스럽다'를 들어 평북 방언으로 설명하고 있다.

시년스럽다'는 '나뭇가지'와 어울려 '쓸쓸하다'의 의미를 띤다. 그리고 (6ㄱ)
의 '을씨년스럽다'는 '방'과 어울려 '썰렁하다'의 의미를, (6ㄴ)의 '을씨년스
럽다'는 '일'과 어울려 '쓸쓸하다'의 의미를, (6ㄷ)의 '을씨년스럽다'는 '한
길'과 어울려 '적막하다'의 의미를 띤다.

　이로 보면 '을사년스럽다, 을스년스럽다, 을쓰년스럽다, 을시년스럽다, 을
씨년스럽다'는 '쓸쓸하고 적막하다', '窮塞하다, 가난하다', '스산하다', '추
레하다, 어색하다', '<u>으스스하다</u>', '썰렁하다' 등의 다양한 의미를 갖고 있던
多義語로 파악된다.

　이들 여러 의미 가운데 '쓸쓸하고 적막하다'가 그 중심 의미로 추정된다.
아마도 이와 같은 의미는 재해로 황량해진 주변 환경, 기근으로 생기를 잃
은 주변 분위기 등에 연유하여 생겨난 것이 아닌가 한다. 이를 기반으로 심
란한 생각, 마음의 상태를 나타내는 '스산하다', 초췌한 외모나 외양의 상태
를 나타내는 '추레하다', 휑한 살림살이의 정도를 나타내는 '窮塞하다, 가난
하다', 살림이 많지 않거나 정돈되지 않은 방을 나타내는 '썰렁하다' 등의
의미가 파생되어 나올 수 있다고 본다.

　(5ㄱ, ㄴ, ㄷ)에서 보듯 20세기 초의 사전에서는 '을시년스럽다'를 '적막
하다', '황량하다', '쓸쓸하다', '살림이 매우 가난하다' 등으로 풀이하고 있
다. 이들 사전에서 의미가 유사한 '적막하다', '황량하다', '쓸쓸하다'를 공통
으로 내세우고 있는 것도 이들이 그 중심 의미였기 때문이 아닌가 한다. 실
제 문맥에서 확인되는 '추레하다', '으스스하다', '썰렁하다' 등의 의미가 사
전에 빠져 있는 것이 눈에 띈다.

　다음으로 『큰사전』(1957) 이후 사전에서의 의미를 정리해 보기로 한다.

　　(11) ㄱ. <u>을씨년스럽다</u> : ① 남 보기에 쓸쓸하다. ② 살림이 매우 가난하다.
　　　　　　『큰사전』(1957)
　　　　ㄴ. <u>을씨년스럽다</u> : ① (날씨 따위가) 스산하고 썰렁하다. ② 살림이
　　　　　　매우 군색하다. 『금성판국어대사전』(1991)

ㄷ. 을씨년스럽다 : ① 남 보기에 쓸쓸하다. ② 보기에 살림이 매우 가
   난하다.『우리말큰사전』(1992)

ㄹ. 을씨년스럽다 : ① 보기에 날씨나 분위기 따위가 몹시 스산하고
   쓸쓸한 데가 있다. ② 보기에 살림이 매우 가난한 데가 있다. ③
   (북한어) 보기에 소름이 끼칠 정도로 싫거나 매우 지긋지긋한 데
   가 있다.『표준국어대사전』(1999/2008)

ㅁ. 을씨년스럽다 : (분위기가) 스산하고 썰렁하다.『연세한국어사전』
   (2008)

ㅂ. 을씨년스럽다 : ① (무엇이) 싸늘하고 스산한 기운이 있다. ② (무
   엇이) 보기에 살림이 매우 딱하고 어렵다.『고려대한국어대사전』
   (2009)

위에서 고찰 『큰사전』(1957)과 『朝鮮語辭典』(1938)의 의미 기술을,『큰사
전』(1957) 이후의 사전들은 대체로『큰사전』(1957)의 의미 기술을 답습하고
있다.『표준국어대사전』(1999/2008)에서는 북한어에서의 의미까지 보여주고
있다. '소름이 끼칠 정도로 싫거나 매우 지긋지긋한 데가 있다'는 의미는 스
산하고 쓸쓸한 결과로서 생겨날 수 있는 의미로 추정된다. 북한어에서는
'스산하고 쓸쓸하다'는 의미의 '을씨년하다'를 '을스산하다'가 대신하고 있
다. '을스산하다'는 '을씨년하다'와 '스산하다'가 뒤섞인 말이다.

『朝鮮語辭典』(1938) 이후 대부분의 사전에서는 '쓸쓸하다'와 '가난하다'는
두 가지 의미를 제시하고 있다. 앞서 보았듯, 20세기 초의 '을사년스럽다'와
그 변화형들은 이들 의미 이외에도 '소름이 끼칠 정도로 으스스하다', '추레
하다' 등의 의미를 갖고 있었기 때문에 적어도『朝鮮語辭典』(1938)의 의미
기술은 온전한 것으로 보기는 어렵다. 물론 최근에는 '을씨년스럽다'가 '소
리'와 어울려 '으스스하다'라는 의미로 사용되거나 '얼굴', '외모' 등과 어울
려 '추레하다'는 의미로 사용되지는 않는 듯하다. 그렇다면 多義 중 일부가
사라지는 의미 축소를 경험한 것으로 이해할 수 있다. 최근 사전에서는 이
를 반영하여 의미를 기술한 것으로 볼 수도 있다. 아울러 지금은 사전에 제

시된 '가난하다'는 의미로도 잘 쓰이지 않는다. 이와 같은 의미는 "을씨년스럽던 살림(살림살이)이 나아졌다."와 같이 '살림' 또는 '살림살이'와 어울린 제한된 형식의 문장에서나 확인된다.

다음으로 '을사년스럽다'의 '을사년'이 어느 해인지 살펴보기로 한다. '을사년'이 '을사(乙巳, 육십갑자의 마흔두째)'와 '년(年)'이 결합된 어형이라는 것은 의심의 여지가 없다. '을사년'은 서기로 치면 '1965년, 1905년, 1845년, 1785년, 1725년, 1665년, 1605년, 1545년, 1485년' 등이다. '을사년스럽다'의 '을사년'은 이 가운데 하나일 터인데, (1)에서 보듯 '을사년시럽다'가 1908년 문헌에 나타나므로 적어도 1965년은 해당되지 않는 것이 분명하다.

앞에서도 언급하였지만 지금까지의 논의에서는 '을사년스럽다'의 '을사년'은 대체로 '1905년'으로 보고 있다. 그렇게 본 이유는 이 해 11월 7일에 日帝에게 외교권을 빼앗기는 큰 사건(乙巳勒約)이 일어났기 때문이다. 한 나라의 주권을 빼앗기는 것은 대단히 충격적이고도 치욕적인 사건이어서 이 사건이 벌어진 '을사년(1905년)'은 울분과 통한의 특별한 해로 기억될 수 있다. 이에 근거하여 1905년 이후 어느 해에 '을사년(1905년)'과 같이 몹시 충격적이고 치욕적인 일을 당하게 되어 마음이 침통하고 허전해지자 1905년의 기억을 떠올려 '을사년스럽다'라는 표현을 만들었다고 추정한 것이다. 1905년의 침통하고 허탈한 분위기와 '을사년스럽다'의 의미가 갖는 적막하고 쓸쓸한 분위기가 잘 맞아떨어져 '을사년스럽다'의 '을사년'을 별다른 의심 없이 1905년으로 간주한 것이다. 마침 1905년과 가까운 시기(1908년)에 '을사년시럽다'라는 단어가 출현하고 있어 그와 같은 생각을 더욱 굳히게 된 것이다.

만약 '을사년스럽다' 속의 '을사년'을 1905년으로 보면, 이 단어는 적어도 1905년 이후의 어느 해에 등장한 것이 된다. 1905년 이후 어느 해에 1905년 을사년과 같은 충격적이고 비통한 일이 벌어지자 그와 같은 일이 벌어진 1905년(을사년)을 특별히 연상하여 '을사년과 恰似하다'는 의미의 '을사년스럽다'를 만들었다고 보아야 하기 때문이다. '을사년스럽다'에서 변한 '을사년시럽다'가 1908년 문헌에 나타나므로, 만약 '을사년'이 1905년을 가리키킨다면 '을사년스럽다'가 만들어진 시점은 1906, 1907, 1908년 정도로 좁혀진다.

그렇다면 이 3년 사이에 과연 1905년과 맞먹는 큰 사건이 일어났는지 확인해 볼 필요가 있다. 이 기간 동안에 일어났던 중요 사건에는 1907년의 '韓日新協約', '丁未義兵', '高宗讓位事件' 등이 있다. 이들은 어느 모로 보아도 '乙巳勒約'에 비해 충격적이거나 비통한 사건은 아닌 듯하다. 그렇다면 '을사년스럽다'가 1906년과 1908년 사이에 만들어진 단어가 아닐 가능성 있어 보이며, 아울러 '을사년스럽다'의 '을사년'이 1905년이 아닐 수도 있다.

'을사년스럽다'와 그 변화형들의 의미를 고려하면 그 '을사년'이 1905년이 아닐 것이라는 추정을 더 굳히게 된다. 앞에서 살펴보았듯이 '을사년스럽다'와 그 변화형들은 '쓸쓸하고 적막하다', '窮塞하다', '스산하다', '추레하다', '소름끼칠 정도로 으스스하다', '썰렁하다', '가난하다' 등의 의미를 지니는데, 이들 가운데에서 '추레하다', '가난하다' 등의 의미는 '乙巳勒約'과 같은 충격적인 사건의 결과로 나올 만한 의미가 아니라고 보기 때문이다. 이들 의미는 오히려 흉년에 따른 饑饉의 결과 나타날 수 있는 의미가 아닌가 한다. 이 문제에 대해서는 다시 뒤에서 거론하기로 한다.

마침 '을사년스럽다'의 '을사년'이 1905년이 아니라는 주장이 있어 눈길을 끈다. 이와 같은 주장은 강민구 교수가 趙在三(1808-1866)이 편찬한 『松南雜識』를 번역하면서 주간동아(2009. 2.)와 인터뷰한 기사에 나온다. 강민구 교수는 『松南雜識』의 '乙巳年' 항목에 결부된 "俗以乙巳年凶爲畏故今無生歲樂者言之"을 "을사년은 흉하다고 두려워하는 까닭에 지금 생전 낙이 없는 것을 '을씨년스럽다'고 한다."로 번역하면서 이 부분을 그 어원으로 삼을 만한 내용으로 간주하고 있다. 말하자면 '을사년스럽다(>을씨년스럽다)'가 『松南雜識』가 편찬된 시기에 존재하였고, 그 '을사년'은 기왕의 주장처럼 1905년이 아니라 『松南雜識』가 편찬된 이전의 어느 해라는 것이다. 다만 여기서 아쉬운 것은 그 '을사년'이 어느 해인지 밝히지 않은 점이다.

그렇다면 『松南雜識』에 소개된 '乙巳年'이 어느 해를 가리키는지 궁금하다. 『松南雜識』가 조선 후기 인물인 趙在三(1808-1866)이 지은 책이라는 점에서 여기에 소개된 '乙巳年'은 1845년(을사년) 이전의 어느 해의 을사년으로 추정된다. 『松南雜識』에 소개된 '乙巳年'은 '흉하여 두려운 해'라는 의미를 갖고 있다. 아마도 이 해에 크게 두려움을 줄 수 있는 흉한 일이 벌어져 '乙巳年'이라는 말에 이와 같은 상징적 의미가 부가된 것으로 보인다. 그럼 여기서 인생의 낙을 앗아 갈 만큼 흉하여 두려운 일이 무엇인지 궁금하다. 그것은 아마도 전쟁이나 士禍와 같은 처참한 사건일 수도 있고, 흉년에 따른 饑饉일 수도 있다.

'乙巳年'에는 異民族의 침입에 의한 전쟁이 없었다는 점에서, 사건과 관련하여 떠올릴 수 있는 것은 1545년에 일어난 '乙巳士禍'뿐이다. '乙巳士禍'는 조선에 있었던 네 번의 士禍 가운데에서 가장 참혹한 사건이었다. 『於于野談』의 "嘉靖 을사년(1545, 明宗 즉위년)에 나라에 원통한 옥사가 있었다. 저자거리에 시체를 많이 버렸기에 閭巷의 남녀들이 공포에 떨었고 평소 캄캄한 밤에는 텅 빈 집을 두려워했다."라는 기술을 통해서도 이 해가 얼마나 무섭고 두려운 해였는지를 짐작할 수 있다.

'乙巳士禍'가 두려움을 주는 사건이었기에 대옥사가 벌어진 그해를 특별히 오랫동안 기억할 수 있다. 그리하여 1545년 이후, 적어도 접미사 '-스럽-'에 의한 조어가 가능한 어느 시점에서 '乙巳士禍'와 맞먹는 흉한 사건이 벌어져 민심이 흉흉해지자 그 해의 일을 기억하며 '을사년 같다', '을사년스럽다'는 말을 만들어 낼 수는 있다.

그런데 '乙巳士禍'와 비견되는 큰 사건이 일어나 그와 같은 말이 만들어졌다고 가정하더라도, 그 사건이 어떤 사건인지는 딱히 말하기 어렵다. 士禍는 '乙巳士禍'가 마지막이었으므로 그 사건에 '士禍'가 포함되지는 않을 듯하다. 이런 점에서 '을사년스럽다'는 말이 과연 큰 사건과 관련되어 나타난 표현인지에 대해 의심이 드는 것이다. 앞에서 추정하였듯이 '을사년스럽다'가 '乙巳勒約'이라는 큰 사건과 무관하다면, 이는 '乙巳士禍'라는 사건과도 무관할 것으로 추정된다. 그리하여 '을사년스럽다'의 '을사년'을 1545년으로 보기 어렵지 않나 한다.

만약 '을사년스럽다'의 '을사년'이 대규모 옥사가 일어난 1545년을 가리킨다면, '을사년스럽다'가 발휘하는 상징적 의미는 '흉하다', '두렵다' 등일 터인데, 앞에서 보았듯이 이 단어에서 이와 같은 의미는 발견되지 않는다. 이러한 사실 또한 '을사년'을 1545년으로 보기 어렵게 만든다. 물론 '흉하다', '두렵다'에서 '적막하다', '쓸쓸하다'는 의미로 변할 가능성이 아주 없는 것은 아니지만, 그렇다고 의미가 변했다고 단정하기도 어렵다. 이런 점을 두루 고려할 때 '을사년스럽다'의 '을사년'은 큰 사건이 일어난 해보다는 흉년에 따른 기근이 든 해일 가능성이 높아진다.

이런 상황에서 『韓英字典』(1897)에서의 '을ᄉ'에 대한 다음과 같은 기술은 신선한 충격을 준다.

> (12) 을ᄉ 乙巳 The 42nd year of the cycle 1845 ; 1905 ; 1965. A year of
> famine(1785) – used now as an expression for poverty, suffering etc. 『韓英字
> 典 57』(1897)

『韓英字典』(1897)에서는 '을ᄉ'를 설명하면서, 을사년인 '1785년'을 특별히 기근이 든 해로 설명하고 있다. 그리고 이로 인해 당시에 '을ᄉ'가 '가난'과 '고통'을 표현하는 말로 쓰이고 있었음을 언급하고 있다. 이와 같은 내용을 전적으로 믿는다면, 1785년에 심한 기근이 들었고, 1785년 이후 『韓英字典』이 편찬된 1897년 이전 어느 해에 을사년(1785년)과 맞먹는 기근이 들자 '을ᄉ'를 이용하여 '가난'과 '고통'의 상황을 비유적으로 표현했다고 볼 수 있다. 여기서 그 표현을 '을사년스럽다'로 보아 문제는 없다. 이와 유사한 내용이 『韓英字典』(1897)의 증보판인 『韓英大字典』(1931)에까지 기록되어 있다. 그런데 여기서는 특이하게도 기근이 든 해를 1781년으로 보고 있다. 1781년은 아마도 1785년의 착오로 추정된다. 1781년은 을사년이 아니라 신축년이기 때문이다.

『韓英字典』(1897)의 '을亽'라는 표제항에 위와 같은 내용이 기록되어 있는 것은 아주 특별하다. 이 사전의 편찬자가 외국인이라는 점에서 더욱 그러하다. 1785년 을사년이 기근으로 인한 가난과 고통의 해였다는 사실을 외국인까지 알고 있었다면, 잘못 전해 들은 것이 아닌 이상 이와 같은 사실이 당시에 자못 널리 퍼져 있었다고 보아야 한다. 그런데 『韓佛字典』(1880)이나 『朝鮮語辭典』(1920), 『朝鮮語辭典』(1938) 등의 '을亽' 내지 '을사'에는 이와 같은 설명이 달려 있지 않아 매우 의아하다.

그럼 실제로 1785년에 심한 기근이 들어 백성들이 큰 고통을 겪었는지 확인해 볼 필요가 있다. 『正祖實錄』 9년(1785년) 조를 보면 딱히 기근에 대한 기록은 올라 있지 않다. 다만 눈에 띄는 것은, 이 해 3월 15일에 內亂이 장차 舒川에서 일어나며 김가가 주모자라는 소문이 돌아 역모 관련 혐의자들을 잡아 問招했다는 기록과(正祖 9년 3월 25일), 또 逆謀者를 체포하는 과정에서 크게 동요된 민심을 수습할 것을 삼도 道臣들에게 유시하는 기록(正祖 9년 3월 26일)이다. 이들 기록을 보면 1785년은 역모설이 돌 만큼 민심이 흉흉하고 세상이 소란스러웠던 해였음을 짐작할 수 있다.

여기서 특히 주목되는 것은 民亂에 의한 역모 사건이 일어난 점이다. 『正祖實錄』 9년(1785년) 3월 25일의 "동초하기를, '진흡과 서로 관계를 끊은 지 이미 오래되었으므로, 별로 말을 주고받은 일이 없으나, 작년 정월 초 2일에 진양호와 같이 진흡의 집에 갔었는데, 진흡이 말하기를, 을사년 3월 15일에 내란이 장차 舒川에서 일어나며 김가가 주모자라고 하였습니다.'라고 하였습니다."라는 기록을 보면, 을사년(1785년) 3월 15일에 내란을 일으킬 것이라는 풍문이 이미 그 전해(1784년)부터 돌았음을 짐작할 수 있다. 1784년에는 공교롭게도 이태에 걸쳐 흉년이 계속되고 있었다. 다음은 『正祖實錄』 8년(1784년) 2월 이후의 기록이다.

(13) 지진이 나다 – "지금 기근이 거듭 들어 백성의 고통이 눈에 넘치므로

내가 바야흐로 밤낮으로 걱정스러워 어떻게 구제할지 모르는데, 마침 또 재앙이 거듭 나타나 지난달에 혜성의 변이 있었고 오늘 새벽에는 땅이 흔들리는 소리를 들었다."(『正祖實錄』 8년 2월 7일)

(14) 구휼에 대해 하교하다 – "조정에서 湖西에 대하여 어찌 하루라도 마음에 잊어버리겠는가? 농사는 沿邊의 들판이 거듭 흉년이 들었고, 대체로 저장된 것이라고는 公私가 모두 텅텅 비어 진휼하는 일에 힘을 쓰려고 하면 도리어 백성들이 곤궁함을 당하게 되며, 還政에다 뜻을 이루려고 하면 賑民이 害를 받게 되어 실제로 진휼과 환정 두 가지가 온편한 방법이 없으니 백성들의 형세가 갈수록 遑急해짐을 미루어서 알 수 있다."(『正祖實錄』 8년 3월 15일)

(15) 도성 지역의 구휼을 하교하다 – "작년과 금년에 都城의 주민들이 흉년으로 곤궁함이 쌓였으며 가을에서 봄으로 가는 동안 의뢰하여 온전하게 생활할 수 있었던 것은 오직 發賣 한 가지 방법에 달려 있었다. 그런데 이미 집집마다 사람마다 넉넉하게 지급할 수 없으니, 오히려 부모된 책임을 다하였다고 말할 수 있겠는가?"(『正祖實錄』 8년 3월 18일)

(13)을 보면 1783년과 1784년 이태에 걸쳐 饑饉이 거듭 들어 국가적 재난을 겪고 있었음을 알 수 있다. 거듭된 饑饉에 民草들의 고통은 말이 아니었을 것이다. 특히 흉년이 거듭된 1784년의 고통은 더욱 컸을 것이다. (13)을 통해 1784년에는 기근에 지진까지 겹쳐 이중의 고통을 겪고 있었음을 알 수 있다.

거듭된 흉년으로 백성들이 굶주리자 조정에서는 1784년 3월 15일 이후 6월 30일 사이에 都城, 京畿, 嶺南과 湖南, 湖西, 關東과 關北 등지에서 救恤 사업을 진행하였다.[7] 이로써도 기근의 정도가 얼마나 심각하고 광범위했는지를 짐작하고도 남음이 있다. 1784년에는 조정에서 주는 救恤米로 굶주림을 조금은 면했을지 모른다. 그러나 지역이 너무나 광범위하여 구휼 사업에

---

7) 『正祖實錄』 8년(1784년) 조 참조.

도 한계가 있었을 것이다.

굶주림의 고통은 흉년의 당해 년인 1784년보다 그 다음해인 1785년이 더 심각했을지도 모른다. 1784년에는 救恤米라도 배급받아 주린 배를 채웠겠지만, 1785년에는 조정에서 주는 구휼미마저 떨어지고 이태 동안 거듭된 흉년의 여파로 추수 전까지는 먹을 것이 없었을 것이기 때문이다. 지역을 막론하고 민초들은 1785년 한 해를 그야말로 草根木皮로 연명했을 것으로 추정된다. "백성은 먹는 것을 하늘로 여긴다(民以食爲天)"라는 말이 있다. '먹는 것'에 문제가 생기면 백성은 언제든지 나라에 등을 돌리게 된다. 기근이 든 1784년부터 서서히 고개를 들기 시작한 民亂의 조짐은 바로 굶주림에 시달린 민심 離反에 그 원인이 있었다고 볼 수 있다.

이로써 보면, 1785년, 곧 '을사년'은 굶주림의 고통을 안겨준 해로 크게 각인될 수 있다. 그 결과 '을사년'이라는 말이 '가난'과 '고통'을 표현하는데 적절히 이용될 수 있었다고 본다. 『韓英字典』(1897)의 '을ᄉ(乙巳)'에 대한 기술이 아무 근거 없이 나온 것은 아니라고 본다.

만약 '을사년스럽다'의 '을사년'을 1785년으로 보면, '을사년스럽다'라는 말은 적어도 1785년 이후 어느 시기에 만들어진 것으로 볼 수 있다. 1785년 이후 어느 해에 1785년과 같이 기근에 따른 굶주림의 고통을 심각하게 겪게 되자 그 해를 떠올려 '을사년 같다',[8] '을사년스럽다'라는 말을 만들어냈을 가능성이 있다고 본다. 그러나 그 해가 언제인지는 정확히 알 수 없다. 어느 정도 확실한 것은 1785년 이후, 그리고 『韓英字典』(1897)이 출간된 시기 이전이라는 점이다. 만약 『宋南雜識』가 편찬된 시기에 '을사년스럽다'가 존재했다면, 이 책이 趙在三(1808-1866)에 의해 純祖(1790-1834) 때에 편찬

8) "김씨 부인은 시집가는 날부터 을씨녕 같았다. 첫날밤은 그렇지 아니하였으나 이튿날부터 젖먹이를 옆에 누이고 잤다. 친정에는 천덕궁이 동생을 보아주던 경험이 있기 때문에 젖먹이 돌보기는 그다지 힘들지 아니하였으나 큰 아이들이 말썽이었다. 첫재로 큰 아이들이 어머니라고 부르지를 아니하였고 셋이 한데로 몰려서 이 젊은 계모를 적으로 삼는 것만 같았다."(金氏夫人傳(이광수) 66 (1940))에 보이는 '을씨녕 같았다'가 '을사년 같다'는 표현이 존재했을 가능성을 뒷받침한다.

되었으므로 결국 '을사년스럽다'가 등장한 시기는 19세기 전반기라고 좁혀 말할 수 있다.9) 그런데 19세기 이후 水害, 旱害, 冷害 등에 따라 흉년이 들고, 그에 따른 기근에 시달린 해가 한두 해가 아니므로10), 歉荒之年을 찾아 낸다고 하더라도 그 해를 '을씨년스럽다'라는 단어가 만들어진 해로 간주하기란 쉽지 않다.

4. 結論

본고는 구체적 예를 통해 '을씨년스럽다'가 '을사년스럽다'에서 온 것이라는 사실을 밝히고, 이와 같은 사실을 뒷받침하기 위해 '을사년스럽다'로부터 '을씨년스럽다'까지로의 형태 변화 과정을 설명하는 데 초점을 두고 있다. 아울러 '을사년스럽다'의 '을사년'이 어느 해를 가리키는지, 그리고 이 단어가 언제 만들어진 것인지 등을 밝히는 데에도 관심을 두고 있다. 이

---

9) 『增補文獻備考』(1908)의 조선시대 가뭄 기록을 보면, 20세기 전반기에 해당하는 1832년이 들어 있다. 『純祖實錄』 32년(1832년) 조에는 가뭄이 들어 여러 차례 기우제를 올린 기록이 나온다. 아울러 폭우로 인한 비 피해의 기록도 나온다. 이런 점을 고려할 때 '을사년스럽다'가 19세기 전반기 어느 해에 만들어진 것이라면, 1832년일 가능성도 있어 보인다.

10) '흉년'은 19세기 이후는 물론이고 그 이전에도 잦았던 것으로 보인다. "갑술 병정(丙丁) 흉년인가(병자호란을 전후하여 갑술년과 병자년, 정축년에 큰 흉년이 들었던 데서, 매우 심한 흉년을 비유적으로 이르는 말)", "갑술 병정(丙丁)이면 다 흉년인가(병자호란을 전후하여 갑술년과 병자년, 정축년에 큰 흉년이 들었다고 하여 갑술년이나 병자년, 정축년이면 무조건 흉년이 든다고 생각하는 것은 잘못이라는 뜻으로, 어느 하나가 같다고 전체가 같다고 생각해서는 안 된다는 것을 비유적으로 이르는 말)", "무진년 팥 방아 찧듯(무진년에 흉년이 들었으되 팥만은 잘 되어 집마다 팥만 먹었다고 하니 매우 자주 분주스럽게 무엇을 찧는다는 뜻)", "신축년에 남편 찾듯(신축년에 크게 흉년이 들어 가족이 흩어지고 부부도 떨어져 헤매었으므로 서로 찾아다녔다는 데서, 사람이나 물건을 여기저기 찾아다님을 이름.)", "병자년 까마귀 빈 뒷간 들여다보듯(큰 흉년이 든 병자년의 까마귀가 먹을 것을 찾기 위해 빈 뒷간을 들여다보듯, 무슨 일이 행여나 될까 하고 기다리고 있음을 이르는 말)", "갑인년 흉년에도 먹다 남은 것이 물이다(아무리 흉년이라도 물마저 말라 버리는 일은 없다는 것을 비유적으로 이르는 말)" 등의 속담을 통해서도 그와 같은 사실을 잘 알 수 있다.

를 위해 '을씨년스럽다'의 다양한 지시 의미, 시대적 배경, 문헌 기록 등을
종합적으로 검토하였다. 이들 여러 사항에 대해 밝혀진 바를 정리하면 다음
과 같다.

① '을씨년스럽다'가 '을사년스럽다'에서 온 것이라는 기왕의 주장은 옳은
   것으로 판단된다. 「빈상셜」(1908)에 어형이 유사한 '을사년시럽다'가 나
   올 뿐만 아니라, 口述 자료에서 '을사년스럽다'를 확인하였기 때문이다.

② '을씨년스럽다'가 '을사년스럽다'에서 온 것이라는 사실은, 그 형태 변
   화를 큰 무리 없이 설명할 수 있다는 점으로도 입증된다. 그 변화는
   '을사년스럽다[을싸년스럽다]>을스년스럽다[을쓰년스럽다]>을시년스
   럽다[을씨년스럽다]'로 진행된 것으로 이해된다. 물론 '을사년스럽다>
   을스년스럽다'의 과정이 음운론적으로 자연스럽게 설명되지 않는다는
   한계가 있는 것도 사실이다. 그러나 선행하는 모음 'ㅡ'에 이끌리거나
   의미가 유사한 '스산하다, 으스스하다' 등에 유추되었을 가능성을 배제
   할 수 없다.

③ 趙在三(1808-1866)의 『松南雜識』에 오른 '乙巳年' 항목을 존중하면 이
   시기에 '을사년스럽다'는 단어가 존재했을 것으로 추정된다. 그렇다면
   '을사년스럽다'의 '을사년'이 적어도 '乙巳勒約'이라는 큰 사건이 일어
   난 1905년이 아닌 것이 분명하게 드러난다. 그렇다고 '을사년'을 '乙巳
   士禍'가 일어난 1545년으로 보기는 어렵다. '을사년스럽다'와 그 변화형
   들의 의미를 고려할 때 '을사년스럽다'는 대형 사건보다는 흉년에 따른
   기근 때문에 만들어진 단어로 보이기 때문이다. '을사년스럽다'와 그
   변화형들은 '쓸쓸하고 적막하다', '스산하다', '추레하다', '으스스하다',
   '썰렁하다', '가난하다' 등의 의미를 갖는데, 이 가운데 '추레하다', '가
   난하다' 등은 '을사년'을 큰 사건과 관련된 해로 보아서는 설명하기 어
   려운 의미이다.

④ '을사년스럽다'의 '을사년'은 1785년으로 추정된다. 이는 『韓英字典』
   (1897)의 기록에 따른 것인데, 여기서는 '을ᄉ'를 설명하면서 을사년인
   1785년에 큰 '기근'이 들었고, 이 때문에 '을ᄉ'가 '가난'과 '고통'을 표
   현하는 말로 쓰이고 있다는 귀중한 증언을 하고 있다. 마침 1783년과
   1784년 이태에 걸쳐 큰 흉년이 들었고 그에 따른 전국적인 규모의 救

恤 사업이 실행되었다는 실록의 기록, 그리고 1785년에는 역모 사건이 일어날 만큼 민심이 흉흉했다는 실록의 기록도 있다. 1785년의 역모 사건은 기근에 시달린 민심 離反에 기인하는 것으로 볼 수 있어 당해 년의 고통이 얼마나 컸는지를 짐작할 수 있다. 그리하여 1785년이 기근에 따른 ‘가난’과 ‘고통’의 해로 크게 각인될 수 있었을 것이다.

⑤ ‘을사년스럽다’는 1785년 을사년 이후에, 흉년에 따른 기근이 발생해 그 해와 똑같은 상황이 벌어지자 그 고통스런 상황을 절실히 표현하기 위해 만든 단어이다. 이 단어가 『韓英字典』(1897) 이전에 존재한 것은 분명하다. 그리고 『松南雜識』(純祖代)가 출간된 시기에도 존재한 것으로 보인다. ‘을사년’이 1785년을 가리키고 ‘을사년스럽다’가 『松南雜識』가 편찬된 시기에 존재했다면, 이는 19세기 전반기에 등장한 단어로 추정된다.

참고문헌

강민구. 2008. 「(교감국역)松南雜識 10」, 소명출판.

김민수. 1997. 「우리말 語源辭典」, 태학사.

박숙희. 1994. 「뜻도 모르고 자주 쓰는 우리말 500가지」, 서운관.

박일환. 1994. 「우리말 유래사전」, 우리교육.

徐廷範. 2000. 「國語語源辭典」, 보고사.

安玉奎. 1989. 「어원사전」, 동북조선민족교육출판사.

조영언. 2004. 「한국어어원사전」, 다솜출판사.

조항범. 2004. 「정말 궁금한 우리말 100가지(1)」, 예담.

| 이 논문은 한국어학 64집(2014, 한국어학회)에 게재된 논문을 재수록한 것입니다.

한국어 첫소리 [ㅁ]과 [ㅂ] 낱말의 의미특성
─소리와 의미의 관련성을 중심으로

임 규 홍

1. 들머리

언어의 특징 가운데 중요한 것으로 생각해 온 것이 이른바 소쉬르(1916)가 말한 '언어의 자의성(arbitrariness)'이다. 자의성은 필연성(naturalness)과 대립되는 개념으로 언어는 그것이 상징하는 지시물과 기호 사이에는 아무런 관계가 없다는 것이다. '말(馬)'을 나타내는 말은 다음 (1)과 같이 나라말 마다 매우 다르기 때문에 언어는 지시의미와 기호와는 필연적인 관계가 없다고 말한다.

(1) 국어 : 말, 영어 : 호올스(horse), 불어 : 셔발(cheval), 독일어 : 프훼르트(pferd)

이 말은 일찍이 오그덴과 리차드(1923)가 지시물(referent)과 상징(symbol) 사이에는 직접적인 관련성이 없고 다만 지시물이 개념(thought) 또는 피지시물(reference)을 연계시켜 연상된다고 한 것과 같은 의미이다.

그러면 과연 모든 언어가 완전하게 자의적일까? 즉, 언어가 나타내는 의미와 그 언어의 음성이나 형태가 전혀 아무런 관계가 없을까?

어휘나 통사 차원에서는 언어적 형태가 의미나 기능에 밀접한 영향을 준다는 것이 이미 상당히 밝혀지고 있다.

일찍이 볼린저(1977)의 '한 형태 한 의미(one form is one meaning)'의 관점에서 출발한 70년대 도상성(iconicity)가설은 언어의 단일 어휘 이상의 결합에서는 형태적 특성이 의미나 기능을 의미 있게 반영한다고 주장하고 있다.[1] 그러나 개별 어휘의 형태나 음성과 그것이 지시하는 대상과 의미의 관련성을 연구한 것은 그렇게 많지 않다. 뿐만 아니라 언어의 자의성이라는 보편적 특성을 수정할 만한 강력한 논의는 더구나 불가능한 것으로 보고 있다.

이런 점에서 이 연구는 개별 어휘의 소리가 가지고 있는 특성이 그 개별 어휘의 의미와 전혀 관계가 없을까 하는 물음에서 시작되었다. 따라서 본 연구는 소리와 의미가 전혀 관계없는 것이 아니라 태초에 인간이 말을 만들 때 지시 대상은 그것을 나타내는 그 말소리의 원형적 특성과 모종의 관련성이 있을 것이라는 가설에서 시작되었다.

이 세상 모든 현상은 까닭 없이 일어나는 것은 하나도 없다. 따라서 말 또한 인간의 말소리 속에 녹아 있는 어떠한 특성 또한 그것이 나타내는 의미와 모종의 관련성이 있을 것으로 추측할 수 있다. 소리 자질이 인간의 사고 형성에 영향을 준다는 것은 이미 널리 알려져 있다. 우리는 소리의 크기에 따라 의미 기능이 다르고 소리의 높낮이나 강세 등 여러 가지 성조에 따라 의미 기능이 다른 것은 쉽게 이해할 수 있다.[2] 소리가 인간 두뇌의 깊은 곳에서 소리 내는 방식뿐만 아니라, 그 소리의 변별 자질이 가지고 있는 특

---

1) 한국어 도상성에 대한 논의는 임지룡(2004), 언어와 손짓의 도상성에 대한 연구는 임규홍(2003) 참조.

2) 정호완(1991 : 24)은 '의식과 언어 기호는 일종의 거울과 같은 것이어서 감각적인 기능을 하는 대뇌부는 언어적인 기능을 하는 대뇌부에 심리적인 반사현상을 일으킨다'고 하였다. 1920년대와 1930년대에 처음으로 니콜라스 트루베츠코이와 로만 야콥슨은 소리의 내적 구조와 인지의 관계가 물리적 실재가 아니라 심리적 실재라는 주장을 하였다. 이들이 발견한 음운 이론은 말소리들이 두뇌 속에서 말소리들의 '변별 자질'(distinctive features)이라고 불리는 더 원초적인 명세들로 입력 기록되어(encode) 있다는 것이다(R. 자켄도프, 1993).

성에 따라 의미 원형과도 관련성을 가지고 있을 수도 있다.3)

이러한 현상은 우리가 싸움을 할 때 자신의 기로 상대의 기를 제압하기 위해서 기세(氣勢)를 세게 나타내는 것과 같다. 예컨대, '싸움'의 낱말 첫소리가 [ㅆ]인 것도 된소리를 놓음으로써 그 의미를 나타낸 것과 같다. '치다, 차다, 때리다, 따다, 터지다, 타다, 털다, 쓰러지다, 싸우다, 까다, 깨다, 짜다, 피다' 등의 우리말 기본 동사들의 첫소리가 가지고 있는 소리의 자질과 그 의미가 전혀 무관하지 않은 것으로 보인다. 터짐소리(파열음)나 갈이소리(마찰음), 터짐갈이소리(파찰음)는 그 소리가 가지고 있는 의미처럼 '터짐'이나 '스침', '강력한 행위나 상태의 변화'와 같은 의미와 밀접한 관계를 가지고 있다. [ㄹ] 소리가 흐름소리[liquids]인지라 그것으로 이루어진 말들은 '흐름' '이동'과 관련성을 가지고 있다. 예컨대, '흐르다, 구르다, 나르다, 들르다, 기르다, 미끄러지다' 등과 같은 동사들은 '흐름'과 '이동'의 의미를 가지고 있는 듯하다. 영어도 비슷하게 [l]음으로 이루어진 'flag,4) flap, fling, flow, roll, glide, slide, slip' 등의 낱말들은 'something flowing or moving'과 같이 '흐름'의 의미를 가지고 있는 것으로 보기도 한다.5)

1980-90년대에 들어서면서 음성 이미지가 의미에 어떤 영향을 주는가를 연구하기 시작하였다. 즉, 음성 이미지(phonethemes)6)가 의미와의 관련성을 밝히려는 '음성 의미의 상관성(sound-meaning correspon-dence)'에 대한 연구를 통해 음성과 의미가 전적으로 무관한 것은 아니라는 것이 점점 밝혀지고

---

3) 채완(2003 : 90)은 어떤 음소에서 특정한 의미를 느낀다면 그것은 해당 언어사회에 관습으로 이어져 오는 언어 능력의 일부라고 하였다. 그러나 어떤 음소에서 특정한 의미를 '느끼는 것'이 아니라 특정한 의미를 '드러내는 것'이어서 이것은 소리가 의미와 관련성이 있음을 의미한다.

4) 김종택(1968 : 78)에서 우리말 '펄럭이다'와 영어 'flag'가 공통된 특징이 있다고 하였다.

5) 울만(1967 : 83)도 유음 /l/의 값은 이 단어 속에 있는 유음과 그 부류의 소리의 함축적 효과에 있다고 하였다. 채완(2003 : 89)은 지금까지 음성상징 연구로 /p//t/계열의 파열음이 딱딱한 물체가 부딪치는 소리를 상징한다고 한 것은 잘못이라고 하면서 그것은 소리를 상징 (의미)하고 있는 것이 아니라 묘사하고 있다고 주장하였다.

6) '음성 이미지'(phonethemes)는 음성 상징(Sound Symbolism)의 한 단위로 하면서 음성이 이미지에 어떤 관계를 가지는가를 연구하는 것이다. (예스퍼선 1921, 로데스 외 1981, 1994)

있다.

지금까지 우리나라에서 음성 상징과 의미의 관계에 대한 연구는 주로 모음의 양성과 음성에서 나타나는 특성에 의한 의미 분화를 논의하였다.[7] 자음의 음성 상징에 대한 논의는 마르틴(1962)에서 어말 자음 -l, -ng, -k, -s, -n, -m의 상징의미를 제시하였다. 남풍현(1965 : 56)은 중세 국어의 모음을 경박(輕薄) 계열과 심중(深重) 계열로 나누어 논의한 것이 주목할 만하다.

김형규(1977 : 81)는 우리말 끝소리에 따라 움직임과 이동, 습함과 건조함, 파괴와 무거움 등의 의미를 느낌을 준다고 하였다. 조석종(1980 : 93)에서 어떤 행위를 그만 두게 할 경우 우리말 '섯'과 '뚝'했을 때 끝소리 [ㄷ]나 [ㄱ]소리가 영어의 stop의 [p]와 같이 입을 닫는 폐쇄음과 유관하다고 하였다. 그는 그 외 다양한 모음 음성 상징과 자음 음성 상징을 영어와 비교하였다. 그러나 지금까지 자음의 낱소리를 비교하면서 그 낱소리의 구체적인 상징 의미에 대한 연구는 거의 없었던 것으로 알고 있다.

이 연구는 우리말 가운데, 첫소리가 [ㅁ]으로 시작하는 말과 [ㅂ]으로 시작하는 말 사이에 어떤 의미적 차이가 있는가를 밝히는 데 목적이 있다. 그리고 그 의미적 차이가 [ㅁ]과 [ㅂ]의 소리의 특성과 관련이 있을 것이라는 예측을 바탕에 깔고 있다.

2. 자료와 연구방법

조사 자료는 동아 새국어사전(2004, 두산)에 등재된 표제어 가운데 [ㅁ]으로 시작하는 우리말(고유어)과 [ㅂ]으로 시작하는 우리말(고유어)을 통계 자료로 삼았다. 파생어와 합성어는 접사나 어근을 중심으로 대표어만 선정했으며 의성어나 의태어도 원형을 중심으로 선정하였다. 그리고 문법 범주는

---

7) 정인승(1938), 이희승(1955), 남풍현(1965), 이숭녕(1978), 채완(1987) 등이 있다.

주로 동사나 형용사, 부사, 명사를 중심으로 의미 특성을 살폈다. 동음이의 어는 독립된 한 낱말로 보았다. 실제 자료로 쓰인 낱말 가운데 의미 자질을 찾을 수 없는 경우나 불분명한 것들이 있었기 때문에 의미 자질의 내용에 따라 조사 낱말의 수가 다소 차이가 난다. 그리고 낱말의 의미 해석상 [ㅁ] 과 [ㅂ]의 변별적 의미 자질을 찾을 수 없는 경우가 있기 때문에 각각 소리 에 해당되는 낱말 수와 의미 자질을 비교한 낱말의 수는 차이가 있다.

의미 자질의 선택은 귀납적인 연구방법에 의한 것이다. 즉, [ㅁ]과 [ㅂ] 소리가 가지고 있는 청각적 특성과 그러한 특성과 관련된 의미적 특성을 가 설로 세우고 그 가설을 실제 자료 분석 통해 입증해 나가는 순서로 되었다.

연구자가 조사 대상으로 선정한 순 우리말의 숫자는 다음과 같다.

[표 1] 분석대상 어휘 전체 수

항목 〳 개수	조사 어휘 수
[ㅁ]으로 시작한 말	358
[ㅂ]으로 시작한 말	431

본고의 어휘에 대한 의미자질은 사전에 등재된 의미자질(meaning feature) 을 중심으로 판단하였다. 필자 개인적인 언어 직관과 어휘 분석과 다른 우 리말을 모국어로 하는 다른 여러 사람의 직관을 참고로 했음을 밝힌다. 그 러나 이 분석 또한 개인에 따라 다소 주관적인 해석이 있을 수 있음을 밝혀 둔다. 더구나 사람의 마음과 관련된 논의인 의미나 인지, 담화와 관련된 논 의는 더욱 그렇다. 다만 그 정도성과 경향성으로 가늠할 수밖에 없으며, 그 러한 경향이 뚜렷할 때는 그것 자체로도 매우 유의미한 언어현상이라고 할 수 있다. 어휘의 의미 분석은 다음과 같은 표를 만들어 분석하였다.

[표 2] 어휘 분석 모형

자질 낱말	닫힘	열림	멈춤	움직임	촉각	시각	액체	기체	안	밖	좋음	나쁨
막다	○		○						○			
마렵다							○					
마르다								○				
마무르다			○									
마빚다			○									
마시다							○		○			
합계												

3. [ㅁ]과 [ㅂ]소리의 음성적 특성

훈민정음에서 첫소리(초성) 열여덟 글자를 만든 원리를 자세히 설명하고 있는데, 글자 'ㅁ'은 입 모양을 본떴고 'ㅂ'은 'ㅁ'에서 소리가 조금 세게 나는 것을 나타내기 위해 획을 하나 더해서 만든 것(가획법)이다.

훈민정음 해례본에서 소리 글자와 음양오행으로 [ㅁ]과 [ㅂ][8] 소리인 입술소리를 다음과 같이 설명하고 있다.

> (2) 입술소리는 모나고 합해지나 흙이다. 소리가 머금고 넓으니, 땅이 만물을 품어서 싸안아 넓고 큰 것과 같다. 계절로는 늦여름이 되고 소리로는 궁이 된다. 그러나 물은 만물을 낳는 근원이요, 불은 만물을 이루어 내는 작용을 하는 것이다. 그러므로 오행 가운데서 물과 불을 큰 것으로 삼는다.(脣方而合, 土也. 聲含而廣, 如土之含蓄萬物而廣大也, 於時爲季夏, 於音爲宮, 然水乃生物之源, 火乃生物之用, 故五行之中, 水火爲大)

---

8) 본고에서도 원래 한국어 [ㅁ]과 [ㅂ]의 소리를 국제 음성 기호로 표기해야 하지만 한국어의 [ㅁ]과 [ㅂ] 또한 글자이면서 그것이 독자적으로 소리를 가지고 있다는 점에서 본고에서는 소리의 표기로도 [ㅁ]과 [ㅂ]을 사용한다.

그리고 첫소리 글자의 음성적 특징에서 [ㅂ]은 맑고 흐림에서 보면 전청(全淸)으로 아주 맑고 [ㅁ]은 불청불탁(不淸不濁)으로 맑은 것도 아니고 탁한 것도 아닌 것으로 보았다.9)

일반적으로 음성학 측면에서 [ㅁ]과 [ㅂ]의 음성적 특성은 다음과 같다.

[ㅁ] : 두 입술을 막고 목소리 떨판을 떨게 해서 코와 입 전체가 울리면서 나는 울림 입술 막힘 소리이다.
[ㅂ] : 목소리 떨판(성대)은 떨게 하지 않고 윗입술과 아랫입술을 붙여서 밖으로 공기를 막았다가 약하게 터트려 내는 안 울림 입술 터짐 소리이다.

이 두 소리의 음성적 특징은 [ㅁ]소리는 호기기 폐에서 니외 곧비로 입 밖으로 나오지 못하고 막혀 있다가 구강과 비강을 울리고 성대를 떨게 하여 비강을 통해서 나오는 콧소리(nasal)이다. 따라서 이 소리는 순간적이지만 호기가 비강을 울리면서 안으로 맴도는 내적 성향을 지닌다. 그러나 [ㅂ]소리는 호기가 폐에서 나와 입(구강)을 통과하면서 닫은 입술을 터트려 곧바로 밖으로 나오는 소리이다.10) 따라서 이 소리는 밝은 소리이면서 밖으로 터져 나오는 외적 성향을 지닌다. 본 연구에서 이 두 소리의 음성적 특징은 호기가 비강을 울리느냐 울리지 않느냐에 따라 생기는 청각적인 인상에 초점을 두었다고 볼 수 있다.

따라서 본 연구는 이 두 소리를 첫소리로 하는 낱말의 의미 또한 두 소리의 소리 특성과 밀접한 관련이 있을 것이라는 가설에서 시작되었다.

---

9) 훈민정음 해례본
10) 허웅(1973 : 25)에서 콧소리는 입안의 어떤 자리를 막고 코로 내는 숨으로 발음하는 소리라고 하였다. 김진우(2004 : 71)에서도 공기가 비강으로 통하여 나가는 소리를 비음이라 하였다. 우리말 큰사전(한글학회, 1995,1273)에 'ㅁ'의 소리값을 '닿소리로서 두 입술을 붙이고 목청으로 콧속을 울려 내는 두 입술 콧소리이다'라고 하였다. 실제 국어 [ㅁ]소리는 입을 다물고 코로 호기를 내면서 성대를 떨게 하는 소리라는 점에서 [ㅁ]소리는 '안'에서 울려 나는 소리라고 할 수 있다.

이 두 소리가 첫소리로 된 낱말을 대상으로 삼은 것은 두 소리가 끝소리에 날 때는 낱소리의 소리 특성을 그대로 나타내지 못하기 때문이다. [ㅂ]소리는 끝소리에서는 내파음(implosive) [p']이 되어 터지지 않는 소리가 된다. 그리고 유성음 사이에서는 [p]의 이음인 유성음 [b]가 되어 [p]와 다른 소리가 되기 때문이다.

4. 첫소리 [ㅁ]과 [ㅂ] 낱말의 의미 특성

한국어 가운데 첫소리 [ㅁ]소리와 [ㅂ]소리로 된 낱말들의 의미 특성을 '[닫힘]과 [열림]', '[멈춤]과 [움직임]', '[촉각]과 [시각]', '[액체]와 [기체]', '[안]과 [밖]', '[부정]과 [긍정]'의 여섯 가지로 분석하였다. 이 의미 자질은 첫소리 [ㅁ]소리와 [ㅂ]소리로 된 모든 낱말들의 속성이기보다는 두 소리로 된 낱말들에 나타난 두드러진 특성으로 볼 수 있다. 위 특성 가운데 '[닫힘]'과 '[열림]'의 관계는 '[안]'과 '[밖]'의 특성과 매우 밀접하게 관련되어 있다. 그렇다고 두 특성이 동일하지는 않다. '[닫힘]'과 '[열림]'은 공간과 동작의 특성을 가지고 있으며 '[안]'과 '[밖]'은 말할 이의 일정한 시점을 기준으로 한 공간적 개념이다. 그리고 '[액체]'와 [기체]'의 특징은 각각 '[습(濕)]'과 '[건(乾)]', 특히 '[기체]'는 '[빛(光)]'과 관련된 의미적 특성을 가지고 있다.

4.1. [닫힘]과 [열림]

[ㅁ]소리는 입이 닫힌 상태에서 코가 울리고 코와 입이 통째 떨리는 소리이다. 따라서 [ㅁ]소리는 우선 입이 닫혀서 소리 난다는 점에서 [ㅁ]소리로

시작하는 말은 [+닫힘(塞)]의 의미 자질을 가지고 있을 것으로 예측된다. [닫힘]은 공간이나 시간의 한계점, 즉 '끝'을 의미한다. 동작으로 보면 더 이상 나아가지 못하는 단계를 의미하기도 한다. 폐쇄된 공간도 '[닫힘]'의 의미로 볼 수 있다. 따라서 우리말 첫소리 [ㅁ]이 '끝'이나 '한계'의 의미를 나타내는 말들이 많다. 그 보기는 다음과 같다.

> (3) 막내, 맏이, 머리, 마루(마리), 마무리, 마루, 묶다, 마당, 마디, 마지막, 마치다, 미치다, 매듭짓다, 막다르다, 마름질, 마무르다, 막(히)다, 목, 만(조사), 모(공간의 귀퉁이나 모서리), 맨(더 할 수 없을 정도나 경지에 있음을 나타내는 말). 맺다, 멍에, (줄을) 매다, 모자라다, 몰다, 무리, 묻다, 머물다, 뭇-(수효가 많음), 몽땅, 모두, 밑,

'맏이'와 '막내'는 각각 위와 '아래'에 '끝'을 말한다. '맏이'가 중세국어 '가장'의 의미를 가진 '뭇'에서 나왔다고 보기도 한다. 그리고 '막내'의 '막'이 '막다(塞)'에서 나온 것으로 보인다. 접두사 '맨-'도 이와 비슷하게 '가장'의 의미를 가지고 있다. 가장은 끝을 의미하고 끝은 위나 아래로 닫힘을 의미한다. 사람 이름에 '끝자', '말자', '막필', '막둥이' 등과 같이 '말(末)=끝=막=막다'와 같은 뜻으로 쓰인다. 접두사 '뭇-'도 '수효가 많음'을 의미하는 것도 이와 관련이 있는 것 같다. 그리고 '마무리', '마지막', '마치다', '매듭짓다', '마무르다' 등도 모두 유사한 의미로 '끝'이나 '막다(塞)'를 어원으로 하고 있으며 그 의미는 어떤 행위나 사태의 '닫힘'을 의미 원형으로 하고 있다. 사람이나 짐승의 '머리'도 '말(頭)'에 그 어원이 있다. 오늘날 '머리'는 중세 국어에 '므리(首)'로 나타나고 있다.[11]

우리 가옥 구조에 [ㅁ]소리로 시작하는 '마루'가 있다. 이와 비슷한 것으로 경상도 가옥 구조가 '정지-안방-마리'의 짜임으로 되어 있다. 중앙 방언 '마루'와 경상 방언 '마리'와 전라 방언 '물리'가 모두 방과 방 아니면 안방에 딸린 [닫힘]의 공간으로 이루어진 것이다.[12]

---

11) 훈몽자회에 '首'를 '마리 슈', 마리 아뢰다(머리를 빗겨 드리다-궁중용어)

오늘날 '묶다'라는 동사도 [ㅂ] 계열인 [ㅍ]의 '풀다'와 상대되는 의미로 무엇을 닫는(閉) 의미이다. 이와 비슷한 것으로 '매다'와 '맺다'가 있다.13) 줄을 묶는 것이나 줄을 매는 것이나 모두 '닫힘(閉)'의 의미이다. '마디'란 말도 일정한 간격으로 막혀있고 닫혀있고 묶여있는 것을 말한다. 그리고 '막다'라는 동사도 '열다'와 상대되는 의미로 '닫힘'의 의미를 그대로 가지고 있다. '미치다'도 '공간적 거리나 수준 따위가 일정한 선에 닿음'을 의미하기 때문에 [ㅁ]의 [닫힘] 음성 상징에서 나온 것으로 볼 수 있다.

'목'도 사람의 인체를 보더라도 넓은 입에서 좁게 막힌 것을 의미한다. 첫소리가 '목'으로 된 '병목'도 병의 좁은 입구 부분을 말하는 것으로 막힘의 의미를 가지고 있다. '길목'이나 '골목'도 모두 그렇다.

'모자라다'는 열림이나 퍼짐, 넘침이 아니라 부족하여 안으로 닫혀 있는 의미이다. '몰다'도 닫혀 있는 구석으로 몰리는 것을 의미하는 것으로 볼 수 있다. 공간의 모퉁이나 모서리의 '모'도 [닫힘]의 의미를 가지고 있다. '모퉁이로 몰다'가 자연스러운 것도 [ㅁ]의 의미와 관련이 있다. '마당'이란 말도 집에 붙어 있는 닫혀 있는 일정한 공간을 말한다. '마당'이 '맏+앙'으로 분석되며, '맏-'은 [ㅁ]소리의 [닫힘]에서 나온 것이다.

'무리'는 어떤 상태를 막아서 모으는 것을 말한다. '무리짓다'는 어떤 개체가 널려있거나 흩어져 있는 것을 닫힌(閉)상태로 묶는 것을 말한다. 이와 관련이 있는 말로 '몽땅', '모두'도 어떤 개체를 싸안은 것을 말한다. 전체를 묶은 것, 전체를 닫은 것을 '몽땅'이나 '모두'라고 한다면 '몽땅'이나 '모두'도 [ㅁ]소리와 관련이 있다고 볼 수 있다.14)

또 재미있는 것은 '밑'과 '묻다'가 모두 [ㅁ]소리로 시작한다는 것이다. '밑'은 '아래로', '안으로'의 의미를 가지고 있다. 뒤에 보겠지만 [ㅁ]소리가

---

12) 이기갑(2003)에 '대청이 열린 공간이라면 '마리'는 닫혀 있는 공간'이라고 하였다.
13) 맵씨의 '맵'은 '옷매', '몸매', '눈매'의 '매'와 같은 뜻이며, '매'는 '끈으로 매어 마무리 짓는다'라는 '매다'에서 나왔고(최창렬, 1986 : 47) 이는 모두 'ㅁ'으로 시작하며, 'ㅁ'의 [닫힘] 의미가 그 원형임을 알 수 있다.
14) '모두'는 '몰다, 모도다(集)'의 의미에서 나왔다.

[안으로]의 음성 상징을 가지고 있다는 것과 밀접한 관계가 있다. 이와 같은 의미가 '묻다'이다.15) '묻다'는 [아래로]의 의미를 가지고 있으면서 동시에 [닫힘]의 의미를 가지고 있다. 그래서 '땅 밑에 묻다'라는 말과 같이 모두 [ㅁ]의 첫소리로 자연스럽게 호응이 이루어진다. 동사 '묵다'와 형용사 '묵다'가 모두 오랫동안 머무르거나 일정한 때가 지나 오래된 상태를 의미한다고 한다면 고정되고 [멈춤]이며 [닫힌] 상태에서 시간이 흐름을 말한다. 이때는 시간의 흐름보다는 고정된 상태의 의미가 더 두드러진다. [멈춤] 의미의 낱말은 대표적으로 '머물다'가 있다. 이 '머물다'는 첫음절과 둘째음절의 첫소리가 모두 [ㅁ]소리 시작한다.

그러나 [ㅂ]소리는 입이 열리고 호기가 안에서 밖으로 발산하며 터져 나음으로써 그것으로 이루어진 의미 또한 [열림]의 의미특성을 가지고 있다. 따라서 [ㅂ]소리는 [흩어짐]의 의미 자질을 가지고 있으며 '흩어짐'은 결국 '머무는 것'이 아니라 움직이는 [움직임] 의미와 통한다.16) 따라서 우리말 가운데 [ㅂ]으로 시작하는 말은 [열림]의 의미를 가지고 있는 말이 다른 말보다 절대적으로 많다.

(4) 밖(바깥), 바다, 부르다, 벗다, 번지다, 벌이다, 벌(판), 벌다, 베다, 베풀다, 바꾸다, 비추다, 부수다, 부터(조사), 불다, 빌다, 벼랑(별ㅎ), 박다, 받다(?), 부딪다, 봄, 보풀다

'밖'은 [ㅂ]으로 시작하는 말 가운데 [열림]의 가장 원형적인 낱말로 보인다. '바깥'이란 말도 '밖+앝'에서 온 말이다. 우리말 '바다'나 '바다'의 중세 국어 '바롤'도 [ㅂ]으로 시작한 말로 '물'과의 관련성보다 '넓음'이라고 하는 공간적 의미가 중심이 된다. 현대국어 '바다'의 중세국어 '바롤'의 어원

---

15) '묻다'는 동음이의어로 '땅에 묻다'의 의미와 '질문하다', '흙이 묻다'의 의미도 가지고 있다. [ㅁ]의 [닫힘] 의미 자질과 '질문하다'의 의미 관계는 분명하지 않은 것 같다. 그러나 '땅에 묻다'나 '흙이 묻다'의 '묻다'는 [ㅁ]의 의미 자질로 해석이 가능하다.

16) 영어에서 b로 시작하는 몇몇 단어에서 이러한 모습이 보인다. blow(불다, 치다), blossom (꽃이 피다, 만발하다), bleed(피를 쏟다, 흘리다)

이 '발-'은 '벌-'과 마찬가지로 [열림]과 [넓음]이 그 의미 원형으로 볼 수 있다. '바다'가 '물'의 의미보다 [넓음]이나 [열림]의 의미를 가지고 있는 것은 바다에 있는 물을 의미할 때는 항상 '바닷물'이라 하는 것에서도 알 수 있다.17) 반면에 이와 비슷하게 육지에 물이 고여 있는 '못'이란 말이 있는데 이 '못'은 [ㅁ]으로 시작한 것으로 의미 원형이 물이다. '못'은 넓음이나 좁음보다 '물'의 의미가 중심이 된다는 말이다. 그래서 '못물'란 말은 쓰지 않는다. '못이 말랐다', '못이 넘쳤다'라고 하면 '못에 있는 물이 말랐다', '못에 있는 물이 못 둑을 넘쳐흘렀다'와 같은 의미로 쓰인다. 그러면 육지의 의미인 우리말 '뭍'은 어떻게 볼 것인가? '바다'가 멀리 [열림]의 의미로 이루어졌다면 뭍은 [닫힘]으로 해석할 수 있다 '뭍'은 항상 바다와 상대적인 의미로 쓰인다. '바다에서 뭍으로 올라왔다.'든가 '바다에 살지 않고 뭍에 산다.'와 같다. '뭍'과 비슷한 '땅'은 '물'과 상대되는 말이다. 무한 광대하게 열려 있는 바다와 상대적으로 나아가고 싶어도 가지 못하게 닫혀 있는 의미로 '뭍'이 아닌가 한다. 여기에서도 [ㅂ]과 [ㅁ]의 [열림]과 [닫힘]의 의미 원형이 내재되어 있는 것으로 보인다. 이와 비슷하게 [ㅂ]의 '밖으로' '넓음'을 의미하는 말로 '벌'이 있다. '바다'와 '벌'은 같은 어원을 가지는데, '벌'은 아주 넓게 펼쳐진, [열려진] '들(野)'을 말한다.

　'부르다'란 말도 밖으로 나온 모습이다. '배가 부르다'란 말은 포만감이라는 느낌뿐만 아니라 배가 밖으로 팽창, 열림을 의미한다. '벗다', '번지다', '벌리다', '베풀다', '비추다'도 모두 밖으로 '흩어짐'이나 '외향'의 의미를 가진 [열림]을 의미하고 있다. '불다'도 [열림]의 의미는 '바람이 불다'처럼 흩어짐이나 '입으로 바람을 밖으로 불다'와 같이 '밖으로'의 의미를 그대로 가지고 있다. '빌다'는 어떤 대상을 향해 바람을 비는 것을 말하는데 일반적으로 비는 대상은 하늘이나 신이나 절대자이다. 비는 대상은 일반적으로 모두 밖에 높은 곳에 있는 대상이다. 그래서 '빌다'가 '밖으로', '높음'을 의미

---

17) '바다'의 원형이 [열림]과 [넓음]의 의미는 고대 퉁구스어 'pata'와 같으며, 일본어 'wata'도 우리말 'pata'에서 변한 것(p->w-)으로 보인다.

하는 [ㅂ]으로 시작한다.

계절 가운데 '봄'을 '봄'이라 한 것도 겨우내 갇혀 있었고 움츠려 있었던 삼라만상이 날이 따뜻해지면서 부풀어 오르고 [밖으로] 터져 [열림]이 시작하기 때문이다.18) 정호완(1991 : 91-92)에서 '봄'을 '보다'에서 나온 말이라고 하면서 "봄'은 '시각의 구실을 하며 부활과 생장을 의미한다.'고 하였다. 부활과 생장이 곧 [열림]과 [동적]이라는 의미자질을 가지고 있다. 따라서 '봄'의 첫소리 [ㅂ]도 이처럼 [열림]의 원형으로 이루어진 말로 보인다.

우리말에 '벼랑' 또는 옛말 '별'이란 말도 [ㅂ]의 '밖으로' [열림]의 의미를 가지고 있다. '별'은 땅에서 볼 때 바위가 높게 하늘로 솟아오르거나 하늘로 열려있음을 말한다. 이와 비슷한 '낭' 또는 '낭떠러지'는 '별'과는 반대로 바위나 절벽 위에서 내려다본 때 이름 말이다. 낭떠러지는 '낭+떨어지다'의 합성어로 절벽 위에서 내려다본 의미임을 쉽게 알 수 있다.19) [ㅁ]과 [ㅂ]으로 시작하는 말의 '닫힘'과 '열림'의 비율은 다음과 같다.

[표 3] '닫힘'과 '열림'의 비율

	닫힘		열림		전체	
	개수	비율(%)	개수	비율(%)	개수	비율(%)
[ㅁ]	55	98.2	1	2.8	56	100
[ㅂ]	2	2.0	99	98.0	101	100

---

18) 최창렬(1986 : 71)은 우리말 '봄'이 영어의 봄인 spring과 같이 용수철처럼 솟아나온다는 의미에서 그 어원을 가지고 있으며 새로운 생명들이 솟아나서 새 세상을 '보다'에서 나왔다고 본다. 이것도 'ㅂ'의 의미인 [밖으로]와 일치한다.

19) 홍윤표(2002)에서도 '낭떠러지'는 위에서 내려다보았을 때 일컫는 단어이고, '벼랑'은 아래에서 위를 쳐다보았을 때 일컫는 단어로 보면서, '낭떠러지 아래로, 발밑으로 낭떠러지가 있다.'와 같은 예를 들었다. 그런데, '벼랑'은 아래에서 위를 쳐다보면서 표현하는 경우가 많지만, '벼랑 위', '벼랑 아래', '벼랑 끝' 등으로 폭넓게 사용되어서 '낭떠러지'를 휘감하는 의미로 사용되기도 한다고 하였다. 경남 진주에는 '뒤벼리'와 '새벼리'라는 지명이 있다. 이 두 곳은 모두 높은 절벽으로 되어 있다. 이 '벼리'도 /ㅂ/로 시작하는 [열림]의 의미이다. 이와 같은 표현은 알려진 바와 같이 고려 속요 '동동' 유월조에 '별해 ㅂ론 빗 다호라'의 '별해'도 '벼랑'을 의미하고 있다.

위 [표 3]에서 보듯이 [ㅁ]으로 시작하는 우리말은 [닫힘]의 의미가 절대적이고 반면, [ㅂ]으로 시작하는 우리말은 반대로 [열림]의 의미가 절대적임을 알 수 있다.

4.2. [멈춤]과 [움직임]

우리말의 [ㅁ]소리로 시작된 말은 [움직임]보다 [멈춤]의 의미가 훨씬 많다. 반면에 [ㅂ]이나 같은 계열인 [ㅃ]으로 시작하는 말은 움직임의 소리나 어떤 사물의 상태를 나타내는 말이 상대적으로 매우 많다. 이것은 [ㅁ]소리가 닫혀 울려나는 소리에 그 까닭이 있어 보인다. 반면에 [ㅂ]소리로 시작하는 의태어나 의성어가 많은 것은 [ㅂ]소리가 가지고 있는 [열림]과 [움직임]의 의미를 잘 담아낼 수 있는 소리의 특징을 가지고 있기 때문이라고 볼 수 있다.

[ㅁ]의 [멈춤] 의미는 다음 (5)와 같이 [ㅁ]으로 시작하는 동사에서도 알 수 있다.

> (5) 머물다, 멎다, 묵다, 묶다, 멈추다, 마치다, 마무르다(마무리하다), 맺다,
>   매다, 물다, 미적미적하다

등과 같이 [ㅁ]으로 시작하는 말은 대부분 [멈춤] 의미를 가지고 있다.

행위자가 거처에 '머무는 것'을 '묵다'라고 한다. '묵다'의 다른 의미는 '무엇을 오랜 시간 동안 그대로 정지시켜 두는 것'을 말한다. 김광해(2001 : 292)에서도 '묵다1'의 의미인 '일정한 쓰임이나 기능 또는 고유한 성질을 가진 것이 제대로 쓰지 못하거나 제 기능을 발휘하지 못하는 상태에서 다소 많은 시간이 흐르게 되는 것을 기본 의미로 한다'라고 하고, '묵다2'는 '다른 곳에 가지 않고 있게 되는 상태'를 의미한다고 하면서 이 둘은 의미상

밀접한 관계가 있다고 하였다. 이와 관련이 있는 말로 행위를 끝내는 '마치다, 맺다, 마무르다, 묶다' 등의 말들도 모두 진행되던 상태나 행위가 끝나면서 [멈춤]을 의미한다. 동사 '물다'도 행위가 일어나는 것이 아니라 어떤 물체를 입에 물고 '멈춘 상태'로 있는 것을 말한다. 동작이 진행되는 모습을 말한 '미적미적'이란 말은 '자꾸 꾸물대거나 망설이는 모양'을 말한 것이다. 이것도 [ㅁ]이 가진 [멈춤]의 의미에서 파생된 것이다. '멎다'와 '머물다'는 각각 '움직이던 것, 상태가 계속 되던 것 등 추상적인 연속이 그치는 것'을 의미하는데 반해 '멈추다'는 '물체의 움직임이 그치는 것'을 의미한다. 그러나 서로 의미가 조금 다르긴 하지만 모두 [멈춤]이라는 의미 원형은 공통적이다.

반면에, [ㅂ]이 [움직임]의 상징적 의미를 가지고 있음은 다음 (6)처럼 [움직임]의 의미를 가신 의태어가 [ㅁ]으로 시작하는 말보다 훨씬 많다는 것으로 알 수 있다.

  (6) 발름발름(벌름벌름), 버글버글, 북적북적, 보글보글, 부글부글, 부들부
      들(바들바들), 반짝반짝(번쩍번쩍), 비틀비틀, 부슬부슬, 부썩부썩(바싹
      바싹), 방긋방긋

아래 [표 4]는 겨레말 갈래 큰 사전(1993)에서 우리말 소리와 상태를 나타내는 말 가운데 첫소리 [ㅁ]과 [ㅂ]으로 시작하는 말의 개수다.

[표 4] 의성어와 의태어의 수

소리 ＼ 상징어	의성어	의태어
첫소리 [ㅁ]	3	4
첫소리 [ㅂ]	109	172

위 [표 4]에서 [움직임]을 나타내는 우리말 의태어는 [ㅁ]으로 된 말보다

는 [ㅂ]으로 시작하는 말이 훨씬 많음을 알 수 있다.

[ㅂ]으로 시작하는 [움직임] 의미를 나타내는 동사는 다음과 같은 것들이 있다.

(7) 비롯하다, 비틀다, 벌이다, 벌리다, 번지다, 벗다, 붙다, 불다, 박다, 부수다

'비롯하다'는 동작의 시작을 의미하는 말로 끝남을 나타내는 [ㅁ]의 음성 상징과는 대조적이다. '비틀다'도 형태를 바꾸는 동작이고 '벌이다'도 상태를 드러내는 것이며, '벌리다'는 어떤 사물의 공간을 내기 위해 [밖]으로 행위가 일어나는 것을 말한다. '번지다'나 '붙다'도 어떤 대상이 [밖]으로 행위가 일어나는 '동적'인 의미를 가진다. '불다'도 바람이 움직임을 나타내며 '박다'나 '부수다'도 어떤 물건을 변형이라는 움직임의 의미를 가지고 있다. 이 이외에도 [ㅂ]으로 시작하는 우리말들은 대부분 [움직임]의 의미를 가지고 있는 것으로 보인다. 다음 [표 5]는 [ㅁ]과 [ㅂ] 소리로 된 말의 '멈춤'과 '움직임'의 비율이다.

[표 5] '멈춤'과 '움직임'의 비율

	멈춤		움직임		전체	
	개수	비율(%)	개수	비율(%)	개수	비율(%)
[ㅁ]	36	75.0	12	25.0	48	100
[ㅂ]	1	0.8	126	99.2	127	100

위 [표 5]에서 [ㅁ]으로 시작하는 말이 [움직임]보다 [멈춤]의 의미를 가지고 있는 경향이 높은 반면 [ㅂ]으로 시작하는 말은 절대적으로 [움직임]의 의미를 가지고 있음을 확인할 수 있다.

4.3. [촉각]과 [시각]

우리말 가운데 [ㅁ]으로 시작한 말은 [시각]이나 [청각]보다 [촉각]의 의미와 관련되어 있어 보이고 [ㅂ]으로 시작한 말은 [시각]과 더 밀접하게 관련되어 있는 것으로 보인다. '촉각'은 일반적으로 '물'의 의미와 관련되어 있는 액체의 감각적인 의미 자질을 가지고 있다. [ㅁ]소리의 [촉각] 원형은 '만지다'라는 동사에 의해 알 수 있다.

> (8) 만지다, 몰랑몰랑하다, 물컹물컹하다, 매끄럽다, 미지근하다, 맨질맨질
>   하다, 맨-

'몰랑몰랑하다'나 '물컹물컹하다'는 말은 보두 댄성 분제가 손으로 만졌을 때 알 수 있는 촉감을 말한다. '미지근하다'도 물의 온도를 촉감으로 느낀 것이고, '맨질맨질하다, 맨살'의 접두사 '맨-'도 마찬가지로 만져서 알 수 느낌이다.

그러나 [ㅂ]소리로 시작한 말의 [시각]적 의미는 다음 (9)에서 알 수 있다.

> (9) 보다, 반질반질, 반드르르, 반반하다, 반짝반짝, 비추다, 바래다, 빛, 볕,
>   밝다

무엇보다도 동사 '보다'가 [ㅂ]으로 시작한 말에서 그 원형을 찾을 수 있다. '반질반질'은 만져서 아는 것보다는 보아서 알 수 있는 것이고 '반드르르', '반반하다'라는 말도 보아서 느끼는 것이다. '반짝반짝'이란 말도 '햇빛이 반짝반짝하다'와 같이 시각과 관련된 말이다. [ㅂ]으로 시작하는 말 가운데 촉각과 관련되는 것은 '바삭바삭/버썩버썩', '부드럽다', '보들보들/부들부들', '보송보송', '버스럭버스럭' 정도로 보인다. 다음 [표 6]은 [ㅁ]소리로 시작한 말과 [ㅂ]소리로 시작한 말의 '촉각'과 '시각' 비율이다.

[표 6] '촉각'과 '시각'의 비율

	촉각		시각		전체	
	개수	비율(%)	개수	비율(%)	개수	비율(%)
[ㅁ]	29	76.3	9	23.7	38	100
[ㅂ]	5	4.9	97	95.1	102	100

위 결과에서 보면 첫소리 [ㅁ]으로 된 낱말은 [촉각]과 [시각]의 의미 차이가 상당히 많이 난다고 볼 수 있다. [ㅂ]으로 시작하는 우리말은 [촉각[보다는 [시각]의 의미를 가지고 있는 말이 절대적으로 많다. 감각을 나타내는 말이 [ㅁ]으로 시작하는 말보다는 [ㅂ]으로 시작하는 말이 절대적으로 많다는 것도 주목할 만한 우리말의 특징으로 보인다.

4.4. [액체(물)]와 [기체(불)]

우리말에서 [ㅁ]으로 시작한 말은 [액체/물/습(濕)]의 의미와 더 밀접하게 관련되어 있는 것으로 보이고, [ㅂ]으로 시작하는 말은 [기체/불(빛)/건(乾)]의 의미와 더 밀접한 관련을 가지는 것으로 보인다. 그리고 액체는 '무거움'과 기체는 '가벼움'으로, 액체는 '물'과 관련되고 기체는 '불(빛)'과 관련된다.

정호완(1991 : 79)에서 '물과 불과 풀을 소리 상징으로 보면, 물이 가장 부드럽고 불은 두 입술이 닿았다가 터지는 파열의 느낌을 환기한다. 한편, 풀은 완전한 유기성 히읗이 첨가되어 있는 거센 소리의 상징을 불러 일으킨다'고 했다. 이것은 물과 불이 가지고 있는 첫소리 [ㅁ]과 [ㅂ]소리가 '물'과 '불'이 가지고 있는 의미와 관련이 있음을 말한 것이다.

첫소리가 [ㅁ]으로 된 우리말에서 이처럼 물과 관련된 보기를 보면 다음과 같다.

(10) '물', '무르다', '마시다', '마르다', '맑다' (물에)말다, 묽다, 마렵다, 말
    (몰, 물속에 사는 식물), 마름(물속이나 진흙에 사는 식물), 무-(접두사,
    물), 맛, 못, 먹, 물감, 먹(감다), 몸, 뭉개다, 미음, 미끄럽다, 미르(용-)[20]

위 (10)의 보기들은 첫소리가 [ㅁ]으로 시작되는 말들인데 한결같이 '물'
과 관련된 말들이다. '물'은 물론이고 '무르다'도 '딱딱한 고체보다는 물을
머금은 상태'를 말한다. '마시다'도 원형은 '물을 마시다'와 관련이 있다. 그
래서 '술을 마시다', '음료수를 마시다'와 같이 쓰인다. 이 말은 다의어로 확
장 전이되면서 '공기를 마시다', '연기를 마시다' 등과 같이 속으로 들이키
는 것을 의미하게 되었다. '마르다'도 '물기가 없어지는 것'을 말하고 '맑다'
도 '물이 맑다'로, '묽다'도 '액체의 농도가 진함과 묽음'을 나타낸다. '말다'
는 물에 말다 할 때 물과 관련이 있고, '마렵다'도 '오줌이 마렵다', '내비이 마
렵다'처럼 오줌과 같은 액체이거나 대변처럼 물기가 있는 것과 관련이 있
다. 물 속에 사는 식물 가운데 '말'이나 '몰', '마름'이 있다. 이 모두 [물]의
의미를 가지고 있다. '접두사 '무-'도 '물'의 의미를 가진 말이다. 물기(습도)
가 많으면서 더운 날씨를 '무덥다'라 한다. '물감'인 '먹'도 액체와 관련이
있다. 음식 가운데 '미음'이란 것도 물기가 많은 '쌀죽'을 말한다. '물에서
목욕하는' 뜻의 우리말 '멱감다'의 '먹'도 [물]과 관련이 있다.

반면, [ㅂ]소리는 [불]의 의미와 밀접한 관계가 있는 것으로 보인다[21] [기
체]의 음성 상징을 가진다. '불'의 첫소리 [ㅂ]도 그러한 맥락에서 이루어진
것이다. 이와 관련된 우리말은 다음 (11)의 보기와 같다.

(11) 불, 부르다, (빛,색) 바래다, 바람, 붙다, 불다, 바라보다, 밭, 번개, 볕,

---

20) 용의 우리 옛말이 '미르'이다. 龍 미르 룡(훈몽자회 초 상 10, 왜어유해 하 24)으로 되어
   있다. 용이 물과 깊은 관련이 있다면, '미르'의 'ㅁ'도 물과 관련성을 나타내는 것으로 볼
   수 있다.
21) '불'을 나타내는 영어 fire의 'f'도 우리말 'ㅂ'계열의 소리 의미 원형과 서로 관련성이 있
   을지도 모른다. '불'은 '붉다'라는 말에서 원형을 가지고 있다. 일본어 [Fi]나 퉁구스어
   palgan, 그리스어 [pūr]도 우연히 일치하고 있다.

> 빛, 봄, 밝다, 부스러기, 부썩부썩, 바싹바싹, (부채를) 부치다, 비치다,
> 번지다, 부지지(바지지)-불타는 소리, 조리는 소리, 반짝반짝(번쩍번
> 쩍), 벼리다(불에), 보슬보슬(덩이진 가루 따위가 물기가 적어 엉기지
> 못하고 바스러지기 쉬운 모양), 부서지다

[ㅂ]이 불의 의미와 관련이 깊다는 것은 불과 관련된 말들의 의미관계에
서도 알 수 있다. '불이 붙다'와 같이 '붙다'도 첫소리가 [ㅂ]으로 시작한다.
이것은 '물을 마시다'에서 '마시다'가 [물]의 의미로 첫소리가 [ㅁ]으로 시
작하는 것과 같다. '불' 또는 '밝다'와 관련이 있는 [ㅂ]으로 시작하는 말로
'붙다'이외 '볕', '빛', '번개' 등이 있다.[22] 그리고 [기체]의 의미는 '바람'이
있고 '바람이 불다'와 같이 '바람'과 밀접하게 호응하는 '불다'도 [ㅂ]으로
시작한다. '불이 붙다'와 '바람이 불다'가 모두 [ㅂ]으로 시작하는 것은 모두
[ㅂ]의 음성 상징과 관련이 있는 것으로 보인다. '바래다'라는 말도 '빛'이나
'색'이 '바래다'[23]의 의미로 쓰인다. 빛이나 색이 모두 개체나 시각적인 의
미를 가진다. 형용사 '밝다'도 '물이 맑다'와 '불이 밝다'와 대응이 된다.
'물'은 '맑다'와 같이 모두 [ㅁ]으로 시작되고, '불이 밝다'는 모두 [ㅂ]으로
시작된다. '빛이 비치다'와 같이 '비치다'도 '빛'과 호응이 되며 '불'과 관련
이 있다. '불'은 '메마름'과 관련이 있다. '메마름'은 건조함의 의미인데 [ㅂ]
으로 시작하는 의성어인 '부썩부썩, 바싹바싹'도 건조함과 관련이 있다. '부
스러기'도 마찬가지로 건조할 때 깨어진 것을 말한다. '불이 번지다'의 '번
지다'도 '불'과 관련이 있다. '물이 번지다'라고는 하지 않는다. '밭'도 [ㅂ]
으로 시작하면서 물을 넣지 않고 작물을 기르는 땅을 말하는데, 여기도
[-물]과 관련이 있다.

그리고 [기체]는 [가벼움]으로 통하는데, 이 [가벼움]의 의미를 가지고 있
는 사람의 행동이나 인성을 나타내는 말로 '비실거리다, 비틀거리다, 발칙스
럽다, 방정맞다, 볼강스럽다, 발랑까졌다'가 있고, 물기가 적은 것을 '보들보

---

22) '보름'도 '불(火)'이 그 어원으로 'ㅂ'으로 시작한다(최창렬, 1986 : 108).
23) '바래다'의 영어는 bleach이다. 'b'로 시작한다.

들, 보슬보슬, 보슬비' 등으로 표현하고 있다. 다음 [표 7]은 [ㅁ] 소리와
[ㅂ]소리로 시작한 말의 '액체'와 '기체'의 의미 비율이다.

[표 7] '액체'와 '기체'의 비율

	액체/습/물		기체/건/불(빛)		전체	
	개수	비율(%)	개수	비율(%)	개수	비율(%)
[ㅁ]	48	100	0	0	48	100
[ㅂ]	3	4.3	67	95.7	70	100

위 [표 7]에서 우리는 [ㅁ]소리 낱말과 [ㅂ]소리 낱말의 의미 차이를 명확
하게 볼 수 있다. [ㅁ]으로 시작하는 말은 조사한 결과만 보면 모두 '액체/
문/습'의 의미와 관련되어 있다. 비면 [ㅂ]으로 시작한 말은 서외 '기체.서/
불(빛)'과 관련되어 있음을 알 수 있다. 조사의 차이를 어느 정도 인정한다
고 하더라도 우리는 소리와 의미의 관련성에서 매우 유의미한 특징을 발견
할 수 있다.

4.5. [안]과 [밖]

[ㅁ]소리가 '안'에서 울려 공기가 맴돌다가 코로 밖으로 나오기 때문에
이 소리로 이루어진 말은 대체로 [안]의 의미 특성을 가지고 있는 것으로
보인다. 반면, [ㅂ]소리는 호기가 곧바로 입술을 터트리면서 [밖]으로 나오
기 때문에 이 소리로 이루어진 말은 [밖]의 의미 특성을 가지고 있다. 또한,
[ㅁ]소리로 된 말은 [안]의 의미와 함께 [아래]의 의미도 같이 가지고 있고
[ㅂ]소리로 된 말은 '밖'의 의미와 함께 [위]의 의미도 같이 가지고 있다.
첫소리가 [ㅁ]으로 시작하는 우리말에서 동작이 [안]으로 향하거나 두 대
상이 가까이 접근하는 의미로 된 보기는 다음과 같은 것들이 있다.

(12) 모으다, 먹다, 마시다, 마음, 묵다, 말다, 만나다, 맞이하다, 맞추다, 모
    이다, 마무리하다. 마중

'모으다'도 어떤 것을 끌어 모으는 행위를 나타낸다. 이것은 '안으로 끌어
모으다'가 자연스러운 반면 '밖으로 끌어 모으다'는 부자연스럽다. '먹다',
'마시다' 동사도 물이나 음식을 몸 속[안]으로 넣는 행위를 나타낸다. '안으
로'나 '속으로'와 같이 부사어와 호응이 되는 것을 보면 쉽게 알 수 있다.
'묵다'는 '머물다'와 비슷한 의미인데, '여관에 묵다', '묵은 김치'처럼 밖으
로 변화를 추구하는 것이 아니라 [안]으로 고정되면서 정지된 의미를 가지
고 있다. '말다'도 '자리를 (안으로) 말다'와 같이 행위가 [안]으로 행해지는
의미를 가진다. '펴다'와 상대적 의미를 가진다. '만나다'나 '맞이하다', '모
이다', '맞추다'와 같은 동사들도 모두 행위자가 어떤 지점으로 접근하는 의
미이다. 접근한다는 것은 일정한 지점의 [안쪽]으로 모여든다는 의미이다.
'마무리하다'의 '마무리'도 '말다(卷)'를 어원으로 하고 있기 때문에 [안]의
의미를 가지고 있다. '마음'은 사람의 가슴 속에 안고 있는 심리적 실체이
다. '마음을 내보여라', '다른 마음을 내어보아라', '마음을 펼쳐라', '너 어
떤 마음인지 드러내 봐라' 등과 같이 마음은 [안]으로 들어 있음을 알 수 있
다.24) '마음'이 18세기에는 '어늬 안흐로 계집되라 ㅎ 는다(靑丘永言)'와 같이
'안(內)'과 같이 쓰였다. 따라서 '마음'이 [안]의 의미를 가진다는 것은 쉽게
알 수 있다.
  [ㅁ]소리가 가지고 있는 [안]의 의미는 다음과 같이 여자를 나타내는 말
과도 관련이 있어 보인다.

  (13) 어머니, 할머니, 엄마, 마누라, 아주머님, 마나님, 며느리

[ㅁ]소리는 '어머니'의 의미뿐만 아니라 여자를 상징하는 것처럼 보인다.

---

24) '마음'이라는 뜻의 영어도 mind, mental과 같이 m으로 시작한다. 우리말 ㅁ과 영어 m의
   의미 원형이 서로 관련이 있을지도 모른다.

여자는 안으로 향하는 내향적인 속성과 물과도 통한다. 그래서 우리는 흔히 어머니나 아내를 [안]의 의미를 가져 오늘날의 '아내'가 '안해'로부터 왔으며, '안주인', '안사람', '내자' 등과 같이 [안]의 의미를 가지고 있다.

이와 다르게 다음과 같이 첫소리가 [ㅂ]으로 시작하는 말을 보자.

> (14) 밖, 바래다, 뱉다, 벅차다, 번지다, 벋나가다, 벌판, 벌름하다, 벗다, 벌리다, 벙그러지다, 베다, 베풀다, 별, 볼, 붇다, 볼똥볼똥, 볼록하다, 봉실봉실, 부글부글, 붓다, 부르다, 불쑥불쑥, 부치다, (불이)붙다, 버리다, 비우다, 봄, 볼가지다, 빼다, 뽑다, 풀다, 퍼지다, 펴다, 푸다, 배웅

우연하게도 위 (14)에서 보는 것처럼 [ㅂ]으로 시작하는 동사나 형용사들은 한결같이 [밖으로]의 의미 자질을 가지고 있다.

'밖'은 [ㅂ]으로 시작하면서 기본적 의미는 [밖]이다. 이것은 동작 동사로 [ㅁ]의 '마시다', '먹다'와 대조되는 것으로 [ㅂ]의 [밖]의 의미는 동사 '뱉다'에서 찾을 수 있다. '바래다'는 사람을 밖에 나가서 멀리 보내는 것을 말한다. 여기서 '밖으로' 나가서 '멀리 보내다'라는 의미들과 호응이 되어 [밖]의 의미를 가지고 있다. 이것은 [ㅁ]으로 시작하는 '만나다'와 대조적임을 쉽게 알 수 있다. '벅차다'도 어떤 마음의 상태가 밖으로 상승하는 의미이다. 그래서 '벅차오르다'의 의미가 가능하다. 이와 비슷한 것이 '붓다'라는 말이 있다. '붓다'도 어떤 형상이 밖으로 드러나는 것을 말한다. '붓다'는 '얼굴이 부어오르다'라는 의미가 가능하다. 이 때 '오르다'의 의미가 '밖으로', '위로' 향하는 의미이다.[25] '붓다'의 다른 뜻인 '물을 붓다'일 때도 마찬가지로 '안에서 밖으로' 행위가 일어난다. '번지다'도 어떤 상태가 밖으로

---

25) 'ㅂ'으로 시작하는 말 가운데 '바닥, 바탕, 받침, 받다'와 같은 말은 '아래'의 의미를 가지고 있다. 이들 말은 모두 '바-'로 시작하는 말이다. 그런데 이 말들은 모두 어원이 '받다'의 '받-'이 아닌가 한다(백문석, 1998 참조). 만약 이들 어원이 '받다'로 추정 가능하다면, 이 말들도 다른 'ㅂ'으로 시작하는 말처럼 무엇이 아래로 내려가지 못하도록 하는 [위로]의 의미를 가지고 있다고 볼 수 있다. 볼린저(1975 : 219)에서 비슷한 뜻을 가진 baseless와 groundless 가운데 baseless가 groundless보다 강력한 표현 효과를 가지는 것은 첫소리 base의 입술 모양과 base가 가지고 있는 함축적 의미 때문이라고 하였다(조석종, 1980 : 94) 참조.

나아가는 의미이다. '번지다'가 '번져나가다'로 '나가다'를 붙여 [밖]의 의미를 함의하고 있는 것처럼 '벋나가다'도 '나가다'가 결합되어 합성된 말로 [밖]의 의미를 가지고 있다. 의태어 '볼똥볼똥', '봉실봉실', '불쑥불쑥'은 모두 '나오다'와 호응이 된다. '볼이 볼똥볼똥 튀어나오다'와 '꽃이 봉실봉실 피었다', '근육이 불쑥불쑥 튀어 나왔다'와 같이 모두 [밖]의 의미를 가지고 있다. 의성어 '부글부글'도 '부글부글 끓어오르다'와 같이 '오르다'와 호응이 된다. '부르다'도 '배가 부어오르다'와 같이 '오르다'와 호응이 되고, 형용사 '볼록하다'도 '볼록하게 튀어 나왔다'와 같이 '나오다'와 호응이 된다. 따라서 이들은 [ㅂ]소리가 [밖]의 의미를 가지고 있는 것은 첫소리 [ㅂ]으로 된 낱말들이 '나오다', '오르다'와 호응이 쉽게 되는 것을 알 수 있다.

'벗다'도 안으로 들어가는 행위가 아니라 반대로 [밖]으로 나가는 행위이다. 그래서 '옷을 벗어내다, 벗어버리다'가 자연스럽다. '번지다'는 '소문이 밖으로 번지다', '벌리다'는 '다리를 밖으로 벌리지 마라', '베풀다'는 선행을 밖으로 널리 베풀어라', '비추다'도 '불을 멀리 밖으로 비추다'와 같이 빛이 안에서 [밖]으로 '흩어짐'이나 '외향'을 의미하고 있다. '베다'는 '나무를 베어내다'와 같이 접미사 '밖으로'의 의미를 가진 '-내다'와 호응이 자연스럽다. '내다'는 '숨을 밖으로 내어 쉬다'와 같이 '밖으로'의 의미를 가지고 있다. '불다'는 '바람이 불다'처럼 흩어짐이나 '입으로 바람을 밖으로 불다'와 같이 '[밖]으로'의 의미를 그대로 가지고 있다. '빌다'는 어떤 대상을 향해 바람을 비는 것을 말하는데 일반적으로 비는 대상은 하늘이나 신이나 절대자이다. 비는 대상은 일반적으로 모두 밖에 높은 곳에 있는 대상이다. 그래서 '빌다'가 '밖으로', '높음'을 의미하는 [ㅂ]으로 시작한다. '부치다'도 '밖에' 있는 남에게 무엇을 보내는 것을 말한다. '붙다'는 '불이 붙다'와 호응이 되어 '불'과 밖으로 활활 타오르면서 붙는 것을 의미하여 [ㅂ]으로 시작하는 다른 말과 마찬가지이다.

우리말 '벌판'은 '밖으로 넓게 벌려져 있는 판(들)'으로 볼 수 있다. 그리고 '벌름하다'는 틈이 있어 벌어져 있는 모습이다. 따라서 우리말 '벌'은 [밖으로] 넓게 열려 있음이 의미 원형이 아닌가 한다.

사람의 얼굴에 있는 '볼'도 '볼록하게 튀어나와서' [밖]의 의미를 가진 [ㅂ]소리의 '볼'일 수도 있다. '봄'이 앞에서 [열림]의 원형을 가지고 있는 것은 [밖]이라는 원형과 관련이 있다. 또한 '봄'에는 싹이나 꽃과 잎과 같은 모든 자연 현상이 [밖으로] 나온다는 의미를 함축하고 있는 것으로 보인다.

'버리다', 비우다'도 모두 행위가 '안에서 [밖]으로' 이루어지는 인지 의미 구조로 되어 있다. 이 말들은 '밖에 버리다', '밖으로 비우다'와 같이 쓰인다. '볼가지다'는 '물체의 거죽이 동글게 톡 비어져 나오다'라는 의미이다. 이 말도 '밖으로 비어져 나오다'라는 의미 구조로 되어 있다.

[ㅂ]과 같은 계열의 [ㅃ]이나 [ㅍ]소리로 시작하는 낱말들도 [밖]의 의미를 가지고 있는데, 대표적으로 (10)의 '빼다', '빼앗다', '뽑다', '푸다', '펴다', '풀다', '퍼지다' 등이 있다. 이 모두 [밖으로]라는 부사어와 호응이 자연스러운 말들이다.

[ㅂ]은 [ㅁ]과는 대조적으로 밖으로 발산의 의미를 가진다는 것은 [ㅁ]이 '어머니'라면 [ㅂ]은 '아버지'와도 관련이 있다. 남자는 여자와 대조적으로 여자보다 외향적이고 활동적인 것으로 인식하고 있다.26) 남성이 여성보다 외향적이고 활동적이라고 하는 것과 남성을 지칭하는 말이 [ㅂ]으로 시작하는 말이 많다는 것과 [ㅂ]이 [밖]을 의미 원형으로 하고 있다는 것이 서로 관련성이 있다는 것이다.27) 다음 [표 6]에서 확인할 수 있다.

[표 8] '안'과 '밖'의 비율

	안/아래		밖/위		전체	
	개수	비율(%)	개수	비율(%)	개수	비율(%)
[ㅁ]	47	87.0	7	13.0	54	100
[ㅂ]	4	3.0	131	97.0	135	100

26) 성(gender)에 의한 다양한 언어의 차이는 임규홍(2003) 참조.
27) 우리말 아버지 : 어머니, 한자어 부(父) : 모(母), 영어 파더 : 마더처럼 'ㅁ'과 'ㅂ'의 대립이 자의성만으로 설명하기 어려운 것 같다.

위 [표 8]에서 [ㅁ]소리로 시작한 말은 [안]과 [밖]의 의미 가운데 대부분 [안/아래]의 의미를 나타내고 있으며, [ㅂ]소리로 시작한 말은 절대적으로 [밖/위]의 의미를 나타내고 있음을 알 수 있다. [표 8]에서 공간적 개념을 나타내는 말은 [ㅁ]으로 시작하는 말보다 [ㅂ]으로 시작하는 말의 수가 훨씬 많다는 것도 알 수 있다.

4.6. [부정]과 [긍정]

[ㅁ]소리는 소리가 닫혀 있어서 [ㅁ]으로 시작하는 말은 대부분 부정적인 정서나 감정을 나타내는 것으로 조사되었다.[28] 반면 [ㅂ]소리는 소리가 터져 밖으로 나옴으로써 대체로 긍정적이고 밝은 의미의 정서를 나타내는 것으로 보인다.[29] 다음 (15)는 [ㅁ]으로 시작하는 부정적 의미를 가진 말들이다.

> (15) 못(하다), 모르다, 말다, 망가뜨리다, 막다, 망나니, 밉다, 미적미적, 무섭다, 매몰차다, (마음이)미다, 무겁다, 멀다, 마구(부사), 막가다, 막-(접두사), 무디다, 무뚝뚝하다, 미루다, 물러나다, 무너지다,

그러나 다음 (16)과 같이 첫소리가 [ㅂ]으로 시작하는 말은 대부분 긍정적이고 밝은 의미를 가지고 있다.

> (16) 벅차다, 밝다, 벙글벙글, 반갑다, 바르다, 반질반질하다, 부드럽다, 베풀다, 벌다, 비추다, 바라다, 별, 빛, 바꾸다, 부지런하다, 바지런스럽다,

---

28) 영어에도 m으로 시작하는 말 가운데 muffle, mumble, mum과 같이 의미가 분명하지 못한 의미들이다.

29) 음양오행설에서 불(火)은 인간에게 감정적으로 '기쁨'을 주고 표현은 '웃음'을 나타내며, 물(水)은 감정적으로 '두려움'을 나타내며 표현은 '신음'을 나타낸다(王琦 主編 1997 : 14, 임지룡, 2005 : 94-95 재인용)고 한다. 이것은 'ㅂ'소리와 'ㅁ'소리로 된 우리말이 그것이 나타내는 의미와 인간의 감정과 깊은 관련성을 가지고 있음을 짐작하게 하는 것이다.

반듯하다, 부럽다, 반반하다, 반짝반짝, 방긋방긋30) 배시시, 반들거리
다, 번드르르하다, 보들보들

'반갑다, 벅차다, (마음이) 밝다, (마음이)부드럽다, 부럽다, 부지런하다,
바라다' 등은 긍정적인 감정을 표현한 말이고, 모습이 긍정적인 경우는 '반
질반질하다, 반반하다, 반듯하다, 바르다, 배시시, 보들보들, 반들거리다, 번
드르르하다, 반짝반짝, 벙글벙글, 방긋방긋' 등이다. 그리고 행위가 긍정적
인 경우는 '바르다, 베풀다, 비추다, 부지런하다, 반듯하다, 벌다, 바꾸다'
등이 있다. 사물이 긍정적인 이미지를 나타낼 경우는 '볕, 빛, 별, 불, 봄'
등이 있다.

우리말에서 [ㅁ]과 [ㅂ]소리로 시작하는 말의 '긍정' 의미와 '부정' 의미
의 비율은 다음과 같이 조사되있다.

[표 7] '부정'과 '긍정'의 비율

	좋음/밝음/긍정		나쁨/어둠/부정		전체	
	개수	비율(%)	개수	비율(%)	개수	비율(%)
[ㅁ]	4	6.3	58	90.6	64	100
[ㅂ]	29	82.9	6	17.1	35	100

위 [표 7]에서 알 수 있는 것은 [ㅁ]과 [ㅂ]소리로 시작하는 말 가운데
[긍정]과 [부정]의 의미로 변별할 수 있는 말이 전체 조사 낱말에서 그렇게
많지 않다는 것이다. 그러나 변별력이 있는 낱말들의 의미만을 두고 보면
유의미한 경향성을 뚜렷이 나타내고 있음을 알 수 있다.

---

30) 정재도(2005 : 14)에서 '웃음시늉말'의 종류를 제시하였는데, 눈웃음은 모두 'ㅅ'으로 시작
하고 '입웃음'은 모두 'ㅂ'으로 시작한다. 그리고 눈입웃음은 'ㅅ-ㅂ'으로 하는 것으로 나
타났다. 이처럼 웃음이 입으로 나타나는 입웃음 시늉말 모두가 'ㅂ'으로 시작하는 것은
입의 모습과 의미가 밀접한 관계가 있음을 의미한다. 그러나 'ㅁ'으로 시작하는 웃음시늉
말은 하나도 없었다.

5. 마무리

지금까지 우리말 가운데 [ㅁ]과 [ㅂ]소리로 시작하는 낱말의 의미를 두 소리의 특징과 관련시켜서 분석하였다. 두 소리로 시작하는 낱말이 매우 유의미한 특성을 가지고 있음도 알 수 있었다. 그 의미의 차이가 소리에서 기인하는 것인지 아닌지는 단정 지을 수는 없을지 몰라도 적어도 소리의 특성과 그 낱말이 가지고 있는 의미와 매우 관련성이 있다는 것은 확인할 수 있었다. 가설에서 자료를 통해 예측까지 가능하였고 유의미한 확인도 할 수 있었다. 그 결과를 보면 다음과 같이 정리된다.

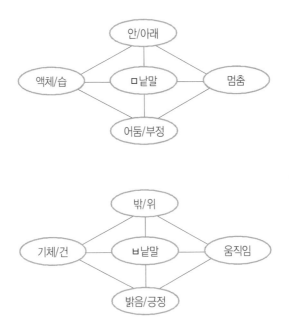

이 연구는 단순히 소리와 그 소리로 된 말의 의미가 어떤 관련성을 가지고 있는가에 대한 경향성을 보인 것이다. 이 연구가 더 높은 보편성과 객관성을 가지기 위해서는 앞으로 더욱 다양하고 과학적인 방법으로 연구되어

야 할 것이다. 그리고 남은 문제로는, 많은 예외들을 어떻게 해석할 것인가? 다른 나라 말들에도 과연 이러한 관련성을 찾을 수 있을까? 즉, 보편성을 얼마나 확보할 수 있을까? [ㅁ]과 [ㅂ]이 아닌 다른 소리도 소리가 가지고 있는 특질과 그것이 나타내는 말의 의미와 얼마나 관련성을 가지고 있을까? 하는 것들이다. 그럼에도 불구하고 이 연구의 작은 의의는 인간이 만든 말이 그 소리의 깊은 특징과 그 말이 가지고 있는 의미 세계와 전혀 무관하지 않을 것이라는 가설을 제기한 것이라고 하겠다. 더구나 이 연구를 하면서 아직 예비단계 수준이지만 우리말의 [ㅁ]과 [ㅂ] 소리 이외 다른 첫소리로 된 낱말도 소리와 의미가 밀접한 관련성을 가지고 있음을 발견하였다. 이러한 현상은 소리와 의미의 관계에 대한 기존의 관념을 바꿀 수 있는 중요한 단서가 되지 않을까 한다. 이 문제는 언어와 인간 인지 사이에 놓여 있는 가장 본질적인 문제라고 생각하면서 앞으로 우리 모두가 풀어야 할 연구 몫이 아닌가 생각한다.

참고문헌

강헌규. 1968. "음성 상징과 sense 및 meaning의 분화에 의한 어휘 확장연구", 「국어
　　　　교육」 14, pp.124-150.

김광해. 2001. 「한국어 사전」, 시사에듀케이션.

김종택. 1968. "상징어에 관한 일 고찰", 「대구교대논문집」 3.

김진우. 2004. 「언어」, 탑출판사.

김형규. 1977. 「국어학개론」, 서울, 일조각.

남풍현. 1965. "십오 세기 국어의 음성 상징 연구", 「국어 연구」 13.

남풍현. 1993. "중세국어의 의성의태어", 「새국어생활」 3-2, 국립국어연구원.

두산동아. 2004. 「동아 새국어사전」.

박용수. 1993. 「겨레말 갈래 큰 사전」, 서울대학교 출판부.

백문석. 1998. 「우리말의 뿌리를 찾아서」, 삼광출판사.

서태룡. 1993. "국어 어미의 음소와 의미", 「진단학보」 76, 진단학회.

이기갑. 2003. "지역 문화와 방언", 「새국어생활」 13-4, 국립국어연구원.

이숭녕. 1978. "국어 음성 상징론에 대하여", 「언어」 3-1, pp.1-18.

임규홍 외. 2003. 「젠더를 말한다」, 박이정.

임규홍. 2003. "한국어 혼자말하기에서 '손짓언어' 연구", 「담화와 인지」 10-1, 담화
　　　　인지언어학회, pp.191-215.

임지룡. 2004. "국어에 내재한 도상성의 양상과 의미 특성", 「한글」 22-6, 한글학회,
　　　　pp.169-205.

임지룡. 2005. "감정의 색채 반응 양상", 「담화와 인지」 12-3, 담화인지언어학회,
　　　　pp.75-100.

정인승. 1938. "모음 상대법칙과 자음 가세법칙", 「한글」 6.9, pp.10-25

정재도. 2005. "웃음시늉말", 「한글 새소식」 389, 한글학회.

정호완. 1991. 「우리말의 상상력」, 정신세계사.

조석종. 1980. "Sound Symbolism", 「언어연구」 10, 한국영어영문학회 부산지회.

채 완. 1965. "우리말 상징어론", 「한양」 4, pp.113-122.

채 완. 2003. 「한국어의 의성어와 의태어」, 서울대 출판부.

최창렬. 1986. 「우리말 어원연구」, 일지사.

최호철. 1984. "현대 국어 상징어에 대한 연구", 고려대학교 석사학위논문.

한글학회. 1995. 「우리말 큰사전」.

허 웅. 1985. 「국어음운학」, 샘문화사.

홍윤표. 2002. "'낭떠러지'와 '벼랑'", 「새국어소식」 45, 국립국어연구원.

「훈민정음 해례본」.

Bolinger. Dwight. 1977. *Meaning and Form.* London : Longman.

Jackendoff. R.. 1993. *Patterns in the Mind-Language and Nature.* Harvester Wheatsheaf(NY)

Martin,S.E. 1962. Phonetic Symbolism in Korean. American Studies in Altaic Linguistics
    13.

Ogden C.K & Richards,I.A. 1923. The meaning of Meaning, London : Routledge &Kegan
    Paul. 「의미의 의미」. 김봉주 역(1986).

Rhodes, Richard. 1994. *Aural images.* Sound Symbolism.

Rhodes,R.A and J.M.Lawler. 1981. *Athematic metaphors.* Chicago Linguistics Society17 :
    pp.318-342.

Pierce, Charles Sandius. 1995. Logic as semiotic : The theory of sign. In Justus Buchler ed :
    Philosophical Writings of Peirce. pp.98-120.

Saussure,F.de. 1916. Cours de Linguistique Générale, Paris : payyot.

| 이 논문은 우리말글 37집(2006, 우리말글학회)에 게재된 논문을 재수록한 것입니다.

1960년대 신문 두자어(頭字語) 연구

손 남 익

1. 들어가는 말

국어에 있어서 두자어의 연구는 그다지 활발하지는 못하였다. 두자어는 준말과 유사한 특성을 가지고 있으나, 준말과도 조금은 다른 양상을 가지고 있다. 두자어는 혼성어의 구성과 부분적으로는 유사한 점이 있으나, 혼성어와도 조금 다른 양상을 가지고 있음도 사실이다.

준말은 일반적으로 둘 이상의 음절로 된 말이 줄어 간단하게 된 말이라고 하면서 '사이'가 '새'로, '조금'이 '좀'으로 '마음'이 '맘'으로 준 것 등이라고 하였다. 아울러 어떤 말의 머리글자만 따서 만든 부호처럼 간편하게 쓰는 말이라고 규정하고, '한은(韓銀)', 'UN' 따위를 그 예로 들면서 준말과 두자어를 구별하지 않는 경향도 있었다.

영어에서 이에 해당하는 단어는 'abbreviation'인데, "An abbreviation is a short form of a word or phrase, made by leaving out some of the letters or by using only the first letter of each word."이라고 정의하면서, 그 예로는 New York을 'N.Y.'로 줄이는 경우와 Mister를 'Mr.'로, kilogram을 'kg'로 줄이는 경우를 예로 들고 있는데, 이는 우리의 두자어의 구성과 유사한 점을 가지고 있다. 영어 약어의 대부분은 국어의 두자어와 유사한 점을 가지고 있으

나, 영어는 음소를 줄여 새로운 음절을 만드는 것이고, 국어는 음절을 줄여 새로운 형태를 만드는 것이므로 국어에는 영어와는 다른 두자어의 개념의 도입이 필요하다.

'혼성(blending)'은 두 낱말의 일부가 합쳐져서 새로운 낱말을 생성하는 과 정을 말한다. 일반적으로 두 낱말이 합쳐지는 것을 '합성'으로 부르는데 그 일부가 합쳐지므로 '혼성어(blend)'는 형태가 축소된 것으로 합성어(compound) 의 하나라 할 수 있다(임지룡, 1997 : 326).

국어의 두자어는 준말의 하나의 방식이다. 그러나 이는 혼성어와는 조금 다른 것이다. 혼성어는 두 개의 단어가 합쳐질 때 머리글자를 사용하는 것 이 아닌 머리글자와 꼬리글자를 합치거나 꼬리글자와 머리글자를 사용하는 것을 가리키는 것이다.

국어에서 약어라는 용어와 준말이라는 용어는 일반적으로 거의 유사한 개념으로 혼용되고 있다. 아울러 준말의 하위에는 어떠한 것들이 있는가에 관해서는 그리 명쾌하게 정의내리지 못한 것 또한 사실이다. 국어의 두자어 가 좁은 의미의 준말과 절단어와 함께 준말 또는 약어의 하나임은 부정할 수 없는 사실이다. 국어의 두자어가 약어의 하나임을 보이고, 앞으로의 두 자어 연구의 근거를 제공함을 본 연구의 목적으로 한다.

2. 두자어의 유형

국어에 있어서 어휘 결합 형태의 하나인 혼성에 있어서도 부분적으로 두 자어와 유사한 현상이 일어나기도 한다. 등위어에 의한 혼성은 두 어휘소가 형태와 함께 의미의 합성이 일어난 것이다. 이는 구성방식이 앞단어의 머리 와 뒷단어의 꼬리, 앞단어의 꼬리와 뒷단어의 머리가 결합하는 두 가지 양 상을 보인다.

(1) 여천(여수+순천)공단, 탁배기(탁주+막배기)

(2) 나당(신라+당나라)연합군, 구마(대구+마산)고속도로

이를 형태적으로 정리하면 (1)은 AB+CD가 AD의 형태로 된 혼성어이고, (2)는 AB+CD가 BC의 형태로 된 혼성어이다. 국어에 있어서 혼성어는 형태론적으로는 준말이라고 할 수 있으며, 통사·의미론적으로는 혼성어라고 할 수 있다.

(3) 임진왜란-임란, 전자계산-전산

두자어와 유사한 형식이 발생되는 경우 (3)과 같은 것인데 이는 준말로 보는 것이 일반적이다. 이는 앞단어의 첫음절과 뒷단어의 뒤 음절의 결합형이다. 이를 형태론적으로 보면 AB+CD가 AD의 된 것으로 두자어라고 볼 수는 없고 혼성어라고 보아야 할 것이다.

(4) 콩글리쉬(코리안+잉글리쉬) 대한석유공사(유공)

(5) 유라시아(유럽+아시아), 대한석탄공사(석공)

(4)의 '콩글리쉬'는 'korean+english'의 한글표기로 위의 형태론적 분류로 한다면 AD형이 된다. '대한석유공사'에서 대한을 제외한 '석유공사(石油公社)'의 약어인 '油公'은 BC형으로 두자어로 볼 수 없다.

(5)의 '유라시아'는 두자어와 유사한 특징을 가지고 있으나, 앞의 단어의 일부분과 뒷단어의 전체가 합쳐진 것으로 두자어와는 조금 다른 것이다. '石公'은 (大韓)石炭公社의 약어인데, ABCD의 AC의 형인데 이런 종류가 국어에 있어서 전형적인 두자어이다.

(6) 연세대학교(연대), 금융감독위원회(금감위), 자유민주연합(자민련)

위의 경우도 일반적으로 두자어로 받아들일 수 있는 경우이다. 가장 전형적인 두자어는 두 개의 단어가 합쳐질 때, 두 단어의 머리글자만을 모은 것을 말한다. 세 개의 단어가 합쳐진 경우는 세 단어의 머리글자만 모은 것이 두자어이다. 그러나 본고에서는 이와 유사한 경우들도 두자어로 보아야 할 타당성이 있다면 두자어로 보도록 하겠다.

본고에서는 국어의 두자어를 세 가지로 나누어 볼 것이다. 가장 전형적인 두자어에 해당하는 것을 어두음절 결합형으로 보고, '어두절단형＋직위명'의 경우와 '단일명사의 어두형'도 두자어의 한 유형으로 보고 논의를 전개할 것이다. '어두절단형＋직위명'이나 '단일명사의 어두형'은 좁은 의미에서 두자어는 아니지만 두자어와 유사한 경향이 있으므로, 이를 넓은 의미의 두자어로 보는 것이 기존의 준말이나 혼성어로 보는 것보다는 타당하다.

영어는 원칙적으로는 두자어를 만들 때 뒤에 생략된 글자가 있음을 보이기 위하여 온점을 사용하고 띄어 쓰는 것을 원칙으로 한다. 일반적으로 'D. N. A.'의 형태로 쓰는 것이 전통적인 두자어의 표기법이었으나, 'P.S.'처럼 띄어 쓰지 않는 경우도 있다. 현대 영어는 'NATO', 'UN'의 형태가 두자어의 주종을 이루고 있다.

두자어 중에는 처음에는 의미를 가지고 있는 의미단위였지만, 두자어가 원래의 이름을 대체하여 새이름이 되는 경향을 보이기도 한다. 'SAT'의 경우는 원래 학습능력적성시험(Scholastic Assessment Test)의 약자이지만 지금은 공식적으로 아무 뜻이 없다.

최근에 국어에서도 이러한 영향을 받아 많은 기업들이 영어 두자어를 기업의 명칭으로 사용하고 있다. 1995년 럭키금성은 그룹이름을 'LG'로 바꾸었다. 'LG'는 '럭키금성'을 떠올리지만 공식적으로는 어떤 말의 약어도 아니다. 이와 유사한 경우로 선경그룹은 'SK'로, 한국통신은 'KT'로, 국민은행은 'KB'로, 제일제당주식회사는 'CJ'로, 금강고려화학은 'KCC'로 바꾸었는

데, 이는 90년대에 나타난 두자어의 특성으로 세계화라는 명분 아래 영어 두자어의 사용이 급증하였다.[1]

2002년에 한국담배인삼공사는 이름을 'KT&G'로 바꾸었다. 이는 'Korea Tobacco & Ginseng'을 떠오르게 하지만 실은 'Korea Tomorrow & Global'이라는 뜻이다. 이렇게 쓰는 이유는 담배광고의 엄격한 제한으로 tobacco를 사용하면 각종 광고에서 제한을 받기 때문에 이를 빠져나가려고 하는 것이라는 생각이 든다.

1980년대부터 우리에게 매우 익숙한 것으로 머리글자 형태의 정치인 이름이 있다. 흔히 외국에서는 'disc jockey'의 약어인 'DJ'가 특정 정치인을 가리키는 경우가 있었다. 이와 비슷한 현상으로 'YS', 'JP' 등의 정치인이 있었으며, 최근에는 'MB'라는 용어도 등장하였다. 이는 80년대의 특수한 정치적 상황의 결과였음에도 불구하고, 정치인 중에는 자신을 이런 식의 'initial'로 불러주지 않는다고 불만을 표시하는 경우까지 있었다.

1980년대 이후에 이런 식의 정치적 성향으로 인해 나타난 국어의 두자어에는 민자당(민주자유당), 자민련(자유민주연합), 민노당(민주노동당) 등의 용어가 있었다. 정당이름은 60년대에는 신민당, 자유당 등 기본적으로 세 글자였는데, 법률상 이전에 사용한 이름을 사용할 수 없다는 규정 때문에 점점 정당명이 길어지게 되었고, 이를 3글자로 줄이려는 시도로 두자어를 사용하게 되었다.[2]

국어의 두자어는 한자어 계열과(經實聯(經濟正義實踐市民聯合)), 순우리말 계열(노찾사(노래를 찾는 사람들의 모임)), 외국어 계열(LG, SK, KT) 등이 있다.

국어에서 쓰이는 일반적인 두자어는 정부부처, 단체, 정당, 기관, 대학 등

---

1) 국민은행의 해외 점포가 얼마나 되는 지를 생각해 보거나 한국통신의 해외지사가 몇 개나 되는지를 생각해 보면, 영어 남용의 또 다른 경우를 보여주는 것 같다. LG나 SK가 수출을 위하여 영어를 그룹명으로 사용하는 것은 그래도 이해해 줄 수 있다.
2) 최근에 생긴 '열린우리당'을 '열우당'이라고 하느냐 '우리당'이라고 하느냐의 문제에서 보듯이 두자어는 우리의 생활 깊이 들어와 있다.

에서 많이 나타나고 있다. 이런 정부부처나 기관의 예로는 건교부(건설교통
부), 문체부(문화체육부), 정통부(정보통신부), 선관위(중앙선거관리위원회),
금감위(금융감독위원회), 과기원(한국과학기술원) 등이 있다. 정당의 경우는
민정당(민주정의당), 민자당(민주자유당), 자민련(자유민주연합), 민노당(민주
노동당) 등이 있다.[3]

　대학의 경우는 연대(연세대학교), 고대(고려대학교), 이대(이화여자대학교),
외대(한국외국어대학교), 동대(동국대학교) 등 대부분의 서울 소재 대학의
두자어가 전국적으로 통용되고 있으며, 지방의 경우도 특정 지역에서는 지
역 대학을 두자어로 부르고 있다. 대구의 경우에는 慶北大學校를 '경대', 嶺
南大學校를 '영대', 啓明大學校를 '계대', 효성가톨릭대학교를 '효대' 등으로
부르고 있다. 대학에 있어서도 앞에 정치인에서 보듯이 두자어로 불리는 것
을 선호하는 양상이 나타나고 있다. 두자어로 불러준다는 것은 그것이 그만
큼 유명해서 두자어를 언중들이 이해할 수 있다는 뜻으로 해석하여 두자어
를 선호하는 경향이 나타난다.

　두자어의 또 다른 사용의 경우는 두자어를 은어로 사용하는 경우로 최근
의 학생들의 은어에서 두자어를 사용하는 경향이 있다. '얼짱'(얼굴이 예쁜
사람), '쌩얼'(맨얼굴), '훈남'(훈훈한 느낌이 좋은 남자), '완소'(완전 소중한),
'안습'(안구에 습기 차다) 등이 이에 해당하는 경우이다.

　두자어를 정의하면 두자어는 준말(또는 약어) 중에 국어에서는 명사의 결
합체에서 어두음절을 모은 것이라고 정의하는 것이 타당할 것이다. 이런 어
두음절을 모은 것이 국어에 있어서 전형적인 두자어이다. 그럼에도 불구하
고 완전한 형태의 두자어가 아닌 것도 부분적으로 두자어로 인정해야 할 것
이 보이기도 한다.

　국어에서 요즈음 쓰이는 두자어는 국어와 영어가 혼용되는 두자어도 있

---

3) 국어에 있어서 건설교통부를 '건교부'라고 부르는 경우도 완전한 형태의 두자어가 아니라
　고 할 수도 있다. 이는 건설교통부 ABCDE에서 ACE의 형태를 취한 것이다. 그러나 A와 C
　가 두자어이고 E는 단음절이므로 두자어로 보는 것이 보다 타당하다.

는데, 이런 종류는 고유어+외래어의 형태인 몰래-camera를 두자어로 만든 '몰카'가 이에 해당하며, 반대로 외래어+고유어의 형태인 computer-맹인을 두자어로 만든 '컴맹'과 같은 것이 이에 해당한다.

고유어와 한자어가 같이 나타나는 두자어도 있는데, 야한 동영상을 '야동'이라고 하는 경우도 있다. 야동의 경우는 명사+명사의 두자어가 아닌 형용사+명사의 구조를 가진다는 특성을 가지고 있다.

1960년대의 두자어의 특징은 명사+명사의 구조를 가지고 있는데 반하여 요즈음의 두자어는 형용사+명사의 구조를 가진 것,[4] 부사+형용사의 구조를 가진 것,[5] 부사어+서술어의 구조를 가진 것[6] 등 다양한 양상을 보인다. 1960년대의 두자어의 대부분이 명사의 결합형으로 나타나는 것은 오늘날과는 다른 특징이다

본고에서 두자어는 두 개나 세 개의 단어가 결합될 때 머리글자가 결합한 형태와 함께, 준말 중 소위 절단어에 속하는 것 가운데 어두의 첫음절과 함께 직위명을 사용한 것, 어두의 첫음절만을 사용한 것을 중심으로 논의를 전개하고자 한다. 어두의 첫음절을 사용한 것을 준말이라고 하기에는 어려움이 있고, 이를 절단어라고 할 수도 없다면, 이를 두자어에 포함시키는 것이 보다 타당하기 때문이다. 절단어는 일반적으로 두음절이상을 끊어서 사용하는 것이기 때문에, 어두의 첫음절만을 사용한 것은 두자어로 보는 것이 타당하다.

1960년대 신문 1면에 나타난 두자어를 살펴보면 요즈음과는 조금 다른 양상을 보인다. 오늘과 다른 대표적인 양상은 두자어는 거의 대부분 한자어에서 사용된다는 것이다. 특히 정치인의 성과 직위만을 표시하는 경우가 상당히 많이 등장한다.[7]

---

4) 훈남 - 훈훈한 남자
5) 완소 - 완전히 소중한
6) 안습 - 안구에 습기차다
7) 박정희 대통령을 朴統이라고 부르는 경우가 있는데, 이는 두자어의 정의대로 한다면 朴大라고 하여야 할 것이다.

역사적으로 1960년대는 1961년 1월 1일부터 1970년 12월 31일까지이다. 그러나 본고에서는 1960년 1월 1일부터 1970년 12월 31일까지를 1960년대로 보고 논의를 전개할 것이다.[8]

3. 어두음절 결합형

두자어 중에 대표적인 것은 두 개나 세 개의 단어의 어두음절을 모은 것이다. 이를 1960년대의 신문에서 나타난 것을 살펴보면 다음과 같은 예들이 보인다.

> (7) 韓國等에重點的軍援(1960. 1. 18.)
> 60年度美對韓軍援額 二億八百九十九萬弗(1960. 2. 25.)

1960년대 신문에 '軍援'이라는 용어가 자주 등장한다. 이는 軍事援助의 두자어로 이 시대에 군사원조라는 용어는 매우 익숙한 용어였으므로 두자어로 사용하였다.

> (8) 對韓經援一億六千500萬弗(1960. 9. 17.)
> 美大韓經援二億五千萬弗(1961. 2. 5.)
> 西獨・伊/經援協定內容公表(1962. 1. 16.)

위에서 '軍援'은 뒤에 '經援'으로 바뀌었는데 이는 '經濟援助'의 두자어이다. 이는 1960년대의 우리 나라의 경제적 상황을 반영한 두자어이다.

일반적인 영어의 두자어에 해당하는 경우도 보이는데, IPI特委代表入京

---

8) 본고에서 주로 살핀 것은 1960년 1월 1일부터 1970년 12월 31일까지의 동아일보이다. 본 논의에서 1960년을 포함한 것은 1960년에 4・19와 1961년에 5・16이 한국정치와 문화에 있어서 연속성을 보인다고 보았기 때문이다.

(1960.4.5)에서와 같이 'IPI'는 국제언론인협회 (International Press Institute)의 두자어이고, IMF에 곧 抗議提起(1964. 8. 12.)에서 'IMF'는 국제 통화 기금 (International Monetary Fund)의 두자어이고, KSC協定正式調印(1967. 2. 23.)에서 'KSC'는 미군에 근무하는 韓國勞務團(Korean Service Corps)의 두자어이다. ADB三次總會개막(1970. 4. 9.)에서 'ADB'는 아시아개발은행(Asian Development Bank)의 두자어이다. 이런 경우는 오늘날의 두자어 사용과 다름이 없다.

한글로 외래어 두자어를 표시한 경우도 보이는데

> (9) 『유엔』에服從하면北傀招請(1961. 4. 13.)
> 『나토』에獨自的海軍創設(1962. 5. 27.)
> 아스팍2次閣僚會議개막(1967. 7. 5.)

위에서 'UN'을 한글로 표시하였으며, '나토'는 북대서양조약기구의 영문명인 NATO(North Atlantic Treaty Organization)를 한글로 읽은 것이다. 이 경우 北大西洋條約機構의 두자어를 사용하지 않고 영문두자어를 그대로 사용한 것은 유엔과 같은 국제기구를 국제연합의 두자어인 '국연'을 사용하지 않는 것과 유사하다. 아스팍은 아시아태평양이사회의 영문두자어인 'ASPAC'(Asian and Pacific Council)을 한글로 그대로 읽은 두자어이다. 네거制오늘부터實施(1967. 7. 25.)의 '네거'는 네거티브의 준말인데 이를 두자어라고 볼 수는 없다. '네거티브품목 수입금지'라는 단어를 '네거'라고 줄인 것인데 단어의 앞 두 글자로 줄이는 것은 준말이라고 하는 것이 옳다.9) 이런 준말에 해당하는 예로는 學生『데모』連사흘째(1964. 3. 26.)에 사용된 '데모'와 같은 단어도 있었다.

외국어의 몇몇 특이한 두자어가 등장하기도 하는데,

> (10) 英『歐共市』加入을決定(1961. 8. 2.)

---

9) 이런 경우를 절단어라고 하는데 영어 단어의 일부분만을 쓰는 것이다.

‘구공시’는 유럽경제공동체(European Economic Community)를 때로는 유럽 공동시장이라고 하기도 하는데 이때 유럽을 歐洲라고 옮기면서 歐洲共同市 場이라고 하고 이것의 두자어를 ‘구공시’라고 하고 있다. 요즈음은 잘 안 쓰 지만, 60년대에는 유럽을 구주라고 부르는 것이 더 일반적이었다. 이는 뒤 에 ‘E.E.C.’의 형태로 쓰이게 된다.

華府서全面檢討(1962. 1. 21.)에 쓰이는 ‘화부’는 워싱톤의 음역어인 華盛頓 을 두자어만 사용한 것으로 쓰였는데, 이런 종류의 한자어의 사용은 오늘날 에는 쓰임이 적지만 당시에는 상당히 넓게 통용되었던 것이다.

國赤,歸還交涉수락(1968. 1. 16.)에서의 ‘국적’은 국제적십자위원회(International Committee of the Red Cross, ICRC)의 두자어인데, 위에서 ‘歐共市’에서처럼 영어와 한자어가 있을 때 영어의 두자어보다 한자어 두자어를 선호하는 경 향을 보인다. 이는 오늘날에는 대부분 영어의 두자어로 대치되는 경향을 가 진다.

IPI特委代表入京(1960. 4. 5.)에서의 ‘특위’는 特別委員會의 두자어이고, 特 定人財産調委構成(1960. 6. 22.)과 馬山事件國會調委決裂(1960. 4. 11.)에서 ‘조 위’는 調査委員會의 두자어이고, 우리代表團,유엔政委에參席(1961. 4. 16.)의 ‘정위’는 政治委員會의 두자어이다.

戰歿・傷軍警年金・先烈遺族扶助金保社委增額키로(1960. 11. 6.)의 ‘보사위’ 는 保健社會委員會의 두자어이다. 選委에『黨解體決議』提出(1963. 9. 13.)에서 ‘선위’는 選擧管理委員會의 두자어로 요즈음은 ‘選官委’라는 두자어로 쓰인 다. 두자어도 시대에 따라 변하는 것을 보여주는 예가 선관위이다. 1960년 대에는 ‘선위’였던 것이 오늘날에는 ‘선관위’라고 사용한다.

追更豫算案來九日까지通過될듯(1960. 6. 8.)의 ‘추경’은 追加更定의 두자어 이고, 이는 거의 매년 追加更定豫算案이 논의될 때마다 ‘追更’이라는 두자어 로 등장한다. 追更豫算案審議에蹉跌必至(1961. 1. 9.), 追更豫算案/民院通過 (1961. 4. 3.) 등의 형태로 나타난다. ‘추경’은 오늘날에는 추경예산이라는 용 어로 더 자주 사용된다.

産銀法改正案을單一化(1961. 1. 23.)의 '산은법'은 産業銀行法의 두자어이고, 陸參總長更迭問題로 騷亂(1961. 2. 25.)의 '육참총장'은 陸軍參謀總長의 두자어이고,10) 革裁,5月10日에解體(1962. 4. 22.)의 '혁재'는 革命裁判의 두자어이고, 憲裁/構成要件・權限등決定(1962. 9. 22.)의 '헌재'는 憲法裁判所의 두자어로, '혁재'와 '헌재'는 1962년 정치적 상황을 알려주는 두자어이다.

月內로『行協』交涉再開(1962. 9. 6.)에서의 '행협'은 行政協定의 두자어인데, 뒤에는 韓美行協/9月께正式締結(1964. 5. 19.)에서와 같이 韓美行協의 형태로 쓰이게 된다. 앞의 陸軍參謀總長의 두자어를 '陸參總'이라고 하지 않고 육참총장이라는 두자어를 사용하고 있다. 蘇船,큐바行航路變更(1962. 10. 25.)의 '蘇船'은 蘇聯船舶의 두자어인데 한자로 표기하지 않으면 두자어로서 의미 전달이 곤란할 것이다. 이와 유사한 것으로, 印機,巴國十要都市爆擊(1965. 9. 8.)에서 '印機'는 印度飛行機의 두자어인데, 이는 인도와 비행기를 나타내는 機體의 두자어로 볼 수 있다. 1960대의 두자어의 사용이 오늘날보다 더 활발한 이유 중의 하나는 한자어의 사용이 있었기 때문이다. 특히 한자의 사용은 많은 두자어의 사용이 가능하게 한 주요한 이유 중의 하나나.11)

地自法民議院通過(1960. 9. 29.)에서의 '지자법'은 1980년대 후반에 자주 등장하는 두자어인데, 이는 1960년대 초반에도 자주 등장하였다.12) '지자법'은 1970년대에는 거의 사용되지 않다가 1980년대 후반부터는 지자제(地方自治制)의 시행과 함께 다시 사용하게 된 두자어이다.

이 밖의 『生必品』9個品目을指定(1964. 1. 13.)에서의 '생필품'은 生活必需品目의 두자어이고, 窮極目標는『倫委法』撤廢(1964. 9. 4.)에서의 '윤위법'은 言論倫理委法의 두자어이다. 亞阿會議/參加可能性줄어(1965. 6. 7.)의 '亞阿'는 아시아와 아프리카의 두자어이다. 甲勤稅 基礎공제制채택(1969. 9. 6.)의 '갑

---

10) 이 경우는 '육참' 부분만이 '육군참모'의 두자어이다.

11) 1990년대 이후의 한글 전용화 이후의 두자어 사용의 변화를 살피는 연구가 앞으로 필요하다.

12) 1949년에 법률 32호로 처음 제정되었으나, 실제 전면적 시행은 1988년 5월 1일에 이루어졌다.

근세'는 甲種勤勞所得稅의 두자어이다.

4. 어두절단형과 직위명의 결합

1960년대 신문에서 두자어와 유사한 경우를 보이는 경우는 '어두절단형 +직위명'이 나타나는 사례가 많이 나타난다. 이들은 전형적인 두자어와는 조금 차이를 보이지만 어두음절만을 쓴다는 점에서는 두자어와 상당한 유 사성을 보이므로 이들을 살펴보겠다. 위에서도 언급한 바와 같이 이들을 준 말이나 절단어로 처리하는 것은 무리가 있으므로 두자어로 보는 것이 타당 하다.

(11) 李·韓兩氏間에異見露呈(1960. 1. 5.)

여기서 '李'는 이제학 국회부의장, '韓'은 한희석 자유당부의장을 가리키 는 것이나 지금의 시점에서 보면 누군지 거의 알 수가 없다. 그러나 1960년 초의 자유당에서 이들이 차지하는 위치를 알면 왜 이제학·한희석이라고 하지 않고 李·韓이라고 하였는지를 알 수 있다. 이들 둘은 자유당 정권에 서 이승만, 이기붕을 제외하고는 가장 중요한 두 사람이었기에 이런 식으로 표기하였던 것이다. 사람의 이름에서 성만 쓰는 것을 두자어라고 하기에는 어려울 수도 있다. 이 경우는 같은 성을 가진 사람이 매우 많음에도 불구하 고 성만을 쏨으로 두자어라고 하여야 할 것이다.[13]

사람의 성만 쓰는 것을 두자어로 보는 것은 경북대학교를 경대라고 하는 것을 두자어라고 하는 것과 같은 차원이다. 경상도에는 수많은 대학에 첫

---

13) 실제로는 사람의 성만 나타나는 경우보다는 사람의 성과 직위를 함께 쓰는 경우가 많이 나타난다.

글자에 '경-'이라는 글자를 씀에도 불구하고 경북대학교만이 경대라고 부르는 것은 대표성을 가지고 있기 때문에 두자어를 쓰는 것처럼, 사람 중에 특정한 사람의 성만을 쓰는 것은 대표성을 가지고 있고 언중들이 인지하고 있기 때문이다. 당시의 언어적인 상황과 언어의식이 이들을 두자어로만 표시해도 이해할 수 있게 하였던 것이다.[14]

趙博士治療次空路渡美(1960. 1. 30.)에서 사용된 '趙博士'는 조병옥 민주당 대통령 후보를 가리키는 것으로 이 역시 두자어라고 보는 것이 타당해 보인다. 1960년대에 이런 식으로 사용된 두자어가 상당수 보인다. 특히 관직명과 어울린 성은 상당히 많이 등장한다.[15]

李大統領驛頭選擧遊說(1960. 3. 6.)에서의 '李大統領'은 이승만 대통령을, 大統領權限代行은許首班(1960. 6. 10.)에서 '許首班'은 허정 과도내각 수반을 가리키는 것이고, 大統領權限代行은郭議長(1960. 6. 18.)에서 '郭議長'은 4·19 이후 잠시 대통령 권한대행을 지낸 곽상훈 민의원 의장을 가리키는 것이다.

張總理改編內閣을發表(1960. 9. 13.)에서 '張總理'는 장면총리를 말하는 것이고, 尹大統領改憲提案키로決定(1960. 10. 11.)에서 '尹大統領'은 윤보선대통령을 말하는 것이다. 이런 경우는 역사적으로 매우 알려진 인물이므로 오늘날의 우리가 보아도 쉽게 인지할 수 있는 경우다. 위의 경우를 두자어로 볼 것인가는 논란이 있을 수 있다. 그러나 한국에서 성만을 가지고 특정인을 표시하는 경우는 없음으로 이를 두자어로 처리하는 것이 타당해 보인다.

그러나 이와는 좀 다른 경우도 보이는데, 玄內務張逃避에引責辭任(1960. 11. 21.)에 나타나는 '玄內務'는 玄錫虎 內務部 長官을 '張'은 張暻根을 가리키는 것인데 장경근은 3·15 부정선거의 주범으로 혁명재판 중에 일본으로 도피한 사람이다. 그 시대에는 매우 유명한 인물이지만 오늘날 '張'이라고

---

14) 전라도에서는 전남대학교를 '전대'라고 하는데 반해 전북대학교는 '북대'라고 부르는 경향이 있다. 그렇다면 '전대'는 두자어이고 '북대'는 두자어라고 할 수 없을 것이다. 아울러 충청도에서는 충남대학교와 충북대학교를 전부 '충대'라고 두자어로 부르면서 충남과 충북에서 각각 대표성을 부여하고 있다.
15) 이를 좁은 의미의 두자어로 처리한다면 '조박'이라고 하여야 할 것이다.

하였을 때 장경근을 떠올릴 사람은 드물 것이다. 심지어 60대 이상의 연령 에서도 1960년에 張이 누구냐고 했을 때 장면총리를 말하는 경우가 대부분 이었다.16)

朴長老敎徒들本社被襲(1960. 12. 11.)에서 '朴長老'를 朴泰善 長老敎 長老라 고 인지하는 것은 그리 쉽지 않은 것이다. 이와 비슷한 경우로는 高主筆・黃 (論說委員)拘束(1962. 8. 4.)에서 '高主筆'이 高在旭 主筆을 가리키는 것을 인 지하는 것은 어려울 것이며, '黃(論說委員)'에서 황논설위원이 황산덕이라는 것을 인지하기는 더욱 어려울 것이다. 崔大領에 懲役5年(1964. 7. 10.)에서 '崔大領'이 崔文榮1공수여단장을 가리키며, 이 최대령이 1964. 5. 21.에 데모 학생의 영장청구를 기각한 법원에 무장 난입을 하고 영장발부를 거부한 판 사를 집까지 찾아가 위협한 사람이라는 것을 인지할 사람을 거의 없을 것 이다.

위에 보인 몇 개의 예에서 보듯이 오늘날의 관점에서 본다면 이름을 전 부 다 밝혀도 인지하기가 어려운 경우도 그 시대에는 두자어로만 밝혀도 이 해할 수가 있었던 것이다. 이런 종류로는 柳씨系肅黨을 선언(1964. 11. 26.) 에서 '柳'씨는 柳珍山의원을 가리키는 것인데, 이는 당시의 유진산씨의 위치 를 짐작하게 한다. 尹・兪・白・李첫4者會談(1966. 10. 18.)에서 '尹'은 윤보 선, '兪'는 유진오, '白'은 백낙준, '李'는 이범석을 가리키는데 이 또한 그 시대의 이들 4사람의 가치를 말해주는 것이다.

1960년대 신문에 가장 많이 등장한 사람은 대통령이었던 박정희였다. 박 정희는 처음에는 朴議長/總選問題에言及(1961. 7. 28.)에서처럼 국가재건최고 회의 의장으로 '朴議長'의 형태로 나타난다. 朴議長,北韓同胞에『멧세지』 (1961. 10. 4.), 朴議長訪美登程(1961. 11. 12.), 朴議長/케大統領 35分間告別會談 (1961. 11. 17.), 朴議長出馬는確定的(1962. 9. 24.), 朴議長/『年內移讓』을言明 (1963. 5. 11.), 朴議長,公式受諾(1963. 8. 31.)에서 보듯이 '박의장'이라는 호칭

---

16) 사람의 성이 두자어이냐는 논란이 있을 수 있으나 시대적 사회적 상황에 따라 대표성을 가지어 성만으로 특정인을 가리킬 때는 두자어로 보는 것이 타당할 것이다.

을 쓰고 있다.[17] 그 뒤 대통령에 당선되고 나서는 <u>朴大統領/金鐘必씨退陣종</u>
<u>용</u>(1964. 6. 1.)에 '박대통령'이라는 호칭이 처음으로 등장하고, <u>朴大統領 곧</u>
<u>某種措置</u>(1964. 6. 25.), <u>朴大統領 西獨訪問</u>(1964. 9. 12.) 등 박대통령이라는
호칭을 그 이후에 계속적으로 사용한다.

   때로는 <u>8日朴・존슨單獨會談</u>(1968. 4. 5.), <u>朴・홀리오크頂上會談</u>(1968. 9.
20.), <u>朴・티우『越南協商』협의</u>(1969. 5. 28.), <u>朴・닉슨 내일 첫會談</u>(1969. 8.
21.)에서처럼 '朴'의 형태로 나타나는데 이는 주로 외국 정상과의 회담을 나
타낼 때 사용되었다.[18] 이와 같이 '朴'만 나타나는 것은 뒤에서 언급한 단일
명사의 어두형에 속하는 것이다.

   영어에 있어서 절단어는 국어의 두자어와는 많은 차이점을 보이고 있다.

   (12) 나이트 클럽-나이트, 다큐멘터리-다큐, 데몬스트레이션-데모, 리플라
       이-리플

   위의 예에서 보인 '나이트, 다큐, 데모, 리플'이 두자어라고 하기는 어렵
고, 절단어라고 하는 것이 타당하다. 그러나 위의 趙博士와 같은 것은 두자
어라고 하는 것이 타당해 보인다. 조병옥 민주당 대통령 후보를 조병옥은
趙로 나머지 부분을 대용어의 하나인 박사로 대치한 것으로 본다면 두자어
로 보아야 할 것이다. 수많은 조박사 중에 특정인을 가리키면서 전체를 다
지칭하지는 않는다는 점에서 두자어로 볼 수 있다.[19] '케'대통령의 '케'는
한 음절만 따온 것이므로 두자어로 보고, 두 음절 이상을 따오면 절단어로

---

17) 예를 들면 당시에 대한민국에는 여러 종류의 회의에 여러 명의 박의장이 있을 수 있지만
    박의장이라고 하면 통상 박정희를 가리키는 것으로 받아들이는 것이다. 두자어의 특징 중
    의 하나가 다른 것도 이 형태로 나타날 수 있지만, 의미적으로 대표성을 가지는 것만을
    두자어라고 할 수 있다.
18) 직위명 없이 朴이라고 쓰는 경우가 1968년, 1969년에 많이 등장하는데, 이 또한 당시의
    정치적 상황과 무관해 보이지는 않는다.
19) 아주 엄격한 의미의 두자어는 산업은행을 산은이라고 하는 것만 해당한다. 본고에서는 성
    +직위명은 넓은 의미의 두자어라고 보는 것이 타당해 보인다. 이를 그냥 준말이라고 하
    기보다는 두자어라고 하는 것이 특성을 잘 반영한 것이라 생각된다.

보아야 할 것이다. 1960년대에는 외국인 이름 중에 두음절을 끊은 절단어를
사용한 경우는 보이지 않는다.

民院特別立法을決議(1960. 10. 12.)의 '民院'은 民議院의 두자어로 당시의
국회의 구성을 보여주는 것이다. 改憲案,參院서도通過(1960. 11. 29.)에서는
'參院'이라는 두자어가 나타나는데, 당시의 국회는 民議院과 參議院의 양원
으로 구성되어 있었다. 시대적인 상황에 따라 사용되던 두자어가 완전히 사
라지게 되는 예가 '民院', '參院'과 같은 단어이다.

5. 단일명사 어두형

단일명사의 어두만을 취하는 것은 두자어와 유사한 경향을 보이기 때문
에 두자어의 하나로 보는 것이 타당해 보인다. 두자어는 위에서도 언급한
바와 같이 두 단어가 결합할 때 나타나는 것이지만 절단어는 두 개 이상의
음절로 줄인 것이고, 좁은 의미의 준말과는 다르기 때문에 두자어로 보는
것이 타당하다.

(13) 드골/알政策서勝利(1961. 1. 10.)
『알』叛亂完全崩壞(알제리아)』(1961. 4. 27.)
佛軍,알市完全包圍(1962. 3. 26.)

위에서처럼 1960년대에 알제리아(오늘날 알제리)를 '알'로 표시하는 경우
가 있는데, 이때에는 알제리아 문제가 오늘날 이라크나 아프가니스탄처럼
중요한 국제적인 문제였기에 '알'이라고만 표시하여도 언중들이 인지할 수
있었다.

국가명이 두자어로 쓰인 경우는 자주 나타나는데,

    (14) 美民主黨指名大會드디어開幕(1960. 7. 13.)

        蘇,金星에宇宙『스테이숀』發射(1961. 2. 14.)

        韓·獨技術協助에第一步(1961. 3. 19.)

        美·佛頂上會談開幕(1961. 6. 5.)

        佛·튜兩國安保理決議案受諾(1961. 7. 4.)

        蘇·中共暗鬪深刻(1961. 7. 8.)

        英『歐共市』加入을決定(1961. 8. 2.)

        韓·泰貿易協定에調印(1961. 9. 16.)

        印軍,葡領『고아』에侵攻(1961. 12. 19.)

        印泥,和蘭에最後通牒(1962. 1. 9.)

        西獨·伊/經援協定內容公表(1962. 1. 16.)

        伊·濠·馬來·라이베리아四國과/年內貿易協定締結을推進(1962. 7. 2.)

        印·파全面戰으로擴大(1965. 9. 7.)

        韓·越友好條約締結하기로(1965. 11. 11.)

        『韓國軍등 캄國 支援要請』고려(1970. 4. 4.)

    위에서 미국은 '美'로 표시하였으며, '蘇'는 소비에트 사회주의 공화국 연방(Union of Soviet Socialist Republics : USSR)의 두자어로 사용되며, '獨'은 獨逸의 두자어, '佛'은 佛蘭西(프랑스공화국(La Republique Francaise))의 두자어로 쓰이며, '中共'은 중화인민공화국(中華人民共和國)의 두자어로 사용되었는데, 1960년대에는 우리의 적성국가였으므로 이렇게 불렸지만 오늘날에는 '中國' 또는 '中'이라는 두자어를 사용한다.

    '튜'는 1960년대에 '튜니지아'로 불리던 오늘날의 '튀니지'를 말한다. '英'은 英國의 두자어로 정식명칭은 그레이트브리튼 북아일랜드 연합왕국(United Kingdom of Great Britain and Northern Ireland)이며, 영국 연합왕국이라고도 한다. '泰'는 泰國의 두자어이며, '印'은 印度의 두자어이며, '葡'는 포루투칼의 두자어이며, '印泥'는 인도네시아의 두자어이며,[20] '和蘭'은 네

---

20) 인도네시아를 '인나'라고 하는 것은 이것을 '인도+니시아'의 구조로 잘못 보는데서 기인하는 것으로 보인다.

덜란드 왕국(Kingdom of the Netherlands)의 일본식 표기를 받아들인 것이며, '西獨'은 1990년에 통일되기 전에 독일 서부지역에 있던 공화국인 서부독일을 부르던 말로 '東獨'과 대비를 이루었다. '伊'는 이탈리아의 한자어인 伊太利의 두자어이며, '濠'는 오스트레일리아의 한자어인 濠洲의 두자어이다. '馬來'는 말레이시아의 음역어인데, 이는 두자어라고 보기에는 조금 어려워 보인다.[21] '파'는 한글로 표시된 두자어인데, 이는 파키스탄을 가리키는 말이다. '越'은 越南의 두자어로 베트남 민주 공화국이 정식 명칭이고, '캄'은 캄보디아를 가리키는 두자어이다.

土耳其에政治危機(1962. 2. 24.)에서 사용된 '토이기'는 터어키의 음역어로서 두자어는 아닌데, 1960년 신문에 영어명이 아닌 대부분의 국가를 두자어로 쓰면서 토이기는 두자어로 쓰지 않았는데, 이는 매우 특이한 경우이다. 한글로만 표기하는 알제리아를 '알', 파키스탄을 '파'로 줄이면서 土耳其를 줄이지 않은 것은 그 시대에 터어키가 차지하고 있는 우리 사회에서의 비중을 반영하고 있는 것이다.

북한의 정식명칭은 조선민주주의인민공화국(Democratic People's Republic of Korea, DPRK)이지만 이를 두자어로 부른 적은 없다. 오늘날은 '북한' 또는 '북'이라고 부르지만 1960년대는 거의 대부분의 경우 북괴라고 불렀다. 우리 나라를 한국이라고 부르는 것은 두자어는 아니고 약어일 것이다. '북괴'는 北韓傀儡의 두자어이다. 北傀와同席斷乎拒否(1962. 9. 5.), 北傀艇,우리漁船團습격(1966. 1. 27.)에서처럼 대부분 '북괴'라는 표현을 사용하였다. 그러나 예외적으로 朴議長,北韓同胞에『멧세지』(1961. 10. 4.)에서처럼 '북한동포'라는 표현을 사용하며, '북괴동포'라는 표현을 사용하지는 않는다. 이는 북한 정권과 국민을 분리하여 인식하고 있다는 것을 보여주는 것이다. 이는 1970년대 이후에는 북한이라는 용어를 주로 쓰게 되고, 1990년대에는 '북'이라는 표현이 많이 등장한다. 이 북괴라는 용어의 변천은 정치적인 상황이 두자어를 변화시키는 것을 보여준 예이다.

---

21) 이는 오히려 절단어라고 보는 것이 더 타당하다.

외국인의 경우 두자어를 쓰는 경우가 보이는데,

    (15) 『케』大統領, 張總理를 招請(1961. 2. 26.)
           케·흐 兩巨頭共同聲明(1961. 6. 5.)
           蘇,케·맥 共同呼訴默殺(1962. 4. 13.)

위에서의 '케'는 케네디의 두자어이고, '케'는 케네디, '흐'는 흐르시초프
의 두자어이다. 케네디는 미국의 대통령이고, 흐르시초프(나중에 후루시초
프, 또는 후르시초프로 표기되었음)는 소련 공산당 서기장으로 소련의 지도
자였다. 계속해서 '케'는 케네디 미국 대통령을, '맥'은 맥밀란 영국수상을
가리키는 두자어이다.
   밴將軍/訪韓結果를 報告(1963. 6. 22.)에서 　인 '밴'은 美國實業人使節團의
대표인 밴프리트 장군을 두자어로 쓴 것이다. 이 경우는 오늘날의 관점에서
보면 이해가 가지 않지만 당시에는 밴프리트장군이 상당히 널리 인지되었
기 때문에 가능했을 것이다. 丁總理·키首相 1次會談(1965. 11. 9.)에서 '丁總
理'는 정일권 국무총리 '키'는 구엔 카오 키 월남 수상을 두자어로 나타낸
것이다. 反毛派粉碎令(1967. 1. 12.)에서 '毛'는 모택동 중화인민공화국 주석
을 가리킨다. 이 경우 외국인의 경우 한글로 옮긴 이름의 첫 자를 두자어로
채용하였는데,22) 동양인의 경우는 성(姓)이 두자어로 쓰인 것은 한국 사람의
경우와 같다.

    (16) 核航母 엔號 元山灣서 待機(1968. 1. 25.)
           푸艦 拉致는 侵略行爲(1968. 1. 27.)

위에서 '엔'은 항공모함 엔터프라이즈호의 한글 표기의 두자어이고, '푸'
는 푸에블로의 한글 표기의 두자어 표기이다. 이는 케네디 대통령을 '케'라

---

22) 영어에서 John F Kennedy를 'Ke'라고 하는 경우는 없다. 국어의 두자어의 특성인 첫음절
    만을 쓰는 것을 영어의 국어 발음에 적용한 것이다.

고 표기하는 것과 동일한 방법이다. 앞에서도 언급한 바가 있지만 극히 소수의 경우를 제외하고는 대부분의 영어 표현은 절단어를 사용하지 않고 첫음절만을 사용하는 것이 1960년대의 외래어 두자어 사용의 경향이다.

1960년대 신문 기사 제목의 구조적인 특징을 살펴보면 대부분의 제목이 명사＋명사＋명사의 구조를 가지고 있다. 특히 신문기사 제목에 한글이 나타나는 경우는 조사를 제외하면 거의 없고, 조사의 경우도 매우 제한적으로 나타난다.

이런 종류의 두자어를 살피면 당시의 시대적 상황을 알 수 있으며, 언중들이 어떤 종류의 두자어에 익숙한가는 그 시대의 언어 상황을 보여 주는 것으로 보인다. 두자어로 사용한다는 것은 그 어휘가 대중성을 가지고 있어서 두자어로 사용하여도 의사전달에 아무런 무리가 없기 때문이다. 두자어는 이런 의미에서 시대상을 잘 반영하고 있는 어휘인 것이다.

6. 나가는 말

1960년대의 두자어도 현대와 유사하게 어두의 글자를 모아 사용한 것이 일반적인 양상이었으나, 영어의 두자어 사용이나, 국어의 두자어 사용에서 조금 다른 양상이 나타나기도 한다.

'유엔', '나토', '아스팍' 등 영어 두자어를 한글로 그대로 읽은 것이 상당히 많이 나타나는데, 이는 아직 영어의 두자어가 일반 국민들에게 익숙하지 않기 때문일 것이다. 나중에 '이.이.씨.(E.E.C.)'로 사용되는 유럽경제공동체(European Economic Community)의 경우도 이에 해당하며, 1960년대에는 '구공시'로 사용되었다. 이는 1970년대 이후에는 UN, NATO, ASPAC, EEC의 형태로 나타나면서 영어가 좀 더 생활에 밀접하게 되고, 오늘날에는 KT, KB, SK, LG 등의 형태로 더욱 빈번하게 나타난다.

趙博士治療次空路渡美(조병옥 민주당 대통령 후보를 말함), 李大統領驛頭選擧遊說(이승만 대통령을 칭함), 大統領權限代行은許首班 (허정을 칭함), 大統領權限代行은郭議長 (곽상훈을 칭함), 張總理改編內閣을發表(장면 총리를 칭함), 尹大統領改憲提案키로決定(윤보선 대통령을 칭함), 朴議長訪美登程(박정희 국가재건최고회의 의장을 말함) 등에서 보이듯이 성과 직위만을 표시하는 경우가 많이 등장한다. 요즘에도 이와 비슷한 두자어의 양상을 보인다. 오늘날에도 중요한 인사를 이런 식으로 표현하는 것은 매우 일반적이다.

이와 아울러 『케』大統領,張總理를招請(케네디 미국 대통령), 흐首相/18國頂相會談提議(흐르시초프 소련의 수상), 蘇, 케・맥 共同呼訴默殺('케'는 케네디 미국대통령, '맥'은 맥밀란 영국수상) 등에서와 같이 외국지도자를 두자어로 만 표시하는 경우도 있다. 이오리 枚航囗예艦 元山灣서待機('에' 은 항공모함 엔터프라이즈호), 푸艦 拉致는 侵略行爲('푸'는 푸에블로호)에서처럼 미국의 전함을 두자어로 표시한 경우도 보이는데, 영어를 한글 두자어로 표기한 것으로 오늘날에는 잘 사용하지는 않는다.[23)]

나라이름의 경우 대부분의 나라 이름을 美, 蘇, 日, 佛, 獨, 伊 등의 형태를 취하는 것은 오늘날과 다름이 없으나, 알제리의 두자어인 '알'을, 『알』叛亂完全崩壞(알제리아를 말함)와 같이 사용하는 경우도 있다. 오늘날과 달리 중국을 '中'이라고 표시하지 않고, 中共이라고 표시하는 것 역시 당시 시대적 상황을 보여준다. 지금은 北韓또는 北이라고 표시하는 것을 北傀(北韓傀儡)라고 표시하는 것도 시대적 상황의 반영이다.

1960년대 신문 기사 제목의 특징 중의 또 다른 하나는 한자어의 사용이 오늘날과 달리 매우 많았다는 것이다. 1988년에 한겨레신문이 한글전용을 하면서 대부분의 신문이 한글을 사용함으로서 대부분의 한자 두자어들은 한글로 대치되었다. 아울러 띄어쓰기나 문장부호의 사용이 거의 없었다는 것이다. 위에서 본 바와 같이 두자어를 사용할 때, 문장부호를 사용한 경우

---

23) 한자사이에 한글을 사용함으로서 오늘날 한글전용에서는 사용하기 어려운 두자어의 사용을 보여주는 예이다.

가 거의 없었으며, 문장부호를 사용한 경우는『 』가 나타난 것이 대부분이
었다.

두자어는 시대적인 상황에 매우 민감한 반응을 보이는 것이다. 대부분의
두자어는 Y2K와 같이 시대성을 철저히 반영하고 있음을 볼 수가 있다. 60
년대는 오늘날과 달리 한자어 두자어가 널리 쓰였으며, 직위명과 매우 긴밀
한 관계를 가지고 있었다. 그러나 두자어를 형성하는 방법은 오늘날과 커다
란 차이를 보이지는 않는다. 한자어합성어의 경우 합성성분의 첫음절을 모
은 두자어를 사용한다.

두자어를 통하여 당시 사람들의 언어의식 구조를 보여줄 수 있기에 보다
더 정밀한 시대별 두자어의 연구가 필요하다. 언어가 사회성을 가지고 있다
고 하는데, 사회성을 잘 보여주는 예가 두자어이다. 두자어는 형태론적으로
도 중요하지만, 의미론적으로 이것이 가지는 의의는 더 크다 할 수 있다. 시
대별 두자어 연구를 통하여 시기별로 두자어가 정리될 수 있으며, 현대 국
어의 두자어에 관한 연구도 필요하다. 앞으로의 두자어 연구를 통하여 의미
론의 영역을 확장할 수 있으며, 언어학이 생활을 반영하는 학문으로서 자리
매김을 할 수 있을 것이다.

참고문헌

김광해. 1993. 「국어 어휘론 개설」, 집문당.

김명희. 1997. "현대국어의 頭字語 형성에 대한 一考察.", 「성신연구논문집」 35, pp.1-19.

김영석·이상억. 1992. 「現代形態論」, 학연사.

임지룡. 1992. 「국어의미론」, 탑출판사.

임지룡. 1997. 「인지의미론」, 탑출판사.

참고자료

1960. 01. 05.   李·韓兩氏間에異見露呈

1960. 01. 06.   軍政法令88號廢止考慮

1960. 01. 18.   韓國等에重點的軍援

1960. 01. 28.   交通長次官引責要求

1960. 01. 30.   趙博士治療次空路渡美

1960. 02. 07.   選擧戰活潑化를豫想

1960. 02. 09.   國會는 完全空轉難免

1960. 02. 11.   韓美間連席會議

1960. 02. 25.   60年度美對韓軍援額二億八百九十九萬弗

1960. 03. 06.   李大統領驛頭選擧遊說

1960. 03. 10.   韓國國府에三億四千六百萬弗

1960. 03. 25.   一括辭表는不提出

1960. 03. 26.   쌀三萬톤大日輸出

1960. 04. 05.   IPI特委代表入京

1960. 04. 11.   馬山事件國會調委決裂

1960. 04. 21.   壓的行爲의中止를要求

1960. 05. 06.   基本權利徹底保障要求

1960. 05. 19.   東西頂上會談決裂宣言

1960. 06. 08.   追更豫算案來九日까지通過될듯

1960. 06. 10.   大統領權限代行은許首班

1960. 06. 18.   大統領權限代行은郭議長

1960. 06. 22.   特定人財産調委構成

1960. 07. 13.　美民主黨指名大會드디어開幕
1960. 07. 30.　革命으로戰取한第三共和國첫總選
1960. 08. 02.　二三日內로最高委召集
1960. 08. 21.　張內閣難産不免?
1960. 08. 28.　統韓유엔加入外交强化
1960. 09. 13.　張總理改編內閣을發表
1960. 09. 17.　對韓經援一億六千500萬弗
1960. 09. 29.　地自法民議院通過
1960. 10. 06.　民政黨(假稱)十日頃『準委』召集
1960. 10. 11.　尹大統領改憲提案키로決定
1960. 10. 12.　民院特別立法을決議
1960. 10. 14.　郭議長李副議長,辭表提出
1960. 10. 31.　民院,本會議31日續開
1960. 11. 06.　戰歿·傷軍警年金·先烈遺族扶助金保社委增額키로
1960. 11. 07.　美統韓成就決意를再確認
1960. 11. 21.　玄內務張逃避에引責辭任
1960. 11. 22.　曹法務長官李檢察總長/引責도强硬히
1960. 11. 29.　改憲案,參院서도通過
1960. 12. 11.　朴長老教徒들本社被襲
1960. 12. 21.　申內務·金無任所의引責要求
1961. 01. 09.　追更豫算案審議에蹉跌必至
1961. 01. 10.　드골/알政策서勝利
1961. 01. 23.　産銀法改正案을單一化
1961. 02. 05.　美大韓經援二億五千萬弗
1961. 02. 14.　蘇,金星에宇宙『스테이숀』發射
1961. 02. 24.　民院,李議員拘束에同意(李在賢)
1961. 02. 25.　陸參總長更迭問題로 騷亂
1961. 02. 26.　『케』大統領,張總理를招請
1961. 03. 07.　重石事件調委/活動開始
1961. 03. 17.　朱商工長官/辭表提出
1961. 03. 19.　韓·獨技術協助에第一步
1961. 03. 22.　『重石事件調委』決裂危機
1961. 04. 03.　追更豫算案/民院通過
1961. 04. 13.　『유엔』에服從하면北傀招請

1961. 04. 16.	우리代表團, 유엔政委에 參席
1961. 04. 27.	『알』叛亂完全崩壞
1961. 05. 04.	張總理, 改閣을 發表
1961. 05. 11.	統韓은 『유엔』中心으로 推進
1961. 05. 20.	尹大統領, 어제下野
1961. 05. 25.	張首班, 數日內에 訪美
1961. 06. 01.	美·佛頂上會談開幕
1961. 06. 05.	케·흐兩巨頭共同聲明
1961. 07. 05.	宋內閣首班任命式擧行
1961. 07. 08.	蘇·中共暗鬪深刻
1961. 07. 24.	佛·吊兩國安保理決議案受諾
1961. 07. 28.	朴議長/總選問題에言及
1961. 08. 02.	英『歐共市』加入을 決定
1961. 00. 00.	企劃院/새해豫算編成方針樹立
1961. 09. 16.	韓·泰貿易協定에調印
1961. 10. 04.	朴議長, 北韓同胞에 『멧세지』
1961. 11. 05.	12日/朴·池田會談開催
1961. 11. 12.	朴議長訪美登程
1961. 11. 17.	朴議長/케大統領 35分間告別會談
1961. 12. 19.	印軍, 葡領『고아』에 侵攻
1962. 01. 09.	印泥, 和蘭에 最後通牒
1962. 01. 16.	西獨·伊/經援協定內容公表
1962. 01. 21.	華府서 全面檢討
1962. 01. 27.	美, 五個年計劃支援態勢要求
1962. 02. 13.	흐首相/18國頂相會談提議
1962. 02. 20.	伯林事態또惡化徵兆
1962. 02. 24.	土耳其에 政治危機
1962. 03. 14.	崔外務/池田首相과 會談
1962. 03. 16.	崔·小坂非公式會談
1962. 03. 25.	尹大統領辭任許可
1962. 03. 26.	佛軍, 알市完全包圍
1962. 04. 13.	蘇, 케·맥 共同呼訴默殺
1962. 04. 22.	革裁, 5月10日에解體
1962. 05. 07.	『나토』에 獨自的海軍創設

1962. 05. 08. 印・中共/올여름武力衝突

1962. 05. 11. 亞洲反共聯盟總會開幕

1962. 05. 19. 東南亞安全위해美軍派泰/케大統領記者會見서言明

1962. 06. 04. 英・佛頂相會談開催

1962. 06. 05. 李室長/朴議長大統領出馬를示唆

1962. 06. 08. 美,『行協』促進을表明

1962. 06. 22. 밴將軍/訪韓結果를報告

1962. 06. 29. 最高議/言論政策을決定

1962. 07. 02. 伊・濠・馬來・라이베리아四國과/年內貿易協定締結을推進

1962. 08. 04. 本社/高主筆・黃(論說委員)拘束

1962. 08. 08. 今秋華府서/韓日外相會談

1962. 08. 09. 韓-伊・佛/漁業借款協定調印

1962. 09. 05. 北傀와同席斷乎拒否

1962. 09. 06. 月內로『行協』交涉再開

1962. 09. 21. 美下院/外援額14億弗削減

1962. 09. 22. 憲裁/構成要件・權限등決定

1962. 09. 24. 朴議長出馬는確定的

1962. 09. 26. 쌀等5個品目/民政까지價格制限

1962. 09. 28. 『選擧委』는憲裁所轄下에 轄-管轄

1962. 10. 22. 金部長,오늘池田首相과會談

1962. 10. 25. 蘇船,큐바行航路變更

1962. 11. 08. 年末까지『特委』構成

1962. 11. 13. 金中央情報部長歸國

1962. 12. 27. 國議員選擧/5月下旬

1963. 02. 16. 朴議長의決意動搖?

1963. 04. 09. 金首班/朴議長出馬를示唆

1963. 05. 11. 朴議長/『年內移讓』을言明

1963. 08. 06. 美・英・蘇/核禁條約에正式調印

1963. 08. 31. 朴議長,公式受諾

1963. 09. 13. 選委에『黨解體決議』提出

1963. 10. 16. 朴・尹두候補,初有의『씨소・게임』

1963. 11. 11. 朴・尹씨『思想論爭』再燃

1963. 11. 14. 『朴씨當選無效』訴訟提起

1964. 01. 13. 『生必品』9個品目을指定

1964. 01. 23. 二次『通禁解除』곧實施

1964. 01. 27. 趙大法院長任命에同意

1964. 02. 14. 憂慮되는麥追肥確保(

1964. 03. 11. 金鍾必씨/訪中・越・日登程

1964. 03. 14. 亞洲는變해가고있다

1964. 03. 26. 學生『데모』連사흘째

1964. 04. 22. 『데모』鎭壓 强硬策수립

1964. 04. 30. 金씨後退로收拾될듯

1964. 05. 15. 丁內閣 經濟政策은 無謀

1964. 05. 16. 政治犯등 91名에 特赦

1964. 05. 19. 韓美行協/9月께正式締結

1964. 06. 01. 朴大統領/金鍾必씨退陣종용

1964. 06. 25. 朴大統領 곧 某種措置

1964. 07. 04. 野,다시『解嚴案』내기로

1964. 07. 10. 崔大領에 懲役5年

1964. 08. 12. IMF에 곧 抗議提起

1964. 09. 04. 窮極目標는『倫委法』撤廢

1964. 09. 12. 朴大統領 西獨訪問

1964. 10. 17. 中共,核實驗斷行

1964. 10. 27. 民政・自民11月末統合

1964. 11. 12. 韓・英高位會談

1964. 11. 26. 柳씨系肅黨을선언

1964. 12. 08. 오늘韓・獨頂上會談

1965. 01. 04. 印泥,『유엔』서脫退

1965. 02. 05. 派越軍援團結團式거행

1965. 02. 19. 『鬪委』,警察과 衝突

1965. 04. 27. 梁內務解任거듭促求

1965. 05. 17. 朴大統領,美國安着

1965. 06. 07. 亞阿會議/參加可能性줄어

1965. 08. 04. 特委, 첫날부터 衝突

1965. 08. 16. 丁內閣을再信任

1965. 09. 04. 高大・延大에 無期休業令

1965. 09. 07. 印・파,全面戰으로擴大

1965. 09. 08. 印機,파國主要都市爆擊

1965. 09. 21. 中共軍,印軍哨所에發砲
1965. 09. 24. 檢·軍·警合同搜查班설치
1965. 09. 28. 中·高教/授業料20%引上
1965. 11. 09. 丁總理·키首相1次會談
1965. 11. 10. 補選 平穩裡완료
1965. 11. 11. 韓·越友好條約締結하기로
1965. 11. 18. 中共加入案부결
1965. 12. 27. 『朴·金』領導體系확립
1966. 01. 27. 北傀艇,우리漁船團습격
1966. 02. 01. 美,北爆을再開
1966. 02. 18. 朴大統領 歸國
1966. 02. 21. 野,權文教自退要求
1966. 03. 14. 印泥親共派肅淸
1966. 04. 02. 『支保』審議난항
1966. 04. 08. 追豫案 확정
1966. 04. 15. 樺太僑胞『條件附송환』
1966. 05. 24. 反政軍·佛教徒 투항
1966. 07. 04. 美,行協補完에冷淡
1966. 07. 06. 美,行協補完交涉에呼應
1966. 07. 09. 韓·美 行政協定調印
1966. 08. 02. 世界教聯代議員總會 개막
1966. 09. 06. 糧特赤子더욱增加
1966. 10. 10. 國體莊嚴한開幕
1966. 10. 13. 豫決委構成에合意
1966. 10. 18. 大統領후보/白·兪씨중擇一
1967. 01. 12. 反毛派粉碎令
1967. 01. 27. 尹·兪·白·李첫4者會談
1967. 02. 23. KSC協定正式調印
1967. 03. 03. 韓·獨頂上會談
1967. 04. 29. 朴·尹候補마지막決戰
1967. 07. 05. 아스팍2次閣僚會議개막
1967. 07. 25. 네거制오늘부터實施
1967. 08. 01. "6·8事態,未安하게 생각"
1967. 08. 14. 美,北爆대폭擴大

1967. 09. 22.   三南가뭄被害16萬8千町步

1967. 12. 16.   民比研 다섯被告에 無罪宣告

1967. 12. 19.   豫決委,豫算案審議날치기終結

1968. 01. 16.   國赤,歸還交涉수락

1968. 01. 18.   越南協商 기미 보이면 斷爆

1968. 01. 25.   核航母엔號 元山灣서待機

1968. 01. 27.   푸艦 拉致는 侵略行爲

1968. 02. 07.   鄕軍250萬연내武裝

1968. 02. 29.   駐越軍10萬增派긴급論議

1968. 03. 19.   6 · 8 選訴처리不振

1968. 04. 02.   英 · 佛 · 蘇,越南協商타진

1968. 04. 05.   8日朴 · 존슨單獨會談

1968. 04. 27.   政府,美에 새軍援요청

1968. 06. 14.   高速道,法貸는豫算추규？

1968. 07. 30.   旱害대책追豫編成토록

1968. 07. 31.   아스팍憲章制定제의

1968. 08. 11.   閔國防委員長辭退書제출

1968. 08. 20.   野,『軍機法』制定反對

1968. 09. 11.   市銀金利최고25 · 2%로

1968. 09. 16.   朴大統領내외濠洲도착

1968. 09. 19.   朴大統領뉴질란드到着

1968. 09. 20.   朴 · 홀리오크頂上會談

1968. 09. 21.   産銀,借款업체에巨額特惠

1968. 09. 24.   補選3區일제히投票

1968. 10. 09.   輿,私大特調委案15日제출

1968. 10. 19.   越盟,美斷爆제안受諾

1968. 11. 19.   언커크,울진 · 삼척에調査團

1968. 12. 14.   푸號船員 年內釋放?

1968. 12. 21.   京水京仁高速道路개통

1969. 02. 03.   『權文教폭언』政治問題化

1969. 02. 08.   國民校 教師에兵役特惠

1969. 02. 21.   日,僑胞送北 再開결정

1969. 03. 13.   政府,美 · 日 · 中 · 比와接觸

1969. 04. 03.   丁總理 · 로저스會談

1969. 05. 06. 朴企劃 · 사또日首相會談

1969. 05. 28. 朴 · 티우『越南協商』협의

1969. 06. 28. 任國防 · 본스틸要談

1969. 07. 12. 吉共和事務總長사퇴

1969. 08. 12. 李議長 引責싸고 論難

1969. 08. 21. 朴 · 닉슨 내일 첫會談

1969. 09. 06. 甲勤稅 基礎공제制채택

1969. 09. 24. 國營業體13개 産銀에移管

1969. 10. 18. 『三選改憲』國民投票서 可決

1969. 10. 29. 野,李議長 · 丁總理引責요구

1969. 10. 30. 朴 · 디오리 會談

1969. 11. 01. 野,朴大統領 面談 계획

1969. 11. 13. 『官紀確立』새해부터 强行

1969. 11. 27. 美,軍援移管 또 종용

1969. 12. 02. 市銀支保남발 추궁

1970. 01. 19. 擧國, 安保委 構成제의

1970. 02. 17. 停戰委 週內 開催요구

1970. 02. 25. 兵務事犯 일제 단속

1970. 03. 09. 日,朝聯系 北傀왕래許容방침

1970. 03. 18. 軍服務단축 · 農資改善건의

1970. 03. 31. 被拉JAL機 김포空港착륙

1970. 04. 09. ADB三차總會개막

1970. 04. 24. 『韓國軍등 캄國 支援要請』고려

1970. 05. 04. 美,北爆 재개

1970. 05. 12. 與野, 特減여부로對立

1970. 05. 20. 野,『3대사건特委』提議방침

1970. 06. 17. 아스팍 年例會議개막

1970. 07. 04. 全國에 水防경계령

1970. 07. 20. 韓美國防相내일會談

1970. 08. 05. 韓越安保 直結재확인

1970. 08. 17. ROTC廢止방침

1970. 08. 21. 朴 · 애그뉴 25日 會談

1970. 08. 29. 朴大統領 · 柳黨首 돌연會談

1970. 09. 16. BA政策완화 · 開發國關稅특혜

1970. 09. 29.   新民候補 두金씨 票對決
1970. 10. 08.   印支全域 現位置서 休戰
1970. 11. 02.   金후보安保公約 問題化
1970. 11. 19.   『一補』로鄕土警備隊조직
1970. 11. 21.   中共유엔加入 또 좌절
1970. 12. 30.   成長10%GNP三兆一千億원

| 이 논문은 한국어학 37집(2007, 한국어학회)에 게재된 논문을 재수록한 것입니다.

집필자 소개(논문 게재 순)

최상진 경희대학교
김정남 경희대학교
채옥자 중국복단대학교
임채훈 숭실대학교
이찬규 중앙대학교
이선영 홍익대학교
양명희 중앙대학교
남길임 경북대학교
문금현 숙명여자대학교
임근석 국민대학교
노명희 성균관대학교
박철우 안양대학교
손세모돌 대진대학교
임동훈 이화여자대학교
신지연 목원대학교
남경완 창원대학교
김은영 광주교육대학교
김해미 조선대학교
쇼한빈 ⋯⋯내외⋯
임규홍 경상대학교
손남익 강릉원주대학교

국어의미론의 새로운 인식과 전개 1

국어의미론의 탐색

초판 인쇄 2016년 2월 5일
초판 발행 2016년 2월 15일
편저자 윤평현 선생 정년퇴임 기념논총 간행위원회
펴낸이 이대현
펴낸곳 도서출판 역락
주 소 서울시 서초구 동광로 46길 6-6 문창빌딩 2층
전 화 02-3409-2058, 2060
팩 스 02-3409-2059
등 록 1999년 4월 19일 제303-2002-000014호
이메일 youkrack@hanmail.net

정가 40,000원
ISBN 979-11-5686-293-2 94710
      979-11-5686-292-5 (전3권)

* 파본은 구입처에서 교환해 드립니다.

이 도서의 국립중앙도서관 출판예정도서목록(CIP)은 서지정보유통지원시스템 홈페이지(http://seoji.nl.go.kr)와 국가자료공동목록시스템(http://www.nl.go.kr/kolisnet)에서 이용하실 수 있습니다.(CIP제어번호: CIP2016003540)